王国平　主编

南宋史研究丛书

方健　著

南宋农业史

人民出版社

国家"十一五"重点图书出版规划项目

杭 州 市 社 会 科 学 院 重 大 课 题

浙江文化研究工程成果文库总序

习近平

　　有人将文化比作一条来自老祖宗而又流向未来的河,这是说文化的传统,通过纵向传承和横向传递,生生不息地影响和引领着人们的生存与发展;有人说文化是人类的思想、智慧、信仰、情感和生活的载体、方式和方法,这是将文化作为人们代代相传的生活方式的整体。我们说,文化为群体生活提供规范、方式与环境,文化通过传承为社会进步发挥基础作用,文化会促进或制约经济乃至整个社会的发展。文化的力量,已经深深熔铸在民族的生命力、创造力和凝聚力之中。

　　在人类文化演化的进程中,各种文化都在其内部生成众多的元素、层次与类型,由此决定了文化的多样性与复杂性。

　　中国文化的博大精深,来源于其内部生成的多姿多彩;中国文化的历久弥新,取决于其变迁过程中各种元素、层次、类型在内容和结构上通过碰撞、解构、融合而产生的革故鼎新的强大动力。

　　中国土地广袤、疆域辽阔,不同区域间因自然环境、经济环境、社会环境等诸多方面的差异,建构了不同的区域文化。区域文化如同百川归海,共同汇聚成中国文化的大传统,这种大传统如同春风化雨,渗透于各种区域文化之中。在这个过程中,区域文化如同清溪山泉潺潺不息,在中国文化的共同价值取向下,以自己的独特个性支撑着、引领着本地经济社会的发展。

从区域文化入手,对一地文化的历史与现状展开全面、系统、扎实、有序的研究,一方面可以藉此梳理和弘扬当地的历史传统和文化资源,繁荣和丰富当代的先进文化建设活动,规划和指导未来的文化发展蓝图,增强文化软实力,为全面建设小康社会、加快推进社会主义现代化提供思想保证、精神动力、智力支持和舆论力量;另一方面,这也是深入了解中国文化、研究中国文化、发展中国文化、创新中国文化的重要途径之一。如今,区域文化研究日益受到各地重视,成为我国文化研究走向深入的一个重要标志。我们今天实施浙江文化研究工程,其目的和意义也在于此。

千百年来,浙江人民积淀和传承了一个底蕴深厚的文化传统。这种文化传统的独特性,正在于它令人惊叹的富于创造力的智慧和力量。

浙江文化中富于创造力的基因,早早地出现在其历史的源头。在浙江新石器时代最为著名的跨湖桥、河姆渡、马家浜和良渚的考古文化中,浙江先民们都以不同凡响的作为,在中华民族的文明之源留下了创造和进步的印记。

浙江人民在与时俱进的历史轨迹上一路走来,秉承富于创造力的文化传统,这深深地融汇在一代代浙江人民的血液中,体现在浙江人民的行为上,也在浙江历史上众多杰出人物身上得到充分展示。从大禹的因势利导、敬业治水,到勾践的卧薪尝胆、励精图治;从钱氏的保境安民、纳土归宋,到胡则的为官一任、造福一方;从岳飞、于谦的精忠报国、清白一生,到方孝孺、张苍水的刚正不阿、以身殉国;从沈括的博学多识、精研深究,到竺可桢的科学救国、求是一生;无论是陈亮、叶适的经世致用,还是黄宗羲的工商皆本;无论是王充、王阳明的批判、自觉,还是龚自珍、蔡元培的开明、开放,等等,都展示了浙江深厚的文化底蕴,凝聚了浙江人民求真务实的创造精神。

代代相传的文化创造的作为和精神,从观念、态度、行为方式和价值取向上,孕育、形成和发展了渊源有自的浙江地域文化传统和与时俱进的浙江文化精神,她滋育着浙江的生命力、催生着浙江的凝聚力、激发着浙江的创造力、培植着浙江的竞争力,激励着浙江人民永不自满、永不停息,在各个不同的历史时期不断地超越自我、创业奋进。

　　悠久深厚、意韵丰富的浙江文化传统，是历史赐予我们的宝贵财富，也是我们开拓未来的丰富资源和不竭动力。党的十六大以来推进浙江新发展的实践，使我们越来越深刻地认识到，与国家实施改革开放大政方针相伴随的浙江经济社会持续快速健康发展的深层原因，就在于浙江深厚的文化底蕴和文化传统与当今时代精神的有机结合，就在于发展先进生产力与发展先进文化的有机结合。今后一个时期浙江能否在全面建设小康社会、加快社会主义现代化建设进程中继续走在前列，很大程度上取决于我们对文化力量的深刻认识、对发展先进文化的高度自觉和对加快建设文化大省的工作力度。我们应该看到，文化的力量最终可以转化为物质的力量，文化的软实力最终可以转化为经济的硬实力。文化要素是综合竞争力的核心要素，文化资源是经济社会发展的重要资源，文化素质是领导者和劳动者的首要素质。因此，研究浙江文化的历史与现状，增强文化软实力，为浙江的现代化建设服务，是浙江人民的共同事业，也是浙江各级党委、政府的重要使命和责任。

　　2005年7月召开的中共浙江省委十一届八次全会，作出《关于加快建设文化大省的决定》，提出要从增强先进文化凝聚力、解放和发展生产力、增强社会公共服务能力入手，大力实施文明素质工程、文化精品工程、文化研究工程、文化保护工程、文化产业促进工程、文化阵地工程、文化传播工程、文化人才工程等"八项工程"，实施科教兴国和人才强国战略，加快建设教育、科技、卫生、体育等"四个强省"。作为文化建设"八项工程"之一的文化研究工程，其任务就是系统研究浙江文化的历史成就和当代发展，深入挖掘浙江文化底蕴、研究浙江现象、总结浙江经验、指导浙江未来的发展。

　　浙江文化研究工程将重点研究"今、古、人、文"四个方面，即围绕浙江当代发展问题研究、浙江历史文化专题研究、浙江名人研究、浙江历史文献整理四大板块，开展系统研究，出版系列丛书。在研究内容上，深入挖掘浙江文化底蕴，系统梳理和分析浙江历史文化的内部结构、变化规律和地域特色,坚持和发展浙江精神;研究浙江文化与其他地域文化的异同,厘清浙江文化在中国文化中的地位和相互影响的关系;围绕浙江生动的当代实践,深入解读浙江现象,总结浙江经验,指导浙江发展。在研究力量上,通过课题组织、出版资助、重点研究基地建设、加强省内外大院名校合作、整合各地各部门力量等途径,形成上下联动、学界互动的整体合力。在成果运用上,注重研究成果的学术价值和应用价值,充分发挥其认识世界、传承文明、创新理论、咨政育人、服务社会的重要作用。

我们希望通过实施浙江文化研究工程,努力用浙江历史教育浙江人民,用浙江文化熏陶浙江人民,用浙江精神鼓舞浙江人民,用浙江经验引领浙江人民,进一步激发浙江人民的无穷智慧和伟大创造能力,推动浙江实现又快又好发展。

今天,我们踏着来自历史的河流,受着一方百姓的期许,理应负起使命,至诚奉献,让我们的文化绵延不绝,让我们的创造生生不息。

2006 年 5 月 30 日于杭州

以杭州(临安)为例　还原一个真实的南宋

——从"南海一号"沉船发现引发的思考

(代　序)

王国平

　　2007 年 12 月 22 日,举世瞩目的我国南宋商船"南海一号"在广东阳江海域打捞出水。根据探测情况估计,整船金、银、铜、铁、瓷器等文物可能达到 6 万—8 万件,据说皆为稀世珍宝。迄今为止,全世界范围内都未曾发现过如此巨大的千年古船。"南海一号"的发现,在世界航海史上堪称一大奇迹,也填补与复原了南宋海上"丝绸之路"历史的一些空白①。不少专家认为"南海一号"的价值和影响力将不亚于西安秦始皇兵马俑。这艘沉船虽然出现在广东海域,但反映了整个南宋经济、文化的繁荣,标志着南宋社会的开放,也表明当时南宋引领着世界的发展。作为南宋政治、经济、文化、科技中心的都城临安(浙江杭州),则是南宋社会繁华与开放的代表。从某种意义上讲,没有以临安为代表的南宋的繁荣与开放,就不会有今日"南海一号"的发现;而"南海一号"的发现,也为我们重新审视与评价南宋,带来了最好的注解、最硬的实证。

　　提起南宋,往往众说纷纭,莫衷一是。长期以来,不少人把"山外青山楼外楼,西湖歌舞几时休? 暖风熏得游人醉,直把杭州作汴州"②这首曾写在临

---

　　①　参见《"南海一号"成功出水》一文,载《人民日报》2007 年 12 月 23 日。
　　②　林升:《题临安邸》,转引自田汝成《西湖游览志余》卷二《帝王都会》,上海古籍出版社 1980 年版,第 14 页。

安城一家旅店墙上的诗,当作是当时南宋王朝的真实写照。虽然近现代已有海内外学者开始重新认识南宋,但相当一部分人仍认为南宋军事上妥协投降、苟且偷安,政治上腐败成风、奸相专权,经济上积贫积弱、民不聊生,生活上纸醉金迷、纵情声色。总之,南宋王朝是一个只图享受、不思进取的偏安小朝廷。导致这种历史误解的原因,在很大程度上是出于人们对患有"恐金病"的宋高宗和权相秦桧一伙倒行逆施的义愤,这是可以理解的。但是,我们决不能坐在历史的成见之上人云亦云。只要我们以对历史负责、对时代负责、对未来负责的精神和科学求实的态度,以科学发展观为指导,对南宋进行全面、深入、系统的研究,将南宋放到当时特定的历史发展阶段中、放到中国社会发展的历史长河中、放到整个世界的文明进程中进行考察,就不难发现南宋时期在社会经济、思想文化、科学技术、国计民生等方面所取得的成就,就不难发现南宋对中华文明所产生的巨大影响,以此对南宋作出科学、客观、公正的评价,"还原一个真实的南宋"。

宋钦宗靖康元年(1126)闰十一月,金军攻陷北宋京城开封。次年三月,俘徽、钦二帝北去,北宋灭亡。同年五月,宋徽宗第九子、钦宗之弟赵构,在应天府(河南商丘)即位,是为高宗,改元建炎,重建赵宋王朝。建炎三年(1129)二月,高宗来到杭州,改州治为行宫,七月升杭州为临安府,此时起,杭州实际上已成为南宋的都城。绍兴八年(1138),南宋宣布临安府为"行在所",正式定都临安。自建炎元年(1127)赵构重建宋室,至祥兴二年(1279)帝昺蹈海灭亡,历时153年,史称"南宋"。

我们认为,研究与评价南宋,不应当仅仅以王朝政权的强弱为依据,而应当坚持"以人为本"的理念,以人们生存与生活状态的改善作为社会进步的根本标准。许多人评价南宋,往往把南宋王朝作为对象,我们认为所谓"南宋",不仅仅是一个历史王朝的称谓,而主要是指一个特定的历史阶段和历史时期。在马克思主义看来,历史的进步是社会发展和人的发展相统一的过程,"人们的社会历史始终只是他们的个体发展的历史"①,未来理想社

---

① 《马克思恩格斯选集》第4卷,人民出版社1972年版,第321页。

会"以每个人的全面而自由的发展为基本原则"①。人是社会发展的主体,人的自由与全面发展是社会进步的最高目标。这就要坚持"以人为本"的科学发展观,将人的生存与全面发展作为评价一个历史阶段的根本依据。南宋时期,虽说尚处在封建社会的中期,人的自由与发展受到封建集权思想与皇权统治的严重束缚,但南宋与宋代以前漫长的封建历史时期相比,这一时期所出现的对人的生存与生活的关注度以及南宋人的生活质量和创造活力所达到的高度都是前所未有的。

研究与评价南宋,不应当仅仅以军事力量的大小作为评价依据,而应当以其社会经济、文化整体状况与发展水平的高低作为重要标准。我们评判一个朝代,不但要考察其军事力量的大小,更要看其在经济、文化、科技、社会等各方面所取得的成就。两宋立国 320 年,虽不及汉、唐、明、清国土辽阔,却以在封建社会中无可比拟的繁荣和社会发展的高度,跻身于中国古代最辉煌的历史时期之列。无论是文化教育的普及、文学艺术的繁荣、学术思想的活跃、科学技术的进步,还是社会生活的丰富多彩,南宋都达到了前所未有的程度,在当时世界上也都处于领先地位。著名史学家邓广铭认为"宋代的文化,在中国封建社会历史时期之内,截至明清之际西学东渐的时期为止,可以说,已经达到了登峰造极的高度"。②

研究与评价南宋,不能仅仅以某些研究的成果或所谓的"历史定论"为依据,而应当以其在人类文明进步中所扮演的角色,以及对后世产生的影响作为重要标准。宋朝是中国封建社会里国祚最长的朝代,也是封建文化发展最为辉煌的时期。南宋虽然国土面积只有北宋的五分之三左右,却维持了长达 153 年(1127—1279)的统治。南宋不但对中国境内同时代的少数民族政权和周边国家产生了积极影响,而且对后世中华文化的形成产生了巨大影响。近代著名思想家严复认为:"中国所以成于今日现象者,为善为恶,姑不具论,而为宋人所造就,什八九可断言也。"③近代史学大师陈寅恪先生

①　《马克思恩格斯全集》第 23 卷,人民出版社 1972 年版,第 649 页。

②　邓广铭:《宋代文化的高度发展与宋王朝的文化政策》,载《历史研究》1990 年第 1 期。

③　严复:《严几道与熊纯如书札节钞》,载《学衡》第 13 期,江苏古籍出版社 1999 年影印本。

也曾经指出："华夏民族之文化,历数千载之演进,造极于赵宋之世。"①因此,我们既要看到南宋王朝负面的影响,更要充分肯定南宋的历史地位与历史影响,只有这样,才能"还原一个真实的南宋"。

一、在政治上,不但要看到南宋王朝外患深重、苟且偷安的一面,更要看到爱国志士精忠报国、南宋政权注重内治的一面

南宋时期民族矛盾异常尖锐,外患严重之至,前期受到北方金朝的军事讹诈和骚扰掠夺,后期又受到蒙元的野蛮侵略,长期威胁着南宋政权的生存与发展。在此情形下,南宋初期朝廷中以宋高宗为首的主和派,积极议和,向女真贵族纳贡称臣,南宋王朝确实存在消极抗战、苟且偷安的一面。但也要承认南宋王朝大多君王也怀有收复中原的愿望。南宋将杭州作为"行在所",视作"临安"而非"长安",也表现出了南宋统治集团不忘收复中原的意图。我们更应该看到南宋时期,在153年中,涌现了以岳飞、文天祥两位彪炳青史的民族英雄为代表的一大批爱国将领,众多的爱国仁人志士,这是中国古代任何一个朝代都难以比拟的。

同时,南宋政权也十分注重内治,在加强中央集权制度、推行"崇尚文治"政策、倡导科举不分门第等方面均有重大建树。其主要表现在:

1. 从军事斗争上看,南宋是造就爱国志士、民族英雄的时代

南宋王朝长期处于外族入侵的严重威胁之下,为此南宋军民进行了一百多年艰苦卓绝的抵抗斗争,涌现了无数气壮山河、可歌可泣的爱国事迹和民族英雄。因而,我们认为:南宋时代是面对强敌、英勇抗争的时代。众所周知,金朝是中国历史上继匈奴、突厥、契丹以后一个十分强大的少数民族政权,并非昔日汉唐时期的匈奴、突厥与明清时期的蒙古可比。金军先后灭亡了辽朝和北宋,南侵之势简直锐不可当,但由于南宋军民的浴血奋战,虽屡经挫折,终于抵挡住了南侵金军一次又一次的进攻,在外患深重的困境中站稳了脚跟。在持久的宋金战争中,南宋的军事力量不但没有削

---

① 《陈寅恪先生文集》第2卷,上海古籍出版社1980年版,第245页。

弱,反而逐渐壮大起来。南宋后期的蒙元军队则更为强大,竟然以 20 年左右的时间横扫欧亚大陆,使全世界都为之谈"蒙"色变。南宋的军事力量尽管相对弱小,又面对当时世界上最为强大的蒙元军队,但广大军民同仇敌忾,顽强抵抗了整整 45 年之久,这不能不说是世界抗击蒙元战争史上的一个奇迹。①

南宋是呼唤英雄、造就英雄的时代。在旷日持久的宋金战争中,造就了以宗泽、韩世忠、岳飞、刘锜、吴玠吴璘兄弟为代表的一批南宋爱国将领。特别是民族英雄岳飞率领的岳家军,更是使金军闻风丧胆。在南宋抗击蒙元的悲壮战争中,前有孟珙、王坚等杰出爱国将领,后有文天祥、谢枋得、陆秀夫、张世杰等抗元英雄,其中民族英雄文天祥领导的抗元斗争,更是可歌可泣,彪炳史册。

南宋是激发爱国热忱、孕育仁人志士的时代。仅《宋史·忠义列传》,就收录有爱国志士 277 人,其中大部分是南宋人②。南宋初期,宗泽力主抗金,并屡败金兵,因不能收复北宋失地而死不瞑目,临终时连呼三次"过河";洪皓出使金朝,被流放冷山,历尽艰辛,终不屈服,被比作宋代的苏武;陆游"死去元知万事空,但悲不见九州同"的诗句,表达了他渴望祖国统一的遗愿;辛弃疾的词则抒发了盼望祖国统一和反对主和误国的激情。因此,我们认为,南宋不但是造就民族英雄的时代,也是孕育爱国政治家、军事家、文学家和思想家的沃土。

2. 从政治制度上看,两宋时期是加强中央集权、"干强枝弱"的时期

宋朝在建国之初,鉴于前朝藩镇割据、皇权削弱的历史教训,通过采取"强干弱枝"政策,不断加强中央集权统治,南宋时得到了进一步强化。在中央权力上,实行军政、民政、财政"三权分立",削弱宰相的权力与地位;在地方权力上,中央派遣知州、知县等地方官,将原节度使兼领的"支郡"收归中央直接管辖;在官僚机构上,实行官(官品)、职(头衔)、差遣(实权)三者分离制度;在财权上,设置转运使掌管各路财赋,将原藩镇把持的地方财权收

① 参见何忠礼《论南宋在中国历史上的地位和影响》,载《杭州研究》2007 年第 2 期。

② 参见俞兆鹏《南宋人才之盛及其原因》,载《杭州日报》2005 年 11 月 14 日。

归中央;在司法权上,设置提点刑狱一职,将方镇节度使掌握的地方司法权收归中央;在军权上,实行禁军"三衙分掌",使握兵权与调兵权分离、兵与将分离,将各州军权牢牢地控制在中央手里,从而加强了中央对政权、财权、军权等方面的全面控制。南宋继承了北宋加强中央集权的这一系列措施,为维护国家内部统一、社会稳定和经济发展提供了良好的国内环境。尽管多次出现权相政治,但皇权仍旧稳定如故。

3. 从用人制度上看,南宋是所谓"皇帝与士大夫共治天下"的时代

两宋统治集团始终崇尚文治,尊重知识分子,重用文臣,提倡教育和养士,优待知识分子。与秦代"焚书坑儒"、汉代"罢黜百家"、明清"文字狱"相比,两宋时期可谓是封建社会思想文化环境最为宽松的时期,客观上对经济、社会、文化发展起到了积极的促进作用①。其政策措施表现在:

推行"崇尚文治"政策。宋王朝对文人士大夫采取了较为宽松宽容的态度,"欲以文化成天下",对士大夫待之以礼、"不得杀士大夫及上书言事人"②,确立了"兴文教,抑武事"③的"崇文抑武"大政方针。两宋政权将"右文"定为国策,在这种政治氛围下,知识分子的思想十分活跃,参政议政的热情空前高涨,在一定程度上出现了"皇帝与士大夫共治天下"的局面,从而有力地推动了宋代思想、学术、文化的大发展。正由于两宋重用文士、优待文士,不杀文臣,因而南宋时常有正直大臣敢于上书直谏,甚至批评朝政乃至皇帝的缺点,这与隋、唐、明、清时期的动辄诛杀士大夫的政治状况大不相同。

采取"寒门入仕"政策。为了吸收不同阶层的知识分子参加政权,两宋对选才用人的科举制度进行了改革,消除了魏晋以来士族门阀造成的影响。两宋科举取士几乎面向社会各个阶层,再加上科举取士的名额不断增加,在社会各阶层中形成了"学而优则仕"之风。南宋时期,取士更不受出身门第的限制,只要不是重刑罪犯,即使是工商、杂类、僧道、农民,甚至是杀猪宰牛

---

① 参见郭学信《试论两宋文化发展的历史特色》,载《江西社会科学》2003 年第 5 期。
② 陶宗仪:《说郛》卷三九上,台北商务印书馆 1986 年影印文渊阁《四库全书》本。
③ 李焘:《续资治通鉴长编》卷一八,太平兴国二年正月丙寅条,中华书局 2004 年版,第 392 页。

的屠户,都可以应试授官。南宋的科举登第者多数为平民,如在宝祐四年(1256)登科的601名进士中,平民出身者就占了70%。①

二、在经济上,不但要看到南宋连年岁贡不断、赋税沉重的状况,更要看到整个南宋生产发展、经济繁荣的一面

人们历来有一种误解,认为南宋从立国之日起,就存在着从北宋带来的"积贫积弱"老毛病。确实,南宋王朝由于长期处于前金后蒙的威胁之下,迫使其不得不以加强皇权统治作为核心利益,在对外关系上,以牺牲本国的经济利益为代价,采取称臣、割地、赔款等手段来换取王朝政权的安定。正因为庞大的兵力和连年向金朝贡,加重了南宋王朝财政负担和民众经济负担,也一定程度上影响了南宋的经济发展。但在另一方面,我们更应当看到,南宋时期,由于北方人口的大量南下,给南宋的经济发展带来了充足的劳动力、先进的生产技术和丰富的生产经验,再加上统治者出台的一些积极措施,南宋在农业、手工业、商业、外贸等方面都取得了突出成就。南宋经济繁荣主要体现在:

1. 从农业生产看,南宋出现了古代中国南粮北调的新格局

由于南宋政府十分注重水利的兴修,并采取鼓励垦荒的措施,加上北方人口的大量南移和广大农民的辛勤劳动,促进了流民复业和荒地开垦。人稠地少的两浙等平原地带,垦辟了众多的水田、圩田、梯田。曾经"几无人迹"的淮南地区也出现了"田野加辟"、"阡陌相望"的繁荣景象。南宋时期,农作物单位面积产量比唐代提高了两三倍,总体发展水平大大超过了唐代,有学者甚至将宋代农作物单位面积产量的大幅提高称为"农业革命"②。"苏湖熟,天下足"的谚语就出现在南宋③。元初,江浙行省虽然只是元十个行省中的一个,岁粮收入却占了全国的37.10%④,江浙地区成了中国农业最为发达的地区,并出现了中国南粮北调的新格局。

---

① 参见俞兆鹏《南宋人才之盛及其原因》,载《杭州日报》2005年11月14日。

② 张邦炜:《瞻前顾后看宋代》,载《河北学刊》2006年第5期。

③ 范成大:《吴郡志》卷五〇《杂志》,中华书局1990年《宋元方志丛刊》本。

④ 脱脱:《元史》卷九三《食货一·税粮》,中华书局2005年版,第2361页。

2. 从手工业生产看,南宋达到了中国古代手工业发展的新高峰

南宋时期,随着北方手工业者的大批南下和先进生产技术的传入,使南方的手工业生产上了一个新的台阶。一是纺织业规模和技术都大大超过了同时代的金朝,南方自此成为了中国丝织业最发达的地区。二是瓷器制造业中心从北方移至江南地区。景德镇生产的青白瓷造型优美,有"饶玉"之称;临安官窑所造青瓷极其精美,为此杭州在官窑原址建立了官窑博物馆,将这些精美的青瓷展现给世人;龙泉青瓷达到了烧制技术的新高峰,并大量出口。三是造船业空前发展。漕船、商船、游船、渔船,数量庞大,打造奇巧,富有创造性;海船所采用的多根桅杆,为前代所无;战船种类众多,功用齐全,在抗金和抗蒙元的战争中发挥了重要作用。

3. 从商业发展看,南宋开创了古代中国商品经济发展的新时代

虽然宋代主导性的经济仍然是自然经济,但由于两宋时期冲破了历朝统治者奉行"重农抑商"观念的束缚,确立了"农商并重"的国策,采取了惠商、恤商政策措施,使社会各阶层纷纷从事商业经营,商品经济呈现出划时代的发展变化,进入了一个新的历史发展阶段。一是四通八达的商业网络。随着商品贸易的发展,出现了临安、建康(江苏南京)、成都等全国性的著名商业大都市,当时的临安已达 16 万户,人口最多时有 150 万—160 万人①,同时,还出现了 50 多个 10 万户以上的商业大城市,并涌现出一大批草市、墟市等定期集市和商业集镇,形成了"中心城市—市镇集市—边境贸易—海外市场"的通达商业网络②。二是"市坊合一"的商业格局。两宋时期由于城市商业繁荣,冲破了长期以来作为商业贸易区的"市"与作为居民住宅区的"坊"分离的封闭式坊市制度,出现了住宅与店肆混合的"市坊合一"商业格局,街坊商家店铺林立,酒肆茶楼面街而立。从《梦粱录》和《武林旧事》的记载来

---

① 杨宽先生在《中国古代都城制度史》一书中认为,南宋末年咸淳年间,临安府所属九县,按户籍,主客户共三十九万一千多户,一百二十四万多口;附郭的钱塘、仁和两县主客户共十八万六千多户,四十三万二千多口,占全府人口的三分之一。宋朝的"口"是男丁数,每户平均以五人计,约九十多万人。所驻屯的军队及其家属,估计有二十万人以上,总人口当在一百二十万人左右,包括城外郊区十万人和乡村十万人。

② 参见陈杰林《南宋商业发展:特点与成因》,载《安庆师范学院学报》2003 年第 4 期。

看,南宋临安城内商业繁荣,甚至出现了夜市刚刚结束,早市又告兴起的繁荣景象。三是规模庞大的商品交易。南宋商品的交易量虽难考证,但从商税收入可窥见一斑。淳熙(1174—1189)末全国正赋收入6530万缗,占全国总收入30%以上,据此推测,南宋商品交易额在20000万缗以上,可见商品交易量之巨大①。南宋商税加专卖收益超过农业税的收入,改变了宋以前历代王朝农业税赋占主要地位的局面。

4. 从海外贸易看,南宋开辟了古代中国东西方交流的新纪元

两宋期间,由于陆上"丝绸之路"隔断,东南方向海路成为对外贸易的唯一通道,海外贸易成为中外经济文化交流的主要通道。南宋海外贸易繁荣表现在:一是对外贸易港口众多。广州、泉州、临安、明州(浙江宁波)等大型海港相继兴起,与外洋通商的港口已近20个,还兴起了一大批港口城镇,形成了北起淮南/东海,中经杭州湾和福、漳、泉金三角,南到广州湾和琼州海峡的南宋万余里海岸线上全面开放的新格局,这种盛况不仅唐代未见,就是明清亦未能再现②。二是贸易范围大为扩展。宋前,与我国通商的海外国家和地区约20处,主要集中在中南半岛和印尼群岛,而与南宋有外贸关系的国家和地区增至60个以上,范围从南洋(南海)、西洋(印度洋)直至波斯湾、地中海和东非海岸。三是出口商品附加值高。宋代不但外贸范围扩大、出口商品数量增加,而且进口商品以原材料与初级制品为主,而出口商品则以手工业制成品为主,附加值高。用附加值高的制成品交换附加值低的初级产品,表明宋代外向型经济在发展程度上高于其外贸伙伴。③

三、在文化上,不但要看到封闭保守、颓废安逸的一面,更要看到南宋"百家争鸣、百花齐放"的繁荣局面

由于以宋高宗为首的妥协派大多患有"恐金病",加之南宋要想收复北

---

① 参见陈杰林《南宋商业发展:特点与成因》,载《安庆师范学院学报》2003年第4期。
② 参见葛金芳《南宋:走向开放型市场的重大转折》,载《杭州研究》2007年第2期。
③ 参见葛金芳《南宋:走向开放型市场的重大转折》,载《杭州研究》2007年第2期。

方失地在军事上和经济上确实存在着许多困难,收复中原失地的战争,也几度受到挫折,因此在南宋统治集团中,往往笼罩着悲观失望、颓废偷安的情绪。一些皇亲贵族,只要不是兵荒马乱,就热衷于享受山水之乐和口腹之欲,出现了软弱不争、贪图享受、胸无大志、意志消沉的"颓唐之风"。反映在一些文人士大夫的文化生活中,就是"一勺西湖水。渡江来、百年歌舞,百年醋醉"的华丽浮靡之风。但是,这并不能掩盖两宋文化的历史地位与影响。宋代是中国古代文化最为光辉灿烂的时期之一。近代的中国文化,其实皆脱胎于两宋文化。著名史学家邓广铭认为:"宋代文化发展所能达到的高度,在从十世纪后半期到十三世纪中叶这一历史时期内,是居于全世界的领先地位的。"①日本学者则将宋代称为"东方的文艺复兴时代"②。著名华裔学者刘子健认为:"此后中国近八百年来的文化,是以南宋文化为模式,以江浙一带为重点,形成了更加富有中国气派、中国风格的文化。"③这主要体现在:

1. 南宋是古代中国学术思想的巅峰时期

王国维指出:"宋代学术,方面最多,进步亦最著","近世学术多发端于宋人"。宋学作为宋型文化的精神内核,是中国古代学术思想的新巅峰。宋学流派纷呈,各臻其妙,大师迭出,群星璀璨,尤其到南宋前期,思想文化呈现出一派勃勃生机和前所未有的活跃局面。

理学思想的形成。两宋统治者以文治国、以名利劝学的政策,对当时的思想、学术及教育产生了重要影响,最明显的一个标志是新儒学——理学思想的诞生。南宋是儒学各派互争雄长的时期,各学派互相论辩、互相补充,共同构筑起中国儒学发展史上一个新的阶段。作为程朱理学集大成者的朱熹,是继孔孟以来最杰出的儒家学者。理学思想中倡导的国家至上、百姓至上的精神,与孟子的"君轻民贵"思想是一脉相承的。同时,两宋还倡导在儒

---

① 邓广铭:《国际宋史研讨会开幕词》,载《国际宋史研讨论文选集》,河北大学出版社 1992 年版,第 1 页。

② 宫崎市定:《宫崎市定论文选集》下册,商务印书馆 1963 年版。

③ 刘子健:《代序——略论南宋的重要性》,载黄宽重主编《南宋史研究集》,台湾新文丰出版公司 1985 年版。

家思想主导下的"儒佛道三教同设并行",就是在"尊孔崇儒"的同时,对佛、道两教也持尊奉的态度。理学各家出入佛老;佛门也在学理上融合儒道;道教则从佛教中汲取养分,将其融入自身的养生思想,并吸纳佛教"因果轮回"思想与儒家"纲常伦理"学说。普通百姓"读儒书、拜佛祖、做斋醮"更是习以为常。两宋"三教合流"的文化策略迎合了时代的需要,使宋代儒生不同于以往之"终信一家、死守一经",从而使得南宋在思想、文化领域均有重大突破与重大建树。

思想学术界学派林立。学派林立是南宋学术思想发展的突出表现,也是当时学术界新流派勃兴的标志。在儒学复兴的思潮激荡下,尤其是在鼓励直言、自由议论的政策下,先后形成了以朱熹为代表的道学,以陆九渊为代表的心学,以叶适为代表的永嘉事功之学,以吕祖谦为代表的婺学,以陈亮为代表的永康之学等主要学派,开创了浙东学派的先河。南宋时期学派间互争雄长和欣欣向荣的景象,维持了近百年之久,形成了继春秋战国之后中国历史上第二次"百家争鸣"的盛况,为推动南宋经济文化的发展起到了积极作用。尤其是浙东事功学派极力推崇义利统一,强调"商藉农而立,农赖商而行",认为只有农商并重,才能民富国强,实现国家中兴统一的目的。这种功利主义思想,反映了当时人们希望发展南宋经济和收复北方失地的强烈愿望。

2. 南宋是古代中国文学艺术的鼎盛时期

近代国学大师王国维认为:"天水一朝人智之活动与文化之多方面,前之汉唐、后之元明皆所不逮也。"[①]南宋文学艺术的繁荣主要表现在:一是宋词的兴盛。宋代创造性地发展了"词"这一富有时代特征的文学形式。词的繁荣起始于北宋,鼎盛于南宋。南宋词不仅在内容上有所开拓,而且艺术上更趋于成熟。辛弃疾是南宋最伟大的爱国词人,豪放词派的最高代表,也是南宋词坛第一人,与北宋词人苏轼一样,同为宋词最为杰出的代表。李清照是婉约词派的代表人物,形成了别具一格的"易安体",对后世影响很大。陆

---

① 王国维:《静庵文集续编·宋代之金石学》,载《王国维遗书》第 5 册,上海古籍出版社1983 年版。

游既是著名的爱国诗人,也是南宋词坛的巨匠,他的词充满了奔放激昂的爱国主义感情,与辛弃疾一起把宋词推向了艺术高峰。二是宋诗的繁荣。宋诗在唐诗之后另辟蹊径,开拓了宋诗新境界,其影响直到清末民初。宋诗完全有资格在中国诗史上与唐诗双峰并峙,两水并流。三是话本的兴起。南宋话本小说的出现,在中国文学史上是一件极有意义的大事,它标志着中国小说的发展已进入到了一个新的阶段。宋代话本为中国小说的发展注入了新鲜的活力,迎来了明清小说的繁荣局面。南宋还出现了以《沧浪诗话》为代表的具有现代审美特征的开创性的文学理论著作。四是南戏的出现。南宋初年,出现了具有很强的现实性和感染力的"戏文",统称"南戏"。南宋戏文是元代杂剧的先驱,它的出现标志着中国古代戏曲艺术的成熟,为我国戏剧的发展奠定了雄厚基础①。五是绘画的高峰。宋代是中国绘画史上的鼎盛时期,标志我国中古时期绘画高峰的出现。有研究者认为:"吾国画法,至宋而始全。"②宋代画家多达千人左右,以李唐、刘松年、马远、夏圭等人为代表的南宋著名画家,他们的作品在画坛至今仍享有十分崇高的地位。此外,南宋的多位皇帝和后妃也都是绘画高手。南宋绘画形式多样,山水、人物、花鸟等并盛于世,其中尤以山水画最为突出,它们对后世的影响极大。南宋画家称西湖景色最奇者有十,这就是著名的"西湖十景"的由来。宋代工艺美术造型、装饰与总体效果堪称中国工艺史上的典范,为明清工艺争相效仿的对象。此外,南宋的书法、雕塑、音乐、歌舞等也都有长足的发展。

3. 南宋是古代中国文化教育的兴盛时期

宋代统治者大力倡导学校教育,将"崇经办学"作为立国之本,使宋代的教育体制较之汉唐更加完备和发达。南宋官学、私学皆盛,彻底打破了长期以来士族地主垄断教育的局面,使文化教育下移,教育更加大众化,适应了平民百姓对文化教育的需求,推动了文化的大普及,提高了全社会的文化素质,促进了南宋社会文化事业的进步和发展。在科举考试的推动下,南宋的中央官学、地方官学、书院和私塾村校并存,各类学校都获得了蓬勃的发展。

---

① 参见何忠礼、徐吉军《南宋史稿》,杭州大学出版社1999年版,第657页。
② 潘天寿:《中国绘画史》,上海人民美术出版社1983年版,第158页。

南宋各州县普遍设立了公立学校，其学校规模、学校条件、办学水平，较之北宋有了更大发展。由于理学家的竭力提倡和科举考试的需要，南宋地方书院得到了大发展，宋代共有书院397所，其中南宋占310所①。南宋私塾村校遍及全国各地，学校教育由城镇延伸到了乡村，南宋教育达到了前所未有的普及程度。

4. 南宋是古代中国史学的繁荣时期

南宋以"尊重和提倡"的形式，鼓励知识分子重视历史，研究历史，"思考历代治乱之迹"。陈寅恪先生指出："中国史学莫盛于宋。"②南宋史学家袁枢的《通鉴纪事本末》，创立了以重大历史事件为主体，分别立目，完整地记载历史事件的纪事本末体；朱熹的《资治通鉴纲目》创立了纲目体；朱熹的《伊洛渊源录》则开启了记述学术宗派史的学案体之先河。南宋在历史上第一次提出了"经世致用"的修史思想。南宋史学家不仅重视当代史的研究，而且力主把历史与现实结合起来，从历史上寻找兴衰之源，以史培养爱国、有用的人才。这些都对后代的史学家有很大的启迪和教益。

四、在科技上，既要看到整个宋代在中国古代科技史上的地位，又要看到南宋对古代中国科学技术的杰出贡献

宋代统治集团对在科学技术上有重要发明及创造、创新之人给予物质和精神奖励，为宋代科技发展与进步注入了前所未有的强大动力。宋朝是当时世界上发明创造最多的国家，也是中国为世界科技发展贡献最大的时期。英国学者李约瑟说："每当人们在中国的文献中查找一种具体的科技史料时，往往会发现它的焦点在宋代，不管在应用科学方面或纯粹科学方面都是如此。"③中国历史上的重要发明，一半以上都出现在宋朝，宋代的不少科技发明不仅在中国科技史上，而且在世界科技史上也号称第一。《梦溪笔

①　参见何忠礼《论南宋在中国历史上的地位和影响》，载《杭州研究》2007年第2期。
②　陈寅恪：《陈垣明季滇黔佛教考序》、《陈垣元西域人华化考序》，载《金明馆丛稿二编》，上海古籍出版社1980年版，第240、238页。
③　李约瑟：《李约瑟文集》，辽宁科技出版社1986年版，第115页。

谈》的作者北宋沈括、活字印刷术的发明者毕昇这两位钱塘(浙江杭州)人，都是中外公认的中国古代伟大科学巨匠。南宋的科技在北宋基础上进一步得到发展，其科技成就在很多方面居于世界领先地位。这主要表现在：

1. 南宋对中国古代"三大发明"的贡献

活字印刷术、指南针与火药三大发明，在南宋时期获得进一步的完善和发展，并开始了大规模的实际应用。指南针在航海上的应用，始见于北宋末期，南宋时的指南针已从简单的指针，发展成为比较简易的罗盘针，并将它应用于航海上，这是一项具有世界意义的重大发明。李约瑟指出：指南针在航海中的应用，是"航海技艺方面的巨大改革"，"预示计量航海时代的来临"。中国古代火药和火药武器的大规模使用和推广也始自南宋。南宋出现的管形火器，是世界兵器史上十分重要的大事，近代的枪炮就是在这种原始的管形火器基础上发展起来的。此外，南宋还广泛使用威力巨大的火炮作战，充分反映了南宋火器制造技术的巨大进步。南宋开始推广使用活字印刷术，出现了目前世界上第一部活字印本。此外，南宋的造纸技术也更为发达，生产规模大为扩展，品种繁多，质量之高，近代也多不及。

2. 南宋在农业技术理论上的重大突破

南宋陈旉所著的《农书》是我国现存最早的有关南方农业生产技术与经营的农学著作，他是中国农学史上第一个提出土地利用规划技术的人。陈旉在《农书》中首先提出了土壤肥力论等多种土地的利用和改造之法，并对搞好农业经营管理提出了卓越的见解。稻麦两熟制、水旱轮作制、"耕耙耖"耕作制，在南宋境内都得到了较好的推广。植物谱录在南宋也大量涌现。《橘录》是我国最早的柑橘专著；《菌谱》是世界历史上最早的菌类专著；《全芳备祖》是世界上最早的植物学辞典，比欧洲要早 300 多年；《梅谱》是世界上最早的有关梅花的专著。

3. 南宋在制造技术上的高度成就

宋代冶金技术居世界最高水平，南宋对此作出了卓越的贡献。在有色金属的开采与冶炼方面，南宋发明了"冶银吹灰法"和"铜合金铁"冶炼法；在煤炭的开发利用上，南宋开始使用焦煤炼铁(而欧洲人是在 18 世纪时才发明了焦煤炼铁），是我国冶金史上具有重大意义的里程碑。南宋是我国纺织技术高度发展时期，特别是蚕桑丝绸生产，已形成了一整套从栽桑到成衣的过程，生产工具丰富，为明清的丝绸生产技术奠定了基础。南宋的丝纺织品、织造和染色技术在前代的基础上达到了一个新水平。南宋瓷器无论在胎质、釉料，还是在制作技术上，都达到了新的高度。同时，南宋的造船、建筑、酿酒、地学、水利、天文历法、军器制造等方面的技术水平，也都比过去有很大的进步。如现保存于杭州碑林的石刻《天文图》，是迄今为止所能见到的最早的全天星图；绘于南宋绍定二年（1229）的石刻《平江图》，是我国现存最完整的城市规划图，至今仍完好地保存在苏州市博物馆。

4. 南宋在数学领域的巨大贡献

南宋数学不仅在中国数学史上，而且在世界数学史上取得了极为辉煌的成就。南宋杰出的数学家秦九韶撰写的《数学九章》提出的"正负开方术"，与现代求数学方程正根的方法基本一致，比西方早500多年。另一位杰出的数学家杨辉，编撰有《详解九章算法》、《日用算法》、《乘除通变本末》、《田亩比类乘除捷法》、《续古摘奇算法》、《杨辉算法》等十余种数学著作，收录了不少我国现已失传的数学著作中的算题和算法。杨辉对级数求和的论述，使之成为继沈括之后世界上最早研究高阶等差级数的人。杨辉发明的"九归口诀"，不仅提高了运算速度和精确度，而且还对明代珠算的发明起到了重要作用。因此，李约瑟把宋代称为"伟大的代数学家的时代"，认为"中国的代数学在宋代达到最高峰"。[①]

5. 南宋在医药领域的重要贡献

南宋是中国法医学正式形成的时期。宋慈《洗冤集录》是世界上第一部法医学专著，比西方早350余年。它不仅奠定了我国古代法医学的基础，而且被奉为我国古代"官司检验"的"金科玉律"，并对世界法医学产生了广泛影响。南宋是中国针灸医学的极盛时期。王执中《针灸资生经》和闻人耆年

---

① 参见《中国科学技术史》第1卷第1册，科学出版社1975年版，第273、284、287、292页。

《备急灸法》两书,皆集历代针灸学知识之大全,反映了当时针灸学的最高水平。南宋腧穴针灸铜人是针灸学上第一具教学、临床用的实物模型。陈自明所著《外科精要》一书对指导外科的临床应用具有重要意义。陈自明《妇人大全良方》是著名的妇产科著作,直到明清时期仍被妇科医生奉为经典。朱瑞章的《卫生家宝产科方》,被称为“产科之荟萃,医家之指南”。无名氏的《小儿卫生总微论方》和刘昉的《幼幼新书》,汇集了宋以前在儿科学方面所取得的成就,是我国历史上较早的一部比较系统、全面的儿科学著作。许叔微《普济本事方》是中国古代一部比较完备的方剂专书。

五、在社会生活上,不但看到南宋一些富豪官绅生活奢华、挥霍淫乐的一面,更要看到南宋政府关注民生、注重民生保障的一面

南宋社会生活的奢侈之风,既是南宋官僚地主腐朽的集中反映,也是南宋经济文化空前繁荣的缩影。我们不但看到南宋一些富豪官绅纵情声色、恣意挥霍的社会现象,更要看到南宋政府倡导善举、关注民生、同情民苦的客观事实。两宋社会保障制度,在中国古代救助史上占有重要地位,并为宋后社会保障制度的建立奠定了基础。有学者认为,中国古代真正意义上的社会保障事业是从两宋开始的。同时,两宋时期随着土地依附关系的逐步解除和门阀制度的崩溃,逐渐冲破了以前士族地主一统天下的局面。两宋社会结构开始调整重组,出现了各阶层之间经济地位升降更替、社会等级界限松动的现象,各阶层的价值取向趋近,促进社会各阶层的融合,平民化、世俗化、人文化趋势明显①。两宋社会的平民化,不仅体现在科举取士面向社会各个阶层,不受出身门第的限制,而且体现在官民之间身份可以相互转化,既可以由贵而贱,也可以由贱而贵;贫富之间既可以由富而贫,也可以由贫而富②。其具体表现在:

1. 南宋农民获得了更多的人身自由

两宋时期,租佃制普遍发展,这是古代专制社会中生产关系的一次重大

---

① 参见邓小南《宋代历史再认识》,载《河北学刊》2006 年第 5 期。
② 参见郭学信《宋代俗文化发展探源》,载《西北师大学报》2005 年第 3 期。

调整。在租佃制下,地主招募客户耕种土地,客户只向地主交纳地租,而不必承担其他义务。在大部分地区,客户契约期满后有退佃起移的权利,且受到政府的保护,人身依附关系大为减弱。按照宋朝的户籍制度,客户直接编入国家户籍,成为国家的正式编户,并承担国家某些赋役,而不再是地主的"私属",因而获得了一定的人身自由。两宋农民在法律上可以自由迁徙,这是历史的一大进步①。南宋随着商品经济的发展,农民获得了更多的人身自由,他们可以比较自由地离土离乡,转向城市从事手工业或商业活动。

2. **南宋商人社会地位得到了提高**

宋前历朝一直奉行"重农轻商"政策,士、农、工、商,商人居"四民"之末,受到社会的歧视。宋代商业已被视同农业,均为创造社会财富的源泉,"士、农、工、商,皆百姓之本业"②成为社会共识,使两宋商人的社会地位得到前所未有的提高。随着工商业的发展,在南宋手工业作坊中,工匠主和工匠之间形成了雇佣与被雇佣关系。南宋官营手工业作坊中的雇佣制度,代替了原来带有强制性的指派和差人应役招募制度,雇佣劳动与强制性的劳役比较,工匠所受的人身束缚大为松弛,新的经济关系推动了南宋手工业经济的发展,又促进了资本主义生产关系的萌芽。

3. **南宋市民阶层登上了历史舞台**

"坊郭户"是城市中的非农业人口。随着工商业的日益发展,宋政府将"坊郭户"单独"列籍定等"。"坊郭户"作为法定户名在两宋时期出现,标志着城市"市民阶层"的形成,市民阶层开始作为一个独立的群体正式登上了历史舞台,成为不可忽视的社会力量③。南宋时期,还实行了募兵制,人们服役大多出自自愿,从而有效保障了城乡劳力稳定和社会安定,与唐代苛重的兵役相比,显然是一个进步。

---

① 参见郭学信、张素音《宋代商品经济发展特征及原因析论》,载《聊城大学学报》2006年第5期。

② 陈耆卿:《嘉定赤城志》卷三七《风土》,中华书局1990年《宋元方志丛刊》本。

③ 参见郭学信《宋代俗文化发展探源》,载《西北师大学报》2005年第3期。

4. 南宋社会保障制度更为完善

南宋的社会保障体系主要表现在：一是"荒政"制度。就是由政府无偿向灾民提供钱粮和衣物，或由政府将钱粮贷给灾民，或由政府将灾民暂时迁移到丰收区，或将粮食调拨到灾区，或动员富豪平价售粮，并在各州县较普遍地设置了"义仓"，以解决暂时的粮食短缺问题。同时，遇丰收之年，政府酌量提高谷价，大量收籴，以避免谷贱伤农；遇荒饥之年，政府低价将存粮大量粜出，以照顾灾民。二是"养恤"制度。在临安等城市中，南宋政府针对不同的对象设立了不同的养恤机构。有赈济流落街头的老弱病残或贫穷潦倒乞丐的福田院，有收养孤寡等贫穷不能自存者的居养院，有收养并医治鳏寡孤独贫病不能自存之人的安济院，有收养社会弃子弃婴的慈幼局，等等。三是"义庄"制度。义庄主要由一些科举入仕的士大夫用其秩禄买田置办，义田一般出租，租金则用于赈养族人的生活。虽然义庄设置的最初动机在于为本宗族之私，但义庄的设置在一定范围内保障了族人的经济生活，对南宋官方的社会保障起到了重要的辅助作用。南宋的社会保障政策与措施对倡导善举、缓和社会矛盾、维护社会稳定等发挥了积极作用。[①]

六、在历史地位上，既要看到南宋在当时国际国内的地位，又要看到南宋对后世中国和世界的影响

1. 南宋对东亚"儒学文化圈"和世界文明进程之影响

两宋的成就居于当时世界发展的顶峰，对周边国家和世界均产生了巨大影响。

南宋对东亚"儒学文化圈"的影响。南宋朱子学对东亚"儒学文化圈"各国文化的作用不容低估，对东亚各民族产生了广泛而深刻的影响，至今仍然积淀在东亚各民族的文化心理中，对东亚现代化起着重要作用。在文化输入上，这些周边邻国对唐代文化主要是制度文化的模仿，而对两宋文化则侧

---

① 参见杜伟《略述两宋社会保障制度》，载《沙洋师范高等专科学校学报》2004 年第 1 期；陈国灿《南宋江南城市的公共事业与社会保障》，载《学术月刊》2002 年第 6 期。

重于精神文化的摄取，尤其是对南宋儒学、宗教、文学、艺术、政治制度的借鉴。南宋儒学文化传至东亚各国，与各国的学术思想和民族文化相融合，产生了朝鲜儒学、日本儒学、越南儒学等东亚儒学，形成了东亚"儒学文化圈"。这表明南宋儒学文化在东亚民族之间的文化交流和传播中，对高丽、日本、越南等国学术文化与东亚文明的形成和发展的历史产生了重大影响，这可以说是东亚文明发展中的一大奇观。同时，南宋儒学文化中的优秀成分和合理精神，在现代东亚社会的政治、经济、思想文化、社会生活、家庭关系等方面仍然发挥着重要影响和作用。如南宋儒学中的"信义"、"忠诚"、"中庸"、"和"、"义利并取"等价值观念，在现代东亚经济社会中的积极作用也显而易见。

南宋对世界经济发展的影响。随着南宋海外贸易的发展，与我国通商的海外国家与地区从宋前的20余个增至60个以上。海外贸易范围从宋前中南半岛和印尼群岛，扩大到西洋（印度洋至红海）、波斯湾、地中海和东非海岸，使雄踞于太平洋西岸的南宋帝国与印度洋北岸的阿拉伯帝国一起，构成了当时世界贸易圈的两大轴心。海上"丝绸之路"取代了陆上"丝绸之路"，成为中外经济文化交流的主要通道。鉴于此，美籍学者马润潮把宋代视为"世界伟大海洋贸易史上的第一个时期"[1]。同时，随着商品经济的发展，北宋出现了世界上最早的纸币——交子，至南宋时，纸币开始在全国普遍使用。有学者将纸币的产生与大规模的流通称为"金融革命"[2]。纸币流通的意义远在金属铸币之上，表明我国在货币领域的发展已走在世界前列。

南宋对世界文明进程的影响。宋代文化对世界文化的影响，主要表现在两宋的活字印刷术、火药、指南针"三大发明"的西传上。培根指出："这三种发明已经在世界范围内把事物的全部面貌和情况都改变了：第一种是在学术方面，第二种是在战事方面，第三种在航行方面；由此产生了无数的变化，这种变化是如此巨大，以至没有一个帝国，没有一个教派，没有一个赫赫

---

① 转引自葛金芳《南宋：走向开放型市场的重大转折》，载《杭州研究》2007 年第 2 期。
② 参见张邦炜《瞻前顾后看宋代》，载《河北学刊》2006 年第 5 期。

有名的人物,能比得上这三种机械发明。"①马克思的评价则更高:"火药、指南针、印刷术——这是预告资产阶级到来的三大发明。火药把骑士阶层炸得粉碎,指南针打开了世界市场并建立了殖民地,而印刷术则变成了新教的工具和科学复兴的手段,变成对精神发展创造必要前提的强大杠杆。"②两宋"三大发明"对世界文明的决定性作用是毋庸赘言的。两宋科举考试制度也对法、美、英等西方国家选拔官吏的政治制度产生了直接作用和重要影响,被人誉为"中国的第五大发明"。

2. 南宋对中国古代与近代历史发展之影响

中外学者普遍认为:"这时的文化直至 20 世纪初都是中国的典型文化。其中许多东西在以后的一千年中是中国最典型的东西,至少在唐代后期开始萌芽,而在宋代开始繁荣。"③

南宋促进了中国市民社会的形成。随着商品经济的繁荣,两宋时期不仅出现了一大批大、中、小商业城市与集镇,而且形成了杭州、开封、成都等全国著名商业大都市,第一次出现了城市平民阶层,呈现了中国古代社会前所未有的时代开放性。到了南宋,市民阶层更加壮大,世俗文化与世俗经济更加繁荣,意味着中国市民社会开始形成,开启了中国社会的平民化进程。正由于南宋时期出现了欧洲近代前夜的一些特征,如大城市兴起、市民阶层形成、手工业发展、商业经济繁荣、对外贸易发达、流通纸币出现、文官制度成熟等现象,美国、日本学者普遍把宋代中国称为"近代初期"。④

南宋促成了中国经济重心的南移。由于南宋商品经济的空前发展,有些学者甚至断言,宋代已经产生了资本主义萌芽。西方有学者认为南宋已处在"经济革命时代"。随着宋室南下,南宋经济的发展与繁荣,使江南成为全国经济最为发达的地区。南宋时期,全国经济重心完成了由黄河流域向

---

① 培根:《新工具》,商务印书馆 1984 年版,第 103 页。
② 马克思:《机械、自然力和科学应用》,人民出版社 1978 年版,第 67 页。
③ 费正清、赖肖尔:《中国:传统与变革》,江苏人民出版社 1995 年版,第 118—119 页。
④ 张晓淮:《两宋文化转型的新诠释》,载《学海》2002 年第 4 期。

长江流域的历史性转移，我国经济形态自此逐渐从自然经济转向商品经济，从封闭经济走向开放经济，从内陆型经济转向海陆型经济，这是中国传统社会发展中具有路标性意义的重大转折①。如果没有明清的海禁和极端专制的封建统治，中国的近代化社会也许会更早地到来。

南宋推进了中华民族的大融合。南宋时期，中国社会出现了第三次民族大融合。宋王朝虽然先后被同时代的女真、蒙古等少数民族所征服，但无论是前金还是后蒙，在其思想文化上，都被南宋所代表的先进文化所征服，融入中华民族的大家庭之中。10—13 世纪，中原王朝与北方游牧民族的时战时和、时分时合，使以农耕文化为载体的两宋文化迅速向北扩散播迁，女真、蒙古等少数民族政权深受南宋所代表的先进的政治制度、社会经济和思想文化的影响，表现出对南宋文化的认同、追随、仿效与移植，自觉不自觉地接受了先进的南宋文化，使其从文字到思想、从典章制度到风俗习惯均呈现出汉化趋势②。南宋文化改变了这些民族的文化构成，提高了文化层位，加速了这些民族由落后走向文明、走向进步的进程，从而在整体上提高了中国北部地区少数民族的文化水平。

南宋奠定了理学在封建正统思想中的主导地位。理学的形成与发展，是南宋文化对中国古代思想文化的重大贡献。南宋理宗朝时，理学被钦定为封建正统思想和官方哲学，确立了程朱理学的独尊地位，并一直垄断元、明、清三代的思想和学术领域长达 700 余年，其影响之深广，在古代中国没有其他思想可以与之匹敌③。同时，两宋时期开创了中国古代儒、佛、道"三教合流"的文化格局。与汉武帝"罢黜百家、独尊儒术"不同，南宋在大兴儒学的前提下，加大了对佛、道两教的扶持，出现了"以佛修心，以道养生，以儒治世"的"三教合一"的格局。自宋后，在古代中国社会中基本延续了以儒学为主体，以佛、道为辅翼的文化格局。

两宋对中国后世王朝政权稳定的影响。两宋王朝虽然国土面积前不及

---

① 参见葛金芳《南宋：走向开放型市场的重大转折》，载《杭州研究》2007 年第 2 期。
② 参见虞云国《略论宋代文化的时代特点与历史地位》，载《浙江社会科学》2006 年第 3 期。
③ 参见何忠礼《论南宋在中国历史上的地位和影响》，载《杭州研究》2007 年第 2 期。

汉唐,后不如元明清,却是中国封建史上立国时间最长的王朝。两宋王朝之所以在外患深重的威胁下保持长治久安的局面,很大程度上取决于两宋精于内治,形成了一系列的中央集权制度和民族认同感,因此,自宋朝后,中华民族"大一统"的思想深入人心,中国历史上再也没有出现过地方严重分裂割据的局面。

3. 南宋对杭州城市发展之影响

正是南宋经济、文化、社会各方面的高度发展,促成了京城临安的极度繁荣,使其成为12—13世纪最为繁华的世界大都会;也正是南宋带来的民族文化的大交流、生活方式的大融合、思想观念的大碰撞,形成了京城临安市民独特的生活观念、生活方式、性格特征、语言习惯。直到今天,杭州人所独有的文化特质、社会习俗、生活理念,都深深地烙上了南宋社会的历史印迹。

京城临安,一座巍峨壮丽的世界级的"华贵之城"。南宋朝廷以临安为行都,使杭州的城市性质与等级发生了根本性的巨大变化,从州府上升为国都,这是杭州城市发展的里程碑,杭州由此进入了历史上最辉煌的时期。南宋统治者对临安城的建设倾注了大量的心血,并倾全国之人力、物力、财力加以精心营造。经过南宋诸帝持续的扩建和改建,南宋皇城布满了金碧辉煌、巍峨壮丽的宫殿,与昔日的州治相比已不可同日而语。同时,南宋对临安府也进行了大规模的改造和扩建,南宋御街便是其中的杰出代表。南宋都城临安,经过100多年的精心营建,已发展成为百万人口以上的大城市,成为当时亚洲各国经济文化的交流中心,城市规模已名列十二三世纪时世界的首位。当时的杭州被意大利著名旅行家马可·波罗称赞为"世界上最美丽华贵之天城"。与此同时,12世纪的美洲和澳洲尚未被外部世界所发现,非洲处于自生自灭的状态,欧洲现有的主要国家尚未完全形成,北欧各地海盗肆虐,基辅大公国(俄罗斯)刚刚形成①。到了南宋后期(即13世纪中叶)临安人口曾达到150万—160万人,此时,西方最大最繁华的城市威尼斯也

---

① 参见何亮亮《从"南海一号"看中华复兴》,载《文汇报》2008年1月6日。

只有 10 万人口,作为世界最著名的大都会伦敦、巴黎,直至 14 世纪的文艺复兴时期,其人口也不过 4 万—6 万人①。仅从城市人口规模看,800 年前的杭州就已遥遥领先于世界各大城市。

京城临安,一座繁荣繁华的"地上天宫"。临安是全国最大的手工业生产中心。南宋临安工商业发达,手工业门类齐、制作精、分工细、规模大、档次高,造船、陶瓷、纺织、印刷、造纸等行业都建有大规模的手工业作坊,并有"四百一十四行"之说。临安是全国商业最为繁华的城市。城内城外集市与商行遍布,天街两侧商铺林立,早市夜市通宵达旦;城北运河樯橹相接、昼夜不歇;城南钱江两岸各地商贾海舶云集、桅杆林立。临安是璀璨夺目的文化名城。京城内先后集聚了李清照、朱熹、尤袤、陆游、杨万里、范成大、辛弃疾、陈起等一批南宋著名的文化人。临安雕版印刷为全国之冠,杭刻书籍为我国宋版书之精华。城内设有全国最高的学府——太学,规模最为宏阔,与武学、宗学合称"三学",临安的教育事业空前繁荣。城内文化娱乐业发达,瓦子数量、百戏名目、艺人人数、娱乐项目和场所设施等方面,也都是其他城市所无法比拟的。临安不但是全国政治中心,也是全国经济中心和文化中心。今日杭州之所以能成为"人间天堂",成为全国历史文化名城,成为我国七大古都之一,很大程度上就是得益于南宋定都临安,得益于南宋经济文化的高度繁荣。

京城临安,一座南北荟萃、精致和谐的生活城市。北方人口的优势,使南下的中原文化全面渗透到本土的吴越文化之中,形成了临安独特的社会生活习俗,并影响至今。临安的社会是本地居民与外来人员和谐相处的社会,临安的文化是南北文化交融、中外文化交流的结晶,临安的生活是中原风俗与江南民俗相互融合的产物。总之,南宋临安是一座兼容并蓄、精致和谐的生活城市。其表现为:一是南北交融的语言。经过南宋 100 多年流行,北方话逐渐融合到吴越方言之中,形成了南北交融的"南宋官话"。有学者指出:"越中方言受了北方话的影响,明显地反映在今日带有'官话'色彩的

---

① 参见何忠礼《论南宋在中国历史上的地位和影响》,载《杭州研究》2007 年第 2 期。

杭州话里。"①二是南北荟萃的饮食。自南宋起,杭人饮食结构发生了变化,从以稻米为主,发展到米、面皆食。"南料北烹"美食佳肴,结合西湖文采,形成了具有鲜明特色的"杭帮菜系",而成为中国古代菜肴的一个新的高峰。丰富美味的饮食,致使临安人形成了追求美食美味的饮食之风。三是精致精美的物产。南宋时期,在临安无论是建筑寺观,还是园林别墅、亭台楼阁和小桥流水,无不体现了江南的精细精致,更有陶瓷、丝绸、扇子、剪刀、雨伞等工艺产品,做工讲究、小巧精致。四是休闲安逸的生活。城市的繁华与西湖的秀美,使大多临安人沉醉于歌舞升平与湖山之乐中,在辛劳之后讲究吃喝玩乐、神聊闲谈、琴棋书画、花鸟鱼虫,体现了临安人求精致、讲安逸、会休闲的生活特点,也反映了临安市民注重生活与劳作结合的城市生活特色,反映了临安文化的生活化与世俗化,并融入今日杭州人的生活观念中。

七、挖掘南宋古都遗产,丰富千年古都内涵,推进"生活品质之城"建设

今天的杭州之所以能将"生活品质之城"作为自己的城市品牌,就是因为今日杭州城市的产业形态、思想文化、城市格局、园林建筑、西湖景观等方面都烙下了南宋临安的印迹;今日杭州人的生活观念、生活内涵、生活方式、生活环境、生活习俗,乃至性格、语言等方面,都与南宋临安人有着千丝万缕的历史渊源。因此,我们在共建共享"生活品质之城"的同时,就必须传承南宋为我们留下的丰富的古都遗产,弘扬南宋的优秀文化,吸取南宋有益的精神元素,不断充实千年古都的内涵,以此全面提升杭州的经济生活品质、文化生活品质、政治生活品质、社会生活品质和环境生活品质,让今日的杭州人生活得更加和谐、更加美好、更加幸福。

1. 传承南宋"经世致用"的务实精神,引领"和谐创业",提升杭州经济生活品质

南宋经济之所以能达到历史上的较高水平,我们认为主要是南宋"富民"思想和"经世致用"务实精神所致。南宋经济是农商并重、求真务实的经

---

① 参见徐吉军《论南宋定都杭州对当地经济文化的重大影响》,载《杭州研究》2007 年第 2 期。

济。南宋浙东事功学派立足现实，注重实用，讲究履践，强调经世，打破"重农轻商"传统观念和"厚本抑末"国策，主张"农商并重"，倡导轻徭薄赋、与民休息，实现藏富于民，最后达到民富国强。浙东事功学派的思想主张，为南宋经济尤其是商品经济的发展起到了推波助澜的作用，使南宋统治者逐步改变了"舍利取义"、"以农为本"的思想，确立了"义利并重"、"工商皆本"的观念，推动大批农村剩余劳动力不断涌入城市，从事商业、手工业、服务业等经济活动，促进了南宋经济的繁荣。同时，发达的南宋经济也是多元交融、开放兼容的经济，是士、农、工、商多种经济成分相互渗透的经济，是本地居民与外来人员多元创业的经济，是中原经济与江南经济相互融合的经济，是中外交流交换交融的经济。因此，南宋经济的繁荣，也是通过多元交流，在交融中创新、创造、创业的结果。

今日杭州，要保持城市综合实力在全国的领先优势，增强城市综合竞争力，不断提升城市经济生活品质，就应吸取南宋学者"富民"思想的合理内核，秉承南宋"经世致用"和"开放兼容"的精神，坚持"自主创新"与"对外开放"并重，推进"和谐创业"，实现内生型经济与外源型经济的和谐发展。今天我们传承南宋"经世致用"的务实精神，就要以走在前列、干在实处的姿态，干实事、求实效，开拓创新，将儒商文化融入到经济建设中，放心、放手、放胆、放开发展民营经济，走出一条具有杭州特色的创新发展之路。同时，秉承南宋"开放兼容"的精神，就要以更加开阔的视野、更加宏大的气魄，顺应经济全球化趋势，在更大范围、更广领域、更高层次参与国际分工和国际合作，提高杭州经济国际化程度，把杭州建设成为21世纪国际性区域中心城市、享誉国际的历史文化名城、创业与生活完美结合的国际化"生活品质之城"，不断提升杭州的经济生活品质。

2. 挖掘南宋"精致开放"的文化特色，弘扬"精致和谐、大气开放"的人文精神，提升杭州文化生活品质

"精致和谐、大气开放"，是杭州城市文化的最大特色。人们可以追溯到距今8000年的"跨湖桥文化"，从那里出土的一只陶器和一叶独木舟，去寻找杭州的"精致"与"开放"；可以在"良渚文化"精美的玉琮和"人、禽、兽三

位一体"的图腾图案中,去品味杭州的"精致"与"大气";也可以在吴越的制瓷、酿酒工艺和"闽商海贾"的繁荣景象中,去领略杭州的"精致"与"开放"。但是,我们认为能最集中、最全面体现"精致和谐、大气开放"的杭州人文特色的是南宋文化。南宋时期,临安不但出现了吴越文化与中原文化的大融合,也出现了南宋文化与海外文化的大交流。多民族的开放融合、多元文化的和谐交融,不但使南宋经济呈现出高度繁荣繁华,而且使南宋文化深深融入临安人的生活之中,也使杭州城市呈现出精致精美的特色。农业生产更加追求精耕细作,手工业产品更加精致精细,工艺产品更加精美绝伦,饮食菜肴更加细腻味美,园林建筑更加巧夺天工,诗词书画更加异彩纷呈。正是因为南宋临安既具有"多元开放"的气魄,又具有"精致精美"的特色,两者的相互渗透与融合,使杭州的城市发展达到了极盛时期,从而成为当时世界上最繁华的大都会。今天我们能形成"精致和谐、大气开放"的杭州人文精神,确实有其深远的历史渊源。

今天,我们深入挖掘南宋沉淀的、至今仍在发挥重要影响的文化资源,就是"精致精美"、"多元开放"的南宋人文特色。杭州"精致和谐、大气开放"的人文精神,既是对杭州历史文化的高度提炼,是"精致精美"、"多元开放"的南宋人文特色的高度概括,也是市委、市政府在新世纪立足杭州发展现实,谋划杭州未来发展战略,解放思想、实事求是、与时俱进、创新思维的结果。在思想观念深刻变化,经济体制深刻变革,社会结构深刻变动,利益格局深刻调整,国内外各种思想文化相互激荡的今天,杭州不仅要挖掘、重振南宋"精致精美"、"多元开放"的人文特色,使传统特色与时代精神有机结合,而且要用"精致和谐、大气开放"的城市人文精神来增强杭州人的自豪感、自信心、进取心、凝聚力,以更高的标准和要求、更宽的胸怀和视野、更大的气魄和手笔、更强的决心和力度,再创历史的新辉煌。

3. 借鉴南宋"寒门入仕"的宽宏政策,推进"共建共享",提升杭州政治生活品质

宋代打破了以往只有官僚贵族阶层才可以入仕参政的身份性屏障,采取"崇尚文治"政策,制定保护文士措施,以宽松、宽容的态度对待文人士

大夫,尊重知识分子,重用文臣,提倡教育和养士,优待知识分子,为宋代文人士大夫提供了一个敢于说话、敢于思考、敢于创造的空间,使两宋成为封建社会中思想文化环境最为宽松的时期。同时,由于"寒门入仕"通道的开辟,使一大批中小地主、工商阶层、平民百姓出身的知识分子得以通过科举入仕参政,士农工商成为从上到下各级官僚的重要来源,使一大批有才华、有抱负、懂得政治得失、关心民生疾苦的社会有识之士登上了政治舞台。这种相对自由的政治环境和不拘一格选拔人才的政策,不但为两宋政权的巩固,而且为整个两宋经济、文化、社会的发展提供了人才支撑和知识支撑。

南宋"崇文优士"的国策和"寒门入仕"、网罗人才的做法,对于今天正在致力于建设"生活品质之城"的杭州,为不断巩固人民群众当家作主的政治地位,形成民主团结、生动活泼、有序参与、依法治市的政治局面,提高人民群众政治生活品质方面都有着现实的借鉴意义。我们应借鉴南宋"尊重文士、重用文臣"的做法,尊重知识、尊重人才。要营造"凭劳动赢得尊重、让知识成为财富、为人才搭建舞台、以创造带来辉煌"的氛围,以一流环境吸引一流人才,以一流人才创造一流业绩,鼓励成功、宽容失败,真正做到事业留人、感情留人、适当待遇留人,从政治上、工作上、生活上关心、爱护人才,并将政治、业务素质好,具有领导能力的复合型人才大胆提拔到各级领导岗位上来。我们应借鉴南宋"寒门入仕"、广开言路的做法,推进决策科学化、民主化。要坚持党务公开、政务公开,按照"问情于民"、"问需于民"、"问计于民"的要求,深入了解民情,充分反映民意、广泛集中民智,不断完善专家决策咨询制度,建立有关决策的论证制和责任制,真心实意地听取并吸收各方专家学者的真知灼见,切实落实人民群众的知情权、参与权、选择权、监督权,推进决策科学化、民主化。我们应围绕建设"生活品质之城"的目标,营造全民"共建共享"的社会氛围。要引导全市广大干部群众进一步解放思想、更新观念、开拓创新,自觉地把提高生活品质作为杭州未来发展的根本导向和总体目标,贯彻落实到经济、政治、文化、社会建设和党的建设各个方面,在全市上下形成共建"生活品质之城"、共享品质生活、合力打造"生活品质之城"城市品牌的浓厚氛围,推进杭州又好又快地发展。

4. 借鉴南宋"体恤民生"的仁义之举,建设全民共享的"生活品质之城",提升杭州社会生活品质

两宋统治集团倡导"儒术治国",信奉儒家的济世精神。南宋理学的发展和繁荣,使新儒家"仁义"学说得到了社会各阶层的认可与效行。在这种思想的影响和支配下,使两宋在社会领域里初步形成了"农商并重"的格局,"士农工商"的社会地位较以往相对平等;在思想学术领域,"不杀上书言事者",使士大夫的思想言论较以往相对自由;在人身依附关系上,农民与地主、雇工与手工业主都较宋代以前相对松弛;在社会保障制度上,针对不同人群采取不同的社会福利措施,各种不同人群较宋前有了更多的保障。两宋的社会福利已经初具现代社会福利的雏形,尽管不同时期名称不同,救助对象也有所差异,但一直发挥着救助"鳏寡孤独老幼病残"的作用;两宋所采取的施粥、赈谷、赈银、赈贷、安辑和募军等措施,对缓解灾荒所造成的严重困难发挥了积极作用。整个两宋时期,在长达 320 年的统治过程中,尽管面对着严重的民族矛盾,周边先后有契丹(辽)、西夏、吐蕃、金、蒙古等政权的威胁,百姓负担也比前代沉重得多,但宋代大规模的农民起义却少于前代,这与当时人们社会地位相对平等、社会保障受到重视、家庭问题处理妥当不无关系。

南宋社会"关注民生"、"同情民苦"的仁义之举,尤其是针对不同人群建立的较为完备的社会保障体系,在构建社会主义和谐社会,建设覆盖城乡、全民共享的"生活品质之城"的今天,有着特别重要的现实意义。建设覆盖城乡、全民共享的"生活品质之城",既是一项长期的历史任务,又是一个重大的现实课题。要使"发展为人民、发展靠人民、发展成果由人民共享、发展成效让人民检验"的理念落到实处,就必须把老百姓的小事当作党委、政府的大事,以群众呼声为第一信号,以群众利益为第一追求,以群众满意为第一标准,树立起"亲民党委"、"民本政府"的良好形象。要始终坚持以人为本、以民为先的理念,既要关注城市居民,又要关注农村居民;既要关注本地居民,又要关注外来创业务工人员;既要关注全体市民

生活品质的整体提高,又要特别关注困难群众、弱势群体、低收入阶层生活品质的明显改善。要始终关注老百姓的衣食住行、安危冷暖、生老病死,让老百姓能就业、有保障,行得便捷、住得宽畅,买得放心、用得舒心,办得了事、办得好事,拥有安全感、安居又乐业,让全体市民共创生活品质、共享品质生活。

5. 整合南宋"安逸闲适"的环境资源,打造"东方休闲之都",提升杭州环境生活品质

杭州得天独厚的自然山水环境,经过南宋100多年来"固江堤、疏西湖、治内河、凿新井"、"建宫城、造御街、设瓦子、引百戏"等多方面的措施,形成都城"左江(钱塘江)右湖(西湖)、内河(市区河道)外河(京杭运河)"的格局,使杭州的生态环境、旅游环境、休闲环境大为改观,极大地丰富了杭州的旅游资源。南宋为我们留下的不但是一面"南宋古都"的"金字招牌",还留下了"安逸闲适"的休闲环境和休闲氛围。在"三面云山一面城"的独特环境里,集中了江、河、湖、溪与西湖群山,出现了大批的观光游览景点,并形成了著名的"西湖十景"。沿湖、沿河、沿街的茶肆酒楼,鳞次栉比,生意兴隆;官私酒楼、大小餐馆充满着"南料北烹"的杭帮菜肴和各地名肴;大街小巷布满大小馆舍旅店,是外地游客与应考士子的休息场所。同时,临安娱乐活动丰富多彩,节庆活动繁多。独特的自然山水,休闲的环境氛围,使临安人注重生活环境,讲究生活质量,追求生活乐趣。不但皇亲国戚、达官贵人纵情山水,赏花品茗,过着"高贵奢华"的休闲生活;而且文人士大夫交接士朋,寄情适趣,热衷"高雅脱俗"的休闲生活;就是普通百姓也往往会带妻携子,泛舟游湖,享受"人伦亲情"的山水之乐。

今天的杭州人懂生活,会休闲,讲究生活质量,追求生活品质,都可以从南宋临安人闲情逸致的生活态度中找到印迹。今天的杭州正在推进新城建设、老城更新、环境保护、街区改善等工程,都可以从南宋临安对"左江右湖、内河外河"的治理和皇城街坊、园林建筑的建设中得到有益启示。杭州要打造"东方休闲之都",共建、共享"生活品质之城",建设国际旅游休闲中心,就必须重振"南宋古都"品牌,充分挖掘南宋文化遗产,珍惜杭州为数不多的地

上南宋遗迹。进一步实施好"西湖"、"西溪"、"运河"、"市区河道"等综合保护工程;推进"南宋御街"——中山路有机更新,以展示杭州自南宋以来的传统商业文化;加强对南宋"八卦田"景区的保护与利用,以展示南宋皇帝"与民同耕"的怀古场景;加强对南宋官窑遗址的保护与利用,以展示南宋杭州物产的精致与精美;加强对南宋皇城遗址和太庙遗址的保护利用,以展示昔日南宋京城的繁荣与辉煌。进入21世纪的杭州,不但要保护、利用好南宋留下的"三面云山一面城"的"西湖时代",更要以"大气开放"的宏大气魄,努力建设好"一主三副六组团六条生态带"的大都市空间格局,形成"一江春水穿城过"的"钱塘江时代",实现具有千年古都神韵的文化名城与具有大都市风采的现代化新城同城辉映。

序　言

徐　规

　　靖康之变,北宋灭亡。建炎元年(1127)五月初一日,宋徽宗第九子、钦宗之弟赵构在应天府(河南商丘)即帝位,重建宋政权。不久,宋高宗在金兵的追击下一路南逃,最终在杭州站稳了脚跟,并将此地称为行在所,成为实际上的南宋都城。

　　南宋自立国起,到最终为元朝灭亡(1279),国祚长达一百五十三年之久。对于南宋社会,历来评价甚低,以为它国力至弱,君臣腐败,偏安一隅,一无作为。近代以来,一些具有远见卓识的史学家却有不同看法,如著名史学大师陈寅恪先生在上个世纪四十年代初指出:

　　　　华夏民族之文化,历数千载之演进,造极于赵宋之世。①

著名宋史专家邓广铭先生更认为:

　　　　宋代是我国封建社会发展的最高阶段,两宋期内的物质文明和精神文明所达到的高度,在中国整个封建社会历史时期之内,可以说是空前绝后的。②

　　很显然,对宋代的这种高度评价,无论是陈寅恪还是邓广铭先生,都没

---

① 《金明馆丛稿二编》,三联书店 2001 年版。
② 《关于宋史研究的几个问题》,载《社会科学战线》1986 年第 2 期。

有将南宋社会排斥在外。我以为,一些人之所以对南宋贬抑至深,在很大程度上是出于对患有"恐金病"的宋高宗和权相秦桧一伙倒行逆施的义愤,同时从南宋对金人和蒙元步步妥协,国土日朘月削,直至灭亡的历史中,似乎也看到了它的懦弱和不振。当然,缺乏对南宋史的深入研究,恐怕也是其中的一个原因。

众所周知,南宋历史悠久,国土虽只及北宋的五分之三,但人口少说也有五千万人左右,经济之繁荣,文化之辉煌,人才之众多,政权之稳定,是历史上任何一个偏安政权所不能比拟的。因此,对南宋社会的认识,不仅要看到它的统治集团,更要看到它的广大人民群众;不仅要看到它的军事力量,更要看到它的经济、文化和科学技术等各个方面,看到它的人心之所向。特别是由于南宋的建立,才使汉唐以来的中华文明在这里得到较好的传承和发展,不至于产生大的倒退。对于这一点,人们更加不应该忽视。

北宋灭亡以后,由于在淮河、秦岭以南存在着南宋政权,才出现了北方人口的大量南移,再一次给中国南方带来了充足的劳动力、先进的技术和丰富的生产经验,从而推动了南宋农业、手工业、商业和海外贸易显著的进步。

与此同时,南宋又是中国古代文化最为光辉灿烂的时期。它具体表现为:

一是理学的形成和儒学各派的互争雄长。

南宋时候,程朱理学最终形成,出现了以朱熹为代表的主流派道学,以胡安国、胡宏、张栻为代表的湖湘学,以谯定、李焘、李石为代表的蜀学,以陆九渊为代表的心学。此外,浙东事功学派也在尖锐复杂的民族矛盾和阶级矛盾的形势下崛起,他们中有以陈傅良、叶适为代表的永嘉学派,以陈亮、唐仲友为代表的永康学派,以吕祖谦为代表的金华学派。理宗朝以前,各学派之间互争雄长,呈现出一派欣欣向荣的景象。

二是学校教育的大发展,推动了文化的普及。

南宋学校教育分中央官学、地方官学、书院和私塾村校,它们在南宋都获得了较大发展。如南宋嘉泰二年(1202),仅参加中央太学补试的士人就达三万七千余人,约为北宋熙宁(1068—1077)初的二百五十倍①。州县学在北宋虽多次获得倡导,但只有到南宋才真正得以普及。两宋共有书院三百九十七所,其中南宋占三百一十所②,比北宋的三倍还多,著名的白鹿洞、象山、丽泽等书院,都是各派学者讲学的重要场所。为了适应科举的需要,私塾村校更是遍及城乡。学校教育的大发展,有力地推动了南宋文化的普及,不仅应举的读书人较北宋为多,就是一般识字的人,其比例之大也达到了有史以来的高峰。

三是史学的空前繁荣。

通观整个南宋,除了权相秦桧执政时期,总的说来,文禁不密,士大夫熟识政治和本朝故事,对国家和民族有很强的责任感,不少人希望借助于史学研究,总结历史上的经验和教训,以供统治集团作为参考。另一方面,南宋重视文治,读书应举的人比以前任何时候都多,对史书的需要量极大,许多人通过著书立说来宣扬自己的政治主张,许多人将刻书卖书作为谋生的手段。这样就推动了南宋史学的空前繁荣,流传下来的史学著作,尤其是本朝史,大大超过了北宋一代。南宋史家辈出,他们治史态度之严肃,考辨之详赡,一直为后人所称道。四川路、两浙东路、江南西路和福建路都是重要的史学中心。四川路以李焘、李心传、王称等人为代表,浙东以陈傅良、王应麟、黄震、胡三省等人为代表,江南西路以徐梦莘、洪皓、洪迈、吴曾等人为代表,福建路以郑樵、陈均、熊克、袁枢等人为代表。他们既为后世留下了宝贵的史料,也创立了新的史学体例,史书中反映的爱国思想也对后世史家产生了重大影响。

四是公私藏书十分丰富。

南宋官方十分重视书籍的搜访整理,重建具有国家图书馆性质的秘书省,规模之宏大,藏书之丰富,远远超过以前各个朝代。私家藏书更是随着

---

① 《宋会要辑稿》崇儒一之三九。
② 参见曹松叶《宋元明清书院概况》,载《中山大学语言历史研究所周刊》第10集,第111—115期,1929年12月至1930年版。

雕版印刷业的进步和重文精神的倡导而获得了空前发展。两宋时期,藏书数千卷且事迹可考的藏书家达到五百余人,生活于南宋的藏书家有近三百人①,又以浙江为最盛,其中最大的藏书家有郑樵、陆宰、叶梦得、晁公武、陈振孙、尤袤、周密等人,他们藏书的数量多达数万卷至十数万卷,有的甚至可与秘府、三馆等。

五是文学、艺术的繁荣。

南宋是中国古代文学、艺术繁荣昌盛的时代。词是两宋最具代表性的文学形式。据唐圭璋先生所辑《全宋词》统计,在所收作家籍贯和时代可考的八百七十三人中,北宋二百二十七人,占百分之二十六;南宋六百四十六人,占百分之七十四,李清照、辛弃疾、陆游、姜夔、刘克庄等都是南宋杰出词家。宋诗的地位虽不及唐代,但南宋诗就其数量和作者来说,大大超过了北宋。有北方南移的诗人曾几、陈与义,有"中兴四大诗人"之称的陆游、杨万里、范成大、尤袤,有同为永嘉(浙江温州)人的徐照、徐玑、翁卷、赵师秀,有作为江湖派代表的戴复古、刘克庄,有南宋灭亡后作"遗民诗"的代表文天祥、谢翱、方凤、林景熙、汪元量、谢枋得等人。此外,南宋的绘画、书法、雕塑、音乐、舞蹈以及戏曲等,都在中国文化史上占有一定的地位。

在日常生活中,南宋的民俗风情、宗教思想,乃至衣、食、住、行等方面,对今天的中国也有着深刻影响。

南宋亦是我国古代科学技术发展史上最为辉煌的时期,正如英国学者李约瑟所说:"对于科技史家来说,唐代不如宋代那样有意义,这两个朝代的气氛是不同的。唐代是人文主义的,而宋代较着重科学技术方面……每当人们在中国的文献中查找一种具体的科技史料时,往往会发现它的焦点在宋代,不管在应用科学方面或纯粹科学方面都是如此。"②此话当然一点不假,不过如果将南宋与北宋相比较,李约瑟上面所说的话,恐怕用在南宋会更加恰当一些。

---

① 参见《中国藏书通史》第五编第三章《宋代士大夫的私家藏书》,宁波出版社2001年版。

② 李约瑟:《中国科学技术史·导论》,中译本,北京科学出版社1990年版。

首先，中国古代四大发明中的三大发明，即就指南针、火药和印刷术而言，在南宋都获得了比北宋更大的进步和更广泛的应用。别的暂且不说，仅就将指南针应用于航海上，并制成为罗盘针使用这一点来看，它就为中国由陆上国家向海洋国家的转变创造了技术上的条件，意义十分巨大。再如，对人类文明作出重大贡献的活字印刷术虽然发明于北宋，但这项技术的成熟与正式运用是在南宋。其次，在农业、数学、医药、纺织、制瓷、造船、冶金、造纸、酿酒、地学、水利、天文历法、军器制造等方面的技术水平都比过去有很大进步。可以这样说，在西方自然科学没有东传之前，南宋的科学技术在很大程度上代表了中国封建社会科学技术的最高水平。

南宋军事力量虽然弱小，但军民的斗争意志异常强大。公元1234年，金朝为宋蒙联军灭亡以后，宋蒙战争随即展开。蒙古铁骑是当时世界上最为强大的军队，它通过短短的二十余年时间，就灭亡了西夏和金，在此前后又发动三次大规模的西征，横扫了中亚、西亚和俄罗斯等大片土地，前锋一直打到中欧的多瑙河流域。但面对如此劲敌，南宋竟顽强地抵抗了四十五年之久，这不能不说是世界战争史上的一个奇迹。从中涌现出了大量可歌可泣的英雄人物，反映了南宋军民不畏强暴的大无畏战斗精神，他们与前期的岳飞精神一样，成为中华民族宝贵的精神财富。

古人有言："以古为镜，可以知兴替。"近人有言："古为今用，推陈出新。"前者是说，认真研究历史，可为后人提供历史上的经验和教训，以少犯错误；后者是说，应该吸取历史上一切有益的东西，通过去粗取精，改造、发展，以造福人民。总之，认真研究历史，有利于加强精神文明的建设，也有利于将我国建设成为一个和谐、幸福的社会。

对于南宋史的研究，以往已经有不少学者作了辛勤的努力，获得了许多宝贵的成果，这是应该加以肯定的。但是，不可否认，与北宋史相比，对南宋史的研究还不够，需要进一步探讨的问题、需要填补的空白尚有很多。现在杭州市社会科学院南宋史研究中心在省市有关部门的大力支持下，在全国广大南宋史学者的积极支持和参与下，计划用五六年的时间，编纂出一套五十卷本的《南宋史研究丛书》，对南宋的政治、经济、军事、学术思想、文化艺术、科学技术、重要人物、民俗风情、宗教信仰、典章制度和故都历史进行全面的、系统的、深入的研究。这确实是一项有胆识、有魄力的大型文化工程，不仅有其重要的学术价值，更有其重要的现实意义。当然，这也是曾经作为南宋都城的杭州义不容辞的责任。我相信，随着这套丛书的编纂成功，将会极大地推动我国南宋史研究的深入开展，对杭州乃至全国的精神文明建设都有莫大的贡献，故乐为之序。

2006 年 8 月 8 日于杭州市道古桥寓所

目　　录

绪　　论

（一）

　　早在二千余年前，我们的祖先就提出了农业——尤其是种植业乃"天下之大业"的说法①，重本抑末，遂成为中国古代最重要的经济理论之一。重农抑商，是秦汉王朝以来历代奉行不悖的基本国策，而在南宋，则创立了农工商并重的新思维。公元 1274 年，黄震（1213～1280）就已提出："民生性命在农，国家根本在农，天下事莫重于农②。"这种卓越的思想，既是对一千余年古代重农情结的总结，也是对后人极具启迪的精辟之论。这一名言，也在某种程度上道破了南宋在内忧外患中苦苦支撑了 153 年之久的重要原因之一——重视农业。农业，在中国古代是国民经济最重要的支柱产业。农业、农民、农村经济，也成了中国古代经济史研究长盛不衰的热门课题，其论著之多，堪称目不暇接。

　　南宋农业概括而言，因人口南移、国土促狭而导致的粮食压力及因军费开支而造成的财政危机，使农业承受更为沉重的负担，因而只能向生产的深度和广度进军。水利田和梯田的开发，沿边屯营田的开垦，扩大了农田面积。较之北宋熙丰时期掀起的农田水利建设高潮而言，南宋的水利更具持

---

①　《盐铁论·水旱》，《四库全书》影印文渊阁本。
②　《黄氏日抄》卷七八《咸淳八年劝农文》。类似之论甚多，如刘才邵（1086～1158）《檆溪居士集》卷一〇《中书后省召试武臣换文资策问》云："足国裕民之术，莫先于务农。"

久、经常修复的特点,而且探索出一条大中型水利官修为主,小型水利维修民办公助的经营模式,地方乡绅与富户扮演了小型水利兴修和管理主角的模式。南宋时期,土地买卖更为盛行,"千年田换八百主"成为颇为恰切的概括。在成批官田的出售中,在我国历史上首开招标竞买(实封投状)的拍卖方式。但官僚依赖权势,大地主、富商以雄厚的实力巧取豪夺,仍然导致土地兼并和高度集中。自耕农拥有土地户均数较北宋下降,下户、无产税户及雇农等贫困户比重上升,租佃经济成为农村最主要的经营方式。赋役负担不断加重,二税之外有各种苛敛杂税和附加,使农民负担极重。另一方面,由于稻麦二熟制为主的连作制及精耕细作耕作模式的推广,有效提高粮食单产和总产,为商品性农业的发展,园艺及经济作物的扩种开辟了广阔的前景,使南宋农业经济出现农林牧副渔全面发展的景象。其农业生产力发展水平之高,居当时世界领先地位。

南宋农业中最显著的特点之一,是租佃制发展到前所未有的历史阶段。从某种意义上而言,租佃经济是南宋农业及农村经济发展最重要的动力。租佃经济的主体是农民,其中既有占有生产资料的自耕农、半自耕农,也有主要靠租种土地生活的贫下户及完全没有土地的佃农。正是他们的创造性劳动,创造了南宋王朝的物质财富。其法律意义上的政治地位和生活状况较之前朝及后代有明显的改善,因而在生产劳动中有较高的热情和积极性,其所创造的高度发达的农业生产力,在当时世界处于独领风骚的领先地位。作为租佃经济的另一面,是南宋王朝的统治基础——地主(田主)占有80%以上的生产资料——土地资源,主要靠剥削佃农发家致富,同时也向国家交纳巨额税赋,与农民共同创造及铸就了南宋较高的物质文明和精神文明。

南宋较之北宋而言,在土地制度方面,"不立田制",不抑兼并,以更强的力度持续推进。土地所有权与经营权的分离更为广泛,土地买卖极为盛行,有关法律日益严密,土地所有权的转移更加频繁,租佃经济与土地买卖成为南宋农业的本质特点。贫富差距、两极分化继续加大。

农民,是农业的主体。传统农业中最可贵及内容最丰富的即为农民在长期实践中所创造和总结的经验和技术。不仅有大田作物的栽培技术,精耕细作的稻作模式;棉花在长江流域的推广及油菜栽培的普及是最引人注目的南宋农业划时代事件。还有各种经济作物的管理,果树的嫁接、整枝、蔬菜的间作套种,园艺花卉的栽培,茶树的种植和采摘、加工技术,经济作物的开发栽种,各种作物的留种保纯,病虫害的防治,乃至桑蚕业的饲养、加工,水产品的捕捞、运输、育苗和人工养殖,家禽、家畜的喂养、繁殖、疾病防治;植树造林,改善生态环境以及农产品的加工、冷藏、储运,农器具的创新、开发、综合利用等等,南宋时代,几乎在各个领域都取得创新、突破或长足进步。即使从技术进步的层面考察,也取得了划时代的进步。农书的大量涌现,为农业技术进步理论化的显著标志之一。南宋农业的局限性在于因人口剧增,农田及商品农业的过度开发导致毁林开荒、围湖造田等破坏生态平衡的现象不断产生。

中国古代农业从总体而论,属于小农经济,即以家庭为基础的自给自足的自然经济为主。为了求得温饱,只能在有限的土地上不惜工本投入,以追求较高的单产,体现了集约化经营的模式。从宋代开始,尤其是南宋,集约经营的方式开始向多样性转化。随着经济作物的扩大,商品性农业初具规模,越来越多的专业户成批涌现,出现了农林牧副渔业全面发展的态势。已不再是男耕女织,以粮食、蚕桑、麻为主的传统单一模式,开始出现了多种经营、多熟种植,综合利用土地、水利等资源,以获取更高收益的崭新经营理念。如果说这种理念在先秦已经萌芽,经历代的培养,至南宋已有明显突破。陈旉的《农书》虽然篇幅不大,但却在经营思想的理论总结上有划时代的意义。首先,他提出了量力而行,切忌"贪多务得"的理念。引用农谚所谓"多虚不如少实,广种不如狭收",阐述了"农之治田,不在连阡跨陌之多,唯其财力相称",精耕细作,"则丰穰可期"①。即农业应以精细经营提高单产和效益为原则。

南宋农业生产力所达到的水平和高度应是前无古人的,其创造的物质财富也是极为丰富的。南宋政府困于立国之需,一直奉行战时财政体制,其

---

① 《农书》卷上《财力之宜》。

对百姓的苛敛重赋也是极为罕见的,朱熹(1130～1200)的一句话作了十分真切的概括:"古者刻剥之法,本朝皆备①。"论者多以为国家财政收支的80%以上用于养兵和备战,这固然没有错;但他们却忽略了南宋的权臣贵戚、大将宗室、兼并豪富乃至道释之流也通过巧取豪夺,积累了大量财富,导致了社会的两极分化和百姓尤其是佃农的极端贫困化。颇有史识的爱国诗人陆游(1125～1210)就曾指出过这一点。他说:"自古财货不在民又不在官者何可胜数。或在权臣,或在贵戚近习,或在强藩大将,或在兼并,或在老释。方是时也,上则府库殚乏,下则民力穷悴,自非治世。何代无之! 若能尽去胜者之弊,守之以悠久,持之以节俭,何止不加赋而上用足哉②!"这与其说是陆游驳斥司马光(1019～1086)之论,还不如说是他对南宋现实社会的有感之发及对政府现行政策的抨击。

乾道九年(1173)六月二十八日,在位执政已十二年之久的宋孝宗发布诏令,不无感慨地说:即位以来,奉行"天下之本,在乎务农"的国策,但却事与愿违,"志勤效浅"。"度地非益广,而耕者不足于力;度民非益蕃,而贫者不足于食;间遇水旱,散财发粟而犹以病告。岂吏之不良,政之不平,夺吾民时欤,抑从事于末者众而游手仰给者多欤③!"从宋孝宗的反思中可知,他对当时农业生产的发展现状十分不满,他将原因归咎于"吏之不良,政之不平",未免太轻描淡写。正是赋役政策的空前苛重及吏治的十分腐败,极大挫伤农民的积极性;社会分配的严重不公,导致贫下户及佃农的极端贫困化。另外,人口压力虽是一个原因,但却为手工业、商业、社会服务业的发展提供了广阔的人力资源,也促进了商品性农业的飞跃发展。人口对经济而言是双刃剑,在中国古代尤其如此。

早在一百余年前,恩格斯在《致瓦·博尔吉乌斯(1894)》一文中尝精辟地指出:"政治、法律、哲学、宗教、文学、艺术等的发展,是以经济发展为基础

---

① 《朱子语类》卷一一〇《论财赋》。
② 《陆游集·渭南文集》卷二五《书通鉴后》。
③ 《宋会要辑稿》食货六三之二二〇。

的①。"在中国古代,农业就更是经济发展的基础,对上层建筑、意识形态有举足轻重的作用。从某种意义上而言,正是高度发展的宋代农业文明,孕育了天水一朝令人歆羡的精神文明②。

历史的岁月流逝了八百余年,南宋农业存在的深层次问题,仍然成为当代亟待解决的焦点。诸如农业生产发展模式依然粗放,没有摆脱小农经济的格局,离规模农业、集约农业、生态农业的现代化要求仍有很长的路要走;粮食生产依然仍是农业的重中之重,即使在全球范围内,供求矛盾仍然十分突出;农民增收创收的机制仍有待完善,社会保障体系,公共服务体系,医保、养老、农民子女的教育等仍然滞后,亟待改善;城乡差别进一步加大,老少边穷地区的持续发展缺乏投入,与经济发达地区的差距十分明显,农村经济的建设与发展任重而道远。总结历史的经验,尤其是南宋农业"与时俱进"的转型与改革的经验教训,无疑可以起以史为鉴的作用。以上是笔者研究南宋农业史以来的一些感慨或体会。

(二)

接受撰写《南宋农业史》书稿时,内心未免忐忑,过去虽业余有过研究宋代经济史的经历,但不过浅尝辄止。无论从知识积累、学术成果而论,无疑有比我更合适的作者,如台湾大学的梁庚尧教授。他曾多年致力于南宋农业、农民与农村经济的研究,撰有《南宋的农地利用政策》(台大文史丛刊,1977年)、博士论文《南宋的农村经济》(联经出版事业公司,1984年),其论文集《宋代社会经济史论集》(允晨文化,1997年)中,也有《宋元时代的苏州》、《南宋的社仓》等与南宋农业史相关的力作。上述论著,注重微观研究,史料考据扎实,而又持论审慎,不乏创见;其功力之深,持论之精,超过了许多前辈著名学者。笔者在拜读梁教授的大著中,堪称获益匪浅。

---

① 《马克思恩格斯选集》中文本,第4卷,第502页,人民出版社,1972年。
② 宋代的精神文明大致包括科学技术进步及学术思想文化两大层面。朱熹早就指出:"国朝文明之盛,前世莫及"(《楚辞集注》第300页,上海古籍出版社,1979年)。参阅拙撰《范仲淹评传》第296~297页(南京大学出版社,2001年)。

我只有从认真深入的学习起步。漆侠先生的《宋代经济史》(上海人民出版社,1987~1988年)是绕不过去的巨著,其上册与下册的22章、33章均与宋代农业史相关,因史料的关系,该书侧重于北宋。华山先生是较早研究宋代经济史的学者,他的论文集《宋史论集》(齐鲁书社,1982年)中约有半数篇幅与宋代农业史有关,尤其是《关于宋代农业生产的若干问题》是一篇罕见的力作。近年出版的梁太济《两宋阶级关系的若干问题》(河北大学出版社,1998年)、《陈智超自选集》(安徽大学出版社,2003年)中的相关论文,及其撰写的《中国封建社会经济史》第三卷第二、三、四章(齐鲁书社,1997年)更是常置案头的必读书,从中获益匪浅。

海外前辈学者周藤吉之教授《宋代经济史研究》、《唐宋社会经济史研究》(分见东京大学出版会1963、1965年),曾我部静雄先生《宋代财政史》(东京大安株式会社,1942年)、《宋代政经史研究》(吉川弘文馆,1974年),柳田节子教授《宋元乡村制研究》(创文社,1986年)等是20世纪80年代末东渡扶桑时就已拜读过的名著。对日本学者治学的认真,涉猎之广,视野之宽,功力之深,持论之精,深感震惊。

20世纪80年代以来,有关宋代农业史的论文数以百计,我订有一份"人大复印资料(k23)",凡相关论文多已检阅,堪称"选精"、"集粹",亦使我大开眼界。

更重要的是:我在日本时,曾在名古屋图书馆借阅过大量的台湾影印文渊阁四库全书本宋人文集,摘抄了大量卡片。近两年半来,我又通读了《宋会要辑稿》、《通考》、《系年要录》及刚出版的《全宋文》(南宋部分)、《永乐大典》影印本等,从中搜集了大量资料,制作了数以千计的卡片。四库全书电子版及李之亮编撰的系列工具书提供了极大检索和考证史料的方便,省了许多翻检之劳。

笔者认为:历史研究,从某种意义而言,即对历史进行诠释。研究者个人的观点、见解,固然是其题中之义。但更重要的:应是一切从史实出发,对史料进行竭泽而渔式尽可能广泛的搜集,并对此进行去伪存真、去粗取精的考辨,从而进行由此及彼、由表及里的分析(此为宋史泰斗邓广铭先生的教海），才有可能使这种诠释有理有据，更符合所研究历史时段的客观真相。至于揭示出若干规律性的结论，就更是学术研究的最高境界，也是笔者近30年业余治学追求的目标。从这个意义上而言，尽管本书也许有某些新意，但远没有达到这样的悬鹄，唯愿力求下一本书能写得更好些。

数据在经济史的研究中十分重要。如某一数据不搞清其所处的时段、地区即时空范畴；又如某文士的某一首诗不弄清其创作时间和所任官地点，或含糊其辞，往往会导致"差之毫厘，失之千里"的后果。而这类极琐细的考据往往需要耗费大量的时间和精力，有时还需学养和识力的积累才能解决问题。如果不加分析罗列一大堆史料，谈不上研究。在我看来，今天仍要大力倡导考据之学。当然，互联网时代，今天的技术手段、检索功能，大量索引类书的出版，已提供了乾嘉学者以来无法想象的治学条件，但真正经得起时代和历史检验的研究成果，还必须靠扎实的史料功底和"四把钥匙"之类的功力，才有希望有所发现，有所突破。自知离这样的史学研究最高境界尚有很长的路要走。

在宋代经济史乃至中国古代经济史的研究中，有一难题始终困扰着笔者，即对许多经济现象很难作出哪怕是大体上正确的定量分析和判断，因此也很难作出有把握的定性分析。笔者在本书中试图对这些难解之谜作些探索，主要集中在产量、人口、耕地及农业生产力水平的估测等方面。这种探索与尝试，下的是"笨工夫"，这也是本书"难产"的主要原因。

计量经济史，是经济史研究的分支学科，定量分析对于定性研究有十分重要的意义，但定量分析却困难重重，往往举步维艰，进退两难。首先是古人几无数量概念，在涉及人口、产量、田亩等数据时往往率意而论，或凭想像，或据估计，或据推论，很少有符合实际的或合乎情理的数据。明细数与合计数，几乎无一相合。宋代印刷术极为发达，却极少有如敦煌、吐鲁番文书之类一手的籍账资料出土，甚至连当时数目浩瀚的官方人口、赋税、田亩等簿册亦几无一存世。刻书数量字中的形近而讹，如"千"、"十"之类又十分严重，均妨碍比较正确数据的获得。更重要的是对复杂多变的户口、赋税、土地制度的相关史料的解读水平还亟待提高，有些是方法论的谬误，却被奉为不易之论。因此,对史料的考辨和解读,就成为计量经济研究的必要前提,稍一忽略,就会导致"差之毫厘,失之千里"的重大失误,贻笑大方。度量衡制的变化与不统一,导致的误解等等均不可忽视。

最后,更为棘手的问题是宋代度量衡制度的复杂多变及其换算问题。今之学术界已人言人殊,在目前尚无权威定论的情形下,姑从郭正忠遗著之说①,即宋斤约当今 640 克(每两 40 克)。宋尺(太府或三司布帛尺)约合 31.3 厘米,淮尺略大,约合 32.9 厘米;浙尺较小,约为 27.4 厘米;闽尺则 27 厘米;京尺则有加二和加三淮尺之别。宋亩较今市亩为小,约为今市亩之 0.86。由于江南田亩通常以浙尺丈量,则又为宋亩之 0.79 左右,宋代江南之亩约合今市亩的 0.68 左右。宋代的量斛最为复杂,至少在 33 种以上,其量值也为对应的 33 种之多:即从 50 升至 190 升之石不等而多有。其中常用的乃百升之石和省斛(83 升之石),即足斛一斛约折省斛 1.2 斛。南宋中后期则江南较多地使用加三斛,即 135 升之石,而 1 宋斗约当 0.7 市斗,这两种因素约可抵消。南宋则同时行用 5 斗斛,以 2 斛为 1 石,因而出现 5 斗斛与 1 石斛并行为官斛的奇特现象。1 石约合 120 宋斤②。好在本书一般不将主要经济指标作纵向对比,如与唐、元、明代作比较,否则其度量衡制的换算就更复杂。

(三)

中国经济史学界的泰斗吴承明先生曾在批判西方"二元经济论"者认为一切传统的东西都是落后的,只能起历史惰性作用的基础上,深刻揭示我国传统经济中有其能动积极的因素,这种"内部能动因素",曾对现代化有促进作用。他还特别指出:"以高度集约化耕作为特点、单产居世界之冠的我国传统农业,至今还是我国工业化的基础③。"这是对农业为基础观念最精辟的阐释。今天长三角地区的辉煌,正是奠基于两宋尤其是南宋时期创造的农

---

① 郭正忠:《三至十四世纪中国的权衡度量》,中国社会科学出版社,1993 年。
② 《事林广记·别集》卷六《算法类》,中华书局,1963 年。
③ 《中国近代农业生产力的考察》,《中国经济史研究》1988 年第 2 期。

业和工商业奇迹。据海内外学者的微观研究,其生产力水平在当时无疑居于世界领先地位。经济的起飞,无疑应有深厚的历史积淀。吴承明先生还曾精辟指出:"解释历史不是重建过去,而是今人与古人(历史文献)'问答',从交流中得到创新性见解。"又说:古代经济史研究,"要依靠微观分析来积累资料、提供思路和实证论点";"微观分析不仅是宏观研究的基础,历史事物的一些发现,亦常出自微观。""微观分析与宏观考察相结合的方法","具有普遍意义,应当提倡和推广①。"我曾有幸多次亲聆吴老謦欬,对吴老的博学精思,向有高山仰止之叹。

　　本书的撰写力图以实证为基本原则,注重考据即对史料的考辨,尽可能采用以经济学与历史学相结合的经济史学的叙述与分析并重的方法,兼顾横向与纵向的关联和整合,特别关注各经济区域的不同发展模式及态势,注意生态与社会环境对南宋社会经济的影响,力求比较真实地再现南宋农业、农民、农村经济的概况。遵循历史主义的要求,任何经济理论,不论其如何出色,对于经济史学而言只是一种经济分析的方法。因此,本书以较多的篇幅注重于南宋生产力水平的考察而不拘泥于生产关系及社会经济形态的定性。笔者认为:一部好的经济史专著,应有明确的历史观及体现一定水平的史学修养,从自然条件、地理环境、政治制度、社会结构、思想文化、风俗民情等各个方面考察社会经济的发展与演变,这应是一种立体的互动关系。

　　南宋的社会经济总量与农业生产力发展水平主要体现在人口、垦田、总产、亩产及农民的生活水平等方面,可分为宏观及微观两大指标体系。吴承明先生曾精辟指出:"衡量发展的标准应包括生产关系的进化和生产力的进步;后者表现为资源配置的合理化。……这在历史上从两方面反映出来,一是国富,二是民富。国富是综合国力,国家的总供给能力,可以从人口和土地的宏观数据来推测,属宏观经济范畴。民富则属微观经济范畴,主要从亩

---

①　吴承明:《多视角看历史:地域经济史研究的新方向》,刊《江南的城市工业与地方文化·序》,清华大学出版社,2004年。

产和家计即家庭消费上体现出来。①"笔者认为,这是衡量中国传统经济"增长"与"发展"理论极为透辟的概括,也是对中国古代社会农业生产力发展水平作出评估的十分恰当合理的指标设定。

学术贵在创新,如果只是陈陈相因,综述或概括前人论著的观点,就失去了撰写学术专著的意义。本书援引的每一条史料,均由笔者从浩如烟海的典籍中搜辑而得来,经过缜密考证,弄清其时间、地点或背景后再审慎使用,正是在这一基础上,对一些众说纷纭的热点问题有了新的认识,也提出了一些前人从未涉及过的论题或结论。本书的第一、四、六章,是前贤和今人很少或基本上未及探索的内容。其余各章中,笔者对有些已成定论或颇具争议的问题提出了自己的见解。如第二章关于土地制度,学界向来以为,南宋是官田私有化的时代,笔者通过大量史料的举证后认为:官私田的转化,在南宋是一个双向互动的过程。果然有过大规模出售官田的高潮,但同样也有因战争、没官等原因,民田向官田的转化,同样是高潮迭起。笔者在本书中倾心运用微观的计量研究方法,从而对不少问题有了一些全新的认识。主要有:

(1)今房地产开发中,对国有土地普遍实行的"招拍挂"拍卖方式,早已滥觞于南宋时期官田的拍卖浪潮中。(2)一般认为,鱼鳞图册始见于我国明代;但在南宋初的绍兴六年(1136)就已有彩绘的鱼鳞图出现过,在不久推行的"经界法"中,曾广泛实施用鱼鳞图册登记编户土地的制度,在南宋中期婺州等地的经界实践中,曾有过每户一册,数以万计的鱼鳞图册存在。(3)对宋代户口统计制度中的"一户二口"之谜,百年来人言人殊;笔者在前人论述的基础上,进行了多角度、全方位的论证,以无可辩驳的上百条史料确证,此乃"丁口"无疑。(4)对备有争议的南宋人口、田地、产量三大指标,作出了新的推断:户均人口为每户6口,南宋人口峰值达9000万人;户均拥有田、地各约30亩,计60亩,南宋田地峰值约在9亿宋亩;亩产稻米为2石,折计今量

---

① 以上据吴老在1993年、1997年夏两次学术研讨会上的发言概括;引文据叶茂:《商品化、过密化与农业发展》(《史学理论研究》1993年第2期),卓荧:《中国封建社会前期和后期经济发展学术研讨会纪要》(《中国经济史研究》1997年第2期)。

为每亩 357 公斤。创造了在当时世界独领风骚的农业生产力水平。(5)史学界迄今公认的推计产量法为:租米加倍即为亩产,笔者认为这是方法论的失误。租率千变万化,远非假定的 50%,更何况南宋盛行的是定额租,以假想的租率倍计为产量不可信。(6)稻麦两熟制种植制度的推广始于南宋,为晚稻春麦连作;但其原因却绝非论者一致认定的种麦不输租税,笔记中的小说家言殆不可信。(7)南宋兴修中小型水利以民营公助为主,资金的筹集渠道已呈多样化态势,实开近现代之先河。(8)南宋的救灾与慈善事业值得赞赏,不仅维护了当时社会的稳定,而且对今人提供了有益的谋谟。(9)蔬菜、水果、花卉的种植栽培和产业化、商品化程度,南宋有划时代的进步,花卉种植栽培的经验也首次由《种艺必用》及谱录类农书加以总结推广。(10)棉花在长江流域的种植历来被认为是元代,油菜的大面积推广则被论定在明代,笔者认为均在南宋时期。茶叶产量,在南宋已达到创记录的 1.65 亿 ~2 亿宋斤左右。诸如此类,不一而足。虽未必允当,意在听取学界和读者的批评和指正。

(四)

据笔者有限的阅读范围,迄今仍尚无一部《宋代农业史》或《南宋农业史》问世,但关于宋代农业的论著却很多。这些论著可分别为两类,一是出于农史研究者之手,主要集中在农业生产力诸层面;二是宋史学者的成果,主要论及农村经济、租佃制度、田产、赋役、人口、耕地等一般认为是上层建筑生产关系方面的,但也并不尽然。承学界师友赠与大量论著,使我大开眼界,备益心智。如一一列举,是很长的名单。这里,我特别感谢中国农业出版社资深编辑穆祥桐先生,他十余年来多次无私借、赠给我许多农史学者的论著。不仅启迪思路,而且在专业知识方面可以避免常识性失误。这些论著主要是:《中国农业百科全书》、《梁家勉农史文集》、梁家勉主编《中国农业科学技术史稿》、万国鼎主编《中国农学史》等数十部之多。一并向这些作者、编者表示衷心的感谢。笔者无论是否同意先贤时哲的观点,本书凡引用,均一一出注,以表示对学者辛勤劳动取得丰硕成果的尊重,倘拙撰尚有一得之愚,亦是前人学术成果积累与启迪的结果。在这里我还要衷心感谢周生春与魏天安兄,他们慷慨无私地惠赐其尚未出版的大作稿本,使我得以先睹为快而获益匪浅,尤其是宏观构思和方法论的启迪。我还要感谢忘年交李芳女士,在繁忙的工作之余,为拙稿的录入和反复修改,数年间付出了辛勤的劳动,花费了无数宝贵的业余时间。

本书除遵循丛书规定的格式外,为省简篇幅,凡援引影印《四库全书》文渊阁本①(上海古籍出版社影印本)时,一律不注出处;引用其他版本时,则在首次引用时注明出处,再次援引则省略。本拟列一引用书目作为附录,但因篇幅过长及凡例所规定,虽不无遗憾,却只能割舍。

本书虽写作用了三年时间,又经近一年的多次修订和校改,但一定存在不少问题,恳望识者教正,则不胜欣幸!

---

① 世之学者,颇以为《四库全书》多篡改原文而不可信。对于元人著述而言,因涉及少数民族内容颇多,确如此,往往篡改得面目全非。但对宋人诗文而言,不仅大量文集辑自《永乐大典》,存世仅四库本;即存世有多本者,四库本往往也允称精校善本。即使有涉及辽金夏史事者,所改亦仅人名、地名或"虏"、"狄"等极少数文字。如《系年要录》即为显著之例,四库本远胜他本。因四库本祖本多为宋元善本之故。故本书及《南宋商业史》多选用此本引文,即因对校诸本择善而从的结果。当然,在引用电子本时,须用文本校核;虽《四库全书》电子版在今存电子本中错讹最少,但援引时仍必须校核文本,必要时仍须对校他本。

第一章　影响南宋农业诸因素

　　影响南宋农业的因素很多,诸如自然环境、地理条件、气象物候,各种灾害、战争,政府政策干预等,无不形成对农业生产积极或负面的影响。以上各项即为本章首先加以讨论的内容。此外,如人口——劳动力、水利兴修、农田开垦、赋役制度、租佃制度、农业技术进步、推广应用等对农业发展颇有举足轻重作用的相关因素,将在以下各章进一步探索。

第一节　从现代生态理念看南宋农业

　　约在 20 世纪中叶,随着人类居住环境的恶化,一门新兴学科首先在海外悄然兴起:环境史,成为继政治史、经济史、社会史、文化思想史以后的又一门新兴学科。近年来,在国内也渐成热点之势。环境史以现代生态学作为理论基础,或称生态史,即以生态学的方法论——或称现代生态视野研究人与自然的关系,不仅把自然界视为生态系统,而且将人——社会——自然纳入一个复合的生态系统进行动态的总体考察。如果说历史学是社会科学与人文科学相结合的交叉学科;不妨认为环境史是社会科学与自然科学互动的学科。因此,这对研究者就提出了更高的要求,要求打破学科间的分界,尤其是文、理分科的界限。

　　现代生态学理念,对经济学尤其是农业的研究极为重要。美国著名环境史学者唐纳德·沃斯特认为:环境史研究的领域或应包括自然生态、社会经济(生产、工具、生产关系、生产方式、权力配置及布局等)和生态意识三个层面;其中第二个层面——即以生产技术为中心对自然的开发与利用亟待加强,同时应关注生态环境,注重可持续发展。这些观念,已获得普遍认同①。

其实,早在先秦时代,就产生了《易》兼三才,天人合一的宇宙观,其核心思想是合天地人为一的三才之道,这是一个整合性的哲学范畴,也是极为出色的哲学理念。"以天下为己任"的范仲淹(989~1052),曾从博大精深的《易》学中汲取政治营养和智慧,他有《易兼三材赋》(《范集·别集》卷三)称:"观天之道,察地之纪,取人与斯,成卦于彼,将以尽变化云为之义,将以存洁静精微之理。"又说:"《易》之为教也,达乎四维。观其象则区以别矣,思其道则变而通之……。广大悉备,包上下而弗遗,至矣哉! 无幽不通,惟变所适。准天地而容日月,畜风雷而列山泽。"他认为:《易》统三才,构建了独特的哲学四维范畴。发展儒家天人合一的理论,将天地人三才整合成一个体现人与自然和谐的整体,成为万物依归的本原。范仲淹阐释的易学,实开宋代义理派先河,充分体现人类把握自然,蕴涵着普遍的哲学意义。在天地人之间的关系上,秉承"人能弘道"的人本思想,体现了"天行健,君子以自强不息"的奋斗精神②。当然,因为时代的局限,他不可能认识到自然对人类过度开发而导致的灾难性报复。

最早用"三才"理论对古代农业作出经典概括者似首推《吕氏春秋·审时》:"夫稼,为之者人也,生之者地也,养之者天也。"作为中国传统农学的指导思想,可浓缩为"天人相参"四字。这里的"天"或"天时",主要指气候、气象;"地"或指"地利",主要指土壤、地理条件;"人",指农业的主体农民;"稼",为农作物的总称。农业,实乃由天、地、人、稼构成的统一整体。我国古代农业强调"不违农时","因地制宜"、"因物制宜",正指农作物的种植、

---

① 参见李根蟠《环境史视野与经济史研究》,首刊其主持的《中国农业历史与文化网》。以下凡引此文,仅括注李文,不再出注。
② 参见拙撰《范仲淹评传》第302~327页。

生长、发育、成熟,离不开自然环境,尤其要适应季节、气候、土壤、水利条件等制约,人则尽最大的主观能动性确保农业再生产的顺利进行(参阅上引李文)。

其实,人类的经济活动乃至政治、社会、文化生活皆受到自然环境的影响,不要说是古代,即使在高科技时代的今天,仍然如此。最新的例证可举出 20 世纪末(1998 年)我国从东北到南方,爆发了百年不遇或五十年一遇的洪灾,虽经全国军民众志成城,抗洪抢险,取得决定性胜利,但仍令我们付出了沉重的代价。最令人记忆犹新的是:今年(2008)元月份以来我国南方遭受暴雪、冻雨的袭击,又是数十年一遇的严重自然灾害。导致许多地区供电、通讯中断,交通瘫痪,旅客大量滞留;物价,尤其是农副产品、食品价格飞涨。媒体报导损失在千亿元以上。实际远不止此,因为许多农作物如粮食、蔬菜、茶叶、花卉、水果、桑竹、乃至林木等业遭到惨重损失,元气大伤。如经济林果、竹子的恢复是一个长期的过程,其潜在影响和损失尚难以评估。据《新民晚报》2008 年 3 月 25 日报导:受灾不算最严重的浙江省林业厅预计,"未来 10 年,各项生态损失预计将达到 942.7 亿元。"这是一个令人记忆犹新的教训,人类如果向大自然索取过多,过度开发,不注意生态平衡,保护环境,必将受到自然界的报复。

今拟尝试用现代生态理念的视野考察一下南宋(1127~1279)农业的自然地理条件、生态环境及其对农业生产的影响。

除少数地区外,南宋疆域基本上全处在淮河以南、秦岭以东区域,发展农业有得天独厚的条件,是典型的农耕区。这里气候温和,雨水充沛,日照充分,属于亚热带温润区,岭南及海南更属于热带湿润区。南宋国土虽仅北宋的五分之三,与汉唐相比更是促狭,偏居东南一隅;但物产丰富,遍布江河湖泊,又有山岭坡地,不仅可发展多熟制农作物种植,提高复种指数和粮食总产,养活更多的人口。而且为发展林牧副渔及商品性农业开辟了广阔的天地,是以农耕为主的大农业多种经营、协调发展的理想场所。这是发展农业的有利条件,但也有一些不利条件。

一、大规模移民导致生态失衡环境恶化

北宋末的"靖康之变",导致了我国历史上从黄河流域向长江以南地区第三次也是规模最大的一次移民狂潮。有学者估计,两宋之际的移民约在数百万至一千万人左右[①]。而且随着宋金的长期对峙,其间隆兴、开禧北伐和端平入洛三次规模稍大的局部战争,又引发了一定规模自北向南、自西向东的移民潮。这种规模不一、持续不绝的移民,使南宋始终面临沉重的人口压力。

南宋初,东南人口呈急剧膨胀之势,史料记载比比皆是:如李心传(1167~1244)《建炎以来系年要录》(下简称《系年要录》)卷八六载:"中原士民,扶携南渡,不知其几千万人。"朱熹说:"靖康之乱,中原涂炭,衣冠人物,萃于东南[②]。"庄绰(1078~?)《鸡肋编》卷上云:"建炎之后,江浙、荆湘、闽广,西北流寓之人遍满。"是说南宋初的大量士庶移民遍布东南诸路各地。南宋中期,因局部战争,仍有大量移民散居江淮之间,或渡江南迁。如袁说友(1140~1204)曾云:"江之南北、淮之东西,皆此辈安养之地[③]。"杜范(1182~1245)也称:"淮民避兵,扶老携幼,渡江而南无虑数十百万[④]。"如果说两宋之际的移民主要来自西北、中原,即黄河流域的话,南宋中期的移民则主要来自江淮之间宋金接壤地区,而南宋后期的宋蒙战争时期的移民又主要来自四川,这是三个阶段移民的主要区别。移民潮虽然有高低起伏和阶段性,但终南宋之世未有止歇,故南宋始终面临严峻的人口压力。但从另一方面而言,则给东南各地输入源源不断的农业劳动力,而且多为颇有农业生产经验的高素质农业人口。

---

① 南宋初移民数量,学者估计其数不同。笔者所见主要有 150~200 万人、500 万人、1000 万人三说;分见石方《中国人口迁移史稿》第 296 页(黑龙江人民出版社,1990 年)、吴松弟《中国移民史》卷四第 415 页(福建人民出版社,1997 年),邹逸麟《我国环境变化的历史过程及其特点初探》(刊《安徽师范大学学报》2002 年第 3 期)。
② 《晦庵集》卷八三《跋吕仁甫诸公帖》。
③ 《东塘集·论降房当分其势》,《永乐大典》卷一○八七引。
④ 《清献集》卷八《便民五事奏札》(知宁国府)。

南迁移民的首选之地是两浙、江东,次为福建、江西,这五路成为南宋人口最为密集,人均耕地最少的地区,尤以浙西、福建为最。复次则为湖湘、两广、四川,移民堪称无远不止。随着高宗以临安府为行在,杭州成为"故都及四方士民、商贾辐凑"之地,而中原望族、"西北士大夫,多在钱塘"也成为势所必然①。据凌景夏之说,至绍兴二十六年(1156),南迁移民,已"数倍土著",在临安人口中已占十之七八,"今之富室大贾,往往而是②"。其中大量移民为东都开封市民,他们带来了中原文化及其生活习俗,近九百年后的今天,这种中原与东南文化的交融仍清晰可见。郑毅(1080～1129)也云:"平江、常、润、湖、杭、明、越,号为士大夫渊薮,天下贤俊,多避地于此③。"富饶美丽的太湖平原及东海之滨,成为士大夫徙居的"乐土"。正如韩淲(1159～1224)《涧泉集》卷一七《次韵》诗所描述的那样:"莫道吴中非乐土,南人多是北人来。"隆兴北伐失败后,"两淮之民","迁移渡江,散处浙西、江东诸郡",其数不少。"历日既久",因生活无着,竟四出劫掠,故有臣僚请两路漕司、常平司广行赈济,予以妥善安置④。后对归正人、归明人的优抚、安置成为一项制度而长盛不衰。"自开禧兵变",又有大批淮民"徙入于浙、于闽⑤。"

有留都或行都之称的建康府,为南宋濒江重镇。据《景定建康志》卷四一载,府城及附郭二县,"人户多是流寓"。至南宋中期,黄度(1138～1213)奏称,"四方失所流徙之民,往往多聚于此⑥。"嘉熙初,金宣宗南侵,作为长江口岸城市之一的江东太平州,当时"两淮民流徙入境者四十余万⑦",可见这

---

① 分见陆游《老学庵笔记》卷八,《宋史》卷四三七《程迥传》。

② 《系年要录》卷一七三,第327册,第444页。凌氏云:南宋初"户口所存,裁十二三";此或即土著所占比例。

③ 《系年要录》卷二〇,建炎三年二月庚午,第325册,第313页;参见《宋史》卷三九九《郑毅传》:"天下贤俊,多避地吴越。"

④ 《宋会要辑稿》兵一三之二四。

⑤ 叶绍翁:《四朝闻见录》卷五《淮民浆枣》。

⑥ 《景定建康志》卷二三引黄度嘉定五年(1212)奏文。

⑦ 《宋史》卷四一六《吴渊传》。时吴渊始知太平州,兼江东转运使;其再知、三知在淳祐中、淳祐末。

次主要为两淮的移民且其规模颇大。宁国府、徽州、信州、饶州等地也有不少南迁移民。如宁国府,嘉熙三年(1239),嗷嗷待哺的两淮饥民就"拥众三千余人至城外"①。如信州,"北来之渡江者,多寓焉"②;又如饶州,因其地近临安,又处江东、西之间,"宋南渡,阻江以为国","贵臣大家多居之③。"可见一斑。

南宋初的移民潮中,入住江西的人群颇多,正如李纲(1083～1140)所说:"东北流移之人,布满江西④。"南宋初,有大批官吏及百姓随隆祐太后入江西,百司"非预军旅之事者悉从",包括他们的家属,应是不小的一个人群数量,这从护送隆祐的军人多达万人可以想见。后隆祐孟太后(1073～1131)被迎回临安,随行的军民却多流徙江西。另外,当时北方的流民武装有数十万人流入江西,虽后经官军招抚和剿灭,但仍有许多人留在江西,殆无可疑⑤。因江西当时尚属地旷人稀,回旋余地大。南宋江西的梯田大规模开发就在这种历史背景下产生。洪、吉、赣、抚、江等州是移民较多的州郡,吉、赣、抚州成为江西农业的重镇,粮食生产快速发展和上供、和籴米数浩瀚,即与大批移民入住有密切关系。

福建,早在北宋就是著名的地狭人稠之处,本地农民即有移居广南等地者。如苏辙(1039～1112)于绍圣四年(1097)六月贬居雷州(治今广东海康,宋属广西路)约一年有余。在雷州有《和子瞻次韵陶渊明劝农诗(并引)》,其序云:"予居海康,农亦甚惰。其耕者多闽人也";又曰当地土著居民不事农耕,"甘于鱼鳅蟹虾,故蔬果不毓;冬温不雪,衣被吉贝,故蓺麻而不绩,生蚕而不织,罗纨布帛,仰于四方之负贩⑥。"此为典型之例。福建在北宋人均占

---

① 《宋史》卷四〇七《赵范传》。
② 韩元吉:《南涧甲乙稿》卷一五《两贤堂记》。又,元·袁桷《清容居士集》卷二〇《梅亭记》载:"建炎初,中原缙绅家多居是州。"
③ 元·虞伯生:《世美堂记》,康熙《饶州府志》卷七。
④ 《梁溪集》卷一〇一《条具防冬利害事件奏状》。
⑤ 参阅陈乐素《珠玑巷史事》,原刊广东《学术研究》1982年第6期,后收入陈老《求是集》(第二集)第265～266页,广东人民出版社,1984年;吴松弟《中国移民史》第四卷第327～334页,福建人民出版社,1997年。
⑥ 《栾城后集》卷五,据《苏辙集》第944页录文,中华书局,1990年点校本。

地已为全国最低水平,许多农家子弟剃度为释,寺院极盛于闽,《淳熙三山志》有详尽记载。苦读求取功名及外出经商之风亦极为兴盛,此外,也是不举子陋俗最盛行地区之一。这些均为人口已趋饱和之证,但在南宋初仍有一定数量的移民入闽。沿海的福州、泉州固然不乏涌动的移民潮流,其中有些乃浮海而至。即使所谓"上四州军"的建宁府、汀州、南剑州、邵武军等地,也有不少移民陆续通过接壤的浙东、江西等地入住。正如嘉靖《邵武府志》卷五云:"宋都杭,入闽之族益众,始无不耕之地";南渡后,"士大夫率多携家避难"①于建州。此外,建炎三年(1129)十二月,北宋原设泰州、高邮军的西外宗正司徙福州,原在镇江的南外宗正司迁泉州,有大量的赵宋宗族及其家眷移居福建,除这二州外,还散居于其他州军。

荆湖地处长江中游,荆襄地区与金划淮对峙。史载:南宋初,"士庶携老提(扶?)幼,适汝、颍、襄、邓逃避者莫知其数②。"隆兴、开禧北伐及端平入洛之役后,相继有大量移民涌入荆襄。乃至这一地区,"降附之人,居其大半③。"湖北其他州郡,亦不乏移民徙居,诚如黄榦(1152~1221)所论:"湖右之地,皆五方杂处之民④。"蒙古灭金后,宋蒙(元)战争揭开序幕,四川及荆襄的大量移民迁居汉南,乃至江陵府、复州、荆门、汉阳军、鄂州等地,导致"流移军民布满境内,而汉南数郡尤甚⑤"的严重人口压力。

南宋初,湖南各地则被曹成、马友等数十股原北方武装流民集团视为纵横驰骋之地。据李纲奏称,其所部约有20余万人。绍兴初,相继被官军镇压或招安后,多散居在湖南各地安家,成为移民来源之一⑥。湖南首府潭州及衡州、常德府等地移民众多,这些州郡农业经济发展水平在湖南称雄绝非偶

---

① 康熙《瓯宁县志》卷二。
② 徐梦莘:《三朝北盟会编》卷六四。
③ 魏了翁:《鹤山集》卷一九《被诏除礼部尚书内引奏事·第四札》。方按:此札上于端平元年(1234)。
④ 《勉斋集》卷二四《汉阳军条奏便民五事》。
⑤ 《鹤山集》卷三○《缴奏奉使复命十事》。
⑥ 《梁溪集》卷六六《具荆湖南北路已见利害奏状》等,参阅吴松弟《中国移民史》卷四第386~387页。

然。欧阳守道(1209~1273)称："百年来,中原故家家长沙者颇多"①;洪迈(1123~1102)也说:"西北士大夫遭靖康之难,多挈家南寓武陵②。"

淮南及京西南路,地处宋金对峙前沿,历次战争均为主战场,江淮之间百姓饱受战乱之苦。其地则多次受到铁骑蹂践,农业生产遭到毁灭性破坏,成为地旷人稀,实行军屯和民营官田最集中的地区。其移民的规模很大,人口变动常因战争或灾荒而大起大落。据《宋史》卷六七《五行志五》记载:隆兴年间(1163~1164),因北伐失败及淮西大饥、浙西饥荒,"淮民流徙江南者数十万。"叶适(1150~1223)《水心文集》卷二《安集两淮申省状》对开禧北伐前后两淮的状况有触目惊心的描述。他说:在这两淮"四战之场","千里之州,百里之邑",居住着两淮之民约50万户,其中渡江逃难者几20万家,"依山傍水相保聚"而避敌者亦几20万家,在原地"团结"、"保聚"而不迁移者约10余万家。留在两淮七郡之地的30余万户唯有行屯田之策,其中10万户,当"耕极边三十里之地","春夏散耕","秋冬入保"③。南宋时,"两淮田亩荒芜,愿耕之民多非土著";在这里垦耕营田、屯田者或为"侨寄之农夫",或为"乌合之士卒"④。在绍兴和议至端平侵宋(1141~1234)的九十余年中,虽迭经隆兴、开禧两次战争,但规模不大,时间较短,两淮人民亦有近90年和平生活,不过生活在长期战争的环境下,犹如惊弓之鸟。

四川在南宋初是西部主要战区,张浚(1097~1164)宣抚川陕,富平一战,尽失陕西战略要地,幸得吴玠(1093~1139)一军浴血奋战,力保全蜀不失。又有大量移民入川,自绍兴十一年至嘉定十六年(1141~1223),经过八十余年的休养生息,据郭声波估计,四川人口达到1400万,耕地也拓展至90万公顷,这是一个创纪录的数字,与以往的估计差距太大,已经接近清代乾

---

① 《巽斋文集》卷八《清溪刘武忠公诗集序》。
② 《夷坚三志·辛》卷四《武陵布龙帐》。武陵,郡名,即常德府,宋属荆湖北路,今则属湖南省,地处湖南、北交界接壤处。
③ 引文见《叶适集·水心文集》卷二,第10~11页,中华书局点校本,1961年。
④ 分见《宋会要辑稿》食货六之二○,仲并:《浮山集》卷四《蕲州任满陛对札子》。

嘉时的水平①。但南宋四川农业的辉煌却是不争的史实,当然这也付出了沉重的代价,即以生态失衡、自然环境的恶化而换取。来自今陕、甘、河南等地的南宋移民也在这块广袤的土地上撒下了辛劳的汗水。

因战争及自然灾害等原因引起的历史上前所未有的最大规模移民,导致了两方面的结果:一是人口的分布更加不合理。数以百万计的移民涌向东南沿海,使本来就为人稠地狭的浙闽等地更是雪上加霜;四川尤其是成都平原、江南东西等路也已人满为患,人地矛盾更加突出。京西、淮南、湖北、及利州、夔州等路则人口大幅锐减,土地大量抛荒,北宋时农业经济名列前茅、与江浙同为朝廷财赋支柱的淮南,其经济地位一落千丈。二是两浙、福建、江南等路大规模围海、围湖造田,营造梯田,垦辟丘陵山地,以解决粮食供应和军需财赋等燃眉之急,从而导致严重的环境问题和生态失衡,各种自然灾害频繁发生,气候反常,人和自然的和谐被打破,生态危机制约和影响了基本上靠天吃饭的南宋农业的发展。出路何在:只有向生产的广度和深度进军——大量垦辟农田以提高总产;实行精耕细作、推广两熟制为主的新种植制度以提高单产。

不妨先考察一下耕田开辟的状况。东南地区的平原地带本已"野无闲田,桑无隙地",户均耕地已较北宋中期大幅下降,就只能通过围裹湖田,开发圩田等"与水争田",以两浙、江东为最。而在山区、丘陵地带则通过毁林造地,开发梯田等方式大事垦辟,"与山争地",又以浙东、江西、湖南、福建最具代表性。此外,就是四川地区。东南沿海则充分开发滩涂田,甚至大规模围海造田。上述地区"地狭而人众,一寸之土,垦辟无遗"②的状况不自南宋始,早在北宋中期就已如此。秦观(1049～1100)早已指出:"吴越闽蜀,地狭人众③。"南宋不过加剧了这种状况而已。许应龙(1168～1248)说:"闽浙之邦,土狭人稠,田无不耕。"廖刚(1071～1143)称:"七闽地狭人稠,为生艰难,

① 郭声波:《四川历史农业地理》第74页,参见史念海先生是书卷首序(第3页),四川人民出版社,1993年。
② 倪朴:《倪百陵书·投巩宪新田利害札子》,转引自《全宋文》第242册,第96页,上海辞书、安徽教育出版社,2006年。其所论为孝宗时浙东婺州浦江山区情况。
③ 《淮海集》卷一五《财用下》。

非他处比。"①《宋史·地理志五》也载:"川峡四路","地狭而腴,民勤耕作,无寸土之旷";又云:福建"土地迫狭,生籍繁夥,虽硗确之地,耕耨殆尽,亩直浸贵,故多田讼②。"

具体而言,两浙尤其是浙西太湖流域,人地矛盾尤为突出。南宋初,已是"号为膏腴沃衍,粒米充羡,初无不耕之土"③;孝宗时,平江府已是"四郊无旷土,随高下悉为田"④;甚至浙东山区台州也已是"寸壤以上未有莱而不耕者⑤。"南宋中、晚期土地紧张的状况日益严重,户均占地明显下降,尽管不断围湖开垦水利田也无济于事。江南东西路,南宋中期已是"井邑相望,所谓闲田旷土,盖无几也⑥。"杨万里(1127～1206)在途经江东时,有诗感叹:"荒山半寸无遗土";在经由信州时又喟叹:"此地都将岭作田"⑦。乾道九年(1173)闰正月,范成大(1126～1193)赴桂帅任途中行经江西袁州,兴致勃勃游名胜仰山,他在行纪《骖鸾录》中写道:"岭阪上皆禾田,层层而上至顶,名梯田",叹为奇观。这层峦叠嶂的梯田,不仅是江西独特的景观,在浙东、江东、福建的山区已比比皆是。如严州山区"一亩之地高复低,节节级级如横梯⑧。"明州奉化县也是"右山左海,土狭人稠,日以垦辟为是。凡山巅水湄有可耕者,累石堑土,高寻丈而延袤数百尺不以为劳",而营造梯田⑨。东海之滨的温州亦有梯田,水利条件较好,可种植水稻。楼钥(1137～1213)途经时有"百级山田带雨耕,驱牛扶耒半空行"的慨叹⑩,这里的梯田则别有"洞天"。在与严州接壤的江东徽州,群山叠岭中也密布梯田,"层累而上"⑪。

---

① 分见《东涧集》卷一三《初至潮州劝农文》,《高峰文集》卷一《投省论和买札子》。
② 分见《宋史》卷八九第 2230 页,第 2210 页,中华书局点校本,1977 年。
③ 《系年要录》卷一四九,绍兴十三年(1143)六月戊子。
④ 范成大:《吴郡志》卷二《风俗》第 13 页,江苏古籍出版社,1986 年。
⑤ 陈耆卿:《嘉定赤城志》卷一三《版籍》,《宋元方志丛刊》本,中华书局,1990 年。
⑥ 陈傅良:《永嘉先生八面锋》卷二。
⑦ 分见《诚斋集》卷三二《发孔镇晨炊漆桥道中纪行》,同书卷一三《过石磨岭岭皆创为田直至其顶》。
⑧ 方逢辰:《蛟峯文集》卷六《田父吟》。
⑨ 罗濬:《宝庆四明志》卷一四《奉化县志·风俗》。
⑩ 《攻媿集》卷七《冯公岭》。
⑪ 罗愿:《淳熙新安志》卷二,《宋元方志丛刊》本。

福建是宋代最早开发梯田的地区之一,王十朋(1112~1171)于乾道四年(1168)九月底启程赴知泉州任,途经温州瑞安,刚进入福州长溪县境,就见到"种稻到山顶,栽松侵日边"的奇观①。

此外,在四川夔州及今三峡地区、湘西南、广西等地山区都有不少畲田,以落后粗放的刀耕火种方式耕种,就更是毁林成田,得不偿失。正如张淏《云谷杂记》卷四所载:"沅湘间多山,农家唯植粟,且多在冈阜。每欲布种时,则先伐其林木,纵火焚之,俟其成灰,即布种于其间,如是,则所收必倍②。"

南宋在江、浙两路平原地区的围湖造田及东南沿海造田,虽然生产了大量的粮食,却付出了生态环境恶化的沉重代价。宋人虽无这种现代意识,却对盗湖为田愈演愈烈的现象提出批评和抨击。如绍兴人李光(1078~1159)目睹鉴湖、夏盖湖、汝仇湖等被大规模围垦,周围大片农田再无灌溉之水源,"万年之利一朝毁"③的严重后果不断出现;"虽尽得湖田租课,十不补其三四"④的蠢举一再重演,忧心忡忡,遂接连上奏称:

> 自废湖以来,每县所得租课不过数千斛,而所失民田常赋动以万计。……其会稽之鉴湖、鄞之广德湖、萧山之湘湖等处尚多。望诏漕臣访问,应明、越湖田尽行废罢。吴江东西圩田、苏、秀围田折(坼?),遍下诸路监司、守令条上。二浙每岁秋租,大数不下百五十万斛,苏、湖、明、越,其数大半。朝廷经费之源,实本于此⑤。

---

① 《梅溪王先生文集·后集》卷一六《入长溪境》;其行程,据同卷《戊子八月得泉州》、《解舟》(题注九月二十九日)、《过瑞安》三首诗题考定,见《四部丛刊》缩印本第381页,上海商务印书馆缩印明正统刊本。

② 据《永乐大典》卷一三一九四录文。

③ 沈遘:《西溪集》卷三《鉴湖》,刊《沈氏三先生文集》,《四部丛刊》三编本。

④ 施宿等《嘉泰会稽志》卷一〇《水·上虞县》,《宋元方志丛刊》本第6892~6893页。《志》又云:靖康元年至建炎元年(1126~1127)两年间,湖田纳租5400余石(方按:夏盖湖盗湖为田凡13124亩,每年每亩湖田仅收租4斗),而数十万亩民田"无处不旱",检放秋米22500余石,即以税租而论,所得仅为检放的24%,利害灼然。

⑤ 李光此二奏分别上于绍兴五年二月、闰二月,分见《宋会要辑稿》食货八之一(中华书局影印本,第4935页)、六一之一〇八(第5927页)。四库本《庄简集》(辑自《大典》)已失收。

其《庄简集》卷一一有《乞废东南湖田札子》，堪称再三而极论之。其绍兴二年(1132)已首论围田之害，诏罢会稽余姚、上虞两邑湖田。旋又论越州之鉴湖、鄞之广德湖，萧山之湘湖、吴江东西圩田、苏、秀围田，皆应尽罢，"尽复为湖"。殊为卓见远识。

浙西因人满为患，围湖造田亦屡禁不止。虽在孝宗朝禁令一再颁布，但多流为具文。禁者自禁，占者自占。开禧北伐后，朝廷又"以淮农流移，无田可耕"为由，竟然网开一面，诏令"两浙州县已开围田，许原主复围，专召淮农租种①。"这种短视的权宜之计，再次引起臣僚的关注和反对，其中论之最切，颇有识见者当首推卫泾(1155~1226)②。他连上二道《札子》论其利害说：

> 二浙地势高下相类，湖高于田，田又高于江海，水少则汲湖水以溉田，水多则泄田水由江而入海。惟潴泄两得其便，故无水旱之忧，而皆膏腴之地。自绍兴末年，始因军中侵夺濒湖水荡，工力易办，创置堤埂，号为坝田。……隆兴、乾道之后，豪宗大姓相继迭出，广包强占，无岁无之。陂湖之利日朘月削，已亡几何，而所在围田则遍满矣。以臣耳目所接，三十年间，昔之曰江、曰湖、曰草荡者，今皆田也。

是说两浙围田狂潮始兴于孝宗之初。他又论至嘉泰、开禧年间围田占湖的局面不仅未得控制，反有愈演愈烈之势。其说云：

> 然历年浸久，陂湖为田者不止，民田之被害者滋甚。其已围者牵于姑息，固不复论。标记之外，增创围裹者有之；因民词诉，已毁撤而复修筑者有之；易名为"天荒田"，而请求给佃者有之。寺观僧道尤无忌惮，是岂不可禁戢哉③！

又指出法令不行，屡禁不止，其根本原因在于豪强势族与官吏的勾结，导致水旱频作，租课流失。又提出禁断围田的具体对策，殊为有识。

---

① 《宋史》卷一七三《食货志上·一》，第4188页，中华书局点校本。

② 卫泾，字清叔，号拙斋，晚号西园居士。嘉兴人，后徙居平江府昆山。淳熙十一年(1184)，状元及第。官至参知政事。有《后乐集》七十卷，已佚。四库本辑自《大典》，仅二十卷。其曾亲闻目睹围田之害，故所论最为切实。

③ 上引二节文字，均见《后乐集》卷一三《论围田札子二》。

此外,围田屡禁不止的另一原因是朝廷贪图蝇头小利,不顾"围田湮塞水道之害","监司、守臣禁止围裹,此乃拔本塞源之要术";却令"浙西诸县江湖草塘计亩纳钱,利其所入,给据付之"。变非法为合法,遂有愈演愈烈之势,使严禁围湖成田的诏令成为一纸空文。故傅淇乞"条约诸县,毋得给据与官民户及寺观①。"除了豪富之家,官户与寺院也对围湖造田推波助澜,而短视的南宋政府自中期后的一度开放,遂成失控局面。水利田的过度开发,浙西等地大量围田固然造成了局部的生态失衡,但从太湖平原农业生产南宋取得长足进步的不争史实看,这种影响极有限,围田也并非水旱频作的唯一原因。南宋中央与地方政府重视水利建设也在一定程度上减轻了生态危机导致的灾害。

较之平原地区的围湖造田及东南沿海的围海造田,大规模开发山区梯田导致的生态环境恶化,其后果严重得多。山区植被的破坏导致水土流失,尤其上游地区的森林被盗砍、滥伐就更为灾难性的恶果。对于毁林会导致植被破坏乃至气候异常,至迟汉代就有认识②,宋人对此就更有深刻的反思。南宋时期,因大兴土木、造船、造纸、制瓷、民用薪炭、民居建筑等大量需用木材而导致的过度砍伐森林,与开发梯田的刀耕火种同样成为毁林破坏植被的主要原因。《宋会要辑稿》刑法二之一二三至一二四提出了一个因过度开发、破坏环境十分典型的例证:

> 淳熙十六年(1189)五月十一日,前权发遣洋州王知新言:"窃见本州真符县沿边所置关隘,皆高山峻岭,林木参天,虎豹熊罴,不通人行,自可以限隔。自辛巳岁比(以?)来,归正之人将关外空阔山地给令耕种,今已三十年,生子生孙,蕃息甚众。尽是砍伐林木为刀耕火种之事,一二年间,地力稍退,又复别砍一山。兼又皆射猎,故于深山穷谷,持弓挟矢,探虎豹之穴,又将林木蓊蘙之处,开踏成路,采取漆蜡,以为养生之具。如此一年复一年,林木渐稀,则关隘不足恃矣。"

---

① 《宋会要辑稿》食货八之四,第 4936 页,据《文献通考》卷六校。
② 如《汉书》卷七二《贡禹传》载:"斩伐林木亡有时禁,水旱之灾未必繇此也。"即已意识到封山育林的重要意义。

刀耕火种,过度开发,导致虎豹出没的原始森林砍伐殆尽,破坏环境,水土流失,地力荒薄。仅三十年间,就将原生态的地貌变成林木渐稀的瘠薄山地。南渡后,随着大规模的移民潮,在江、浙、淮、闽、荆湖、乃至川陕、二广的丘陵山区,这种类似熊瞎子掰苞米式的掠夺性开发的悲剧,几乎每天均在上演。人类蕃衍付出了破坏自然环境的惨重代价。同上书刑法二之一三一提供了川蜀沿边居民因为营利目的而盗伐滥采的例证:

> 嘉泰元年(1201)四月二十四日,新权知资州刘述言:"臣窃见蜀之边郡,多与蕃界相接。深山峻岭,大林巨木,绵亘数千百里。虎狼窟宅,人迹不通,自无窥伺之虞。祖宗禁止采伐不为不严。有如施州边民,嗜利冒禁,公然砍伐。万一夷人从此出没,则八寨防托遂成虚设。尝申诸司,力行禁止。曾未数岁,侵研如初。"

居民增加、经济发展,木材的需求量急剧增加。施州沿边之民遂以为谋生之道,以砍伐原始森林为业。宋政府原保持此人迹罕到的原始森林作为边界,以防阻境外少数民族作为出入通道。而并非从水土流失,破坏环境这一角度考虑问题。但宋人已有环保意识殆无可疑。如对两浙、江东水利田的过度开发导致对农业生产的严重破坏,论者之词连篇累牍,慷慨激昂,深中肯綮。

魏岘对森林保护植被、改善环境,防止水土流失的功能有清醒的认识,他说:

> 昔时巨木高森沿溪,平地竹木亦甚茂密,虽遇暴水湍激,沙土为木根盘固,流下不多,所淤亦少。近年以来,木植价穹,斧斤相寻,靡山不童,而平地竹木亦为之一空。大水之时,既无林木少抑奔湍之势,又无包缆以固沙土之积,致使浮沙随流奔下,淤塞溪流,至高四五丈,绵亘二三里……。由是舟楫不通,田畴失溉①。

其虽据庆元府(明州,治今浙江宁波)山区情况所论,却有普遍意义。类

---

① 《四明它山水利备览》卷上《淘沙》。

似之论尚多,宋人普遍认识到森林巨木对保护水土流失,抗风浪激水冲啮田土的意义。莆田军沿海南北洋垦区有极好的排灌和防海浪设施,其地势险要的濠塘泄水口的修复,即移"大木千章,纵横偃植,塞实而根固,防峻而流绝。"解决了自嘉定五年(1212)以来"三兴大役,将成辄坏",功亏一篑的难题①。

二、气候异常,水旱频作,灾害不绝

因上述原因导致的生态环境问题,自始至终困扰着南宋政府。不仅太湖流域,江西的鄱阳湖、湖南的洞庭湖流域也在开发圩田,不过当地一般称为"垸田"。围垦湖田,开发梯田,固然增加了粮食产量,养活更多人口,也为商品性农业及其他副业提供了更多的土地,但付出的沉重代价是上游山区土壤被侵蚀,水土流失严重,下游水网地区蓄水水面及湿地急剧缩减,气候异常,灾害频繁,农业生态环境日益恶化。

众所周知,气候的变化,降水的多少,日照的天数,对农业生产颇有影响。许多论著引用了我国著名科学家竺可桢先生的论断,称南宋处在"气候加剧变寒"时期,杭州四月份的温度比现在"要冷 1 ~ 2 摄氏度"②。但近年也出现了与竺老观点不同的看法,如有学者认为:十三世纪我国处于一个温暖期,年平均气温较今上升 1.4 摄氏度③。我对气象学缺乏常识,无法判断这两种截然不同的"揣测"(注引竺老大作题中之语,此正显示这位权威学者的实事求是),谁更正确。但我仍无法理解,温度相差一度能对南宋农业产生使有些学者深信不疑的重大影响,似此未免太过于绝对化④。即使这些推

---

① 郑寅(?～1237)《重修濠塘泄记》,刊弘治《兴化府志》卷三〇,转引自《全宋文》第 325 册,第 268～269 页。此文撰于宝庆三年(1227)。

② 分见竺可桢《中国近五千年来气候变迁的初步研究》(《考古学报》1972 年第 1 期),《南宋时代气候之揣测》(《科学》第 10 卷第 2 期,1924 年)。

③ 满志敏、张修祥:《中国东部十三世纪温暖期自然带的推移》,刊《复旦学报》(社科版)1990 年第 5 期。

④ 如张家诚《气候与人类》第 123～124 页(河南科学出版社,1988 年)称:年平均温度相差一度,约影响农作物产量 10%;其《气候对中国农业生产的影响初探》(刊《地理研究》第 1 卷第 2 期,1982 年)称,温度每下移一度,"植物的分布区域就要南移一至二个纬度"。相反,据科学家研究,小麦、水稻对稍高温度极为敏感,全球气候变暖将使未来数十年农业产量大幅下滑(见《领导文萃》2008 年第 8 期下)。

断今能成立,也未必适用于南宋时期,以此作为南宋农业发展水平的评判就更是未免有失偏颇①。笔者以为,在引用史料时似应作全面分析。如有学者引庄绰《鸡肋编》卷中之说,称绍兴二年(1132)冬季"大寒,湖水遂冰,米船不到,山中小民多饿死",此诚为庄氏亲见的实情。他在同书中还说:"是冬大寒,屡雪,冰厚数寸,北人遂窖藏之。"但却无法据以推论:"太湖冬天经常结冰","封冻时间很长,可能有数月之久。"因为同一个庄绰,又在其下云:"其后钱唐(塘?)无冰可取,时韩世忠在镇江,率以舟载冰至行在②。"可见大寒仅为绍兴二年而已,至少在绍兴九年(1139)前,苏杭等地未再出现过结冰。

韩茂莉据《宋史·五行志》记载认为,两宋320年中有49个年份冬季严寒,其中31个属于南宋,也许南宋比北宋冬季更冷些;突然的异常低温对农业生产造成损失更甚于北方。同时她又指出:异常高温,凡29个年份,其中属于南宋为12个,夏秋季节的高温酷暑,会导致苗稼俱损③。这种气候异常会对农业生产造成一定影响的观念似乎更客观些。这里还可列举几个南宋有时间、地点可考的严寒冬季的例证,但其即使对农业有较严重的损害,也仅限于局部或个别地区而已,不可能对南宋疆域的全部均有影响④。

绍兴十二年(1142),曹勋(? ~1174)有《扈跸建康道中值雪二首》,可证是年建康府(治今江苏南京)大雪;乾道四年(1168),又有《戊子正月廿一日雪及半尺》诗,如诗题所示确为暴雪天气,时作者已致仕归居台州所见⑤。绍

---

① 我颇赞同邹逸麟先生批评黄世瑞《我国历史上蚕业中心南移问题探讨》(刊《农业考古》1985年第2期~1987年第2期)一文中所持观点:"气温有1~2℃的差异,对黄河流域蚕桑事业不可能有明显的影响。"参见《椿庐史地论稿》第465~466页,天津古籍出版社,2005年。

② 《鸡肋编》卷中,第52~53页,中华书局点校本,1983年;参阅葛金芳《中国经济通史》卷五第46~47页,湖南人民出版社,2002年。

③ 韩茂莉:《宋代农业地理》第14~15页,山西古籍出版社,1993年。两宋320年(960~1179),刊误作"391"年,似为319年之讹倒(但应作320年)。

④ 如今年初百年未遇的暴雪,虽对南方部分地区如广东韶关、湖南郴州、贵州、江西等地造成严重灾害;浙江、苏沪杭等地雪也很大,但成灾程度却轻许多;而福建、四川、广西等地则几未成灾。

⑤ 诗分见《松隐文集》卷一七、一六。前诗二首之一,有"缟素"云云,当为绍兴十二年(1142)冬迎徽宗梓宫归之年。

兴二十年(1150)贬居广东封州(治今广东封开)的郑刚中(1088～1154)诗云:"今年腊中寒,万口称凛冽①。"封州地属今广东肇庆,这种奇寒的腊月确为难得一见,其罕见程度也许可与今年韶关导致交通瘫痪的暴雪相匹。景定四年(1263)冬,方逢辰(1221～1291)在知瑞州任,与文天祥(1236～1283)为交政,离任时途经南康军时遇百年不遇的暴雪,其在诗中描述云:"夜来怪甚风太颠,掀簸震撼不可眠。门前铁骑怒拔屋,枕上猛虎飞吼天。却是庐山夕作雪,杨花未春先擘绵。……五峰千仞削银壁,重湖万顷开璃田②。"此诗乃南宋末避暑胜地庐山一场罕见大雪的实录。

较之暴冷酷热的气候反常,水旱灾害对农业生产的危害更大。据《宋史·五行志》记载,南宋局部地区的水灾有79个年份,旱灾则有67个年份,有时是水旱交替。旱灾又常常伴有蝗灾,南宋时期几乎无年不灾,较之北宋二年一灾的记录似乎增倍。据韩茂莉推测,这与南宋史臣集中在行在临安府,更关注江南灾害饥荒有关③。但用当代的"温室效应"理论去观察南宋,似乎更与人口密集、过度开发,影响局部小气候及生态环境有关。在南宋农业最发达的太湖流域,即素有"苏湖熟,天下足"之称的浙西,153年中,水旱成灾的即有37年之多,占23.57%④。质言之,仍有四分之三的时间为风调雨顺的丰收年景。客观而言,局部地区的水旱灾害几乎年年多有,但是否成灾,灾害的程度却又与各地的自然地理条件、人文环境、政策导向有关。如浙东台州,"家业业为农"⑤的吴芾(1104～1183)《久雨》诗云:"岁旦值庚午,已有旱暵忧。庚申与甲子,仍更雨不收。岂惟主夏旱,还虑麦不收⑥。""庚申",指绍兴十年(1140),原误作"甲申",据吴芾生平及诗上下文改;甲子,乃绍兴十四年(1144);庚午,为绍兴二十年(1150)。其诗真实记载了他的家乡

---

① 《北山集》卷二一《庚午腊中苦寒》。
② 《蛟峰文集》卷六《南康遇雪》。方、文两位状元在瑞州(治今江西高安)交政,传为交游史上佳话。
③ 参阅《宋代农业地理》第10～14页。但她对伏旱及秋旱影响南宋稻产量的见解非常正确。这种议论已见南宋初吴怿《种艺必用》等,参见本书"南宋农书"一节。
④ 明·张国维:《吴中水利全书》卷八,这种统计很难说有多少正确性,只是一种趋势而已。
⑤ 《湖山集》卷三《和楼大防韵》。
⑥ 《湖山集》卷三《久雨》。

十年间三遇水旱灾害的情景。他还有一首农事诗抒写飓风对台州农业生产造成绝收的严重灾害,颇为传神。诗云:"未若去岁风,飘忽几终夕。时方属新秋,稻子半黄赤。倏然卷地来,一扫不遗力。但觉田亩空,不见仓箱积。"当时他正家居,遂纠集族人及邻居之有力者,施粥以赈饥①。尝知台州的南宋著名学者尤袤(1127~1194)有诗极言台州自然地理环境之险恶:"三日淫霖已渺漫,天晴三日又言干。从来说道天难做,天到台州分外难②。"

　　水灾,是南宋最常见,危害也最大的灾害之一。据洪迈《夷坚志·支乙》卷八《宜兴官人》载:绍熙五年(1194)春某夜,天目山突发山洪,"川流暴至,平地水深数丈";当时临安县"民罹其祸者十万余人。"据方大琮(1183~1247)之说,南宋后期的一次水灾就波及淮东、江东、二浙,规模很大。其说云:端平三年(1236)水灾,"所被甚广","入秋则淮之舒、江之信漂流尤惨。近采传闻,又不止是,二浙州郡无有免者,都城暴雨……③。"嘉熙三年(1239)六月,再知临安府赵与懽目睹的一场水灾,由于潮汛的推波助澜,为害甚烈。他说:"时,水失故道,湍激波荡无虚日,沙若摧而陷,岸若坠而隤。曩时潮所不及地,遇大汛,弥望七八十里间,溃为洪流④。"

　　除了水旱、雪灾外,台风肆虐和"沙尘暴"等,也给农业生产造成重大损害。各举一例:据洪迈记载:绍兴二十八年(1158)七月五日,"平江大风驾潮,漂溺数百里,田庐皆被其害⑤。"两浙人烟稠密之处,由于人口压力,土地过度开发,林木砍伐,水土流失。山区屡见有黄沙自天而降,严重者导致土地沙化,影响农业生产。南宋初,庄绰《鸡肋编》卷上载:"衢州(府?)江山县,每春时昏翳如雾,土人谓之'黄沙落'。云有沙落于田苗、果菜之中,皆能伤败。若沾桑叶,尤损蚕。中人亦能生疾。是亦岚瘴之类也,惟雨乃能解之。"衢州江山县是种稻麦,养桑蚕及栽培水果、蔬菜的多种经营作物区,但春季

---

① 《湖山集》卷二《和王夷仲咏施粥》。从上引二首诗中,可见台州已是稻麦二熟耕作制。又,吴芾农事诗甚多。
② 祝穆:《方舆胜览》卷八,第143页,中华书局,2003年。
③ 方大琮:《铁庵集》卷一《端平三年七月份第二札》。
④ 赵与懽:《英卫阁记》,刊《咸淳临安志》卷七一。
⑤ 《夷坚甲志》卷二〇《断妬龙狱》,第182页,中华书局,1981年。

恶劣的气候导致了沙尘暴的降临,对农作物多有损伤与破坏。可见当时浙东山区的空气质量污染已相当厉害,与今日之"沙尘暴"气候已相仿佛,而且每逢春季就会降临,惟有营造防护林才能净化,下雨会减少空气中的飘浮颗粒,但无法彻底根治。

南宋时,各种自然灾害频繁发作,损失惨重。此外还有人为事故,如大火也对百姓生命财产带来重大损失,这类事故多发生在城市中。如临安府,就为火灾发生频率很高的都城。据不完全统计凡发生 54 次火灾,既有一年中多次发生火灾的,如绍兴二年(1132)四次,其中腊月八日之火,燔烧数万家。又如嘉泰元年(1201)三月,大火焚烧四天,延烧 5.8 万家;嘉定十三年(1220)十一月大火,城内外烧毁数万家;嘉熙元年(1237)六月,燔烧三万家,损失惨重①。此外,绍兴十年(1140)七月,"延烧城内外室屋数万区②。"其中,与皇宫紧邻的万松岭二次火灾尤值得关注。杭州城郊有万松岭,环境优美,风光秀丽,唐代享有盛名;北宋时森林茂密,几无人居住。两侧古渠供灌溉之用。至南宋,"多被权势及百司公吏之家造屋侵占,……居民多抛粪土瓦砾,以致填塞,流水不通。"万松岭成为火灾多发地段。如淳熙九年(1182)、嘉定十一年(1218)相继发生火灾,后一次烧毁民房 480 家③。昔日绿化胜地也付之一炬,皆因权势侵占,民居集中,生活垃圾堆积,古渠填塞,再无水源。针对临安火灾频发,我国最早的消防专业队伍和机构即产生于南宋行在。张俊(1086～1154)的神武军中也设有专职的救火队伍,并配备器材。

浙东严州与江东徽州是近邻,两者有许多相似之处,其最相符若合的是环境日益恶化,堪称典型。其根源皆在开山砍伐森林,破坏植被,水土流失,

① 参见[日]梅原郁《南宋の临安》,载《中国近世の都市と文化》,京都大学人文科学研究所,1984 年。

② 洪迈:《夷坚戊志·裴老智数》,赵与时:《宾退录》卷九引;中华书局本《夷坚志·再补》(第 1784 页)辑佚收入。

③ 《宋史》卷九七《河渠志七》,第 2400～2401 页,卷六五《五行志上二》,第 1383 页,中华书局点校本,1977 年。又,《方舆胜览》卷一(第 4 页)载:万松岭,"去钱塘十里,夹道载松";白居易诗:"万株松木青山上,十里沙堤明月中。"这一名胜始毁于南宋初民居侵占,又毁于两次大火。

使原来富饶美丽的山区成为穷山恶水,但这种变化的原因却颇有不同。景祐元年(1034),范仲淹出知睦州。在他笔下,这里还是山明水秀、富饶美丽的望郡,他留下了《潇洒桐庐郡》等诗篇。可是经北宋末方腊(? ~1121)起义,遭官军残酷镇压;童贯(1054~1126)率领的官军烧杀抢掠,连青溪的茂密山林也放火焚烧。森林被毁,导致严重的水土流失,植被破坏,至南宋末近150年间仍未能恢复元气。可见生态环境一旦破坏不可逆转,自然地利优越条件无法再生。方逢辰(1221~1291)《严州新定续志·序》有极为痛切的描述:

> [严州]界于万山之窟,厥土坚而隔,上不受润,下不升卤,雨则潦,霁则槁。厥田则土浅而源枯,介乎两山,节节级级,如横梯状。其民苦而耐,其俗喑而野。其户富者亩不满百,其赋则土不产米。民仅以山蚕而入帛,官兵月廪率取米于邻郡以给,而百姓日籴则取给于衢、婺、苏、秀之客舟。较之浙右诸郡,其等为最下下①。

徽州休宁人程珌(1164~1242)曾这样描写他家乡的自然环境:"歙为州,其山峭壁,其水清激。雨终朝则万壑迸流,晴再旬则平畴已坼,故干与溢特易旁郡。又其地十,为山七八,田仅一二。虽岁上熟,所敛无几。一不登则细民持钱谒籴亡所,往往怀金而道莩②。"他在另一通致友人庄夏(? ~1217)书中说:"春初麦幸秀,近苦雨淫。……谷于田,悉为水漂,今三布谷而未秧,半岁啖草根,率无人色……异时必旱,种不可入,后日抑可忧。"又说:"米石不啻万钱,而楮直则又落。……今米贵物重,商贾不行,农末俱病。"此乃其守丧乡居时致江东漕使书,信中还描述徽州因山区生态环境恶化,导致水旱灾害频作,引起通货膨胀,米价飞涨,钱轻物重等一系列连锁反应;乃至人食草根,社会治安恶化,农商俱损的恶性循环。但因"富民初无所损",却又闭粜,政府救灾措施不力,引起社会动乱的严重后果③。方岳《排门夫》诗

---

① 《蛟峰文集》卷四。
② 《洺水集》卷七《徽州平籴仓记》。
③ 《洺水集》卷一四《与庄漕书》,据李刘《四六标准》卷二四《代回江东庄运使夏启》,知庄夏嘉定中任江东转运副使。

云:"一家一夫排门起,五家一甲单出里。""官须排杈二十万,岩邑配以三千枚。""秧田未翻生荠花,吏呼劝农今几日①!"方岳(1199~1262)此诗,无情揭露了南宋末官府经常以军情紧急等为藉口,而法外横征暴敛。此诗述其家乡祁门每甲配以三千大木,扎成木排,顺山溪放排运出山外,每家出一放排力夫,而不顾当时正值农忙,乃布种落谷做秧田之时,正是收麦种稻的大忙季节。去干这有相当危险也颇具技术含量的活,这种非时劳役实对言犹在耳劝农的讽刺。徽州一次摊派的木排即达20万,而每甲摊派林木达"三千枚",可想而知其掠夺性盗采滥伐的程度是何等严重!上述临安几次重大火灾烧毁房屋即达10余万家,而且反复焚烧,其原因在于多为竹木结构房屋。保守估计每户用木材一立方米估算,则临安数十万户民居即需建筑用材就数以十万方计,加上造纸、造船、坑冶、制盐、农具、家具、薪炭所使用的竹木材,就更是一个天文数字。开发梯田和乱砍滥伐导致森林和绿地面积大幅缩减,上述多项手工业就地取材又严重污染环境,如造纸、制瓷、坑冶等均为高污染行业,对农业生态环境的破坏不言而喻。

当然南宋政府和士大夫中也不乏重视植树造林,保护环境的有识之士。如朱熹的一首诗注中提到庐山万杉寺"前后杉万本,皆天圣中植,有旨禁剪伐者"②。可见这万本参天杉树当时已有150余年的树龄,足见宋政府重视绿化严禁肆意滥伐树木的决心,而杉木是很好的建筑和造船用材。

南宋初叶梦得(1077~1148)则把种树作为一种积极休闲方式,其《避暑录话》卷下云:

> 人生不能无役,闲中种木,亦是一适。今山之松已多矣,地既加辟,当岁益种松一千,桐、杉各三百,竹凡见隙地皆植之。尽五年而止,可更有松五千,桐、杉各千五百③。

宋人多在家前屋后及空地上种植经济林木,叶梦得尤以此作为"行役"

---

① 秦效成:《秋崖诗词校注》卷二一,第538页,黄山书社,1998年。
② 《朱文公文集》卷七《奉同尤延之提举庐山杂咏十四篇·万杉寺》,四部丛刊本。
③ 此据《永乐大典》卷一四五三七所引录文。

的养生之道,虽古人未必会有环保意识,但这对生态环境的改善无疑有积极意义。年植树1600余棵已为不小数目,五年下来已是数千株的树林。更典型的例子见于曹彦约(1157～1228)《昌谷集》卷七《湖庄创立本末与后溪刘左史书》:他委托族人经营自己的湖庄,"有松数万","植杉以千计,银杏、栗各数十";"有竹数百个","梅、桃、李数百本","海棠二十本"。庄有湖、泉、塘、堤,成就了他以"山林湖泊之意常多",营造"世外桃源"的夙愿。又如姜特立《种松说》云:"庚戌(绍熙元年,1190)仲冬之吉,姜子种松于西冈之上,将庇其室庐,为谂时令,饬士役,具畚锸,而剧取之。根欲其丰而不伤,土欲其联而不解,阴阳欲原其向背而不差,又沃之新泉,培之新址,筑之甚密,护之亦至①。"

温革《琐碎录》佚文称:"居处种树:东种桃树,南种梅枣,西种柂榆,北种捺(柰?)杏②。"此虽未必有什么科学依据,但反映宋人在住宅四周皆遍植树的一种习俗,至迟在南宋初已蔚然成风。其出发点一是美化环境,二是经济林可供建筑之用,三是果树可供食用,即使是无用之树,枯枝可当燃料,败叶可供积肥。南宋重视绿化的还有寺院,如涪城(治今四川三台西北,南宋属潼川府)祇陀院僧继徽一年内就植松三千。松林"青青如稻畦,风露之朝,香气袭人③",无疑对环境的改善,颇有裨益。当时寺院往往建在山中,"有乔木万本,飞雪千丈④"(瀑布),此乃代表性景观。

即使在农村经济最发达的两浙路,仍然有生态环境优良,犹如陶渊明笔下"桃花源"之类的地方。如何恪在文中这样描写其故乡及所居风光之美:"道乌伤而西,多平畴沃野,亡名溪山嬴十五里。少南有湖堤孔道曰南湖,四山墙立,一水蜿蜒贯之,清流掩映,山秀拔可喜,可舟可园,可屋可居。凡濒湖而居者,举何氏也。余居之西,林樾静深,源泉随之而委其地,视他山颇夷

---

① 《梅山续稿》附录。姜特立(1125～?),字邦杰。处州丽水人。因父绶殉难而补官承信郎。宁宗时,官至宁远军节度使。撰有《梅山诗稿》六卷、《续稿》十五卷,宋本已佚;今仅存《续稿》十八卷。
② 《永乐大典》卷一四五三七引。
③ 宋释·宝昙:《橘州文集》卷一〇《涪城祇陀院种松记》,见《全宋文》第241册,第180页。
④ 《橘州文集》卷八《请别峰和尚茶榜》,同上书第241册,第198页。

而多土,宜果蔬菹①。""乌伤",即今浙江义乌。

动物的生存状况,往往是自然环境优劣的晴雨表。因为大片森林的被毁,虎豹豺狼等猛兽珍禽失去了栖身的家园,就到百姓居住之处为害作祟。如汪襄《捕虎行》诗,就生动反映了宁国府(宣州)旌德县山间有猛虎出没,时任县尉的汪襄率猎户冒生命危险,"不施陷井设罗网",通过"持戈""白刃"格斗,终于生擒猛虎的全过程。说明当时的旌德山间生态环境尚佳,经南宋的过度开发,森林大肆采伐,不要说猛虎,连狐兔亦已少见,"深山穷谷"已天堑变通途。江东已成为农商兼茂的地区②。洪迈则记载了舒州有虎食村妇,其夫勇杀四虎的故事。其说云:"绍兴二十五年(1155),吴傅朋(说)除守安丰军,自番阳遣一卒往呼吏士。行至舒州境,见村民穰穰,十百相聚,因弛担观之。"则村妇为虎啣去,其夫持刀探虎穴,众谋往救。久之,其夫杀四虎,而归③。

在两广,则出现野象害稼及伤人的记载。这也反映,南宋岭南随着农业开发,热带森林减少,野象生存环境受到威胁,才会出现这种现象。范成大《桂海虞衡志·志兽》佚文曰:"二广亦有野象,村落小民酒熟,则寻香而来,破壁入饮,人甚苦之。所过亦害禾稼。"其书又述:以计诱野象"请君入瓮",颇为有趣,"布甘蔗于道,以诱野象,象来食蔗,则纵驯雌[象]入野象群,诱以归石室,遂以巨石窒门。"后以饥饿、铁钩等法驯服之④。宋莘《视听抄》也有类似的记载:"象为南方之患,土人苦之。不问蔬谷,守之稍不至,践食之,立尽⑤。"洪迈则记野象为潮州之害及智取食物的故事,亦颇生动:

乾道七年(1171),缙云陈由义自闽入广,省其父提舶□。过潮阳,

---

① 何恪:《西园记》,刊《敬乡录》卷一〇。

② 诗见明·程敏政《新安文献志》卷四〇,江襄,字公弼。徽州绩溪人。政和五年(1115)进士,释褐旌德县尉,后官南陵主簿等,事具《淳熙新安志》卷七。其诗记捕虎事,应为北宋末政、宣间。

③ 《夷坚甲志》卷一四《舒民杀四虎》,第122页,中华书局点校本。

④ 祝穆:《古今事文类聚》后集卷三六,参校谢维新《古今合璧事类备要》别集卷七六。参见本书"南宋农书"关于《虞衡志》佚文的说明。笔者点校的《桂海虞衡志》辑佚本,已收入《全宋笔记》。

⑤ 明·陈耀文:《天中记》卷六〇引。

见土人言:"比岁惠州太守挈家从福州赴官,道出于此。此地多野象,数百为群。方秋成之际,乡民畏其蹂食禾稻,张设陷井于田间,使不可犯。象不得食,甚忿怒,遂举群合围惠守于中,阅半日不解,惠之迓卒一二百人,相视无所施力。太守家人窘惧,至有惊死者。保伍悟象意,亟率众负稻谷积于四旁。象望见,犹不顾,俟所积满欲,始解围往食之。其祸乃脱。"盖象以计取食,故攻其所必救。龙然异类,有智如此。然为潮之害,端不在鳄鱼下也①。

与潮州毗邻的福建漳州也出现"野象害稼"及独象"蹂而害人"的记载②。上述虎食人、野象害人害稼的现象,均反映因移民增加,人与自然的生态平衡被打破,环境日益恶化。这与今日云南西双版纳野象经常侵入村庄糟蹋庄稼有惊人的相似之处。也从侧面反映南宋农业的生态环境远较前朝恶劣,而发展农业生产也需付出更为艰辛的努力。

总之,生态环境的优劣,自然灾害的发生频率,对南宋各地农业生产及由此而引起的社会区域经济的各个方面均产生不容忽视的重要影响。

第二节　战争对南宋农业的影响

南宋立国之初,由于金军南侵,溃兵作乱,农民起义等原因,导致东南各地狼烟四起,人民生命财产受到严重威胁,百姓不能安居乐业。农业生产受到毁灭性的破坏,社会经济陷于崩溃,财政极端困难。是赵宋王朝建立以来,最为艰难的岁月。南宋初,金军曾到达长江以南的江西、湖南等地,但饱受战火洗劫的主要是两淮、荆襄及南宋后期的四川地区。江淮之间,在南宋初有数十万流民武装为非作歹,其势力也一度扩张到湖南、江西等地,福建有范汝为(？～1132)起兵等。南宋国土,一半以上处于战火纷飞之中。绍

---

① 《夷坚丁志》卷一〇《潮州象》。《广东通志》卷一五载,陈禾时任提舶。
② 分见周必大《文忠集》卷七〇《郑公(兴裔)神道碑》,佚名《墨客挥犀》卷三。

兴和议后,虽有隆兴、开禧北伐,端平入洛等役,但毕竟时间不长,造成的损失远比南宋初为小。小农经济有其脆弱性,但也有其坚韧、顽强性。即使在兵火正盛的时期,逃亡的人民也会在相对安定的地区开垦种植,安身立命。纵然是两淮、荆襄等宋金反复争夺的地区,在战争的间隙,也有大量逃亡的农民归土复垦,还有归正、归明人的定居,及许多来自狭乡的新移民;非常时期,甚至还有军队在屯垦。总之,战争虽对南宋农业有较大影响,但仍是局部性而且是有时段性的。但南宋后期,以四川、湖北等地为主战场的宋蒙(金)之战,对南宋农业的摧残却丝毫不比南宋初的浩劫为轻。除了宋金、宋蒙长期对峙的两淮、京西、湖北、四川等地,两浙、江东、西、福建、湖南、两广等地的农业生产也受到战争不同程度的影响,不过远没有上述前沿地区那么严重,因而其恢复也较快,有些地区还创造了前所未有的辉煌。

南宋淮南,分为东西两路,其地在江淮之间。北宋时曾与两浙、江南并列为农业生产力高度发展的地区。庆历中,就有"江南不稔则取之浙右,浙右不稔则取之淮南"①之说。

南宋以来,淮南成为宋金长期对峙的沿边地区和主战场。农业生产遭到毁灭性的破坏,人民大量逃亡或迁移,耕地抛荒现象十分严重。水利失修,水旱灾害频作,近百年前作为朝廷财政支柱之一的全盛时期一去不返。由于劳动力、资金奇缺等原因,从原来的集约经营倒退为粗放经营,从原来的精耕细作模式回到广种薄收的时代。南宋中期,虞俦曾指出:其耕作方式卤莽灭裂,"大率淮田百亩所收,不如江浙十亩②。"此说虽未免有夸大之嫌,反映的却是当时淮南东西路农业一落千丈的实际状况。南宋政府将这一地区作为屯田与营田的主要地区。但其基础仍存,如两淮地区"陆田才三四,而水田居其五六",仍为稻作农业区③。淮南自南宋立国之初至元蒙灭金,百余年来始终笼罩在战争的阴影之中,成为宋金反复争夺的主战场。正如《景定建康志》卷三五概括的那样,是"淮上四战之场,虏敌往来之地。"南宋初已

①　《长编》卷一四三,第3440页,中华书局点校本。
②　《尊白堂集》卷六《使北回上殿札子》。
③　《宋会要辑稿》食货六一之一二〇。

是"民去本业,十室而九,其不耕之田千里相望①。""两淮之民",主要"散处浙西、江东诸郡"②。战争的创伤颇难医治,两淮尤然。

历经绍兴、隆兴、开禧北伐三次战乱,时至南宋中期,仍然荒地颇多,有待垦辟。正如郑昭先所论:"两淮、荆襄,实今日藩篱捍蔽之地。淮东如山阳、滁阳,淮西如濠梁、安丰,荆襄如德安、信阳等郡,流离之民未尽复业,闲土旷土,不可以亩计。"乞"招集流移,耕垦荒地。或借之种粮,或宽其租赋,以垦田之多寡为守令之殿最③。"尽管采取了一系列劝农优惠措施,但北宋淮南农业的盛况已是昔日黄花,随着宋蒙(元)战争的深入,就更是雪上加霜,不可逆转,农业生产力的发展水平与二浙、江东等昔日并驾齐驱的地区已不可相提并论。详情在土地制度等章中再进行讨论。

南宋中期的开禧北伐,是韩侂胄(1152~1207)等欲立盖世之功,在不具备条件下的一次军事冒险,曾遭到主战派辛弃疾(1140~1207)、叶适(1150~1223)等的强烈反对。这次北伐因用非其人及朝政腐败等原因很快以失败告终。这次短暂的战争也造成严重后果,尤其是对农业生产的破坏。曹彦约(1157~1228)曾有评论云:"曩时农夫,今应募而荷戈矣;曩时壮丁,今死战而暴骨矣。大江以北,莽为战场;淮襄关外,半为丘区。人烟稀少,十无一二。而米斗踊贵,其值数千。秋熟尚远,人情可虑。兵之害民,如此其酷也④!"卫泾也说,开禧北伐导致大量淮民南渡经镇江而转徙各地:"开禧边尘骤兴,淮民转徙京口,毋虑数十万⑤。"

南宋后期,蒙元灭宋的连年战争就更是一场浩劫。宋蒙战争之初,吴昌裔(1183~1240)就亟论之:蒙古铁骑"深入,譬之外邪,先侵蜀道,九郡丘墟;继犯京湖,十州疲弊。焚毁我室,虔刘我民,野无炊烟,路有冤骨。"又论战争

① 《系年要录》卷四〇,四库本第 325 册,第 575 页。
② 《宋会要辑稿》兵一三之二四。
③ 《宋会要辑稿》食货六之三二。
④ 《昌谷集》卷五《应求言诏书上封事》。上于嘉定元年(1208)。又,曹彦约,字简甫,号昌谷。南康军都昌人。淳熙八年(1181)进士,官至礼部侍郎。有《舆地纲目》15 卷、《昌谷类稿》60 卷,已佚;今存《昌谷集》22 卷等。事见魏了翁撰《曹公墓志铭》(《鹤山集》卷八七)。
⑤ 《后乐集》卷一八《侄孙前知武冈军[余藻(1142~1219)]墓志铭》(嘉定十二年)。

因征调军需而极大加深百姓负担云："六月征伐而困两淮之民,连年科调而困四川之民,两州归附而困京西之民,十乘征行而困沿江之民,舟船结雇而困沿海之民,濠梁浚筑而困荆湖之民,税亩折纳而困江湖闽浙之民……。自是牧养无良吏,而田里皆疲之氓矣①。"当时百姓逃散,十室九空,田地抛荒,农作尽废。抗元最力的川蜀人民因战争浩劫而蒙受深重灾难。吴昌裔怀着极为沉痛的心情,又论蒙元军队所到之处,"诸郡残破,公私赤立"的情景:"昔之通都大邑,今为瓦砾之场;昔之沃壤奥区,今为膏血之野。青烟弥路,白骨成丘,哀恸贯心,疮痏满目。……最可痛者:沃野千里,荡然无民;离居四方,靡有定所。耕畴不辟,堰务不修,秋不得收,春不得种。不知兵食将何时办,军费将于何取给耶②!"宋蒙战争主战场在四川,后延至京湖,再至东南。连年的战乱不仅给人民造成了无休止的痛楚,而且给农业生产导致了毁灭性的破坏。川蜀数百年来的公私之藏扫地以尽。社会经济出现历史性的大倒退。

南宋后期,在大规模战争尚未爆发之际,李韶(1177～1251)就在嘉熙三年(1239)痛切指出:"端平以来,天下之患,莫大于敌兵岁至。和不可,战不能,楮券日轻,民生流离,物价踊贵,遂至事无可为③。"理学家魏了翁(1178～1237)也极为忧虑地指出:南宋后期,"西自兴、洋,东及于襄、邓、随、枣、蔡、息之间,虏骑充斥④。"即西起四川、东至荆襄,蒙古铁骑长驱直入,给业已复苏的南宋农业最后致命一击,遂至"玉石俱焚"。

除了因民族矛盾及争夺生存空间而导致的大规模战争外,还有南宋初乘乱而起的溃兵及流民武装,流窜各地,为非作歹,官军连年征讨或剿抚结合,虽很快平定,但也给湖南北及江西等地人民带来极大的战乱创伤和沉重负担。史学家李心传(1167～1244)有一概括性的叙述:建炎四年(1130),"时江、湖、荆、浙皆为金人所蹂,而群盗连衡以据州郡,大者至十余万,朝廷

---

① 吴昌裔:《论今日病势六事状》,刊《历代名臣奏议》卷一〇〇。
② 吴昌裔:《论救蜀四事疏》,刊《历代名臣奏议》卷一〇〇。
③ 《宋史》卷四二三《李韶传》,第12630页,中华书局点校本。又李韶,字元善,号竹湖。苏州吴县人。嘉定四年(1211)进士,官至翰林学士,卒谥忠清。
④ 《鹤山集》卷二五《再乞祠奏状》。

不能制①。"李纲(1083～1140)对各部的兵力之估计为30余万。而官兵的进讨又是一笔庞大的军费开支,这也导致本已十分困窘的荆湖南北、江西等三路的农业经济雪上加霜。江西后因开发梯田等而较快复苏,而荆湖则一蹶不振,流民武装的骚扰也是原因之一。李纲对荆湖流寇各部的估计为:曹成、马友约各有十万余人,刘忠约有三万余人,李宏、杨华约各有一万余人,雷进约有八千余人,杨么郎、钟相残部约有一万五千余人,邓装约有三千余人,彭铁大约有数千人②。

此外,洞庭湖区的钟相(?～1130)、杨么(?～1135)起义,福建的范汝为等农民战争及南宋中期的江西赖文政、南宋后期的福建汀州等地晏梦彪(?～1231)等所谓"茶盐之寇③",也对局部地区的农业生产有一定影响。但较之大规模的宋金、宋蒙之战,就是"小巫见大巫"了。

北宋初,为了阻止辽兵南下,曾在今河北一带决堤放水,制造"无人区";从而导致沼泽水洼地带。同样,南宋初也有开决长江古堤黄潭以阻挡金军南下的蠢举。《宋史》卷九七《河渠七》有载:绍兴二十八年(1158),荆南府通判都民望(?～1160)言:"荆南江陵县东三十里,沿江北岸古堤一处,地名黄潭。建炎间,邑官开决,放入江水,设以为险阻以御盗。既而夏潦涨溢,荆南、复州千余里皆被其害。去年因民诉,始塞之。乞令知县遇农隙随力修补,勿致损坏。"这次决堤放水未能阻挡金兵入侵,却导致了荆南、复州千里水患三十余年的严重后果。其后,这样的历史悲剧一再重现,最近的一次是上世纪抗战期间炸开黄河花园口大堤,导致上千万人民的流离失所。

南宋初,战争对农业生产的破坏,可从李纲绍兴九年(1139)起知潭州兼湖南安抚大使到任之初感赋诗中略见一斑。其《八月十一日次茶陵县入湖南界有感》诗云:"忆昔湖南全盛日,郡邑乡村尽充实。连年兵火人烟稀,田野荆榛气萧瑟。我初入境重伤怀,空有山川照旌节……。盗贼纵横尚可避,

---

① 《朝野杂记》甲集卷一一《镇抚使》。
② 《梁溪集》卷七〇《开具钱粮兵马盗贼人数乞指挥施行事状》。
③ 分见何竹淇《两宋农民战争史料汇编》第3册第17～136页(钟、杨)、第142～182页(范),第4册第367～388页(赖)、第559～575页(晏),中华书局,1976年。

官吏贪残不可说。挟威依势甚豺狼,刻削诛求到毫发。父子妻孥不相保,何止肌肤困鞭挞。上户逃移下户死,人口凋零十无八。九重深远那得知,使者宽容失讥察①。"如椽之笔,真实再现了建炎初湖南兵火之余,十室九空,民不聊生之苦。官吏贪残,刻剥诛求,无所不为,实乃主要原因。大规模战乱已十年有余,仍是触目凄凉,令人惊心动魄。

在南宋初的动乱之世,战争、灾荒、乱兵等给百姓造成了深重的灾难。而官府因筹集军费而日益加剧的税赋苛敛,又将农民推向绝境。在两浙、江西、福建等地,这种情形尤为严重。如南剑州人廖刚(1071～1143)指出:"屋庐储积,焚荡掠取,既尽于贼;又须供亿大兵,实无从出。……食日益阙,民日益困。桀黠无赖者,遂乘之以鼓倡群小,驱率柔懦,聚为盗贼②。"杨时(1053～1135)也说:"自春初至今,斗米逾千钱,人不堪命。皆昔所未闻,而今见之也。故细民荷戈持戟群起而为盗,动以万计。皆平时负耒力耕之农,所至屯聚,未有宁息之期③。"类似之论,史不绝书,不胜枚举。摆在南宋统治者面前的严峻现实是:尽快解决百姓的粮食即吃饭问题,才是消除动乱,稳定社会治安的首要关键。而发展农业,重农劝农,也就成了当务之急。

李曾伯(1298～1268)史诗《丁亥纪蜀百韵》,则如实记载了宝庆三年(1227)蒙古骑兵初入川蜀,给当地百姓造成的苦难及官司的无能,官兵的闻风而逃等情状。其诗有云:"由是关以外,民皆弃庐屋。西康至天水,患不翅蛇腹。凤、集一炬余,地已付麋鹿。河、池本无虞,百里祸尤酷。群盗沸于鼎,流民凑如辐。母悲爱子死,夫没嫠妇哭。城市委焚荡,道路纷怨讟。于时益昌民,十室空五六(原注:是时益昌之民皆入山避徙)。"最可足惜者,多年积储的军需粮秣被掳掠殆尽。诗又云:"不见关以外,处处空杼轴,朝廷无事时,司农积边谷。一朝弃粪土,知几十万斛(原注:总所五州钱粮,闻失三四十万斛斗)。民力哀何辜,边人罪难赎④。"其诗每联下多有注文,时至今

---

① 《梁溪集》卷二九。
② 《高峰文集》卷一《投富枢密札子》。
③ 《龟山集》卷二二《与执政书》。
④ 《可斋杂稿》卷二五,"杼轴",原误作"杼柚"。

日,读来仍有惊心怵目之感。

战争对南宋农业生产的影响还体现在:因军费巨额增加,财政经常处在收少支多的不平衡状态。为了维持收支的平衡,就只能是暴征横敛。于是巧立名目,法外科索无处不在,无时不有。用朱熹(1130~1200)的名言概括,就是"古者刻剥之法,本朝皆备①。"其实还有许多"创举"。农民负担之重前所未有,这也是南宋农业生产力发展水平很高的曲折反映,否则"皮之不存,毛将焉附。"关于农村税赋之重,这里仅略述与军费相关的部分。

宋代实行募兵制,养兵之费用全由国家财政支付,而且包括其赡养的家属。不仅是战时,即使在平时,也有一支庞大的常备军。据吕祖谦(1137~1181)估计,南宋孝宗时军队约有80万之众,而叶适和杨冠卿(1138~?)估计则为100万左右②。但实际上不可能有那么多。据乾道四年(1168)任右相兼枢密使的蒋芾之说,南宋"兵籍之数"为:绍兴十二年(1142),21.45万人;二十三年,25.45万人;三十年31.81万人,乾道三年(1167)32.33万人③。李心传的统计数为:"乾道三衙、江上、四川大军新额总"41.8万人。下分列各军具体人数,其中四川三都统司合计为8.8万人(注:"乾道三年正月二十四日"数)。可见蒋芾之数应不包括四川兵力。李心传又说:"其后诸军增损不常,然大都通不减四十余万,合钱粮衣赐约二百缗可养一兵④。"这里所说的仅是正规军,养兵之费已八千余万缗。当时财政收入约为一亿缗左右,可证养兵之费确已达到十分之八(80%左右),还不包括民兵、枪杖手、弓箭手、保甲等地方军及民兵。据叶梦得绍兴十三年(1143)之说,仅福建路

---

① 《朱子语类》卷一一〇《论财赋》。

② 分见吕祖谦《历代制度详说》卷一一《兵制》,叶适《水心别集》卷一〇《实谋》,杨冠卿《客亭类稿》卷九《省兵食说》。

③ 《宋史》卷一九三《兵志七》;又,同书卷三八四《蒋芾传》节引其《论兵事奏》。参阅汪圣铎《两宋财政史》(上),第400页,中华书局,1998年。

④ 《朝野杂记》卷一八《乾道内外大军数》,第405页,中华书局点校本,2000年。但其书同卷《关外军马钱粮数》条又称:"乾道末,有名籍者凡"97338人;马13142匹,岁用钱、粮2385万缗有奇(粮158.7673万斛已折计为钱),则每员岁费已245缗,衣赐、郊赏等尝不在内,此所以四川较高,因其军官、骑兵数等多,故拉高平均数。可见每员岁费200缗还是较保守的数据。但南宋初则低得多,说详下。

八州军"所管民兵"等系籍就有 14.44 万人之多①。南宋各路当有数百万之众。地方财政还须支付不定期的教阅费用,也是一笔不小的开支。这些地方武装主要用于维护社会治安,一般不脱产,只在农闲进行军事训练。

南宋各时期,各部因军兵种及军阶的不同,其待遇又各不相同。以下仅举几个例子加以说明。其一,绍兴元年至二年(1131~1132),时任知建康府兼江东安抚大使的叶梦得说:今沿江人马约用五万人,原月支料钱 15 万贯,米 3.75 万石②。则岁支钱 180 万贯,粮米 45 万石,如米以建康府时价 4.7 贯/石折计③,则五万人每员岁费平均仅 78.4 贯。但衣赐及郊赏等恩典不在内。

其二,绍兴六七年间(1136~1137),江西招填禁军 5373 人,各项岁费如下:(1)米 82524.72 石,人均 15.36 石,以米当地时价约每石 3.25 贯文计,折钱 49.92 贯文;(2)料钱、随衣钱凡 32022.834 贯文,人均 5.96 贯文;(3)冬春衣赐:绢紬合计 25734.25 匹,折江西时价每匹 6 贯文,为 154405.5 贯文,布 3942.5 匹,每匹折 4 贯文,计 15770 贯文,绵 65194 两,每两折时价 0.3 贯文,计 19558.2 贯文;人均折钱 35.312 贯文。以上三项合计:49.92 + 5.96 + 35.312 = 91.192 贯文。因折计价格与实际价格的误差因素等,江西一员禁军的开支约在 100 贯文左右④。其中衣赐占 40% 左右,口粮(禄米)占 50% 左右,俸料仅占 10% 左右,当然还有郊恩、特支及各种补贴等恩赏,其收入当

---

① 《石林奏议》卷一五《申枢密院坐下提刑司札子令与提刑李宝文同共措置民兵状》,续修四库全书影印陆心源皕宋楼藏宋刻本。
② 《石林奏议》卷六《奏请划一事件状》。李光《庄简集》卷一一《画一申请状》亦称:"沿江一带分屯人马约五万人,月支钱一(千)[十]五万贯,米三万七千五百石。"与叶说全同。李光于绍兴二年(1132)闰四月接替叶任知建康府(见《景定建康志》卷一三《郡守题名》)。
③ 《石林奏议》卷九《堂白乞降盐钞淮南京畿收籴粟麦札子》载:"若量给盐钞五六十万贯,就宿亳之间召募客人中籴钱,收籴得前件三色斛斗三四十万石……可省江浙米价三分之二兑留封桩。"则上述三色斛斗(大、小麦、粟)每石均价为 1.57 贯文省,江浙是年米价约为 4.714 贯文省(以米一石折麦粟二石计)。
④ 据李纲《梁溪集》卷八七《措置招军画一奏状》。此外,招刺时又有每名例物钱 4 贯文,绢一匹折价 6 贯文,合计 10 贯文,为一次性开支,未计入。米、绢紬(绸)、布、绵价,按当时江西一带时价(相近年份)折计,史料分见《系年要录》卷一〇四、一一一,《宋会要辑稿》食货六四之三〇,《文献通考》卷二〇《市籴考》引止斋陈氏语。

远不止此。

其三,绍兴三十一年(1161),王之道《相山集·又与汪中丞画一利害札子》称:"今日之招军,每效用一名,日支食钱三百,米三升,而又不刺面,不涅手……①。"则每员效用岁支钱108缗,米10.8石,如以相近年份和籴米价每石二千文计,则为21.6缗,二项合计为129.6缗,已较上述江西禁军增加30%以上②。

其四,绍兴二十九年(1159)七月,据许尹(1095~?)之说,当时四川"增招兵校万人,岁费钱粮二百四十万引,乞将每年应副田晟窠名钱尽行截拨③。"则每员兵校岁费钱引240道。疑此为铁钱引,折半每员120缗。

其五,南宋初,知潭州兼湖南安抚大使李纲奏称:鼎州"屯兵万人",月支米14000余硕,岁计支米168000余硕;月支钱15000余贯,岁计支钱180000余贯。则每兵平均支米16.8硕,钱18贯。如以当时米价每硕3.5贯计,每兵合计76.8贯④。不包括衣赐和恩赏。

其六,《系年要录》卷一八九载:绍兴三十一年(1161)三月,黄祖舜(?~1165)言:临安一府拣汰使臣军员凡1688人,岁用料钱9.1万余缗,绅绢布绵25800余匹,米28000余石……则一员之费为料钱53.910缗,衣赐15.28匹,米16.59石。如米以时价每石2贯⑤,绢以和买绢价6.5贯折计,则每兵之费为53.910 + 6.5 × 15.28 + 2 × 16.59 = 186.41缗。赏赐未计,如计入则超

---

① 据《永乐大典》卷八四一三录文,又见四库本《相山集》卷二〇。
② 和籴米价为绍兴二十九年(1159)之价,见《宋史》卷一七五《食货·和籴》。又,《系年要录》卷一八二载:绍兴二十九年刘锜招募效用,钱米又分三等:上等,月支钱九千,米九斗;中等,月钱七千,米八斗;下等月钱六千,米八斗。而《宋会要辑稿》兵一七之三二记载:绍熙三年(1192)七月二十五日诏:上等效用日支钱食钱300文,米3升;次等日支200文,米2升。各有身长及武艺(射弓弩之力)标准以区分。其上等效用均与王说同,可见为南宋一代之制。
③ 《系年要录》卷一八三,四库本第327册,第593页上。
④ 《梁溪集》卷七五《已拨益阳财赋应付鼎州来年财赋取自指挥奏》。李纲曾二知潭州,分别为绍兴二年(1132)和九年,分见《系年要录》卷五一、卷一二六。但后一次仅二月,此似为二年之事。当时米价据《景定建康志》卷四八"江上诸州米斗三四百"推测。
⑤ 米价据《宋史》卷一七五《食货志》:"石降钱二千"计。此绍兴二十九年(1159)粮价,浮动较大,未必三十一年亦此价。

过200缗无疑。拣汰1688人,即可至少节省财政支出31.466万余缗。

其七,乾道四年(1168),王炎奏称:"赡养官军八千四百人,岁当钱四十万贯,米十一万石,䌷绢布四万余匹[①]。"则每员为钱47.619贯文,米13.1石,䌷绢布4.76匹;如米以2.5贯文计,丝绸以每匹和买价6.5贯计,则每员之费为47.619+2.5×13.1+6.5×4.76=111.309贯文。此为孝宗初荆南府养兵之费。

其八,乾道七年(1171)二月十日,知临安府韩彦古(?~1192)言:拣退崇节厢军不系正身1486人,已开落名粮,一岁省减衣赐、粮米共计72400.250贯文[②],则平均每员厢军为48.722贯文。又,各地厢军待遇不同,临安府为行在,应是较高水平。此数未言是否包括料钱,但即使未计,每兵不过五贯文左右[③],合计为53.722贯文。不过约略为禁军25%而已。

其九,川蜀养兵之费,这里有两个数据可供参考。(1)绍兴八年(1138)二月,李谊(?~1143)言:"蜀都五十四郡,岁赡[吴]玠军近四千万缗[④]。"(2)绍兴末,知成都府兼四川安抚制置使王刚中(1103~1165)言:"军食岁为米百万石,为钱二千万缗[⑤]。"但百万石米,所估已为保守,且时折估钱十贯折米一石,则钱米两项已为三千万缗。吴玠所领川陕军约为十万人[⑥]。李心传《朝野杂记》乙集卷一六《四川桩管钱物》云:"炎、兴以后,关陕之兵转而入蜀,岁用率三千万缗,则民力大屈[⑦]。"王刚中之说与李心传《朝野杂记》甲集

① 《宋史全文》卷二五上;米价据《宋会要辑稿》食货四〇之四六。

② 《宋会要辑稿》食货六四之七八。

③ 《永乐大典》卷一〇九五〇引《临川志》称:抚州厢兵月料钱为245文,叶适《水心别集》卷一六《后总》载:嘉定九年(1216)温州崇节厢兵的岁钱为3.498贯文省,临安估计稍高,当不超过5贯文。

④ 《系年要录》卷一一八,四库本第326册,第600页下。

⑤ 孙觌:《鸿庆居士文集》卷三八《王公墓志铭》。

⑥ 见徐规《南宋绍兴十年前后"内外大军"人数考》,始刊《杭州大学学报》1978年第3期,收入《仰素集》(第473~475页),杭州大学出版社,1999年。

⑦ 据中华书局2000年点校本第801页录文,四库本是书本条系于卷一六,亦作"三千万缗"。又据李心传同书甲集卷一五《财赋二·折估钱》(点校本第324页)云:"大凡一岁折估之入",凡710余万缗,其出1208万余缗,而籴买粮绢及其运费872万余缗、杂费约90万缗不在内;则所支应为:1208+872+90=2170万缗,但诸军正色米尚不在内,如以百万石米、每石三缗计,则约为2500万缗。每员250缗。

卷一五《折估钱》之说大致相符,即平均四川养兵之费每员高达300缗左右。如是铁钱,则为150缗。

综上所述,南宋养兵之费在不同时期、不同地区,因财政收入的波动而颇有升降。李心传概括的每兵之费平均岁费在二百缗上下,以及养兵之费占财政收入十之七八,大致可信。但四川地区却特别高,可能为铁钱引,也可能是军赏费太高或李迨分析的原因。绍兴七年(1137)五月,时任四川都转运使的李迨(? ~1148)奏称:绍兴四年(1134)所收钱物,计3342万余缗,所支为3393万余缗;六年未见收数,支出3276万余缗;今年(七年)所收,计3667万余缗,所支为4278万余缗①。李迨又进一步分析四川养兵费特别高的原因,其说云:绍兴六年(1136)"诸头项官兵",共计68449人,决无一年用265万石米之理。"其折估钱,不止是官兵坐仓折估,灼然无疑。""折估钱名色有十四项之多",因"官员有驿料折估,军兵有坐仓折估",故以此名之。此外,"又有诸帅将公使钱、人吏作匠请给钱,并系于按月折估钱内应副"。而"官员人数,比军兵之数,约计六分之一。军兵请给钱,比官员请给,不及十分之一。"赵开亦因宣抚司诉其拖欠折估钱而罢②。可见折估钱包括了军费的全部。绍兴四至五年(1134~1135),仍为赵开总领四川财赋,其被罢任因和时任四川宣抚使吴玠不和,吴向朝廷告状说其拖欠兵饷,李迨乃为其辩诬,但却仍未免重蹈覆辙。赵开《自辨疏》称,四川财赋,主要来自于"茶盐酒息增额钱","乃置合同场买引"③所得,即其财赋收入的主要部分并非苛敛而得。李迨为四川都漕在绍兴六年至八年(1136~1138),他在任对赵开"萧规曹随",并提出很好的建议,如继续在陕西屯田,拘收其半12万石;利用利州路兴元府、洋州,陕西岷州等地夏麦大熟良机,乘时就籴70万石,合计47万石④。

---

① 《系年要录》卷一一一,四库本第326册,第511页下。又,其数与吴昌裔《论救蜀四事疏》(刊《历代名臣奏议》卷一〇〇)所述大致相合,故颇可信。

② 《系年要录》卷一一一,四库本第326册,第512~513页。

③ 《系年要录》卷七五,四库本第326册,第55页。

④ 《系年要录》卷一一一,四库本第326册,第514页。此处原文为"三项共计五十七万石",似误。三处籴麦70万石,折米为2:1,则为35万石,加12万屯田米,应为47万石。似合计有误,今据改。

此外，"每年水运应副阆、利州以东岁计米"58 万石，以上合计为 105 余万石，则"岁计足矣"。可以权蠲免川路籴买搬运①。这 105 万石米已足够支付近七万人的食粮，平均每人约 15 石。

故四川绍兴初的军费约在三四千万缗，如以绍兴四至七年（1134～1137）的平均数计，则为平均每年 3751.75 万缗，此为战时财政，四川一军军官占 1/6，比例较高，又有 16 项支费皆纳入军费开支，故人均数居高不下。如仍以绍兴六年（1136）的岁支 3276 万余缗、兵员数 68449 人约计，平均每员高达 478.604 贯文，但如果这是铁钱引数，就与东南大军的支费相差不多了，因为铜、铁钱的比价在南宋中期以前，一直维持在 2:1 的水平上。《宋会要辑稿》职官五五之四六明文记载：绍兴二十九年（1159）十二月二十四日诏："四川进纳人依例每铁钱二文折铜钱一文，每铁钱一贯折川钱引一道②。"在南宋中期以前，四川大体上还能维持财政收支的平衡，即使有亏欠，也能通过各种途径弥补。但南宋中期以后，随着军费开支的增加，钱引的贬值，收少支多的情形每况愈下。至绍定年间（1228～1233），支出已超过收入一倍以上，巨额亏空需朝廷弥补，宋蒙之战首先在四川爆发是主要原因。吴昌裔《论救蜀四事疏》说：

> 自是而后，入少出多，调度转急。臣尝以绍定一岁之数计之：所收二千四百九十二万余缗，已减绍兴所入[三]之一；所支五千一十六万三千万余引，乃过绍兴增支之半。前后总饷，卒坐乏兴，每以二千五百二十四万[余引]之数，仰给朝廷科降。……（今）制、总两司之积荡于阆州，茗、漕、帅司之藏截于广郡，而公府之财帛空；富家中产之金帛席卷于敌，都鄙郊邑之窖藏焚弃于盗，而私室之民力空③。

南宋后期，随着统治者腐败的日益严重，"吃空饷"——即逃亡、拣汰、战死的兵士不予除豁，而仍按簿籍申领各项经费，克扣军饷的现象也愈演愈

---

① 《系年要录》卷一一一，四库本第 326 册，第 514 页。
② 参阅汪圣铎《两宋货币史》，第 510～511 页，社会科学文献出版社，2003 年。
③ 《历代名臣奏议》卷一〇〇。

烈。正如《宋史》卷一九四《兵志八·廪给之制》云:"军将往往虚立员,以冒稍食"。"当是时,财赋之出有限,廪稍之给无涯,浚民膏血,尽充边费。金帛悉归于二三大将之私帑,国用益竭而宋亡矣。"南宋的灭亡,除了别的原因外,军队中将帅的贪鄙,导致兵无斗志,士兵怨叛,丧失战斗力,也是原因之一。对付蒙古骑兵,水战和守城是宋军的长处;在宋蒙(元)战争中也创造了不少光辉的战例,但南宋将帅中清正廉洁、有所作为的如李曾伯、孟珙(1195～1246)、王坚(? ～1264)等人实在是太少了。

南宋初的战时财政体制,不是量入而出,而是因军费的庞大开支采取暴聚苛敛的方式搜括天下财赋,种种法外横取,堪称集古"今"之大成,并有许多"发明创举"。南宋的中央财政和地方财政政出多门,户部所掌握者仅为很小一部分,其收支数据相当混乱,也为贪赃腐败大开方便之门。这里仅就孝宗末的财政收支状况及军费开支的比例作一概括说明。南宋官修《会要·职官·户部》①有载:

> 绍熙元年(1190)十月二十一日,左谏议大夫何澹、权户部侍郎赵彦逾、殿中侍御史林大中言:尝考渡江之初,东南岁入止千余万。绍兴以后,纲目始繁。据吕颐浩奏:宣和中,户部支费每月不过九十万;绍兴三年(1133),户部之费每月一百一十万。然则绍兴之初已多承平二十万矣。所费既多,所取不得而不阔。如总制,如月桩,如折帛,如降本,如七分坊场、七分酒息、三五分税钱、三五分净利宽剩、折帛钱、僧道免丁钱之类,则绍兴间权宜创置者也;如州用一半牙契钱、买银收回头子钱、官户不减半役钱、减下水脚钱之类,几一百万,则又乾道间权宜创置者也。如经制并无额钱增收窠名之类,则绍兴间因旧[额?]增添者也;如添收头子钱、增收勘合钱、增添(监)[盐]袋钱之类,凡四百余万,则又乾道间因旧增添者也……。

---

① 此文原存《永乐大典》卷一四六四八,据何种宋代官修《会要》辑入已难确考;徐松辑出后,被误系于《宋会要辑稿》食货五六之六五至六六。今依陈智超《解开宋会要之谜》第225、346页之说复原,社会科学文献出版社,1995年。下如有改变《宋会要辑稿》门类归属均依陈说。引文中"千二百余贯"以下均注文,《宋会要辑稿》窜入正文,今正之。

今总天下财赋,除内藏出入之数已降指挥自行稽考外,所有四川钱引一千六百一十万二千二百六十三道,旧年指挥自行检察支拨,亦不复稽考。特考其归朝廷隶户部与夫四总领所之科降,诸戍兵、牧马、归明、归正等处之截留,凡六千八百万一千二百(万)〔余〕贯(内朝廷九百六十五万一千一百余贯,户部一千八百七十二万三千一百余贯,四总所二千九百万六千余贯,诸戍兵、牧马、[归明]、归正等处一千六十二万余贯)。……户部岁收一千八百余万,岁支亦一千八百万。每月所破官禁、百司、三衙请俸、非泛杂支之类一百五十余万,然则比之绍兴之初增四十万,比之承平增六十万矣。……以淳熙十六年(1189)而较之隆兴二年(1164)则增一百二十余万,较之绍兴三十二年(1162)则数又倍增。

这条史料十分重要,其前半部分大致概括了南宋前期财政收入的来源渠道和支出。其后半部分则列举了光宗即位之初淳熙十六年(1189)岁末的财政收、支数据,内藏和四川财赋除外。疑此乃出自时任户部侍郎的赵彦逾(1130~1207)手笔。可能《宋会要》的纂修者采纳何澹(1146~?)、林大中(1131~1208)之说综合荟萃而成文。今仅对后一部分文字略作考订和补充说明。

首先,这应是一份该年支出账目的合计与分类数。其支出窠名为:(1)朝廷(封桩)965.11万贯,(2)户部1872.31万贯,(3)四(三?)总所2900.6万贯,(4)诸戍兵、牧马、[归明]、归正等处1062万贯①;合计6800余万贯。内藏支出未明,是年似财政状况稍好,即使有亏损也不会太多。四川支出上云钱引1610余万道,并非全部,如仍以2665万缗计,则是年全国财政支出高达近9500万缗,据姚愈之说,"兵廪约占十之七②",则养兵之费高达6650万缗,其他支费约占30%,恰与(1)(2)两项合计数相符。如以全国总

---

① 汪圣铎《两宋财政史》第133页将此数称为"地方截留",似未允。又,(3)"四总所"之"四",疑为"三"之误。据上文明确称"四川钱引","自行检察支拨,亦不复稽考";据李心传《朝野杂记》甲集卷一七第390~391页载:三总所乾道中已岁费钱2760万缗,与此数相近;四川岁费约2665万缗,四总所合计已5425万缗。

② 《玉海》卷一八五《庆元会计录》第3396页上,江苏古籍出版社、上海书店影印光绪浙江书局本,1987年。其又说户部月支中"官俸居十之一,吏禄占十之二",则军费占十之七。

兵力 30 余万正规军计则每员平均 221.67 缗,即使平时也居高不下。当然,有大量军官收入数倍于士兵;还有为数不低于此的非正规军义勇、土兵、乡兵等费用在内,如剔除这两个因素,这一平均数无疑会低许多。

总之,军费占财政支出的大头确定无疑,只要举一个例证即可证明:由都省掌管的朝廷封桩财赋而论,淳熙九年(1182)八月,宰执奏言:时封桩库已及 3000 万缗,而内外桩积钱 4700 余万缗;此为累年合计数。淳熙六年(1179)五月甲子,"提领封桩库阎苍舒状:封桩库共管见钱"530 万余贯①。可见三年间,封桩库激增 2470 万贯,平均每年封桩 823.3 万缗,桩积在外的还有 1700 万缗,如亦以三年合计数计,则每年为 566.7 万缗,内外合计每年 1390 万缗。这还不包括出卖度牒钱、籴本钱及金、银等数。度牒钱,如乾道三年(1167)九月陈良翰(1108～1172)言:"减价作三百千",总数计 10.3 万道,则为 3090 万缗②,其数量亦颇惊人。虽并非经常性收入,此亦恐为填补隆兴北伐的亏空及安置大规模流民的权宜之计,但对财政不无补益。封桩库桩管金银,据《会要·职官·封桩库》③载,绍熙元年(1190)十月时,金元管 799704 两,秤盘亏 4173 两;银元管 1868729 两,秤盘亏 6345 两。按金折 30 贯一两,银折 3 贯一两计④,库存金银可折钱 29597307 贯。所谓"盘亏"钱,即专知官胡彦材等监守自盗,折价 14.2739 万贯文,这是一个惊天大案。封桩库仅淳、绍年间钱和金银这两项已是 6050 万贯,足见内藏之富一斑。当然这并非一年的岁入,而是多年的累计。但即使假定为淳熙十六年间的积累盈余,每年平均也高达 378 万余缗。

总之,较之度支郎中赵不敌所说的乾道四年(1178)前"一岁内外支用之数大概"5500 万缗有奇⑤,绍熙元年(1190),已达到创纪录的 6800 万缗,已增长 23.64%。这是除四川地区以外的同口径对比,养兵之费开支如均占

① 留正等:《中兴两朝圣政》卷五七,宛委别藏本。

② 《中兴两朝圣政》卷四六。

③ 收入《永乐大典》卷一四七八九时被定名为《宋会要》,徐松从《大典》辑出后又被误系于《宋会要辑稿》食货五二之一八,参见陈智超书第 230 页、348 页。

④ 南宋金银与钱会的折率参见汪圣铎《两宋货币史》第 915～922 页。

⑤ 《宋会要辑稿》食货五一之四六。此为《会要·职官·度支库》中内容。

70%计,则分别为3850万缗和4760万缗,如果加上四川地区的3000万缗。更是高达6850万缗和7760万缗。逆推之,这一个年度的财政收入至少应在9786万缗和1.1086亿元。这在中国古代是一个创纪录的天文数字。另一方面,也曲折反映了南宋农业生产力的高度发达水平,否则不可能提供如此高额的财政收入。何况这二个年度还是无大战事的"和平年代"。同样,在四川,绍兴十八年(1148)宣抚副使郑刚中召归时,宣抚司、总领所桩积之钱竟达五千余万,所以李心传叹为观止:"当此之时,蜀中号为优裕,休兵之力也①。"仅仅不到20年的休养生息,四川就创造了富可敌国的神话。

第三节　南宋政府对农业的政策干预

从绍兴十一年(1141)宋金"绍兴和议"至端平元年(1234)宋蒙(元)战争揭开序幕的近百年间,尽管局部战争持续不断,国内兵变民乱此起彼伏,秦桧(1090~1155)、韩侂胄(1152~1207)、史弥远(1164~1233)等权相连续擅政专权,腐败十分严重;但从总体而言:近百年相对和平环境的持续,政局长期稳定,人口的不断增长,垦地的大量开辟,水利事业的兴修,农业技术的划时代进步,粮食单产与总产的大幅提高,商品性农业的推广,导致了南宋农业的不断发展,促进了社会经济的高度繁盛。南宋政府在这一过程中扮演了什么角色,其干预农业经济的政策起了什么作用? 这就是本节所要讨论的问题。当然,这里仅为简略的提示,在以下关于土地、人口、产量、水利、耕作制度、商品农业、赋役、租佃制度等章节还将有更为具体而详尽的探究。

一、重视农业　奖劝农桑

中国古代以农业为立国之本,宋孝宗概括为"国以农为本,农以牛为命②。"实行重农政策,是历代统治者必然奉行的政策。南宋政府鼓励农桑,

---

① 《朝野杂记》甲集卷一七《四川总领所》,点校本第392页。
② 《中兴两朝圣政》卷五六。

实行劝农制度,对开垦荒田,兴修水利,储备粮食,救灾赈济与蠲免等有一系列相应的法规和制度。在这些方面均有新的发展与建树。

南宋初的战争给南方人民带来了深重的灾难。"绍兴和议"签订后的相当长时间内,仍有大批因战乱而背井离乡的田主和农民未能归乡复业,致使财政的主要收入二税大量流失。南宋政府采取了鼓励流民归业,奖劝农桑的措施,其出发点主要是为了培养税源,使严重入不敷出的财政状况能早日走出困境。即使在并非沿边的湖南路衡州也有上述现象存在。绍兴十六年(1146)二月二十五日,"权知衡州窦深言:'衡州(官)[管]下,频年丰稔,不减平时。然而尚有抛荒之土,未尽耕垦。良田检放不实,田主未敢归业。欲望检照前后累降指挥,委自监司,重行检放,召令归业。其孤、老困乏,力不能(辩)[办]者,官与支借种粮、牛具,责限随带二税送纳,则不一二年间,田亩可以尽耕,逃民可以尽归,省税可以尽复。'从之①。"

南宋名臣李纲《论营田札子》针对沿边地区的实际状况提出:宜令淮南、襄汉各置招纳司,"以招纳京东西,河北之民","有来归者拨田土,给牛具,贷种粮,使之耕凿。""许江湖诸路于地狭人稠路分自行招诱,而军中人兵愿耕者听其请佃,则人力可用矣。初年租课尽畀佃户;方耕种时仍以钱粮给之,秋成之后,官为籴买;次年,始收其三分之一;二年之后,乃取其半,罢给钱粮②。"即提出招纳原京东西、河北路流民移民江淮,又许江、湖诸路狭乡农民移屯,及军兵自愿请佃,给予优惠,垦辟抛荒土地。这应是一个颇具远见的可行之策。尤可贵者,南宋立国之初,当局就实行一系列奖劝农桑政策:

其一,买耕牛免税。建炎元年(1127)五月一日赦:"人户置买耕牛,权免税钱一年③。"在绍兴元年(1131)九月十八日、二年九月四日、四年九月十五日的赦文中又规定各免耕牛交易税一年。

其二,招抚流民,复业归耕。如绍兴二年(1132)三月二十二日诏令规定:在兵火残破的淮东八郡,招诱"人户佃田,并免二年税租,将来合行催纳

---

① 《宋会要辑稿》食货一之八至九。
② 《梁溪集》卷八一。
③ 《宋会要辑稿》食货六三之一九七。

[二税]之岁,可止据当年已种顷亩计数征纳,其后逐岁添展。""如或州县过数催纳,并科违制之罪。仍许人户越诉。"稍后,又有指挥,令于"榷货务支降见钱五万贯,充淮东人户借贷,收买牛具①。"

其三,招佃官田,减免税租。如绍兴二年(1132)六月十八日江东安抚大使李光(1078~1159)言:"广德县见管逃田八百余顷,方措置劝诱人户,分户佃租。缘常赋比他处已为差重","乞免本年秋料一料","自次年为始,依请佃法,别免一料催料。"从之②。

其四,拘收闲田,召人请佃。如绍兴三年(1133)十月七日,"江南东西路宣谕刘大中言,欲将江东西路应干闲田立三等租课",每亩分别纳米:上等1.5斗,中等1斗,下等7升,"更不别纳二税"③。这一租课额虽较夏秋两税稍高,但对无地移民或本地客户及下户仍有吸引力。

其五,州县官提举官田事务,监司应加强监管力度。绍兴三年(1133)二月二十八日,"诏:应有官圩田州县,通判于(御)[衔]位带'兼提举圩田',知县带'兼主管圩田',每岁不得使有荒闲。委监司以旧额立定租稻硕斗,尽收以充军储④。"又如江东路著名的永丰圩,已从北宋末的950余顷减少到绍兴初的297顷,耕田面积仅剩原来的31%,遂决定将租课自3万硕减为2万硕米,并从绍兴五年(1135)起由建康府主管而改拨隶提刑司,监官也提高级别,从京朝官中选差⑤。

南宋初,当局面临着雪上加霜的两难选择,一方面是大量逃田导致的税赋流失,另一方面又是庞大的军费开支,战时财政入不敷出。因而发展农业,恢复生产就成了当务之急。虽取得一些成效,如绍兴二年(1132)权发遣太平州许端夫言:"招诱人户归业,趁时布种,收到苗米九万四千余硕"⑥之类记载屡见于史料,但毕竟有限。相反,"权势之家"勾结官吏,请佃上等肥田,

① 《宋会要辑稿》食货六三之一九七。
② 《宋会要辑稿》食货六三之一九八。
③ 《宋会要辑稿》食货六三之一九九至二〇〇。
④ 《宋会要辑稿》食货六三之一九九。
⑤ 《宋会要辑稿》食货六三之二〇〇至二〇一。
⑥ 《宋会要辑稿》食货六三之一九九。

将租课"抑勒贫民承认分种，岁久为害"之类弊端比比皆是。绍兴二年
(1132)七月十七日枢密院计议官薛徽言披露的明州广德湖田租米流失，即
为典型之例①。又如对屡经兵火的淮西诸州，不仅官借耕牛，拨给种粮，又免
三年官田租课，见绍兴十一年(1141)三月七日诏②。连年战争给沿边京西、
淮南等地造成了极为严重的凋残荒凉、农业衰败后果。直到绍兴二十六年
(1156)三月二十八日，户部仍言："京西、淮南系官闲田多系膏腴之地"，却因
优惠力度不够而"少人请佃"，乞依绍兴七年十一月指挥："自承佃后，沿边州
县与免租课十年，近里、次边州县与放免五年"；"承佃及三年，与充己业，许
行典卖"；又令州县将官钱买牛具、种粮，"应副佃人"；三年后，"每年还纳价
直二分入官③。"

又招诱四川地狭人稠处百姓，前往京西"请佃开垦官田"，由"制置司行
下逐路转运司多出文榜晓喻"；愿去者，"即时给据津发前去"(即提供路费)，
享受优惠待遇一如上述。高宗又认为贷给牛具种粮手续繁琐，不如直接贷
钱，并于"合支钱内支破"④。

绍兴二十七年(1157)五月十一日，中书门下省建言：对军中拣退的退伍
军人或军人已亡者，其家属妻子，皆许"指射荒闲田耕种"，首支与一年"请
给"(军俸、兵廪)，"令买牛、种，免租税、丁役，使为永业"。又令淮东西、江东
西、湖北、京西等路"括责形势户及民户、见任官占据没官、逃移等田"，不问
已耕与否，"遇有指射荒田请佃人，州县日下摽拨；并合支请给于常平钱内并
支。"并令州县"量度资给，及农具亦仰借助，仍官为修盖草席屋，应副居止，
以便耕种。"可见对拣退军人及其供养的家属(遗属)采取更加优惠的招徕召
佃政策。对即将任满的准退伍军人亦允许比照办理⑤。无疑，南宋初在沿边
地区有大量官田可供佃耕。

---

①　事见《宋会要辑稿》食货六三之一九八。
②　《宋会要辑稿》食货六三之二〇二。
③　《宋会要辑稿》食货六三之二〇三至二〇四。
④　《宋会要辑稿》食货六三之二〇四。
⑤　《宋会要辑稿》食货六三之二〇四至二〇五，参见同上六三之二〇九至二一〇。

乾道元年(1165),又规定沙地纳大麦,芦场纽折见钱,以免折变之弊①。另一弊端是豪势之家侵夺民间灌溉陂塘、沟洫等现象比较严重。绍兴二十八年(1158)十月七日知临安府张俣请"悉行禁约",在京畿地区"以防壅(浸)[侵](比)[此]众共之利②。"这种占田而有害灌溉之利的事件各地多有,到相当严重时,才有官吏上疏请加禁约,宋代方志中此类记载极多。而对地狭人稠的两浙、江东等地则采取截然不同的措施,涂田、沙田及沿江芦场等田地,凡"违法占种"、"冒佃"者,地方官司应疾速拘收,并追取已"冒占"田地而积欠的租课。并派户部郎中莫濛等同三路漕臣措置(踏逐打量),如形势之家诡名冒占,一律拘收。凡三等以下户适度从宽,凭原地契到官府登记确认,以定是追缴积欠租课还是依法"除豁"。其事在绍兴二十七八年间(1157~1158)③。

南宋初,凡在沿边两淮等地州军"归业人户内有贫乏之人",如"阙少牛具、种粮,恐妨农务,可令监司、帅臣同常平司量度借贷,免纳租课,后及三年,分作两料带纳,不得格息④"。可见对归业之人与招佃流民垦种官田,在政策上优惠程度稍有不同。移民或流民营田,官给牛具、种粮,不用偿还。归业之人,贷给牛粮,三年后随二税带纳,不收息而已。而退伍军人及其家属则牛种自理,因已多付一年衣粮请给,余则同归业之人。为了减少军费开支,对绍兴末大量拣退军士(包括下级军官),用量给官田办法,促其自食其力,不失为一种有益尝试。只是膏腴之田因粥少僧多,逃田、户绝等官田十分有限,而大量抛荒土地,又多在沿边地区,对流民、归业、拣退军士及其家属缺乏吸引力;而且,这部分人长期脱离农业劳动,缺乏技术,甚至对力田不感兴趣,仍未免"供需"脱节而所起作用有限。

在致力发展大田种植农业的同时,又奖励植桑等,以恢复发展养蚕和丝织业。如乾道元年(1165)正月二十一日诏:"两淮民户,并已复业,宜先劝课

---

① 《宋会要辑稿》食货六三之二一四。
② 《宋会要辑稿》食货六三之二〇七。
③ 《宋会要辑稿》食货六三之二〇五至二〇六。
④ 《宋会要辑稿》食货六三之二一二。

农桑。"对州县官立定赏格：县分植桑3万株、6万株二等,州军满20万株以上者,分别给予守倅、县令丞等进一官、减磨勘、循资等奖励。据洪适奏称,淮南州县种植桑树、果木已"行下约束",并派人于浙西买桑苗栽种①。这对于淮南残破之地的蚕桑业、林木、果树业的发展是功德无量之事,不仅能改善生态环境,收取更多的二税,堪称利国利民的切实措施,但效果如何,史料中却付之阙如。一是是否成活,二是能否调动地方官员的积极性,尚难知其详。

南宋政府对于奖劝赴淮南等地垦辟营田就更是尤为关注。如绍兴二十九年(1159)十二月十六日,淮东运副魏安行建议"淮东州县,闲田甚多,今欲劝诱民户,增广力田,先次条画下项"：

(一)"乞将本路招诱到人户,先支借口粮,次给农器、牛具、种子,盖造住屋,算计所直；俟种田见利,立定分数,逐年次第还官。"

(二)"令州县访闻籍记土豪姓名,乞量立赏格。如能招致耕田人户一百家者,有官人差充部押官；无官人补甲头。招及一(二?)百家者,有官人减二年磨勘；无官人依八资法补守阙进义副尉。每五十家,递迁一等。""又立赏招诱未来之人[户]","大率每招到一户,耕田三十亩者,支钱四贯文,以次第增添。"

(三)"诸军已拣汰下官兵","愿赴淮东耕田者",乞许。"有官资人借请三月驿料,军兵借三月家粮,差人伴押前来,依出成体例日支钱米。候开田收利日,旋次住罢。"

(四)"劝耕之初,蠲免课子十年。至第五年只收种子,第六年带还官司所借粮食等价钱,仍分秋夏两料送纳(原注：并不收息)。还官足日,自为己业。"

(五)"耕牛,差委有心力人拣择收买。乞于产牛州郡就经总制钱内支,或客牛听人户拣买,官借价钱。如日后阙牛,许再请或借价钱。其招召客人,欲随人夫多寡[逐?]旋修筑圩堰,盖造屋宇,种麻豆粟麦之属,亦可以减省支借。从之②。"

---

① 《宋会要辑稿》食货六三之二一二至二一三。
② 《宋会要辑稿》食货六之一六至一七。

对于狭乡豪右大姓赴淮南等地垦荒,就更是不惜以官爵作为赏格招徕。如绍兴二十年(1150)四月二十七日,从新知庐州吴逵(? ~1157)之请:"置力田之科,以重劝农之政,募民就耕淮甸,赏以官资,辟田以广官庄。"江浙、福建等路"委监司守臣劝诱土豪大姓赴淮南从便开垦田地",立为赏格。以岁收谷500石~4000石,参酌补右选官①。

在川陕等"残破"已久、宋金反复争夺的缘边地区,开垦荒田的政策更加优惠。其意显然在于招诱流亡,归土复业。淳熙五年(1178)十二月十一日诏:金州开垦荒田可特与免十年租税②。

对于劝耕农桑确有政绩的官员予以奖赏,甚至破格提拔;而对平庸无所作为官员则处罚、贬降。如《宋会要辑稿》食货六之一一至一二载:"绍兴五年(1135)五月十五日,户部言:修立到《诸路曾经残破州县守令每岁招诱措置垦辟及抛荒田土殿最格》",据垦辟土地分数,定守令赏罚等差条例。"已上格法,令三省、吏部、户部、诸路通用。诏依,仍先次施行。"

绍兴二十二年(1152)十月十二日,诏权发遣京西运判兼提刑、提举魏安行特转一官,以前知滁州日开垦荒田二千余顷,推恩故也③。

每当守臣外除,皇帝仍时时叮嘱,以劝课农桑为治政行政的重中之重。乾道七年(1171)二月戊申,新知泰州李东朝辞进对,上曰:"到任须多买耕牛,劝课农桑。"八年(1172)四月,知化州黄克仁朝辞进对,上曰:"远方小民,政赖抚摩,劝课农桑④。"

但南宋初劳动力的奇缺,大量农民因背井离乡、丧失土地而只能另谋他业,以维持生计。正如章谊《劝农疏》之说:"古之民也四,或为士,或为工,或为商,则农居其一焉……。今之民也九,盖从仕者众,执兵者多,僧道连墙,工商接武,徒隶盈于官府,游惰塞于道途。举是八等之人,其为农者百不一二焉!"因南宋初"旷土尚多,闲民犹众",故章谊(1078~1138)建议:"率是八

----

① 详具《宋会要辑稿》食货六之一四至一五。
② 《宋会要辑稿》食货六之二七。
③ 《宋会要辑稿》食货六之一五。
④ 分见《中兴两朝圣政》卷五〇,卷五一。

等之人,使无不授田而唯农之为劝①。"此疏南宋初所上,士农工商,农为四民之一,人口占绝大部分。章谊疏分九民,其所谓农民"百不一二"之说,显为论据之需要而夸大失实之词,但其反映的农民比例在两宋之际大幅下降却是不争的史实。如何汲引更多的农民回到农村安心务农,这需南宋当局执政者有更优惠的政策和得力的措置。如土地分配、赋税制度的改革方面等须有一系列的配套措施。其中对豪右广泛包占土地、无力耕种之弊的纠正就颇有过人之处。鼓励开耕系官荒闲田土,在南宋初对于招抚流亡,奖劝农桑,恢复民生,增加财政收入确有积极的促进作用。但日久生弊,豪民大量指射包占荒田,却只占不耕,导致新的抛荒。南宋当局采取的对策为:以民户已输之租课,计其田亩之多寡进行重新分配,并立契券,随亩增租,以革其弊。如《宋会要辑稿》食货六之二七至二八载:

> 淳熙九年(1182)五月九日,秘书省著作郎袁枢言:"两淮地广人少,豪民所占之数不知其几,力不能垦,则废为荒墟。他郡之民或欲请佃……。郡县无以稽考,终不能予夺。乞令两淮州县,取民户见输之课计其多寡,分画疆畛而立契券,随亩增租,以其余给与佃人。庶革广占之患。"从之。

但这摧抑兼并的措施,就未在实际操作过程中有法可依。也许,如开征类似于今之所得税的调节税更有成效。绍兴五年(1135)四月辛亥,姚焯奏称:"兼并之家,囷廪动以万计;而力耕之民,得食无几。望令有司参酌,每亩以二税、役钱为准,除外,不得过若干倍,以抑兼并,舒贫弱②。"

南宋政府重视农耕,有不少劝农措施,但也仍不免流于具文和形式,且时有害农之举。如淳熙四年(1177)十二月九日,就有臣僚列举种种害农弊端:其一,农忙季节("仲春之初"至"季秋之晦"),"农田之有务假",为"法所明载"。但"州县不知守法,农夫当耕耘之时而罹追逮之扰"。其二,"公事之追邻保,州县所不能免。然事有轻重,邻有远近,苟证佐明,止及近邻足矣。

---

① 《历代名臣奏议》卷一一一,上海古籍出版社,1989年影印本。
② 《系年要录》卷六四,第325册,第841页下。

今则不然,每遇乡村一事,追呼干连,多至数十人,动经旬月。吏辈不得其所欲,则未肯释放"。其三,农夫有力役之苦。"丁夫工役之事,正宜先及游手。""今则不然,凡有科差,州县下之里胥",里胥令之农夫。"修桥道,造馆舍,则驱农以为之工役;远官经由,鉴(监?)司巡历,则驱农以为之丁夫。使之备裹粮以应州县之命,而坐困其力。"其四,"有田者不耕而耕者无田,农夫之所以甘心焉者? 犹曰赋敛不及也。其如富民之无赖者,不肯输纳;有司均其数于租户。胥吏喜于舍强就弱,又从而攘肥及骨。是则耕者虽无田而其实亦合有赋敛之扰。"其五,"巡尉捕盗,胥吏催科,所至村疃,鸡犬为空。农夫坐视而不敢较①。"

此对孝宗时害民之弊,揭露得淋漓尽致。南宋农民是身居社会最底层的"弱势群体"。对于这积弊已岁久日深的害民弊政,诸如追呼之扰,邻保之累,力役工夫之差,赋敛不均,公人胥吏骚扰之类,孝宗的对策仅是一纸空文诏令:"州县长吏常切加意,毋致有妨农务②。"

二、兴修水利　三级联动

学术界有一种十分流行的观点,五代·吴越是水利建设的黄金时期,在太湖流域建设了塘浦圩田体系,有较完备的长期规范的维护体系,将治水和治田有机结合,实现了旱涝保收及稳产高产。宋代由于大规模围田、造田,水利建设远不如五代③。如核之于史料,这一观点如仅限于太湖流域而言,已未免失之偏颇,放大到两宋或南宋,就更与史实不符。宋代,尤其是南宋,是稻作农业承前启后的关键时期,也是排灌农业成熟的定型时期。在南宋的几乎全部疆域内(除个别地区外),已推广水稻种植,实现了北方旱稻向南方水稻过渡的历史性跨越。排灌农业的前提是水利,南宋的水利建设亦颇有值得重视的经验,而且在南方更广袤的区域内,创造了远比吴越钱氏更丰富多彩的先进经验和因地制宜的不同范式。将在水利一章详述,这里仅就

---

① 《宋会要辑稿》食货六三之二二二至二二三。
② 《宋会要辑稿》食货六三之二二三。
③ 如《太湖地区农业史稿》第61～77页,农业出版社,1990年。

中央及地方政府对水利建设的重视作一概括。

水利是农业的命脉,陈耆卿(1180~1236)《筼窗集》卷四《奏请急水利疏》有形象的说明:"夫稼,民之命也;水,稼之命也①。"南宋末的另一位大臣颜颐仲(1188~1262)也说:"民以食为命,食以农为本;农以水利为急,本郡田亩全藉水利②。"两人的言论不仅精辟论述了农业与水利的重要性,也是南宋政府重视农业及水利事业历史见证的经典性表述。孝宗乾道、淳熙间,曾在全国范围内掀起农田水利建设高潮,其规模也可与北宋熙丰变法时期实行农田水利法期间相媲美。其重点即因地制宜,广泛修筑、浚治各种水利设施。今存史料中仅见江东、浙东、浙西三路数据就有:江东9州军43县共修治陂塘22452所,可溉田44242顷;浙东创建河浦、塘埭、斗门20处,增修、开浚溪浦、碶涧、湖堰、潭埂63处,可溉田249266亩;浙西则修治2100余所。淳熙元年(1174)七月,江东提举潘旦上报时,称"被旨措置",而孝宗获报又诏:"札下诸路,依次逐一开具以闻。"可见这是全国范围的大规模水利兴修,只是余路因史料阙佚而不见具体数据而已③。

南宋之田地,可大致区分为平原沿海水田和山坡高地梯田两类。一般而言:高地患旱,低田怕涝。对于高地的灌溉,多用修浚陂塘和设置堰闸之类方法引水、潴水;对低田,则一般以兴修圩岸绕田,浚治河渠,设置斗门和车水等手段解决其积水、排水等问题,从而将梯田、低田建设为旱涝保收的水利田。在兴修水利设施和开发水利田工程中,官府与田主有约定俗成的分工。通常官府负责大中型工程,一般采取官办民助方式,小型工程或圩田

---

① 《黄氏日抄》卷七八《咸淳八年劝农文》指出:"民生性命在农,国家根本在农,天下事莫重于农。"

② 颜颐仲:《修建渠道水利榜》,刊《宝庆四明志》卷四。又,颜颐仲,字景正,号员峤,龙溪人。以荫入仕,淳祐五年至八年(1245~1248),知庆元府,榜文作于此时。宝祐元年(1253)官至吏部尚书、宝章阁学士。事见《后村先生大全集》卷一四三《宝学颜尚书神道碑》。

③ 分见《中兴两朝圣政》卷五三,卷五五;《宋会要辑稿》食货六一之一二三、一二五。方按:浙东虽系于淳熙四年(1177)十二月,但已云前提举何偁言,经后任提举姚宗之核实,则似为二三年之数(何、姚分别于三、四年任浙东提举)。《宋会要》载江东、浙西数,因《宋会要辑稿》错简,皆误系于淳熙七年(1180),据《圣政》应乙正系于元、二年。故此三路数据皆淳熙初(1174~1176)前三年间事,则孝宗兴修水利之诏似乾道年间已颁。

等日常维护则由田主负责,其经费亦往往相应分摊。

无论是雄州巨邑,还是穷乡僻壤;无论是沿海平原,或是内陆山区,注重兴修水利是一种传统。各级地方官员也作为施政的重要内容之一,朝廷亦往往作为考课官员以定赏罚的依据之一。因此,提举或州县地方守倅、令丞多很重视水利兴修,朝廷也经常进行督促检查。如庆元元年(1195)知通州李楫上奏建议:"每于农隙,专令通判严督所属县丞躬行阡陌,博访父老,应旧系沟浍及陂塘去处,稍有堙,趣使修缮,务要深阔。或有水利广袤,工费浩瀚,即申监司,别委官相视,量给钱米,如法疏治,毋致灭裂①。"这一提举——通判——县丞三级责任制主持兴修水利的制度终两宋之世而不废。当然,许多郡守和县令也躬亲其事。姑举数例以证之。在福州福清县,北宋大中祥符(1008~1016)年间,县令郎简(968~1056)始筑玉融石塘陂以来,"溉田五千余亩",对防潮、灌溉发挥重要作用。至南宋年久失修,屡坏屡修。嘉泰甲子(四年,1204),知州张大任修复之;景定癸亥(四年,1263)废坏;咸淳四年(1268),薛令又将久废之古陂修复、改筑且以巨石加固之②。真是不遗余力,前赴后继,使这一历经250余年风雨的古陂依然兀立于东南沿海。

地处东海之滨的"范公堤",同样历经风雨如磐、狂风巨浪而近千年不废,亦得力于南宋各时期的兴修。这样的大型水利工程原由朝廷主管,淮东提举请求下放给常平司,充分发挥地方积极性,可及时修复坍损,相机处置。《中兴两朝圣政》卷五九载:"淳熙八年冬,淮东提举赵伯昌奏:通、泰、楚州,旧有捍海堰……绍兴以来,屡被其患,每一修筑,必至申明朝廷,大兴功役,然后可办。望专委淮东监司,今后捍海[堰]如遇坍损去处,不以功役大小,则便委官相视,计料随坏随葺,勿令浸淫,以至大有冲决,务要坚固可以永久。从之。"无独有偶,东海之滨另一条约略同时修成的淮东高邮、宝应间的"张公堤",亦在南宋得到修复,对这一低洼地区的粮食丰收发挥重要作用。《中兴两朝圣政》卷五六亦载:

---

① 《宋会要辑稿》食货六一之一三八。
② 林希逸:《福清县重造石塘祥符陂记》,《永乐大典》卷二七五五。

淳熙五年闰六月丙辰,淮东总领言:高邮、宝应田,岁被水涝。昔(元祐)[景祐]间,发运张纶兴筑长堤二百余里,为(亟)[函]管一百八所,石堰斗门三十六座,以时疏泄下注射阳湖,流入于海,故年谷屡登。自残扰之后,尽皆废壤,湖水漫流。今乞专委官同守令于农隙之际,官给米募夫择湖水冲要去处,建石堰、斗门、函管,察堤岸之损缺,修筑填补,庶几公私利便。从之。明年四月三日毕工。

范成大知处州时,于乾道五年(1169)主持修复千年陂堰通济堰,使之焕发勃勃生机,堪称浙东丘陵山区的水利建设典范。更可贵的是制定《堰规》二十条,是基本上完整保存至今我国最早水利枢纽管理规范的珍贵文献。通济堰灌溉田地达20余万亩,是浙东重要水利工程之一,明清时仍在发挥其灌溉效益。范成大是知识渊博、关注农事的官员,又精明过人。其所撰《堰规》是我国水利史上不可多得的水利设施管理制度,不仅为明清所沿袭,也为今水利设施的监管提供了有益的谋谟。合而观之,其核心内容是为确保通济堰的正常运作,不致旋修即毁。从堰规中可见,通济堰乃官助民办的大中型水利工程,其堰首等各色人等均有明确的选举办法,任职时间,职权范畴,赏罚条例。堰工的差发,以秧把多少为标准,不以田亩为标准,体现了更为公平的原则;即使坊郭户也要出工钱,差发堰工。1/3出钱,2/3出工,雇募堰匠等技术工匠,负责石门、斗函等的淤塞开淘和舡缺的管理等。设置堰槩,定时轮揭,以保障向上中下源均衡供水,避免产生争水纠纷。严禁将湖堰塘围作私田,如堰首失察,即与侵占人同罪处罚。即使官船过堰,只能拔过或从沙洲牵过空船,不得私自开堰,更不许倒拆堰堤,在灌溉季节更是严加看管。对叶穴等重点部位严加巡察,加强监护看管。攒造都工簿及田秧等第簿各一册,将受益田户的相关情况登记在册,以备考核。如有田产等变更,及时关割,严防徇私作弊。这一系列严密的规章制度,无疑对通济堰的正常运行十分必要,也充分体现了宋人兴修和管理水利设施达到了相当高的水平①。类似之例,还有如绍兴萧山(今已属杭州)湘湖,可溉田数千顷。淳熙十一年(1184),县令顾冲曾制定《均水约束》之类分配用水原则,以免争端②。

南宋据水利工程的规模,分为朝廷、路、州县三级管理,上述"范公堤"等大型水利,由朝廷直管,拨付钱粮;后因淮东提举司之请,改由委托淮东监司就近主管。类似的还有如川陕山河堰工程,乾道七年(1171),委知兴元府吴拱修复,"尽修六堰,浚大小渠六十五里",可溉农田23.3万亩。调集军兵万人,兴修工程费用3.1万缗。如计军兵廪禄等费则逾10万缗③。这类大型骨干工程,往往投入数百万工,耗费钱粮浩繁,由中央财政或内库筹资拨款。规模稍小的大中型水利工程,则由路转运司或提举常平茶盐司等主管部门筹款,地方州郡组织民工实施。最常见的即为官助民办模式,地方州县官仅出面组织协调,由乡绅富户出资,一般受益民户出工兴办。这类水利工程面广量大,各地在在有之,发挥的作用也最为明显。如《宋史》卷一七三《食货上一》载:淳熙二年(1175),两浙运判陈岘言:平江府、常州、江阴军三郡之民并力开浚利港诸处水利工程,若"官给钱米,岁不下数万","今皆百姓相率效力而成。"这类中小型水利工程毋须官给钱粮,但须地方州县官员组织实施。快速灵活,颇著绩效。

尤值得重视的是:宋人在与水旱、海潮、风浪、山体滑坡、泥石流等反复较量中,在广袤的国土上,因地制宜,采取开人工运河,浚河渠塘浦,沿海筑海塘,丘陵修中小型水库蓄水,造闸坝堰堤,围湖围海等方式,大规模开辟水利田,并将其改造成旱涝保收的良田。为广泛推广稻麦两熟新耕作制度作出不可磨灭的贡献。在长期兴修水利的实践中,积累了丰富经验,创造了不少技术进步的例证,为我国古代水利史开创全新的篇章。

其一,浙西天目山区创造了利用塘堰捩等水利配置设施,兼顾梯田分级

---

① 参阅拙文《关于宋代江南农业生产力发展水平的若干问题研究》(下简称《宋代江南农业研究》),刊范金民主编《江南社会经济研究》宋元卷,第575~582页,中国农业出版社,2006年。
② 《嘉泰会稽志》卷一〇,参阅万历《绍兴府志》卷一六。
③ 《宋史》卷一七三《食货上一》,点校本第4186页。北宋时,提举史炤上《堰法》,石刻犹存。

灌溉和"大源田"之膏腴低田的合理灌溉用水。临安于潜县修筑有塘 11 处、堰捺 390 处(其中捺 70 处),以最大限度合理分配灌溉用水。《咸淳临安志》卷三九载:"所藉以为民命者,惟大源田,而为田之寿脉者塘堰是也……。疏瀹潴蓄之有方,则著于邵公塘堰之叙;导决先后之有节,则具于晁公八捺之法。"乾道中,邵文炳为于潜县令,以大力兴修水利而著称于朝,其在任撰《溪塘水利序》称:"水之发于山者六十有三源,集而成溪。""凡为大堰"147 所,"其细流为堰者"223 所。"〔于〕潜之地,山居其六七,穷谷之民,尺寸所必争。""溉六乡十二管之田",凡 49770 亩。此全县田皆仰发源于天目山之山水灌溉①。所谓"晁公八捺之法",指嘉泰三年(1203)县令晁百谈就嘉德乡前作小堰八所分为八捺,注水入田,产生争水矛盾。令八捺田户各推三名小堰首管田,凡 24 人,轮流管理水堰,并作"旁通图",以田亩多少均差,"永为定规"。实际上也是一种均水公约②。

其二,连圩并埠技术,被巧妙灵活运用于江东水利圩田建设之中。宋人在与洪水反复斗争中认识到,圩堤高厚的大圩才能抵御洪水的冲击,小圩往往不堪一击,遂将小圩、私圩联成大圩,成为江东圩区建设中的共识。如绍兴二十二年(1152),在太平州筑成周长 180 里包诸小圩的长堤。乾道九年(1173),户部侍郎叶衡(1122~1183)奉诏考实江东圩岸,归言:宁国府惠民、化成旧圩 40 余里,新筑 9 里有余。太平州黄池福定圩周 40 余里,延福等 54 圩周长 150 余里,"包围诸(圩?)在内";芜湖县圩周长 290 余里,通当涂圩共长 480 余里。这些圩埠连接的大圩,"并高广坚致,濒水一岸种植榆柳,足捍风涛。询之农民,实为永利"。这大规模的并埠联圩,对江东旱涝保收的水利田建设起了关键作用③。

---

① 潜说友《咸淳临安志》卷三八引。邵文炳,字晦夫。常州晋陵人。隆兴元年(1163)进士,累官起居舍人兼权中书舍人。事见《南宋馆阁续录》卷七、九、《咸淳临安志》卷五一等。其在县令任还有《重开元丰塘序》、《清涟上塘序》、《重筑乐平官塘序》等水利文献,均见潜志卷三八,第 765~767 页,杭州出版社点校本,2009 年。

② 《咸淳临安志》卷三九,《宋元方志丛刊》本第 3707 页,中华书局影印本。同上书第 3711~3713 页又载,富阳县溉田 37570 亩。

③ 《宋会要辑稿》食货八之四,《文献通考》卷六《田赋》,《宋史》卷一七三《食货上一》第 4186 页。

圩田有经常的维修制度。如永丰圩等大圩设有圩官，圩有长，主其事，责任到人。杨万里《诚斋集》卷三二《圩丁词十解》（之六）中有生动的反映："年年圩长集圩丁，不要招呼自要行。"圩区布设分级分区控制堤线，即使有小圩"倒圩"，也不致全局性的大圩崩溃。堤岸不断加宽加高，南宋时太平州圩宽七丈，高一丈三尺，标准比北宋有所提高。圩岸堤上种植杨柳榆树，以保持水土；堤脚外滩种菱芦等水生物，防风杀浪，抗御风涛冲啮。

其三，设置斗门涵闸，控制排灌。这是南宋各地广泛运用的水利设施，而且还设有多级斗门涵闸，以分级灌溉排泄，合理调配水量。创近代机电排灌以前"科技含量"最高的水利模式。

总之，南宋水利事业无论规模、数量、技术进步较五代·吴越、北宋有很大的提高，这和各级政府的倡导和官民合办的模式及一整套比较完善的规章制度有密切关系。

三、赈荒救灾　济贫扶弱

南宋初大规模的战争结束后，南宋政府面临的难题之一是：有大量失去土地又无力谋生的流民需要安置和救济，包括从北方返回的所谓"归正人"和"归明人"。在南宋存续的153年中，自然灾害连续不断，如何进行救荒赈灾？由于不立田制，不抑兼并，商业、第三产业的畸形繁荣，社会各阶层人群两极分化，产生大量贫困人口，不仅是失去土地的客户，也包括大量主户中的下户，成为需要进行社会救济的对象。因此，对于南宋政府而言，赈灾救荒，帮困扶贫，堪称历史老人出的一道难题。但南宋当局在财力不足的情况下，交出了一份合格的答卷。帮助许多"弱势群体"重建家园，投身农业，也养活了更多人口，保持了合理的人口增长率，使农业生产力的第一要素——劳动力得以维持。单从社会救济这一角度考察，南宋是承前启后的时代，从政府担当社会救济主角而言，南宋是中国古代最为出色的时期，无论从规模与质量两方面而论均是如此。更可贵的是，南宋当局还动员民间和社会的力量，共同参与救灾和扶贫事业，而且使这条路子越走越宽广，近代的慈善事业正滥觞或萌芽于南宋时期①。

南宋是典型的农业社会,种植业和商品农业是社会基础产业,因而受自然条件的影响较大,如遇较大的自然灾害,就会导致减产绝收;缺乏粮食,会引发饥馑。又由于南宋赋役负担较重,风调雨顺年景,中户尚能勉强维生,灾害或战争袭来,便迅速沦为需要救济的贫困人口。南宋对赈灾有成熟的制度,即自然灾害发生,即派员视察灾情;成灾,即检放和籴科买,倚阁二税;减放及五、七分,即拨义仓米等赈济。蠲减税赋,对饥民赈济、赈粜,是政府主导救灾的主要方式。董煟(? ~1217)总结为对灾荒划分等级,区别对待,分级管理,按实处置。他说:"小饥,则劝分、发廪;中饥,则赈济、赈粜(粜?);大饥,则告朝廷,截上供,乞度牒,乞鬻爵,借内库钱为粜本②。"这是一个分级负责,就地及时救灾赈荒的良策。即小灾小饥,动员民间富户赈粜或施贷;中灾中饥,由地方政府(州县、监司)依法赈济,赈粜;特大自然灾害或战争导致的饥荒,则由中央政府协调处置,动用内库、中央和其他地区财力救助。

南宋政府在救灾赈济上强化力度,适时修订法令,如将原定检放七分以上始启动赈济机制放宽为五分。《宋会要辑稿》食货五九之三四有载:"绍兴二十八年(1158)九月二十九日,诏:在法,水旱检放苗税及七分以上赈济。缘土田高下不等,若通及七分,方行赈济,窃虑饥荒人户无以自给。可自今后,灾伤州县检放及五分处,即令申常平司取拨义仓米,量行赈济。"是否成灾,灾情如何,原以县为单位而定,淳熙八年(1181)八月,采纳臣僚建议,改为"纽算灾伤分数"以乡为单位③。这样更符合实际情形,便于操作。对于赈济灾伤,不能光着眼于救济抚恤,尤应致力于扶助发展生产,支持灾民生产自救,南宋政府已注意及此。如淳熙十年(1183)六月四日,诏:"临安府富阳县及严、婺州遭水处可于常平钱米内给借种粮。"又如:淳熙十一年(1184)正月二十三日,湖广总领蔡戡(1141 ~?)言,应知襄阳府王卿月申请,借给中下

① 参阅张文《宋朝社会救济研究》,第 363 ~ 400 页,西南师范大学出版社,2001 年。
② 《救荒活民书》卷下《救荒杂说》。
③ 《宋会要辑稿》食货六八之八〇。

人户春播种谷四万石,令秋后拘收新谷。从之①。

经过长期的荒政实践,南宋政府不断改进救荒之法,务使惠及平民,原则是城镇赈粜,农村赈贷,赤贫户及无生活来源者赈济,把有限的钱米施及于最需要扶助的人群。宋官修《会要·食货·赈贷》有载:

> 庆元元年(1195)二月十一日,臣僚言,朝廷荒政有三:一曰赈粜,二曰赈贷,三曰赈济。虽均为救荒,而其法各不同。市井宜赈粜,乡村宜赈贷,贫乏不能自存者宜赈济。若漫而行之,必有所不可行,官司徒费而惠不及民。

> 其用意最为详密周备,简便易行。但前此官司习而不察,每至歉岁,不过赈粜、赈济,奸弊百出,既不能禁止徒费官米而惠不及民,或高价以招米,减价以平粜,或为粥以饷饥饿,或兴造以赈贫乏,皆非计之得。诏令逐路帅臣监司随宜措置②。

此论谓前此救荒均为权宜之计,又论荒政三策据不同对象而分别实施,确为简便易行,又能杜绝吏缘为奸的良策。又按抚州模式区分为有无产业、经营能力实行分类救助。即如嘉泰四年(1204)三月知抚州陈耆寿言:"有产业、无经营人赈贷,无产业、有经营人赈粜,无产业、无经营及鳏寡孤独之人赈济。赈贷之米,则取诸常平司;赈粜之米,则劝谕上户。"惟赈济常平义仓米不足,乞截拨应发淮西总领所纳米一万石;诏:"截拨七千石,赈济使用③。"

对于赈济、赈粜之法,范成大认为关键在于济、粜的地点要设在饥民集中的地点,给散手续要简便,经办人员须公正、高效和廉洁④。

乾道七年(1171),向沟在湖州创造的救灾赈粜之法被后人赞赏,堪称典型范例。淳熙十四年(1187)八月二十五日臣僚言"曩者见知湖州向(均)[沟]云":

---

① 《宋会要辑稿》食货六八之八一。
② 《宋会要辑稿》食货六八之九八至一〇〇。
③ 《宋会要辑稿》食货六八之一〇二。
④ 《中兴两朝圣政》卷五〇有载:"乾道七年(1171)七月,赈湖南、江西饥。中书舍人范成大言:'夫赈济、赈粜,其要不过两言:莫不便于聚人,莫良便于散给。'"

当先计其一县几乡,一乡几村,一村几里;于各乡村的道里远近之中,而因其地之有僧寺、有道观、有店铺而为赈粜之所,大率不出数里而为一所。限其界至,择各处僧道与富民之忠实可倚伏(服?)者,每处三二人而主其事。凡数里之内所谓贫不能自食之人,使主事者括其数,而州为计数支给米,立价直就委之赈粜。人日食米二升,小儿一升,各给印历一道,就令支请状批凿,每次总计米若干,度可为旬日之用。逐旋将以粜钱还官,复给米若干,周流不已往来舟(军)[车]与收支、钱米并不入胥吏、保正之手,使各任其责,而多予其舟车雇人工食之费。官为各书其本处贫不能自食者姓名若干人,榜于其所,而使其人于此而取食焉。

向沟在湖州创立的赈粜之法,确有其过人之处。其一,依靠乡里僧道及店铺富民主其事。其二,官给印历计其数,由运米舟车主其收支之额。其三,不使胥吏、保正染指赈粜,以绝其奸弊。其四,出榜公布受粜贫乏人姓名,公示以接受百姓监督。故臣僚力主推行此"深山穷谷之民"可被其"实惠"的赈粜之法①。

与赈粜有密切联系的即劝粜,除了出官米赈粜外,劝粜也成为救灾的主要方式之一。劝粜的对象,即有较多剩余粮食的田主、乡绅、官户及富民。州县地方官员荒政的措施之一就是劝谕这部分人以平价出粜或赈贷。咸淳中(1268～1271)知嵊县陈著(1214～1297)起草的三则劝粜榜文提供了鲜活的样本。其《劝粜榜》称:"刬地大物众,年饥民贫";故"以劝粜为急"。先晓之以理,动之以情,寥寥数语,讲清劝粜的道理。再指出闭粜问题的严重性,并针对上户、米商的闭粜有不同的惩处之法。最后要求坊郭隅官、诸乡总辖,切实负责,分片包干,还对价格及所用斗升等量具、置粜地点作了具体规定。值得注意的是:对囤积闭粜的上户进行上门"点撞",对哄抬米价的米商、牙贩"差官封桩","断枷示众"。其说云:"今乃闻有蓄积者反行固闭,乞

---

① 《宋会要辑稿》食货六八之八七。又,据《嘉泰吴兴志》卷一四,向沟知湖州在乾道六年十一月至七年十二月(1170～1171)。

籴无门,民命危于一发,须臾不可复忍,限自此月二十五日各乡置乡场出籴。限一日,先具劝到数及置场去处申;仍不测,差官点撞。或本乡有饥饿不起者,有喧阗无告者,先坐总辖以罪;次问上户殷实之家。"令"自春及夏不措米价,所以来商贩。近日以来,不免劝籴,所以平米价。今日应雨期,溪流泛涨,米舟辐辏,米价可平。乃闻商贩相与为奸,或密行藏匿,或私泄出境,价值反增于前。""且引上诸牙贩责状,日下出籴,违者并差官封桩,官司自立价发泄,仍重断枷示。""近准提举使台行下,专令县台任责劝籴,以济民艰。"劝籴事宜,"四隅全在隅官,诸乡全在总辖。""所合画一,条具如后:(一)县郭四隅通劝通籴,委官提督,就惠安寺置局。(二)二十七乡,一乡上户自济一乡,管截通融。总辖任责,便宜区处。(三)各乡总辖劝谕有米之家目(日?)下出籴。(四)米价只照目下价值。(五)斗用百合,升用十合①。"咸淳中,知抚州黄震针对富户的现状,指出:"闭籴者籍,抢掠者斩,此辛稼轩之所禁戒而朱晦菴之所称述②。"此语劝富民赈籴,或饥民守法,最为有识。

在非常时期,当局亦运用政权的力量强行劝籴。如隆兴二年(1164)闰十一月十九日臣僚言:"淮南流移百姓,见在江浙州军无虑十数万众,虽欲赈济,缘官司米斛有限",力不从心;"收蓄米斛之家"乘机抬高粮价,"籴价倍于当年"。故令未经水灾逐州,凡占田八千至一万亩者,立定平价籴米1500石,以"应接急阙支遣"。"从之③。"

此乃运用行政干预的手段强行劝籴,以解决10余力流离于江浙州军的淮南灾民之吃饭问题,似亦出于无奈的权宜之计。此为隆兴北伐失败后,主战场所在地淮南百姓不免流离失所、饥寒交迫之苦,除了强行劝籴和籴外,又于浙西、江东西路取拨常平米二三十万石,"分往两淮残破州县乡村,委逐处守令,遍行赈济,招诱流民归业。其贫[乏]之人不能自存者,日计口数给粮④。"此又紧急启动战乱救援赈济机制,较之南宋初的仓皇逃窜,无力顾及,

---

① 引文分见《本堂集》卷五三《劝籴榜》一、二、三。
② 《黄氏日抄》卷七八《四月初十日入抚州界再发晓谕贫富升降榜》。
③ 《宋会要辑稿·补编》第594页上,全国图书馆文献缩微复制中心影印本,1988年。下简称《宋会要补编》。
④ 《宋会要补编》第594页上。

情况要好得多。毕竟经过炎兴 30 余年间的惨淡经营,农业生产的恢复和发展均达到一定的水平和规模,有了救援的实力和经验。

南宋当局也常用补授官资等方式劝诱富户赈粜,毕竟跻身官户即享有免役和免身丁等特权,有一定的吸引力。此亦古代已有的纳粟授官法的灵活运用。如绍兴元年(1131)五月十四日诏:"诸路见今米价踊贵,细民缺食;令州军将常平仓见在米量度出粜。仍广行劝诱富家,将愿粜米谷具数置历出粜。"可据出粜数量补授官资①。南宋立国初,时世艰难,民困乏食,常平米储量有限,故行补授官资劝粜,以舒燃眉之急。这类因水旱灾害的赈济、赈粜已形成一套制度,史料记载极多。隆兴二年(1064)九月四日,知镇江府方滋(1102~1172)言:"丹徒、丹阳、金坛三县,今秋雨伤稼穑",已取拨金坛义仓米二千硕、丹阳一千硕,"各依乞丐法赈济"。又于金坛添拨米 1200 石,丹阳添拨 800 石,丹徒拨米 500 石,"并各减价每升作二十五文省,置场赈粜,每人日粜不得过一升。"以平抑粮价②。同年九月十九日诏:"今秋霖雨害稼",出内库银 40 万两,"收籴米斛赈济"。二十一日,又取拨江西常平义仓米 20 万石赈济。时二浙、江东被水,惟"湖南、广南、江西稍熟③。"

在具体的赈济、赈粜实践中,如何区分不同的人群而选择采取何种方式,其发放或贷、粜的数量、价格又如何掌握? 南宋也有一定之规,并已形成制度。如赈济通常针对无经济来源的赤贫人口,城镇坊郭户因一般从事手工业、商业、服务业等,采取赈粜,农村则取赈贷或赈济。其标准通常为大口 1 升~1.5 升,小口减半。日期则根据灾情的严重程度及筹集到救灾米斛的数量而定,各地由数日至数月不等。对"归正人"、"归明人",则除了给田地外,甚至还有定期供养的制度。戴栩嘉定初在主持庆元府定海(治今浙江宁波东)清泉乡二管赈济时说:"大府颁下抄札格式,厘为三等:有力自给之家为天字号,不粜不济;其次则地字者,粜;人字者,济。彼有力自给之家固为易见,若其以粗有田产、艺业者为地字,鳏寡孤独、癃老疾病,贫乏不能自存

---

① 《宋会要补编》第 591 页上。
② 《宋会要补编》第 593~594 页。
③ 《宋会要补编》第 594 页上。

者为人字,某窃谓立式容有可思者。"作者以为如此划分三等户作为赈粜、赈济对象欠妥。凡有以数亩之田者,或为工匠、刀镊(理发)、负贩等所谓艺业者,均归入地号,止粜不济,未免有失公允。作者提出改进措施:(1)人字者五日一济,地字者十日一济;(2)地字之家计大小口,或两小口当一大口,三大口摘济一口,五口以上则摘济其二;(3)"口数颇多,次第增添",一家之内,或可小补①。惜粥少僧多,此一立意之不合理处,亦难以尽改。但作者能在赈灾一线提出对策,亦可证其以民为本之理念已具。

　　南宋当局赈济的对象主要是"流徙细民",除赈济外,还予"除豁""拖欠官物";对于四、五等贫下户则"住催""残欠苗税、丁钱"。史料中皆有明文规定②。赈粜米,除了劝粜外,主要来源于政府提供的常平、义仓米。其价格通常为减市价的20%～50%左右,这从以下史料中可得以证实:(1)绍兴五年(1135)十二月七日,诏江西路诸州军"比市[直]减十分之三粜"③。(2)绍兴二十九年二月二十五日,诏令"逐处守臣于见管常平、义仓米内取拨二分,减市价二分赈粜④。"(3)绍兴三十一年正月二十二日,诏:"雪寒,细民艰食,令临安府并属县取拨常平米依市价减半,分委官四散置场广粜⑤。"(4)隆兴元年(1163)七月十九日,应权知盱眙军周淙(1113～1172)之请,泗州、盱眙军因隆兴北伐,"淮北流移之民稍多,米价顿长","已将本军米斛比市价减半置场出粜,每日粜及五十石",常平米已尽,"乞支拨三千石",从之⑥。(5)隆兴二年,知镇江府方滋言,管下三县,因"秋雨伤稼",已拨义仓米四千石,"依乞丐法赈济"外,增拨米2500石,"并各减价每升作二十五文省,置场赈粜,每人日粜不得过二升。"从之⑦。(6)乾道五年(1169)十二月二十四日,知成都府晁公武言,"根刷本府公使等库并制置司激赏库钱物三十余万贯",籴米约

---

① 《浣川集》卷四《论抄札人字地字格式札子》。
② 《宋会要辑稿》食货六九之六五。
③ 《宋会要辑稿》食货五九之二五。
④ 《宋会要辑稿》食货五九之三四至三五。
⑤ 《宋会要辑稿》食货五九之三六。
⑥ 《宋会要辑稿》食货五九之三八。
⑦ 《宋会要辑稿》食货五九之四〇。

可得 6 万余石,自、泸、叙、嘉、眉运至府仓,每斗减价作 350 文,专充赈粜①。上例为籴价每石 5 贯文,粜价每石 3.5 贯文,减价十分之三。(7)乾道七年(1171)二月八日,权知高邮军刘彦言:本军旱涝灾伤,"乞于本军大军仓内取拨米一万硕",每斗作价钱 150 文省出粜,"遇丰熟日却从收籴。从之②。"(8)乾道七年七月六日诏:"江西州军间有阙雨去处,合行措置收籴米斛,准备赈粜。"可令龚茂良措置拘收"会子共凑二十万贯,于江浙丰熟去处收籴米斛一十万斛,均拨赴最不熟州军桩管③。"(9)乾道七年八月二十五日,权发遣隆兴府龚茂良言:已立下价值,每硕止 1.54 贯文足,比之市价折钱 760 文足。以一名若认粜 2 万石,共折钱 15200 余贯④。则市价每石为 2.3 贯,减价亦为三分之一。(10)同年十月十日,龚茂良(?~1178)言:劝粜,"合指阙食州县接济,合随本处时价减三分之一⑤。"以上十例,除(2)减价二分,(3)、(4)减半,(5)、(7)两例不明减价幅度外,其余五例均为减价三分之一。正如龚茂良所说,赈粜低于市价三分之一为一般惯例。

除了常平、义仓米及劝民出粜外,军粮或储备多年的桩积米亦充赈济,有些甚至用来回收残破钱币或兑界会子。如乾道七年正月二十二日,知襄阳府韩彦直(1131~?)奏,"去岁秋苗不登,乞于本府寄桩大军米内支降三万硕赈济⑥。"又如:绍熙二年(1191)十二月二十四日,应知扬州钱之望(1131~1199)请,二次诏令取拨镇江府桩管陈次米出粜,凡 30 万石,许以破缺钱或私钱计口赈籴⑦。

南宋绍兴末以来,随着局势的稳定,财政状况的好转,除放租税、积欠的规模也越来越大。许多地方州郡也用积余之钱物,代百姓输纳税赋及上供钱物,以减轻其负担。下仅举南宋前期因自然灾害而规模较大的数次检放、

①　《宋会要补编》第 596 页上。
②　《宋会要补编》第 596 页下。
③　《宋会要补编》第 597 页上。
④　《宋会要补编》第 597 页下。
⑤　《宋会要补编》第 598 页上。又,《宋会要辑稿》食货六二之四四载:乾道四年(1168)六月二十七日,江西提举胡坚常言:"诸郡赈粜、比市价三分之二";亦其证,其例甚夥。
⑥　《宋会要辑稿》食货五八之八。
⑦　《宋会要辑稿》食货六八之九二。

蠲免,以例其余。

其一,绍兴二十九年(1159),诏诸路州县,二十七年以前积欠官钱 397 万余缗及四等以下户官欠,悉除之。九月,诏:两浙江东西水,浙东、江东西螟,其租税尽蠲之。自此水旱、经兵,时有蠲减①。

其二,淳熙元年(1174)六月,蠲放旱伤税赋。留正(1129～1206)等曰:"乾道之旱,两浙、江东西倚阁之数,米以斛计者九十七万有奇,而丝绵罗绢不与焉;浙东、江东钱,以缗计者十四万五千三百有奇,而江西不与焉②。"

其三,淳熙八年(1181)六月戊午,户部言:"去岁两浙、江东西、湖北、淮西旱伤,共检放上供米一百三十七万九千余石,随苗经总、头子、勘合等钱计二十六万六千余贯,诏并与蠲放③。"

其四,《宋史》卷一七四《食货上二》(第 4219 页)载:淳熙十一年(1184),户部奏:"诸路州军检放旱伤米数近六十万石。"

其五,淳熙十六年(1189),前知楚州钱之望(1131～1199)奏:"今岁大水",本州"贫乏阙食民户一万四百余家,合议赈济、赈粜。"诏令提出具体方案,钱又称:"欲自十二月为始,支至来年二月,计支三个月米,共二万四百余石④。"此为一州范围内,赈济时间较长、数量较大的一次。因灾情严重,常平米斛不足支付,故须经奏申,俟朝廷批准。从数据看,平均每户不足 2 石,以 90 日计,每日仅 2.18 升,如以每户五口计,每口日均 0.44 升。显然低于一般小口标准。

对于流民,除给以赈济外,甚至还发给钱米遣散返乡,无家可归者,给予养济,时间有长达四个月以上者。此外,即送养济院、慈幼局等地方福利机构赡养⑤。

除了社会救济,南宋政府还倡导灾民生产自救,提供种粮、农具、贷款等

---

① 《宋史》卷一七四《食货上二·赋税》,点校本第 4216～4217 页;参校《系年要录》卷一八一,《文献通考》卷二七《国用考》。

② 《中兴两朝圣政》卷五三。

③ 《中兴两朝圣政》卷五九。

④ 《宋会要辑稿》瑞异三之一五。

⑤ 见《宋会要辑稿》食货六八至一五〇至一五一,乾道元年(1165)四月,两浙运判姜诜言。

帮助,禁抑高利贷者,鼓励民间正常借贷。在经济基础较好的地区就更是如此。如乾道二年(1166)二月,姜诜言,乞对浙西州县灾伤阙食民户量行赈济,劝谕田主、豪右之家借贷种粮①。更可贵的是:南宋时也出现了以工代赈的救荒新思维及实践。以工代赈,早在皇祐二年(1050)范仲淹知杭州时就已取得显著成效。自沈括《梦溪笔谈》卷一一作为成法推广以后,各地多效仿之②。南宋也不乏其例。如陈造《江湖长翁集》卷二四《与奉使袁大著论救荒书》就提出以工代赈,募饥民以浚盐、运二河。以便停积已久的盐货得以畅通。其说云:"一夫日与米五升,钱百五十。人食二升,用钱五十;其余劣可饱二三口,彼何患不乐从? 一家二人从役,则六七口免涂殍矣。"于此可见:两淮饥民,大率每户六七口;一家二夫,人均食米 1.5 升左右。且又有大小口人均 50 文之菜油醋钱,足以温饱。较之大口仅 1 升 ~ 1.5 升、小口 0.5 升 ~ 0.75 升的赈济米,则已胜多矣!

南宋荒政,不仅有理论指导,实施方案,而且堪称历朝成效最为显著的时期③。但亦未免有差强人意之处,这主要表现在:一经地方贪官污吏上下其手,就未免走样变味,变得有名而无其实,口惠而实不止。故嘉定八年(1215)七月十九日臣僚条陈赈荒三弊云:

> 一曰差委之弊。盖官之与民势常扞格,民之于吏,每怀畏忌。朝廷以赈恤之政责之郡县,郡县以赈恤之事付之吏胥。此曹贪欲无厌,每藉此以规利,岂能公心以为民。加之州县之官,视部民不啻秦越之肥瘠,且以为浼己,又何暇计其实哉!

> 二曰括责之弊。夫户之贫富,口之多寡,虽有籍而不足凭,故欲行赈恤,必先括其户口以为据。此数一定,牢不可改,至所当谨也。然厢耆保正,习为吏胥巧取之弊。每遇抄札,肆为欺罔。赂遗所至,则资身之有策者,可以为无业;丁口之稀少者,可以为众多。如其不然,则啼饥号寒者,反置而不录;老弱猥众者,仅指其二三。不均不平,莫甚于此。

---

① 《宋会要辑稿》食货五八之四,参校同书六八之六五。
② 参阅拙撰《范仲淹评传》第 420 ~ 424 页。
③ 参阅张文《宋朝社会救济研究》第 369 ~ 382 页。

三曰给散之弊。夫邑有小大,地有远近。惟委托得人,措置有术,则可使人沾其惠。近时任事者,有赢余之利,无措置之术。故先至者可得而后时者不复支,地近者可得而穷僻者不及至,强壮者可得而赢弱者徒手而归。或杂以糠秕而精者入于胥吏之家,或减其升合而余者归于里正之手。计其散于民者无几而化为乌有者多矣①。

吏治之腐败到了雁过拔毛、枯树剥皮的程度,这一政权也就难乎为继了。

宋代负责地方救荒赈济的主管机构为常平司、转运司,提刑司也兼有荒政之责,有时安抚也协调一路的荒政事宜。常平仓和义仓就成为主要的救荒措施。常平仓始于汉,义仓始于隋。南宋作为主要的救荒手段,常合称为常平义仓,实际上,有明确的分工和显著的功能不同。常平仓通常由官拨籴本,丰年增价以籴,岁歉减价以粜,主要用于赈粜,有时亦兼具济贷。北宋神宗时最高额曾贮常平米1500万石,南宋军费开支大,且各种仓多有设置,未达此规模;但也数量颇为可观。如乾道八年(1172)浙东提举郑良嗣称:浙东一路即有46万硕;南宋似又有每州桩储常平米不得少于万斛的规定②。此外,户绝、逃移及新开官田亦往往由常平司掌管。南宋初,侵支、盗用、挪移常平钱米之类事一再发生,经过整顿,才与义仓成为荒政的主要执行机构。

关于义仓,其来源即由苗税带纳,正税一斗以下免纳,一石以上纳一斗。"唯充赈给,不许他用。"据乾道八年(1172)权户部尚书杨倓(? ～1181)之说,"诸路岁收苗米六百余万硕",则其"合收义仓米斛"应在60万石以上③。关于义仓之制,绍熙元年(1190)七月八日臣僚言:"义仓之制,始于隋开皇(581～600)。户出谷麦,贮于当社,故名社仓。遇歉赈给,国朝因之。今州郡于入纳之际,与省苗混一。虽拨隶常平,然义仓之设,本以赈济,今乃杂置

---

① 《宋会要辑稿》食货六八之一〇六至一〇七。
② 分见《宋会要辑稿》食货六二之四七,六二之三三。
③ 《宋会要辑稿》食货六二之四七,《中兴两朝圣政》卷五一。实际当远不止此数。

其中。乞诏有司,令各就本县置立义仓,以县丞主之。庶不失社仓本意①。"
常平、义仓其区别显而易见:一是来源不同,常平以籴本收籴,义仓以秋苗带
纳;二是使用不同,常平赈粜②,义仓赈给;三是常平贮于州,义仓初储于
县③。但至南宋后期,两者不仅功能混淆,原储于县的义仓米往往也调往州
仓。后更是法久生弊,而且常平米与义仓米均储之州郡,对于最需要获得赈
贷之农民而言颇为不便,于是社仓之制应运而生。

一般认为,社仓乃理学大师朱熹(1130~1200)所创。其最初的尝试应
在乾道四年(1168),得到建宁知府徐嚞的支持,首创于朱熹当时所居之崇安
县开耀乡④。淳熙八年(1181),时相王淮(1126~1189)荐举朱熹为浙东提
举,当时浙东大饥,朱熹遂据其在乡推行社仓之经验,请求孝宗批准,行之各
地。但收息二斗(20%)这一条款引起朝议藉藉,争论纷纭。最后因户部所
请,得以推行;但诏令强调"任以民便",故响应者不多。朱熹实乃借用隋朝
的社仓之名(实为义仓),行王安石青苗之法而已⑤。但社仓与青苗又有三点
不同,一是青苗抑配,社仓自愿;二是青苗官办,社仓官督民办;三是青苗逐
利,社仓可蠲免。袁燮(1144~1224)曾论其异同云:

> 王荆公行青苗之法,取二分之息,而公论非之。朱[文]公立社仓之
> 规,亦取息米二斗,与青苗若无以异,而公论称之。何也?曰:青苗之取
> 息也无穷,或不能偿,则有追胥之扰,有捶楚之虐,民不能堪,率破其家,

① 《永乐大典》卷七五〇九引《经进总类国朝会要·义仓》,原出宋官修《光宗会要》,录文据
《宋会要辑稿》食货六二之四七至四八。
② 《宋会要辑稿》食货六二之三一载:绍兴二十六年(1156)国子监丞徐时举言,最得要领。
"祖宗立常平之法,谷贱,则增价籴之,不使伤农;谷贵,则减价粜之,不使伤民。本末不伤,
公私为利。"乞及时籴粜,新陈相易。
③ 绍兴二十八年(1158),已有明文规定:"常平米依法赈粜,义仓,唯充赈给。若擅支借移用,
以违制论。"见《宋会要辑稿》食货六二之三四;又参见同书六二之四九,嘉泰三年(1203)五
月,监察御史林行可言:今"一粒以上,皆归之州仓,而不复储之外县。"
④ 《朱文公文集》卷七七《建宁府崇安县五夫社仓记》。但其始作俑者,应是朱熹之友魏掞之
(字元履),早在绍兴二十年(1150)就在其家乡建阳县长滩铺设仓发廪,得米1600石,且放
贷不收息。事见同上书卷七九《建宁府建阳县长滩社仓记》及《救荒活民书·拾遗》。
⑤ 参阅梁庚尧《南宋的社仓》,原刊台北《史学评论》第四期,1982年7月。收入其《宋代社会
经济论集》第427~473页,允晨文化实业股份有限公司,1997年。

言利之弊至如此。社仓则异是矣，其始虽不能无息，然岁歉则蠲其半，大饥则蠲之。十倍其初，则无复有息①。

社仓在南宋各地虽或有行之，但总体规模远不及常平、义仓，更多寄托了理学家"辍此之有余，济彼之不足"的贫富相济理念。但却无从改变"富者〔田〕连阡陌而余粱肉，贫者无置锥（之地）而厌糟糠"的状况②。但在各种名目繁多的地方性仓类中毕竟鹤立鸡群，作为一种在后世亦极有影响的救荒制度，仍堪与常平、义仓鼎足三立。其规模较大、影响深远的当首推嘉定十七年（1224）真德秀（1178～1235）知潭州时所创办的社仓，不仅所辖12县皆办，地点也多达100所③。后人论其典制云：

> 庆元初，长沙宰饶榦创社仓二十八所……。越三十年，大帅真西山……仿饶宰之规，行下诸县，合解钱内〔出〕糴，起立社仓于寺观。不科乡保，不扰住持，不白役工匠……。本县分置社仓九处，计谷九千二百七十三硕，专为赈贷。有田二十亩以下之户，每年以四月一日支贷，七月催收。每贷一硕，收息谷一斗，费用谷一斗。其逐月纤悉条目，自有本州印行《社仓规约》。

> 乡士有信义者及合充保正副者，每仓委请二人充监仓，不律以法而待以礼。二年一替，仍与免役一年。支贷则措置官（系衔县丞簿尉中选二员）同监视，看守则责之寺观主首。应合下等人，皆于费用谷内各有优润。至十年后，息谷与本谷相登，又贷二十一亩以上之户，不取息谷而止取费用谷④。

作为朱熹再传高足弟子的真德秀，利用其帅一路的政治权力，最大限度地充分发挥朱熹等理学家以仁为本的信念，不仅有完善的规章制度——《社

---

① 《永乐大典》卷七五一〇引《袁絜斋集·跋吴晦夫社仓》。
② 引文见黄榦《勉斋集》卷一九《袁州萍乡县西社仓絜矩堂记》。
③ 《真文忠公文集》卷一〇《奏置十二县社仓状》，四部丛刊缩印本。
④ 《永乐大典》卷七五一〇引《渌江志·长沙府长沙县社仓》。《渌江志》，似为明志，因"长沙府"之名始于洪武五年（1372）。但细玩文义，此文乃宋人所撰，应题为《潭州长沙县社仓记》。如是，今存《大典》之文题，似为《渌江志》或《大典》编者所删改。

仓规约》,而且在潭州的荒政中发挥了重要作用。各地还有许多创举,如买田充社仓本,以租谷出贷①。又如以社仓之息充举子之给,体现二仓之合流。李吕(1122~1198)之说曰:"今社仓之制,其说有二:储米以备赈贷之用也,敛息以资举子之给也②。"也许是社仓的示范效应,南宋中期以后,各种地方性仓种不断兴起,这也许是文化思想影响社会经济的一个例证。各种仓种如籴纳仓、广济仓、丰本仓、赈粜仓、兼济仓、州济仓、通济仓、济粜仓、平籴仓、州储仓、平止仓、先备仓、均惠仓、续惠仓、平粜仓、均济仓、端平仓、均粜仓、节爱仓、通惠仓、平济仓等,名目繁多③。但万变不离其宗,除个别外,均为赈贷、赈粜性质,即"有偿服务",由地方州郡或民间筹措钱米,进行管理。而且多未能长久维持,其影响也极有限,远非社仓之比。

关于救荒赈灾以外的社会救济事业,南宋政府亦颇有作为,尤其行在临安就更是比较完备。《宋会要》的记载可见一斑:嘉定二年(1209)十二月十四日,臣僚言:"都城内外,一向米价腾踊……为日已久,今又值大雪,[细民]无从得食。"乞将"见赈粜人户与特改作赈济半月。其街市乞丐令临安府支给钱米,责付暖堂,日收房宿钱之类,官为量行出备,毋复更于乞丐名下迫取。其贫民死亡无棺椁者,则从本厢申府给棺椁钱埋葬。至于遗弃婴孩,则月支钱米,委付收生妇人,权与收养,逐渐寻主申官。"从之。又如淳熙八年(1181)四月十一日诏:"军民多有疾疫,令医官局差医官巡门诊视,用药给散④。"宋代的社会救济事业,元修《宋史》有一评价:

> 水旱、蝗螟、饥疫之灾,治世所不能免……。宋之为治,一本于仁厚,凡振贫恤患之意,视前代尤为切至。诸州岁歉,必发常平、惠民诸仓

---

① 其例如淳祐十二年(1252)昌国知县曹诩买田67亩充社仓之本,见《大德昌国州图志》卷二,宋元方志丛刊本。

② 《永乐大典》卷七五一〇引《李澹轩集·代县宰社仓砧基簿序》。又,李吕字滨老,一字东老,号澹轩。邵武军光泽人,恬退力学,终生未仕。有《澹轩集》十五卷,已佚,今存四库本辑自《大典》,编为八卷。事具周必大《文忠集·平园续稿》卷三五《李滨老墓志铭》。

③ 参阅张文《宋朝社会救济研究》第64~78页。

④ 分见《宋会要辑稿》食货六八之一〇六,五八之一一四;参阅《武林旧事》卷六《骄民》,《梦粱录》卷一八《恩霈军民》。

粟,或平价以粜,或贷以种食;或直以赈给之,无分于主客户。不足,则遣使驰传发省仓,或转漕粟于他路;或募富民出钱粟,酬以官爵。劝谕官吏,许书历以为课。若举放以济贫乏者,秋成,官为理偿。又不足,则出内藏或奉宸库金帛,鬻祠部度僧牒。东南则留发运司岁漕米,或数十万石,或百万石济之。赋租之未入,入未备者,或纵不取,或寡取之,或倚阁以须丰年。宽逋负,休力役,赋入之有支移折变者省之,应给蚕盐若㑹及科率追呼不急、妨农者罢之。薄关市之征,鬻牛者免算,运米舟车除沿路力胜钱。利有可与民共者不禁,水乡则蠲蒲鱼果蔬之税。选官分路巡抚,缓囚系,省刑罚。饥民劫囷窖者,薄其罪;民之流亡者,关津毋责渡钱;道京师者,诸城门振以米。所至,舍以官第或寺观,为淖糜食之,或人日给粮。可归业者,计日并给遣归;无可归者,或赋以闲田,或听隶军籍,或募少壮兴修工役。老疾幼弱不能存者,听官司收养①。

对宋代救荒措施概括殆尽,且予高度评价。诚然,南宋能在内忧外患中立国150余年,创造了社会经济发展的奇迹,其农业、商业和城镇化尤为辉煌,值得总结的原因很多。但远胜前朝、明清不及的社会救济政策、机制,无疑是一大要因②。南宋社会救济面之广、"不分主客户"的救荒原则,动员豪富等民间财富参与救济,方式多样,如济、贷、粜、赈的灵活运用,有偿与无偿的区别处置,对各阶层的不同救援方法与力度,以工代赈的创举,均为近现代的救灾及慈善事业提供了有益的谋谟。

以上所论,乃南宋政府干预农业的积极措施,其消极因素则主要是对农民的竭泽而渔,苛征暴敛,无奇不有,如宋末俞文豹所说:"率皆无名,凿空取办③。"用朱熹的话概括就是"古者刻剥之法,本朝皆备④。"南宋由于财政处

---

① 《宋史》卷一七八《食货上六·振恤》,第4335~4336页,参见《文献通考》卷二六至二七《国用》四、五。

② 参见王德毅《宋代灾荒的救济政策》,台湾商务印书馆,1970年。

③ 《吹剑录》外集。

④ 《朱子语类》卷一一〇,第2708页,中华书局点校本,1986年。其又云:"财用不足,皆起于养兵,十分,八分是养兵。"如以岁计,约"一百万贯养一万人",则每兵为百缗。

于制度性缺失，经常处于高位运转，却连年入不敷出的严重赤字状况。一面靠名目繁多、花样百出的苛征杂调，"非法妄取①"；一面滥发楮币，导致物重钱轻，通货膨胀。只有孝宗朝因内藏库、封桩库聚敛大量钱物而有盈余。

约在孝宗末，南宋立国六十余年之际，南宋农业已全面复苏，并有进一步发展的趋势。体现在垦田大幅开辟，人口持续增长，粮食单产、总产稳步上升，以二熟制为主的耕作制度在全国范围推广，商品性农业及林牧副渔业蓬勃发展。政府的储备粮已近 700 万石，朝廷封桩钱达 4700 余万缗②。此数尚不包括四川的钱粮，及内藏库不菲的积储。王十朋（1112～1171）曾说：南宋初"赋入不及祖宗全盛之日，而用度不减祖宗全盛之时③。"其实，此话只说对了后一半，即使是标榜"民不加赋而天下饶"的神宗熙丰变法年间，及以"丰亨豫大"而自诩的宣和年间，其积藏之富也未必如孝宗之末。南宋中期，以约占北宋 60% 有余的国土面积，养活了约 9000 万人口；又在维持极高水平的军费开支前提下，财政有了盈余，这本身就是一个奇迹。何况还有为后世史家叹为观止的商业和城市经济，这首先就是农业生产力水平不断提高、长足进步所导致的必然结果。

---

① 《文献通考》卷一九《征榷考六》，嘉定十六年（1223）正月五日两浙运判耿秉言。
② 周必大：《文忠集》卷一五一《桩积米数文字回奏》，《中兴两朝圣政》卷六〇，《玉海》卷一八五。四川则绍兴十八年（1148）就已桩积钱 5000 万缗，总领所也有余粮存贮，已如上述。
③ 《梅溪王先生文集》卷一《廷试策》，四部丛刊缩印本第 16 页，上海商务印书馆缩印明正统本。

第二章 南宋土地制度及其经营方式

    农业为立国之本,土地则为农业生产最重要的不可或缺的生产资料。南宋除通过精耕细作,提高单产,推广一年两熟制的新型耕作方式,以提高复种指数外;还千方百计"与水争田,与山争地",向生产的广度和深度进军,作出了令人叹为观止的努力。这对江、浙、闽、广、四川、荆湖等地南方农业生产的发展和总产量的大幅提高起了重要作用。对养活急剧增加的人口,发展商品性农业及商品经济,作出极大贡献。农业提供的税租,也对支撑困窘已极的战时财政体制有举足轻重的作用。

    宋代实行不立田制,不抑兼并的政策,一方面,有利于农业生产的发展;另一方面,频繁的土地买卖,官田、民田间动态转换,豪富兼并的土地越来越多,社会的分配和收入的差距与日俱增。而且,土地不断转手,导致土地的畸零分散和互相错杂,也不利于集中经营和规模经济的发展。因此,就南宋而言,仍是地主制与众多自耕农、佃农并存的以一家一户为主体的小农经济。租佃制的盛行,是南宋农业最显著的特征之一,这对规模生产和集约化生产均是不利因素。南宋每户占有垦田有下降的趋势,经营规模的狭小,制约着新技术采用和新农具的研制,意味着成本的增加和生产力水平提高的限制。由于土地供给的不足,传统的男耕女织模式逐渐向多元结构发展,为了谋取利益的最大化,经济作物的发展是历史的必然,商品性农业在南宋已有了长足的进步和相当的规模,商品交换在南宋农村经济中也呈蓬勃发展之势。

南宋政府鼓励开垦无主荒地,而且往往以免收赋税或极低的租额优惠垦主,以鼓励开垦。这类田地成为实际上的私有"永业田"。另外,南宋官田与民田间双向动态转化的趋势日益加强,南宋官田的数量始终处在变动之中。过去学界有一定向思维:似乎宋代官田不断向民田转化,而且视为田地买卖兴盛的必然结果。但史料显示,对这一问题需作更多的具体分析,也许在某一时段是这样,但从南宋150余年的全过程考察,也存在民田向官田逆向流动的趋势,尤其是在南宋初、中、末三次大规模战争时期就更是如此,这是与北宋有明显区别的现象。南宋末,据平江府、昆山、常熟等县的资料,官田只占全部耕地的8%左右;据以推测,或其余地区官田所占比例更高,约占10%~15%。官田即使未出卖,也往往被民户长期包佃,"以为己业"①,甚至还可转佃。南宋是官田向民田转移的黄金时代。田宅的频繁转移,导致"贫富无定势,田宅无定主";"富儿更替做"②。"家不尚谱牒,身不重乡贯"③,在北宋已然,南宋就更是如此。庶族地主大量涌现,以末致富的商人大量购置田产往往成为以本守之的豪富田主。宋代主户中的四五等户(下户)及只有少量地的部分三等户,约占总户数的50%以上。其经济地位相当于自耕农、半自耕农,加上无田产客户,则约占总人口的80%以上。但不到20%的地主阶级却占有80%以上的土地。主户与客户所占比例,依农村经济发展水平各地有较大差别。佃户犯法下田主二等,虽已成文,但执行的案例极为罕见,似尚不能视为南宋佃农地位趋于恶化的依据。客户实质上是无田产之民户,不交二税,但仍需服役及交税钱、役钱,属于国家的编户齐民。客户及一些半自耕农,主要租种田主的土地或从事其他的农副业、商业,赖以维生。租佃经济是南宋农村最普遍的经营方式。所谓南宋有农奴制残余及庄园经济之类的说法,实有曲解史料和以极个别现象抽象出一般结论之嫌。

南宋土地制度最显著的特征,即为土地所有权的不断转化和经营权的

---

① 蔡戡:《定斋集》卷四《论扰民四事札子》。
② 袁采:《袁氏世范》卷下《治家》。
③ 陈傅良:《止斋集》卷三五《答林宗简》。

多样化。"田野滋辟,下民售易不常"①;"有钱则买,无钱则卖"②;"千年田换八百主"③,均是土地所有权频繁转移即今称"产权置换"的真实写照。

宋代的土地买卖盛行,形式多样化,法律法规也较严格,非经济因素逐渐弱化。南宋实行经界法后,进一步将田宅买卖和私有化进行程序上的严密规范,从而将田宅典卖纳入法制化的轨道。如实封投状竞买官田,实开今日"招拍挂"先河,堪称"制度创新"。又如建立土地图册——砧基簿(注明四至),作为产权交易的依据。凡参与田宅交易者,须请买官方统一印制的文契。成交后,双方携砧基簿及原有旧契赴官府交纳契税和田宅交易税,经有关当局审核后,进行交割,在旧契上批凿或发给新契,并在砧基簿上作相应更减,发给买卖双方,以明晰产权。州县、监司存有底册备查,也可作为日后如有诉讼的证据。宋代称这种契约为"田券"或"宅券",体现了法律制度的严密化。今城市中购买商品房的相关手续,亦可见宋代田宅交易的遗迹。

第一节 南宋官田

南宋田地,可大致划分为两类:官田与民田,又对称公田和私田,民田又称"税田"。其划分标准为官田纳租,民田交二税,又起役钱,当役。宋代律令有明确规定,"淳熙二年(1175)六月十一日敕:荆湖南路转运副使李椿奏,人户请佃没官、户绝田产,既召人承买讫,即是民田,起理二税,输纳(没)[役]钱,又当差(没)[役]。所有元佃租米自合蠲除。奉圣旨:'依'。余路依此④。"可见原为没官、户绝田,系官田,人户请佃,纳租米。一旦召人承买,

---

① 许景衡:《横塘集》卷一九《方文林墓志铭》。
② 袁采:《袁氏世范》卷下《治家》。
③ 辛弃疾:《稼轩词》卷二《最高楼·吾拟乞归犬子以田产未置止我赋此骂之》,邓广铭笺注本卷三,第 279 页,上海古籍出版社,1978 年。
④ 《庆元条法事类》卷四七《拘摧税租·随敕申明》引《户婚》,戴建国点校本第 616 页,黑龙江人民出版社,2002 年。又,其诏今存,《宋会要辑稿》食货六一之三五载:淳熙二年六月十一日诏:"民间原佃户绝田产,既行承买,即是民田;既起理二税,其元佃租米,并与蠲除。"

即复为民田,起理二税,原租即予蠲除。此律令通行诸路。亦民田——官田——民田转化之例证。其实,此制早在北宋就已有之。《系年要录》卷一三〇有载:"绍兴九年(1139)七月壬辰(十四日),诏:新复州军请佃官田纳租外,免输征税……。户部言:自己之田,谓之税;请佃田土,谓之租。自来不曾有并纳租税指挥。乃依此制①。""户部言"云云,即指北宋成宪。官田收租,民田纳税,是区分这两类田地的显著标识,也是公田、私田最本质的特征。在南宋土地产权的频繁转换中,收租还是纳税,也成了政府区分两类性质田地的主要标准。此制终南宋之世未变。如绍熙五年(1194)六月十六日,诏:"绍熙四年八月指挥,住卖没官田产。如当月以前人户已卖者,自合送纳二税;如在八月以后未卖者,自合仍旧起理元租②。"需要说明的是:佃户(包括主户中的下户及客户)租种民田,通常也起租。一般而言,这种民田租无论是分成租或定额租均比官租为高。另外,佃户也经常、大量租种各类官田,甚至具有永佃权、"继承权"及"立价交佃"——即类似于可出卖民田,但产权的论定,仍为有否田契及起租还是纳税两大标识。

一、官田的类别及来源

南宋官田,除极少量承继前朝的官田,如福州的官庄及江西的省庄田外,其来源可以大致区别分为两类,一是原为民田的转化,二是原非耕地而新垦辟营造成的田地。前者指因各种原因导致的逃田、户绝、籍没民田,因战争等原因,这类拘没的无主原民田数量十分惊人,尤其在南宋初、中、晚期的两淮、荆襄、四川等缘边地区。后者指新开垦或围裹成田地的围田(圩田)、湖田、滩涂田、芦荡地、山地等。这两类田地的数量均十分庞大,由于南宋没有全国及分路的土地统计资料,只有分散的零星资料。但从可比较的角度考察,南宋官田在全部土地中所占的比例似较北宋为高。南宋官、民田

---

① 此诏亦见《宋史》卷一七四《食货上二·赋税》,第 4214 页,但中华书局点校本误系于绍兴七年七月(疑本页末之"九年"两字错简,应乙正在"七月"之上)。"九年"上有注文"刘豫尝并取之,至是,乃从旧法。"是其证。"新复州军",乃九年之事。

② 《宋会要辑稿》食货七〇之八四。

间的双向转换十分频繁,而并非官田大规模民田化的单向流动。各个时期、各个地区官田所占的比例及其数量也有很大的差距,这些均为明显有别于北宋的特征。

(一)屯田和营田

这个问题比较复杂,拟在下节专门论述,此处从略。

(二)荒田及逃田

荒田有两类,一类指从未垦辟过的田,宋代典籍中又称“天荒”。南宋因人口压力,垦辟成农田,如畬田、梯田之类,往往需要较大的工本投入,才能改造成为熟耕良田。另一类则指“抛荒田”,即原为民田或官田,因各种原因,如战争、逃亡、民户包占过多无力营耕等而导致的荒田,宋代典籍中通常称这类田为“荒闲田”或“系官闲田”等。逃田之所以归入此类,不仅因为各种原因的民户逃亡而导致的田实质上必然抛荒,成为事实上的荒闲田土,还由于逃田与天荒及省庄田同归转运司管辖,一般用“请佃法”,而性质相类似。但北宋中期以后就经常列入出卖,南宋就更是如此。当然,户绝田与逃田亦颇相类似,但户绝则与折纳、抵当等田同归于常平司,一般用“出卖法”①,即处于官、民田的动态转换之中。逃田与户绝田的另一区别是前者租重而后者租轻,逃田有明文规定须追缴积欠的租税,户绝田则在出佃或出租时租税相对要轻得多②。

荒田、逃田在南宋初、中、末期的宋金、宋蒙(元)战争高潮时期曾大量出现,其中在两淮、荆襄、川陕曾被大量拘充作屯田营田,且在南宋诸路各地多有,其数量极多。其中有的被出卖成为民田,更多的是被长期佃种,成为“边缘化”的官田或事实上的民田。甚至不乏改租为税,官给契据,缴纳牙税,成为法律意义上业经产权置换或重新认定的民田。当然也有不少原为民田而转变成逃田、荒田而被拘收为系官田者,甚至同样的田地上有多次反复转

---

① 《淳熙三山志》卷一一《版籍二·官庄田》:“天下系官田产:在常平司有出卖法,如折纳、抵当、户绝之类是也;在转运司有请佃法,如天荒、逃田、省庄之类是也。”

② 王之道《相山集》卷二二《乞将京西淮南逃绝田展免租课札子》云:逃田因“近年以来请佃者渐众”,故州县人吏上下其手,“以逃租之重而绝租之轻也。遂将系官闲田暗却逃绝名色,例行给佃,或恣其乞取,而轻重其租”;甚至“改作官员职田之类”。

换。以下列举史料说明这两类田地的来源、性质、经营及数量等问题。

南宋初的战争，导致"民去本业，十室而九，其不耕之田，千里相望①。"绍兴元年(1131)正月，奉命出使湖外的监察御史韩璜奏称："自江西至湖南，无问郡县与村落，极目灰烬，所至破残，十室九空。""询其所以"，乃金军及"官兵盗贼，劫掠一同，城市乡村，搜索殆遍②。"各地农村，被受兵火惨祸的罪魁祸首，不仅有南下金军，还有流民武装及奉命镇压的官军。他们的横行劫掠，导致了十室九空，大量荒闲田及逃田缘此产生，农业经济惨遭毁灭性破坏。至绍兴三十年(1160)，虽已有大量流民复业归耕，但据不完全统计，淮西仍有"系官荒田共四十八万余"(顷?)之多③。

绍兴二年(1132)，仅江东广德军广德县就有"见管逃田八百余顷"。李光请以减免租的优惠方式，"劝诱人户，分户佃种④。"江西"累经兵火之后，抛弃、绝户荒田，顷亩不可胜数，皆系膏腴，尽为荆棘之地⑤。"招抚流移，措置营田，成为恢复农业生产的当务之急，这也是南宋初诸路安抚使兼除营田大使的主要原因。绍兴十九年(1149)六月二十四日，两浙提领营田官曹泳言："根括得镇江府未有人承佃天荒等田"223817亩。其中有"经界所量出田并后来因水旱逃户所抛下田"，欲"并作营田拘收⑥。"绍兴二十一年(1151)九月己酉，知邵州吕稽中奏："湖南沿边连接广西一带，闲田甚多，或为兼并之家占据阡陌而其租税终不入官……。若令轻立租米，广召百姓耕佃，每夫止给五十亩；或有轻(经?)赦罪人，无家可归，亦许依数承佃⑦。"可见，南宋立国二十五年后，湘桂边界仍有大量抛荒闲田可耕。

孝宗初，各地仍有大量荒闲田土亟待开垦，招佃劝耕仍在紧锣密鼓地进行。隆兴元年(1163)九月二十八日，臣僚言："湖外之地多荒废不耕，欲定垦

① 汪藻：《浮溪集》卷二《论淮南屯田》。
② 《系年要录》卷四一，第325册，第582页下。
③ 《系年要录》卷一八四，第327册，第615页上。
④ 《宋会要辑稿》食货六三之一九八。
⑤ 《梁溪集》卷八五《乞于户帖钱内支十万贯充营田本钱奏状》。
⑥ 《宋会要辑稿》食货六三之一一六。
⑦ 《系年要录》卷一六二，第327册，第274页上。

田广狭,以为两路守令黜陟之法,其新垦田与蠲免夏秋税役五年①。"值得注意的是:将劝耕复业,抛荒田复耕与守令的升降赏罚直接挂钩,其新垦荒田(无论是天荒或抛荒复垦)均直接给民为永业田,这从免"夏秋税役五年"之规定清晰可见,这些新垦荒田将回归为民田。乾道元年(1165)二月,据王弗等言:"扬、楚州、高邮、盱眙军天长县见管系官荒田共五万八千余顷②。"则孝宗初仅淮东三州郡一县的系官荒田就达 580 余万亩之多。平均每州军系官荒田达近 200 万亩之多。乾道二年(1166)五月六日,有臣僚上言云:"两淮膏腴之田皆为品官及形势之家占佃,既不施种,遂成荒田。乞自今如经五年不耕者,许民户并诸军屯田指射,官为给据耕种。"从之③。

乾道七年(1171)八月,知泰州李东又提出复耕泰州荒田 2 万余亩的措置,即先佃后给,借给牛具、种粮,五年还本,后三年只纳亩租三升、近乎二税秋苗的优惠,八年后即可成为永业民田。这样的优惠,无论是对流民复归还是新移民,会有一定的吸引力。其说云:"泰州田计二百余顷,今欲置买牛具、桩办种粮,人户请佃一顷,与借给耕牛一头,及农具、种粮……,计元价均以五年还官。""次边州县免五年十料租课。如限满,合行起纳课子,每亩乞减作三升。三年之内,不逋官课,印给为永业,改输正税④。"而在淮西,为招徕"归正人"垦耕"荒闲田",出台了更优惠的措施:乾道八年(1172)六月十四日诏:"安丰军寿春、安丰等县荒闲田"凡 18703 亩,"给付归正人"217 户开耕。"自乾道九年为始,与免课子十年⑤。"与免十年税租,前所未有。此又为著名芍陂灌区,历来为水稻产区,有良好的水利条件。每户给田平均为86.2 亩,如以每户 5 口计,人均占田 17.2 亩,远在平均值以上。

孝宗时鼓励垦耕荒田的优惠措施,灵活多样。如淳熙六年(1179)六月,知静江府兼广西帅刘焞建议:如人户佃种荒田,经多年开发后荒田变沃壤,原业主持契告官,田归原主,则应别给佃户荒田,作为永业己产,以为补偿。

① 《宋会要辑稿》食货六之一七。
② 《宋会要辑稿》食货六三之一三七。
③ 《宋会要辑稿》食货六之一七。
④ 《宋会要辑稿》食货六之二〇。
⑤ 《宋会要辑稿》食货六之二二。

以免请佃之户前功尽弃,辛劳而一无所得。其说云:"本路荒田甚多,缘人户请射耕佃二三年间,垦辟方就绪,忽元业人执契归业,一旦给还,更不问所施工力。"今乞如"有元业主陈乞归业,即以元亩数别给荒田,听令为业。"从之①。淳熙十年(1183)五月,据鄂州都统制岳建寿申言:"襄阳、德安府、郢州根括[到]积年荒田九十余顷,与屯田见耕田土参接",欲招佃民户按营田法垦耕②。

直到南宋中期,在两广、两淮等路仍有大量荒闲田土,其原因多为官豪冒占包佃而无力营耕,愿佃耕者却无田可种。庆元四年(1198)八月二十九日,臣僚言:"二广之地,广袤数千里。良田多为豪猾之所冒占,力不能种。湖北路平原沃壤十居六七,占者不耕,耕者复相攘夺。故农民多散于末作。淮西安丰军田之荒闲者,视光、濠为尤多。包占之家,与吏为市,故包占虽多而力所不逮。乞特降指挥……措置劝诱,召人开荒耕垦",如冒占而力不能耕,"许其自首,尽籍于官,召人承佃耕种。如愿种之人贫困无力者,许召保识,官借种、粮,候秋熟日量其多寡,每年宽限,逐旋纳还。"从之③。庆元五年(1199)十二月二十四日,臣僚言:"沿淮之境闲田旷土,豪民上户凭陵占据,皆绍兴经界之所不加,官司簿籍之所不载。贫困游手之民,欲得寸田尺土服垦,垦辟受制于豪民,不容耕佃。乞下两淮漕臣,令遍下管内州县……许人投状承佃,官给照凭,与依条免三年之税租④。"可见在南宋中期,在两广、湖北、两淮等地,仍有大量为豪猾冒占侵欺的闲田。如何将这大量被圈占又无力耕种的闲田旷土即官田回到佃耕者手中,实现耕者有其田,确为南宋政府必须面对却又难以解决的一道棘手难题。

嘉定四年(1211)正月四日,权知楚州王益祥言:"宝应、盐城县管下地分,村保根括到无主水陆田约一千余顷。欲从本州县乡例,招募佃客耕种作营田,所有合用牛只、农具、种粮、什物等共约官会"141750贯文,"预备粮米

① 《宋会要辑稿》食货六之二七。
② 《宋会要辑稿》食货六三之一五四,具体办法详见本书"屯田与营田"一节。
③ 《宋会要辑稿》食货六之二九至三〇。
④ 《宋会要辑稿》食货六之三〇。

在数外①。"嘉定二年(1209),和州申:"乞以军庄退下屯田通计四百余顷,召人耕佃,系是本州自备粮种给散,不曾陈乞给降本钱。递年官收租米五千石,于公私俱为简便。今楚州管下有田约一千余顷。正合比仿和州体例施行②。"则和州屯田(军庄退下官田)每亩仅收定额租1.25斗。从递年云云可知,楚州亦请仿其法行之,淮东、淮西产量应约略相近似,亦有古代十一之税遗风,则两地产量似可推知皆为1.25石左右。

综上所述,在南宋诸路各地存在大量荒闲田和逃田,其规模和数量应占各类官田之首。其数量以两淮、荆襄为尤多,如两淮在高宗末、孝宗初至少在五六千万亩(据本书上考)。南宋末,四川作为抗蒙(元)的前哨,这类田亦很多。次则湖南、江西、二广等地,即使是狭乡两浙、江东等地也有一定数量荒田、逃田存在。因其处在不断动态变化中,南宋甚至没有以税租为基础的全国和诸路的官方统计田亩数据,只在南宋人的论著、方志及《宋会要》等史料中留下一些零星个别的记载。因此,对南宋各类官民田及其总量的估计缺乏必要的史料基础。但从现存的史料分析判断,大致可以认为:南宋官田的数量应不少于北宋,其丧失的1/3以上国土的耕地,广泛开发的各类水利田及梯田坡地,应能与之规模相仿。官田在全部田土中所占比例或许比北宋略高,而且处在不断转换之中③。南宋政府对荒田、逃田的开发经营,除了组织实施屯田营田外还采取以下措施:

(1)招佃民户,募民承佃。如绍兴三年(1133)四月四日,驻扎在建康府(治今江苏南京)的抗金名将韩世忠(1089~1151)奏称,将建康府管下根括到荒田拟作如下措置:其一,如户绝逃田,即没官措置耕种。其二,如其地"有主而无力开垦者",张榜晓示,限二月内"许人户自陈顷亩着实四至"。如愿"权与官中合种",即"牛具、种粮并从官给";收获时,先扣除二税及官方提供的牛具种粮,其余二分量给地主,而八分"尽给种田人",以募民承佃④。招

---

① 《宋会要辑稿》食货六之三一。
② 《宋会要辑稿》食货六之三二,收十一之租参见同书六之二八。
③ 关于北宋官田的数量,魏天安有一估计,谓元丰间已垦官田约90万顷,占约略同期垦田总额的18%。其说参阅魏氏新著《宋代官营经济》第二章《官田的基本状况》(未刊稿)。
④ 《宋会要辑稿》食货六三之九三至九四。

诱民户与官府合种,不失为一种对有主抛荒田复耕的权宜之计,因为田主很可能在局势平定后便返乡持契认领田产,以宋律当返回原主,以保护私有产权。

(2)减免租税,倚阁积欠。绍兴三年(1133)五月二十八日,权发遣岳州范寅敷(? ~1134)奏请:"应逃亡人户自降(陈?):绍兴二年下半年以前复业者,与免四料;绍兴三年上半年以前复业者,免三料;下半年以前复业[者],免两料;绍兴四年以前复业,各一料。"从之①。其豁免的额度,以复业之先后为递减,对主户的复归本业垦耕田地应不无一定的吸引力。绍兴六年(1136)正月七日,臣僚言:"江东诸路逃亡田土无人佃作者,并勘会诣实,开阁合纳苗税,出榜召人承佃,如无人愿佃,旧额苗税重者,相验裁减施行。"从之②。在江东、荆湖、两淮等沿边地区,多采取这类减免、倚阁税租召人承佃逃田及鼓励垦辟荒田等措施。此外,还采取典买耕牛免税等优惠措施。如绍兴七年(1137)九月二十三日,明堂大礼赦:"京西、淮南、湖北路逃移人民复业耕作,其典卖耕牛,与免纳税钱一年③。"绍兴六年(1136)十月十日,提领营田公事樊宾(? ~1049)又提出:根据江东西路州县并镇江府管下州县闲田,可"比民间体例,只立租秥。上等立租二斗,中等一斗八升,下等一斗五升。开具乡村田段着实四至,召人耕种。其后如有欠租秥,不许人划佃④。"这类民田因逃亡而抛荒,其原属性仍为民田,拘为官田后,则立租课。值得注意的是:在沿江地区,南宋初已普遍实行定额租,这也许是圩田密集地区的一大特征。从表面看其租额较二税中秋苗为重,但只租不税,各种苛敛均无,实际负担远较民田负担为轻。

沿边的京西路则采取放免租课二年的优惠待遇以招徕佃客。《宋会要辑稿》食货六之一二载:绍兴十四年(1144)三月八日,户部言:"京西州军系累经残破,荒田至多,委是开垦,倍费他州。欲下本路转运司将管下荒闲田

---

① 《宋会要辑稿》食货六九之五一。"自降"上下,原文疑有脱误。
② 《宋会要辑稿》食货六九之五五。
③ 《宋会要辑稿》食货六九之五六。
④ 《宋会要辑稿》食货六三之一〇六至一〇七。乾道元年(1165)八月二日诏令重申了这一规定,见同书食货七〇之五二。

土,自请佃后与放免二年租课。从之。"即使同为缘边地区,其减免税租的形式、额度又各不相同,在不同时期亦因地制宜而炯然相异。如《宋会要辑稿》食货六之一八有载:乾道四年(1168)二月二十九日,"知鄂州李椿言:本州荒田甚多,往岁间有开垦者,缘官即起税,遂至逃亡。乞募人请佃,与(三)[免]三年六料税赋。三年之外,以三之一输官;所佃之田,给为己业。至六年,递增一分;九年然后全输。或元业人有归业者,别给荒田耕种。从之。"一般而言,官田收租,民田收二税。但也有例外。如湖北鄂州,南宋为缘边地区,逃田拘为官田,募人请佃时,仍按二税法官收税赋。这从李椿请免"三年六料税赋"清晰可见,乃指每年夏秋二料税收。其所说为:三年之内免二税,三年之后,以二税的三分之一输官,并请所佃官田给据以定为民田。至六年后,以二税的三分之二输官,九年后,课二税全额。与淮南完全不同。

(3)招民承佃,限期复耕。王之道《相山集》卷二二《乞将京西淮南逃绝田展免租课札子》云:准绍兴二十六年(1156)三月十六日专降指挥,令所属州县出榜招诱,"许踏逐指射""京西、淮南系官闲田","不限顷亩,给先投状人。"其租课:"自承佃后,沿边州县与放免十年,次边州县与放免五年。候承佃及三年,与充己业,许行典卖。"此重申绍兴七年(1137)十一月二十五日指挥,并提出相应的优惠措施以鼓励和刺激逃绝田的复垦,对农业生产的恢复发展有举足轻重作用。此又可证绍兴年间京西、淮东、西三路仍有大量系官闲田,可供招佃垦辟。工之道所称招佃三年后,"与充己业,许行典卖",已实际上转化为民田。更有一步到位之例,在安丰军六安县,鉴于"江南猾民冒佃荒田,辄数千亩"的侵占现状,知县王镇(1116~1193)于绍兴十八年(1148)请准"躬按户籍,丁给百亩,于是流逋回归,愿耕者众①。"此外,还鼓励狭乡人户移民宽乡,请佃垦辟荒田。典型之例如:绍兴二十六年(1156)六月十五日,(吏)户部言:"荆湖北路见有荒闲田甚多,皆膏腴,佃耕者绝少。"系官闲田,招诱人户,"许踏逐措(指?)射请佃,不限顷亩";"自承佃后,与放免租课五年"。"仍令四川制置司行下逐路转运司晓谕:如愿往湖北请佃开

---

① 周必大:《文忠集》卷七七《朝议大夫王君(镇)墓碣》。

垦官田人户,亦仰即时给据津发前去,其放免租课等依此施行①。"可见直到绍兴末,湖北路仍有大量系官闲田可供请佃,除鼓励本路州县人户承佃外,还令四川等田少人多之处移民请佃开垦官田,去者给予津贴路费,亦免五年租课。

对已佃荒闲田则限期复耕,限外许划佃,仍与免税租五年,联系以上数例,放免租赋从二年至十年不等,似乎五年免租为一般常见适中的优惠待遇。《宋会要辑稿》食货六之二一载:乾道八年(1172)正月二十一日,淮东提举、措置两淮官田徐子寅(1130~1195)言:"自乾道八年为始,将各户荒田每岁开耕二分,限以五年。如限外尚有(木)[未]耕,许人划佃,所开田与免五年课子税租。从之。"

(4)限制兼并,严密法规。南宋初大规模战争结束,局势稳定以来,垦辟荒闲、逃田渐成规模。但民户辛苦垦辟成田之后,豪势利用奸猾之徒大兴告讦之风,利用给赏之令,侵占复垦农民辛勤劳动的成果。对于这种新产生的现象,当局修订法令,予以严密和规范化,不给兼并之家以可乘之机。这类案例,史料中时有披露,今姑举数例:其一,乾道四年(1168)五月一日,湖北运副杨民望言:"诸州荒田,多无人开耕,间有承佃之家,尽力垦辟,往往为人告讦,称有侵冒顷亩,官司从而追纳积年税租,遂致失所。乞自今后遇有亲耕之人,止催纳当年租税,日(以?)前者并与蠲放。从之②。"其二,南宋中期另一流弊,见于两淮沿边州军。绍熙三年(1192)十一月二十七日南郊赦:"在法,盗耕官田,给与首者。""两淮州军民户见耕种田土,往往多被流移人户告首冒占顷亩,意要规图得业,以致词诉不绝,淮民不能安业③。"奸猾之徒大兴告讦之风,意在冒占田土为己业,后果是辛勤垦耕的淮民不得安居乐业。而豪富兼并之家则利用这伙健讼之徒,推波助澜,以达巧取豪夺之利。其法,则"资给健讼之人"告讦,争买见佃人田业;其弊,则税租大幅欺隐流

---

① 《宋会要辑稿》食货六之一五至一六。
② 《宋会要辑稿》食货六之一八。
③ 《宋会要辑稿》食货六一之四二。

失①。其三,淳熙九年(1182)五月九日,袁枢(1131~1205)言:"两淮地广人少,豪民所占之数,不知其几。力不能垦,则废为荒墟。他郡之民,或欲请佃,则彼以疆畎为词,郡县无以稽考,终不能予夺。乞令两淮州县取民户见输之课,计其多寡,分画疆畎而立契券,随田增租。以其余给与佃人,庶革广占之患②。"从之。

为鼓励垦荒,保护新垦荒田产权的明晰化与合法性,孝宗时对既有成法进行了修订及补充。从立法的角度,为农村经济的发展,贫下中户的开发经营农业提供了"保驾护航"的法律依据。"淳熙六年(1179)五月十八日敕:乡民于自己田土接连间[闲?]旷硗确之地,能施工用力,开垦成田园,或未能自陈起立税租,为人陈首官司,止合打量亩步,参照其人契簿内元业等则起立税租,俾之管绍。不应引用'盗耕种法',夺而予人③。"这道敕令,对民田的开拓,荒闲田的开辟,有着从"非法"到合法的重要意义。

总之,南宋农村经济开发,大致依次为两浙、福建、江东西、四川,荆湖、淮南、广南、京西,分为两个层次推进。随着鼓励垦荒,农村经济取得了长足进步。其中从狭乡向宽乡的移民,不仅转移了富余劳力,更重要的是带去了先进的农耕技术和精耕细作的耕作模式,使农业生产力有了明显提高;当然,还有水利、种子、肥料等各种农业技术先进措施的推广。

(三)省庄田

其全称为"系省庄田",别称为"省额屯田",简称为省庄田、省田、省庄等。在宋以前,亦泛指官府管辖官田的总称。入宋,乃沿袭其旧称而用之,成为"诸色系省官田"之一④。省庄为官田,隶漕司。"天下系官田产:在常平司有出卖法,如折纳、抵当、户绝之类是也;在转运司有请佃法,如天荒、逃

①　见《宋会要辑稿》食货六一之四二;绍熙四年(1193)八月三日臣僚之言,参见同上五年九月十四日明堂赦文。
②　《宋会要辑稿》食货六之二八,参见《宋史》卷一七三《食货上一》。
③　《庆元条法事类》卷四七《拘催税租·随敕申明》引《户婚》(第616页),又《朝野杂记》甲集卷一五《都下马料》(第337页):乾道元年(1165)秋,梁俊彦"乞以官民请买之田立税,请佃之田立租"。也再次从法制角度上规范官民两类田的产权性质界定。
④　章如愚:《山堂先生群书考索》(下简称《群书考索》)后集卷二八《士门·学法类》。原出《长编》崇宁元年八月甲戌条佚文。

田、省庄之类是也①。"《通考》卷七《田赋七》：熙宁二年（1069），三司言："天下屯田、省庄，皆子孙相承，租佃岁久，乞不许卖。"政和中，户部奏："凡市易、抵当、折纳、籍没、常平、户绝、天荒、省庄、沙田、退滩、荻场、圩田之类，并应出卖。"但旋即诏令住卖。上引史料，对省庄田的由来、性质、沿革、归属等已有明确的论定。

五代后周广顺三年（953），即有诏："天下系官庄田仅万［顷？］计，悉以分赐见佃户充永业。是岁，出户三万余②。"可见郭威（904～954）当政时，即有将系官庄田赐佃户充永业已田之举，已开官田向私田转化之渐。这条史料的重要意义还在于可见五代后周时期，每户佃农佃种之田约在30余亩的规模，堪称和宋代尤其南宋数量相仿。《宋史》卷一七三《食货上一·农田之制》载：绍兴十九年（1149），郑克行四川经界法，"颇竣责州县所谓省庄田者虽蔬果、桑柘莫不有征③。"可见省庄田除一般农田外，还有果蔬园田及桑地等，这些系官田地当亦继承前朝而沿袭已久。《朝野杂记》甲集卷五《经界法》（第124页）称：川陕四路，有"官田号省庄者，所租有米、谷、粟、麦、麻、豆、芋、粟、桑、枭、鸭卵之属，凡十八种，皆令输以钱，故民至今尤以为患。"此足证四川亦为以农为主、多种经营全面发展地区。这类官庄最易被误认为是"庄园制经济"，但实属子虚乌有，只是官田向民田转化中的一种形态，从课实物租向折钱租转化及作为经界的对象，皆透露出个中之信息。

这类省庄田各地多有，最著名而典型者即为福州官庄，中外论者论之者众，此无重复之必要。一般而言，省庄田，乃由转运司辖隶而经营出佃的耕田，是官田中租课比较有保障的部分。因此，熙宁、政和中虽两度欲按常平法出卖，但动议旋遭反对而住卖。南宋绍兴末，又起出卖省庄田之议，但遭两浙漕司的反对。《文献通考》卷七《田赋七》载：两浙转运司言："括到平江

---

① 梁克家：《淳熙三山志》卷一一《版籍二·官庄田》。溯其源，应始见于《宋会要·食货·农田》，《宋会要辑稿》食货六三之一九一（又见同书一之三一）系于政和元年（1111）五月二十七日。"天下"上有"臣僚言"三字；末有"自余闲田，名类非一，往往荒废不耕"十四字。则《三山志》引自《会要》无疑。
② 《旧五代史》卷一一二《周书·太祖纪三》。
③ 《系年要录》卷一五九系于绍兴十九年三月己酉。

府省田"166728亩,"每亩纳上供省苗(三)[二]斗三升六合①,"计米39047石,"系民户世业。今若出卖,便为私田,上输二税,暗失上供岁额苗米。"乃止。此根括之田为系省官田,输上供苗米相当于租米。但如出卖,即为民田,只输二税。这种上供岁额苗米,又称"省苗",以示与二税中之"秋苗"的区别。同为苏州之田,"省苗"岁额每亩收2.36斗,而"秋苗"一般仅亩收一斗(如按南宋之实际田额计,则远不到一斗),即"省苗"为"秋苗"的二倍有余,故云"暗失"岁赋,建议住卖。此乃省庄田数次欲卖还休的奥秘。

令人饶有兴味的是:在江西,这种"省庄田"又有"资陪"之称。陆九渊《象山集》卷八《书·与苏宰(二)》考省庄田之由来最详。其说云:江西省庄田,性质类似"系省额屯田",实乃元祐间宣仁皇太后垂帘听政之日,"捐汤沐之入","以在官之田,区分为庄,以赡贫民。籍其名数,计其顷亩,定其租课,使为永业。""岁月浸久,民又相与贸易,谓之'资陪'。厥价与税田相若,著令亦许其承佃。明有'资陪'之文,使之立契字,输牙税,盖无异于税田。其名数之著于州县簿籍者,目曰'省庄'。计其租入,则上而计省,下而郡县,皆总之,曰'苗屯米'若干。"此"苗屯米",即为"省苗",各地称谓不同而已。此说考江西路省庄田沿革甚确,其来源为宣仁汤沐邑之收入,所置官田,皆有庄名,如陆九渊家乡之"大岭庄"、"精步庄"之类。其虽为官田,纳租米,与民田秋苗有区别,故名之曰"苗屯米"。但其已久为民之永业,可以出卖,官给契据,输契税,又无异法律文书完备的民田。故有学者称之为:"实系官田向民田的过渡形态②",也许可称之名为官田,实即私田。其与民田唯一区别为:出租而不纳税。

(四)常平田:户绝、折纳、抵当之类田

官田的分类,可以有不同的标准。但其间亦有可以相互转换之例。如折纳、抵当田又可归类入没官田,与因官吏犯罪及其他刑事犯罪而没收的田产,同被拘籍没官。之所以不归入没官田类,乃其基本属性为常平田,毕竟

① 诸本《通考》,皆讹"二"为"三";如是亩收0.336石省亩,应为56021石,与上下之数不符。故必为0.236石无疑,实应为39347石,据改。
② 葛金芳:《宋代包佃成因简析》,刊《中州学刊》1988年第3期。

欠逋官方钱物与犯罪籍没应有所区别。又如逃田,原属转运司管辖,用出佃法;但如超过一定年限,就转变成常平司隶属的户绝田,一般可用出卖法。再如学田,北宋时亦归类于常平田,因其一般不出卖,其性质又与职田相类似,故归入其他官田类。

户绝田,指户主死亡后无合法继承人而据"户绝条贯"①籍没入官的田产。隶属诸路常平司,可按时之估价出卖②,如鬻卖未行,作为常平田之一,许原佃莳或分种之人供纳原税,改立户名;或召原无田户承佃,以不低于原税的标准,输纳租课。户绝田被大量拨为营田或屯田,成为其最大宗的去向。户绝田乃已垦耕多年的熟田,其产量远较荒田为高,其户绝田租去向之一,即为诸路州郡广惠仓本,以供赈济之用。南宋初,因战争而导致的非正常死亡的绝户数量激增,户绝田产达到两宋最高水平。隆兴元年(1163)又诏:凡二十年以上逃田无人归认者,"依户绝法"(详下注)。使户绝田数又有增加,成为逃田归并成户绝田、转运司管辖田向常平司田转化的一种尝试,这也许是出卖官田浪潮中的一种政策性调整。

户绝田,在北宋时数量不太多。政和三年(1113),蔡京援引为户部尚书的刘昺言:"户绝,财产所得几何? 政和元年,诸路户绝钱万余贯而已③。"即使以产钱计,如田产与物产各半计,亦不过数十万亩。户绝田较之南宋,实难望其项背。户绝田的来源之一即为逃田。隆兴元年(1163)正月三十日诏:凡百姓逃弃田宅,"出二十年委无归认之人,依户绝法④。"这是逃田可转化为户绝田的法律依据,主要为租佃的逃田变成户绝田后可以出卖,这适应了南宋为解决财政困难而出卖官田高潮迭起的需求。但在绍兴初,却是逃田业主"二年不归,即依户绝法",实在是财政困窘,立法太苛,故李擢请宽其

---

① 参阅梁太济撰"户绝条贯",《中国历史大辞典·宋史卷》第72页,上海辞书出版社,1984年。
② 北宋中期以前,户绝田,既可召人承佃,亦可入实封投状竞卖,其钱入常平司。详《文献通考》(下简称《通考》)卷七引熙宁七年(1074)诏。
③ 《宋会要辑稿》礼三六之一六,参见《宋史》卷三五六《刘昺传》。
④ 《宋会要辑稿》食货六九之六一,《通考》卷五《田赋五》、《宋史》卷一七三(点校本第4174页)略同。

限。绍兴三年(1133)四月丁未,工部侍郎李擢(? ~ 1153)言:"东南有逃田","以平江言之,岁失租米四万三千余斛"。"平江[府]陷敌之民,所弃田三万六千余亩,多有旧佃户主之,诸县悉已立定租课。除常赋外,余以三分为率,一给佃户,一以上供,一拘籍在官,俟其归业,并田给还。二年不归,即依户绝法。""平江水乡","祖宗旧法:无和预买绢帛,旧本府租米岁三十四万余斛"。乞罢新科和预买。"平江去岁租米十六万五千八百余石,悉充上供①。"这条史料十分重要,其一,揭示南宋初兵火后平江府逃田已有 3.6 万余亩,岁失租米 4.3 万余斛,则亩租为 1.19 斛,这是很高的租额,如是对半分成的分成租,则其产量高达平均每亩 2.4 斛,与 100 年前的产量约略持平,但这是平江惨遭金兵蹂躏后的亩产量,已足见其农业技术水平之先进。其二,李擢称"旧本府租米岁"额为 34 万余斛,如果其说不是"秋苗"之误,则绍兴二年(1132)仅收租米 16.58 万石,仅占岁额的 48.76%。即有一半以上的官田已抛荒绝收,其中多为逃田,户绝田。如仍以上述平均每亩租米计,则平江府南宋初的官田应为 28.57 万余亩,按上考比例,官田中的逃田、户绝田多达 14.64 万余亩,占官田数的 51.24%。

户绝田,南宋时除出卖外,又主要有拨充为职田、学田、举子义庄田及给宗子廪给等。略举数例:其一,绍兴三年(1133)四月,李擢言:"圭田之法,皆以逃亡五年以上及绝户荒田为之,故其膏沃者少,岁收无几②。"其二,绍兴二十一年(1151)十月六日,"诏令户部措置,并缘住卖度牒,常住多有绝产,令拨充赡学支用③。"其三,朱熹《晦庵集》卷七九《建宁府崇安县学田记》亦载:淳熙七年(1180),知崇安县赵侯,取"境内浮屠之籍,其绝不继者凡五","而其田不耕者以亩计凡若干","悉取而归之于学","岁入租米二百二十斛"。寺院常住绝产田,可视为特殊形态的户绝田,其产生的主要原因是长期不出卖度牒,遂致寺观主持存亡继绝。其四,福建路的户绝田,一度被明令禁止出卖而充举子义庄田。朱熹云:淳熙三年(1176)已有指挥:"本路绝产不许

---

① 《系年要录》卷六四,第 325 册,第 839 页上;参阅《宋会要辑稿》食货六九之五一。
② 《宋会要辑稿》职官五八之二三。
③ 《宋会要辑稿》食货六一之一四。

出卖,通融以充一路养子之费①。"其五,周必大(1126~1204)则曰:乾道末(1171~1173),汪大猷(1120~1200)知泉州,以宗子"廪给不足,而僧田多户绝,豪右增租争佃。公论:见佃人若受所增最高之数,岁以输官,听如其旧。佃户乐从,宗子月给遂足②。"户绝僧田,又称无主寺院田,与无主道观田同属官田,堪称"另类"户绝田。官拘收其租,以助南迁宗子月廪支给。

户绝僧道田,在南宋官田中是不可忽视的一笔意外收入。如《宋会要辑稿》食货六一之一五载:绍兴二十二年(1152)三月二十二日户部言:已委钟世明赴福建"措置寺观常住绝产田亩"事宜,"将寺观田产除二税上供常住岁用等外,每岁攒剩钱"365806.845"贯文,起发赴左藏库"。据知福州张澄之请,"乞添破童行、人力米除辖外,实计每岁起发钱"339360 贯文有余。福州是南宋寺院经济最发达的地区,每年有绝产寺观田亩的"攒剩钱"近34万余贯发赴内藏。同样,临安府的户绝无主寺观田也堪与其他系官田相匹。如绍兴三十一年(1161),给事中黄祖舜等言:临安府"除昌化、盐官、富阳无系官田外,其余六邑,止有田"1174 亩,"宜下有司将卖不尽系官田及户绝、寺观无主田并僧道无主田尽行拘收,又将日后没官田岁行抄籍③。"在漳州,也有"荒废寺院田产颇多","为人侵占,逐年失陷税赋不少。"成为朱熹知漳州时请行经界的理由之一④。建炎四年(1130)五月,汪藻曾建议:令有司籍定户绝"田产顷亩,以待侨寓之人,计口而给。与土人杂耕,抚存老幼,系累其心⑤。"惜未知其建议是否得到采纳,在非常时期无偿给田流寓之人不失为明智之举。

元丰改官制后,"陈告户绝"及户绝的认定由户部左曹的户口案掌管;而拘入官的"户绝田产"则由户部右曹的常平案具体掌控⑥。早在嘉祐二年

① 《晦庵集》卷二九《与赵尚书论举子田事》。
② 《文忠集》卷六七《汪公(大猷)神道碑》。
③ 《系年要录》卷一八九。
④ 《晦庵集》卷一九《条奏经界状》。
⑤ 《浮溪集》卷二《论侨寓州郡札子》,参见《系年要录》卷三三。又,汪集作"顷数",《要录》作"顷亩";义胜,从改。
⑥ 《宋史》卷一六三《职官三·户部》,第3848~3849页。

（1057），就应韩琦（1008～1075）之请："置广惠仓"，以户绝田租别贮而充①。绍兴五年（1135）五月十日，因臣僚言："窃见兵火之后，诸处户绝田产不少，往往为有力人户侵耕，遂失官中逐年二税、免役［钱］之类②。"故于绍兴中宋廷多次下令出卖户绝田，如：绍兴六年（1136）二月庚戌，"诏江浙闽广诸路总领卖田监司榜谕人户：依限投买乡村户绝并没官及贼徒田舍与江涨沙田、海道泥田。"又如绍兴二十六年（1156）二月，户部言："江浙、湖广、四川、福建诸路常平司拘收到户绝没官田宅，除见佃人已添三分租课，并令依旧承佃外，余依今来措置出卖。"从之③。但因豪势之家勾结官吏违法扑买膏腴户绝田，导致租课流失④，高宗旋于是年六月一日即诏："罢诸路鬻户绝田⑤。"南宋时由于土地高度集中，乃至户绝田产至有万亩以上之家者。南宋已佚法典《淳熙条法事类·户令》有载："户绝之家许给其家三千贯，及二万贯者取旨。"时相赵雄（1129～1193）主持修订后，孝宗审阅时假惺惺故作姿态说："其家不幸而绝，及二万贯乃取之，是有心利其财也⑥。"

南宋中期以后，出卖户绝田愈演愈烈，乃至弊端百出，为豪富兼并土地大开方便之门。《宋会要·食货·农田》有载：

> 绍熙四年（1193）八月十六日，臣僚言：昨降指挥，括责户绝田产出卖，其潴水之地并城濠岸、城脚、地脚、街道、河岸及江河、山野陂泽、湖塘、池浃之利与众共者，及户绝田地内有坟墓者，在法：并不许请佃承受。当来官司失于契勘，更不分豁，是致州县豪强之家贪求厚利，不顾法令，乘此卖田指挥，并缘计会州县公吏承买。其间更有将溪河、湖汋、

① 《宋史》卷一七六《食货上四·常平义仓》，第4279页。
② 《宋会要辑稿》食货六一之一〇至一一。
③ 分见《系年要录》卷九八、卷一七一。
④ 典型之例，如徐梦莘《三朝北盟会编》卷二三〇载：杜莘老劾高宗宠臣王继先利用其子王悦道在浙西漕司任职的职权，笼公私之利，"凡有两浙路户绝田产，继先则为诡名扑置。"而可证宋代法律禁止官员买户绝田。
⑤ 《宋史》卷三一《高宗八》，第585页。
⑥ 《宋史》卷二〇〇《刑法二》，第4993～4994页。又见《宋史全文》卷二六下。孝宗时田地价格约在2～3贯文一亩，参见朱瑞熙《宋代土地价格研究》（刊《中华文史论丛》第82辑）。二万贯以上，则可买田万亩。

滩涂承买在户,筑叠围裹成田地,以遏众户水势。并是违法。

第四、第五等贫乏民户元佃田地,施工日久,官赋无亏,亦为豪强之家乘此卖田指挥,计较逼迫划买,诚为可怜!……前项违法地段,限一月自陈改正①。

南宋土地买卖盛行,几乎各类土地均可买卖,甚至法令严禁出卖的公共用地,灌溉用的溪河湖泊、滩塘甚至有墓地的户绝田地,均可请托州县公吏承佃承买。更有豪强逼迫贫下户划卖己业,种种违法买地,从另一侧面反映土地买卖的兴盛。

抵当、折纳田,实为同一类官田。大致区分:抵当为因欠官方钱物而将田产抵押,无力偿付而没官;折纳,因欠官方钱物及加息后的钱物,或欠课利无钱交纳,遂以己业田产折价而清偿没官。北宋设抵当免行所,简称抵当所,原隶太府寺。又设有抵当库,实为官营质库。以官钱为本,人户以物产抵押借贷,每贯月息三分,二年为期,逾期不还者抵押物产没官。抵当、折纳田缘此而产生。在王安石变法期间,因推行青苗、市易、农田水利等法,其中均有以田产物品抵押借贷官方钱物的条款。如逾期不能清偿本息,则以民户抵押田产等没官,此为大批抵当田产生的原因。此外,如买扑酒坊,及因官榷盐茶,无力交纳课利者,也将抵押田产拘籍没官,均为抵当或折纳田的来源。从下引史料可看出市易法推行后,抵当、折纳田激增的原因。"市易司法:听人赊贷县官货财,以田宅或金帛为抵当;无抵当者,三人相保,则给之,皆出息十分之二。过期不输息,外每月更加罚钱百分之二……。王居卿初提举市易司,奏以田宅、金帛抵当者,减其息;无抵当徒相保者,不复给②。"

北宋后期,蔡京当政,笼天下公私之利,诸路场务盛行抵当、折纳,乃至没官田激增,来不及出卖。故元符元年(1098)九月敕,府界诸路场务抵当、折纳田宅,更不出卖并召人承佃。南宋时,抵当库的信誉一落千丈,而且与户绝、逃田相比,抵当、折纳田的比例极低。洪适(1117~1184)云:"诸路常

① 《宋会要辑稿》食货六三之二二四。
② 司马光:《涑水纪闻》卷一四,点校本第287~288页,中华书局,1989年。

平抵当毋虑百万贯,始欲轻息利民",但却"官吏作弊,以粗恶之物抵质高锢。久而不取,遂成失陷。""故民间不复与官为市"。乞罢诸路抵当库①。据卫泾《后乐集》卷一二《乞蠲放总制无额窠名钱奏状》称:潭州"常平抵当库息钱一岁约三千五百余贯",则南宋中期抵当库仍然仍在,但较之北宋时的兴盛,已是昔日黄花,一落千丈。上述户绝、抵当、折纳田产,均属常平司辖隶,故又合称常平田。

靖康二年(1127),钦宗诏"以诸路赡学、户绝田产归常平司②",则学田似亦一度归常平司管辖,这从南宋初王俣之说中可得到证实。其"申明"中与常平司有关的田产有以下几项:绍兴七年二月癸丑,权户部侍郎王俣申明常平废弛事件,乞令诸路主管官检举约束:"一、拘籍户绝、投(折?)纳、抵当财产及所收租课";"五、立限召人陈首侵欺冒佃常平田产;六、根括赡学田租课③。"常平司管隶的除户绝、折纳、抵当、学田外,还有水利田、没官田等,说详下。常平司所管除田产外,还有钱物。其常平田所入之租米应为常平钱物中的主要部分,北宋时曾高达岁收1500万石。南宋虽无昔日的辉煌繁富,但处在经常的变动之中,其数量之巨亦颇为庞大,毕竟担负全社会的赈济、救荒开支的大头。下引史料可见其一斑:淳熙十六年(1189)闰五月十一日,浙西提举史弥正言:"浙东路见出卖常平、户绝等官产,如临安一郡岁支米八千余石……。""乞将本路没官田产及常平围田已籍在进册者免行估价出卖";"其淳熙十四年九月以后续收常平没官田产,依已降指挥见行出卖,其间未尽田尚有二万一千余亩,岁收官租二千五百余石,如蒙并免出卖",或可"了得本路八州每岁老疾、贫乏、乞丐等支用④。"此常平租每亩平均仅0.12石,约相当于秋苗水平,为卖不尽之田,当为下田或瘠薄之田。另常平没官田租主要用于义仓赈济。而临安府常平救济米即达每年八千余石,全国更是一笔巨额开支。

---

① 《盘洲文集》卷四一《乞罢诸路抵当库札子》。
② 《宋史》卷二三《钦宗纪》,第423页。
③ 《系年要录》卷一〇九,第326册,第491页上。
④ 《宋会要辑稿》食货六一之四一。

（五）没官田

没官田，泛指因各种原因被籍没或拘入官的田产，是最大宗的民田转变为官田的来源。其又有宽狭二义：广义而言，即为官田之同义语或替代语；狭义则指官吏犯罪、劫盗追赃、平民刑事犯罪而被没收的田产，或因违法交易、侵耕冒占、甚至契书遗失等而被罚没的田产。此外，户绝田的拘没入官也被称为没官田。是来源最为广泛的官田。没官田除大量充屯田和营田外，其最大量的"用途"则为鬻卖。此外有各种各样的去向，如用作赐田、学田（或称学粮田）、职田、举子田、土兵给田、各种社会福利用田等，堪称来源众多、数量庞大、使用效能最高的官田。以下分举史料说明其性质、来源、鬻卖、去向等问题。庆元元年（1195）八月十八日，臣僚言："没官田产为因犯罪估籍或违法交易及户绝无人承绍者，悉合入官。召人承买，往往悉归豪强有力之家。若照常平令尽以没官田产估卖，则敛不及民而利归公上，莫此为便①。"洪适称："没官田产，即是酒户抵当或公吏犯罪没纳者。田既籍没，则所种之客，随其地主又复他出。顷年再兴学校，郡县奉承括到没官田，便名学粮②。"洪适之说，则谓没官田来源之一即折纳、抵当，值得注意的是佃客随田主转移而事他业，或此乃荆门军之独特乡情。

北宋末，钦宗对蔡京（1047～1126）等一伙祸国殃民的民贼籍没入官的田产，数量十分可观，分布在各地，至南宋初仍未鬻卖殆尽。南宋中期，被史弥远（1164～1233）等虐杀的韩侂胄（1152～1207）及其党羽，亦贪贿聚敛了大量田产财富，被籍没入官后，于嘉定元年（1208）"置安边所"，专项储备。《宋史》卷一七三《食货上一》载："以［韩］侂胄与其他权倖没入之田，及围田、湖田之在官者皆隶焉。"输米 72.27 万斛有奇，钱 131.5 万缗有奇。以供使者行人之费，军需边用之需。如以开禧（1205～1207）间浙西和籴米价约 2.35 贯文一石计③，则 131.5 万缗，可折租米 55.96 万斛，两项合计为 128.23

---

① 《宋会要辑稿》食货六一之四二至四三。
② 《盘洲文集》卷四九《荆门军奏便民五事状·学粮田》。
③ 袁燮《絜斋集》卷一四《秘阁修撰黄公（犖）行状》："易缗钱四十万，籴米十七万有奇"。考黄犖任浙西提举在开禧间，见《吴郡志》卷七。

万斛,如高估以每亩租米一石计,则至少安边所有田为 256 万亩以上。当然,其中尚有系官水利田等,但韩侂胄一伙被籍没之田至少在 100 万亩以上①。

绍兴十一年岁末(公元 1142 年元月 27 日),抗金名将岳飞(1103～1142)以"莫须有"罪名被杀害,生前财产被籍没。孝宗初,始因史浩(1106～1194)之请而得平反昭雪。隆兴元年(1163)七月,其孙岳甫申请将先祖岳飞在江州所置田宅房廊给还。据江州核实申报,岳飞"见在田产":计钱3822.863 贯文省,田 788.25 亩,地 1196.75 亩;水磨 5 所,房廊草、瓦屋 498间。……未有人承佃田 486.5 亩,水磨 3 所,荒杂地(田?)486.3 亩,荒杂地618.42 亩。"岳家市见今只存陆拾间地基,屋宇共贰佰玖拾间②。"岳飞乃诸大将中最为清廉的一员,仅江州一地就有田地二千余亩及其他房产。可想而知,文武高官所占田的顷亩当为一巨额数字。

没官田的出卖,与南宋相始终。没官田按其来源或性质分隶诸司,有些是只能请佃而不许出卖的官田,但南宋因财政紧张,出卖各类官田成为经常之制,尽管也时有罢卖之令,但毕竟挡不住官田尽卖的狂潮,只是仍有经常不断的没官田被拘籍,使资源枯竭的官田得以补充仍维持有田可卖。在官田出卖的过程中,因豪势之家与官吏勾结,使实封投状的方式流于形式而弊端百出,甚至卖价不如租课丰厚,这是宋廷屡次诏令罢卖官田的主要原因。相对而言,民田的买卖立法颇为严密,程序规范,远胜于官田的出卖,即使如此,因田产交易引起的诉讼,仍占各类司法案件之首。本章之末有对官民田交易的专门分析,这里仅就南宋几次较大的没官田出卖作概略的描述。

李心传以为:南宋绍兴末,黄仁荣"守永嘉,始建鬻官田之议"③,此说未

---

① 学者引用此条史料者甚众,但多未注意到"及围田、湖田之在官者"九字,此指没官之水利田,与韩氏一伙籍没田无关,安边所由由此两部分组成。故称韩侂胄等没官田为 150 万亩者固失实,但亦未计入 131.5 万缗折钱租,两失之矣。笔者估计其田租为每亩一石,已未免过高;估计韩氏等没官田为 100 万亩仅为估测,特此说明。

② 岳珂:《金佗续编》卷一三《天定别录一·户部复田宅符》。

③ 《朝野杂记》乙集卷一六《绍兴至淳熙东南鬻官产本末》,第 794 页(下引此仅注卷数、页码)。据《宋会要辑稿》食货五之二七:黄仁荣建议将温州经界括出"僧道违法田产","召人实封投状出卖";但户部言:"此田产已拨充养士",则建议未行。另,此系于绍兴二十八年(1158)七月二十八日。参见《系年要录》卷一八〇,第 327 册,第 538 页。

允。实际上早在建炎初，宋高宗的即位赦文中就已明令出卖折纳、抵当等"没纳田产"，并称："西北流寓人众，乘时给卖，则官私两济①。"当时出卖的官田除了上述没官田外，还有没收蔡京等六贼一伙的田产。《宋会要辑稿》食货六一之一有载：建炎元年(1127)五月十日，知江宁府翁彦国言："准朝廷指挥，委官拘收籍没蔡京、王黼(1079～1126)等庄田变卖，收充籴本。"其"庄田元租与人户，岁收净课"，是说此等权臣私庄原收租米，今拘收入官为官田，仍只收租课，不征二税，且官租较之原租课额"与减二分"，是为了"以优佃户"，以便招佃。这里所述有二层意思：一是拘收蔡、王等庄田没官后为官田，仍变卖为民田，以卖钱充籴本。其二是未能出售官田，则减二分租课以招佃出租。当时国土沦丧，兵火连年，财政支绌，故须双管齐下，以敷军费开支之急需。建炎三年(1129)，因防江擅离职守的王羲叔，而被"落职放罢，后居江州。买没官田，官价三万余贯，只作一万六千余贯，又只纳一千二百贯入官，便行耕种。坐此降一官②。"此为买官田实际成交之例，一已放罢官员，居然能以官估的半价，又只付成交价的7.5%，相当于仅付定金，即已取得至少一万亩官田耕种。建炎四年(1130)二月三日，知永嘉县霍蠡言："本州四县见管户绝、抵当诸色没官田宅数目不少，并系形势户诡名请(田)[佃]。每年租课，多是催头及保正长代纳，公私受弊。欲乞量立日限，召人实封投状请买，限半月(折)[拆]封，给最高之人③。""绍兴元年(1131)，以军兴用度不足，诏尽鬻诸路官田。"绍兴二年(1132)，张守(1084～1145)帅闽，以绝产僧田"令民请买，岁入七八万缗，以助军衣，余宽百姓杂科④。"《系年要录》卷五五亦载：绍兴二年六月戊午，诏："江浙、湖广、福建诸路，各委漕臣一员措置出卖官田。"绍兴五年三月二十九日，诏："出卖没官等田，今年二月二十四日已降指挥，监司、州县官吏公人并不许收买外，其寄居、待阙官愿买者，听。从福建路提刑吕聪问之请也⑤。"后又或补充其实施细则及未尽事宜，或纠正

① 《宋会要·食货·官田杂录》，见《宋会要辑稿》食货六一之一。
② 胡寅：《斐然集》卷一五《缴王羲叔黄愿李膺复职》。
③ 《宋会要辑稿》食货六一之二。
④ 《宋史》卷一七三《食货上一·农田之制》，第4191～4192页。
⑤ 《宋会要辑稿》食货六一之七至八。

其执行中的偏差弊端等。使这一以招投标为核心的官田出卖制度更趋详备与细密化。绍兴五年（1135）六月四日，诏："江东转运黄子游降一官，仍令江东提刑司取问申尚书省，取旨施行。以都省勘会：卖没官田产措置留滞也①。"绍兴十一年（1141）二月二十五日，"诏知德清县主簿王铸特转一官，以浙西提刑向宗厚言：本县田产，首先出卖尽绝②。"这正反两方面的实例，反映南宋初当局急于出卖没官田，以支撑困窘已极的战时财政的急迫心理。杀鸡惊猴的目的在于让各地官员加快实施此项当务之急。

据《宋史》卷一七三《食货上一·农田之制》记载：绍兴六年、七年、二十年、二十六年均有出卖没官田之令。绍兴六年（1136），诏："诸路总领谕民投买户绝、没官、贼徒田舍及江涨沙田、海退泥田。"七年，"以贼徒田舍及逃田充官庄，其没官田依旧出卖。"二十年，"凡没官田、城空田、户绝房廊及田，并拨隶常平司。转运、提刑、茶盐司没入田亦如之"（方按：这意味着由监司多头分管之官田皆归常平司，而常平田例许出卖，不言而喻）。绍兴二十六年（1156），诏："所在常平没官、户绝田，已佃未佃、已添租未添租，并拘卖。"

上举建炎、绍兴间出卖没官田的十余例证，足以说明南宋大规模鬻卖官田远不自绍兴二十八年（1158）知温州黄仁荣之请为始，而是早已有之，且已投标实封竞买等一系列制度均已具备，官员据鬻卖官田的业绩有赏罚的标准。正如梁太济先生《两宋的土地买卖》所概括的那样，在官田的持续出卖中，建炎元年至绍兴五年（1127~1135）已是南宋的第一个高潮③。需要补充的是：在绍兴年间尽管潮起潮落，但官田的出卖或召佃持续不断，而且官田的来源也源源不断，在与民田的双向互动中，促进农村经济的发展。正是在这样的大背景下，李椿年建议的绍兴经界法才应运而生，而且对南宋的土地制度产生了深远的影响。

在孝宗乾道和淳熙年间，又相继持续出现了鬻卖官田的高潮。这几次

---

① 《宋会要辑稿》食货六一之一一。
② 《宋会要辑稿》食货六一之一三。
③ 参阅梁太济《两宋阶级关系的若干问题》第 131 页。

规模更大,为南宋之最;且以出卖营田为主①。出卖营田,其实质在于:营田作为南宋数量最多的官田,多从民田转化而来,经出卖后再度回归为民田,经历了一个民田——官田——民田的过程,这是一个动态的双向运动过程,说明官田处在不断增减的动态变化之中,而并非如论者一再论证过的"官田民田化"的单向运动。这是因为,当作为官田的营田被豪势包占后,租课不断流失,进行军屯又得不偿失,出现巨额亏损。孝宗时,南宋政府持续不断出卖营田实为无奈的选择:其目的就在维持提供二税税基的民田数额,还可进行一系列的科配与摊派,从而达到稳定并增加财政收入的目的。从形式上看,似乎收取定额租或分成租的课额较二税为多,但从和买、役钱、经总制、上供等不胜枚举的苛征杂赋来看,作为以田亩物力为征税、科派依据的民田,远较官田租课收入为高,这是毋庸置疑的史实,也是宋廷一再鬻卖官田的奥秘之所在。而之所以一再有"住卖"或罢鬻之诏令屡下,是因为在出卖官田过程中产生的严重弊端:即豪富和官吏相勾结,将大量膏腴之田以极低或象征性的价格据为己有,而将大量抛荒田、山林、陂泽地置于卖不掉的尴尬境地。尽管有严刑峻法,却挡不住贪官污吏与田主间的"官商勾结"、"权力寻租",贪贿盛行,导致兼并愈演愈烈,土地高度集中。

在光宗、宁宗朝仍有诏令出卖没官田。如绍熙三年(1192)闰二月,"诏卖郡县没官田屋及营田②。"庆元元年(1195)八月,江东漕司、"提举司以绍熙四年住卖以后续没官田,依乡价复召人承买③。"嘉定二年(1209)五月甲寅(二十二日),因"拘回旧会"之需,"出卖诸路没官田,价钱约一百二十二万余缗④。"如以当时每亩田价 30 贯会子计,不过 4 万余亩。当时可供出卖的官田已较孝宗时堪称百不及一。乾道初,拟卖官田估价 700 万缗,乾道二年(1066)十一月,已卖者 540 万贯;未卖者 160 万贯,占总额 22.86%。乾道九年(1073),又诏:除四川、"两淮、京西、湖北勿卖外","江、浙、闽、广、湖南八

---

① 参见魏天安《宋代官营经济》第三章《官田产权与鬻卖》,第 61~70 页(未刊稿)。
② 《宋史》卷三六《光宗纪》,第 702 页。
③ 《宋史》卷一七三《食货上一·农田之制》,第 4193 页。
④ 佚名《续编两朝纲目备要》卷一一,第 207 页,中华书局点校本,1995 年。四库本本条系于是书卷一二。

路以田计者"642 万亩有奇,以地计者 2.1 万亩有奇,以屋计者 8400 间有奇,
共估钱 516 万余缗;悉将以上"没官田产""尽行出卖"。但至淳熙元年
(1174)六月,已拆封者仅 162 万余缗,占 31.40%;而"直之未输者犹四之
一"。即其中约有 40.5 万余缗仍未付款而仅有"购买意向",近 70% 的没官
田产未能售出,尽管朝廷派出折知常等四人分赴两浙及江东西措置监卖,仍
无济于事,不尽如人意①。其原因乃"估价之初,豪民大姓请嘱官吏,相为欺
隐,其已卖者皆轻立价贯,上色之产也。而中下之产,估价反高,是以不售。"
淳熙中,又因陈杞之请,"并营田、沙田出卖,浙西、淮东、江西三路元括到沙
田凡"280 余万亩。据李心传估计,孝宗朝"二十年间,所鬻官田实不过七百
万"亩②。已是南宋历史上规模最大的鬻卖官田。

　　没官田除出卖外,还有多种去向,其一,拨充学田。如嘉定九年(1216),
章良朋籍徐自强等"没官田创贡士庄而隶于学③。"端平元年(1234),梁价知
容州,"目击学粮之匮,拨平盖、罗面、云陵、南霸等村没官田一十三所,增租
米四十余石④。"《开庆四明续志》卷一载:宝祐五年(1257)十二月,复拨没官
田产归之学。凡田地逾二万亩。又如嘉兴府学:"旧有贡士庄",吴潜"又拨
没官田为之助"。后又得田 466 亩有奇,又拨没官田 7.75 亩,"岁敛租米"
166 石有奇。以上学田合计为 473.75 亩,亩均学粮租为 0.245 石,显为定额
租。后"蒲溪先生常公又拨"33 亩"有奇田以助",米 27 石有余⑤。再如平江
府学,左司郎中黄公适得"废寺没官田余一顷","合前所得田为米"350 石有
奇。则 100 亩田得租米 50 石,平均每亩为学粮田租 0.5 石米⑥。在学田中
有大量关于定额租和田价的资料,尚待进一步研究。

　　其二,拨充职田,成为官员圭租的来源。如淳熙三年(1176)十一月十二

①　《宋史》卷一七三(第 4192~4193 页)记载不同称:"拘催"卖官田钱四百余万缗。如以同书
　　所载乾道初江西卖营田每亩仅 0.342 贯文计,则诸路出卖官田高达 1169.59 余万亩。如以
　　1 贯文计,也达 400 万亩。
②　以上并见《朝野杂记》乙集卷一六,第 794 页。参见《宋会要辑稿》食货六一之一三〇等。
③　余铸:《重修广信郡学记》,文附《章泉稿》卷五。
④　余㸒:《容县学记》,刊《粤西文载》卷二五。
⑤　《至元嘉禾志》卷七《学校》,同上卷一六《府学重建小学置田纪》。
⑥　戴溪:《吴学义廪记》,刊明·钱毅《吴都文粹续集》卷三。

日,南郊赦:"官员职田,在法:以官荒及五年以上逃田拨充。往往州县不问年限拘占,以致人户无业可归。"绍熙二年(1191)十一月二十七日及庆元三年(1197)十一月五日的南郊赦文两度重申这一规定①。

其三,拨充水利田。魏岘《四明它山水利备览》卷上《宪帅程公初置淘沙谷田设厅石刻节文》载:嘉定七年(1214),提刑兼知府程覃捐缗钱1200贯文官会,置田40.87亩,收租"上白粳谷"114.15石,亩均2.79石谷。充"淘沙开淤,和雇人夫,一岁当一百千。"此田亩产约2.8石粳米。

其四,拨充寺院田。如苏州名刹定慧院,诏令"拨赐田十顷",但常住止有田316亩,"遂拨过昆山县及本州华亭县没官田,凑足十顷之数②。"

其五,充募养土兵田。曹彦约(1157~1228)《昌谷集》卷一一《辰州议刀弩手及土军利害札子》云:沅州刀弩司原有土兵田,"后来得旨","许于诸县管下诸寨近便去处,遇有逃移户没官田产即行募人充应土兵[田]。"

其六,拨寺院充助丧葬田。齐昇院,在平江府盘门外高丽亭东一里。绍熙元年(1190),浙西提举张体仁创建。"拨没官田供院,为常住贫民死而家不能津送者则与之棺,后焚瘗焉③。"

其七,助举子和创慈幼局之费。庆元元年(1195),福建提举宋之瑞"乞免鬻建、剑、汀、邵没官田,收其租,助民举子之费。诏从之。"淳祐九年(1249)正月癸亥,应知府赵与懽请,"乞给没官田五百亩有奇",付临安府"创慈幼局,以养遗弃婴儿;置施药局,以疗闾阎疾病④。"

其八,助药局作买药之费。如江东提刑王元敬创药局,免费医治平民。"复益以没官田,岁收其入,增市药物,定其规约⑤。"

其九,为灾伤之民代输二税。如嘉定四年(1211)四月己丑,"以吴曦没官田租为关外四州旱伤州县代输秋税⑥。"

① 分见《宋会要辑稿》食货六一之三六,同上六一之四一至四二,六一之四三至四四。
② 程俱:《北山集》卷三七《论拨还平江府定慧院官田》。
③ 《吴郡志》卷三四《郡外寺》。
④ 《宋史》卷一七三《食货上一》,第4193页;《宋史全文》卷三四。
⑤ 高斯得:《耻堂存稿》卷四《江东提刑司新创药局义阡记》。
⑥ 《宋史全文》卷三〇。

其十,刮田归入田事所。淳祐中,史宅之(1205~1249)"创括田之议,一应天下沙田、围田、圩田、没官田等,并行拨隶本所,名田事所①。"此乃重演嘉定初安边所故事,旋罢,以其田归安边所。诸如此类,不一而足。从南宋立国之初至宋亡的 150 余年间,没官田的产生亦如潮涨潮落,其源从未枯竭,呈现战时较多,平时较少的阶段性而已。

(六)水利田

所谓水利田者,即因水而开发成田者。其名又有圩田、围田、湖田、滩涂田、海塘田、沙田、芦场之名目等。这类田,原为公共滩涂、湿地等,被开发之初,产权不太明晰,虽依律应属官田,但常被豪富侵耕、冒占、包佃,南宋一般拘收为官田,立定租课。这类田有以下特点:一是不稳定性,因水而成田,如因坍江、溃围、海潮等原因,就顷刻间化为乌有。二是在拘收租课时,一般因无法丈量,而顷亩多有宽剩。三是湖田、围田等,于水利灌溉事业颇有危害,往往区区租课之入远低于周围民田因水利之害而导致的减产绝收,因而影响秋苗等税赋及水旱灾害引起的检放,对朝廷财政而言得不偿失,害大于利。即使是沙田、芦场等公共湿地被过度开发,也会影响气候,使生态环境恶化,且影响其他水生作物或渔业等收入。而且这类地往往广种薄收,产量不高。上述问题,在水利一节会有更详尽的论述,这里仅举数例说明此类水利田在南宋开发之广,数量之多及大致的经营方式、租课收入等。

南宋时,围田、圩田的开发,以两浙、江东路为最。淳熙二年(1175)的统计表明,在南宋初的又一轮兴修水利高潮中,江东共修治陂塘沟堰 22451 处,可溉田 442.42 余万亩;淮东修治 1700 余所,浙西修治 2100 余所②。虽然缺乏水利田的统计数,但从水利设施的数量看,及从当时围田、圩田开发规模考察,似与百年前即北宋中期熙宁三至七年(1070~1074)的那次规模有过之而无不及。从而使江南成为水利设施最完善,条件最好的地区,水利田所占垦田比率也是最高的地区。为这一地区排灌农业的发展创造了必要的条

---

① 周密:《癸辛杂识》别集卷下《史宅之》。
② 《宋会要辑稿》食货六一之一二三、一二五。原文因错简误作淳熙七年(1180),据上下文,乃元、二年事。

件,使之成为宋代著名的粮仓,奠定了坚实的基础。也为稻麦两熟制的推广,创造了必要的水利条件。宋代江东路的圩田,是南宋水利田建设的重中之重。如宣州宣城县,在乾道(1165～1173)初就已有圩田 179 处,总面积 758024 亩,约占同期该县垦田总数 1400284 亩的 54%①,比北宋期间又有发展。

绍熙四年(1193),知太平州叶翥说:太平州垦田中"圩田十居八九"之多,该州在淳熙、绍熙之际圩田约有 455 处②。在宣州和太平州的圩田中,均出现了高产的田块,这是南宋中期水利田的典型之例。南宋末,建康府五县共有圩田 714806 亩,约占该府总耕地 4341643 亩的 16.5%③。江东的圩田与两浙的围田,成为水利田中的膏腴。此外,还有沙田、荡田、成田、滩田等众多名目的水利田。在北宋末至南宋中期持续不断的围裹田地过程中,对塘浦水利体系的破坏和生态环境的失衡所导致的影响也不可低估。

江东地区的水利田之患,以下两例可为证:其一,建康府新丰圩,绍兴三年(1133)"租米岁以三万石为额,圩田至相去皆五六十里,有田九百五十余顷。近岁垦田不及三分之一④。"则每亩租米仅 0.96 石,其产量应在 2 石左右。此为定额租无疑。其二,永丰圩,绍兴二十三年(1153)诏赐秦桧,桧死复归有司。乾道元年(1165),淮西总领所申,通管田 730 顷,共理租 211000 余秤,"不过米(二)[三]万余石。"每亩定额租米仅 2.89 秤,约近 4.1 斗左右。但当年所收仅及其半,次年所收仅 6.67% 的租米,而筑圩引起的水患波及于宣、池、太平州、建康府等地,故请开决⑤。

南宋中期,围垦水利田仍在大规模进行,这从嘉定二年(1209)王炎(1138～1218)奏称:湖州一次围垦"变草荡为新田者凡十万亩",亦可得到证

---

① 据《宋会要辑稿》食货八之一〇,嘉庆《宁国府志》卷一六《食货》(第 1199 页,黄山书社点校本,2007 年)统计;参见[日]周藤吉之《宋代经济史研究》第 407 页,东京大学出版会,1963 年。

② 《宋会要辑稿》食货六一之一三六,《文忠集·平园续稿》卷二九《洪文安公(适)神道碑》。

③ 《景定建康志》卷四〇《田赋》,参见(日)周藤吉之《宋代经济史研究》第 403～404 页。

④ 《系年要录》卷六七,第 325 册,第 864 页下。

⑤ 《文献通考》卷六《田赋六》。"三",据《宋史全文》卷二四下改。

明。而且这些田地肥沃,产量很高,"亩收三石"①,故豪势之家趋之若鹜,争夺激烈。至南宋末,这种围裹而成的水利田仍有增无已,尤其是在膏腴沃土的浙西地区。这种围湖成田的又一例证见《宋会要辑稿》食货六之三〇～三一:开禧三年(1203)六月二十四日诏:"内平江府进册外,未保明田七万三千余亩,委胡元衡更切契勘,截日终已未围裹成田顷亩,有无重叠、互争、冒占之数……"显然,这是新开垦的围田。这从注文中臣僚所言,虑及"形势豪富人户包围、收赎、争竞等"云云,清晰可见。至南宋中期,浙西"围田日广,曩日潴水之地,百不一存";绍兴鉴湖盗湖成风,"官豪侵占殆尽,填淤益狭,所余仅一衣带水耳②。"以致水无所潴,水旱频作。

南宋因水而成之田甚多,尤其在江海湖滨冲积而成的沙田、芦场其面积尤为浩瀚。据绍兴末统计,仅"淮东、浙西、江东三路沙田、芦场之籍,总二百八十万亩有奇。"乾道六年(1170)二月,"始立税租数目,自一分至三分。"(己业:沙田租米,以所得花利十分之一立租;芦场所得花利,收货币钱租15%。此为民田之租,相当于二税。"其租佃:沙田即立租二分,芦场立租三分。")凡为钱607070余缗。此为官田之租,均倍于民田。后芦场草地己业减五厘(5%),为五厘;租佃减一分,纳二分③。

《宋会要·食货·农田》有更详尽的记载:乾道六年(1170)二月一日诏云:浙西、江东、淮东等路的沙田、芦场已达280万余亩,是一个相当可观的数字。诏令除已被"请佃及包占外,其余并行估价出卖";根括"包占宽剩数目"及"陞改新涨复沙田地",并且重新立定租税。这部分官田,较之垦田瘠薄次等,因而"免纳二税、和买、役钱"之类,仅立定租课。且与一般官田租课仅纳米麦实物不同,可折纳稻或纽计折钱。标准为:"以稻子二硕,折米一硕。如愿折钱,以米一斗,折钱三百;小麦每斗折钱一百五十[文]。"这一折率,不仅成为后来稻米折计、米麦折计的标准,也显示了南宋以来实物租向货币租转

---

① 《宋会要辑稿》食货六之三一。王炎时知湖州。
② 分见《宋会要辑稿》食货六一之一三八,同书六一之一四九。
③ 《朝野杂记》甲集卷一五《都下马料·淮浙江东沙田芦场本末》,第337～338页;《宋史》卷三九〇《莫濛传》280万亩作253.7万余亩。

化的萌芽。但这仅因沙田、芦场面积无法确计,为计租简便而采取的权宜之计。货币租较之实物租无疑是更具合理性的一种历史进步,不仅手续简便,还可省去加耗、增纳、折变等种种弊端。但终南宋之世,实物租仍为主流,货币租在南宋中后期疯狂的"通货膨胀"、货币贬值中已失去实际意义。

乾道六年(1170)七月五日,司农少卿张津称:被旨专一措置上项沙田芦场。据乾道初"人户自供户式帐状内田地亩步所收花利,立定等则分数并旧税,州县纽计数目共管租钱"607070余贯。如仍以上述280余万亩,按米一斗折钱三百计,则合平均每亩仅收租米7.23升,或麦1.45斗,折钱217文,尚不及一般下田的二税额。这是因为一般这类田,产量较低,而且包占宽剩数较多,即使检田也难与簿载文书相符之故。但这毕竟是数目不菲的一笔租课,又可在地狭人稠处缓和一下土地的紧张状态。这部分租课原先流失,在鼓励垦荒的南宋初是作为优惠措施之一而放任自流,至孝宗时始拘收立为租课,但标准很低。

乾道八年(1172)七月七日,就有臣僚指出:上述"淮南、江东、浙西沿江沙田芦场所立新租,大为民害。向来臣僚起请,止为有力之家侵耕冒佃,今却将应干人户租产己业一概打量,所立新租数倍旧日。往往尽地利所得,不足输官。逃移纷纷,祸及邻保;甚至州县为之陪(赔?)纳。乞将提领官田司(所?)后来所立新租参酌施行。诏人户己业芦场草地所纳税租,与减五厘,租佃与减一分,余并依旧①。"这类沙田芦场、滩涂之田,受自然地理条件影响,往往广种薄收,产量不高,南宋时种稻,主要充马料,且时有水淹之虞,种植、收获均无保障。值得注意的是:这类田地中除了大量官田亦有己业私田,但不起二税,免除役钱等,只起租课,而且很低,顷亩亦不经界打量,颇有宽剩。

关于这类田地中的私田,孙觌(1081~1169)之说提供了一个极能说明问题的个案,江涨沙田时有天灾人祸之患。孙觌被劾贬居常州无锡之际,有田数顷在常州晋陵六沙,仅种大麦,薄租维生。绍兴中,"连夕大风雨,木拔

---

① 以上引文及分析,据《宋会要辑稿》食货六三之二一六至二二〇撮述。

禾偃","某有薄田在江上,饘粥于是。适此潮涨,闻已溃围而入,始有卒岁之忧①。"据《咸淳毗陵志》卷八,徐康于绍兴十三年至十五年(1143~1145)知常州,是帖作于十四或十五年春。此述狂风暴雨会导致江涨沙田溃围无收,孙觌曾为高级官员,且有"卒岁之忧",普通农民或佃民,遇这类灾害就不免饥寒交迫,流离失所了。当然,更严重的是人祸作祟,亦见孙觌真切生动的亲闻实录:"沙头薄田,饘粥于是,三数逋客,席卷而去,人牛俱亡,曲蒙眷恤②。"只能靠老友接济度日。一波未平,一波又起:沙田忽又突变成税田。绍兴十六至十七年(1146~1147),强行父知常州。贬居无锡的孙觌有帖致强氏称:

> 某有沙田数顷,属晋陵。今夏纳大麦二十九石,而县引忽科籴二百三十石。惊问其故,干人云:"十数豪户计属县胥,欲改屯田为税田,与之分受。"……今为县三年矣,无故作俑,为六沙无穷之害。
>
> 所谓沙田者,江中涨沙也。朝廷以三限钱募人围裹,耕种其中。今日为田,明日复垫陷为江,不可知也,故例作屯田入籍。今一日欲改作税田,为六沙之害。既无明文,乃欲假州郡之势行之,何苦如此!……以六沙人户之多,积累数千之后,则所用鞭扑可胜计哉③!

孙觌有江涨沙田数顷在晋陵六沙,其地有户数千,则累计至少上万顷。性质属屯田,是租佃或已买断尚不清楚。但十余豪户欲勾结县之胥吏,通过增租近八倍之法,妄改为税田,以便夺佃或巧取之。孙觌曾在朝为大官,又与新任知州强行父为旧识,故得以申诉而力挫其谋,倘换了平民百姓,只能任人宰割。足见南宋初,豪强与官吏勾结,兼并土地及吏治腐败之一斑。

总之,所谓沙田,指在濒海或江河湖泊沿岸地区,因泥沙淤积而成的滩

---

① 孙觌:《内简尺牍》卷七《与常守徐计议帖(三)》。
② 《内简尺牍》卷七《与扬州荣守帖(二)》荣守,指荣薿(一作嶷),绍兴十八至二十年(1148~1150)知扬州,见《系年要录》卷一五八、一六一。
③ 《内简尺牍》卷七《与常守强朝议帖》(一)(二)。(二)帖("所谓"起,至文末),四库本失收,见《常州先哲丛书》本引元本。强行父(1091~1157),字幼安,强至孙,浚明子。其知常州在绍兴十六至十七年(1146~1147),事略见曾协《云庄集》卷五《强公行状》。

涂地经开垦而形成的农田,通常被拘收为官田,亦有己业民田。在我国东南沿海各地多有,开发较早,南朝时已有,南宋因人口压力而大规模开垦。史料中又常称坍江之田、江涨之田等,因其"废复不常,故亩无常数,税无定额①。"一般在计顷亩时多有宽剩。孙觌曾讲述了其家沙田数顷险被豪强兼并的真实故事,这类事在南宋大量发生。沙田虽赋轻产丰,却涨坍不定,且在水利失修时,收获无保障,而且往往只能种些充马料的稻谷之类,远比不上两浙等地盗湖所成的膏腴湖田种稻米而优质高产,获利丰厚。

（七）其他类型官田:以赐田、学田、职田为例

赐田　　指皇帝将大量国有土地无偿给予勋臣、皇族、官员、归正人等。在权臣当政时,这种赐予往往在数量上不加限制,体现了随心所欲的随意性。这些赐田一般只纳二税、役钱,科配、和预买等豁免,其余收入全归田主。国有土地和财政收入大幅流失,且毫无节制,更谈不上监督。

绍兴五年(1135)二月二十日,新知全州薛安靖,新添差权通判秀州李汇于绍兴府管下获赐田各 300 亩。缘先任海州知、通二年,又"陷虏三年","尝立功效"。乞"比类归明官员及陷虏投归人等例,权行销阁税租。从之②。"这是赐田官员之例。南宋初,对诸大将的赐田就更是毫无节制,如:绍兴九年(1139)四月二十六日,诏:建康府永丰圩拨赐韩世忠③,其田有 9.3 万亩之多。绍兴二十五年(1155)五月二十六日诏:"刘锜累立战功,家无产业","拨赐荆湖路官田一百顷及应牛具、种粮④。"

高宗对其宠臣张俊的赐田数量就更是骇人听闻。从其岁收租米 60 万斛看,田产至少在 60 万亩以上;绍兴三十一年(1161)十月,因金完颜亮入侵,宋军迎击,其子张子颜等一次献助军粮米 10 万石,从其庄田地区构成看多在

---

① 王祯:《农书·田制·沙田》,第 601 页,缪启愉译注本,上海古籍出版社,1994 年。同书又引乾道初宰相兼枢密使叶颙(1100～1167)之说云:"沙田者,乃江滨出没之地。水激于东,则沙涨于西;水激于西,则沙[复]涨于东。百姓随沙涨之东西而田焉,是未可以为常也。"据四库本《王氏农书》卷一一校补。

② 《宋会要辑稿》食货六一之四七。

③ 《宋会要辑稿》食货六一之四八。

④ 《宋会要辑稿》食货六一之四九。

浙西湖州、秀州、平江府、常州、镇江等地,悉为膏腴上田。但张俊所获赐田远不止此。乾道元年(1165)八月,张子颜又献真州、盱眙军境内"水陆山田地共"15277 亩①。南宋权臣韩侂胄及其党羽败灭后,籍没其田,岁输米达722700 斛有奇,钱 131.5 万缗有奇,归安边所。这是南宋中期最大一笔籍没之田产,其聚敛之富,兼并田地之多,令人叹为观止。田产至少在 100 万亩左右②。

对皇亲国戚的赐田也是大慷其慨。隆兴二年(1164)闰十二月十一日,皇弟、恩平郡王赵璩(1130～1188)乞拨赐浙西近里州军官田 50 顷,许"本家自行踏逐",即自选肥沃之田;"如未及数",又请俟"日后摽拨③",即如数不足,可自行挑选指占。真是皇恩浩荡。对归正、归明人也赐田不少,有的受赐人贪得无厌,一再乞求赐田,或请以中下换上等之田。如归正人萧琦,隆兴元年八月二十三日,已应张俊之请在扬州江都左军营田中拨近城田 20 顷。乾道四年(1168)五月七日,萧琦卒后,其妻耶律氏又请在吴县、吴江县管下营田拨赐 10 顷④。另,归正人萧鹧巴、耶律适哩等也贪得无厌,一再要求赐田。如萧在扬州、平江府各获赐田 20 顷,合计 40 顷;耶律适哩也援例要求增拨平江府五县管内官田,于乾道七年(1171)正月又诏拨 10 顷。乃至孝宗不胜厌烦,于乾道九年(1173)三月二十七日下诏令:"今后应拨赐田亩,令所属止将系官闲田摽拨,不许指占已佃之田。其已给者,不得陈乞兑换⑤。"

绍兴末,高宗赐李显忠(1110～1178)田 60 顷,孝宗即位又赐田 70 顷。乾道元年(1165),赐银六万两,绢三千匹,绵一万两;九年,又岁赐米三千硕。对这位隆兴北伐的败军之将恩赏有加,赏赐无度⑥。但仍无法满足其贪欲,一再要求增赐、调换。绍兴二十六年(1156)四月十三日诏:"李显忠已赐田在镇江府,可依数于绍兴府上虞县官田内兑换";依例"放免十料租税","因

---

① 《宋会要辑稿》食货六三之一三八。
② 《宋史》卷一七三《食货上一》,第 4194 页。
③ 《宋会要辑稿》食货六一之五一。
④ 分见《宋会要辑稿》食货六一之五〇、六一之五三。
⑤ 《宋会要辑稿》食货六一之五五。
⑥ 张抡:《李公(显忠)行状》,刊《名臣碑传琬琰集》下卷二四。

其陈请"故也。他又认为自己踏逐到平江府长洲、吴江两县管内凡没官田
2091亩,八年内未能拨付,遂向孝宗申诉,要求补拨。此外,因其家鉴湖湖田
3193亩废田还湖,故仍请"将镇江府元旧宣赐田给还"。他又擅自将绍兴萧
山湘湖一千余亩湖面填筑为湖田,"侵渔不已",有妨九乡民田灌溉,激起公
愤,经百姓裴咏等赴御史台陈状,才别行改赐①。这个浪得虚名的败将是贪
官中的一个典型,与岳飞、刘锜等名将形成了鲜明对照。据《宋史》卷三六七
《杨存中传》记载,深得高宗、孝宗信宠,任殿帅长达25年之久的杨存中
(1102~1166),乾道元年(1165)一次就献其"私田在楚州者三万九千亩"。
其获赐田之多当不亚于张俊。

学田 宋代以文治国,重视教育和文化事业,堪称历朝之最。自北宋景
祐年间兴学以来,庆历新政功德无量的成果之一即天下州郡皆立学,且设专
职教授,从此兴起一浪高一浪的办学热潮,呈现官私学全面兴盛的局面,开
创我国教育史上的新纪元②。其办学经费也得到保障,其中最重要的措施之
一即为设置学田,以岁课租人充学校经费来源。学田,又称赡学田、学粮田
等。据葛胜仲(1072~1144)记载,北宋极盛时官学学生达16.76万人,学田
为创纪录的1060万亩,人均63.25亩;成为仅次于常平田(最高额约三四千
万亩)的官田。其《丹阳集》卷一《乞以学书上御府并藏辟廱札子》云:《学
书》,"以大观三年(1109)岁终数编纂:总天下二十四路教养大小学生"凡
167622人,学舍凡95298楹;学钱岁入凡3058872缗,所用凡2678787缗;学
粮岁入凡640291斛,所用凡337944斛;学田凡105990顷,房廊凡155454
楹。

南宋学田的规模也很大,如福州、庆元府(治今浙江宁波)等郡田地在2
万亩以上,不少州郡也达到万亩以上。其来源大致有:没官田拨隶,户绝、寺
观常住户绝田拨隶,回买民田拨充,个人捐赠等。学田租一般采取定额租,
房廊及地等收入通常折钱。学田也常被豪富之家侵佃或强占,为保障合法
收入,宋代的学田不仅有簿册可考,而且通常会立石,载明其四至、亩数、所

---

① 分见《宋会要辑稿》食货六一之四九、六一之五四、六一之五〇、六一之五三。
② 参见拙撰《范仲淹评传》第234~240页,第425~439页。

在乡里、佃种者姓名、学粮租入的品名、数量或钱额等。这些碑记,其拓本今存数量不少,成为考察南宋土地制度极为珍贵的第一手资料。在租佃制度及产量等章节中将有展示,这里仅举数例,以略述以上诸相关问题。

学田来源之一,籍没官田拨隶。《开庆四明续志》卷一《增拨养士田产》载:(1)宝祐五年(1257),拨朱莹男等没官田地各 15 亩;(2)开庆元年(1259)八月,拨汪登道没官田产山田地 9731 亩,涂田 681 亩,水田 4.75 亩,合计 10416.75 亩;(3)同年八月,拨鄞县吏郑新没官水田 10 亩;(4)同年八月,拨邵宗武诡寄没官田 10.75 亩;(5)同年八月,又拨卫源等没官田 31 亩。五项合计凡各类田地 10498.5 亩。此外,还有砂岸田租 37478.75 贯文(据同上书《赡学砂岸》合计)。如以约略同时下例建康府每亩沙田租 1 贯计,则有沙田近 3.75 万亩。数量极多。同样,福州寺院没官田也拨以为学田。如绍兴十年(1140),福州"宁德有浮屠氏田十三顷六十有二亩,籍没岁久,乞以其田为学田。从之①。"福州有大量寺院常住户绝田,故拨充学田之数也达到二万余亩。《淳熙三山志》卷一二又载:福州州学南宋初管田 7678.28 亩,园地、山林等 12545.63 亩。但较之政和中学田凡 100330 亩,学钱 17044.125贯,学粮租米 4929.58 石;养士 1200 余人,已无昔日之盛。各地没官田拨充学田者其例极多,不过数量远不及上述两地。如谢南《添助学田记》云:嘉定戊寅(十一年,1218),知平江府"赵公彦橚出在官之余田三百亩,岁可得米二百石有畸②。"亩得租米 0.67 石,似为定额租。

关于南宋晚期学田的田价、田租、产量、价格、用途等,建康府的一块学田提供了极能说明问题的例证。从中还可以看到:这是一块稻麦两熟制田,田价很高。南宋后期的物价飞涨,通货膨胀已极严重,而对府学生的待遇则极为优厚。如在学学生全额免费外,吉凶还可申请补助高达折钱 463 贯的米麦,相当于 13 石租米、约为 26 亩学田岁收之学粮。其待遇之优厚,令人叹为观止。《景定建康志》卷二八《儒学一·立义庄》载:淳祐十一年(1251),判建康府吴潜(1196~1262)用钱 50 万贯,回买到制司后湖田 7278.87 亩,岁收

---

① 《淳熙三山志》卷一二《版籍三·赡学田》。

② 《吴都文粹》续集卷三,又见道光《苏州府志》卷二三。

4300 余石市斗，"米麦相半，发下府学置簿桩管。"凡"簪缨之后"及在学生员，或有吉凶，具状申请，经学保明，给米八石，麦七石。米每石折钱 36 贯，麦折钱 25 贯，南宋末田价每亩已涨至 68.692 贯文，米、麦按价格折率为 1:0.7，折成米后合计为：2150 + 2150×0.7 = 3655 石，折成米租为每亩约 0.5 石，显为定额租，折钱约为 18 贯文。湖田为膏腴之田，其亩产至少在 2 石以上，则租率约仅为 25% 以下，可见在南宋后期的学田中已广泛实行定额租。

同上书卷二八《增学计》则提供了同样丰富而极珍贵的史证。秦桧为建康府人，又曾任太学正，故捐钱万贯置学田。像这类官员和地方乡绅私人捐钱助学之例不胜枚举。建康府学的学田是不断增添积累才达到南宋末 2 万余亩的规模。更可贵的是：这些学田中有沙田芦场，一般折收货币租，所收租钱极低，仅每亩 1 贯。这是因为这类田因水冲激而成，江涨潮落，收成毫无保障。同时还提供了除米麦钱租外，学田租中也有"柴薪丝麻"等实物折租。分析建康府学田租的构成，可有助于对租佃经济的认识。绍兴十八年（1148），秦桧送钱一万贯，续置到田 1890 亩，平均每亩 5.291 贯文，则南宋初田价很低。至景定间，共有田地 9380.5 亩，"坊场之所隶者三岁入钱"24000 余贯，则岁入为 8000 贯。"芦场之所隶者二岁入钱"4300 余贯（白鹭洲一所计 1538 亩有奇，木瓜州一所计 600 亩有奇；则合计为 2138 亩），平均岁入 2150 余贯，约平均每亩岁收租钱 1 贯文。这极罕见的芦场充学田租租钱资料，又与上列昆山沙田租相同。通而计之，岁入米 3880 余石，菽麦 400 石，钱 41000 余贯，"柴薪丝麻之入不与焉"。又，租米折成 4080 余石，田地合计 9380.5 亩，每亩收租米 0.435 石①及 4.317 贯文学田钱租，如仍以 35 贯文钱折米一石，则合计每亩学田平均折收租米为 0.56 石。显然也为定额租。

学田的簿籍管理中也出现了类似鱼鳞图册的青册，为鱼鳞图册不始于明又提供了有确切纪年可考的鲜活史证。陈淳（1159～1223）《北溪大全集》

---

① 据《景定建康志》卷二八《儒学一·增学计》（四库本）所载数据折算、分析。

卷四六《上傅寺丞论学粮札》①中列举关于学田的种种弊端,令人匪夷所思,姑置勿论。漳州"学田图籍有青册子可按为准:本学田元租,有大观年间图籍,传之既久,颇有遗亡不具。在淳熙戊申(十五年,1188)间,黄推官渥主学粮,注意覈实,为久远计,申州重造图籍。每庄保田,各差职事一员,副以官吏一名,书史一名,画匠一名,前去地头打量步亩,图画田段,纽定租数,类为簿籍,名曰青册。已公平明允,可按以为准。一正本藏学粮司,一副本寄军资库。"此傅寺丞,当为庆元三至五年(1197～1199)知漳州的傅伯成。此青册,不正为宋代学粮田的鱼鳞图册吗? 其攒造过程已再现了 800 余年前的原貌,惜今实物却无一留存。但"青册"却"名垂青史"。绍兴二十一年(1151),"以大理寺主簿丁仲京言,凡学田为势家侵佃者,命提学官觉察;又命拨僧寺常住绝产以赡学。户部议:并拨无敕额庵院田,诏可②。"没官田、寺院绝产田、为学田主要之来源。

　　寺观田　寺观田,其性质有官田,有民田,又以福建最为特殊。五代·闽以"六郡之田分三等:膏腴者给僧寺、道院,中下者给土著、流寓。自刘夔为福州,始贸易取赀③。"考刘夔字道元,建州崇安(治今福建武夷)人。大中祥符八年(1015)进士,终官吏部侍郎,英宗初卒,享年八十三岁。其知福州在皇祐中(1051～1053)。至南宋初,据汪应辰(1118～1176)之说,"福建寺观元摽拨趱剩之田估价出卖",所得之钱称为"趱剩钱"。仅福州一地,其"趱剩钱"就额管 135935 贯有奇,当[田]价钱 135.9 万余贯。所谓"趱剩钱",指福州地方财政留成的每"一贯得十贯之直",即田价十贯,提留一贯。此为隆兴元年(1163)六月敕令下达时之数,而稍早些时的"绍兴二十八年(1158),常平司出卖没官田产,福州共估到价钱"15.7 万余贯,只有寺观"趱剩田"出

---

① 傅寺丞,指时以太府寺丞知漳州的傅伯成(1143～1226)。傅伯成,字景初,号竹隐。晋江(治今福建泉州)人。隆兴元年(1163)进士,历仕四朝,从宦六十年,终官龙图阁学士、朝请大夫,追谥忠肃。撰有《竹隐居士集》30 卷、《奏议》10 卷等,已佚,事见刘克庄《后村先生大全集》卷一六七《傅公行状》(四部丛刊本)。
② 《宋史》卷一七三《食货上一·农田之制》,第 4191 页。
③ 《宋史》卷一七三,第 4191 页。

卖价的11.63%,故汪氏感慨:"可谓不多矣①!"质言之,福州出卖的寺观田,约为常平田之8.6倍。可见福州寺院经济畸形繁荣之一斑。

据游彪教授的研究②,寺院田产的来源大致为皇室赐田,官户及地主、商人、平民的施舍,寺院僧人开垦的荒田及租佃经营的田产等。因此,官田、民田也经常有产权置换。其中皇室赐田虽然每次数量较大,但限于功德院和高僧主持的名刹。据台湾黄敏枝教授的统计,两宋仅有38次赐田记载③。其总额远少于官民笃信佛教的善男信女香客捐赠之数。此外,开荒、租佃之数亦极可观。但寺观田产似乎最大宗的来源应是利用其雄厚的资金购买而得,其中主要为官田,但购入民田者亦不少。虽然宋代有"禁寺观毋得市田"④的记载,但法令成为具文的现象普遍存在,见怪不怪,尤其在土地买卖极为兴盛的南宋就更是如此。南宋中期以后,据"宋田令:寺已有常住田,不得买民业⑤。"换言之,寺观无常住田,即可购买民田。另外,寺观购置田产更多地利用"合法"的形式,如北宋政和元年(1111)以前,即有"私荒田,法听典卖于观寺"的规定;因而就可偷梁换柱,将膏腴之田也"指作荒废",使非法的田产交易,披上合法的外衣⑥。据游彪的估计,南宋寺观田地占全国土地总额约5%左右,从福州、台州、庆元府等地的实例看似乎偏于保守。但南宋全国土地数据因史阙有间,无法确知,则寺观田等各类田的比例和数据就更难以揣测了。

职田　又称圭田,其租课收入称职租或圭租。依各地各级官吏的级别而定其顷亩。职田之设,乃"士大夫资以养廉。"职田由提刑司拘收并"以格法摽拨⑦。"南宋初,因财政困难及战乱影响,曾一度停发职租。绍兴中,依"绍兴条格",职田"各有定数⑧",标志着已重建北宋的职田制度。孝宗即位

---

① 《文定集》卷一三《请免卖寺观趱剩田书》。
② 游彪:《宋代寺院经济史稿》,第73~121页,河北大学出版社,2003年。
③ 黄敏枝:《宋代佛教社会经济史论集》,第52~60页,台湾学生书局,1989年。
④ 《通考》卷四《田赋四》。
⑤ 欧阳玄:《圭斋文集》卷六《分宜县学复田记》。
⑥ 《宋会要辑稿》食货六三之一九二。
⑦ 《宋会要辑稿》职官五八之二三。
⑧ 《宋会要辑稿》职官五八之二五。

之初,即绍兴三十二年(1162)八月二十四日,右正言袁孚言:圭田,"在法:以官荒及五年以上逃田充,召客户或第四等以下户租佃或分收。遇灾伤,捡覆减放,准民田法。分收者,依乡例不得以肥地制额收课,载诸令甲,非不详备。而比年以来,所在职田,奸弊不一。"所谓"载诸令甲"者,即仿北宋成法而成的"绍兴条格";所谓奸弊者,即"无田而有租",或"有田而无租户","辄勒令邻保承佃及重立租额",应依法"召人情愿租佃"或"分收"①。职田采取定额或分成租两种方式,由无地客户或缺地四等以下户承佃,一般不许出卖或包佃转租,其目的在于稳定圭租之入。

乾道六年(1170),据史正志奏称,隆兴府等地出现"倍数增添",虚报冒领职租现象,诏令"本司拘收添充籴本②。"在高宗及孝宗时期,曾几次支借职租折钱用于收籴马料等。圭租依法不许折支,但却有高折价钱,"每斗有至于五百者";或"倍取本色","每石有收二石者";水旱之灾当减而不减,逃亡当除不除等弊端丛生。虽一再诏令禁止,但"广收斛面縻费",折价过高等弊端仍屡禁不止③。在光宗、宁宗时期,"折纳价钱其数三四倍于本色";"不问年限,辄行拘占"职田之类不法行为仍时有发生。开禧三年(1207),因北伐战争之需而"圭租权令拘桩起发,按时给付价钱",但州郡却"起发既不如数,价钱多匿而不还"。嘉定元年(1208),就更是:"擅自拘籴,抑以低价,复不尽给",乃至"俸给有积下数月者,复抑酒折阅④。"

宋代的职田租,从北宋时起,就已呈现复杂多变的形态。咸平二年(998)规定:"所得租课,均分如乡[原]之例⑤。"庆历元年(1041)十二月,应知许州李淑(1002~1059)之请,"职田地土如瘠薄处,即据亩垅分收;如肥沃处,每亩不得过五斗。"则已是定额租和分成制并存兼行。至北宋建中靖国元年(1101),又应知延安府范纯粹(1046~1117)之请,"只许依远年夏秋所

<hr>

① 《宋会要辑稿》职官五八之二六。
② 《宋会要辑稿》职官五八之二八。
③ 《宋会要辑稿》职官五八之二九至三〇。
④ 《宋会要辑稿》职官五八之三〇至三一。
⑤ 《宋会要辑稿》职官五八之二,"原"字原阙,据《长编》卷四五(点校本第955页)及《宝庆四明志》卷六引文补。

种名色租额,令田户送纳,不得半种分收及差人监视收获①。"即已明令禁止分成租,全部实行定额租了。其租额,不同地区、不同时期也各有不同。如苏州六县咸平二年(999)通管职田60688亩有奇,租18207石有奇,则平均每亩为三斗,南宋时就增至6斗~8.7斗②。即使同级官员,其发放圭租的标准也不同。如苏州六县,知吴县300石,知长洲县360石,知昆山440石,知常熟680石,知吴江380石,知嘉定县仅150石,差距较大,常熟是嘉定县的4.53倍③。据《淳祐玉峰志》卷中《官租》推算,昆山职田约为2039亩,仅占官田总额276701亩的0.75%④。

《至顺镇江志》卷一三据《嘉定志》转录南宋中期府属各机构及属县官员应得夏秋料数,夏列丝、麦二色,秋列租米一色;合计为丝343两,大小麦203石,租米2855石,如以麦二石折米一石,丝每两折价400文,米每石折价3贯计,则镇江府嘉定年间共收圭租米约3004石;《嘉定志》未载职田亩数,但《至顺志》卷一三已载元初职田为4173亩⑤,平均每亩收职租0.72石,如以对半分成的定额租计,则镇江府职田的平均产量约为每亩1.5石米。从其职田考察,如亦以昆山职田占官田总额约1%计,则南宋中晚期镇江府的官田应在40余万亩左右。南宋末版图内有197州,如果职田和官田均以镇江府的半数计,则全国分别有职田40万亩及官田4000万亩。这个数据很不准确,只是一个推测而已,因为各地职田占官田的比例及其数量千差万别。如作为福建路首府的福州,路级监司多置司福州,淳熙五年(1178)职田数就达92684.5亩,占福州官田464195亩的近20%⑥,分别为镇江职田数及占官田比例数的22倍和20倍。

---

① 分见《宋会要辑稿》职官五八之八至九,五八之一五。
② 明·卢熊:《苏州府志》卷一《田亩》,王鏊:《姑苏志》卷一五《田赋》。
③ 正德《姑苏志》卷一五《田赋·田地》,《天一阁方志选刊·续编》本,第11册,第975页,上海书店影印本。
④ 详本书下列"昆山官田亩数推算表"。
⑤ 分见《至顺镇江志》卷一三《廪禄·职租》引《嘉定志》数据合计,点校本第562~563页,第568页,江苏古籍出版社,1999年。
⑥ 《淳熙三山志》卷一二《版籍三》,综合四库本、宋元方志丛刊本数据而统计,参校两本,择善而从。

二、官田的数量及所占田亩比例

以上考察了南宋除屯田、营田以外的各类官田，因今存史料的多寡而有详略殊异。最后想以苏州、昆山及福州为例，说明官田的种类、租课、数量、所占比例及与民田的数量比例，仅为个案性质，南宋各地因史阙有间难以得出较可靠的数据，据以进行定量分析和作横向纵向的比较。洪武《苏州府志》卷一《田亩》有关于苏州各类官田的说明和租课大致标准，今转录如下：

> 宋之田有：曰公田（为充准军食），每亩起租上自一石五斗下至七斗[二]升四合；曰围田（傍江湖水浅处民围为田），租四斗或三斗；曰沙田（民自经理江湖沙涨地为田），租三斗或二斗；曰成田（民垦耕草地为田），纳粮二斗；曰营田（民用工本耕种，系官空闲田），租四斗或三斗、二斗；曰职田（给与文武官养廉地，民佃起租），上自八斗七升，下至六斗三合五勺（附录：宋咸平二年，后唐制吏得职田供祭祀，六县通管六万六百八十八亩有奇，租一万八千二百七石有奇……）；曰常平田（系断没入官者）；曰义役田（乡民出助保正差役者）；曰社仓田（官买民田岁储备荒者）；曰[四]局官租田，曰养济局田，曰居养院田（养鳏寡孤独老幼残疾者），曰囚粮[田]（官发以充囚食）；曰没官田（乃断没各项田土）。科租高下有差，高者不逾一石五斗，下至二斗①。

以上共列官田 14 类，但仍漏列了学田等，常平田中如上所述已包括户绝、折纳、抵当等类田，赐田此未列入，可能已视为私田。从"公田"云云，此当为苏州南宋末的状况，其起租自二斗至一石五斗，反映了苏州之田多为膏腴，其产量之高，领先于各地。福州则仅分五类，为孝宗时数，今列表说明。

---

① 据同治《苏州府志》卷一二《田赋一》，参校《姑苏志》卷一五〇《田赋》。"宋咸平二年"五字，疑错简，应乙至"祭祀"下。

孝宗时福州各类官田数量表①

名称	数量（亩）	比例（%）	备 注
常平田	199666.2	43.01	已卖42388.45亩,卖钱28587缗,亩均674文;已卖占21.23%
赡学田	21644.8	4.66	仅为政和中100330亩的21.57%
职田	92684.5	19.97	淳熙五年(1178)数
沙田	27198.6	5.86	孝宗即位后数(绍兴末)
海田	123000	26.5	海塘滩涂田合计
合计	464194.1	100	

从福州之例可见:常平田最多,次则海田、职田,三项合计已近90%,学田较之北宋末已大幅缩减,很可能被侵占或官田总数已减少。福州亦为狭乡,户均占地甚至比浙西更少。如亦以常熟官田占民田8%计②,则福州民田应有580万余亩,官民田合计约为近630万亩,这也是未必与实际状况相符的估测数据而已。

《淳祐玉峰志》卷中《官租》提供了可贵的线索,列出了昆山各类官田增租后的租米或折钱租标准。围田为4斗/亩,营田、沙田、投买常平田3斗,沙涂田2斗,围荡、营荡、沙地18界会1贯/亩,分别比旧额增加了1～3.6倍。学田(据卷上《学校》)、职田、其他三项,比照民田乡原例折算。因据此标准列表计算出各类官田的大致数量及其所占比例:

淳祐间昆山官田租课田亩推算表

官田名	租额（石/贯）	田地数（亩）	占比例（%）
(1)诸色围田	67293.6(省斛4斗)	168234	60.8
(2)营田	18180(省斛3斗)	60600	21.9
(3)沙田	1444.8(同上)	4816	1.74
(4)籍没官田	4799.1(同上)	15997	5.78
(5)常平田	2182.2(同上)	7274	2.63

---

① 据《淳熙三山志》卷一一《版籍二·官庄田》、卷一二《版籍三》各类田统计,参校四库本、宋元方志丛刊本合计,数据有误差、阙漏者,综合两本择善而从。

② 参阅拙文《两宋苏州经济考略》,刊《农业考古》1999年第3期。

续表

官田名	租额(石/贯)	田地数(亩)	占比例(%)
(6)投买常平田	1710(同上)	5700	2.06
(7)荡田(钱)	10700.665贯文	10700	3.87
(8)学田	498.29(省斛6斗),钱38.15贯文	868	0.31
(9)职田	1529.59(省斛7.5斗)	2039	0.74
(10)其他(安怀坊、囚田)	小计615.095(130合足斛)	473	0.17
合　计	98252.675石 10738.815贯文	276701	100

平江府昆山的情况,与福州又大不相同。围田(圩田)占近61%,次则营田,两项已占昆山全部官田的约82%,常平田和没官田仅占10%,而学田与职田的合计更是只占1%;均与福州迥然相异①。但其官田总数已达27.67万亩,常熟官田地为21.7238万亩。两县合计官田为49.3938万田。如以二县占苏州官田的三分之一,官田占十分之一计,则苏州南宋末的官田及垦田总数应分别为150万亩及1500万亩左右,尤值得注意的是收折钱租的荡田及学田(个别之例)合计为10739贯文,按亩收1贯文租钱计,仅为田10739亩,占全部官田数的3.88%。这是南宋晚期淳祐(1241~1251)年间的状况,即使农业生产力和农村经济发展水平最高的平江府昆山县,货币租也只是个别、另星、偶然的现象,所谓宋代出现货币租意味着资本主义萌芽的说法完全与南宋的实际状况不相符,此论可以休矣。而且荡田之所以折钱,主要还由于土地无法打量,颇有宽剩,难以按亩计租,而只能折钱。类似之现象在南宋的民田中也时有发生②。我们不能从个别性的史料提供的证据就抽象出一般性的结论。这类凭主观想象或"赶时髦"的设定,与严谨的史学研究毫无共同之处。

---

① 参阅同上注拙文,数据已修订。
② 折钱租,不仅在宋代只是偶然现象,即使在明清,因清量土地的日趋严密,荡田仍科稻米。见康熙《昆山县志稿》卷四《田赋上·田地荡科额数》第58~59页,江苏科学技术出版社,1994年。

第二节　南宋屯田与营田

　　屯田、营田,古已有之,但判然二事。今考屯田之令,始于汉昭帝始元二年(前84),诏置张掖郡屯田,以退废军士充躬耕;"其后宣帝时赵充国击先零羌"而置屯田以实边,始开其渐。"三国六朝","其遗迹可考";"隋唐以来,颇采旧闻行之。至今沿江诸郡尚有'屯田税租'之名①。"营田则始见于隋初开皇三年(583),"突厥犯塞,吐谷浑寇边,军旅数起,转输劳敝。帝乃令朔州总管赵仲卿于长城以北大兴屯田,以实塞下;又于河西勒百姓立堡营田,积谷京师②。"《隋书》卷五三《贺娄子干传》云:"高祖以陇西频被寇掠,甚患之。彼俗不设村坞,敕子干勒民为堡,营田积谷,以备不虞。"但子干上书以为屯田"获少费多",不如仍以"畜牧为事","但使镇戍③。"其区别则显而易见:屯田以军兵或退废军士充躬耕,营田则勒民立堡而为之;屯田历史悠久,始于汉,营田之名始见于隋,而且未能实施,屯田比营田至少早660余年。

　　南宋人对历来的屯田、营田之区别十分清楚。如章如愚说:"募民以耕,谓营田;部兵以耕,谓屯田④。"刘才邵(1086～1158)则称:"用兵以耕,名曰屯田;募民以耕,名曰营田⑤。"乾道元年(1165),权发遣滁州杨由义云:"营田与屯田不同",就在于"屯田系使军兵耕种,营田系召募百姓耕种⑥。"马端临《文献通考》卷七《田赋七》则曰:"屯田,因兵屯得名,则固以兵耕。营田,募民耕之,而分里筑室以居其人,略如晁错田塞之制,故以营名。"宋代以前,屯田与营田有明显区别,屯田主要部勒军兵,营田则募民耕垦。在宋代尤其

---

①　《宋会要辑稿》食货六三之八四,绍兴元年(1131)九月二十七日臣僚言。

②　《隋书》卷二四《食货志》。

③　参阅《资治通鉴》卷一七六。

④　《群书考索》卷六五《地理门·田制·营田屯田》。

⑤　《檆溪居士集》卷一〇《南省策问》,但其又云:"汉魏行之,大获其利。"则又据南宋初之事混为一谈,汉魏所行,仅屯田而已。

⑥　《宋会要辑稿》六三之一三八。

南宋,两者之区分已日益模糊而边缘化,正如马端临所指出的那样:屯营田"兵民参错,固无异也①。"两者体现合流的趋势,乃至在某种意义上而言,屯田和营田成了可以互换及替代使用的词,两者的区别已近乎消失。故南宋的屯、营田在史料中作为同义语出现或换用的频率极高。其例不胜枚举,本节所引史料中之屯田、营田除少数外,多为可以通用之词。

在南宋人心目中,古之屯田,即为南宋营田,两者并无实质性不同。如王之道云:"营田,非适今也。赵充国之制先零,尝屯金城;羊叔子(祜)之制孙皓,尝屯荆襄。皆在边徼,未尝与农杂处。"此论汉晋屯田且耕且战,以农养战模式的成功范例。他又为时驻淮西的刘光世军划策建议称:"膏腴可以足食而无水旱之忧,险阻可以戍兵而无掩袭之患,进不失攻退不失守者,惟寿春之安丰为胜。盖安丰之田受芍陂之利者不下数百万顷(亩?)。而其陂之长阔各六十里,东西如和州之麻湖,而南北与深过之②。"他认为:古之屯田不适合南宋之营田,原因在于兵农杂处,弊大于利。显然,他已将屯营田视为同一之制。刘才邵主张,兵屯与民营可以并行不悖,关键在于给田薄租。同样视屯营田为混一之制。其说云:"用屯戍之兵,募无私田之民,授之以可耕之田,宽其租入之限,宜若无难者③。"元修《宋史》的编者根据南宋的史实而论古代的屯田、营田,已不明两者的区别。其"以今律古",混为一谈云:屯田始于用兵,"前代军师所在,有地利,则开屯田、营田,以省馈饷④。"

南宋最早建议行屯田者始于汪藻,《系年要录》卷四〇载:建炎四年(1130)十二月,翰林学士汪藻言:"淮南洊经兵祸","其不耕之田千里相望,流移之人非朝夕可还,国家欲保淮南,势须屯田,则此田皆可耕垦。"汪藻之建策为:绍兴元年(1130)初,即遣刘光世(1089～1142)或吕颐浩(1071～1139),"率所招安人马过江营建寨栅,使之分地而耕,既固行在藩篱,且清东西群盗。"但仓皇逃窜的高宗惊魂未定,不可能采纳也无心顾及这一极具远

---

① 《文献通考》卷七《田赋七》;又云:"屯田营田,实同名异。"皆针对宋代尤其南宋田制而言。
② 《相山集》卷二一《戍兵营田安丰芍陂札子》。
③ 《樵溪居士集》卷一〇《南省策问》。
④ 《宋史》卷一七六《食货上四·屯田》,第4263页。又,本卷虽标目"屯田",却屯田、营田皆载之。

见的建议。史臣李心传极为惋惜称:"疏奏未克行",但又赞赏云:"中兴后言屯田者盖自此始①。"南宋中期,袁甫亦论屯田之重要意义,显然,在他们看来屯田与营田是一回事。军屯固然可以称为营田,平民营田亦习称为屯田,名异而实同。"所谓兴屯田之利者,官军既不足用,则当以民守淮。欲民自食其力,则当以田给民。论者皆谓两淮之在官之田少,豪户之田多,不知田虽在民,力不足耕,黄茅白苇,极目无际。官司若议田租之入,彼惮于输租而轻于弃田,则皆官田也。然后随其多寡,量以给民……。此皆今日至切至急之务②。"他同样提出了授田给民及宽田租之入的建议,不失为上策。

一、屯田营田的地域分布

从绍兴和议至宋蒙(元)联合灭金的近百年(1141～1234)间,宋金沿淮河至大散关一线长期对峙,两淮、荆襄、川陕成为宋金双方反复争夺的战略要地。其中尤以两淮反复受到战争的严重影响,农业生产遭受毁灭性的破坏。绍兴三十一年(1161),金主完颜亮(1122～1161)大举南侵,两淮首当其冲,幸虞允文(1110～1174)采石大捷及金内哄,完颜亮被杀,其谋未能得逞。隆兴北伐,张浚(1097～1164)督师,无谋浪战,李显忠(1110～1178)、邵宏渊不协争功,大败于符离。次年,金兵又渡淮进犯楚、濠、滁州,两淮又成主战场,刚有复兴气象的两淮地区再被重创。开禧二年(1026),权臣韩侂胄兴兵北伐,丧师辱国,两淮人民再受兵祸浩劫。在绍兴和议前的十五年(1127～1141)中,金军铁骑更是大规模反复蹂躏两淮大地,这里战乱绵延不绝,加上散兵游勇、叛兵盗匪的横行,两淮赤地千里,极目荒凉,昔日盛况已面目全非。宋蒙(元)战争期间,两淮虽非主战场,但战火始终未灭,李全等地方武装,始则叛金附宋,继又降蒙侵宋,横行于两淮大地。两淮是南宋兵连祸结时间最长、破坏最严重的地区。

地处长江中游、江淮之间的荆襄地区,南宋初曾是宋金反复争战的主战场之一,绍兴和议后,荆襄地区成为南宋抗金前哨,驻有重兵。

---

① 此奏未见《浮溪集》,当四库馆臣失辑。又见《三朝北盟会编》卷一四八,所述略详。
② 《蒙斋集》卷二《入对札子》。

西线战略要地陕西，建炎四年(1130)，自富平之战，张浚督师，大败于金，关陕全失。幸赖吴玠一军力战，始保大散关不失，全蜀和关中不至沦丧。但在宋蒙(元)战争时期，四川成为主战场，川陕农业生产遭到毁灭性的破坏①。

上述三大战略要地，成为南宋设置屯田营田的主要地区，不仅是适应政治、军事、财政方面需要的必然选择，这极目千里的无主荒地，也为组织正规军、民兵和拣退军人耕战戍守；安置流民，垦辟荒地，招抚农民复业归耕，提供了现实的可能性。南宋边境不止于此，如沅州等地营田，就为"防遏边疆"而设②，主要为了对付湘西少数民族；又如广西、四川沿边均有小规模的屯营田存在。但较之上述三大战略要地，其规模和数量微乎其微。即使在近里州军和内地，甚至京畿地区，也存在屯田和营田，而且在南宋立国的150余年间，屯田和营田几乎遍及全国各地，不过时兴时废，波动较大，名称也各异，而且远不及三大沿边战略地区以大规模集约经营而著称。以下分地区进行考察。

(一)两淮屯田营田

南宋的两淮东西路，地处江淮之间。北宋时沃野千里，山水皆备，是发展农业的理想场所。曾与两浙、江南路并列为王朝农村经济最有活力、农业生产力水平最高的地区之一，也成为财政收入的重要支柱。南宋时，这一大致奄有今河南、湖北东部及江苏、安徽北部的广袤国土，出现了农业生产一落千丈，农村经济濒临崩溃的局面。在大规模战争告一段落后，尤其是宋金对峙的百年间，让极目千里的抛荒土地尽快复耕，逃移的田主、农民归耕复业，就成为当务之急，而屯田、营田也就成为当局最初的选择。马端临曾对两宋屯田营田之制有一概括性的叙述：

> 屯田因兵屯得名，则固以兵耕。营田募民耕之，而分里筑室，以居其人，略如晁错田塞之制，故以营名，其实用民而非兵也。国初惟河北

---

① 参阅本书第一章第二节《战争对南宋农业的影响》。
② 《宋会要辑稿》食货二之七。

屯田有兵,若江浙间名屯田者,皆因五代旧名,非实有屯也……。熙、丰
间,屯、营多在边州,土著人少,则不复更限兵民,但及给用即取之,于是
屯田营田,实同名异。而官庄之名最后乃出,亦往往杂用兵民也①。

他指出了两宋屯营田与前朝不同的特点有二:一是军屯与民营的传统
模式界限已不清,有合流的趋势;二是大规模的屯营田往往采取"杂用兵民"
的方式。遗憾的是他没有谈到屯营田的大量出卖和招佃,即官田向民田实
质性或变相形态转移及产权置换的问题。按南宋的实际考察:一是兵屯逐
渐为民营所替代,二是杂用兵民的官庄亦向单纯的民营官庄转化,三是大量
的屯营田土地向民田转化或长期出佃而成为事实上的民田。但各个时期,
各个地区这种转化或发展的趋势及其模式又各不相同,呈现出多样性和复
杂多变的形态。

南宋两淮有一定规模的屯营田,今存史料中似始见于绍兴二年(1132)。
是年三月十日,淮南东路提刑兼营田副使王实言:"被旨措置营田,劝诱人户
或召募军兵请射布种。今相度:先将根括到江都、天长县未种水田一万六千
九百六十九顷,陆田一万三千五百六十六顷,分拨诸军,趁时耕种。""诏权
许,候有人户归识认日,申取朝廷指挥②。"则南宋淮东营田始置于扬州江都、
天长二县的抛荒地上,水陆田凡305.35万亩,其中水田占55.57%。可见在
今苏皖犬牙交错的平原地区,南宋初已是水陆田约为1:0.8的比例,为稻麦
两熟制的发展提供了充分的条件。这类田多为逃移人户之私田,部勒军兵
耕种尚为权宜之计。但营田规模之大,可见一斑。

绍兴三年(1133)九月壬戌,吕祉(1092～1137)上《论治道之要奏》,其
《论屯田》篇有云:"军中招徕之众,类皆南亩之民,但习于偷惰,日有请给,遂
忘其故业。沿江诸处,沃野连壤。若计口授田,贷之牛种、器具,土宜而劝相
之,亦岂有不可为者③!"

在三大战略要地中,两淮屯营田尤为重中之重,但绍兴初却未取得明显

---

① 《文献通考》卷七《田赋七》。
② 《宋会要辑稿》食货六三之八七。
③ 《系年要录》卷六八,第325册,第881页。

进展和实效。这从《宋会要·食货·营田》中援引高宗与胡松年(1087～1146)的对话可见。绍兴四年(1134)八月五日,因侍御史魏矼(?～1151)论淮东西屯田利害,高宗云:"中兴基业实在乎此",足见朝廷对两淮屯田之重视。但胡松年对曰:"朝廷行屯田累年,除荆南解潜(?～1149)略措置,其余皆成虚文,无实效"。又引汉宣之治故事云:须"总核名实,信赏必罚";"屯田一事,犹不可欺,一岁耕垦田亩若干,收获几何,便足以稽考①"。

绍兴五年(1135)三月二十八日,权知泰州邵彪提出:招佃民户,耕种荒田。每亩"纳课子五升",满五年即给充己业。五年内如有原主归认己业,则给还原田,已种者候收成了毕;五年外,原主归,则许踏逐指射荒田。并请缕版榜示,使众周知。得到朝廷批准②。

绍兴六年(1136)正月二十八日,张浚以右相都督诸路军马,开行府督师兼部署屯田事宜。屯田郎官樊宾(?～1049)与王弗同措置江淮屯田,"依民间自来体例,召庄客承佃,其合行事件,务在简便",遂条具十二项事宜,得到朝廷批准。其内容如下:

(1)将州县系官空闲田土并无主逃田,并行拘集见数,每县以十庄为则,每五顷为一庄,召客户五家相保为一甲共种。甲内推一人充甲头,仍以甲头姓名为庄名。每庄官给耕牛五头,并合用种子、农器(如家有谷,即计价支钱)。每户别给菜田十亩,先次借支钱七十贯,仍令所委官分二次支给(春耕月支五十贯,薅田月支二十贯);分作二年两料还纳,更不出息。若收成日,愿以(断)[斛]斗折还者听,仍比街市增二分。其客户仍免诸般差役、科配。

(2)应有官庄州县,守倅、县令并于"劝农"字下添带"屯田"二字,县尉"专一主管"官庄四字。仍差手分、贴司各一名,于本县人吏内轮差,一年一替,依常平法支破请给。

(3)每庄盖草屋一十五间(每间破钱三贯),每一家给两间,余五间

准备顿放斛斗。其合用农具,委州县先次置造;仍具合用耕牛数目,申行府节次支降。

(4)每庄摽拨定田土,从本县依地段彩画图册,开具四至,以千字文为号。申措置屯田官类聚,缴申行府,置籍抄录。

(5)收成日,将所收课子除椿出次年种子外,不论多寡厚薄,官中与客户中停均分。

(6)今来屯田所招客户,比之乡原大段优润,系取人户情愿,即不得强行差抑,致有骚扰。其诸军下不入队使臣及不披带拣退军兵,有愿请佃者,并依百姓例,仍别置籍开具。

(7)州县公人等如敢因事骚扰官庄客户及乞取钱物,依法从重断罪外,勒令罢役。仰当职官严行禁止,如有容纵,当议重作施行。

(8)逐县种及五十顷已上,候岁终比较。以附近十县为率,取最多三县,令、尉各减二年磨勘;其最少并有闲田不为措置召人承佃者,并申取朝廷指挥,知、通计管下比较赏罚。

(9)收成日,于官中收到课子内,以十分为率,支三厘充县令、尉添支,职田仍均给。

(10)今来招召承佃官庄,如有愿就之人,仰诸有官庄县分陈状以凭,摽拨地分支给。其县令、尉能广行劝诱,致请佃之人渐多,当议推赏。

(11)今来措置官庄,除湖南北(路)、襄阳府(路)见别行措置外,止系为淮南、江东西路曾经残破州县有空闲田土去处,依今来措置行下。

(12)诸处土宜不同,如有未尽、未便事件,仰当职官条具申行府①。

这十二条措施,将江南东西、淮南东西四路普遍适用的屯营田实施办法、优惠措施、花利分配、官吏奖惩等规定得一清二楚。作为制度设计不可谓不完备,初行时也确实有一定成效。但不久就因执行中的问题而弊端丛生,乃至"附种"扰民,得不偿失,难乎为继。隆兴二年(1164),当年任同提领

---

① 《宋会要辑稿》食货六三之一〇〇至一〇二。

江淮等路营田公事的王弗作为十二条的起草者之一回顾说："经营二年,初年官收四分,庄户六分;次年官与庄户各收五分。《省记》:绍兴六年官中所收约七十四万石,庄户所分一同。继被旨结局,分隶诸军、漕司权领,遂致人情观望,田政日削,牛死不补,客去不追,耕熟之田,认者辄与,迤逦不振,日就废坏①。"从时已擢任司农少卿、总领淮东军马钱粮兼措置江淮等路营田王弗的回忆中可知:十二条是在总结绍兴五年(1135)已行屯田的经验教训的基础上制定的,因而有一定的针对性和可操作性;在绍兴六年(1136)取得了相当大的成效。两次大规模宋金战争的间隙期间,垦田规模至少在150万亩以上(以亩产一石米低估),应是已有允评之绩效,这与优惠措施、激励机制有关。但他将功败垂成的原因推向客观,认为宋廷浅尝辄止,营田司结局罢领才导致"日就废坏"的后果,则未免既有为当日作为主管官员之一文过饰非之嫌,又有急于向孝宗表明重开屯田之制以图求得重用的私心杂念。关于江淮屯田的功过是非,将在下节详加讨论。

　　即使当时确已有150万亩以上土地被置于营田庄,但对两淮数以千万计的田亩而言仍是一个很小的百分比。但毕竟给1.5万余户的流民提供了土地,至少养活了九万以上的人口(每户以大小六口计)。也给财政提供了74万石粮的军需。经过绍兴九、十年间(1139~1140)的又一次大规模宋金战争,不仅上述已复耕的土地又部分抛荒。而且产生了更多的荒闲系官田土。这从绍兴二十年(1150)七月时知庐州吴逵(? ~1157)所言可知:"土豪大姓、诸色人就耕淮南,开垦荒闲田地归官庄者,岁收谷麦两熟,欲只理一熟。如稻田又种麦,仍只理稻,其麦,佃户得收。桩留次年种子外,作十分,以五分归佃户,五分归官。初开垦,以九分给佃户,一分归官。三年后,岁加一分,至五分止。即不得将成熟田作开垦荒田一例施行。所有差税役钱,并令倚阁。仍将开耕官田每顷别给菜田二十亩,所收课子不在均分入官之

---

① 《宋会要辑稿》食货六三之一三四至一三五。但据《朝野杂记》甲集卷一六《营田》(第349页)载:绍兴六年"岁中收本谷三十万斛有奇",差不同。王弗所云之数是此数的近2.5倍,且似其所云为米,则为5倍。而且王弗不仅为当时亲历者,还有户部文书"省记"所载为据,应更可信。

限。……佃户谷就近便处用省斗交量,更不收耗及不得辄加斗面①。"吴遽之言值得注意处有三:一是宋廷采取更优惠的措施招徕流民,第一年桩留种子外,稻谷一九分成(官一民九),三年后,递增一分;第七年才对半分成,显比绍兴六年的第一年四六分,第二年起"中停均分"的优惠力度更大。二是在淮西庐州一带,南宋初已有相当多的稻麦二熟制田,对于复种稻和二麦的田地,只收稻租,二麦收成全归佃客。显然,官方不收麦租只是一种临时性的优惠,不是宋代租佃制的制度性成法。这一问题的误解由来已久,在本书关于稻麦两熟制一节的论述中将有详尽的辨析。三是宋政府对土豪大姓利用经济实力,大规模耕垦荒田采取鼓励政策,这就为豪势与官吏勾结包占冒佃官田,进而据为私田,加剧土地兼并埋下了祸根。

同样,在淮东也有大量系官荒闲田土。如知真州洪兴祖(1090～1155)请免租二年,招徕流民归耕。绍兴十八年(1148),"垦荒田至七万余亩"②,也为显著之例证。绍兴末完颜亮(1122～1261)的南侵及隆兴北伐两次较大规模宋金之战后,作为绍兴年间苦心经营的屯营田所取得的成果几丧失殆尽。如乾道元年(1165)七月五日,权发遣滁州杨由义称:"本州元管营田七十顷","近缘两遭北军侵犯,牛畜、农具不存,营田庄客衣食不继,星散逃移,致所管营田多成荒废。"今仅存"耕牛二头,佃客二十七户。"即原滁州有营田70顷,每顷田由客户一户耕种,给牛一头。经20余年,尤其两次战乱后,人户仅存38.5%,已逃亡61.5%;耕牛仅存3%,几丧失殆尽。请求另拨土地30顷,以营田官收子利措置牛具,招集庄客,"葺理耕种,从之③。"这是淮东的缩影,淮西的情形略同。乾道二年(1166),据措置官员奏称:淮西营田仅存20765亩④。较之绍兴和议前的全盛时期约150万亩仅为1.38%,堪称百不存一。

乾道元年(1165),因隆兴北伐失利而痛定思痛的孝宗,仍未泯灭恢复之

---

① 《宋会要辑稿》食货六三之一一七至一一八。
② 《宋史》卷一七三《食货上一·农田之制》,第4172页。
③ 《宋会要辑稿》食货六三之一三八,参校三之一三。
④ 《宋会要辑稿》食货六三之五二。

志,决心起用有经验的王弗等人,重整旗鼓,再行整顿屯田和营田。这一次,虽然仍以绍兴六年(1136)指挥(即十二条)中"以五十顷为一屯,作一庄"的组织形式,但已有重大改革,即改当年以招佃客户为主,改为军兵力田为主。"差主管将领一员,监辖使臣五员,军兵二百五十人"。从表面上看,原来一户佃客经营一顷,壮劳力仅二三人而已;今则五人全为男性现役军人,但就耕作经验技术而论,显然军兵远不如佃客,且又多为游手好闲之徒。更重要的是军兵有俸食衣赐,其成本远高于民营。因此,政策制定之初,从经济效益、财政收支角度考量,就已注定得不偿失,难乎为继。当时系官荒田大量存在,土地来源不成问题,仅淮东扬、楚州、高邮、盱眙军天长县就有 580 万亩之多,但经费奇缺,当时仅支拨 5 万余贯,王弗又申请 5 万贯及度牒 132 道。即使这些营田经费全部到位,如果按刘宝所说,镇江营田每亩工本钱三年 5.5 贯文足计,则仅够 8.635 万亩;如仍以绍兴六年每亩借支 0.7 贯计,也只能开垦营田 29.37 万亩①。

乾道初(1165~1166),为了迎合孝宗好大喜功的"恢复宏图",张子颜、张宗元及杨存中以在真州、盱眙军、楚州宝应县之田产合计凡献纳田 76730 亩,以支持孝宗设置营田的计划;诏:"价直令户部绍计,支降度牒给还";又诏:"献纳官庄即非新开田,不合放免租税②。"对于张俊子孙、杨存中"献纳"己产(仅为原赐田的一小部分,当时亦已抛荒),孝宗一面下令以度牒绍支给价,一面又令收取租课,既迎合了宠臣的邀功取赏心理,又多了一笔意外收入。

值得一提的是:乾道四年(1168)十一月八日,徐子寅(1130~1195)被命措置两淮农田,提出了全新的思路:即招募流落在北方的"归正人"及原为女真族的金人而南迁的"归明人",佃耕两淮荒闲土地。乾道五年(1169)正月十七日,权发遣无为军徐子寅言:"敦请归正头首人傅昌等八名,劝谕归正愿

---

① 据《宋会要辑稿》食货六三之一三七撮述。刘宝云工本钱每亩 5.5 贯文,见同上六三之一一八(第 6045 页下);绍兴六年每顷营田官借七十贯,见本书上引"十二条"之(1);每道度牒当时折价约在 800 贯左右,参见袁燮《絜斋集》卷一四《黄公(莘)行状》:"请僧牒五道,易缗钱四十万。"

② 《宋会要辑稿》食货六三之一三八。

请田王琮等三百九十四名,相视楚州界宝应县孝义村、山阳县大溪村等地水陆闲田耕种。欲每名给田一顷,五家给(结?)甲,推一名为甲头。就种田之所随顷亩人数[多?]寡置为一庄。……楚州并淮南诸州军,自后更有归正愿请田人,欲乞并依今措置施行。"从之①。仍据徐子寅之说,乾道四年(1168)冬,已有归正人到楚州山阳县(治今江苏淮安)开垦系官水陆闲田数百顷,恳请开浚沟渠,兴修水利,以防水旱之灾。其说云:"两淮荒芜之田,一目百里。究其十分之地,陆田才三四,而水田居其五六。春夏之交,霖雨之久,耕耨之劳,秧莳之功,一旦空然,此田之所以为民病也。自去冬归正头目人差择到楚州山阳县大溪村博田冈空闲官田约数百余顷,南有灌沟,可通运河;北有旧沟,可接小溪……。归正人各欲俟垦种毕日,併力开浚②。"

不久,擢大理正、措置两淮农田徐子寅走马上任,提出三项对策:"(一)乞先往楚州督促守令,置造农具、屋宇,给散耕牛、种粮,就二月内开垦。俟一州毕,即往以次诸州,依此措置。(二)合置买牛具,乞支降会子二万贯;俟用毕,即申朝廷,再行给降,接续支遣。(三)今来楚州山阳、宝应县归正人愿请佃者许四百余名。合用耕牛、犁耙、锹镢、石辘轴、木勒泽、踏水车之属,乞札下淮东安抚司预办耕牛,并委楚州计置合用钱数,付诸县知县置造上件农器。"从之③。

同日,徐子寅又言:"两淮膏腴之田,多为官户及管(?)军官并州县公吏诡名请佃,更不开垦,遂至荒闲。乞限一年,令见佃人耕种,如限满不耕,拘收入官,别行给佃。"从之④。徐子寅所措置两淮力田,颇有伦绪。其三条措施:(1)先以楚州为试点,取得经验后再推广;(2)官借经费,分期支付;(3)如归正人请佃,官为摽拨田段并备供牛具、农器。又请将官户、军官、公吏诡名请佃的膏腴抛荒田拘收,另行给佃,尤为有识。

《宋会要·食货·屯田》有更详尽的记载云:"归正头目人傅昌等,劝谕

---

① 《宋会要辑稿》兵一五之一九。
② 《宋会要辑稿》食货八之一二,时徐知无为军,乾道五年三月言。
③ 《宋会要辑稿》食货六之一八至一九,参校同书六一之八五。
④ 《宋会要辑稿》食货六之一八至一九。

归正人王琮等四百二名,情愿结甲,从官中借给耕牛、农具、屋宇、种粮,请田耕种。"楚州管下四县(宝应、山阳、盐城、淮阴)"空闲水陆官田",共计727814.4亩,除"淮阴县系沿淮极边,盐城县系沿海,难以令归正人于逐处种田外",宝应有"空闲水陆官田二百余顷",山阳有"三百余顷",合计凡五百余顷,"相视其田,各堪耕种。"今措置:"欲每名给田一顷,五家结为一甲,内一名为甲头,并就种田去处,随其顷亩、人数多寡,置为一庄。每种田人二名,给借耕牛一头,犁耙各一副,锄、锹、镢、镰刀各一件。每牛三头,用开荒鏨刀一副;每一甲,用踏水车一部,石辘轴二条,木勒泽一具。每一家用草屋二间;两牛用草屋一间。每种田人一名,借种粮钱一十贯文省。""其田给为己业";所给牛具、借支种粮钱"均作五年拘还①。"必须指出,对于归正人给予特殊的优惠,即直接给田,借给牛具种粮,五年内分摊归还等,每户还提供草屋二间等,乃前所罕见。402户如以每户一顷田计,则人均约在20亩。半年后,似规模又有扩大。故徐子寅又请以武锋军屯田二庄凡632顷田,"拨付官田所,劝谕归正人耕种。""所有课子,乞依官田所例蠲免,候至十年纳赋税。"诏依,所收课子与免五年②。精于算计的孝宗之所以将徐子寅提出与免十年课子的建议减为五年,其前五年乃需还贷牛具、种粮款(可以实物折),而后五年则视私田起税纳赋,其杂科加征远较营田租课为苛重,这对于财政收入不无小补。

至乾道八年(1172)三月,徐子寅措置归正人营田已取得昴著成效:凡劝谕归正人1580人,"于楚州宝应、山阳、淮阴县,高邮军高邮县,盱眙军天长、盱眙县,扬州江都县,泰州海陵县界",共置54庄,"已见就绪",请求"营田所

---

① 据《宋会要辑稿》食货六三之一四四～一四五校补录文,据三之一七校改。如是条三之一七系于五年正月十七日,是;而六三之一四四(页6058下)误"正月"作"五月","傅昌"误作"傅唱"、"王琮"误作"王宗"等。余文已见上引,不再重复。

② 《宋会要辑稿》食货六三之一四七至一四八。《宋会要辑稿》兵一五之二○(方按:据陈智超之说,此实为《宋会要·蕃夷·归正门》之内容)亦载徐子寅奏札,所论为同一事,但文辞颇相迥异。《宋会要·兵》所载云:武锋军二庄,一在宝应县,一在山阳县,已分别移交归正人贾怀恩、王知彰管辖。徐氏乞将牛具、种粮等拨归营田所,仍差贾、王"管辖耕种";但未言二庄顷亩数。似"食货"、"兵"各摘引徐氏奏之部分内容,将两者合而观之,可互补而得其详情。

结局,其合行事件,并拨隶常平司①。"经朝廷派员核实,徐子寅所言基本属实。《宋会要·食货·官田》见载:淳熙二年(1175)正月二十四日,工部郎中徐子寅言:"近措置淮东官田于楚、扬、泰州、盱眙、高邮军"共54庄,"招集流移、归正种田人"1315名,老小5427口,"盖造屋宇"2449间,"给付耕牛农具,开垦田"914.09顷。"诏徐子寅特与转一官,减二年磨勘②。"从上述史料可见,当时淮东流移、归正人户均约5.13口,平均每人供养4.12口老小,户均种田69.5亩。如以每人每日食米1.5升计,每户消费口粮为28.09石;留种每亩以1.5斗计,凡10.43石;合计为38.52石。姑以亩产量一石米计,仍有余粮30.98石,则商品粮仍达44.58%。如果每亩需交官租课3斗的话,则应交20.85石米(前五年可免)。仍有余粮10.13石,用于油盐酱醋茶菜等日常开支,即维持五口之家的生活应无问题。如果家中仍有其他人从事些副业等,生活应足有余裕。但较之江南农民等养活2.35个五口之家,其产量和农业生产力无疑低了许多③,且种粮、牛具皆官给,未计入成本。这说明不同经济区域间农业发展水平显有差距。

在淮西的安丰军、和州亦有招诱归正人成功之例。如乾道八年(1172)六月十四日,诏:"大理寺簿薛季宣等,安丰军寿春、安丰等县闲田共拨"187.03顷,给赴(付?)归正人217户为业开耕,平均每户拨田86.2亩。"自乾道九年始,通免课子十年。"同年六月二十四日,权发遣和州胡与可言:"和州屯田庄,昨被旨招召归正人耕种。下马监一庄,给归正[人]林本(言)[等?]七十六户。依淮南运判吕企中建请,佃客六分,官得四分。窃详林本等远来归正,无家可归,欲望息利全免三五年……"诏免三年④。以上两例,分免租课十年和三年,而后按官四客六比例分成,与淮东徐子寅措置归正人之分配方式又有不同。

① 《宋会要辑稿》食货六一之八六。
② 《宋会要辑稿》食货六一之三五。
③ 比较数据,参见拙文《关于宋代江南农业生产力发展水平的若干问题研究》,刊《江南社会经济研究·宋元卷》第538~539页,第546页,中国农业出版社,2005年。
④ 《宋会要辑稿》兵一五之二三。原见《大典》卷一八九〇七,实为《宋会要·蕃夷类·归正门》之内容,《宋会要辑稿》误系。

在两淮,招诱"归正人"垦种营田的同时,仍存在招募佃客营田及军兵耕种的情形,呈现复杂多变的形态,仅各举淮东、淮西一例以证。乾道八年(1172)八月二十八日,知泰州李东言:"泰州田计二万余顷。今欲置买牛具,桩办种粮,人户请佃一顷,与借给耕牛一头及农具种粮,随田多寡假贷……。依元降指挥:次边州县,免五年十料租课。如限满,合行起纳课子。每亩乞改作三升,三年之内,不遍官课,印给为永业,改输正税。"从之①。泰州二万余亩官田,佃给农户,其待遇亦比仿归正人,五年之内,亦为还贷牛具种粮期限,再交三年租课,即给为永业田。

淮西和州、庐州的屯田则复杂得多,反复多变,先是军兵屯田,继又军民合种,复又招募人户,后又复用军兵屯田。其子利的分配方式,也经历了军兵屯田的"中停均分"到无论军屯还是民营的官四佃六的比例这样的过程。乾道六年(1170)正月二十五日,建康府都统制郭振言:"屯田官兵共约三千余人",乞将"和州界屯田并行废罢,将见占官兵拘收归军。"诏:"其田令和州召人租佃;如无人,即估价召人承卖。"二月二十一日,兼知庐州郭振又被命相度薛康中措置庐州屯田事件称:"耕田合用庄丁四千人,军兵一千人","见占官兵"已"拘收归军";"欲乞召募情愿人户耕莳,或无归贫乏之人与免科役,官给牛具、借贷种粮,付与耕作。其所收子利,除桩出借贷种粮外,以十分为率,官与力耕人中分。"从之②。同月二十八日,诏:"建康府都统司退下淮西屯田",专委淮南运判吕企中措置,召人耕种。企中條具下项:"屯田元是军人开垦,官给种子等,所收花利,主客中半分受。今召人耕种,即与向来军人耕种不同。"乞按"当来营田系是四六分"之例,"官收四分,客户六分。盖欲优异人户。"此外,吕还建议:"不许见任官及僧寺道观、公吏等人诡名冒佃"③,这不仅因其享受免役特权,还必然导致豪富兼并土地的愈演愈烈。从吕企中所言可知军兵屯田通常为"中半分受",而民间营田则多为四六分成。

正是在这样的背景下,乾道八年(1172)七月,诏:"庐州见屯田官兵并行

---

① 《宋会要辑稿》食货六之二〇,据同书六一之八六校改。
② 《宋会要辑稿》食货六三之一四八。
③ 《宋会要辑稿》食货六三之一四九。

废罢,其田亩、牛具,令赵善俊(时知庐州)尽数拘收,给付归正人请佃及募人租种①。"也许是淮西局势不稳定,归正人多集中在淮东,而募民佃耕也成效不大,淳熙年间又数度仍行军兵屯田。如郭刚之奏得到了淮西总领蔡戡(1141～?)的积极回应:淳熙十年(1183)六月十六日,建康府都统制郭刚奏称:淮西荒田,"和州兴置屯田五百余顷,庐州管下亦有三十六围,"多被"豪强之户冒耕包占";乞"行下淮西漕臣,措置耕垦"。八月十四日,郭刚又条具屯田利害奏陈:以一千顷为率:合用牛1500头;合用3735间屋,欲下淮西漕司措置;合用农具,犁、耙各1500具,水车1000部并碌碡、锄、镢之类,"乞下淮西漕司制造应副。合用种子:内稻,每一亩用一斗五升,大麦每一亩用一斗二升,小麦每一亩用一斗一升。"九月二十三日,淮西总领蔡戡与郭刚条具:(1)田一顷,令三人分种;每六人为一甲,十甲为一保,计60人,差使臣一员管辖。以500顷为率,合用1525人,每千人合差将官一人。(2)拨钱10万贯。(3)耕牛、农具、物料、寨屋、种子,依郭刚上奏并减半收买、制造应副。(4)第一年,所获除留种外,全给"力耕官兵"。第二年,除种外,官收二分;第三年,官收三分;四年及以后年分,定为官收四分,"并止以四六分收给②。"

开禧二年(1206)五月二十二日,臣僚言:"今荆襄、两淮应干营田去处:所管官兵令主帅拣选强壮勇敢之人,拨归元来军分,兖同差出军前驱使";"其有不堪披带者分隶辎重,老弱残疾者听仍旧营田之役。"当时因开禧北伐需抽调营田耕兵归队投入战斗序列或后勤运输,仅留老弱病疾者营田,导致大量劳动力的缺口。作为应急措施,则或召主客户"入状权行承佃";或"限以若干亩,官给牛、种,计其所食,日各给以若干为庸雇之直";或"只会其田若干,止纳若干租课③。"在因战事而征调营田官兵归队后,营田采取"入状承

---

① 《中兴两朝圣政》卷五一。
② 《宋会要辑稿》食货六三之五三至五四。蔡戡《条具屯田事宜状》今存,见《定斋集》卷三,凡七款,较《宋会要·食货·屯田》所载要详尽得多,且其中第二款有很大不同云:"每田一顷,令四人分耕,每人当二十五亩","合用二千三十三人","共用二千六十五人"。脱产管理人员(军官)占3.12%,而《宋会要》所云仅1.64%。其不同,或草稿与上奏正本之异。淮西军屯耕兵每人约耕种田30亩左右。
③ 《宋会要辑稿》食货六三之一五六。

佃"、"承包租课"、"和雇付直"等方式,使大量原军垦熟田不致抛荒。除和雇为权宜之计外,其余两种方式均成军屯转化为民营的契机。

　　嘉定七年(1212)八月二十六日,"知濠州应纯之等言:招到庄客"319丁,"开垦水陆田"16118亩,"于澧州收买到水牛"153头,"又于本州自买到黄水牛共"20头。每二丁合用一牛,共需"百色支用钱"凡20008.7贯。"所有买牛钱本州实无所出,欲望朝廷支降钱"5800贯文①。这条史料提供了淮西营田十分罕见而珍贵的数据。首先,平均每丁垦田为50.5亩;其次,每亩垦田成本为1.241贯文;最后,每头耕牛的买价约为33.526贯文或36.25贯文②。显然,招募庄客开垦营田的成本比军兵屯田要低得多。至少每一耕兵的俸食、衣赐等可省下。如以上例每名耕兵垦田30亩计,每员耕兵岁费以100贯计,则每亩田的开发成本就至少是民营田的3.66倍。另一个数据是耕牛在全部营田成本中所占比例约为29%。虽然这仅是濠州营田的个案,但应为具备两淮地区一定代表性的数据。在屯营田的经营方式中,还可与军屯的得不偿失进行充分的比较,这一种田成本也将可与收获量及取得的经济效益进行比较。可以断言:民营田由于成本低、产量高,其效益当远高于军屯无疑。

　　和州屯营田自南宋初到南宋末经历了军屯——民营——军屯——民营及军民错杂合种等曲折反复的过程,是南宋屯营田中的一个典型个案。刘炜南宋中期措置和州屯田事宜九条是这种曲折过程中的一个缩影。《宋会要·食货·屯田》载(笔者评议附注):

　　绍熙元年(1190)十二月九日,知和州刘炜措置到本州屯田事:(一)见管屯田五百七顷,耕兵千五百余人。今乞依古法,每五人授水田

---

①　《宋会要辑稿》食货六三之一五七。

②　前者以实买173头计,后者则以用牛160头、320丁为率之数计,大致南宋中期淮西耕牛约在35贯文一头。此为澧州及濠州等地牛价。可资比较的数据有:(1)绍兴六年(1136),濠州定远、寿春府官牛贷价(分五年偿还)100贯省,此应包括牛息(租)在内。(2)乾道四年(1168),两淮80缗,在营田成本中占三分之二。(3)乾道六年,张郯知鄂州,时牛价30贯文。(4)孝宗时,售牛价25贯文。均见汪圣铎《两宋货币史料汇编》第621页,中华书局,2004年。

一顷,陆田[每人?]二三亩。所有牛,合六人为一甲,分田百二十亩,通用牛二头①。(二)并兵月粮,乞径以稻折支,每石止收三斗二升。收割毕日,每一岁合支口食稻并稻子稻入官外,其余尽令耕兵就场分受前去。具通收之数,申闻诸司。如遇歉岁,随所得多寡②。(三)除耕兵授田系膏腴田外,其余有百六十余顷皆是次田,自合别立亩数,却将所得子利,令(另?)项桩管。以一分给统领将官,作一岁廪费;以二分支犒监庄官并白直人请受;以七分桩管,专待歉岁支用。如统制司无人可差,即乞募百姓耕种。分收子利,照前项施行③。(四)见管陆田五十余顷,每年止是种二麦,除出种子,官收不过千四五百石。乞令见管耕兵千五百人分种;每人不得过三二亩。其二麦作两份平分,及有杂色豆斛,依次分收,桩充修葺斗门、堰闸等④。(五)耕兵见管千五百九十二人,内有使臣、白直等九十二人,乃是巡庄寨人数。乞减省一半归司,其占破一半人,并令耕作⑤。(六)屯田耕兵自创置以来,不曾教阅,今后乞于十二月初至次年二月以前,委将官就庄阅习。(七)每年收割,乞自来年为始,差州县官同监。(八)耕牛有倒毙,差官开剥。如牛只数多,许本州申诸司奏劾。有孳生牛犊将未生时,先关本州注籍,每人给钱十贯⑥。(九)乞省并总辖屯田统领官,却令城下修城统领一员兼领(原注:诏并依。内剩田,措置招募百姓耕种,充万弩手分耕)。既而[刘]炜又言:剩

---

① 南宋中期,耕兵每人授田已下降为20亩,较之南宋初的25亩~33亩已下降20%~40%;但耕牛数量已有增加,从每100亩配牛一头上升为60亩一头。

② 耕兵月粮,在此以前均为官收;此已改为自负盈亏,即除量收口食稻3.2斗及种子稻(1.2斗左右)入官外,余5.6斗均归生产耕兵。如以亩产稻2石计,耕兵种20亩可分得22.4石,约当二年口粮。

③ 次田不授,如乏人耕种,即召民佃耕,分收子利按以上第二项标准。官收部分,支付统领将官及监庄官吏,凡三分;余七分,则桩管以补歉岁支用。

④ 陆田凡5000余亩,每名耕兵分种三亩有余,除桩留种子15%外,官收50%为1500石,则其总产量应为3500余石,平均亩产麦仅为0.7石左右,重要的是,这充分证明南宋中期屯营田要收二麦官租,用于水利。

⑤ 耕兵1500名,管理人员达92人,占6.13%。建议减省一半,目的在于降低成本。

⑥ 南宋中期,耕牛奇缺状况虽有改善,但仍未完全解决。故对倒毙耕牛,仍须报官"验明正身";对待产母牛则给户主奖励10贯,以资鼓励孳生。

田令招弩手耕种,照得屯田既罢,凡田亩、农具、耕牛、积谷、仓敖等,并付弩手,本州无甚烦费。令耕兵一切存留,唯有剩田而已。招募之初,税户给五千,客户给十千。上田许八十亩,次田许百五十余(亩?)。(人)[八]人给一牛,共百五十余头。月粮三斛,合借稻四千余石,已招到八十三人。见踏二石二斗至二石四斗弩力,并于城下置瓦屋四十间,又就庄所置仓敖二十间。所有屯田军兵并省田亩(?),见管二百五十人,今移此一军并归青阳,创盖寨屋四百余间,除耕兵百七十余人在阆塘外,自余六军有千三百余人共二十一庄,并在陈村东西青阳一处屯营,相望四十余里。两项约用二万余缗,乞于本州交割到钱内支拨。从之①。

以上九条,得到宋廷批准。诏令又命措置剩田,招募百姓充万弩手(乡兵)分耕。刘炜从沿边只有少量土地及客户中招募有一定武艺者充。分别给予 5 贯~10 贯的安家费,其给田数也远过于耕兵,而且八人给一牛;月粮 3 斛稻,折米 1.5 石,应能养活五口之家,条件已相当优惠。但招满 150 人尚有困难,主要原因在于开弩的弩力有一定要求,应达到二石二斗至二石四斗。另一个值得注意的问题是:军屯有 6% 以上的管理人员需抽取提成,而招募百姓则不需要,可减省费用。

南宋中期以后,两淮营田已以召募佃客耕种为主。《宋会要辑稿》食货六之三一至三二载:"嘉定二年(1209)和州申,乞以军庄退下屯田"400 余顷,"召人耕佃,系是本州自备粮种给散","递年官收租米五千石"。则每亩约收定额租为 1.25 斗。嘉定四年(1211)正月四日,权知楚州王益祥言:"宝应、盐城县管下地分,村保根括到无主水陆田约一千余顷,欲从本州县乡例,召募佃客耕种作营田。所有合用牛只、农具、种粮、什物等共约官会"14750 贯文,"预备粮米在数外"。乞"从和州体例,与人户借种一年。"据此,淮南屯田的成本可以计算出约为每亩 0.148 贯文。和州约略同期收租每亩为 1.25 斗,如以当时米价每石 3 贯文折计,仅为 0.375 贯文,但这部分成本由农户自

---

① 据《宋会要辑稿》食货六三之六一至六三录文,因无复文可校,多处衍误讹脱,按校勘通则处理。

理,则官所得为净利。如果其营田产量约在 1 石/亩,折价 3 贯文,则淮南种田的纯利润约为 3 - 0.148 - 0.375 = 2.477 贯文。再考虑一些其他支出,一亩田种稻的收益约为二贯文。如以每丁营田如上考为 30 亩～50 亩(平均以 40 亩)计,则每丁能产稻米 40 石。交租 5 石后可余 35 石,获纯利润 99.82 贯文(除去工本和租米)如以每人平均食米 1.5 升计,则每年口粮消费约为 5.475 石,一个六口之家,约需口粮 32.85 石,足以维持生计,所余 2.15 石米,也够换来油盐酱醋等日用品。但如果是只有少量土地的四五等户,需纳二税及种种苛征暴敛,就入不敷出,生计成问题了。民户营田的经济效益远较军屯为高,这是一个很能说明问题的典型例证。可惜各地能有这么齐全数据的史料实在是十分难得而稀见,无法对各地的情形一一进行定量分析。

至南宋末,淮西仍然有一定数量的屯田和营田存在。如咸淳七年(1271)三月戊寅,发屯田租谷十万石,赈和州、无为、镇巢、安庆诸州饥。咸淳九年(1273)十月丁丑,沿江制置使(司?)所辖四郡夏秋大旱涝,免屯田租二十五万石,可证在淮西及荆襄地区至少各有数十万亩的屯田。此外,江东的沙田、圩田也有相当规模,咸淳十年(1274)的水灾,诏减其租十分之四①。

(二)荆襄营田

南宋最早提出屯田之议者为汪藻,已如上述。而最早建议在南宋荆襄实施屯营田者首推荆南府、归、峡州、荆门、公安军镇抚使兼知荆南府解潜(?～1149)。绍兴元年(1131)五月二十六日,他建议:"本镇所管五州军一十六县,绝户甚多,见拘收通旧管诸色官田不可胜计,今尽荒废可惜。见一面措置屯田、召人耕垦,分收子利。已恭依分镇便宜"行事。又建议由宗泽之子宗纲权屯田使、樊宾权屯田副使;诏令解潜奏辟,同意任命宗纲、樊宾分任荆南镇抚使司措置、同措置营田官②。樊宾后来主持两淮营田实肇始、获益

---

① 《宋史》卷四六《度宗纪》,第 906、917 页。又,南宋景定二年(1262),升巢县为镇巢军,为州郡建制。

② 《宋会要辑稿》食货六三之八三,《朝野杂记》甲集卷一六《营田》(第 347～348 页)又载:"渡江后,屯、营田始此。其后荆州军食,多仰给于营田,省县官之半。"又,解潜辟差的公安知县孙倚,"措置营田","比之一路,顷亩最多";诏"特转二官"(同上《宋会要辑稿》食货六三之八六引)。则为已行并取得实效之证。

于解潜的慧眼识人。绍兴二年(1132)七月九日，德安府、复州、汉阳军镇抚使陈规(1072～1144)又上"措置屯田事宜"奏凡十条，主要内容为："兵民不可并耕，故使各处一方。凡军士所屯之田，皆相其险隘，立为堡寨，寇至则保聚捍御，无事则乘时田作。其射士皆分半以耕屯田，少增钱粮，官给牛、种，收其租利，有急则罢，从军。凡民户所营之田，水田一亩赋粳米一斗，陆田赋豆、麦各五升，满二年无欠输，给为永业。流民自归者，以田还之。凡屯田事，营田司兼行之；营田事，府、县官兼行之，皆不更置官吏①。"陈规为两宋之际著名军事家，善用火器，南宋初坚守德安府七年之久，城完不破。绍兴十年(1140)在知顺昌府任，协助刘锜取得顺昌大捷，撰有《德安守城录》及《攻守方略》各一卷，为南宋初不可多得的军事理论著作。其所建荆襄(长江中游地区)屯田之策亦颇具远见卓识，融古今屯营田之要于一炉。其奏十条全文已佚，但其梗概今仍存时任左司员外郎的张纲(1083～1166)《条具看详屯田营田事项奏》中，此奏四库本《华阳集》已辑，今全文仍幸存于《宋会要·食货·营田》之中。其内容凡十五条，分为两部分，一是摘引陈规申请及臣僚献议内容，二是提出自己"看详"(审议)意见。这是南宋最早成文的屯营田条例，不仅适用于荆襄，亦经朝旨批准，行用于南宋各地，并成为樊宾、王弗绍兴六年(1136)主持制定"十二条"营田措置的蓝本。绍兴三年(1133)二月，张纲条奏十五项全文如下(略有删节，笔者的评议则逐条出注)：

被旨委都司检详官参照陈规申请营田并臣僚献议，今条具下项。

(一)看详：应屯田官掌营种屯田、管勾会功课(会计租课?)，其诸镇亦兼营田使。今来陈规所陈屯田、营田分为二事，未合古制，欲乞应诸路安抚使、镇抚使各兼营田使。今将陈规画一参酌逐镇风土所便，一面措置施行②。

(二)陈规画一内称：将逃亡、户绝官田推行屯田之法，其有屯兵垦

① 《朝野杂记》甲集卷一六《屯田》，第346页，参校《系年要录》卷四九。李心传二书皆系于绍兴元年(1131)十一月辛未，日期今从《宋会要辑稿》食货六三之八八。

② 本条陈规主张分屯田、营田为二事，张认为即为一事。又，"会功课"三字，疑应作"会计租课"或"计会租课"。

耕不尽之田,若轻其租赋,召人耕种,可以助军储、资国用,招集散亡无归之民。惟军与民不可使并耕作,庶不致交争。今看详:诸镇地多旷土,宜先务招集失业之民,轻立课租,使就耕作;其余地,分拨军兵,劝诱耕垦。仍相度地形险隘、远近酌中处,置立堡寨,遇有寇盗,则保聚在寨御捍,无事则乘时田作。其兵与民各处一方,不得交杂,庶得相安,民渐归业①。

(三)陈规措置:将人户荒田令军兵及召百姓耕种,若人户归业,纵寇盗未熄,亦合给还。今看详:诸镇全在招集流移,早使归业,所亡田产,自令即时给还。若有已拨在兵屯田内,难使杂耕,仰归业人户诣官司投陈,官为照验;已有民户耕凿多处,依数拨还,仍不得以瘠薄田充数。如是民户归业渐众,亦令依军兵法于地形险隘、远近酌中处置堡寨屯聚,以备盗贼②。

(四)陈规措置:先将近城官田、荒田仿古屯田之制,令官吏、弓兵、民兵等各自耕种,渐见次序。今看详:欲遍下诸路安抚使,各随本处风俗所便,依仿陈规画一事件,各务多方随诱官吏、军民等乘时耕垦。或有流寓、寄居及形势户,自来于法不许承佃官田之人,亦许出租耕佃,务要田土广辟,不致荒废③。

(五)陈规措置:将弓兵等留一半守御,余一半少增钱粮,令耕种荒田。其牛具、种子,以官钱支用,所得物斛并以入官。如遇田事忙时,则将所留军并就田作;若有军事警急,则权罢田作,并充军用。今看详:欲下诸路安抚使仿依陈规事理,更合参酌本镇临时事宜,劝诱军兵耕作。如遇农忙时,一面守御人并就田作,时亦合增支钱粮。如至秋成所得物

---

① 陈主先行军屯,地有余而民营;张则相反,先民营后军屯。又力主军、民屯营田不可错杂,以免军兵侵欺耕农,尤为有识。从后来的实践看,"附种"等弊端多由此起,张颇有先见之明。

② 张在陈基础上补充二点,其一,流移复业,不得以瘠薄之田别给充数;其二,以军屯法立堡编置民户,寓兵于农,乃战时权宜之计。

③ 张立法之本意,欲广辟荒田,却一改赵宋成法,为官户、形势户冒佃包占、疯狂兼并土地大开方便之门。这口子一开,就如决堤之洪水,覆水难收。而且近城官田、荒田、又为城市工商业者投资兼并土地提供便利。第十条亦有为兼并土地推波助澜之嫌。

斛,于内依仿锄田客户则例,亦合分给斛斗以充犒赏外,余并入官。庶知激劝,乐就田亩①。

（六）陈规措置:见出榜召人投状,经官指射耕种闲田,内水田……。今看详:欲下诸路安抚、镇抚使,依仿陈规立到租课数目,更切参详本镇地土瘠肥,官司曾无借给牛具、种粮及岁事丰荒,土俗所便,随所收种斛斗临时增减着中数目,拘收租课。务要便民②。

（七）陈规措置:人户指射官田、荒田,耕种满二年,不拖欠租税者,并充己业,听行典卖,经官印契割移。……已得旨转作三年。今看详:欲下诸路……多出文榜,劝诱人户施行。

（八）陈规措置:人户荒田及逃户官田,被人指射耕种及军兵耕种者,立限二年,归业识认;已种者,候收毕给之。过限者,官司并不受理。……今看详:欲下诸路……多出文榜,召人归业。仍逐旋具已招诱到归业人户数目,供申朝廷③。

（九）陈规措置:依所得朝廷指挥,置营田司。……今看详:欲下诸路……,依此遵禀施行④。

（十）臣僚上言:考之周制,一夫授田百亩……。本朝于京西、淮南屯田(则)人授百亩,则太多。裁为中制,可人授二十亩,如[赵]充国之议。一家五人同授田,亦足以得百亩。今看详:诸镇荒田甚多,惟患人力不足。兼地有肥瘠不同,难以一概立定亩数。欲下诸路……各参酌本镇地名高下,量度人力数授以田亩,务要力耕,不使卤莽。所是召人承佃荒田,亦不须限定顷亩,听人户量力投状请射。

---

① 张仅就陈议,增给秋收斛粮,但仍未明确比例。至绍兴六年(1136),始明确或四六分成或中停均分,但这已是激励机制之始。
② 陈立定租课额,已具见上文,此省略;张力主酌情增减租课,思虑周详,实开后之分成、定额租先河。
③ 招抚归业人户数目供申朝廷,是为了对官员的赏罚作为依据。此与上条,实可并为一条。陈主张二年归业,自陈给本,诏展为三年,张又提出张榜告示,以使众所周知,向大众传递信息。
④ 本条陈议已得朝廷批准,张别无可议。其诸路帅司、州县长贰兼营田使副缘此。陈议具体内容已见上述,此勿赘陈,体现了精简机构的"一元化"宗旨。

（十一）臣僚上言：屯田合用耕牛。今看详：近缘盗贼屠杀，例皆阙少。江北诸镇残破日久，绝无贩卖牛畜，合随宜措置。制令诸镇劝诱兵民，效仿古制用人耕之法，每二人拽一犁。初时虽稍费力，及其成熟，工用相等。欲下诸路……详酌，劝谕施行①。

（十二）臣僚上言：凡授田，五人为一甲，别给菜田五亩，为庐舍、稻场。今看详：欲下诸路，照应今来臣僚上言，参酌本镇土俗事宜，措置施行②。

（十三）臣僚上言：募民以耕，免其身役（及）、折变及民耕应出官租，初一年免其半，次年依本法。今看详：募民请佃之初，理宜宽恤，委是利便。欲下诸路……参酌施行③。

（十四）臣僚上言：兵屯置屯主一员，以大使臣为之；民屯县令主之，以岁课多寡为殿最。今看详：欲下诸路……开具推行月日，每至岁终，仍具所委官职位、姓名，招诱垦辟到田亩实数，供申朝廷。如招集到归业人户数目及兵屯、民屯稍见就绪去处，乞优与陞擢，庶使有以激劝。

（十五）欲乞诸路安抚使、镇抚使除依陈规画一并今看详事理施行外，逐处如别有利便，即仰各随土俗所宜，具事因以闻④。

最后一条并非多余，在幅员广阔的南宋诸路各地，会有不同情形，须区别对待。随时间的推移，屯营田的全面设置，新问题会不断产生，及时修订、完善立法就很必要。绍兴六年（1136）出台的十二条，就有更具体的民营田规定。但陈规、张纲首倡之功，功不可没。张纲在陈规条上屯田奏的基础上所拟订的十五条，是南宋政府批准的第一个屯营田条例。

绍兴五年（1135）十一月，知荆南府王彦（1090～1139）奏称：荆南营田司

---

① 北宋已普遍使用牛耕，南宋初的艰难时世，耕牛奇缺，倒退到二人拉一犁的耦耕。这是战乱对农业生产力破坏使之倒退的明证。

② 南宋屯田给耕种田地，别给菜田、屋舍、稻场等制始于此。后屋舍改为贷给。

③ 今各地广置开发区，"三免二减半"，"五免三减半"之类税收优惠措施，争先恐后纷纷出台，从南宋屯田之制中，不可以看到其历史的陈迹吗？

④ 据《宋会要辑稿》食货二之一〇至一一摘录录文，参校同书食货六三之八九至九二。异文择善而从。

罢,"令安抚司措置耕种,今计置到黄、水牛 1700 余只,及修置应干农具足备,尽已踏逐摽拨定合种水陆田顷亩……。已令下手破荒冬耕,及修筑堤塘,开决陂堰,以待来春依时布种①。"从王彦之奏可知,荆襄地区确曾大规模设置屯田。从张纲十五条之第十一条规定可知,当时耕牛奇缺而倡导两人拉一犁分析,似荆南府营田土地规模远不止此。军屯改为民营的原因,也许是金军大规模南侵,急需耕兵回归战斗序列之故。针对耕牛奇缺的状况,朝廷又令在四川购买蜀牛以应春耕生产的急需。绍兴七年(1137)二月庚寅,诏:"京西帅臣薛弼措置荆襄屯田,时已赐钱五万缗,为营田本。又市蜀牛三千赋之②。"靖康以来,针对荆襄等沿边地区"地广人稀,不患无田之可耕,常患耕民之不足"③的现状,解决方法,不外汲引归正、归明人耕种,劝谕狭乡农民移民或临时性佃垦等。在南宋初,宋廷采取了许多优惠措施。

绍兴十年(1140),宋金大规模战事正酣之际,中书舍人张嵲(1094~1148)上《论攻取疏》,建议在荆襄行屯田之制,"仿魏晋之法,与民分种,官收其二,而民衣食其八④。""与民分种",即采取募民佃耕并实行分成租的租佃制方式经营屯田。较之免租三五年的优惠措施,这也缺乏吸引力。问题是三五年后的分成比例,但这对于遏制形势户侵占逃田应不无积极作用⑤。但在孝宗时期"中停均分"已成为最常见的分成制,不论是军屯或民营田多已实施,在某些特殊情况下,甚至出现倒四六的分成比例。典型例证如:淳熙十六年(1189)正月二十五日,阎世雄言:"乞将逐年所收谷麦,以十分为率,内八分依旧分给,二分从总领所收籴……专充买牛使用。"从之⑥。扣除二分买牛,余八分对半中分,耕兵所得仅为四分,将理应由官府负担的买牛费用之半转嫁于耕兵。

① 《宋会要辑稿》食货六三之九八。
② 《系年要录》卷一〇九,四库本第 326 册,第 499 页。
③ 《宋会要辑稿》食货六三之一三一引张阐(1091~1164)之论。
④ 《紫微集》卷二四。
⑤ 《宋会要辑稿》刑法三之四载:宋觊绍兴十九年(1149)十二月言,"湖湘江淮之间,昨经寇盗,多有百姓遗弃田产,比年以来,各思复业。而形势户侵夺界limit,不许耕凿。"
⑥ 《宋会要辑稿》食货六三之六一。

绍兴年间,在荆襄地区营田取得实效者当首推王彦和岳飞。王彦(1090～1139)于绍兴五年(1135)为荆南(治今湖北江陵)帅守,被命措置屯田。当时,"摽拨营田"850余顷;其田虽"并系膏腴,止缘创行开凿,倍费工力。兼已令下手破荒冬耕,及修筑堤塘,开决陂堰,以待来春,依时布种①。"则每顷有耕牛二头,如以三人耕一顷田计,则投入耕兵为2550人左右。据徐梦莘(1126～1207)记载:王彦到任后,"措置屯田,以为出战入守之计。乃择荒田,分将士为庄,庄耕千亩。""置千户、石塘、瓦窑三堰堤水分溉,为最良。""天下论屯田营田实不扰民而得充国遗意者,必以彦为首称②。"确实,置牛具、兴水利,主帅事必躬亲,实为罕见。惜明年王彦即离任,其所营田亦旋即废罢。

驻扎在长江中游的岳飞(1103～1142),与吴玠是诸大帅中屯田成效最著的两位。林駉称:"岳飞任宣抚使日,于诸军拣拨老弱不堪披带官兵七千余人,立为'撞军'名额,专使营田于鄂州③。"岳飞以"莫须有"而遇害后,右司员外郎、总领鄂州钱粮鲍琚检核,有"营田稻谷十八万余石④",此外尚有营田息钱未计。即每名耕兵上交的稻谷即有25.7石之多,如以"中停均分"计,则应收获稻谷36万余石,如以亩产稻谷1.5石计,则其营田规模应在24万亩左右,平均每兵耕田34.3亩,约与三兵种一顷的规定相符。

荆襄营田的高潮迭起是在孝宗(1132～1189)在位时期。孝宗即位之初,参知政事汪澈(1109～1171)被命督视湖北、京西路军马,上奏请在襄汉兴置营田。其说云:"襄阳古有二渠,长渠溉田七千顷,木渠溉田三千顷,自兵火之后,悉已堙废。今臣先筑堰开渠,并合用牛具、种粮,就委湖北、京西两运司措置。渠既成,或募民之在边者,或取军中之老弱者,杂耕其中。来

---

① 《系年要录》卷九五,第326册,第338页上;《宋会要辑稿》食货六三之九八。
② 《三朝北盟会编》卷一六八,第1216页上,上海古籍出版社影印本,1987年。是书还记:王彦"亲督将士,具畚锸修筑,计工六万有奇,不浃旬[三堰]告成。公私之利,无穷天下。"参见续耆撰《王彦行状》,刊同书卷一九八,第1430页上。
③ 《古今源流至论》续集卷一《屯田·岳飞田鄂州》,四库本942册,第353页下。
④ 《系年要录》卷一四四,绍兴十二年(1142)三月庚戌,四库本第327册,第18页上。

秋谷熟,量度收租,以充军储。既省馈运,又可安集流亡①。"汪澈自请"随宜措置",故到任即相度兴修长渠、木渠。自古以来,两渠灌区即为膏腴,创造了许多屯田绩效显著的范例。博古通今的汪澈欲重演历史故事,提出水利先行,招募流亡边民及军中老弱"杂耕"营田的设想,并建议置"措置京西营田司",以京西运判姚岳兼领。以便解决部分军需粮秣,兼以"安集流亡"。从而揭开荆襄地区大规模营田的序幕。

淳熙十年(1183),湖广总领赵汝谊等言:"鄂州、江陵府都统制岳建寿申:襄阳、德安府、郢州根括到积年荒田九十余顷,与屯田见耕田土参接。"可见汪澈建议已得到实施,荆襄屯田已初具规模。岳建寿申请:"许令本司从营田体例招置佃户,官给牛具、种子,与免官司差役,耕种所得,租课分收入官。"诏令同湖广"总领所、京西、湖北转运司措置,条具闻奏。"旋"條具下项":(1)招置佃户,每顷以三人为率,约当一百余人。(2)官给牛具、种子,每亩种一斗,共用种九百余石。耕牛,每顷用二头,共用一百八十余头,并农具于营屯所钱内通融支拨收买。仍佃户每家官给草屋三间,内住屋二间,牛屋一间。(3)与免佃户本名下丁身差科,及免充本都内烟火保甲差使。(4)招置到佃户,每名欲权借谷三五石,以至十石,应副食用。候至秋成日拘收。(5)"开垦之初与免初年分收课谷一料。至次年,除留官种外,将收到子课,官客均分。"同年五月十三日,诏令"如于民田无侵犯,即依逐司条具事理施行②。"可见当时荆襄屯营田确如汪澈建议的那样已兵民杂耕,又与民田相邻。值得注意的是:此提出了每亩种谷一斗及免丁役与保甲差使等,可能会具有一定吸引力。

稍后,赵汝谊与淮西总领蔡戡两易其任,副都统制郭杲也接替岳建寿主

---

① 《宋会要辑稿》食货六三之一二五,参校同书三之八,六一之二六。同书八之五文字差不同,"三千顷"下,有"其间陂池灌浸,脉络交通,土皆膏腴"十四字;"堙废"下,有差委吕擢、姚岳"亲至其地计度,今且先治长渠,凡筑堰开渠,可用二万工"等凡三十八字;"措置"下,有"不令丝毫扰民"六字。疑此为奏章原文,余三处覆文则有删节。又,《系年要录》卷二〇〇引作"长渠溉田二千顷,木渠溉田千顷"。或文字脱、误,或古"今"(南宋)之异。但《宋史》卷九七《河渠七》亦载:淳熙八年(1181),知襄阳府郭杲言"木渠可溉田六千余顷"。则似两渠灌区可溉田上百万亩。

② 《宋会要辑稿》食货六三之一五四至一五五。

管屯田事宜。淳熙十年（1183）五月八日，郭杲言："本司见管屯田谷麦"共122000余石。又称："见有荒熟田"共750顷，"乞降钱三万缗收买耕牛、农具便可施工①。"可见当时已有屯田7.5万亩，所积谷麦也可充种粮及口食。淳熙十一年六月，郭杲言："已开垦布种水田"62140亩，内37199.5亩"系旧年拘籍耕种之数"。质言之，其中24940.5亩水田乃其上任后新垦种者。同年七月三日，郭杲又言："木渠下荒田实堪耕种田"10944亩。但实际垦种水陆田已远过此数。淳熙十二年二月二十一日，"副都统郭杲言：已贴差官兵招召佃客垦辟荒田，即日已耕熟麦田"280余顷，水田490余顷②。两项合计：水田1111.4顷，麦田280余顷，总计为139140亩。其中水田占80%左右。据汪澈之说，两渠灌区可溉田一百万亩，至淳熙中，经二十余年的苦心经营，不过营屯田近14万余亩，约占灌区耕田14%左右，较之汉唐在这一地区的屯田规模就更是望尘莫及。而且，孝宗对荆襄屯田的经济效益深感失望和不满，他于淳熙十二年正月七日说："每亩比民间耕种所收至薄，今岁要加意布种，其未耕田段，仰更切接续措置。"同年九月十七日，又说：二麦"下种不少，何所收如此之薄③！"究其原因，除了耕兵缺乏生产经验，"杂耕"又有各种弊端外，投入太少也是原因之一。上引史料中郭杲称荒熟田750顷，乞降钱3万缗，"收买耕牛、农具，便可施工④。"则每亩开发成本仅0.4贯文，仅为刘宝所云5.5贯足开发成本的7%左右，即使以每年2.381贯文省计，也仅16.8%。当然其中已有部分熟田及种粮等成本未计入。但朝廷却仅支降二万缗⑤，这也必然导致广种薄收的结果。

两淮出现的豪富包占田亩的现象在荆襄同样存在，如何措置，是宋廷面临的一道棘手难题。湖广总领赵彦逾等提出了承认既成事实，征收近乎二税的低额十一之租的权宜之计。这条史料无意中透露了当时木渠灌区为稻

① 《宋会要辑稿》食货六三之五二至五三。
② 《宋会要辑稿》食货六三之五六。
③ 分见《宋会要辑稿》食货六三之五六至五七。
④ 《宋会要辑稿》食货六三之五三，又见《宋史》卷一七六《食货上四·屯田》，第4274页；《会要》作"施工"，《宋史》作"施功"，疑应作"施工力"。
⑤ 《宋会要辑稿》食货六三之五五，淳熙十一年（1184）六月十九日。

麦二熟制耕作区①,不过耕作粗放,广种薄收,其稻麦的种粮与产量之比不过分别为 1:4 和 1:3。如果不是赵彦逾等故意低估产量,以为低额租的出台寻找依据的话,昔日的膏腴之田,其产量之低令人吃惊。《宋会要·食货·屯田》有载:

> 淳熙十三年(1186)十一月十五日,湖广总领赵彦逾、京西安抚高夔、运判兼提刑、提举刘敦义言:近委襄阳通判朱佾,躬亲诣木渠下审实:取见民户共实管田九百一十四顷二十三亩有奇,契据分书税苗户帖内田共一百八十一顷三十九亩有奇,包占共田七百三十二顷八十三亩有奇。奉旨,令将包占田亩同共相度,合作如何措置闻奏。
>
> 契勘前项包占田缘人户开耕年深,久施工力,若一概起纳二税,窃虑因此增添差役、诸色科敷,吏缘为奸,民受其弊。况本路极边土旷,民力未裕,开耕卤莽。计一岁一亩所收,以高下相除不过六七斗。今乞将见括出田,每一亩夏收麦租三升,秋收粳粟三升,每亩岁收六升,一岁共收租子四千三百九十七石有奇。夏秋两料,拨隶屯田[所]拘收桩管,所收租,视古什一之法,取民有制,亦为优裕。异时民力富足,耕垦如法,增收租子,可以(此)[比]类施行,从之②。

两项合计民田应为 91622 亩,其中被包占者达近 80%,即以米麦各三升,折米为两料 4.5 升计,则已流失租米 3600 石,如以米麦合计则为 4397 石。昔日襄阳木渠营田,南宋因极边残破,产量已降为 0.65 石/亩左右,沦为低产地区。但荆襄当时无疑已存在大量民田。

南宋后期,荆襄屯田在与金元拉锯战中,再度复兴。嘉定年间,抗金名将孟宗政(? ~1208?)曾"招唐、邓、蔡壮士二万余人,号'忠顺军'"。宗政卒后,制置司命其子孟珙(1195~1246)统领。绍定元年(1228),孟珙"创平堰于枣阳,自城至军西十八里","水跨九阜,建通天槽八十有三丈,溉田十万

---

① 木渠灌区为二熟制田,《宋史全文》卷二七下提供了一个旁证:淳熙十二年(1185)九月丁酉,湖广总领赵彦逾等奏:"襄汉之间麦稻熟晚,乃诏二麦于七月终,稻谷于十一月终具数开奏。"
② 据《宋会要辑稿》食货六之二八录文。

顷(亩?),立十庄三辖,使军民分屯,使军民分屯,是年收十五万石①。"

《宋史·史嵩之传》亦载:"宝庆三年(1227),通判襄阳府。绍定元年(1228),以经理屯田,襄阳积谷六十八万,加其官,权知枣阳军。"史嵩之(? ～1256)经营屯田,仅一年就积谷 68 万,则无论营田顷亩及亩产量,较之孝宗时期均有大幅提高。这一数字也许未免夸张失实,但理宗初在荆襄大兴屯田则是不争的史实。《宋史全文》卷三一载:绍定二年(1229),监进奏院桂如琥奏:屯田"荆襄才行数年,积谷已逾百万斛。"如从理宗即位后四年计之则每年平均为 25 万石。

端平元年(1234),宋蒙(元)联合灭金后,双方在荆襄地区进行了长期反复的战争,这一地区与四川成为南宋末近半个世纪的主战场。嘉熙三年(1239),孟珙收复襄阳后,以京西、湖北路制置使兼知鄂州,次年岁末,又以四川宣抚制置使兼知夔州。史称其在湖北"大兴屯田,调夫筑堰,募农给种,首姊归,尾汉口,为屯二十,为庄百七十,为顷十八万八千二百八十。上屯田始末与所减券食之数,降诏奖谕②。"这应是南宋规模最大的一次屯田,惜对其经营方式、租课、产量等均付之阙如。从其"募农给种"云云看,似以民营为主。当时,宋蒙战事不断升级,难以动员更多兵力实行军屯。另外灭金后,荆襄也集中了大量的流民,为兴修水利,大兴营田提供了客观条件。但屯田1882.8 万亩之数显有夸大失实之嫌。李曾伯(1198 ～1268)于淳祐十年(1250)任京湖安抚制置使、知江陵府时曾上奏称:"京湖自江北诸城,往罹狄难,闲田旷土,弥望荆榛,皆二十年前禾麦膏壤也。"又云:"本司所管江南、

---

① 《宋史》卷四一二《孟珙传》,第 12370 页。可溉田"十万顷",疑"顷"乃"亩"之误。据上考襄阳灌区不过 100 万亩,实际垦田约 14 万亩。又,其父事见《宋史》卷四〇三《孟宗政传》,晚年为荆鄂都统制、知枣阳军。"中原遗民来归者以万数,宗政发廪赡之,为给田、创屋与居,籍其勇壮号'忠顺军'。俾出没唐、邓间,威震境外,金人呼为'孟爷爷'"(点校本第 12213 页)。

② 《宋史》卷四一二《孟珙传》,第 12378 页。其史源出于刘克庄《后村先生大全集》卷一四三《孟少保(珙)神道碑》(四部丛刊本)。"孟珙大兴屯田,调夫筑堰,募农给种,如昔行之枣阳者。糜钱"46 万缗,3.4 万石粟,"首秭归,尾汉口,为屯二千","为庄 170,为顷 10 万。"起建闾,迄壬寅",三年间(1240～1242),计收 93 万石有奇。此云 10 万顷,与下考 900 万亩基本相符,《宋史》本传显然失实。

江北屯田,人谓孟珙尝云尚余九百万亩,以臣愚料,珙亦夸言。倘计夫而授田,以何人而充募！稽其旧籍,汗漫难考。珙存日岁耕今已莫得其实,但闻其末年岁上朝廷物斛不过二十万余石。贾似道以盛年精力,极意经理,田莱加辟,稛人成功,视珙时固已推广倍半矣。然税租之上,仅能及三十余万石,计诸顷亩,所收固不止此。然军民杂耕,官吏程督,牛种器具、岁时赈贷工本于此乎仰①。"

显然,李曾伯之说远较元修《宋史·孟珙传》之说为可信。其奏云,孟珙自称有田 900 万亩,仅是《宋史》本传所载屯田数的 47.81%。即使这一数据,李亦断言为"夸言"。其理由是当时劳动力奇缺,即使一夫授田 50 亩,亦须 180 万夫,农夫从何而来。其岁租仅为 20 万石,即使以低额租一斗/亩计,亦仅 200 万亩田。但《神道碑》云:三年收租 93 万石,营田投入在 56 万缗以上(米已折钱),或孟珙营田至多也在 300 万亩左右。淳祐六年(1246)孟珙卒后,贾似道(1213~1275)继任为制置使,领荆襄屯田,扩大规模,从其收官租 30 万石看,充其量亦不过营田 300 万亩而已。与上引桂如琥核实之数大体相附,即在 200~300 万亩左右,这与岁收 25 万石官租亦基本吻合。即使考虑到豪富包占的因素,也不会达到 900 万亩的规模。如果具有这样的规模,官租至少上百万石,已基本能满足这一地区驻军十万的军粮供应②。但尽管如此,营田二至三万顷已是南宋绝无仅有的最大规模,创纪录者似应为孟珙、贾似道(1213~1275)。

(三)四川营田

四川营田,其成效最著且经济效益最佳者,当首推抗金名将,力保全蜀不失的功臣吴玠(1093~1139)。《宋会要辑稿》食货六三之一一一载:绍兴七年(1137)九月二十八日,"中书门下省言:川陕宣抚使司于兴元府、洋州等处劝诱军民营田,耕种六十庄,计田八百五十四顷。今夏二麦并秋成所收近

---

① 《可斋杂稿》卷一八《荆阃回奏四事》。同书卷一九《奏总所科降和籴利害》又云:"合要措办米一百三十万余石,方能应两司经常科降之数。"可见即使以贾似道的 30 万石计,尚缺粮 100 万石。

② 《可斋杂稿》卷一八《手奏荆阃事宜》云:京湖"诸项官军","通九万六千人"。需米 130 万余石见上注。

二十万石,补助军储,以省馈饷。降诏奖谕。"李心传记其事云:"绍兴六年(1136),吴玠为宣抚副使兼营田使,治废堰于梁、洋,率军民营田……。其初,因兵火后,民多失业,故募人耕之,量收租利①。"这一营田顷亩曾经朝廷遣使核实,其面积为 85479 亩,当时已种七分以上。据李迨奏称:"汉中之地,古称沃野,每亩除出粮种外,止收三石为率,约收二十五万石。"据上引《会要》之说乃稻麦二熟制田,产量当为谷麦合计 6.2 石,折米应为 3 石左右,如以麦产量占 1/3 计,则稻米产量亦不过每亩二石。因此,我们不能随心所欲曲解史料,将此田亩产量估计过高而导致失实。

绍兴和议后,郑刚中(1088~1154)任四川宣抚使兼营田使,措置营田于沿边数州,至绍兴十三年(1143)岁末,已初见成效,营田凡 1342 顷有奇,岁省四十万斛②。似亦稻麦两熟制田,谷麦之官租,平均每亩收 2.98 石。与吴玠时每亩 3 石约略相同。

绍兴十五年(1145)十二月,郑刚中"于阶、成二州营田抵秦州界,凡三千余顷,岁收十八万斛";"减成都府路对籴米三分之一③。"但李心传的另一名著《朝野杂记》甲集卷一六《关外营田》(点校本第 350 页)却有不同记载,且更详尽。其说云:"休兵后,[郑]享仲(刚中)又行之关外四州及光州、大安军,所营田至"2612 顷。"除粮种分给外,实入官细色十四万一千四十九石,得旨拨十二万石赴成都路对籴米;而金州垦田"567 顷,岁入 18600 余石不与焉。"时十五年(1145)春也。"据《朝野杂记》两项合计,应为营田 3179 顷,岁

---

① 《朝野杂记》甲集卷一六《关外营田》,第 350 页。此云:"约收二十五万石",《通考·田赋七》略同;是。但《会要》和《玉海》卷一七七皆作"二十万石",应以《系年要录》卷一一一引李迨(? ~1148)之说为是:绍兴六年(1136),"朝廷遣使取会到陕西路屯田",计田 85479亩;"止以三石为率,约收二十五万余石。"其说是。《玉海》据《会要》,似同脱"五"字,实应为 25.6437 万石。

② 李石《方舟集》卷一六《邓承直墓志铭》载:绍兴中,邓昂补川陕宣抚司措置营田[官],"行沿边数州隙田",得 1342 顷有畸,"岁省四十万斛"。方按:屯田数与《系年要录》卷一五○绍兴十三年十二月己酉条所载"一千三百余顷"略同。

③ 《系年要录》卷一五三,第 327 册,第 132 页上,《玉海》卷一七七《屯田·营田官》,第 3258 页下(江苏古籍出版社、上海书店影印光绪浙江书局本 1987 年版)同。

收细色合计为 159649 石,约为 16 万石①。颇疑《要录》合计时又误作"十八万石",或手民误刊将"十六"讹作"十八",而为《玉海》所沿袭。从《朝野杂记》与《会要》数基本一致,且有明细数据,似以此数为较可信。据《会要》十分必要的补充乃"夏秋两料细色"云云,如以留种后分成,约为"官四客六"的比例(相当于对半中分)。则其每亩官收为 0.5 石 ~ 0.6 石,其产量应在 1.25 石 ~ 1.5 石米左右,与绍兴初吴玠营田时之产量已稍减。值得注意的是:此为夏秋二季的租米和产量。因此,以汉中为主的川陕营田应是两熟制田。但据当时宣抚使司措置营田官邓昂(1098 ~ 1158)之说,绍兴年间,所耕营田仅及其半,或实行休耕轮作制。《宋会要辑稿》食货六三之一二〇有载:

> 绍兴二十八年(1158)九月二十七日,文林郎邓昂言:窃见关外营田,行之有序。若不继此增修,将见弛废。兼绍兴十三年创始之初,祇十分收五分,所余五分,当尽举而行之。耕种人力不给,方且欲假以办事,欲望再行体量于宽田处更与添人力。汉中陆田少,湿田多,种禾、麻、菽、麦则为浸湿所害。因其卑湿,修为水田种稻,则所收可无虚岁矣。
>
> 耕种田多是卤莽,闻之老农"耕不再,则苗不盛;耘不再,则穗不实。"苟不能革日前之弊,而望多稼之田,其可得乎! 内田段多有未曾开垦,宜委官躬亲体量亩数,行下诸庄,遍令开垦。如内有费牛力多处,令庄官具实以闻。

陕西汉中是著名的高产区,历来雨量充沛,气候温和,适宜种稻。营田耕种颇为粗放,远不如两浙等地精耕细作,但产量已很高,亩产谷三石,其农谚尤可贵。川陕营田,也遇到"诸庄耕牛少"的难题,而且蜀中还是产牛之地。故邓昂又提出不能"纯养牡牛,当收买牝牛(母牛)二分散养,以资蕃庶"的建议②。颇为有识。

---

① 但《宋会要辑稿》食货六三之六四却作:"当时营田止二千六百顷,岁入已二十三万石";同书六三之一五八又作"逐州垦田二千六百五十余顷,夏秋两料纳官细色计一十四万一千四十九石。"前者或为并粗色如麦豆等杂色合言,后者则与《朝野杂记》基本相符。

② 参校《宋会要辑稿》食货三之五。

川陕屯田经过绍兴年间的极盛期后,其垦田面积虽有扩大,但产量及岁收租入却不断下滑。《宋会要·食货·营田》有载:

> 嘉定十三年(1220)七月十四日,四川宣抚使安丙、总领财赋任处厚言:臣等契勘蜀口营田成规,总所虽经焚荡,而蜀绅所藏编类成籍可考不诬。阶、成、西和、天水、沔、凤、梁、洋、利九郡,逃移荒闲、有主无力田土,措置开垦,始于吴(璘)[玠],成于郑刚中。至绍兴十五年(1145),逐州垦田共二千六百五十余顷,夏秋两料纳官细色计一十四万一千四十九石。用充所屯将兵支遣,却与民户罢免和籴,并对兑成都府路对籴三分之一,为利可谓博矣。

> 乾道四年(1168)以后,屯戍渐撤……暨淳熙、绍(兴)[熙]间,田亩虽增至七千七百余顷,而所收细色,却止(许)九万八千六百五十余石。近年所入,又不及四五万石。其弊不可概举①。

据安丙等人之说:淳、绍间,岁收租米平均每亩仅为 0.128 石,即使与绍兴中金州垦田 567 顷,岁入 18600 余石,亩均租米 0.328 石比,也仅为后者的 39.02%。但《宋会要·食货·屯田》所载又有不同:嘉定十五年(1222)十二月十七日,臣僚言:"屯田所急,莫先蜀道。自郑刚中宣抚(州峡)[川陕],首行经画,当时营田止二千六百顷,岁入已二十三万石,遂罢西路和籴。厥后豪将猾民私租承佃,官失常入之课。至淳熙初,田及七千四百顷,仅收九万石。近以籍没逃亡,增至万顷,止得十万石。田视厥初凡七八倍,而租减于前者过半。是官受营田之名,利归于营田之家②。"从绍兴中的亩收租米 0.885 石,下降为淳熙初的 0.12 石,又下滑至嘉定末的亩均 0.1 石。从 1145~1222 年的 77 年间,平均每亩官租减少为极盛时的 1.13%,名副其实的百不及一。究其原因,正如臣僚指出的乃"豪将猾民私租承佃",冒占包佃,导致租课大幅流失。不用说,主要在于豪势官吏的勾结,成为吏治腐败

---

① 《宋会要辑稿》食货六三之一五八。《朝野杂记》甲集卷一六(第 350 页)称:"至淳熙初,垦田增至7557顷,而租入止有58000石有奇",则租入更低,亩均仅7.7升。疑数据有误,今不取。

② 《宋会要辑稿》食货六三之六四。

的典型之例。魏了翁则强调开辟新的屯田基地之重要性。嘉定十六年（1223）十一月五日，他说：今日垦田，"如利之西路则阜郊之内，潀池诸谷；水关之内，崖石诸镇。利之东路，则洋川之内，青座华阳；凤集之内，盘车诸岭。大率昔为膏腴，今成荒弃。……略计所耕，可数千顷……。今之垦田，又为后之屯田；今之耕夫，可为后之精兵。为蜀永图，无出于此。""比者关外连岁荒歉，今年荞麦大熟。边民无里外，咸知耕播之利①。"当时并无大规模战争，影响产量锐减的原因之一，乃"连岁荒歉"——即自然灾害。

南宋后期，四川屯田仍然存在。《宋史》卷一七三《食货上一》载：淳祐二年（1242）九月，赦曰："四川累经兵火，百姓弃业避难，官以其旷土权耕屯以给军食。及民归业，占据不还。自今凡民有契券，界至分明，所在州县屯官随即归还。"此赦表明，终宋之世，政府对私田产权的保护政策，十分明确，即使暂时的弃田，亦在战乱后归还业主。

（四）其他地区屯营田

南宋屯田营田，并非仅存在于沿边地区，也不是战时才有。而是遍及南宋全部疆域，且南宋立国 150 余年间，各地多有。这些屯田、营田既有继承"历史遗产"，即前朝或北宋久已有之者，亦有南宋新开垦者。质言之，在时空分布两个方面而论，屯田、营田是南宋长期存在、涵盖面广的一种农田经营模式或历史现象。先看两道诏令：其一，绍兴五年（1135）八月二十四日，"内降德音：应潭、郴、鼎、澧、岳、复州、荆南［府］、龙阳军、循、梅、潮、惠、英、广、韶、南雄、虔、吉、抚州、南安、临（安）［江］军、汀州管内，已降指挥，人户附种营田并主户下客丁，官中科种，收课数多，缘此流移，未肯归业。应人户已请官种，种苗在地，比每年减半送纳，自来年并免附种②。"上述 22 州郡营田，分布在湖北、湖南、江西、福建、广东各路。南宋之初，迫使民户附种营田，损害农民利益的弊端已经引起宋廷的注意。可见在南宋初，附种营田已并非一种个别现象。其二，绍兴七年（1137）六月五日，诏："淮东委蒋璨、淮西韩

---

① 《鹤山集》卷一六《奏论蜀边垦田事》。
② 《宋会要辑稿》食货六三之九七至九八。据《系年要录》卷九二校改，但其书又脱潮、韶州、龙阳军。

珹、江东俞俟、浙西汪思温、湖南北、京西南路帅臣并带提领营田，内有见带营田大使、营田使即依旧。……其提领营田司限一月结局①。"两淮、江东、浙西委漕使、湖南北、京西路委安抚使主管营田事宜，乃因原隶都督行府的提领江淮营田司撤销之故，改由上述七路分领，而 12 条仍沿用不废。这与上列22 州郡有附种营田同样表明南宋全境已遍置营田。

两浙路营田历史悠久，至迟五代时就已存在，经北宋至南宋，其规模仍很大。其中的"官庄田"租课和产量极高，这就是南宋当局屡次欲卖又罢的原因所在。《系年要录》卷一八一，绍兴二十九年（1159）四月癸卯载②："两浙转运司营田"926000 余亩，"收稻麦杂豆等"167000 余斛；"官庄田"42000余亩，"收稻麦等"48000 余斛。前者平均每亩 0.18 石，后者则为 1.14 石/亩。显然，官庄田为久已垦熟之膏腴之田，而且多为稻麦两熟之田；营田则多为荒田、逃田，从"杂豆"等租课看，应有不少坡地。二熟制田不多，而且耕种粗放，远不如官庄精耕细作、不惜工本的经营方式，故产量和租课，两者差距明显，相差有数倍之多。乾道元年（1165）三月三日，"户部言：浙西营田、官庄共"159 万余亩。二年六月十三日，"淮西言：营田"20767 亩③。较之同时淮西营田，更为其数的 76.56 倍。

关于浙西营田，乾道六年（1170）六月十三日，都大发运史正志奏：浙西诸州营田，除秀州嘉兴县未报外，计 158.3 万余亩，数内人户未佃 572800 余亩，未开耕田 50400 余亩，并逃移事故田 139800 余亩，总计 76.3 万余亩。若召人承佃，可收稻麦 12 万硕④。平均每亩仅收 1.57 斗定额租，折计成米仅7.86 升而已。可证营田在初召佃时，其租课极低，仅为产量的 4% 左右。在南宋初期，浙西官田仍有 48.2% 未能佃耕，而当时已是稻麦两熟之田。即使在农业生产力发展水平最高的浙西仍有大量抛荒田。值得注意的是：这 158万余亩的营田、官庄田上仍收麦租，所谓官私麦租俱免之论，实乃耳食之言。

---

① 《宋会要辑稿》食货六三之一一〇。
② 四库本第 327 册，第 566 页；参见《宋史》卷一七三《食货上一》。
③ 《宋会要辑稿》食货六三之五二。
④ 《宋会要辑稿》食货六一之八五。据同书六一之八六载：乾道七年（1171）淮东八州军的"系官荒田"及"人户请佃在户未耕荒田"更多达 351.281 万亩，是浙西的 4.6 倍。

南宋浙西的营田数额巨大,除继承"历史遗产"外,还有更多是南宋新增之田,其中许多天荒、逃绝田拘作营田,是绍兴年间经界后的产物。仅镇江府一地就达 22 万余亩。《宋会要辑稿》食货六三之一一六有载:绍兴十九年(1149)六月二十四日,两浙提领营田官曹泳言:"根括得镇江府未有人承佃天荒等田"223817 亩,"欲将上件经界所量出田并后来因水旱逃户所抛下田,并作营田拘收。……所有本路应管天荒逃绝等田,未有人承佃去处,乞先自秀州、镇江府措置作营田耕种,仍乞逐州从泳踏逐。"从之。镇江府的营田官庄,主要由拣退军人及"归正人"耕垦。隆兴二年(1164)二月,镇江都统制刘宝言:"见管营田官庄"42 所,田 47588 亩,官兵 505 人,客户 265 户。据刘宝之说,这些营田军人,由"元不入队内差拨,即无堪充披甲出战之人、归正人";其"军兵费用钱米系是逐人身分合得请给";而"不是因营田别有支破①。"质言之,实乃"癃老病患,不堪征役"的"拣汰军兵②",即为未编入战斗序列的现役军人及少量归正人,按自愿原则充营田军。力耕之余可分得四至五分"子利"以养家活口。如仍以绍兴时江淮营田司规定的佃客每户耕100 亩计,则这部分田中,505 名"耕兵"人均耕种 41.75 亩,与北宋时"一夫之田"40 亩相仿,与佃客五口之家通常为二丁耕田百亩亦约略相仿。

　　江东路也存在大量营屯田,其中有的为圩田,有的乃没官田、荒闲田。据林駧记载:"建康官庄三十九,耕田一百八十四顷,官得六千五百三十(一作二十)石③。"平均每庄有田 471.8 亩,每亩官庄收租 0.355 石,如以官四客六的比例分成(相当于出种后中半分成),则平均亩产量为 0.89 石,其产量不如同条所说的淮南官庄 2.2 石/亩,也远不如上述的浙西官庄。疑是书所引的数据或有误④,也有可能此亩收 0.355 石的官庄田租为定额租。《宋史全文》卷二四下见载:乾道元年(1165)八月己卯,进呈营屯田文字,上曰:"永丰圩见隶建康行宫,岁收米三万余硕。"这块永丰圩田数为 730 顷,据《通考》

---

① 《宋会要辑稿》食货六三之一三三。
② 《宋会要辑稿》食货六三之一三五。
③ 《古今源流至论》续集卷一《屯田》,第 942 册,第 353 页。
④ 拙考浙西、江东的亩产应在同一水平,约为亩产二石米左右。见拙文《关于宋代江南农业生产力发展水平的若干问题研究》,刊《江南社会经济研究》宋元卷,第 533～539 页。

卷六载："乾道元年,淮东总领所申",通营田730顷,共理租21.1万余秤①。永丰圩平均每亩收租为0.41石或2.89秤,应是定额租。淳熙十年(1183)六月,建康府上元县有"荒圩并寨地五百余顷",显为曾有营田之证。建康府的营屯田早在南宋初就已创置。绍兴二年(1132)十一月十八日,中书门下省言:"建康府江南北岸荒田甚广";诏令"孟(庚)〔庚〕、韩世忠措置,将兵马为屯田之计,体仿陕西弓箭手法,所贵耕植渐广,以省国用,以宽民力②。"绍兴二十三年(1153)三月十八日,刘宝建议:"相度到人户识认军庄营田,欲令偿纳自开耕以后三年每亩用过工本钱五贯五百文足,给还元田。"宋廷采纳以后,诸路"营田渐以还民"③。但习惯上还以营田称之。

江西路设置的屯营田亦以规模大、时间长而著称。绍兴元年(1131)十月十五日,江西路安抚大使李回言:"江州、南康军、兴国军界,赤地千里,无人耕种"。乞"专委监司措置营田,诏依。仍令帅臣同共措置④。"其实,江西屯田早在唐末五代时就早已有之。杨万里称:"屯田之为吉水病,三四百年于兹";"自唐末、五代以还,吉水之屯田在一郡为加多,而其租为已重。"乾淳年间,"请官鬻之,而更为税亩,于是租之为斛者二千一百三十四有奇⑤。"杨万里对其家乡屯田之租重深致不满,又对其先改为税田减租,继又于绍熙中"悉蠲之"而欢欣鼓舞。如以"亩税一斗"计,则吉水屯田应为21340亩左右,吉州在南宋成为商品粮生产基地绝非偶然。

政和元年(1111),知吉州徐常奏称:"诸路惟江西乃有屯田非边地,其所立租,则比税苗特重,所以祖宗时许民间用为永业。如有移变,虽名立价交佃,其实便如典卖己物……。其交佃岁久,甲乙相传,皆随价得佃。今若令见业者买之,则是一业而两输直,亦为不可。而况若卖而起税,税起于

---

① 《通考》卷六云:"不过米二万余石","二"为"三"之讹。这从计量关系的转换中也可证见:1石=120宋斤,1秤=16宋斤;0.4石=48宋斤=3秤=30.72公斤。如果是二万石,这一等式就无法成立。

② 《宋会要辑稿》食货六三之八八至八九。

③ 《宋会要辑稿》食货六三之一一八,《朝野杂记》甲集卷一六《营田》,点校本第349页。据此,每亩营田每年平均开发成本约为2.381贯文省。

④ 《宋会要辑稿》食货六三之八六。

⑤ 《诚斋集》卷七五《吉水县除屯田租记》。

租,计一岁而州失租米八万七千余石。"当时,朝"命官鬻卖官田,江西路一岁失折上供,无虑二十余万石①。"从租米考察,吉州屯田约占江西一路的43.5%。惜吉州屯田租之数额已不可考,但据南宋末建康府五县营田亩收5斗,苏州营田亩收4斗比照②,南宋初江西营田亩租应在3斗~5斗之间,姑以定额租4斗计,则北宋末吉州营田约为21.75万亩,而江西路的营田至少在50万亩以上。这些规模相当大的营田多已被南宋所继承。同样,在抚州也有大量的"系省额屯田",即本书上已论述过的"省庄田",原为宣仁垂帘时的汤沐邑田,其田面权同样可以立价交佃,视同己业税田,还美其名曰"资陪"③。

但江西的屯营田租也有很低,甚至低于二税者。如庆元中,张琯(1161~1204)知隆兴府奉新县,"县有营田,征赋比他为最薄,民竞耕之。久而营田罢,以鬻于民,履亩取税,比旧已增。"后又令折钱,"民皆破家不能输"④。可见未卖时营田租比二税还低,仅为数升而已。这或许是罕见之例,据杨万里之说,江西屯田租重乃普遍现象。其说云:"江西之屯田,大抵其田多沃而荒,其耕者常困其利,则官与私皆不获。……租重,故一年而负,二年而困,三年而逃,不逃则因于官,不瘦死、不破家,则不止。"杨万里以为,如两淮这样的地旷人稀处,应授田以民;而如江西这类内地之屯田,应"检校经界之旧籍,以为均税之额;尽鬻内地之屯田,以为牛种之资⑤。"《宋会要辑稿》食货六一之三三载:乾道九年(1173)四月五日,诏令"监登闻检院张孝贲往江东、主管官告院周嗣武往江西,措置出卖营田并没官田产。"《宋史·食货上一》又载:同年以司农寺丞叶翥等主持出卖浙东、西路官田。这是二浙、江南四路孝宗时期尚有大量营田以待出卖的明证。

---

① 《文献通考》卷七《田赋七》。

② 《景定建康志》卷四一《田赋二·营租》、正德《姑苏志》卷一五。

③ 陆九渊:《象山先生全集》卷八《与苏宰书》(二)。陈荣华等主编《江西经济史》第243页(江西人民出版社,2004年)称:抚州屯田"不下千五百顷",未审其何据?

④ 《陆游集·渭南文集》卷三八《张公(琯)墓志铭》,第2356页,中华书局点校本,1976年。其知县时间约在庆元初,据张杓帅隆兴府在庆元三年(1197)考定(《景定建康志》卷一四)。

⑤ 并见《杨万里诗文集》卷八九《千虑策·民政下》,王琦珍点校本第1425、1426页,江西人民出版社,2006年。

荆湖南路几乎各州郡均有营田。上举绍兴五年内降德音已列潭、郴、鼎、澧、岳五州，此外，沅州、衡州、道州、桂阳监等州郡也有营田。绍兴元年（1131）五月二十三日，沅州言："本州熙宁七年创置为郡，自后拘籍地土，拨充屯田，作营田，其余召人请佃，租米约有万计。""招置刀弩手共十三指挥、计四千二百八十一人。"神宗时，官给陕西沿边弓箭手每人田地二顷；此如以减半计，则沅州刀弩手营田也达40余万亩。租米如以每亩一斗计，则为4万石。这是北宋时的情形。刀弩手自靖康年间"调发，往往不还。自建炎四年至今，并无颗料应付。"故乞"将阙额刀弩手荒闲田权召承佃，济助岁计"；"许本州拣选招填，补及二千人。"从之①。绍兴三年（1133）九月，知建康府吕祉（1092～1137）上《论治道之要奏·论屯田》有云："见湖南韩京一军，在衡州茶陵、安仁县，请佃抛荒田，耕种二三年矣，人情安之②。"南宋初在湖南衡州就有军兵营耕的屯田存在。在兵荒马乱的年代，对解决军需供给不无小补。绍兴六年（1136）十月七日，知澧州吕延嗣言："本州旧管厢军一十三指挥，今止有三百余人"，"委是人数稀少，乞于湖南邻路全、道州、桂阳监无事空闲处量拨军兵三五百人戍本州，因令营田。诏以五百人为额③。"可见在澧州邻近州军亦有营田存在。其中如地处今湘桂黔交界处刀弩手所在的沅州、靖州等地虽非宋金时对峙的沿边地区，但因对付湘西少数民族，历来亦视为内地的缘边地区。南宋时长期有数量不菲的屯营田存在。绍兴六年（1136）五月，张浚（1097～1164）言："湖南累经残破，田多荒芜，近本路安抚制置大使吕颐浩乞钱一十万贯，措置营田。"从之④。如以镇江都统制刘宝军庄开发营田成本三年5.5贯文足计之，则每年为2.381贯文省；如减半支给，则湖南南宋初新开发营田至少在10万亩左右。

此外，如四川资州等地也有内地营地，乃隋唐时期已有，沿袭已久，视若

① 《宋会要辑稿》食货六三之八三。"沅州"，此与同书食货二之七均误作"沆州"，形近而误，今据改。
② 《系年要录》卷六八，第325册，第881页。
③ 《宋会要辑稿》食货六三之一〇六。
④ 《宋会要辑稿》食货六三之一〇四。

民间二税田,"不应出卖①"。东南诸路福建、二广等地,也有不少营屯田、官庄田至孝宗时仍然存在。乾道七年(1171),时相梁克家(1128~1187)言:"户部卖营田,率为有力者下价取之,税入甚微,不如置官庄,岁可得五十万斛。"如以中等官租每亩3斗计之,则当时未卖营田,至少有167万余亩之多。九年,户部"郎官薛元鼎拘催江浙闽广卖官田钱四百余万缗②。"这部分官田中,必有不少地处闽广之屯营田。而在已知数量的东南诸路营田中,似当首推两浙,次则江西路。据乾道二年(1166)户部侍郎曾怀言:"江西路营田四千余顷,已佃一千九百余顷,租钱五万五百余贯,若出卖,可得六万五千余贯③。"则江西每亩营田的折钱租为266文,约相当于1.5斗租米;而卖田价则为每亩342文,卖价仅比租钱高12.87%,而要失官府无穷之利,这是反对出卖官田、营田论者最主要的理由。但不卖则豪势与官吏勾结,冒佃包佃,导致官课大幅流失,典型之例如上述川陕关外营田淳熙初只及绍兴初租课的2.66%;金州垦田庆元中租额只及绍兴中的11.99%④。权衡利弊得失,导致南宋政府对营屯田之佃卖举棋不定,陷入欲卖还休、多次反复的艰难抉择。

二、屯营田的经营方式

关于屯营田的开发成本、租额、产量等问题,上文已略有涉及,在下章关于产量中还将集中讨论,这里仅就屯营田的经营方式等方面作些探索。南宋屯田、营田的经营方式,大致可以分为四类:(1)军兵耕垦,(2)军民合种,(3)招佃民营,(4)力田之制。分别略论之。

(一)军兵耕垦

这是沿袭历史上古老而悠久的传统,体现了寓兵于农,兵农合一的经营

---

① 《宋会要辑稿》食货六一之三三:乾道九年(1173)二月四日,诏令四川营田"权行住卖",资州言云云。
② 《宋史》卷一七三《食货上一·农田》,第4193页。
③ 同上书第4192页。其又云:两浙官庄田4.2万余亩,岁收稻麦租4.8万余斛,亩均1.14石;营田92.6万亩,岁收稻、麦、杂豆等16.7万余斛,亩均0.18石。营田租只有官庄租的15.79%。
④ 《朝野杂记》甲集卷一六《关外营田》,第350~351页。

方式。即由国家差拨军兵进行耕种,或称屯田、或称营田。自北宋已然,至南宋更是几乎贯穿于始终。在上述三大沿边地区及初、中、晚期,随宋金、宋蒙(元)战争的进程而呈现波浪式起伏的特征,其规模和持续时间,则较北宋在河北、河东、陕西缘边地区的屯营田更为广泛和持久。

具体而言,南宋"分拨诸军,趁时耕种"①屯营田的军兵,主要有以下几类:其一,禁兵。南宋已称屯驻大军,或可泛称为在编"现役军人",在史料中则有"习熟战斗之兵"或"耕兵"之类称谓②。其二,厢军。即不编入战斗序列的正规军。如绍兴六年(1136)十月,知澧州吕延嗣请以"旧管厢军""分遣营田",因阙额甚多,又乞从邻州"量拨",诏以"五百人为额,令本州招填",以垦耕"附郭良田。"③此即为典型之例。其三,乡兵,即弓手、土兵等。在沿边地区,其例甚多。如《宋会要辑稿》六三之九〇再三提到的荆襄地区之"弓兵"、"民兵"即属此类,上文涉及的沅州刀弩手也属乡兵。其四,流寓的北方武装。如设在楚州的"山东忠义军","踏逐堪耕地土",以增广"屯田之利"④,即为一例。其五,即为"不入队"、"不披带"的军兵或拣汰军兵,即老弱病残或退伍军兵。

禁兵、厢军虽待遇不同,但官给俸粮、衣赐,其营田所分得子利纯属额外的奖赏。乡兵有部分津贴,但主要依靠营田分成所得赖以养家活口,故一般给田较多。南宋初,南归的地方武装一般视同"归正人"、"归明人",贷借官钱,官给牛具、种粮,待遇相当优惠,属于异地安置性质。而拣退军兵遣散时,给予一定数额的安置费,足以充营田工本而赖以养家活口。因此,动员军兵耕种并非南宋当局战时土地抛荒时期的权宜之计,而是长期实行,能部分取得军粮、马料,是一项兵农结合的积极措施,能弥补募兵制导致的军费不足及部分缓解财政困难。

凡军兵垦耕营田,亦有"差拨"——即行政命令强制性及招诱自愿两种

---

① 《宋会要辑稿》食货六三之八七。
② 分见《宋会要辑稿》食货六三之一五一,六三之六一。
③ 《宋会要辑稿》食货六三之一〇六。
④ 《宋会要辑稿》食货六三之一二八。

方式,在上引史料中均有其例证,此不重复。动员军兵进行垦耕的营田成本及其盈亏状况,在对营田作评价时再作讨论,此姑从略。

(二)军民合种杂耕

南宋时期,在屯田营田军庄或官庄上,曾出现过军民合种的奇特现象。这或许是因为荒废田土过多,劳力奇缺,雇募的军兵,不仅缺乏农作经验技能,且又游惰成性,无法适应艰辛的农田耕作;另一方面,又有大批游民及无土地农民亟待安置,才在各地出现了这样的"奇观"。也为军兵侵欺农民、"附种"之弊的产生埋下了祸根。军民合种杂耕的另一原因是:南宋初,以成片的闲地立官庄,主要实行军屯,有多余土地则募民佃耕;而周边有畸零土地则以募民营田①。这些以军屯为主的官庄因经营不善而交由民营,是绍兴和议后之事。而在孝宗时期,又有过大规模军屯置官庄于两淮、荆襄沿边地区之举。与北宋主要招募厢兵、土军、弓箭手在沿边设置屯田官庄绝然不同的是:南宋在沿边、近里州军及内地均设置有两类官庄,一类是招募或选差军兵单独编置为军营官庄;另一类是召佃普通民户,编置为民营官庄。这二类营田官庄有时处在同一地区甚至同一地块上,但在组织形式上却不采取混合编置的方式,一般分别编置。尽管其营田方式,与官方的分配子利比例等有许多相似之处。"杂用兵民"②,成为南宋营田区别于北宋及前朝屯、营田的主要特征之一。

军民杂耕之例,在以上分述各地区屯营田时已列举不少。如孝宗初即位时,汪澈建议在襄阳长渠、木渠灌区兴修水利既成后,"或募民之在边者,或取军中之老弱者,杂耕其中;来秋谷熟,量度收租,以充军储,既省馈运,又可安集流亡③。"似乎是一举两得之策,但执行的结果却走向了愿望的反面。另一个例证,则见诸乾道六年(1170)二月十一日建康府驻扎都统制兼知庐州郭振言:"耕田合用庄丁四千人,军兵一千人,建康诸军所管屯田,已依近

---

① 《景定建康志》卷四一《田赋二·营租》载:"绍兴初,以闲田立官庄,以畸田募耕垦,此营田所由始也。初以军耕,后以民耕。"
② 《通考》卷七《田赋七》。
③ 《宋会要辑稿》食货六三之一二五。

降指挥并行废罢,其见占官兵拘收归军①。"类似之例甚夥。

(三)招佃百姓耕种

这是南宋屯营田中使用最广泛,取得成效最为显著的方式,如果细分又有三种类型。其一,在实行军屯的同时,招募农民营田;其二,将屯田军兵拘收入队后,空置的屯田军庄、官庄、召民耕种;其三,招募"归正人"、"归明人"在沿边设置屯田庄进行安置,同时按军庄编制和管理,在某种程度上起到屯垦成边的作用。上引张纲绍兴三年(1133)制定的十五条中,其第二条称:"诸镇地多旷土,宜先务招集失业之民,轻立课租,使就耕作。其余地,分拨军兵,劝诱耕垦②。"还有第三、四、六等条,都有关于招募百姓耕作屯田的具体规定。值得注意的是:张纲将民营屯田作为首要事务,在有余地的情形下,才劝诱军兵垦耕。

而绍兴六年(1136)樊宾等主持制定的都督行府《营田条例》十二条中,就更是几乎全部内容均涉及"召庄客承佃"的各项具体政策规定或实施细则。其前言中,开宗明义就说明了这一条例具有很强的针对性:"江淮州县自兵火之后,田多荒废,朝廷昨降指挥,令县官兼管营田事务,盖欲劝诱广行耕垦。缘诸处措置不一,至今未见就绪,今改为屯田。依民间自来体例,召庄客承佃,其合行事件,务在简便③。"这里所说的"依民间自来体例",主要指所获子利分成租或定额租的分配比例,亦即屡见于史料中的"乡原旧例"。比较普遍的是官四客六的分配方式,如考虑到桩出种粮的因素,则多为中半分成;如需还贷牛租、贷款(农具、口粮等),则又成倒四六甚至官七客三的比例。史料中很少提及这一点,是官方文件中有意隐瞒了这种既成事实。否则又有谁愿意含辛茹苦而干这赔本的营生呢?

关于定额租,南宋初江南路曾有过相当优惠的标准。绍兴三年(1133)十月七日,江南东西路宣谕[使]刘大中言:"欲将江南东西路应干闲田立三

等租课,上等每亩令纳米一斗五升,中等一斗,下等七升,更不须临时增减①。"这是相当于当地夏秋二税数额的低水平定额租。相对而言,建康府管下著名的永丰圩其租额却数倍于此且高得惊人。绍兴四年(1134),通判建康府吴若说:"永丰圩旧管田"950余顷,以"绍兴二年客户熟田计之",有297顷,而去年却止有260余顷。"合增而反减"的原因在于:"此圩旧例止是令客户纳谷在仓,官自粜卖变转";而去年以来,却"要民户春变苗米,又勒客户甲头等起发,故客户有逃田者,所以垦田减少。""绍兴三年七月九日已降指挥","每年止以米三万硕为额,仍自来年为始,认起熟田米二万硕,内生荒田系创行开耕,与免一年②。"这条史料显示,永丰圩原课租谷,其负担应比二税为稍轻,绍兴三年(1133),令改纳苗税,才导致客户逃亡,垦田减少。同年新定的租课显然为定额租,或许是针对旧管950余顷田,定为岁收租米3万石,平均每亩已收0.32石租米,对于亩产二石以上的丰产田块而言,约15%的租率应不算太高。但问题在于绍兴初实际开耕的田地只有260顷~297顷,即使按豁免一万石的二万石定额租计,其每亩田的租米也高达0.67石~0.77石,其租率陡升至33.5%~38.5%.这就很难在兵荒马乱的岁月对佃客有吸引力。这也许是宋廷后来相继把这一丰产田块赐给韩世忠和秦桧的原因。

同样是在绍兴初,在淮东极边虽然是民营屯田,却以准军事方式按保甲编置,"归正人"、"归明人"就更是以这种方式组织营田。《系年要录》卷五一载:绍兴二年二月己卯,知高邮县钟离浚言:"宣抚司指挥,令营田之民有警旋行勾集出战。本县四十村,归业之民仅千八十家,少有耕种。又虑秋成,或为贼有。欲分为二十社,社三百人,择精强可仗者二人为巡社首领,其余十人为甲,甲有队长,如遇警急,递相救援。二十社计六千人,约耕田六百顷,若无耕牛,可以人代,每亩收一斗五升,共收谷九千斛。计贷种钱万六千缗。"当时,淮南每亩营田收定额租1.5斗似乎较为普遍,"始,淮南营田司募民耕荒,顷收十五斛。及是,宣谕使傅崧卿(?~1138)言其太重,故百姓归

---

① 《宋会要辑稿》食货六三之一九九。
② 《宋会要辑稿》食货六三之二〇〇至二〇一。

业者少"；"诏：损岁输三之二，俟三年乃征之①。"即开垦荒田的三年内，每亩收5升；三年后即增至1.5斗。这与后来的全免三五年乃至十年租课，已谈不上什么优惠了。

（四）力田之制

这实际上是早已见之于古代的"纳粟补官"的"变异"形态，是南宋卖官鬻爵的一种特殊形式，其效极为有限。力田之制似创始于绍兴二十年（1150），是年四月二十七日，新知庐州吴逵（？～1157）言："募民就耕淮甸，赏以官资，辟田以广官庄，自今岁始。"其办法是：土豪大姓及其他人开垦了荒闲土地之后，将所垦土地交给国家为官庄，其垦辟之人就"著籍为管官庄户"，所谓"管官庄户"，后改称为"力田户"，"理名次在武举特奏名出身之上②。"并依官庄岁入多寡补官有差，称为"力田出身"。力田，在南宋中期以后，作为在边官田之一仍然存在。王自中（1134～1199）言："今两淮、荆襄、西蜀三边之地，田之在官者，往往散而为民田；民田正数之外，包占尚多。朝廷务宽边民，终不致诘。""边田之在官者"："曰营田，曰力田，曰屯田，曰官庄，曰荒田，曰逃绝户田。""民田之在官田"："曰元请佃田，曰承佃田，曰买佃田，曰自陈、续陈田③。"此说概括了南宋沿边官、民两类田，可细分为十一种，其中沿边官田之一即为力田。其绍兴中设置之初，往往招诱江浙、福建等地有实力的土豪赴沿边成为"力田户"而补官资。

乾道九年（1173）正月十八日，新知扬州王之奇（？～1173）言："淮上之田，例多荒弃。昨绍兴二十年尝置力田之科，募民就耕，赏以官资。当时止计斛斗定夺，是以应募人少。今欲令诸路州县劝谕土豪户、拣汰离军及诸色人，并许经安抚司指占荒田，据顷亩定赏。俟耕种日，与书填给付。若一年所耕不及其半，与二年不能尽耕，即行拘收付身毁抹。且以垦田一千顷为率，据每岁合用种粮、农器、牛具、屋宇之数预申朝廷关拨。内补官人与作力

---

① 《系年要录》卷五一，四库本第325册，第693页上。

② 《宋会要辑稿》食货六一之八三。

③ 魏了翁：《鹤山先生大全集》卷七六《藉田令知信州王公墓志铭》，四部丛刊缩印本第625页下。

田出身,理为官户。应开耕荒田将来收成日,除合桩留次年种子外,官与均分。凡田一千顷,岁收稻二十万石,每石价钱约一贯五百文,计三十万贯。谩(买?)官者一十五万贯,所用官诰付身计一百二十二道,内迪功郎二道,承信郎十道,进义校尉三十道,进武校尉二十道,共六十二道;""计一十三万二千贯文。比之官中出卖立名官告绫纸之数,其所得尚为有余①。"如果说绍兴中实行纳谷补官,尚有数量依据可循的话,王之奇(? ~1173)之建策却传为笑柄。其结果是弄虚作假,骗取功名,急功近利,徒费钱财。乾道九年(1173)七月七日,臣僚上言:"近者胡与可覈实两淮力田之数,王之奇凡用朝廷迪功郎、承信郎等官告绫纸补官者九十一人,用钱五万四千七百余贯,稻子八千余石,止开耕到田九十二顷","不及十分之一。"如以王之奇设计之标准,岁收稻1.84万石,每石1.5贯计,仅2.76万贯;只及朝廷关拨开发荒田所用钱粮折价6.67万缗的41.38%,还白白奉送官告91道,平均每人垦田仅一顷。官支开垦荒田成本,每亩高达7.25贯文,是上考刘宝所述亩均2.381贯文的3.04倍。而据王之奇的预设方案,每人至少垦田16.13顷才能收回卖官告之本。臣僚称:之奇不加核实,"即望风补授官资,支与钱谷。至今有不曾开垦一亩者甚众,有开三五亩、七亩、十亩而止者,视之有同儿戏,虽三尺之童无不窃笑者②。"看来王之奇虽曾贵为执政,却毫无实际亲民经历,其力田卖官,无异闹剧。

三、关于南宋屯营田的历史评价

南宋初中晚期,两淮、荆襄、川陕等沿边地区,"累经兵火蹂践","田多荒废","绝户甚多","良田沃土,悉为茂草"③。南宋政府在三边和内地大兴屯田和营田,对于农业生产的恢复和发展,招抚流亡人口,缓解财政危机,确曾起过一些积极的作用。史料显示:在两淮、荆襄和川陕地区均有取得 定绩效的例证。如绍兴二十九年(1159),知蕲州宋晓说:"两淮营田,募民而耕

---

① 《宋会要辑稿》食货六一之八七,据同书六之二三校改。
② 《宋会要辑稿》食货六一之八八。
③ 分见《宋会要辑稿》六三之一四八、六三之一〇〇、六三之八三、六三之九七。

之,官给其种,民输其租,始非不善,应募者多是四方贫乏无一定之人①。"薛
季宣称:他受命措置营田,设置二十余庄于蕲、黄之间,"所费亦幸无几,饥民
赖以全济,而盗贼为少,旷土得以少辟,而垦田颇增"。在另一通致时任宰相
虞允文(1110～1174)书中也说:"官庄既已讫事,流移渐次安帖②。"他还在
另一封答友人书中云:"过合肥,修筑三十六圩之旧,齐安置官庄二十二区,
来者哺以路粮,至者处以庐舍、牛具之给、种粮之赐③。"绍兴二十年(1150),
知庐州吴逵上报朝廷,请求营田官庄"岁收谷麦两熟,欲只理一熟。如稻田
又种麦,仍只理稻,其麦佃户得收④。"薛季宣等人招抚流移,安置饥民,垦田
增辟,所费甚少,确实颇具成效。而在两淮推广鼓励种麦暂免佃户麦租,则
尤为功德无量,无疑将刺激佃客的生产积极性,使其生活状况得以改善。

在荆襄,上述王彦于绍兴初设置屯田军庄,兴修水利,修复废堰,计工六
万有余,供军庄屯田灌溉外,还惠及民田,故史称"公私利之"。当时"已摽拨
营田八百五十余顷",又"自蜀中市牛千七百〔头〕以授官兵⑤。"他和岳飞是
在荆襄营田中取得成功的佼佼者。另外,绍定元年(1228),孟珙在荆襄兴修
水利,"溉田十万顷(亩?)","军民分屯",取得"是年收十五万石"的不俗佳
绩。淳祐元年(1241)为缓解"军无宿储"的困境,他又"大兴屯田,调夫筑堰,
募农给种,首姊归,尾汉口,为屯二十,为庄百七十,为顷十八万八千二百八
十⑥。"这两次屯田规模分别达到1000万亩和1882.8万亩,为南宋所仅见,
虽然已是《宋史·孟珙传》的夸张失实之词,但其规模之大,应确为宋蒙(元)
战争中解决宋军匮乏已极的军需供应,立下奇功。

在川陕地区,绍兴六年(1136),吴玠"率军民营田"于梁、洋等地,"凡六
十庄",计田854顷,约收25万石⑦。绍兴十二年(1142),郑刚中临危受命,

---

① 《宋会要辑稿》食货六三之一二一。
② 分见《浪语集》卷一七《与虞丞相书》四、五。
③ 《浪语集》卷二三《答沈县尉羽》。薛季宣在两淮措置营田,本书上文已详述,参见陈傅良
《止斋集》卷五一《薛公行状》。
④ 《宋会要辑稿》食货六三之一一七。
⑤ 《系年要录》卷九二、卷九五,分见四库本第326册,第295页下、第338页上。
⑥ 《宋史》卷四一二《孟珙传》,分见点校本第12370页、第12378页。
⑦ 《朝野杂记》甲集卷一六《关外营田》,第350页。

接替病逝的胡世将(1085～1142),任四川宣抚副使。时"带甲十万,仰口待哺",郑刚中"亟买数千牛,率将士尽耕汉中之田,年来岁得粟近三十万斛";"岁为蜀人捐减亦五百万缗"①。其自述又云:"四川连关外大稔,营田所入及二十余万斛……。"今秋,又"修筑营田大寨,军民安乐之。"经苦心经营,"岁计有一年之积,本司储粟今百三十万斛(原注:异时备边米常不满六万)②。"又在致友人书中说:"行亦两载,为蜀人旋减科赋,今亦二百四十万缗,种营田一千二百余顷③。"又称:"目今已籴数亦五十万,通营田储积,凡百四十万矣④。"虽然,其自述的营田数、入官租米数及减民岁赋及储积粮数,已难确考;此因数年之间,丰歉有别;所言既有米,又有稻麦;兼或一年,或二年、三年合计数,故数字出入较大,但其营田取得相当可观成效,殆无可疑。上考李心传所载绍兴十四年(1144)营田三千余顷,入官租米十六万石大致可信⑤。当时岁计积粟百余万斛,省罢科赋蜀民百余万缗,亦体现了川陕营田的积极成果。

光宗时宰相留正(1129～1206)曾对高宗绍兴年间的屯营田有一总体评价称:"兵之屯田者责之将帅,民之营田者责之守臣。两淮、荆襄膏腴之地,垦辟几遍。行之数年,殆见公私兼济,仓庾盈溢,羊祜十年之积,盖有不足道矣⑥。"此论未免过于溢美而失实。宋高宗本人则对绍兴年间屯营田的得失利弊有相当清醒的认识,他与留正的溢美之词大相异趣。绍兴三十年(1160),赵构对宰执说:"屯田事,须先立规模。如一夫受田多少……当悉有条理,方可行下。兹大事也,经始勿亟,庶后来无更改之弊。不可以一夫献

---

① 《北山文集》卷二〇《答柴倅元章》(二)。
② 《北山文集》卷二〇《与楼枢密书》,《与楼枢密》(一)。
③ 《北山文集》卷二〇《与李中丞》(二)。
④ 《北山文集》卷二〇《答韩知郡》。
⑤ 《朝野杂记》甲集卷一六,第350页。据《鹤山集》卷七六《虞公(刚简)墓志铭》载:嘉定末,虞氏奏请于梁洋兴关外五州屯田,"垦田凡百余万亩,官耕者三万余亩","边实人足",乃至稻、麦分别减价36%和20%。川陕屯田,南宋中期后又有扩大,成效显著。
⑥ 《中兴两朝圣政》卷一九,参阅《系年要录》卷一〇二,绍兴六年六月丁巳条注,第326册,第412页。

言,遽即行之,当博采物议而详审之也①。"绍兴三十二年(1162),他在禅位于孝宗前夕,又与宰执论及两淮营屯田云:"士大夫言此者甚众,然须有定论。用诸民乎,用诸军乎? 若论既定,当先为治城垒庐舍,使老少有所归,蓄积有所藏,然后可为②。"显然,他对当时诸臣关于营屯田的评价截然相反、激烈争议的言论有极深刻的印象。乃至营田奉行三十余年后,尚言人人殊,无从论定其功过是非。而在治国方针大计并无什么革故鼎新的孝宗皇帝继位后,也未免"穿新靴,走老路",其乾淳年间的营屯田亦无多大起色,也无从对其徒托空言、壮志难酬的"恢复大业"有实质性的助益。

从某种意义上而言,南宋屯营田的进程,始终伴随着臣僚反复的质疑、论辩、批判。总结历朝经验,大唱颂歌者固然有之;注重实效,抨击其弊者更是不乏其人。有些虽言词激烈,却颇具真知灼见。今选录数条以证:绍兴六年七月十二日,早在措置屯田之初,殿中侍御史石公揆论营田之弊云:"营田之人,假官势力,因缘为弊,如夺民农具,伐民桑柘,占据蓄水之利,强耕百姓之田。民若争理,则营田之人群起攻之,反以为盗。今来秋成收割,窃恐营田之人耕耘卤莽,欲偿其费,夺民之稼以为己功。乞下营田使司预行戒约③。"以上与民争利,有妨小农弊端确实存在,故成为大量出卖营田的原因之一。

绍兴八年(1138)三月八日,监西京中岳庙李寀言:"江淮置立官庄,贷以钱粮,给以牛种,可谓备矣。然奉行竣速,或抑配豪民,或驱迫贫民,或强科保正,或诱夺佃客。给以牛者未必付以田,付以田者或瘠卤难耕。虚增顷亩,攘[夺]佃户合分课子以充其数。多鬻己牛以养官牛,耕己田以偿官租,反害于民。""营田上策,宜行军中。"或"以闲田付之闲民,公私俱获其利";倘"以闲田付之有常职之民(种)[附]种,为害"已甚④。可见当时为求"政绩"而抑配扰民之现象已颇为严重,且又影响正常赋税收入,成为营田之罢的重

---

① 《系年要录》卷一八七,绍兴三十年十二月丙寅,第 327 册,第 675~676 页。
② 《系年要录》卷一九九,绍兴三十二年四月甲戌,第 327 册,第 856 页上。
③ 《宋会要辑稿》食货六三之一〇五。
④ 《宋会要辑稿》食货六三之一一一,参校同书二之二〇。

要原因。绍兴八年(1138)三月,监察御史、江西宣谕使李寀又言:"营田之法,可谓备善。然奉行竣速……。""官府有追呼之劳,官庄有侵渔之扰。""尽江淮(南?)西路以绍兴六年秋收计之,杂色稻子共三十一万余石,公家所得才十一万余石①。"李寀、石公揆均认为,营田有抑配扰民的弊端,与立法之初的自愿请佃原则相违背;甚至有"鬻己牛而养官牛,耕己田以偿官租"之类极端现象发生。又上数如按对半分成,官中所得应为15.5万余石,实际官收才35.5%,约有15%即4.5万余石稻子流失,这还不算官方支出的营田成本,实乃得不偿失。

绍兴二十九年(1159)二月二十七日,知蕲州宋晓言:"两淮营田,募民而耕之,官给其种,民输其租。始非不善,应募者多是四方贫乏无一定之人。而有司拘种斛之数,每遇逃移,必均责邻里,谓之'附种'。近年以来,逃亡者众,有司以旧数岁督其子利,致子孙、邻里俱受其害。牛,十年之后则不堪耕,今给于民者三十有三载矣。一牛之毙,则偿于官;况连岁牛疫而不免输租;收牛之家逃亡,而责邻里代输。望诏本路漕臣与守倅务从其实,一切蠲除之②。"在南宋两淮营田上,佃户未必有产,却同样存在产去税(租)存的弊端,而且殃及子孙、邻里,甚至还有官牛、租课赔纳之苦。

孝宗即位时,绍兴年间营田实已弊端百出,难乎为继。军屯则占用"官兵人数"过多,"每岁所得不偿所费"③;民营,则有抑配"附种"之弊,遂至逃移。隆兴元年(1163)十月十二日,工部尚书张阐(1091~1164)论之甚切:"今日荆襄之地,屯田、营田为有害者,非田之不可耕也,无耕田之民也"。主者"不免课之于游民;游民不足,不免抑勒于百姓。百姓受抑,妄称情愿。舍己熟田,耕官私生田。私田既荒,赋税犹在。或远数百里追集以来,或名为'双丁',役其强壮者。占百姓之田以为官田,夺民种之谷以为官谷,老稚无养,一方骚然④。"此言营田之弊极矣,抑配后,农民放弃己业,却要承受双份

---

① 《系年要录》卷一一八,第326册,第604页。"江淮西路",疑为"江南西路"或"江淮两路"之误。
② 《宋会要辑稿》食货六三之一二二。
③ 《宋会要辑稿》食货六三之一三一,隆兴元年七月四日张浚言。
④ 《宋会要辑稿》食货六三之一三二。

的赋役负担,只有逃移一条出路。"双丁"、"附种",成为强迫农民耕种营田的代名词,导致老幼无养、社会动乱的严重后果。

"隆兴二年(1164)正月,镇江都统制刘宝具到:见管营田官庄"42 所,田47588 亩,官兵 505 人,客户 265 户①。同年三月十四日,司农少卿、总领淮东军马钱粮兼措置江淮等路营田王弗言:"绍兴六年,官中所收约"74 万石,"庄户所分一同,继被旨结局,分隶诸军、漕使权领②。"同年七月二十八日,知复州张沂言:"本州景陵县管下旧有营田官庄,自绍兴六七年间宣抚司营置,今三十年矣。名存而实亡,岁久而害深。当时耕牛,历年既多,十无七八;岁课之租,尽成科抑;遂于装发,人户名下复有'水脚'之诛。今以所给牛租一千七百斛之谷","一郡之民岁受其弊","乞权倚阁"③。三人所言,不约而同,两淮、荆襄营田已名存实亡。景陵一县,牛租竟达 1700 斛之多,成为一笔难以清偿的高利贷。在"官给牛具"的动人言词下,掩盖了这种残酷剥削农民的事实。

孝宗初,两淮、荆襄营田已名存实亡,尤其是民户营田。其实早在绍兴六年(1136),就已有过江淮提领营田已失败的尝试,结果是罢都督行府提领营田事务,"结局"而分归诸军及漕司权领。孝宗时期,于是改变格局,认为营田之弊主要在强迫民营或兵民杂耕,遂主要采取组织军兵屯田的方式继续奉行。但从经济效益、投入产出之比考量,虽是不惜工本,却收获甚微,即亏损严重,得不偿失。这样的例证史料中俯拾皆是:

(1)曾被命措置淮西、湖北营田的薛季宣,因皆亲身感受,故其论营田得不偿失、附种扰民二弊最为切实。其《浪语集》卷一九《论营田札》④载:营田之卒,一人垦地约 20 亩,岁得谷 60 硕。其奉钱月 3 贯,米 7.5 斗;岁计钱 36 贯,米 9 硕,"而衣赐不与。管辖官校,大约什置一人,请奉或十倍于兵",则是 20 兵营田 2 项,得谷岁 600 硕,费钱 720 贯,米 180 硕。"而衣赐不与,牛

---

① 《宋会要辑稿》食货六三之一三三。
② 《宋会要辑稿》食货六三之一三四～一三五。
③ 《宋会要辑稿》食货六三之一三四～一三五。
④ 其论营田有十弊,今仅录其二项。参见陈傅良《止斋集》卷五一《薛公行状》,点明其时间为"绍兴末",地点乃"信阳军";又云:"壅民之水利而掩其善田","营田终废"。

种农器不在焉,此营田利害之晓然者。"此言得不偿失之弊也。"营田之在诸邑,类皆夺民膏腴。稍有良田,民颇耕,营田辄掩而取,州县无得谁何! 或有水源,营田皆擅其利,民田灌溉非复可得。有如放水,则决诸民田之中。民以其田归之,为之佃户,非惟可庇赋役,始可保有其田。又有无良之人,乐于放纵,一为佃户,遂可横行于乡。"此附种扰民之弊也。薛季宣所算经济账很清楚,得谷 600 硕,除去耕兵官校口食,仅余 120 硕米,扣除种粮每亩 1.5 斗,折米 15 硕,仅余 105 石米。如高估以每石 3 贯计,不过枭钱 315 贯,仅为岁费耕兵官校奉钱 720 贯的 43.75%。不计耕兵衣赐,每亩营田成本以 2 贯(扣除种粮)计,则已尽亏 805 贯,即每亩田至少亏损 4 贯以上。兼又夺民膏腴之田及水利灌溉;浮浪税户将私田诡寄营田佃客,大幅流失官府赋役收入。其得失利弊则不言而喻。

高宗在位及孝宗之初,曾在两淮及荆襄等地,实行一定规模的屯田和营田,目的在于招抚流亡,垦辟荒田,以补军需供应及增加财政收入。但因种种原因,却事与愿违,不仅产生科勒抑配,"附种"、"双丁"之弊,而且所差军兵,多为游堕,占用军兵过多,口食月钱、衣赐之费即为一笔庞大开支。故入不敷出,乃至"所得不能偿所费之半"。其立法初衷,未必不善,结果却走向了事物的反面。军屯改为民营,营田转为官庄,官田通过出卖招佃等,向民田转化就成为必然的选择。乾道三年(1167)六月十三日,太府寺丞、总领淮西江东军马钱粮兼提领措置营田叶衡(1122~1183)言:本所有营田五军庄,计田 20765 亩,岁收夏料大麦 4001 石,小麦 1300 余硕;秋料禾稻 18100 余石,充马料。以时价估计共约三万贯省。"而所差使臣、军人各(共?)"584 人掌管,岁请钱 47700 余贯,米 6500 硕,绢 2200 余匹,绵 3400 余两。纽计约用钱 7.5 万余贯。"所得不能偿所费之半"①。叶衡的这笔收支明细账,给一厢情愿的宋孝宗上了生动一课。

在"不立田制"、土地买卖早已盛行的南宋初,想走回头路,通过大规模集体垦荒耕种(不管军屯或民营)的方式来解决军需供应,发展农业,增加财

---

① 《宋会要辑稿》食货六三之一四二至一四三。收支之比为 1:2.5。

政收入,无异于"乌托邦"式的空想。在十二世纪中叶,尽管臣僚绞尽脑汁,历数历史上汉唐成功的先例,提出各种各样的方案,进行各种尝试,却未免重蹈覆辙,套用一句当代的流行语,乃生产关系与生产力的背离,注定以失败而告终。即以叶衡所言之例而论,如以出种后对半分成计,即使复种指数为60%,平均每亩仅收麦1.06斗,收稻2.18石,两熟合计其亩产亦不过折米1.62石。从财政收入角度分析,则生产成本高得惊人,支出为收入(折成米价为每石2.564贯文)的2.5倍。屯田官兵的平均岁支竟高达128.425贯文,还有衣赐及产量之半的分成未计。

(2)孝宗痛定思痛,决心改弦更张。面谕镇江府驻扎御前诸军都统制兼提举措置屯田戚方,令其"措置招召百姓客户,抵替淮东营田屯田官兵归军教阅",揭开了军屯改民佃,官田向私田大规模转化的序幕。乾道三年(1167)七月十四日,戚方言:"淮东营田并扬州、滁州屯田三项:共占官兵"1512人;"今以去年所收物斛纽计",价钱90100余贯;"将官兵一年合请钱米衣赐,共约计钱"206800余贯(平均每人支破136.772贯文)。比之收到物斛钱,大请过官中钱116700余贯。乞留主管监辖官及曹司等122人,外有力耕军兵1390人,委是虚占枉费……"诏令戚方将少壮堪披带人拘收归军,其老弱人且令依旧免行拣汰①。"这是又一所得不能偿所费之半的典型之例。不参加劳动的管理军官占8.07%,支请却比力耕军兵高好几倍。本例已将收支两项全部折成货币,就能更确切地计算得失。其收支之比为1:2.3,即所收仅为支出的43.57%,其屯田数未具,但从上例可考知约为每人41亩。无论军兵支出及人数约为叶衡所说的2.7倍,则其营田面积如亦以2.7倍计,即在5.6066万亩左右,每名耕兵约平均耕田37亩。每名耕兵占破136.772贯,每亩营田成本为3.697贯,而每亩田的产出折钱仅为1.607贯,净亏2.09贯文。这又是一个很有代表性的例证。

(3)得不偿失的另一个例证见于四川,乃虞允文"体访"所闻。乾道五年(1169)三月二十七日,知枢密院事、四川宣抚使虞允文言:"昨入蜀境体访,

---

① 《宋会要辑稿》食货六三之一四三,参校同书三之一六。

积年既久，弊倖不一。军兵与齐民杂处于村疃之间，恃强侵渔，百端骚扰。又于数百里外，差科百姓保甲指教耕佃，间有二三年不得替者，民甚苦之。其租米斛斗，岁丰则利归庄官，水旱则保甲均认，兼所收之租，不偿请给之数。谓如兴元府岁收租"9673 硕，"一年却支种田官兵请受计"11445 石之类。建议"召人请佃，发遣军兵归将；放散保甲，依旧归元来去处，防托边面。"从之①。光月粮岁支一项就超过官租 18.32%，俸钱、加上衣赐、赏给等，也为"所得不能偿所费之半"。因此，南宋初高孝两朝的军屯政策已难乎为继，于是又有召集"归正人"耕种营田一说继起。

（4）乾道八年（1172）七月十四日，知庐州赵善俊（1132～1195）云："且以庐州合肥一县言之，五军七庄共"1500 余人，正军岁支钱 145400 余贯，米 13900 余石；"岁下稻麦种仅千石，所收才得五千石之数。若计其支遣，所收只可充两月请给之费，又未免取办于县官②。"军兵月支钱 12117 贯，粮 1158.33 石。如以米每石 3 贯折计，则钱粮两项合计应为岁费 187100 贯，1500 人，人均 124.733 贯文。如仍以每兵耕田 40 亩计，则平均每亩屯田成本为 3.118 贯文。即使不计稻麦之种（即出种后官收 5000 石），这 5000 石折成米也不过 2500 石，仅够耕兵月粮一项两月之费。如果折成钱，就"惨不忍睹"了。岁入仅 7500 贯文，仅为岁支军兵钱米两项合计数 187100 贯文的 4%（或月计二项支出的 48.1%），加上衣赐、赏给等军兵开支，再加上种粮、牛具等营田成本，所得充其量不过岁所支的 2.44% 左右（每亩以 2 贯计，田以 6 万亩计）。这也许是极端的例证，但显非绝无仅有之例。

正是凭藉这样有说服力的例证，赵善俊提出了屯田"三不可"及罢屯田"有三利"之说。其说云："屯驻诸军，愿耕者不得遣，所遣者不愿耕，军司并缘为奸，当遣者侥幸苟免，得遣者骄惰不率。"即违背自愿原则，用非其人。此其一。其二，即上举所得远不偿失之例。其三，一面招募新兵，却"令屯田蓄三二千习熟之兵，骄惰于田野之间，缓急将安用之。"即屯田荒废操练，必然导致军事素质下降。其请罢屯田有三利之说曰："习熟战斗之兵得归行

---

① 《宋会要辑稿》食货六三之一四六至一四七。
② 《宋会要辑稿》食货六三之一五一。

伍,从事于教阅,一利也;无张官置吏,坐靡廪稍,无买牛散种,以费官物,二利也;屯田之田,悉皆膏腴,牛犁屋庐,无一不具,以归正人使之安居,三利也①。"其说有理有据,很快得到孝宗首肯,令其措置罢庐州屯田事宜。

(5)军民合种杂耕得不偿失之例。乾道九年(1173)五月七日,建康府驻扎御前诸军都统制郭刚言:"太平州营田官庄客户一百余家,所占官兵二百四十余人。一岁所收,除种子分给力田人外,共得稻三千余石,麦二百余石,共准(余)三千四百余贯。官兵岁约请给计钱三万八千余贯,校之不及官中所支官兵二月请给,委是大段亏损官课②。"太平州(治今安徽当涂),宋属江东路,为圩田集中之地,承平时,这里稻米产量约为每亩二石左右。如果以军民每人垦田30亩计,这一军民杂耕的官庄至少有田在一万亩以上,如以官四客六的比例分成计,复种指数以20%计,则稻麦官租3200余石,亩产仅为一石,且为二熟制田稻麦合计产量,折米其产量仅为0.5石,只有北宋时的约25%。当时,已无大规模战争,营田之弊于此足见一斑,即导致产量大幅下降。因此,我们不能对南宋二熟制田的复种指数估计过高。此还是官给牛具、种粮,生产成本或投入有保障的前提下的情形。另据郭刚之说,则太平州当时稻麦之价每石约为1.063贯文,折米为2.126贯文。本例占破官兵240余人,岁约请给3.8万余贯,平均每人约费158.333贯文;比上例每兵岁费约125贯文更高。况且至少还有三分之一营田客户的劳动力成本未计入内,如果每户有二夫,则劳动力成本为50%。因此,郭刚所举之例比赵善俊之说,成本更高而收益更低。

(6)四川军屯的得失之比。淳熙五年(1178)闰六月六日,兴州驻扎御前诸军都统制吴挺(1138～1193)言:"今阶、成、西和、凤州并长举县营田","以三年计之,所得才四万九千余缗,而所费乃一十七万余缗③。"如以三年作为屯田开发成熟期的周期作比较,其投入产出的得失比为1∶0.29(28.82%),岁入1.633万缗,不足四月之费(平均每月0.472万缗),约仅够三个半月营

---

① 《宋会要辑稿》食货六三之一五一。
② 《宋会要辑稿》食货六三之一五二至一五三。
③ 《宋会要辑稿》食货六三之一五四。

田军兵之费,这仅是口食和月钱两项,不包括衣赐,即使"所费"中不包括牛具、种粮等营田成本,其"所费"亦为"所得"之 3.47 倍。

南宋中期以后,营屯田仍然存在。《宋会要辑稿》食货六三之一六〇有载:嘉定十七年(1224)正月二十六日,诏:"淮东西、湖北转运[使]'专一提督措置营屯田事'系衔,遵照节次已行下事理,严督所部州军多方措置,召募耕垦见管营屯,并将无力耕种之田,一面兑支有管(下?)官钱照价收买。务要田土浸辟,不致抛荒。"南宋中期屯营田已由转运司为主提领,标志着军屯至民营田的转换或移交已大致完成。至于南宋后期随宋蒙(元)战事日酣而又开军屯之举,则又另当别论。南宋中期以后,营田已有名无实,成为一项弊政。正如曹彦约所论:"耕营田以实储蓄,本古道也。彼则强之乡夫而夺其农事,"实乃得不偿失,而导致"边陲之民怨声盈耳"而已[1]。

关于南宋的营田成本,史料中有可贵的明确记载。《宋会要辑稿》食货六三之一一八云:绍兴二十三年(1153)三月十八日,"镇江府驻扎都统制刘宝等言:相度到人户识认军庄营田,欲令偿纳自开耕以后三年每亩用过工本钱五贯五百文足,给还元田。从之[2]。"展为省钱乃 7.143 贯文,则每年每亩工本钱应为 2.381 贯文。

曹彦约设计的南宋中期淮南屯田方案中也有关于屯田成本的预算。其说云:"大约一户而种谷十石,粮十石,室庐、牛具之值五十缗,而一夫定矣。借州县桩管交割钱万缗,常平米二千石,籴谷四千石,而二百夫定矣。一年不水旱则种粮皆入,六年不水旱则借贷皆复。六年之后,[借?]于官者皆偿,而所招之人已过倍矣。""有父母妻子可以助耕者,给田五十亩,牛一头;独力者,给田二十五亩,两家共牛一头。""每岁春首借种,立夏借粮。每亩种谷二斗,粮米一斗。秋敛而责其偿。""明年每亩有租课,上田四斗,中田三斗,下

---

① 《昌谷集》卷一〇《内引朝辞札子第三》。

② 《朝野杂记》甲集卷一八《营田》(第349页)亦载,刘宝称:"民户识认营田者,亩偿开垦工本五千五百[足]。"许之。《大典》卷四七七六亦引是书,均误系于绍兴二十一年(1151),徐规先生点校本已据《系年要录》卷一六四改作"二十三年",极是。上引《宋会要》亦可证,又可据补"足"字。

田二斗,又明年递增一斗而止①。"一夫给田 25 亩,200 夫为 5000 亩,贷给官钱 1 万贯,可籴常平米 2000 石,种谷 4000 石,时米价每石 2.5 贯文。平均每亩口食及种粮合计折钱约 2 贯,每 50 亩贷给牛一头,每亩约合 2 贯,分五年还清,则牛租每年每亩为 0.4 贯文②,种粮、牛租两项合计加上农具,屯田成本每亩约为 2.5 贯文省。可与刘宝所说镇江营田成本相印证。曹彦约的这一营田成本核算,还可得到郭杲关于襄阳屯田之说的印证。淳熙十年(1183),郭杲言:"本司有荒田熟田七百五十顷,乞降钱三万缗收买耕牛、农具,便可施功③。"7.5 万亩田,购置耕牛、农具需钱 3 万缗,则平均每亩为 0.4 缗,如加上曹彦约所说的种谷、口粮,折价每亩 2 缗,亦 2.4 缗。因此,南宋每亩营田农本约在 2.4 贯~2.5 贯文省。

关于南宋中期濠州的营田成本,《宋会要·食货·营田》中有更翔实的记载:嘉定七年(1214)八月二十六日,知濠州应纯之等言:"将官买到荒田并拘收贼人邹世良荒田,开垦作营田官庄。已招到庄客"319 丁,开垦水陆田 16118 亩,收买到水牛 153 头、黄水牛 20 头,已初具规模。如"接续开垦,且以"320 丁为率,合用牛 160 头,百色支用钱 20008.7 贯文。"所有买牛钱本州实无所出,欲望朝廷支降钱"5800 贯文,"并本州营运钱"493.8 贯文;但诏令仅支 5500 贯文④。据此,则买 160 头牛,每头均价为 34.375 贯文或 39.336 文。即当时濠州牛价约为 35 贯~40 贯文。如仍以上项水陆田 16118 亩计,庄客以 319 丁计,则每丁垦田 50.5 亩,每亩田的开发成本为 1.632 贯文。考虑到所拨购牛款未必能买到 160 头牛,则似每亩开发成本就会更高些。据上述数例,大致民间屯营田的开发成本每亩在 2 贯~3 贯文,如以三年为一垦荒成熟周期计,大致则为 6 贯~9 贯文省。这是南宋每亩营屯田的经营成本。

关于屯田得不偿失,北宋已然,南宋尤然。天圣四年(1026),遣刘汉杰

---

① 《昌谷集》卷一六《屯田议》。
② 《宋会要辑稿》食货二之一九:绍兴六年十月二十二日,淮西濠州定远县,"每牛一头止纳钱一百贯省","作五年还纳"。
③ 《宋史》卷一七六《食货上四·屯田》,第 4274 页。
④ 《宋会要辑稿》食货六三之一五七。

往视襄唐州屯田。刘云："襄州得谷三十三万余石,为缗钱九万余,唐州得谷六万余石,为缗钱二万余;所给吏兵俸廪、官牛杂费,襄州十三万余缗,唐州四万余缗,得不补失。""诏废以给贫民,顷收半税①。"北宋初襄唐间营田的收支比为1:1.55,即所获只有支出的64.71%,比南宋"所获不偿所费之半"略高些。但如考虑到南宋谷价已上涨了五倍,则北宋"得不补失"的比例或许比南宋稍低些,但南宋屯营田的产量比北宋高,所以这两种因素似可抵消。总之,两宋时期屯营田之得不偿失可以定论。

南宋耕兵除正常的口食、月钱、衣赐外,还会有特殊的犒设之类。如淳熙十五年(1188)七月十四日,诏"无为军屯田耕兵二千人,开垦之初,适值雨水,可令赵汝谊每人特支犒设钱五贯文。其总辖兵将等,仍与等第增给②。""耕兵"2000人,每人5贯,计1万贯,"总辖、兵将",如以上引薛季宣之说,亦为1万贯,则合计2万贯。如耕兵人均耕田30亩,合计为6万亩,仅犒设一项每亩所增加的成本已为333文,约当南宋每亩营田成本的10%。如果算经济账的话,南宋屯营田的亏损率似比北宋更高③。

南宋营田中的另一严重弊端为抑勒"附种",严重扰民。即以行政命令等方式,强行将无人认种或逃移的营田,抑配给周围有田产的民户。贷给稻种等,强令秋纳租课。乃至养官牛而杀己牛,膏腴之田或因无力营种而荒废,或以己业收成充营田租,甚至流毒子孙,祸害乡亲。其多见于绍兴年间,臣僚有痛切陈述。如绍兴二十八年(1158)守丧起复的洪适知荆门军,其《盘洲文集》卷四九《荆门军奏便民五事状》:"营田之初,追集税户,以物力多寡,勒令认租,谓之附种营田。至二年替,供纠本乡未曾'附种'之户,轮次认纳,吏缘为奸。""当阳县只有四户开耕实田外,其他两县营田共一千零七十七户,所纳秋课自五斗有至于四十二石者,共一千八百余石,又有夏料小麦在外,并是无田认纳。""尉司、弓手揽纳,每石有费钱三千者,每户各有小麦七

---

① 《宋史》卷一七六《食货上四·屯田》,第4267页。

② 《宋会要辑稿》食货六三之六〇至六一。

③ 关于两宋营田部分得不偿失例证,另可参阅汪圣铎《两宋财政史》第314~319页,第729~733页附表,此勿赘论。

升,亦有费钱一千者。即是税上起税,实为重叠。"故洪适吁请,"白纳课子之数,并乞除免。"平均每户抑配的营田租秋课达 1.67 石,而夏料小麦之课尚不在内。即荆门军被抑配的营田每户达 20 亩左右,差不多相当于一夫之耕田数的三分之二。可见这种"附种抑配"的严重程度之一斑。

绍兴二十九年(1159)二月二十七日,知蕲州宋晓言:"每遇逃田,必均责邻里,谓附种";"有司以旧数岁督其子利,致子孙、邻里俱受其害①。"可见其流毒甚广,祸害无穷。更严重的是,为了获得"政绩",冒占膏腴民田,导致税田荒废,二税流失,公私俱弊。这种营田附种,抑勒民户现象,不仅存在于荆湖两淮诸路州县,凡有营田之处,几乎程度不同,多有发生。如绍兴十年(1140)十一月二十六日,臣僚言:"诸路州县兵火残蹂,遗民十无七八,比年虽有复归,视平日已田不能垦辟。又州县迫于吏责,官庄附种兼而行之。一县之内,应籍者皆赴庄耕耨,已业荒废,多不能举。其间因缘为弊,以官庄附种为名,冒占膏腴、动至数千百石,州县不敢究治②。"虽然诏令一再禁止,令改正,但却愈演愈烈,屡禁不止。正是由于附种为害严重,遍及各地,引起宋廷最高当局的注意。绍兴三十一年(1161)五月七日,中书门下省言:"两淮诸郡营田官庄,佃户数少,因多荒废。州县遂将营田稻子分给于民,秋成,则计所给种子而收其实,谓之附种。岁月既[久],民业有升降,而其数不减。诏令淮南转运司行下州县",不得"抑勒附种"③。

南宋营屯田,在南宋初及南宋末的大规模战争期间,虽曾产生过积极的作用,但却存在着上述两大弊端,尤其是从经济效益的角度考量,存在所得不偿所费之半的严重弊端。虽有个别成功的例证,笔者认为:不宜对南宋营屯田作过高的历史评价,即使是论营屯田的规模,也不及汉唐甚至北宋三路缘边地区。但其创造的高产田块记录,却为历代所望尘莫及。

关于南宋两淮、荆襄地区乃至南宋的营田、屯田,郦家驹先生遗著中有总体的评价,笔者认为,迄今仍不失为颇有见地的公允之论。其说云:

---

① 《宋会要辑稿》食货六三之一二二。
② 《宋会要辑稿》食货六三之一一二至一一三。
③ 《宋会要辑稿》食货六三之一二三。

　　樊宾、王弗所倡议的每县设十庄,五顷一庄等等一系列措施,作为一种"政治蓝图",其设计可谓既周密,又具体。但是即使在政治形势稳定的封建统治之下,当时各级地方政府都实际控制在封建官僚和吏胥手中,如此理想的规划,希望它认真加以贯彻并得到实现,是很难想象的,更何况是在战乱之中的两淮地区。说他"体究诞谩",未必失实。如果以这些条例为依据,由此就认为南宋庄园经济有了发展,这只是一种误解。

　　综上所述,可见南宋时期的屯田和营田,无论是军兵耕种或招募百姓佃种,承担的租课和其他科扰,是相当沉重的。如果仅仅从朝廷所制定的各项规定而言,似应是待遇优厚,问题在于条文规定并不等于历史实际。沉重的各种负担,使直接生产者不可能有生产积极性,因此南宋的屯田和营田,在边境地区的不能起捍卫边防的作用,非边境的内地屯田或营田,也不能起垦辟荒地的作用。正是在这种形势下,原属官田的屯田和营田,在南宋时期更迅速地转化为私人所有,也就不足为奇了①。

需要补充的是:在南宋初、中、后期的大规模战争期间,有相当多数量的民田成为户绝、逃田或抛荒田,不断被拘收为官田,其中部分原民田被作为屯田、营田。即官民田处在不断的转换及双向动态流动之中,而并非是"一边倒"的所谓"官田民田化"的单向流动或产权置换。这是南宋土地制度中一个值得继续探索的新课题②。另外,关于营屯田"附种"、抑配及得不偿失之弊,本书也作了比较充分的论述。

第三节　南宋官田鬻卖

　　如果说南宋土地制度中最本质的特征是租佃制度,那么与之相伴而行

---

①　郦家驹等:《中国屯垦史》中册,第254、255、262页,农业出版社,1990年。郦说批评南宋存在庄园经济,虽委婉,却尤为允当。又,本节另有部分内容参考是书第五章第五节,第249～262页,特此说明。

②　参阅魏天安《宋代官营经济》第二章《官田的基本状况》、第三章《官田产权与鬻卖》的相关论述(未刊稿)。

的则是终南宋之世持续不断的官民田出卖。关于南宋官田鬻卖,迄今已有大量论著论及,其中学界的共识为:南宋是官田不断民田化的黄金时代,又有两种不同的形式,一是通过鬻卖,使大量官田通过产权置换成为民田,提供二税等;二是通过包佃制,将土地经营权转换至民间,官府仅履亩课租而已。两种形式,殊途同归,同为"土地私有化潮流"的不同形式而已。认识不同者,即为官田私有化的原因所在①。

关于宋代鬻卖官田的高潮,梁太济先生曾有概括,称凡七次,其中南宋四次,集中在高、孝两朝②。规模最大的一次为孝宗即位之初(1162～1166)数年间,当时拟卖者估钱 700 万缗,已卖 540 万贯,未卖 160 万贯,仅占 22.85%。次则乾淳之际(1173～1174),共田地 644.1 万亩,估钱 516 万余缗,已拆封者仅 162 万余缗,未鬻者为 353 万余缗,未卖者占 68.41%。而淳绍之际(1189～1193)的一次,就更是每况愈下,田产估价 540 余万贯,只卖到 100 余万贯,已卖者仅占 18.52%。至嘉泰年间(1201～1204),可供出卖的官田,已不过 180 万贯而已。只分别是孝宗初及乾淳之际可卖官田的 25.71% 和 19.38%。孝宗时期出卖的田地,其估价中包括了部分房产,但数量极小,可忽略不计。如以上述乾淳之际估价每亩 0.8 贯文计,则孝宗朝另二次可供出卖土地分别为 875 万亩及 675 万亩,第一次出卖未尽为 22.85%,约为 200 万亩,滚入乾淳之际第二次,其中 444.1 万亩应为新增官田,不到 10 年就增加 77.65%。第二次滚入第三次未卖田占 68.41%,即为 441 万亩,则第三次中新增官田为 234 万亩,三次合计可供出卖官田约为 1553.1 万亩。这并非孝宗朝官田的总数,被包佃冒占的官田数量也许更多。平均每亩估价 0.8 贯,则比同时期的民田低得多,这主要是田地混合价且多荒地之故。总之,孝宗朝的官田售价约在每亩一贯文左右,可供出卖的数量在 1500 万亩左右。这也仅是很不确切的一个粗略估计。因为无论卖价或已买的官田数量,均尚缺乏比较正确可信的数据。

如乾道二年(1166),户部侍郎曾怀言:江西路已佃营田 19 万余亩,仅得

① 参阅杨康荪《宋代官田包佃述论》,《历史研究》1985 年第 5 期。
② 参阅梁太济《两宋阶级关系的若干问题》第 130～132 页。

租钱 5.05 万贯;如出卖,可得 6.5 万贯①。则卖价仅为每亩 342 文,仅为上述估价的 42.75%。可见主要经孝宗朝的大规模出卖官田后,南宋官田资源几近枯竭。如仍以上述每亩 0.8 贯计,则宁宗时的官田仅为 225 万亩左右。但这里仍有一些问题值得探讨,如我国历史上真正实行实封投状竞买田产的制度实开创于南宋时期;再一个需要讨论的问题是南宋官田鬻卖中的弊端及冒佃包占问题。另外,这类官田的出卖价格,将在民田卖价一节一并探讨。

一、南宋开创我国实封投状拍卖土地新模式

在当今房地产及经济区开发中,招投标拍卖土地已成惯例,经 20 余年的探索,已被概括为"招拍挂"的出让土地模式。有学者认为这是与"国际接轨"的引进模式,殊不知,早在 870 余年前,南宋人就已创造了这种拍卖土地的先进机制,并运用于当时的社会经济许多领域中。

我国"实封投状"竞买方式之始,滥觞于北宋酒务坊场的扑买过程之中。最早的记载,似见于真宗大中祥符元年(1008)春,"始有实封投状给卖价[于商人]之令,而民亦困矣②。"这种无底价竞买酒务坊场的方式肇始至今恰已有一千年之久。北宋初每升酒钱仅 15 文,与唐代相差无几,至南宋初则增价至 130 文,也许与"实封投状"竞买酒务坊场有不解之缘。"绍兴六年(1136)春,浙路出煮酒,每升共增"115 文钱(原注:"时煮酒每升百三十钱为率,大异祖宗时每升十五钱")。"熙宁以后,坊场钱又尽入于常平司③。"

在北宋前期 60 余年中,此或尚偶尔为之,未成典制。大规模以实封投状方式扑买酒务坊场,始见于熙宁三年(1070)十二月,初仅行于所谓的"优轻场务",作为熙丰变法措施之一而出台。《长编》卷二一八(第 5300 页)载,中书言:"开封务优轻场务,令府界提点及差役司同共出榜,召人承买,仍限两月内,许诸色人实封投状,委本司收接封掌。候限满,当官开拆,取(看)[着]

---

① 《宋史》卷一七三《食货上一·农田》,第 4192 页。
② 《朝野杂记》甲集卷一四《东南酒课》,第 307~308 页。又据四库本补"于商人"三字。
③ 同上注,第 307~308 页。"升",原作"斤";"大异",原作"然则"。据四库本改。

价最高人给与。仍先次于榜内晓示百姓知委。从之(原注:此据《泸州编录册》熙宁五年二月十三日刑部帖、三年十二月九日中书札子、指挥,今附本月日。实封投买坊场,《实录》未见的月日,须别考详。……遍卖天下酒务,则在五年二月二十二日①)。"

北宋实封投状出卖田产的尝试,今存史料中似始见于熙宁七年(1174)三月己未(二十三日)。《长编》卷二五一有载,诏:"户绝庄产委开封府界提点刑狱司提辖,限两月召元佃及诸色人实封投状承买。逐司季具所卖,关提举司封桩,听司农寺移用,增助诸路常平本钱②。"北宋虽已开实封投状拍卖土地之先河,但规模有限,仅偶一为之。在熙丰变法及北宋末的史料中罕见反映,未成一代典制。真正有较完善的运作模式的拍卖土地,似始见于南宋建炎四年(1130)。

《宋会要辑稿》食货六一之二见载:北宋末一批贪官曾有大批田产没官,南宋初,因财政困窘,急于出售这些没官田产及户绝、逃移、抵当等诸色没官田产。建炎四年(1130)二月三日,知永嘉县霍蠡言:"本州(温州)四县见管户绝、抵当诸色没官田宅数目不少,并系形势户诡名请(田)[佃],每年租课多是催头及保正长代纳,公私受弊。欲乞量立日限,召人实封投状请买,限半月(折)[拆]封,给最高之人。"诏:"并依,两限半月。"诏旨又称:"如敢高抬下估,亏损公私,遣官按视。比近田土、舍宅,稍有高下,官员取旨审责,人吏杖脊配海岛。"在南宋之初,类似于今之招投标方式拍卖田地的制度已至少在立法方面已相当成熟。比照邻近田土之价者,则为官方标的;"实封投状"者,即为竞价者"投标标书";"两限半月",当场开标,价高者得之者,已与今之现场当众开标相仿。而对弄虚作假、营私舞弊官吏的处罚之严厉,亦令今人为之汗颜。严刑峻法,固然是为了维护战时财经法纪之必需。

南宋以实封投状方式大规模出卖官田之较完备的诏令,始见于绍兴二

---

① 参见《长编》卷二二〇熙宁四年二月丁巳条,司农寺言:"相度京西差役条目内,酒税等诸般坊店、场务之类……并令实封投状,置历拘管。""著价最高者方得承买,如著价同,并予先下状人。其钱听作三限,每年作一限送纳。"

② 《长编》点校本第6127页,中华书局,1986年。

年(1132)六月二十九日。《宋会要辑稿》食货六一之五有载:"诸路委漕臣一员,将管下应干系官田土并行措置出卖。仰各随土俗所宜,究心措置,出榜晓示,限一月召人实封投状请买。仍置印历,抄上承买人户先后资次、姓名。限满,当本官厅拆状,区画所著价最高之人。卖到钱数,申取朝廷指挥。"

至迟绍兴初,出卖官田产业已形成一套制度。如绍兴五年(1135)正月三日臣僚言:"诸路州县七色依条限合卖官舍及不系出卖田舍,并委逐路提刑司措置出卖。州委知州,县委知县。令取见元管数目,比仿邻近田亩所取租课及屋宇价直,量度适中钱数出榜,限一月召人实封投状承买,限满拆封,给着价最高之人。其价钱并限一月送纳,候纳足日交割田舍。依旧起纳税赋。仍具最高钱数,先次取问见佃赁人愿与不愿。依价承买,限五日供具回报。若系佃赁及三十年以上,即于价钱上以十分为率,与减二分价钱,限六十日送纳。其卖到价钱,仰逐路提刑司总领起发,赴行在送纳……。"诏依。仍逐路各委监司一员"总领措置"①。这是十分完备的招投标顺序,与今之拍卖国有土地办法似乎只有是否事先公开标底的不同。其余如由提刑司主管,今也有法纪部门监督;州县主官负责实施,类似于今之有关主管部门组织实施;实封投状,即今之密封投标,公开开标;出价最高者中标,已使用土地者有优先权予以优惠,及付款有一定期限等措施,均大同小异。在870余年前就已有如此完备的招投标制度付诸实施,其思虑之周详,不能不令人叹为观止。

值得注意的是:这是我国最早的有公开底价的实封投状竞买田产方式。其原则为给最高出价人,见佃者又有优先权。而底价的确定则比照相邻田亩及见收租课斟酌确定。在南宋初的实封投状竞买田产中,一类是不设底价,限满当厅拆封,给出价最高之人;另一种是量立底价,出榜公示,由竞买人参酌实封投状竞买。已实开今之无底价或密封底价竞拍地产的先河。南宋又有预此出卖官田事宜的相关官吏不得参买竞拍之规定,尤为有识②。次

---

① 《宋会要辑稿》食货六一之七。同条又载:诏"逐路专委监司一员:江东路转运范振、江西逢汝霖、广东刘仿、广西赵子严,两浙提刑向宗厚、福建吕聪问总领措置。"
② 参见《系年要录》卷八四,第326册,第169页上。同上书卷八五,绍兴五年(1135)二月戊戌条(第326册,第195页上):"诏:监司、州县官吏、公人毋得收买官田。"这是最早的当事人回避制度。

年,又对实封投状竞买官田诏令中的具体政策作了补充规定,甚至明令各地将有关条法、政策雕印成文,广出榜文,以示"公开透明"。

绍兴六年二月十二日,"诏令逐路总领卖田监司,检坐见行条法及节次所降指挥,大字雕印[成?]文、出榜告谕人户,仰依限投状①。"其买到诸路"乡村户绝并没官及贼徒田舍与江涨沙田、海(道)[退]泥田,昨为兼并之家小立租额佃赁者,永为己业,更无改易②。"这里针对卖田过程中存在种种政策不明的含糊及民户的疑窦丛生,进一步从制度层面予以增补或明确,以推进卖田进程。明确指出卖田以户绝、没官田及江涨沙田、海退泥田(涂田)等为主。另一类则以兼并之家"小立租额佃赁者",即被形势、兼并豪户冒佃包占的田亩。

在实封投状竞买土地的过程中,出现不少具体问题,宋廷又对招投标方式进行修订,使之针对已不断出现的弊端而在制度设计上更趋于详密和合理化。绍兴二十八年(1158)十月十七日,诏户部:"将所在常平没官户绝田产,(不问?)已佃未佃、已添租未添租,并行拘收出卖。"户部据这项诏令作出具体措置:拟派清强官核实合行出卖"田地乡分地名,坐落四至,膏腴瘠薄,若干顷亩";"估价出卖,州委知通,县委令佐"。如有抛荒田地,则"与买人免纳二年四料税赋"的优惠。同日,户部措置,又对实封投状具体方式、实施步骤作进一步的完善:

> 令州军造木柜封锁,分送管下县分,收接承买实封文状。置历一道,令买人于历内亲书日时投状;或有不识字人,即令承行人吏书记日时,并于封皮上押官印记入柜。限九十日内,倚郭县分将柜申解赴州,聚州官当厅开拆。其外县,委通判;县分多处,……选委以次幕职官,分头前去开拆。并先将所投文状,当官验封开拆、签押。以时比较,给著价高人。内著价同者,即给先投状人。或见赁佃人愿依著价高人承买者,限五日投状,听给。限外或称缘故有失投状之类,官司并不得受词。

---

① 《宋会要辑稿》食货六一之一二。
② 《系年要录》卷九八,第 320 册,第 366 页。"退",原作"道";据同上注改。

所买田产等,并与免投纳契税钱。每一贯文省,止收头子钱四十三文省,更不分隶诸司,专充脚乘糜费、行遣纸札支用。仍置历收支具帐申户部照会。其承买价钱,不以多寡,自拆封日为始,并限六十日纳足。若违限纳钱不足,其已纳钱物,依条并没入官,其田产等亦行拘收。其间,如未有人承买田地、宅舍,听见佃赁人依旧管纳租课。

前承降到指挥,止许诸色人并寄居、待阙官实封投状承买,即不许当职官吏、监司或本州县在任官及主管公人并本州县公吏承买。如有违犯,依条施行外,许人陈告。其所买田舍等依旧还官,仍以买价钱为则,每一百贯支赏钱二十贯;除支赏外,其余价钱并行没官。如价钱未纳在官,即以犯事人家财充①。

经过20余年的实践,这是对绍兴五年(1135)实封投状竞买官田(舍产)的完善。其值得注意处有:其一,改有标底为无标底竞买;其二,对实封投标的私密性、公正性作了更具体明确的规定,尤其是当众开标的规定。应是针对前有弄虚作假、营私舞弊现象所作的补充规定。其三,明确了投状与交钱的时限,如违限,则对已交钱物没官不退。其四,禁止现任官吏及相关公人竞买,以免有以权谋私之嫌。绍兴二十九年(1159)二月十七日,权户部侍郎赵令詪(1099~1166)言:田产出卖,"州委知通,县委令丞。""每卖价钱:县及二万贯,州及五万贯,与减一年磨勘;县及四万贯、州及十万贯,减二年磨勘;县及六万贯,州及十五万贯,改三年磨勘;县及十万贯,州及二十万贯,转一官。如欺弊灭裂,出卖稽迟,令提刑司"根究,"申朝廷重行黜责"②。以上这些规定,在今公有土地拍卖中均已有体现;宋代出现的弊端,今亦仍存在,其改进与防范措施亦未必比850年前的古人显得更高明些。但即使是比较完备的制度设计,须由官吏去执行。由于执行者的素质低劣,贪赃枉法,必然出现种种弊端。孝宗时,仍继承前朝的实封投状方式拍卖土地,但弊端更为严重。

---

① 《宋会要辑稿》食货五之二八,以同书六一之一六至一八参校。
② 《宋会要辑稿》食货六一之二〇。

乾道五年九月十四日，户部侍郎杨倓言："江南东路州县有常平、转运司圩田，见令人户出纳租税佃种。遇有退佃，往往私仿民田，擅立价例，用钱交兑。取会到建康、宁国府、太平、池州所管圩田共七十九万余亩，皆系耕种成熟。乞下江南东路提举常平司选官，躬诣地头，照邻比田则估价，召人实封投状，增钱承买。限满拆封，以最高钱数问见佃人，与减二分价承买。若不愿，即给价高人为业。除纳税依旧外，其见纳租者，并以三分为率，与减一分；仍不作等差役及诸般科配。"

诏：圩田更不出卖，令建康、宁国府、太平、池州将每岁收到圩田租、苗米，并起发赴总领所大军仓送纳，充支遣大军粮米①。

孝宗朝，出卖官田过程中的种种弊端愈演愈烈，因而政府经常陷入是卖还是出租的困惑之中，上引史料中，孝宗否定杨倓（？～1181）的建策即是明显的例证。而早在乾道四年（1168）八月三日，因人户"违限及纳价不足"承买等原因，就已诏："诸路常平司见卖户绝没官田产及诸州未卖营田，并日下住卖，依旧拘收租课②。"与杨倓约略同时，莫濛也提出过鬻卖军兵屯田的建议，同样遭到孝宗的否决。

乾道五年（1169）九月六日，知扬州莫濛言：准指挥，镇江都统司及武锋军见管"屯田、耕牛、农具等令逐州军交收，日下召人请佃，只认军中租额。"但窃虑"若租额稍轻，往往尽为有力之家所佃；若或租额稍重，未必有人请佃。一年之后，复为荒田。今来淮甸民户复业者众，皆谋生计。如扬州逐时人户交易田土、投买契书及争讼界至，无日无之。今乞令逐州军，将所管屯田先次估定价钱，开坐田段，出榜召人实封投状，增价承买，给付价高之人，理充己业。耕牛、农具，亦令逐州军各行变卖。所有目今田土青苗，亦乞委县官措置收割变转，同卖田价钱令项桩管。"诏令秋成收割了毕日，"以租额轻重，比近品搭均一，依已降指挥召人请佃③。"惜莫濛这一颇具超前意识一步到位的投标出卖屯田方案未获批准，但以招标方式出卖官田在绍兴年间

---

① 《宋会要辑稿》食货六三之二一五至二一六，参校同书一之四四至四五。

② 《宋会要辑稿》食货六一之三一。

③ 《宋会要辑稿》食货六三之一四七。

早已有之。这一极具远见的建议未获通过,也许孝宗认为租比税重,故迟疑未决。

但仅隔半年不到,却又风云突变。乾道六年(1170)二月一日,孝宗诏令:"浙西、江东、淮东诸处沙田、芦场二百八十余万亩,除人户已请佃及包占外,其余并行估价出卖。所有已请佃及包占数目,可立定等则,增立租课①。"本来对这地处三路江湖河畔的水利田地,最理想的处置是作为湿地,可以调节水旱,改善环境,使大量民田提高产量。但志大才疏的孝宗却将其视为"鸡肋",食之无味,弃之可惜。拘收为官田,则打量顷亩困难,无法控制豪势包佃冒占,流失租课;出卖,则滩涂田地受地理、气候影响太大,价格再低,也罕有人问津,即使免纳二税、和买、役钱之类优惠条件,也未免缺乏吸引力。正是在这样的两难选择中,宋廷鬻卖官田的政策出现了多次反复。乾道八九年(1172~1173)间,短短三四个月内,又连下四道诏令,急如星火命出卖官田。也许与他和再任四川宣抚使的虞允文的约定有关,即从东西两路准备同时起兵大举伐金,而急于筹备经费。

这四道诏令分别是:其一,乾道八年(1172)十一月,诏:"官田除两淮、京西路不行出卖,应诸路没官田产、屋宇并营田,并措置出卖。以户部左曹郎官主之,诸路委常平司,其钱赴左藏南(军)[库],令置库眼桩管②。"其二,乾道九年(1173)闰正月七日,诏:"出卖官田,如实系荒闲无人耕种,或有人户承买者,与免五年十(科)[料]税赋③。"其三,乾道九年(1173)闰正月二十六日,诏:"浙东提举司将人户承买官产一千贯以上,免差役三年;五千贯以上,免五年,和买并免二年。其二税、役钱自今计数供输④。"其四,乾道九年(1173)二月四日,诏:"四川提举常平司将诸州户绝没官田产屋宇,委官估价,召人承买。其营田依昨降指挥,权行住卖,仍旧令人请佃⑤。"荒田免五年十料二税及对买田大业主免差役、和买等特殊优惠措施,为前所罕见,表明

①　《宋会要辑稿》食货六三之二一六。
②　《中兴两朝圣政》卷五一。
③　《宋会要辑稿》食货六一之三三。
④　《宋会要辑稿》食货六一之三三。
⑤　《宋会要辑稿》食货六一之三三。

孝宗急于尽卖官田以筹措军费,实现恢复宏图的焦渴心态。

经南宋高、孝、光三朝持续出卖官田后,官田除拘收逃田、户绝、没官田及江涨海退滩涂田外,至南宋中期,国有土地资源已接近枯竭。《宋会要辑稿》食货六一之四五至四六有载:嘉定十二年(1219)正月十七日,臣僚言:"官田已经绍熙年间置局出卖之后,所存无几,逮至嘉泰年间再行下诸路仓司,根括估卖,自有帐籍可考,为钱不过一百八十万贯而已……。[乞]并照嘉定九年七月指挥,许人照估价承买,纽立苗税,入户为业。"如仍以南宋初亩价约一贯计,则13世纪初可供出卖官田不过180万亩左右。虽然南宋中期以后,出卖官田规模不如高、孝两朝,但终南宋之世,官田不断出卖是毋庸置疑的史实。缘此,学者遂得出了南宋"官田民田化"的结论。但被忽略的是却是有规模相当大的民田向官田的逆向流动。一是南宋初、中、末期,特别是战争期间缘边三区的大量民田被拘收为官田;二是经界法、公田法实行后大量私田被拘籍、回买为公田;三是沙田芦场、滩涂田及荒闲田地的开发及公共水利田的扩大,仍提供了源源不断的大量官田。从某种意义上而言,应是官民田间的双向流动。

南宋中后期,民田约已占全部土地的90%左右,这是拙文《两宋苏州经济考略》据昆山、常熟等地方志簿载数据得出的结论①。对于两浙、江东西、福建、四川等农村经济发达地区应相差不大;是否适合于其他地区,则尚有待验证。一个比较有说服力的旁证是:反映宁宗、理宗朝及其后社会经济生活的《名公书判清明集》中,其《户婚门》约182条,其中涉及田地产权纠纷的诉讼判词约119余条,占本门总数的60%以上②。所涉案例全为南宋晚期现实生活中的真实案例,除极个别外,涉及的田产几乎全部为民田私产。因此,似可断言:民田在南宋中后期所占比例已远较此前为高。这从南宋景定中"公田法"的推行也可得到旁证,如非官田资源已枯竭,贾似道何必冒天下之大不韪而出此下策,乃至民怨鼎沸。

---

① 《农业考古》1999年第3期。
② 郦家驹:《两宋时期土地所有权的转换》,刊《中国史研究》1988年第4期。

二、官田出卖中的弊端

南宋政府出卖官田的初衷,是为了招抚流亡,实行耕者有其田,恢复和发展农业生产;增加赋税收入,克服吏役不均和豪势之家包占冒佃等问题。正如绍兴二十八年(1158)十月侍御史叶义问(1098～1170)概括的那样:"今尽鬻其田而立为正税,田既归民,税又归官,不独绝欺隐之弊,又可均吏役之法,一举而四得之矣。"但因执行过程中出现的种种弊端,被有些官员不幸而言中,出现了"见佃人失业,未卖者失租"①的现象。

弊端之一,主持出卖官田的官员为了"政绩"而请功受赏,对拟出卖的官田虚报数量,冒估价格。典型之例如《宋会要辑稿》食货六一之二九所载:隆兴元年(1163)十一月十五日,户部言:"昨上封者乞卖常州无锡县省田四十万亩,每亩直钱一十五千。得旨:委两浙漕臣[躬?]亲相度。今据申到,止有十六万六千余亩。每亩价直二贯。若许人承佃,岁得上供省苗近四万石;如行出卖,深虑暗失上供省额,乞将上件田住卖。"从之②。这块系省官田原高估为40万亩,拟定卖价每亩15千,总价600万贯;但核实结果仅16.6万亩,价值仅亩均2贯,总卖价33.2万贯。仅为原估价5.5%,每亩能岁出官租米2.4斗,合计岁收租米近4万石。如果出卖有得不偿失之憾,故诏令批准两浙漕臣的建议而住卖。时任两浙运副者为陈辉,事见《乾道临安志》卷二。

类似之例又见于江西吉州,绍兴三十年(1160)五月十四日,"臣僚言:吉州出卖常平没官田产,元估价钱与提举司覈实,高下辽绝,遂委提刑司看详到数目,见系可出卖者约三十一万贯,而未售者尚居其半,其余尽皆荒闲不耕之地。提刑司覆实之数,校之提举所亏一十万缗③。"而据左正言王淮

---

① 《系年要录》卷一八〇,第327册,第548页下。
② 《通考》卷七有不同记载称:"两浙转运司申:括到平江府省田"166728亩,"每亩纳上供省苗(三)[二]斗三升六合",计米39047石(应是39347石)。"系民户业,今若出卖,便为私田,上输二税,暗失上供岁额苗米。乃止。"此称平江府田,显与《宋会要》称常州无锡田不同,此为同一事无疑。似出于不同史源。但此"省苗三斗","三"显系"二"之误,否则合计数为56020.6石,此应从《会要》改。合计租米数有误。
③ 《宋会要辑稿》食货六一之二六。

(1126～1189)明年正月之说,吉州卖官田,"逮今逾年而所减三十万缗,犹未可尽①。"

弊端之二,迫以程限,遂有抑勒科敷之举。在绍兴末及孝宗乾淳之际的出卖官田高潮中,往往限以一月、一季,至多一年,严令将已估官田出卖殆尽。当时流移民户多已归土复业,出卖官田确有"市场需求",但急如星火,迫于程限的结果必然强行摊派,抑勒民户。吉州等地甚"至有已输钱未尝请射田土"之类事发生,而"急于受赏,督迫州县鬻田甚峻"的江东运副魏安行也被叶义问劾罢②。此为绍兴末之例,孝宗时同类事件一再发生。乾道九年(1173)七月十六日,臣僚言:上述"出卖官产钱,……专限一季出卖尽绝、拘钱发纳",窃恐有科抑之弊。"如浙东西最号人户繁盛去处,两路所卖,除合减退外,仅及百余万缗,今已累月,尚未足数……。况江东西、[二]广道里辽远,州县凋弊,人户萧疏,十不及浙中之二三。米谷既平,钱货难得,每亩价直不过贯佰(陌?)。纵根括无遗,出卖尽绝,其能及浙中之数而又应期限乎?""乞宽以一年之限",从之③。

拘催太峻,强行拘卖,估价太低,责办太急。南宋中期出卖新拘官田中,上述弊端有愈演愈烈之势。庆元三年(1197)四月九日赦文中称:"将绍熙四年(1193)八月三日以前已根括未卖没官田产、屋宇等,责令州县限一月具合卖顷亩间架及已估时直供申,仍出榜召人实封投状增钱收买。……而提举司拘催太峻,州县官利于获赏,遂行一切之政。不问愿与不愿,一例勒令纳钱,追逮监系讯决,不胜其酷。"乃至原估定价钱540余万贯,只卖到价钱100余万贯。"其未卖者,若不视田之肥瘠,数之虚实,价之高下,一切责办于目前,而追逮监纳,则有失元降指挥实封召卖之意。"庆元四年正月二十一日诏令,针对上述弊端提出了改善措施,并特别指出:"其人户占佃不愿承买者,日下拘收,别行召卖,其第四、五等贫民占佃,候今年秋成之后召卖④。"

---

① 《系年要录》卷一八八,第 327 册,第 685 页上。

② 《系年要录》卷一八八,第 327 册,第 685～686 页。

③ 《宋会要辑稿》食货五六之五五至五七。方按:据陈智超《解开宋会要之谜》第 266 页,此乃《宋会要·职官·户部》之内容。极是,《宋会要辑稿》误系于《食货》。

④ 以上引文,均见《宋会要辑稿》食货六一之四四。

之所以一再出现此类问题,乃州县主官不仅有监司督责,而且在绍兴二十九年(1159)为大规模出售官田而专门设官置司,新成立了"户部提领官田所",不仅主持卖田具体事务,且对地方官员有督察及建议赏罚之权。史料中提供了二个对比鲜明的例证。绍兴二十九年七月十八日,诏:"严州分水县令张升佐、宜兴县令陈杞,县丞蒲荣各特降一官资放罢",即因提领官田所称其"所卖官田于一路最为稽迟故也"。又如同年九月十一日,"诏:浙东提举常平都洁特转一官;以户部言:比较浙东卖官田最多,故有是命①。"

弊端之三,豪富势家与官吏、牙侩等互相勾结,或通同管占,冒佃包占;或压低价格,买得膏腴;或以次充好,予以调换。花样百出,导致官课流失,卖价锐减。此为流弊最常见且为害最烈者。史料中类似之例俯拾皆是,各个时期多有。虽诏令、赦文一再明令禁止,却屡禁不止。典型之例如乾道元年三月三日,户部言:浙西所管营田官庄共 159 万余亩,内有未承佃 67 万余亩,"缘上件田产皆系肥饶,多是州县公吏与形势之家通同管占,不行输纳租课,乞委官根括出卖。其冒佃人限半月陈首,与免罪及所逋租课。从之②。"仅浙西营田,其既未租佃,又未列入根括出卖的违法占田数竟达 42.14% 之多。如按上述常州无锡县系省官田每亩售价二贯计,流失的财政收入高达 134 万缗;即使以上述每亩 2.4 斗租米官课计,流失的官租就为 16.08 万石,如以米每石 3 贯文计,折价 48.24 万贯。数额之巨,令人吃惊。

因缘为奸,以次换好之例,亦见于浙西。如绍兴元年(1131)十一月二十二日,都省言:"浙西州县籍没到蔡京等田产",委发运副使宋辉(晖?)出卖,但州县官吏因缘为奸,"将根括到田产,并不开坐地界四至,容纵邻人,以瘠薄私田等公然抵换,欺弊百出。"对策:诏令陈首,"限半月"改正;并许"地邻及诸色人告","每亩给赏钱"30 贯。否则,"追埋犯人估所换田产价直计赃,加二等科罪。地邻人不告,与同罪③。"豪富与官吏勾结,在定价上上下其手,瞒天过海,乃至膏腴上田尽归豪势,中下瘠薄之田无人问津。如淳熙元年

---

① 分见《宋会要辑稿》食货六一之二二、二四、二五。
② 《宋会要辑稿》食货六一之二九至三〇。
③ 《宋会要辑稿》食货六一之四。

(1174)六月十八日,臣僚言:"根括没官田产,除两淮、京西、湖北外,尽行出卖。始限一季,继展一年,已卖者十不及二三。盖已卖者,尽皆膏腴之田,富家大姓计嘱官吏,牙侩低估价直,却将中下之田高其价直,是致无人承卖。今不若且令元佃之家著业纳租,一岁之间,犹可得米数十万石,兼亦不妨一面出卖。从之①。"甚至出现了没官田因高估价格,中下户无力购买,只能由原主以低价赎回的极端例证。"绍兴二年(1132)正月十九日,江南安抚大使李回称:抚州宜黄县人户熊富、吴怿等一百余家,昨拘籍田产估卖,缘中下之家无力承买";对策竟为:"欲许被估人纳钱收买。"从之②。

此外,因官僚机构人浮于事,政出多门,缺乏沟通协调,长袖善舞的奸猾之徒也在未卖尽官田中分得意外之财。官田拘收租课乃常平司主管,但监司仍随意处置,或拨以赡学,或无偿给与寺观,最后甚至落入"狡猾"之手。其例甚多:如淳熙十年(1183)十月十七日,浙西提举王尚之言:平江府即根括到田产124203.25亩,岁收官租21233.13石③。亩收租米平均1.7斗。淳熙十二年八月三日,前知蕲州赵彦丞奏:有"淮民冒占官田"。淳熙十二、十四年均有诏令:"两淮人户包占未耕荒田"者"申官自首",如限满,许"诸色人陈告,以[逾]限占田给赏④。"淳熙十四年(1187)六月十三日,臣僚言:"在法,没官户绝之产逐时榜卖";但却"岁岁增多"的田产,"尽为猾吏隐匿,顽民冒占"。乞依法尽行出卖⑤。

弊端之四,豪势与官吏狼狈为奸,倒卖国有土地,牟取非法暴利。孙觌《与常守强朝议书》提供了一个鲜为人知的案例。绍兴中,孙觌赋闲居家,因"豪户计嘱县胥",欲夺其划佃数百亩沙田。其法:则将官租擅自提高七倍,改为税田而逼其贱卖。孙不得已而向老友知常州强行父告状。其说云:"某有沙田数顷,属晋陵,今夏纳大麦二十九石;而县引忽科籴二百三十石,惊问

---

① 《宋会要辑稿》食货六一之三四至三五。
② 《宋会要辑稿》食货六一之四至五。
③ 《宋会要辑稿》食货六一之三六至三七。
④ 《宋会要辑稿》食货六一之三七至三八。
⑤ 《宋会要辑稿》食货六一之四〇。

其故,干人云:十数豪户,计嘱县胥,欲改屯田为税田,与之分受①。"曾贵为高官的孙觌,尚且未免受到豪富与猾吏的算计,一般百姓被夺佃加租,就更是不在话下。

绍兴三十年(1160)三月十三日,何溥也指出:"祖宗出卖官田,旧法:止令人户实封投状,限满拆封,给与价高之人。比来建议之臣欲优恤见佃之家,许令减价二分,依旧承买,意固善矣。"但"见佃人户已买田宅,既于官中低价买过,却与外人相见转手增价出卖;或借人钱物收买,于后增价准折。若此等类,并许陈告,即行拘没。"从之②。加价倒卖或准折借款以牟利的投机炒作,被南宋政府视为非法而明令禁止。不幸的是:870余年后的今天,倒卖土地、房产的投机行为,却被视为合法的商业交易。其牟利幅度也远超过南宋当局20%的上限,竟有牟利数十倍者。导致天价地块、房产的竞相出笼,官商勾结,又导致了一大批贪官的严重经济犯罪,国有资产大量流失。我们是否应从古代的历史经验中悟出些什么,而从政策层面严加限制,如开征房地产特种交易税,剥夺其超额利润和非法所得,使房产及土地的价格与其价值不再被严重扭曲。关键是加强对招投标的监管和成本的公开。

以上弊端的存在,引起了南宋当局及一些官员的关注及忧虑,他们也提出了许多改进的意见和措施。如绍兴二十九年(1159),"湖南提刑彭合入对言:州县卖官田之害,望减价,无抑勒。户部以减价为难,但令勿抑勒而已③。"彭合(1093~1161),约绍兴二十九年(1159)自广西提刑徙湖南,时当为上任前入对,其所据当为广西卖官田之二弊。可见在"人户凋疏、弥望皆黄茅白苇,民间膏腴之田耕布犹且不遍"的二广之地④,亦存在价高及抑勒民户之弊,卖官田亦曾在地旷人稀的缘边地区实行。正是以上弊端的存在,官田的出卖未尽如人意,即使减价或招佃也罕有人问津。如江西吉州,绍兴三

①　《内简尺牍》卷七。强行父于绍兴十六年六月至十七年二月(1146~1147)知常州,见《咸淳毗陵志》卷八,《系年要录》卷一五四。
②　《宋会要辑稿》食货六一之二五,参见《通考》卷七。
③　《通考》卷七《田赋七》。
④　《宋会要辑稿》食货一〇之一一,五六之五六。彭合事,见汪应辰《文定集》卷二二《彭公墓志铭》。

十年(1160)尚有约半数官田未售,多为"荒闲不耕之地",只能"委官相视,量立中价,召人承买";隆兴二年(1164),湖南常平司所管之荒田"六年无人承买",请免"三料合纳租课",以便招佃或减价出售①。类似情形各地多有。

江西出卖官田数量仅次于两浙,但价格却极低,有两例可证。《系年要录》卷一八五载:"绍兴三十年(1160)四月丁丑,江西提刑黄应南言,奉诏覆视吉州应卖官田"3650余顷,计直138万余缗;已有人承佃1317顷,计直31万缗,"乞减价直三分";无人承佃荒田、山林、陂泽"2341顷,计直60余万缗,"乞别行估定"。应卖官田,估价为每亩3.781贯文;已承佃官田,每亩均价2.353贯文。如减价三分,则为亩价1.647贯文;无人承佃荒田、山泽,每亩估价2.563贯文,但已比承佃官田价格略高,故请求减价。这仅为出卖前的官方估价而非实际成交价。但据乾道二年(1166)户部侍郎曾怀之说,江西路营田4000余顷,已佃1900余顷,租钱50500余贯,若出卖,可得65000余贯……"见佃愿买者减价二分②"。已佃1900顷营田,平均每亩岁得租钱为0.266贯文,卖价为0.342贯文,减价二分,实际成交价仅0.274贯文。卖价仅为岁得租钱的103%,即约与租钱相仿。这样的超低价仍未能出卖殆尽,令人不可思议。但究其原因,实因官田出卖后改为税田,虽名义上仅出二税,如以秋苗一项计,亩税一斗,约为0.3贯文,已超过买田价及租钱,再加上夏税、和买、役钱,其负担数倍于租课,这就是官田难以尽卖最主要的原因。从江西例证,可以看出膏腴之田已被豪势低价买入或冒佃包占;中上之田,只有上述承佃官田估价每亩2.353贯文的11.64%。其卖价,甚至也只有湖北路淳熙元年(1174)卖价每亩500文的54.8%③,即一半稍多些。这确实使南宋当局陷入出卖还是招佃的两难选择的尴尬境地。

光宗时,又有括责户绝田出卖的指挥,但执行时又有矫枉过正的弊端。如将事关公共利益的田地及水利湖泊等为豪强非法强买圈占,又逼迫划买

下户之田,则土地越来越趋向于高度集中化。巧取豪夺是势家获得土地的主要手段。绍熙四年(1193)八月十六日,臣僚言:

> 昨降指挥,括责户绝田产出卖。其潴水之地并城壕岸、城脚、地脚、街道、河岸及江河、山野、陂泽、湖塘、池泺之利与众共者,及户绝田地内有坟墓者,在法并不许请佃承受。当来官司失于契勘,更不分豁,是致州县豪强之家贪求厚利,不顾法令。乘此卖田指挥,并缘计会州县公吏,承买其间。更有将溪河、湖泖、滩涂承买在户,筑叠围裹成田、成地,以遏众户水势,并是违法。又第四第五等贫乏民户,元佃田地施工日久,官赋无亏,亦为豪强之家乘此卖田指挥,计较逼迫划买,诚为可怜。乞令诸路提举司:各行下所部州军,将来准住卖没官田产指挥以前人户承买前项违法地段,限一月自陈改正,给还元纳价钱。如限满,许人告首,所买田产拘没入官,仍依条断罪。……第四第五等民户元佃官田官地,为豪强划买者,并旧给元佃人为业,仍给还元钱。仰监司常切觉察,毋致违戾。从之①。

南宋中期,这道括卖户绝田产的指挥表明,官田出卖,转为私田已是大势所趋。因吏治的腐败,在执行中产生了侵犯公共田地、水利湖塘等利益的不法行为,豪势之家勾结官吏不仅包裹公共田产,且又强买原佃官田的下户田产,乘机巧取豪夺,土地集中化愈演愈烈,豪强地主与贫下户两极分化更加严重,后者生活极端贫困化,社会分配不公,必然激化社会矛盾,甚至酿成祸端。有识之士及时揭露了这种弊端,光宗虽有纠正之诏,但执行结果如何,则又付之阙如。从宁宗嘉泰三年(1203)十一月十一日南郊赦文看,这种"豪强之人强占邻人田产,侵扰界至田亩,其本户租税又不送纳"的情形,各路州县乡村普遍存在,这种土地集中的趋势并未得到遏制,相反却日益加剧。从注文"自后郊祀、明堂赦亦如之"云云可知②。

南宋中期以后,官田面临资源枯竭及豪强兼并土地两大原因,只有为数

---

① 《宋会要辑稿》食货六三之二二四至二二五。
② 《宋会要辑稿》食货六三之二二五。

不多的新拘户绝等田可供出卖,即使维持常平钱本也难乎为继,于是臣僚又提出了只租不卖的建议。

嘉泰三年(1203)五月十六日,臣僚言:"今天下州郡户绝籍没之田往往而有,官司出卖,类皆为强豪挟恃势力以贱价买之,官司所获无几。自今后,宜止勿鬻,只(今)[令]元租户承佃。岁收禾谷入官,令项桩贮。或有水旱之灾,民食阙乏,用之赈济,以为常平之助。"从之①。至嘉定中,官田可供出售者已极少,宋廷措置官田政策再作调整:一是久佃之家不欠租课者可申请为己产永业之田,起立苗税;二是凡经界打量已定为民田,但又被告首而划买者,一律仍归原主,由官方将卖钱原数归还划买者②。这意味着官田的出卖制度在南宋已面临难乎为继的局面。其后随着宋蒙(元)战争的不断升级,宋末又出现了公田法。这是一项影响久远、流毒甚广的弊政。

第四节　南宋民田及其经营买卖

民田,又称私田、税田或二税田。是与官田或公田对称的概念,是由田主、自耕农或其他人占有的土地。有三个显著特征,一是可以自由买卖,二是可由亲属继承,三是必须交纳二税等。还有一类田,则为名义上的官田,而为实际上的私田。即由主客户长期佃种,且可出卖或继承田面权的田,宋人称之为"立价交佃"。如上述陆九渊称为"资陪"的江西省庄田之类;福州的官庄田,则北宋以来就已收二税亦向来视为民田。总之这类田虽产权界限比较模糊,但其运营模式则按民田租佃制,尽管其税租的得主或为官庄,或为包佃的"二地主"侵占或分得。这类名义上的官田,实质上的私田亦并入本节的考察范畴。

南宋小农经济,最本质的特征:一为土地所有权或产权的频繁转换,即土地买卖的盛行;二是租佃制经济模式的普遍实行。南宋中后期以后,这种

---

① 《宋会要辑稿》食货六一之四四至四五。
② 《宋会要辑稿》食货六一之四五至四六。嘉定十二年(1219)正月十七日臣僚言。

趋势愈益明显,这是区别于北宋以前的一个显著特色。关于前者,可用辛弃疾词"千年田换八百主"及刘克庄诗"庄田置后频移主"两语而概括①。

令人困惑的是:在现存史料中没有关于南宋耕田面积的记载,无论是全国性的或是分路的,无论是簿籍数据或作为赋税单位的数据,竟一概付之阙如。尽管即使这些记录见存也未必准确,但毕竟存在可以推算的依据。笔者也尝试图重建南宋土地数据库,但毕竟难度太大。目前已知见存海内外的方志就多达八千余种,即使有条件翻阅一过,也需旷日持久。更何况从现存40余种宋元方志而论,这类数据,或付之阙如,或并不可信。因此,弄清南宋耕地数量,即使从北宋或元初数据推算,也是世易时移,地域面积变动太大,几无可能。是否可从每户农民占有耕地亩数着手,也是困难重重,变数太大,可信度不高。南宋中期人户数今存,如能得到相对有一定可信度的农民户均耕地数,当能求得南宋耕田总量的概数。从目前史学界的相关成果看,尚有大量微观的实证研究和计量分析工作要做,仍需要有志于宋代经济史研究学者的共同努力。或许全球古史信息资料库的重建和共享能有助于加快这一进程。在本节中将讨论经界与公田法,鱼鳞图册始于南宋,及民田交易等问题;对部分见存南宋耕地数据的分析,在做了许多徒劳的努力后,只是对探索南宋耕田总量作初步尝试。与本章相关的南宋租佃制及稻麦二熟制等相关问题,一并移入下一章,只是为了保持各章节间字数上的大体平衡而已。

一、鱼鳞图册不始于明而始于南宋

众所周知,鱼鳞图册与黄册是明代田亩登记册及为编金征发赋役而编制的户籍,是明代最重要的两种户籍及田籍簿册。均始于洪武十三年(1380),为有明一代赋役制度的基石。因现存大量实物,故世人多以为鱼鳞图册及黄册始于明初。实际上这两种册籍早已见之于两宋,而且有相当成熟的制度,只是现已无宋代实物存世,故被世人误认为始于明代。北宋初即

---

① 分见《稼轩词》卷二《最高楼》,《后村先生大全集》卷一《故宅》。

已颁行的《五等丁产簿》和《夏秋税租簿》,实即明代黄册的祖本,黄册不过综合二簿的项目、格式略有增减而已①。而且宋代这两种簿册乃三年一攒造,明代十年一编制而已。鱼鳞图册的攒造则明代全本南宋,而且至迟在南宋初的绍兴六年(1136),在江淮的营田制中就已有彩画的鱼鳞图存在,至少比明初的见存鱼鳞图早244年之久。

宋代的鱼鳞图,实肇始于熙丰变法期间实施保甲法而攒造的鱼鳞簿。其说见之于南宋著名学者陈傅良:"役法者,五等簿是也;保甲法者,鱼鳞簿。五等簿者,以通县计之,自第一至第几,以其户强弱各自为簿。鱼鳞簿者,以比屋计之,自第一都至第几都,不以其户强弱,并为一簿。""鱼鳞以比屋计之,保甲但以稽察盗贼,与免役初不相关②。"南宋淳熙年间(约1180~1189),王炎(1138~1218)为临湘县令,在任作《鱼鳞保甲编序》称:"前县尉三衢吕君谦始籍编户,为鱼鳞保甲法。选其丁壮,联什伍,备器械,断贼蹊径,讥察之谨。""阅三年,盗再发于境,巴陵簿赵君师移尉临湘,复修保甲法,视吕君所规画加详焉。"可见孝宗时仍在各地实施"籍编户为鱼鳞保甲法"③。之所以称之为"鱼鳞簿",是因为其所绘之图,状如鱼鳞,使人视之,一目瞭然。楼钥撰《知梅州张君墓志铭》载:乾道(1165~1173)中,四明张祖顺(1137~1197)知龙游县,在任期间,"设保伍之法,绘为鱼鳞图,居处向背,山川远近,如指诸掌。又籍其家之长幼、姓名、年齿,生业,纤悉毕载④。"将宋代保甲制度中的鱼鳞图及鱼鳞簿真实、形象、生动、简洁地予以说明。此图簿必已创设于北宋熙丰年间无疑,陈傅良之说可证。只是北宋的保甲鱼鳞图簿今已荡然无存,但我们仍可从南宋人追述中得到明晰的认识。

南宋田亩登记中的鱼鳞图和图册即缘北宋保甲制度中的鱼鳞图及图簿而来,两者既有联系又有区别。今存史料中,始见于绍兴六年(1136),时张浚以右相都督行府,任用樊宾、王弗,措置江淮营田。二人主持制定的"营田

---

① 一般认为:宋五等丁产簿不包括客户,故严格意义而言,黄册的攒造也应参照宋代"丁帐"。关于这三种簿籍,参见戴建国《宋代籍帐制度探析》,《历史研究》2007年第3期。
② 分见陈傅良《止斋集》卷二一《转对论役法札子》,楼钥《攻媿集》卷九五《陈公神道碑》。
③ 王炎:《双溪类稿》卷二四,四库全书本。
④ 《攻媿集》卷一〇四。

条例"十二条中,其第四条即云:"每庄摽拨定田土,从本县依地段彩画图册,开具四至,以千字文为号①。"此即最早的彩色鱼鳞图,惜今已无一传世。

绍熙元年(1190)八月,朱熹在知漳州任,欲行经界,先发布榜文,安民告示,其中有一项云:"打量纽算,置立土封,桩标界至,分方造帐,画鱼鳞图、砧基簿及供报官司文字,应干式样,见已讲究,见得次第。且夕当行镂版,散下诸县。"朱熹欲行经界,曾得朝旨批准。二年春,诏命福建运判陈公亮"协力奉行"。"会农事方兴,熹益加讲究,冀来岁行之。细民知其不扰而利于己,莫不鼓舞,而贵家豪右占田隐税、侵渔贫弱者,胥为异论以摇之,前诏遂格,熹请祠去②。"可证在南宋中期,鱼鳞图、砧基簿,作为成熟的民户田亩登记制度设计,已广泛行用于诸路各地的经界清丈土地实践中。嘉定中(1217~1224),赵恕夫、赵师嵒、魏豹文相继知婺州,主持行经界、取得显著成效。"于是向之上户析为贫下中户,实田隐为逃绝之田者,粲然可考。凡结甲册、户产簿、丁口簿、鱼鳞图、类姓簿二十三万九千有奇,创库匮以藏之,历三年而后上其事于朝③。"据朱熹的漳州经界榜文及婺州的成功实践,我们有理由相信,绍兴经界中附砧基簿而行,载明田地亩积、四至、丘段的地形图,当即为鱼鳞图。婺州经界中,对人户田亩、户口、财产、赋役等登录之详密,各类图、簿、册,竟多达23.9万余册,令人叹为观止。有图有文,有开落,有升降。其结甲册与丁口簿即分载全部男口及丁口。无独有偶,宝庆二年至绍定元年(1226~1228),饶州安仁县又行经界。"稽绍兴之故规,参婺、台之近例",凡"有丁口田簿"533,"鱼鳞图"497,"〔鱼鳞〕簿"1006,"攒结簿"503,"摆算簿"480,"类姓簿"49,"编并簿"50,"科折簿百,税苗簿百,役钱簿七〔十〕八。"乃至"为屋三十有四楹","阁以贮籍。④"一县经界,成簿籍之众多(凡

---

① 《宋会要辑稿》六三之一〇一。
② 分见《晦庵集》卷一〇〇《晓示经界差甲头榜》、《宋史》卷一七三,第4177页。时陈公亮为福建运判,称"漕臣",是。但《宋史》卷三六《光宗记》(第700页)称其为"福建提刑",误。陈改除福建提刑在绍熙五年(1194),见陈傅良《止斋集》卷一七《制词》。
③ 《宋史》卷一七三《食货上一·农田之制》,第4179页。
④ 潜敷:《宝庆修复经界记》(绍定二年三月),刊弘治《抚州府志》卷十二,《天一阁藏明代方志选刊续编本》,第47册,第730~731页。

3396 册），手续之繁细、详密，令人叹为奇观。

据杜范《清献集》卷一六《常熟县版籍记》载：端平二年（1235），常熟又进行了一次经界。常熟"县五十都，都十保。其履亩而书也，保次其号为覈田簿，号模其形为鱼鳞图。而又粹官民产业于保，为类姓簿；类保、都、乡于县，为物力簿。经始于端平二年之夏。""通一县之田计二百四十万亩有奇，除二十万为官田，赋入隶诸司，余民田得苗"66200 石有奇，税折钱 93300 缗有奇。"载诸户版，坦然明白。"经界前，"昔之田，以亩计者"231 万，为苗70200 石，为税若和买钱 94000 缗，"今督于官者仅三之二。而又多取之白纳，取之斛面，取之点合，利擅贵豪，细户禁抑莫诉，下困上迫。"可见南宋末常熟的经界也取得了积极成果，括出隐田近 10 万亩，而民户赋税与旧持平而实际略有下降。经界之制终南宋之世仍在实行。鱼鳞图及其簿册作为土地清丈制度中最重要和基本的规制，发挥了极大作用，且对元明清的土地清丈登记制度也有重要影响。

元承宋制，元代在部分地区亦曾实行过经界。宋人创造的鱼鳞图、兜率簿（当即砧基簿）、鼠尾册等也在行用，为鱼鳞图不始于明而始于南宋提供了力证。姑举一例，元人泰不华守越，请刘辉（1292～1352）主持经界。凡"田一区，印署盈尺纸以给田主，谓之'乌由'，凡四十六万三千有奇。画之为流水册，次之为鱼鳞图，类之为兜率簿。第其高下，而差徭之，谓之鼠尾册①。"

二、南宋经界

熙丰变法期间实施的方田均税法，曾清丈出大量隐漏田地，使政府的赋税得以增加，土地兼并、贫富不均的状况有所缓和。但北宋后期愈演愈烈的土地兼并，南宋初的连年兵火，土地籍账毁损严重，无可稽考，税赋流失严重，侵耕冒占现象大量出现。绍兴和议后，经李椿年提议，得到宋廷最高当局批准，由他主持，在两浙首先进行经界，次第向全国推行。但屡经反复，即

---

① 元·贡师泰《玩斋集》卷一·《刘君（辉）墓志铭》，四库本。又，承拙稿评审者指出：王曾瑜在1983 年已在内刊上发表《宋朝的鱼鳞簿与鱼鳞图》；经检核，今已收入其《锱铢编》第 578～581 页，河北大学出版社，2006 年。本书援引史料颇有不见于王文者。

使两浙也仅完成了 40 个县的民田勘查清丈,核实并重建砧基簿,附有地形图,确认田地顷亩及土地等级,为均平税额打下基础。作为南宋初的一次核田、均税,无疑有积极作用。但其成效,在各地因官员的素质和执行力度而各不相同,还有一些地区当时并未实施经界。关于绍兴经界的时代背景、发展进程、曲折反复、操作方法、中止原因、历史评价等方面,何忠礼教授已有恺切而允洽的论述①。这里仅补充几点:其一,李椿年提出经界之议时,曾以平江府秋苗流失为例,也许正是这一点,打动了高宗和时任宰执秦桧、程克俊(1089～1157)之心,获得最高当局的批准。但其所谓平江府苗米原额 70 万斛之说,却为子虚乌有。请看李椿年即平江府置司主持经界后与知府周葵(1098～1174)的一段对话:

> 周葵见椿年曰:"今欲均税耶,增税耶?"椿年曰:"何敢增税。"葵曰:"若不欲增税,何言本州苗米七十万石?"椿年曰:"《仓记》云尔。"葵曰:"《仓记》云谷七十万石,谓仓中所容总数耳。五谷皆谷也,岂独米乎?"椿年曰:"审尔,则用《图经》三十万为准。"

不久,在任仅一年的周葵即缘此而被罢官②。耐人寻味的是:《系年要录》卷一五一记载上述对话后又云:"时秦桧怒葵不已,椿年因奏葵在郡赐宴北使,饮食臭腐,致行人有词。葵坐落职,主管台州崇道观,自是投闲十一年③。"此独家记载如属实,则理屈词穷的李椿年亦睚眦必报之徒,且似亦为迎合秦桧之流,即其人品也颇成问题。如云其因得到刘大中识拔,而成为赵鼎、刘大中反对秦桧集团中人,似嫌史证不足。因赵刘集团中人在绍兴和议前后已被贬窜略尽,而李椿年却在绍兴中得到重用,令人费解。直至绍兴十九年(1149)冬才突然被劾罢,其主要原因应是经界严重侵犯了官僚、豪势集团的既得利益。而从上引《中兴小历》及《系年要录》资料看,似乎李椿年亦有增税迎合最高当局以谋求得到重用之嫌。至少,这仍是可继续探讨的小

---

① 《南宋史稿》第 169～174 页,杭州大学出版社,1999 年。
② 熊克:《中兴小历》卷三〇,第 367 页,顾吉辰点校本,福建人民出版社,1985 年。参校四库本。如将这谷理解为稻谷,则恰折苗米 35 万石,与苏州祖额基本相符。
③ 四库本,第 327 册,第 112 页上。

课题。

其二,绍兴经界除两浙路外,确曾在各地实行过,不仅在农田中实行,而且在茶园等山地上也行之。执行官吏的素质,很大程度上决定了各地经界的成效。各地还创造了一些比较务实的做法,如异地易官进行等。如周紫芝《太仓稊米集》卷五有《送虞伯瞻以宣城尉为上元方田官》诗,从诗题可知,绍兴中确曾在江东进行过大规模的方田,而且为了避免徇私舞弊。往往从外地调官而行,此诗提供了一个实例:宣城县尉虞伯瞻奉调往本路建康府上元县方田。似可补史乘之阙。

洪迈《夷坚甲志》卷五《宗回长老》记载:高僧宗回,晚年为南剑州西岩寺住持。"寺多种茶,回令人芟除繁枝,欲异时益茂盛,实无它心。"但一寺僧因失意而赴州县、漕司诬告:"回虑经界法行,茶税或增故尔。"州县明其妄,挞之而遣。漕使移建州鞫问,宗回遂自尽以明志,时为绍兴十九年(1149)。这一以德报怨的故事,证实经界不仅行之于税户,亦行之于寺院;不仅行之于出税之田,亦行之于茶园等地。《宋史》卷三八四《叶颙传》载:叶颙(1100~1167)知信州贵溪县,"时诏行经界,郡议以上中下三等定田税,颙请分为九等。守从之,令信之六邑以贵溪为式。"据户部称,绍兴经界,甚至还"点检出僧道违法田产","已拨充养士"之用①,可见其广泛与普遍性之一斑。尤能说明经界确曾在诸路许多地区实施过的史料见之于绍兴十五年(1145),接替李椿年主持经界的王铁之说:以十户为一甲,"令甲内人递相纠举,各自从实供具本户应干田产亩角数目,土风水色,坐落去处,合纳苗税则例(原注:如系从来论钧,论把、论石、论秤、论工、并随土俗)②。"

其三,经界的重点和难点在均税,时人多有论述,也提出过一些较好的建议。在经界过程中,也确实产生一些走过场,弄虚作假,因而出现"打量定验,轻重不当"等"乖谬反为民害事目",有些则因历史遗留问题而产生弊端。

---

① 《宋会要辑稿》食货六之五二。
② 《宋会要辑稿》食货六之四〇。方按:此均可作为田亩数量的指代。尽管王铁认为丈量土地、绘鱼鳞图,造砧基簿手续太复杂,可以各地乡俗计亩。如抚州以秧把20把为一亩,建宁府以种石(粮)1.5斗为一亩,徽州以亩产1.5石(钧)为一亩,一定程度上正反映了诏令各地实行经界地域之广。

如资州等地经界后，既未将逐乡贫下户"蹙零就整之数"除豁；更未将"贫下户最低土色合减税数，均在侵耕冒佃豪强等人户下。"再如临江军清江县修德乡二税，人烟、田产并在邻近的筠州高安县新丰乡，有"交乡弯田"之弊①。关于对经界法利弊的看法，各阶层人士出于切身利益考虑而言人人殊。正如《系年要录》卷一七四引王之望之说云："蜀中经界，不论贫富，大抵税增者愿罢，税减者愿行，皆出一己之私。"刘才邵（1086～1158）指出经界之弊云："若但据一乡均税，则税少而田多者受其利，税多而田少者受其害。且如一县之内，一亩上等之田，亩步之广狭均也，色额之高下又均也"，却有因不在一乡而分别仅受税十文、二十文、三十文者。针对这种分乡均税之弊，建议"将元系分乡均税处，改从合一县之数而均之②。"

胡宏（1105～1162）论经界均税也云："不知令逐县均税乎，逐乡均称乎？欲逐县均，须是深思博访，晓然见逐乡民户纳税远近难易，然后一县之税可均也。若逐乡均，则一县之税诸乡不同等，须于砧基总田上中下处，各书其税数可也。""上田一亩，税若干升合；中下亦如之。若不如此书，则民户不知分合承税数，税数出于乡司轻重之手，而民受其弊矣③。"刘、胡提出，应以一县均税为宜及在砧基簿内载明上中下田之应税数，均为体察民情的有识之见。当然，在李椿年罢官后，将经界未能结局的责任，全盘归咎于李椿年"画图供帐，分立土色"等所谓手续苛细上，未免既有欠公允，亦不符史实。如绍兴二十年（1150）二月，权户部侍郎宋贶言："契勘经界本意，务要革去侵耕冒佃、诡名挟户、逃亡死绝、虚供抵当、差科不均、乡司走弄二税之弊，使民有定产，产有定税，税有定籍。后来缘以画图供帐，分立土色等则，均任苗税，转生奸弊，遂致久不能结绝④。"

其四，我以为李椿年经界措施中尤值得肯定或称赏者尚有：（1）改变冬闲放水潴田的陋习，推进二熟耕作制发展。经界前，各地"水乡秋收了当，即

---

① 分见《宋会要辑稿》食货六之五〇至五二。
② 《樵溪居士集》卷八《论推行经界诸路县分不均税事状》。
③ 《五峰集》卷二《与向伯元书》。
④ 《系年要录》卷一六一，第327册，第244页上。

放水入田,称是废田";可见经界以前为了隐田瞒税,豪势田主无所不用其极。经界中对这类隐田实施"出榜召人陈告",并将告首之田给予举报人"耕田纳税"。今后即使有田产诉讼,官府"不得受理"。这一措施不仅对检核隐漏田亩有积极意义,而且有助于改变"富者日以兼并,贫者日以困弱"的局面①。更重要的是:这种措施如能得以实施,可改变冬季放水淤田的陋俗,从而促进二熟耕种制的推广,对于南宋粮食单产、总产的提高,经济作物种植的拓展,均有重要意义。这应是生产关系促进生产力发展的一个例证。

(2)结合经界法的实施,积极推进小型农田水利建设的进程。在经界法推行过程中,倡导进行"坡塘塍堨"等小型水利设施的兴复。如贫下户无力兴工,许借贷常平及义仓钱米,并可秋成后,分三年还贷。这对于农业生产的发展,无疑也是功德无量之举。李椿年在行经界的同时,注意恢复和发展农业生产,不失为有远见卓识之举。同时,又着重指出,经界法的成败关键在于官员的素质,必须事必躬亲,"精勤廉谨",并有严明的赏罚措施②。

(3)砧基簿的核实与重建,是经界法的重中之重。经界法防止走过场最重要的步骤在于必须"从实自行置砧基簿一面,画田形丘段,声说亩步四至,元典卖或系(租)[祖]产,赴本县投纳,点检、印押、类聚,限一月数足,缴赴措置经界所"审核后,"发下给付人户,永为照应"。如仅有契书而无砧基簿者,"并拘入官"。这是经界法实施中成败与否的核心步骤,王铁取消了这一关键措施,遂至功败垂成,半途而废。经界后田产交易,买卖双方须各持砧基簿及契书(缺一不可)赴县,须将砧基簿"对行批凿",如不经批凿,"虽有契帖干照,并不理为交易。"因此,附有鱼鳞图的砧基簿,不仅是田产交易中最重要的凭据,也是官府评定户等、征发赋税等最重要的依据,当然作为田产交易还有推割、交税、契书等一系列具体手续才算完成。所以砧基簿成为南宋最基础而重要的土地账籍,故须造三本,一在县,一纳州,一上报转运司,以便查核、照对,遗失可据以补录③。诉讼时又能作为原始证据,对定案起一锤

---

① 引文分见《宋会要辑稿》六之三八,六之三六。

② 引文分见《宋会要辑稿》六之三八,六之三九。

③ 《宋会要辑稿》六之三九至四〇。

定音的重要作用。

其五，关于绍兴经界的实施时间和范畴。从史料和方志中的记载看，南宋疆域内的大部分地区多已程度不同的实施。但也有部分地区，确因各种原因未行经界。如《宋史》卷一七四《食货上二》（第4218页）称："独两淮、京西、湖北依旧"，未行经界；又如绍兴二十年（1150）免广西海外四州及四川泸、叙二州、长宁军，福建泉、漳、汀三州经界；绍兴二十九年（1159）除广东"南雄、英、连三州经界"等①。其始行则为绍兴十二年（1142）十二月，以李椿年在平江府设"提领经界所"在两浙试行经界为标志；其止则当为绍兴末，有岳州平江县等地史实可证。绍兴三十年（1160）七月二十四日，湖北转运司言："照对本路州县田皆以田亩定税外，照得纯州平江县，兵火后来复业人户，自陈种石，以种定税。二十五年，因本州措置以丁定额，缘以种定税，人户往往隐匿，量行供申；以丁定税，有力之家往往将丁隐匿。并下户丁多田少、有丁而无田者，有力之家侥倖，下户不能应办，复行逃移。""欲下纯州平江应管人户，附近五家为一保，逐保自将见佃田同共打量实耕顷亩，开具结罪保明文状，赴官自陈，每依旧纳米二升四合②。"

朱熹对绍兴经界有高度评价云：经界"结局之后，田土狭阔，产钱重轻，条理粲然，各有归著。在民，无业去产存之弊；在官，无逃亡倚阁之欠。豪家大姓，不容侥倖隐瞒；贫民下户，不至偏受苦楚。至今四五十年，人无智愚，皆知经界之为利而不以为害③。"这也许因朱熹力主在福建漳泉汀三州补行经界而不无溢美之词，但经界对检田均税所起的积极作用毋庸致疑。考察一下漳州经界欲行又罢的历程，也许更有助于对南宋经界利弊的认识。

绍熙元年（1190）四月，朱熹赴知漳州任所。同年六月，即上《经界申诸司状》，条具经界利害，力请行经界之法。值得注意的是：朱熹十分重视宣传发动工作，据本路福州、兴化军诸县绍兴十八年（1148）已行经界的成

---

① 田奇：《故宁乡主簿廖公（行之）行状》（《省斋集》附录）云："绍兴经界，湖北未及行"，"故田讼最多"。《宋史》卷三〇《高宗七》，第571、572页；同书卷三一《高宗八》，第593页。
② 《宋会要辑稿》六一之二七至二八。
③ 《朱熹集》卷一〇〇《公移·晓示经界差甲头榜》，郭齐点校本第5103页，四川教育出版社，1996年。

功案例和经验,删繁就简,定下实施步骤及"纽算方法","并将田形算法镂板","先令人吏习学,指教民户,务要人人通晓"①。可见其准备工作非常充分、到位。

同年八月,应诏上《条奏经界状》,并将事先已通过调查研究、深思熟虑而制定的经界方案张榜公布。其要点为:建议先易后难,先在泉、漳二州举行,成功后再"次及临汀"。经界的成败,当务之急在于:"推择官吏"及"打量"田亩,"纽折算计"均税之法。确实颇得要领。朱熹又提出,绍兴经界弊端之一即"随亩均产,而其产钱不许过乡",实行效果未能真正均税;应改进为"许产钱过乡,通县均纽",可使"百里之内,轻重齐同"。他也力主以县为单位均税。针对民间有产田、官田、职田、学田、常平田等"名色不同",提出仅"打量步亩,一概均产,每田一亩,随九等高下",以产钱为[分]母,以"一州诸色租税钱米之[总]数"为额而"一例均敷"。既简便易行,又可避免"奸民猾吏,并缘为奸",走弄税赋,营私舞弊②。朱熹将上述具体实施方案张榜公布,使人户晓畅明白,即具备一定的公正透明性而又便于操作。

同年十一月二十六日诏令:"先将漳州措置施行"经界,"委本路提刑陈公亮专一措置"。朱熹则认为,"漳与泉、汀接壤,今独行于漳州",恐难以成功。事实表明,漳州经界的欲行又罢,无疾而终,确为事出有因。绍熙二年(1191)十月一日,诏令"漳州将经界事件权行住罢③。"

漳州经界未行而罢的原因,朱熹曾闪烁其词,似有难言之隐称:"泉州颜尚书操两可之说,致庙堂疑贰。"又云:"经界指挥不下,恐复为浮议所摇(前次留、葛报书,皆谓可行,独王不报书)。疑此间受漳浦之厘者,或与当路厚善……乃漳人之不幸,而老守之幸④。""颜尚书"及"老守",均指时知泉州颜师鲁,他为漳州尤溪人,即为漳州望族。经界肯定触犯其家属利益,他在泉

① 《朱文公文集》卷二一《经界申诸司状》,《四部丛刊》本。
② 引文分见《朱文公文集》卷一九《条奏经界状》,同书卷一〇〇《晓示经界差甲头榜》。
③ 引文分见《朱文公文集》卷二一《回申转运司乞候冬季打量状》,《朱子语类》卷一〇六(四库本);《宋会要辑稿》食货七〇之一三三。又,《宋史·光宗纪》云"绍熙二年三月丙寅,诏福建提刑陈公亮、知漳州朱熹同措置漳、泉、汀三州经界"。时间、陈公亮官称、事由皆误。
④ 分见《朱子语类》卷一〇六,《朱文公文集·续集》卷一《答黄直卿书》(二六)。

守任曾应诏上经界"二利三害",反对施行经界,事具天一阁本嘉靖《龙溪县志》卷八。朱熹信中之"王",指时任枢密使王蔺(?～1201),与颜"厚善",故力主不行经界。留指首相留正,朱熹对他抱有幻想,曾驰书称:漳州"田税不均,隐漏官物,动以万计。公私田土,皆为豪宗大姓诡名冒占,而细民产去税存,或更受俵寄之租,困苦狼狈,无从所出①。"留正乃泉州人,实亦当地豪门望族,他与颜师鲁立场完全一致,只是碍于朱熹情面难却,而阳奉阴违,虚与蛇委,定下漳州先行经界,而泉汀按兵不动的阴沮之策,与颜实有里应外合,沆瀣一气之嫌。葛指参知政事葛邲,他的态度不明。而时知汀州祝禋则与朱熹采取同一立场,其《保明经界申运司状》力主汀州行经界,可消革诸弊,言经界有三利之说②。汀州之所以未行经界,史称廷议以为当地"盗贼"屡行,社会动乱,不可激化矛盾。此为搪塞推托之词。据上考,豪强势族的反对,乃漳州等三州未行经界的主要原因。

绍熙初(1190～1192),朱熹在漳州的经界,虽始行而中罢,但其思虑之周密,准备工作之充分,实施步骤操作之简便易行,均体现了这位理学大师关心民瘼的情操。他不仅总结了绍兴经界成功的经验,还汲取了其起税不均的教训,而从婺州兰溪县等地科敷和买的方法中也得到启发,从而以产钱为则定税。如韩元吉(1118～1187)《南涧甲乙稿》卷九《论田亩敷和买状》所云:"经界起税,各有等则。以田亩论之,有水田,有平田,有高田;以园地论之,有平桑、有山桑,有陆地,有茶地,有竹脚,有柴样。难以一例便计顷亩均敷③。"其文接下来又说,婺州兰溪县人户据"物力"起敷和买的标准及其户等。这位交游的论说,也许给朱熹的经界方案提供了某些启迪。上述引文所论,可证绍兴经界曾在各类田地中普遍实施。

---

① 《晦庵集》卷二八《与留丞相札子》,四库本。
② 《大典》卷七八九五引《临汀志·丛录》,《全宋文》失收其人其文。清·王懋竑《朱子年谱·考异》称:"三郡各上议,泉、汀之言略有异同,泉州以为可行,汀州以为不可行。"失考而误甚。
③ 其文下云:婺州兰溪县,共管物力109万余贯,其合起和买40贯以上人户计54.33万余贯,其不起和买物力人户计54.6751万贯,虽物力各占其半,但免和买下户远比敷和买之人户为多,体现了减免税赋向贫下户倾斜的既定政策。凡经界成功者,也多体现了这一原则。

据《宋史》卷四〇《宁宗纪》载:嘉定十六年(1223)八月辛巳诏:"州县经界册增绍兴税额",似嘉定以来又实施过大规模的经界。而婺州事历三守、历时七年(1217~1223)、成各种簿册近24万册的经界典型案例表明,经界成否,关键在于负责官员的素质和责任心,又可见其复杂艰巨之一斑①。嘉兴华亭及平江府六县在端平元年(1234)前亦曾再行经界。两浙曾是绍兴经界的试行和首善地区,因经界法"岁久弊坏",故有复行之必要。袁甫记载云:苗之岁入实"六万七千有奇"。"北三乡上田赋重,则降为中";"折糯价重则复减而从轻";青龙镇"税重则尽降而从亩;邑郭及诸乡浮财物力颇为民扰则止以实产定和买、役钱之数。""至于折麦罢征、役田蠲税,凡可以为民利者,悉就宽平。"端平更化,重行经界,从华亭之例而言,似民之负担有所减轻。尤可贵者,在县厅邻近处创置"围田文籍库",保存经界籍账,以便查核②。平江府六县虽屡经经界,但秋苗仍维持在南宋初之水平,而百年间田亩增辟,单产总产提高,可无疑义,则实际二税税赋负担减轻亦可明矣。

《宋史》卷一七三《食货上一》载:淳祐十一年(1251),"信、常、饶州、嘉兴府举行经界",似终南宋之世,经界之制未废。咸淳元年(1265),监察御史赵顺孙(1215~1276)曾对经界的宗旨及绍兴与南宋中后期实施经界的异同,有一概括的总结,其说云:"经界将以便民,虽穷阎下户之所深愿,而未必豪宗大姓之所尽乐。"又说:

> 今之所谓推排,非昔之所谓自实也。推排者,委之乡都,则径捷而易行;自实者,责之于人户,则散漫而难集。嘉定以来之经界,时至近也。官有正籍,乡都有副籍,彪列眹分,莫不具在,为乡都者不过按成牍而更业主之姓名。若夫绍兴之经界,其时则远矣,其籍之存者寡矣。因其鳞差栉比而求焉,由一而至百,由百而至千,由千而至万,稽其亩步,订其主佃,亦莫如乡都之便也。

---

① 即上举赵愚夫、赵师嵒、魏豹文相继为守行经界事;嘉定十至十六年(1217~1223),据《宋会要辑稿·职官》七五之二〇、康熙《金华府志》卷一一考定。

② 袁甫:《蒙斋集》卷一四《华亭县修复经界记》。嘉庆《松江府志》卷二〇误系主为王遂,文字大异。今不取。

他认为绍兴经界以自实为主,南宋中期后以乡都推排为主,前者手续繁琐,不易操作;后者比较简便。殊不知后者之弊却为人吏"走弄",留下隐患;但其认为经界应反复推行而加核实,重建帐籍,则颇可取。咸淳三年(1267),司农卿兼户部侍郎季镛对南宋经界亦有一总结称:经界时行时废,导致"坐视邑政之坏,而不敢诘猾吏奸民之欺;宁忍取下户之苛,而不敢受豪家大姓之怨。"某种程度上道破经界难成而久弊的原因。他对绍兴及嘉定以后经界亦有所比较,认为东南诸郡因反复进行经界,故取得成效较明显。其言似亦可证,凡南宋农业生产力发展水平较高的地区,通过经界核田、均税,有助于提高农民生产积极性,对农村经济的发展有某种促进作用。其说有云:"经界之法,必多差官吏,必悉集都保,必遍走阡陌,必尽量步亩,必审定等色,必纽折计等;奸弊转生,久不讫事。乃若推排之法,不过以县统都,以都统保,选任才富公平者,订田亩税色,载之图册。使民有定产,产有定税,税有定籍而已。臣守吴门,已尝见之施行。今闻绍兴亦渐就绪,湖南漕臣亦以一路告成。窃谓东南诸郡,皆奉行惟谨①。"大体南宋中后期经界,多采用朱熹创立的"漳州模式",又因其理学家的声望,在理宗后更是取得"定于一尊"的地位。但推排法因未至田头履亩丈量,遂给奸吏猾胥留下上下其手的空间,这是南宋经界久弊而难成的原因之一。

三、宋末公田法

南宋晚期,曾发生过与北宋括公田类似之事件,如淳祐八年(1248),根括浙西围田芦场沙地等为公田,此类水利田,从法理上而言,属公田性质,宋代明令规定湖泊及周围沼泽湿地属公有土地。但在实际上,多被势家围裹垦耕,所谓冒佃包占,官府往往仅收取低额租课了事。但这部分田的性质及产权归属,一向模糊不清,或含糊其辞。因为开垦这类水利田地需要大量投入,上已证每亩荒田的垦荒成本岁为 2.381 贯文,水利田似投入不在此下。

---

① 以上引文,均见《宋史》卷一七三《食货上一》,第 4181~4182 页。季镛,咸淳元年(1265)除知绍兴府,改知平江府,见《姑苏志》卷三。则上述两府及湖南经界均在咸淳初(1265~1267)。

现却不计垦耕成本,一纸空文而收归国有,侵犯了豪势的既得利益,必然阻力重重。而且多收粮食,于国于民,皆有利而弊小。因此这类田产权的边缘化由来已久。南宋末的公田法,正是在赡军和减免和籴的动人借口下,对开耕已久的膏腴之田、且为产权十分明晰的民间私田,运用政治的强权而推行的无偿剥夺政策。政府以"半幅之绫"换百姓数百亩田,还要"永令抱纳"亩租一石左右的高额官租,这就是公田法的实质。

从公田法的执行看,更是与事先的制度设计大违初衷,原定将官吏逾限之田,抽三分之一回买,结果却不论官民户,凡私田一、二百亩以上者,均被强行抽买,所付度牒、官告,皆为不名一文的废纸;原定按私租减二分课官租,结果却原为六七斗租的民田,也被强科以一石高额租。更荒唐的是:公田法在浙西六郡中行之最"酷者"为镇江府,其原因竟是权相贾似道对政敌丁大全(? ~1263)的挟嫌报复,公报私仇。原计划回买一千万亩,结果仅在浙西六郡回买三百五十万亩。对于拥有数万、数十万亩的豪强地主几毫发未损,而对中等以上民户却是一场浩劫。导致的结果为十家九破,民怨鼎沸。南宋农业生产力最发达的地区,经济萧条,征赋繁急。公田法的罢灭是必然的下场。在租佃经济已高度发达的南宋,在不立田制,不抑兼并国策已奉行三百余年的赵宋王朝,这种超经济的强制手段,不仅无法缓解军事局势的危机和财政面临崩溃的困境,反而加速了病入膏肓南宋政权的灭亡。更严重的是:公田法的重租苛赋政策流毒元、明、清朝,使经济最发达的太湖流域地区,长期陷于不堪重负的财政压力之下,成为经济最发达地区不能率先发展,并孕育新经济制度的桎梏之一。关于这一点,不仅宋人高斯得、黄震等人有极为清醒的认识①;皇庆二年(1313),元人之言尤为痛切而深刻:

> 据金坛县申:会集耆老,询访得亡宋权臣贾似道为因连年用兵,粮
> 食不给,造楮币七八千万,于两浙、江东西和籴米八百余万斛,接济军

---

① 高斯得《耻堂存稿》卷一《彗星应诏封事》云:"白夺民田,流毒数郡";"大家破碎,小民无依,米价大翔,饥死相望。"景定五年(1264),黄震《黄氏日钞》卷七三《申省控辞改差充官田所干办公事省札状》指出:催租之扰更甚于和籴,又有折糙、大斗收租之弊等,竟愤而辞职,以示抗议。

饷，天下劳扰，士民怨谤，似道计无所措。景定四年二月，令台臣陈尧道等奏，乞于两浙、江东西和籴去处有田之家，三分中抽买一分，以为公田。但有一千万亩，岁得米六七百万斛，其于军饷沛然有余，和籴可住，造楮可缩。理宗可其奏，下浙西安抚司、江东西、湖南运司抽买。众论纷纭，皆称不便，以此不行于他处，且行于浙西。除严州山郡、杭州辇下，湖、秀、苏、常、镇江、江阴六郡先买，而次第他处。六郡之中，镇江为最，盖以贾似道与丞相丁大全有隙。大全，金坛人也，三县有田之家多与大全亲故。似道假公行私，严责所委官常润分司刘子澄、漕司准遣郑梦熊、知府(张)[章]炳将三县人户田粮巧计搜求，多余桩配。不问田土肥瘠，坐落高下，亦不扦钉踏视，止凭乡司之口、纸上之数，并无抱纳全租。所有价钱，初不曾随田给付，勒令人户供报。亩纳一石者，官会二百贯；九斗者，一百八十贯；以下者递减之。凡五十亩以上，官会一分半、银半分，官诰准五分，僧道度牒准三分；五十亩之下，官会三分半、银半分，官诰、度牒各三分；千亩以下，度牒、官会各半；五百亩至三百亩，全支官会。银价每两一百贯……。且以迪功郎官诰言之，准十五万贯买田一亩，起租一石，该价二百贯，则是半幅之绫换百姓田七百五十亩，永令抱纳公租七百五十石。以若所为，何异欺取？既买之后，各县置庄屋，差庄官，专掌催收，二年一替。百姓苦于倍偿，十家九破，因此弊生，放富差贫，不胜被扰。似道自知不便，于所催米内，十分之中，减放二分。当年又特放一分，止征七分，终是办纳不及，民怨天怒。

景定五年，彗星垂象，理宗下诏求言，三学儒生萧规、唐[棣]等伏阙上书曰："和籴之法，祖宗不得已与民为市也。行之丰岁，未尝行之歉岁；取之上户，未尝取之下户。今变和籴而为公田，自庙堂亟于施行，而郡守恣为操切，派买之令，三取其一。田连阡陌之家，犹曰取之有余；而百亩之夺，已及于二百亩之户。甚至百亩之家不应数者，亦合族而强买。官取其腴，民受其瘠；上收其利，下被其殃。去岁租入之时，佃不乐输，民有逃去。官府责之庄官，庄官责之卖户，叫嚣东西，隳突南北。卖户罄一岁之所入，亦不足以陪其所抑。官吏诛求，百般苛取，则又不止此数。豪家富户,皆为罄室之垂;下户佃农,胥作沟中之瘠。怨声载道,怒气干霄。自今天下无稔岁,浙右无富民。……"诸生获罪于似道,悉遭贬窜。自此中外钳口结舌,无人敢奏。后因差设庄官扰民,自咸淳五年罢差及减放租米一分半,以为水脚盘运之费,令佃户运赴官仓交纳。年复一年,公田租户输纳不敷,陪闭靠损,破家荡产,卖子鬻妻,逃移外郡,贻累他人。德祐谢太后诏罢公田,其略曰:"十数年来,征赋繁急,而田里嗟怨,边事危急,人人离心。采之人言,为贾似道秉国以来,多行不恤之政,民甚苦之。如买公田、更茶盐舶法,又其甚者,乃至毒民误国①。"

史无前例的重赋,成为元明清时期江南不堪承受的重负,导致了灾难性后果,若论其始作俑者,非景定公田法莫属。正如汪元量《水云集》卷一《越州歌二十首》(之十二)所云:"只论平章行不法,公田之后又私田。"

四、南宋民田产权转移中的若干问题

南宋是土地私有化程度已成熟的历史时期,其显著标志之一即为土地产权转移的频繁、相关法律的完备及转移方式的多样化。大体而言:土地产权的转移一般有买卖、典当、遗产继承、馈赠等方式;另一类值得注意的现象是长期使用系官土地(又有包占冒佃及合法租佃之分)而形成的事实占有,升格为土地所有权。其中最为普遍或广泛的则是典卖。"有钱则买,无钱则卖"②,是土地买卖中通行天下的基本准则。从买方而言,不仅地主(又称田主)、商人、官员可以买田,有经济实力的自耕农、半自耕农,甚至佃农也可以买田。如绍兴末理学家胡宏(1105~1161)就在一封信中谈到:客户"衣食有余,稍能买田宅三五亩③,"即上升为税户。从卖方而论,只要土地来源合法,不论是垦荒、继承、馈赠、典卖而得,均可出卖。

---

① 俞希鲁:《至顺镇江志》卷六《赋税·秋租》,点校本第244~247页。关于公田法,参见何忠礼等《南宋史稿》,第307~407页。
② 袁采:《袁氏世范》卷三《治家》。
③ 《五峰集》卷二《与刘信叔(锜)书五首》(之五)。

土地买卖至迟已始于春秋,战国时期商鞅变法已有民田可买卖的条令①。北魏始行田宅买卖"先问亲邻"原则,唐代则有法令规定亲邻具有购买土地的优先权,正如郑克所总结的那样:"卖田问邻,成券会邻,古法也②。"可见汉唐一直存在土地买卖,但在均田制下其规模很小。中唐杨炎(727～781)两税法推行后,土地买卖规模日益扩大,渐成气候。至南宋则不立田制,不抑兼并已成燎原之势,成为不可逆转的历史潮流。土地自由买卖与租佃制的广泛推行成为南宋土地制度中互相依存的"两极",也是推动南宋农业发展的原因之一。叶适称:土地,"民自以私相贸易,而官反为之司契券而取其直③。"这表明北魏至唐均田制——由国家主导土地分配的制度已退出历史舞台,土地自由买卖已成为主导的分配方式,即使官田也几被出卖殆尽。政府的主导分配权已被剥夺,而退居卖契收税的服务地位,或成出卖官田的业主。正如马端临所总结的:田产的"典卖割移,官给契,县置簿④",成为南宋最常见的社会经济现象。

(一)典主、亲邻优先原则

如果说,南宋土地买卖中有什么限制的话,无非是典主、亲邻有优先权而已;而且,这种超越商品货币关系的约束也有越来越弱化的趋势,这也标志着土地买卖中的商品经济因素日益发展与增强。宋初开宝二年(969)九月,开封府司录参军孙屿言:"凡典卖物业,先问房亲,不买,次问四邻。其邻以东南为上,西北次之,上邻不买,递问次邻;四邻俱不售,乃外召钱主。"这较之唐、五代的规定并无实质性不同,不过更具体化而已。当时为了解决田讼争端又无现存的格令条文可依,故孙屿提出建议,由大理寺"详定"后颁各地施行。诏"从之"⑤。宋代土地买卖的方式呈现多样性,除田主(又称业

---

① 《汉书》卷二四上《食货志四》:"除井田,民得卖买。富者田连仟佰,贫者亡立锥之地。"
② 《折狱龟鉴》卷六。又《宋刑统》卷一三载:唐元和六年(811)后,有敕文称:"应典卖、倚当物业,先问房亲;房亲不要,次问四邻;四邻不要,他人乃得交易。"
③ 《叶适集·水心别集》卷二《民事·上》,点校本第 652 页。其下又云:"官自卖田,其价与私买等,或反贵之;然而民乐私自买而不乐与官市。"
④ 《文献通考》卷四《田赋四》。
⑤ 《宋会要辑稿》食货三七之一。

主)与买方(一般又称钱主)直接交易外,还有典当、倚当等方式。在宋代文献中,往往"典卖"一词连用,但其涵义十分复杂,应针对具体案例或事例作具体分析,不能一概而论。

一般而言,在买卖中,凡称"卖"、"永卖"、"绝卖"、"断卖"、"断骨卖"者,即意味着产权的一次性完全让渡。比较复杂的是"典",通常指以田产契约抵押给钱主,在一定时限内只转让使用权及收益权,保留赎回权,应是产权不完全转移。倚当则更是又称"活当",一般均可回赎,其性质更近似于高利借贷。有具体法律条文规定,而且不断有修订,引起的民事诉讼也较多。但大致区分是否"断卖",其主要标志,应是以是否有回赎权?此外即为契书的完备程度,是否经官押印完税、产权和税赋推割、砧基簿的对行开凿及业主(包括佃户)的离业等。

雍熙二年(985),即对上述亲邻优先原则有了修订与限制。"正典物业,其业主欲卖者,先须问见典之人承当,即据余上所值钱数,别写绝产卖断文契一道,连粘原典并业主分文契,批印收税,付见典人充为永业,更不须问亲邻。如见典人不要……即须画时批退①。"此已明确规定,典主有比亲邻先卖断业主田产的选择权,如见典之人嫌价高或无钱断卖,才依次问亲邻。正反映北宋初不到20年间,典卖土地的方式正在发展,才需要提供新的法律规定。

神宗熙丰变法年间,土地典卖更为发展,体现在法令的规定中,即取消遍问四邻以便缩短交易时限。元祐敕令则又回到"出卖田宅,遍问四邻"的老路。绍圣元年(1094),又恢复熙丰成法而略作修订:"邻者,止问本宗有服亲及墓田相去百(户)[步]内与所断田宅接者"②;即只问父系直系亲属中五服以内近亲及近邻。从望文生义的理解,或四邻中有五服亲者,或近邻中墓田相去百步以内者,即既亲又邻及近邻,二者居一可有优先权。总之,自北宋初以来,业主典卖田产,亲邻兼备及近邻有优先权;甚至典卖成交过割后,

① 《宋会要辑稿》食货六一之五六。
② 《通考》卷五《田赋五》。但关于是两者必居其一或两者同时具备,因熙丰成法仅见于此,马端临又语焉不详,已难作判断。

亲邻也可以从典买者处赎买。至南宋,这种优先权有弱化的趋势。

南宋中期,亲邻买田优先权又受到进一步限制。胡颖的判词中引《庆元重修田令》说:"所谓应问所亲邻者,止是问本宗有服纪亲之有邻至者。如有亲而无邻、与有邻而无亲,皆不在问限①。"宝庆元年(1225)后,范应铃判词也称:"典卖田宅,具帐开析四邻所至,有本宗缌麻以上亲,及墓田相去百步内者,以帐取问……。曰亲曰邻,止有其一者,俱不在批退之数。"又云:"墓田之于亲、邻两项,俱为当问②。"即亲邻两项必须同时具备才有优先权。更值得注意者,胡颖的另一则判词中,又引《庆元重修田令》条文云:"诸典卖田宅,四邻所至有本宗缌麻以上亲者,以帐取问;有别户田隔间者,并其间隔古来沟河及众户往来道路之类者,不为邻。"又令:"诸典卖田宅满三年,而诉以应问邻而不问者,不得受理③。"

以上三案引用的法令条文,显为《庆元田令》佚文,较之沿用至南宋初的《绍圣田令》已有三项重要修改或补充,一是亲邻须二者同时具备,即既为五服之内亲,又是百步田内近邻才可享有优先权。二是对"邻"的定义又作界定,虽百步之内,如中间隔有河沟、公共道路或别户之田者,则不属于应问之邻。三是严格规定时限,提起民事田产诉讼的时限为三年之内,逾限,再诉亲邻优先权者,官府不予受理。从法令条文的修订、补充与完善,显而易见,随着土地买卖的盛行,有限的限制条款也在不断放宽,先问亲邻的原则已日趋消亡,只剩下保护墓田不受侵犯的人性化原则,及公共水利、道路不被侵占的社会公益伦理,尚受法律保护了。

(二)典卖契约的严密规范化

典卖田宅,必须订立契约文书,契约内须开列田产"顷亩间架,四邻所至,税租役钱,立契业主,邻人牙保,写契人书字"等项,宋廷有官颁契书样

---

① 《名公书判清明集》(下简称《清明集》)卷九《户婚门·取赎·亲邻之法》,第309页,中华书局,1987年。

② 《清明集》卷四《户婚·争业上·漕司送下互争田产》,点校本第121页。方按:"以帐取问"以上引文,指始于乾道九年(1173)的三年内田讼初起争端时适用法律,似绍圣田令一直沿用至乾淳之际(1173~1175)。亲邻两者"止有其一者中",或《庆元重修田令》之规定。

③ 《清明集》卷九《户婚·取赎·有亲有邻在三年内者方可执赎》,点校本第309页。

本。绍兴中,李椿经界法后,又规定,典卖田产必须由交易双方携带砧基簿对行批凿,以杜绝产去税存之弊。契约还须经"牙保、写契人亲书押字",并"经官司投印"后才为合法有效契约,否则,即为"违法、不许执用①。"即契约内除写明交易双方姓名,典卖田产顷亩、田色、坐落四至外,还须开列产业来历,典卖原因,原业税赋、役钱,交易钱额,典当期限及违约惩处等条款。三日内,官方会同钱主、业主双方,邻人、牙保、写契人等相关人员至典卖产业田头勘验得实,当日"纽定应割税租分数","于部簿内对注开收"②,并加印押,买卖契约才算完成。这种完备的合同及勘验方式,虽然比较麻烦,在官方则可避免产去税存、税赋不均之弊,在民间则可减少欺诈引起诉讼之虞。但在实际执行中,因豪势勾结官吏徇私枉法,仍存在大量弊端及许多诉讼。其手续之完备,仍值得今之土地、房产交易合同签订时参考。

北宋初就已推行一式两份的官颁契约,乾兴元年(1022)又规定:"应典卖、倚当庄宅田土,并立合同契四本",钱主、业主、商税院、本县各执一本,以便寻检备查③。"田宅契书,并从官司印卖。除纸笔、墨工费用外,量收息钱。"始见于崇宁三年(1104),当时规定"收息不得过一倍",旋即行情看涨,又规定"不得过四倍,随土俗增损施行。"这是在"助赡学用"的动人掩饰下推行的,反映北宋的官板契书由不收费到收工本费,再到倍收息钱,至四倍增收的过程。即使是蝇头小利,号称"丰亨豫大"的徽宗、蔡京(1047~1126)君臣亦不放过。虽大观二年(1108)元旦起,因"吏缘为奸,增损抑配","事涉苛细"而"浸罢";但宣和元年(1119)又恢复"并许州县出卖"④。这种类似于今之房产交易印花税被冠以"钞旁定帖钱"名目的数额之大却令人吃惊。《宋会要辑稿》食货七〇之一三六载:"宣和三年(1121)四月四日,通判邠州张益谦奏:计度每年纳用钞旁一百万副,每副四纸,价钱四文足。"邠州一地,每年契约官本卖钱即达4000缗。当时全国凡351州郡,如以此数例之,全国钞旁

①　《宋会要辑稿》食货六一之六六。
②　《宋会要辑稿》食货六一之六二,六一之六四。
③　《宋会要辑稿》食货六一之五七。
④　引文并见《宋会要辑稿》食货七〇之一三五。

定帖钱即高达 140.4 万缗足。这笔钱或解送内藏库、京师大官库，或解应奉司，或拘收送发运司充籴本，仅河东、陕西路留州充地方财政费用①，却几无一用于赡学之费。

靖康元年(1126)正月十七日，"诏罢钞旁定帖钱，令归常平司。自是民间输纳任便书钞纳合同钱，后改为勘合钱"。绍兴五年(1135)三月四日，浙西提刑司言："近诏人户典卖定帖钱，……改作勘合钱收纳，每季作无额上供钱起赴行在"。"户部言：乞将人户典卖田业计价，每贯收纳得产人勘合钱一十文足。从之②。"从钞旁定帖到勘合钱，完成了从工本、印花费到交易附加税的过渡，性质也从临时加征演变为定额税率为1%，类似于今不动产交易附加税或契税。终南宋之世这笔勘合钱的收取，已成定制。南宋田产交易当过于北宋末，南宋末有州郡凡197，如仍以上述邠州之例估计之，则南宋勘合钱岁收即当数倍于北宋末，成为上供总制钱额来源之一。

买卖契约的订立，仅是宋代田产交易实现过程中的一个程序，还须进行税役交割及业主与田产完全脱离关系，即割税离业后，才能完成产权转移或置换。这第两个程序完成后，才意味着钱主对所买田产获得了拥有权。一般钱主多为豪势之家，为"避免物力，计嘱公吏，不即过割[税赋]，致出产人户虚有抱纳；或虽已割而官司不为减落[户口]等第，依旧差科。"这类现象十分普遍，宋代征收税赋及科役主要据物力(或据产钱)而确定户等，除二税外，还有和买、役钱及差役等。不过割税赋、必然导致产去税存，赋役负担畸轻畸重、社会分配不公，贫富差距拉大的严重后果。如隆兴元年(1163)九月二十五日，时知平江府张孝祥(1131～1169)称："吴中之民所以重困者，政缘产去税存。贫者欲速售其田，不暇深思后害，往往依旧虚带家力、苗税在户，至有代纳数(科)[料]，卖尽己业"者③，这类现象各地多有，且已成为久弊而难解决的大问题。这从南宋中后期赦文中一再提到可见一斑。

乾道七年(1171)十一月，臣僚建议，应从制度设计上减少这一弊端，其

---

① 据《宋会要辑稿》食货七○之一三六至一三九撮述。
② 《宋会要辑稿》食货七○之一三九至一四○。
③ 《宋会要辑稿》食货六一之六六。

法,即为先过割后投税,因如不投税而白契交易有倍税之罚。其说云:"比年以来,富家大室典买田宅,多不以时税契,有司欲为过割,无由稽察。乞明诏有司,应民间交易,并令先次过割,而后税契。"这样可将过割税赋与投税押印一并考核。乾道九年(1173)十月九日,又诏:交易产业,买卖双方须同时携砧基簿赴官,在已完成印给程序的官契(赤契)上过割税赋,同时在双方砧基簿上将"应割之税,一受一推,书之版簿,仍又朱批官契,该载过割之详,朱批已圆,方得理为交易①。"即朱批赤契、版籍、砧基簿三者可予对验,今后如有诉讼,虽有契书,而无砧基簿,官府不得受理。如有窜改情弊,仍可据州县掌握的版籍进行判断。这样三环紧扣的制度设计不可谓不严密,但由于南宋政治腐败,仍有大量的田产诉讼得不到公正的判决,《清明集》中的大量案例可见其一斑②。

(三)从契税看南宋民田交易的规模

我国古代对田宅交易收取契税,似始于东晋。《隋书》卷二四《食货志》云:"晋自过江,凡货卖奴婢、马牛、田宅,有文券,率钱一万,输估四百入官,卖者三百,买者一百。无文券者,随物所堪,亦百分收四,名为'散估'。历宋、齐、梁、陈,如此以为常③。"洪迈引此文后,又说:"今之牙契投税,正出于此,田宅所系者大,奉行唯谨……。又皆买者独输,故为数多者率隐减价直,赊立岁月,坐是招激讦诉④。"宋代的契税,又称田契钱、印契钱、牙契钱,作为大宗商品的交易税,以田宅的税契为主,随着商品经济的发展,在中央财政和地方财政收入中所占比重也节节攀升,因而政府十分重视。与前朝不同者,一是税率较高,如东晋南朝为 4%,唐、五代为 5%,而至南宋则为10.7%。二是东晋、南朝由买卖双方分摊,买方仅 1%;而宋代全由买方承担。如大宗交易数额巨大,契税也是较高的负担,故买方千方百计逃税。最

---

① 《宋会要辑稿》食货六一之六七。
② 本节(一)(二)部分内容,参考郦家驹《两宋时期土地所有权的转移》,刊《中国史研究》1988年第 4 期;郭东旭《宋代买卖契约制度的发展》,刊《河北大学学报》1997 年第 3 期。
③ 参阅《通考》卷一九《征榷六》;《旧唐书》卷四九《食货志》称:建中四年(783),向交易双方收取 5% 的交易税。
④ 《容斋随笔·续笔》卷一《田宅契券取直》,点校本第 222 页,上海古籍出版社,1978 年。

常见的手法即私相签订草契，不经官投税押印，称为"白契"；而投税押印经官方认可的则称"赤契"，或称朱契、红契。白契如经诉讼，官方不予受理或判败诉，因未经官府割税，导致产去税存的严重弊端，对贫下户的权益构成侵犯。政府为维护财政税收，对白契逃税有告首、倍纳等严厉惩罚措施，但因豪势勾结官吏，偷逃契税的顽症困扰着两宋政府，乃至在南宋后期立定岁额，强行摊派。当然，这从另一侧面可证南宋田产尤其是白契交易之盛。

北宋田宅交易收契税始于开宝二年（969）。据陈傅良之说，庆历四年（1044），定契税率为4%，宣和四年（1122），增为6%；绍兴五年（1135）增为10%①。据乾道中官成都运判的查籥之说："若民之田宅有直万缗者，是当出契税钱一千缗，又当出头子钱五百六十缗；勘合旧作一钞为钱三十，今又增［为］二百缗。"对照其上文所说：勘合"并头子钱之数，每贯为取七十六钱矣，且以成都一路计之"，岁赋"总为三千万有奇，若用今日所增勘合之数，当为六十万缗。"这是批评乾道初之诏令虽将勘合钱由每贯30文降为20文，但原满千始征，今却畸零也征，故为名减而实加。则乾道中契税已由绍兴五年（1135）的10%，增加为17.6%②。正是由于这笔不断增加的契税，使买田者觉得不堪重负，遂有偷逃契税的白契、草契遍行天下。

宋代田宅交易，投税日限一般为二个月，逾限许人告。同年十月九日，户部言：建炎元年（1127）延长至百日，绍兴十五年（1145）更延长至半年③。"投税违限，能自首之人，并以匿税法。仍三分为率：以一没官，二给自首。

---

① 《通考》卷一九《征榷六》，又，《朝野杂记》甲集卷一五《田契钱》（第320页）称：嘉祐五年（1060）二月，"始定令每千输四十钱"。与陈说始于庆历四年（1044）不同。

② 查籥《论勘合钱比旧增重状》（明·程敏政《新安文献志》卷四）云：乾道中，契税正税10%，头子钱5.6%，勘合钱2%，则契税正税及其附加合计为17.6%。但《朝野杂记》甲集卷一五《田契钱》（点校本第320页）则云："大率民间市田百千，则输于官者十千七百有奇"；似乎契税仅为10.7%；此乃李心传将每千田所收头子钱56文，勘合钱20文，凡76文的附加，与正税合计时计算错误，田价百千，附加应为7.6贯，他却误计为760文，相差十倍，故误称为"十千七百"有奇。但其同条又称：白契"许人告，没三之一"。田价100贯，三分之一为33.3贯；宋制白契括责，倍输契税，据查说17.6%倍计为35.2%，与四川根括白契倍税约略相同；而如据李心传误计契税率10.7%倍计仅为21.4%，仅为田价的五分之一。故李说必误。

③ 分见《宋会要辑稿》食货七〇之一三九，三五之八。

从之。"即如因逾限不投税而自首,可补契税外,免纳 100% 的倍税,而仅纳 33% 的"滞纳金",优惠三分之二①。绍兴三十一年(1161)十一月,四川总领财赋王之望在四川根括白契契税钱,"虽产去券存亦倍收其赋","准田宅原价三分之一没官";"以没官之半给告人"。绍兴三十二年(1162),括得 468 万缗,此数仅为四川 33 州郡之数,不包括成都等 24 州郡,沿边及关外 8 州未括,则约为四川全部州郡之半②。据此,当时四川交易田产额之半已为 1405 万余缗,如果每亩以东南均价 4 贯计③,则四川绍兴末仅未经投税的白契交易田亩已为 702.5 万余亩,如将已投税的田产交易估计为全部交易额的 50%,则四川之半地区处于交易的民田至少应在 1400 万亩左右,约占四川约一亿余宋亩土地的 14%④。如加上成都等 24 州、沿边 8 州,则四川全境的交易田产至少应在 3000 万亩左右,约占四川耕地的 30%。

也许是契税太高,白契现象屡禁不止,据隆兴二年(1164)五月任四川安抚制置使兼知成都府的汪应辰称:这笔拘收的"白契税钱""四百六十余万"乞留当地,但诏令吴挺(1138~1193)买御前马价于此款中拨充,余款又令拨交南库、赴左藏⑤。乾道七年(1171)七月二十八日,户部尚书曾怀就契税钱的征收提出四项建议:(1)人户请买契纸,原由提举司印给,因"地里窎远",数量"繁多",恐致"留滞",乞依旧"令逐州通判印给,立料例以千字文为号。"分给属县,"委县丞收掌",卖钱"专委通判拘收交纳",申提刑司监督。(2)每交易 10 贯,纳牙契税钱正税 1 贯。其中,除 675 文充经总制钱外,其余

---

① 《宋会要辑稿》食货三五之九,正税不免,仅免倍税三之二见同书食货三五之一六:"许其免倍纳而自首。"
② 《系年要录》卷一九四,第 327 册,第 795~796 页,《朝野杂记》甲集卷一五《田契钱》,第 321 页。
③ 今无绍兴末四川田价可供参考,姑据东南诸路田价约计,绍兴年间,东南诸路田价约在每亩 3 贯~5 贯,今取其中。参见朱瑞熙《宋代土地价格研究》,刊《中华文史论丛》第 82 辑。
④ 南宋中期耕地,郭声波《四川历史农业地理》(第 74 页)估计为 90 万亩,未必可信。今别无所据,姑从其说。1 市亩 =0.861 宋亩,见拙文《关于宋代江南农业生产力发展水平的若干问题研究》(第 536 页)。
⑤ 《文定集》卷一三《论存留契税钱与执政书》,汪应辰兼知成都府在隆兴二年(1164)五月一日,见《宋会要辑稿》选举三四之一四,书当上于其前。468 万白契税钱去向,见《朝野杂记》甲集卷一五《田契钱》第 321 页注文。

325 文充本州留用之数。此为已行规定。今欲将留州的 325 文之半入总制钱帐。"如敢隐漏，以上供钱［法］断罪"。(3)"人户典卖田宅、舟船、骡马牙税钱，若违限不纳或于契内减落价贯，规免税钱"；许牙人及原主陈首，典买物业一半没官，一半给告人。(4)牙契税正税为交易额 10% 外，并纳头子等钱每贯 21.2 分，即 2.12% 附加税。"州县往往过数拘收或揽纳公人邀阻作弊"，"即仰根究，重作行遣①。"

其中第一条，将印卖契纸权限仍下放诸州通判和县丞，虽便于及时卖钱、收牙契税，但如监管缺失，易滋生官吏勾结，营私舞弊。第二、四条规定牙契正税及其附加的征收标准及上供与留州的比例，拘收地方 32.5% 留成之半归上供(总制钱)窠名，反映了中央财政的困窘及地方财政的雪上加霜。值得注意的是第 3 条鼓励牙人及业主告首，并加重对偷漏契税的处罚力度，将钱主买得田产没官，其半充赏出首告人。第 4 条又将原 17.5% 的契税及附加税率降低为 12.12%，减低 5.38 个百分点，实际降幅为契税的 30.74%。

李心传又云："今蜀中田契钱，诸县既有定额，大抵不能敷，则以其钱均取于牙侩，人甚苦之②。"似乎南宋晚期，四川契税演变为有定额之常赋，不足则科配牙侩均纳。这种情形也许不仅四川有，似乎全国各地均有科配之额。俞文豹《吹剑录·外集》也说：淳祐九年(1249)，提领户部奏："令诸州纳牙契钱，上州百万，中州八十万，下州四十万"；"绍兴府已解四十万"。如其说可信，则据宋本《方舆胜览·目录》统计，南宋末凡 197 州郡，即使保守估计，取下州 40 万之数，诸路合计应有约 7880 万缗，如果宋末土地以每亩 10 贯约计，则处于经常可供产权交易的土地 7880 余万亩。但据宋末曾任参知政事的姚希得(?~1269)所上《论养兵之策》云："今牙契一局及江水分司，岁可得三千六百余万，即可养六万兵③。"则姚说所云，南宋末契税仅为淳祐中的 45.69%，即使此数已为咸淳元年(1265)"减田契税钱什四"以

① 《宋会要辑稿》食货三五之一四至一五。
② 《朝野杂记》甲集卷一五《田契钱》，第 321 页。
③ 俞文豹《清夜录》引，文刊宛委山堂本《说郛》卷三八上(据四库本录文)。《清夜录》，疑为《吹剑录·外集》或《续集》的异名同书。说详拙文《久佚海外《永乐大典》中的宋代文献考释》，刊《暨南史学》第三辑(第 176~177 页)，暨南大学出版社，2004 年。

后之数①,也与淳祐中之数相差 23.86％,即 1880 万缗。而且俞文豹同一人之书中的两个数据已相抵牾。不妨再考察一下今存史料中一些州郡所收的牙契钱数。

其一,绍熙二年(1191),周必大判潭州,"罢倍税牙契钱二十万缗②。"如白契税钱以三分之一计,则是年契税约为 40 万缗,如以每亩田价 5 贯计,则为交易田产约 80 万亩。其二,嘉定中,杨楫(字通老)知安庆府,将牙契钱"二十万献之朝廷",时"军兴之后,交易颇多";而安庆"实无财赋,全靠牙契"③。同上测算,安庆交易田额约为 40 万亩。其三,《宋史》卷四二五《杨文仲传》载:开庆、景定年间(1259~1260),杨文仲添差通判扬州,扬州"牙契旧额岁为钱四万缗,累政增至十六万。"则扬州充其量交易田亩不过 30 万亩以下。其四,绍兴府上引《吹剑录·外集》称,"已解四十万",如以每亩 10 贯计,则交易田产应为 40 万亩。据朱熹淳熙九年(1182)任浙东提举主持救荒时说,绍兴六县有田 200 余万亩④,如加上上虞、余姚两县,按每县平均 33.3万亩计,绍兴府八县之田应在 267 万亩,则可供交易之田产约占绍兴府田15％。其五,庆元府嘉定十七年(1224)实收牙契钱仅为 77432 贯文,嘉定中,庆元府每亩田价为会子 30 贯文。嘉定末会价约在五六百文,折每亩田价约为 15 贯文,上述牙契钱意味着庆元府仅有正常交易田产 5.16 万余亩。也许白契成交的数量极多。

需要说明的是:在框算田亩交易价格及其亩数时,上述诸例牙契钱仅计正税而不计附加,因各地的田亩价格未有确数,各个不同时期不同地区田价差距极大,这种折计未必可信,只反映概略的比较约数和田契钱的数量。即使绍兴府的田亩数,朱熹也仅出于估计,未必可信。但有一点可以断言,俞文豹所说的两个数据却均不可信。绍兴、潭州、庆元府均为名实相符的大州,收取的契税充其量只有 40 万,刚达到小州的水平,只有他说大州的 40％

① 《宋史》卷四六《度宗纪》。
② 楼钥《攻媿集》卷九三《周公神道碑》;李壁撰《周公行状》,刊《文忠集》附录卷二。
③ 黄榦:《勉斋集》卷一七《书一四·复王幼学(伯大)书》,杨楫知府时间,据李刘《四六标准》卷二八《代回安庆杨国博楫启》。
④ 《晦庵集》卷一六《奏救荒事宜》。

左右。庆元府的 7.74 万贯或为统计数据有误，但亦不到小州标准。可见宋末的所谓立额是何等失实。其《清夜录》转述的姚希得所云 3600 余万，亦缺乏可信度。因为牙契钱仅为经总制钱窠名之一①，而据叶适之说，南宋中期经总制钱全国岁额不过 1700 万缗②，则作为其来源之一的契税钱能超过其总额的 117.65% 吗？宋人无数量概念，在涉及经济指标时，往往信口开河，凭主观想象，更何况又是落魄文人俞文豹的小说家言。

通过以上考析，可以认为，在南宋各地可供经常出卖的土地约占全部田地的 10% ~30% 左右，这也只能说是一个概略的保守估计，未必可信。计量分析之难，于此可见一斑。在南宋中后期，土地买卖的盛行是毋庸置疑的史实，从《清明集》中反映的大量案例可以得到证明。契税的收入随之"水涨船高"，也是不争的史实，乃至有立额之举。方大琮（1183 ~1247）曾论牙契钱对中央和地方财政的重要性云："倅之经总，郡之系省，县之俸料，悉出牙契③。"其说虽不免夸张，却反映了南宋中后期土地交易极为兴盛的社会现实。

民田中，还有许多重要问题，诸如民田的大致数量，所占比例，户均民田数量；租佃制度及租额的确定；赋役制度等等，将在以下的章节中还将有不同程度的涉及与探讨。

---

① 经总制钱的窠名，极为苛细复杂且变动无常，参阅《庆元条法事类》卷三〇《财用一·经总制》，点校本第 450 ~470 页。

② 《叶适集·水心别集》卷一一《外稿·经总制钱一》，第 775 页。

③ 《铁庵集》卷二〇《书·永福董宰（鸿道）》。

第三章 衡量南宋农业生产力 发展水平的指标

在宋代经济史乃至中国经济史的研究中,海内外的某些学者从定量分析与定性分析相结合的方法考量,提出若干各具特色的衡量生产力发展水平的指标体系。如伊懋可教授曾在 2000 年 7 月 28 日的一封信中提出"判别农业生产效率高低"的五项标准:(1)投入农业的能量与农业生产出来的能量之间的比例;(2)用货币计算的经济成本与经济回报之间的比例;(3)单位耕地每荐(或每年)的粮食产量;(4)种子与收获的比例;(5)每个工作者单位时间的产量[①]。对于统计数据比较齐备的近代或当代而言,这是一个相当完善的指标体系设计。可惜在南宋,史料提供的数据相当粗糙,不是大量缺失就是错讹百出,还有度量衡制混乱导致的各种换算,均会"差之毫厘,失之千里";甚至官吏的漫不经心,不是照抄旧账籍,就是一笔"糊涂账",很难提供可靠的数据。加上刊刻中无数的手民误刊等各种原因,很难导致可信的结论。我十分钦佩著名的经济史学者安古斯·麦迪森(Angus Maddison)教授竟能将两宋期间的人均国内生产总值得出数据并换算成美元,并能与同期的欧洲相对比。其得出的结论是:两宋期间(960~1279),中国人口增加了80%,但人均 GDP 却从 450 美元增至 600 美元,增加了 1/3;此后直到1820 年均保持着这一水平。欧洲同期(960~1280 年间),人口只增加了

---

① 见伊懋可致李伯重信,李伯重《理论、方法、发展趋势:中国经济史研究新探》第 136 页,清华大学出版社,2002 年。

70%,人均 GDP 则从 400 美元增加至 500 美元,只增加 1/4①。如其说可信,至少可以证实两个重要结论:一是两宋时期农业生产力水平确有重要突破,直到近代仍延续或保持这一水平;二是两宋的农业生产率领先于欧洲,在当时的世界独领风骚。

在伊懋可教授设定的五个指标体系中,根据宋代的史料,颇具可操作性的应是后三项,即单产、人均单产和种子与产量之比。这实际上已包括了我国传统史学中一贯重视的人口、耕地、产量(总产、亩产)三大经济史指标;种粮与产量之比,则较便于作横向对比。即使是就人口、耕地、产量这三项衡量农业生产力水平最重要的要素而言,就目前南宋史的研究成果、研究水平及史料利用尤其是考证,离达到"统一学术界看法"②——即得到比较科学的客观认识尚有很长的路要走。决非某位学者一厢情愿就能下为众所公认的"定论",只有在不同学术观点的讨论或争鸣中,才能还原历史,接近真相。这需要建立在对史料作竭泽而渔式搜集、鉴别、考证基础上的大最微观研究成果,才有希望取得突破性的进展。本着这样的宗旨,笔者尝试以计量分析的方法作些新的探索。

第一节　南宋人口

南宋人口可以探索的问题很多,诸如各时期的总人口及户均人口,分路统计的人口数;移民问题;人口中的主客户、城市与农村户口、五等户制中的上中下户间的比例;因战争、饥荒等而影响的人口增减;人口对宋代经济的影响;宋代人口研究中聚讼已久的户多口少问题;宋代户口的统计制度及主管部门等等。吴松弟教授于宋代人口史研究用力甚勤,成果颇丰,汇集了迄今海内外学者绝大部分的研究成果及相关史料。因研究方法及对史料的解读有异;笔者对其大著中的不少结论尚不敢苟同,如一一另加商榷,无疑是

---

① 转引自李伯重《"选精"、"集粹"与"宋代江南农业革命"》,刊同上注书第 98～99 页。
② 吴松弟:《中国人口史》第三卷,第一章,第 5 页,复旦大学出版社,2000 年。

一部专著的规模。今仅就其中的两个主要问题:即(1)宋代人口统计中的"口",究竟是男口还是丁口;(2)是否存在所谓的兵部·职方闰年图——地理总志的人口"汇总发布系统"? 拟发表拙见,就教于松弟教授及海内外学者。前者是人言人殊的老问题;后者为吴松弟的"创见",笔者认为,完全无法成立。而且,这两个问题有着密切联系,搞清后一问题,对前一问题的合理性解决也有助益。此外,还拟探索一下南宋的总人口水平及每户平均人口,前者与户数相关,后者则是饶有兴味的新问题:即现存南宋人口数据是否支持宋代平均每户五口的"定论"? 除"丁口说"与"发布汇总系统"两个问题涉及户口统计制度,必须追溯至北宋外,一般不再旁及北宋史料(个别作对比数则除外)。

一、"丁口说",抑或"男口说"?

关于宋代"户多口少"这一老大难问题的研究,如从日本著名学者加藤繁教授《宋代的户口》发表算起,已近80年之久[1]。海内学者虽起步较晚,但起点很高,上世纪八十年代就曾出现过一次高潮,当时就已形成"丁口说"与"男口说"的两军对垒[2]。我认为何忠礼《宋代户部人口统计问题的再探讨》[3]一文论证充分,论据坚确,已堪称定论。迄今虽已25年,但似仍只能补证或加以完善而已,无论在宏观与微观的层面上均无法推翻或动摇其结论。

(一)"男口"说不能成立的几条理由

日本学者对于宋代人口问题的研究,起步较早,成果斐然。池田温教授

---

① 关于宋代人口问题的主要论著,凡20世纪问世者,吴松弟《中国人口史》第三卷(复旦大学出版社,2007年)第3页注①~③已列举,但仍未免挂漏。海内部分可参见方建新《二十世纪宋史研究目录》第155~159页,北京图书馆出版社,2006年。海外如日本学者论著,可参考池田温《中国古代籍帐研究·序章》第10~11页注[2]所列,龚泽铣中译本,中华书局,2007年。

② 自宋至今,尚有"漏口说"、"析户说"、"户数虚增说"等释"户多口少"之原因,在中外学者的反复驳论中,已不再成立,目前主要是男口说与丁口说之争。主张前说的有穆朝庆、李宝柱、王育民、吴松弟等人,主张丁口说的主要有苏基朗、何忠礼等。以上参见何忠礼《宋代户部人口统计考察》,刊《历史研究》1999年第4期。下简称"何文"。

③ 何文始刊于《宋史论集》,中州书画社,1983年;修订后改题同上注,发表于《历史研究》,又收入其论文集《科举与宋代社会》,商务印书馆,2006年。

曾对上世纪八十年代以前日本学者关于"户多口少"问题的研究成果作如下概括:"宋代户籍的特征,在于主户与客户的严格区分,并以丁为主进行登记,其结果每户口数平均约为二人,这样的统计是主流。不过,即便是宋代,登记的不仅是丁男,也有包括女子及老小在内记录全口的状况;但就整体看来,以丁为主体的登录,是以户帐及丁口帐的形式被广泛实行的[①]。"尽管这一概括不够完备精审,而且日本学者中也有不同意见,他本人主要研究唐以前的籍帐,对宋代人口也基本未及。但上述表述代表了日本主流学派的观点,殆无可疑。值得注意的是:池田温教授指出的宋代户籍登记的两个主要特征:一是主客户的严格区分;二是"以丁为主"进行登记。二者殊途同归,即宋代的户籍登记主要是为征发赋役服务的。宋代两税只向主户征收,这是户籍必须"严格区分"主客户的关键之点;据何炳棣先生早在半个世纪前得出的结论:"'丁'在明清时代的绝大多数年代只是一个赋税单位,根本不是人口数据[②]。"这一精辟之论也适用于宋代,但似尚需改动一字,即宋代的"丁",应是一个"赋役单位"。在宋代人口数据中出现每户二口左右的户口数据,除极个别的例外(如人口数据本身或计算的错误及注明成丁、不成丁等场合),一般均指丁,而绝大部分写作"口",不过是"丁口"的简称而已。这在宋人早已习以为常,正如宋初命李宗谔主持修纂的《州县图经》,往往被简称为"图经";又被简称为"图"或"经"一样。陈智超先生曾指出:

> 宋代的户口统计制度与它的赋役制度有极为密切的关系,甚至可以说是从属于赋役制度的。至道元年(995)六月,宋太宗针对"自唐末四方兵起,版籍亡失,故户口税赋莫得周知"的情况,发布了重造版籍的重要诏令。《宋会要》两处记载了这首诏令,在户口门中称为"户口版籍",而在赋税门中则称为"两税版籍"。《长编》也作"二税版籍",而《玉海》则作"二税户口版籍"。可见"户口版籍"也就是"二税版籍"[③]。

---

① 池田温:《中国古代籍帐研究·序章》,第9页。
② 何炳棣:《明初以降人口及其相关问题》,葛剑雄中译本《译后记》,第405~406页,生活·读书·新知三联书店,2000年。
③ 陈智超等:《中国封建社会经济史》第三卷,第17页,齐鲁书社,1997年。

张方平(1007～1092)曾在庆历中(1046～1047)、嘉祐间(1056～1059)两任三司使,主持过北宋皇朝财政,因而对赋役制度有深切了解。他指出:"本朝经国之制,县乡版籍,分户五等,以两税输谷帛,以丁口供力役,此所谓取于田者也①。"显然,他也认为"户口版籍",实即"税役版籍"。其原则即为"以两税输谷帛,以丁口供力役。"即主户二税以财产的多少(主要是土地,南宋又多以产钱衡量)来计征;分户五等通常以"物力"(又主要为浮财、土地)为划分依据。而征发差役、夫役的依据,除五等户籍的物力外,主要以丁口数而定;南宋则差役与役钱并举。作为"经国之制",这一赋役制度的原则终南宋之世,尽管形式多变,但实质未变。所以两宋"五等丁产簿(籍)"和"丁帐"是最重要的两种"版籍"。男口或不成丁仅为"入丁出老"的参照数据,即使三五年统计一次也可推排其数而得;而女口就更是无关紧要,除女户外,对国家赋役制度无甚相关,故可不列入人口统计。

在对"户多口少"这一问题作进一步辨析前,有必要先看一下现存两宋全国绝大部分年份关于户口数的统计表②:

两宋部分年份户、口数及户均口数一览表

年代	户数	口数	出处	户均口数
真宗咸平六年(1003)	6864160	14278040	(1)12/2、69/78、(2)6	2.08
景德三年(1006)	7417570	16280254	同上	2.19
大中祥符元年(1008)	7908555	17803401	(2)70	2.25
大中祥符二年(1009)	8402537	/	(2)72	/
大中祥符四年(1011)	133112	541419	(2)76	/
大中祥符七年(1014)	9055729	21996965	(2)83	2.43

---

① 《乐全集》卷二六《论率钱募役事》,四库珍本。张方平两任三司使时间,分见《长编》卷一五九、一六一,《宋会要辑稿》食货三八之二六;《长编》卷一八五、一八九,《宋会要辑稿》刑法一之六及《乐全集》附录王巩撰《行状》。

② 出处详表下原有说明,陈表为迄今两宋全国户口数据最全且考证颇精者。但遗憾的是他也主张"男口说"。其据《通考》卷一一引毕仲衍《中书备对》的两项人口数据,列为元丰初,实非是。详表下笔者按语。隆兴二年、嘉定十五年数,原无,今补;有4处数据小误,已改。

年代	户数	口数	出处	户均口数
大中祥符八年(1015)	8422403	18881930	(2)86	2.24
天禧三年(1019)	8545276	19471556	(2)94	2.28
天禧四年(1020)	9716712	22717272	(2)96	2.34
天禧五年(1021)	8677677	19930320	(1)b、(2)97、(3)、(6)	2.30
仁宗天圣元年(1023)	9898121	25455859	(2)101	2.57
天圣七年(1029)	10162689	26054238	(1)、(2)108、(3)、(6)	2.56
天圣九年(1031)	9380807	18936066	(2)110	2.02
景祐元年(1034)	10296565	26205441	(2)115	2.55
景祐四年(1037)	10663027	22482516	(2)120	2.11
宝元元年(1038)	10104290	/	(2)123、(5)20	/
宝元二年(1039)	10179989	20595307	(5)20	2.02
庆历二年(1042)	10307640	22926101	(1)、(6)	2.22
庆历五年(1045)	10682947	21654163	(2)157	2.03
庆历八年(1048)	10723695	21836004	(1)、(2)165、(3)	2.04
皇祐二年(1050)	10747954	22057662	(2)169	2.05
皇祐五年(1053)	10792705	22292861	(2)175	2.07
嘉祐三年(1058)	10825580	22442791	(1)、(2)188	2.07
嘉祐六年(1061)	11091112	22683112	(2)195	2.05
嘉祐八年(1063)	12462317	26421651	(1)、(2)199、(3)、(5)20	2.12
英宗治平元年(1064)	12489481	28823252	(2)203	2.31
治平二年(1065)	12904783	29077273	(2)206	2.25
治平三年(1066)	12917221	29092185	(1)、(2)208、(3)、(5)20	2.25
治平四年(1067)	14181485	/	《源流至论》10	/
神宗熙宁二年(1069)	14414043	23068230	(1)	1.6
熙宁五年(1072)	15091560	21867852	(1)、(2)241	1.45
熙宁八年(1075)	15684529	23807165	(1)(2)271、(3)	1.52
熙宁十年(1077)	14245270	30807211	(1)、(2)286、(4)	2.16
熙宁十年(1077)	14852684	33303889	(3)所载《中书备对》数	2.24(1.2)
同上	(14543264)	(32351989)	同上,各路合计数	2.22(1.23)
元丰元年(1078)	16402631	24326123	(1)、(2)295	1.48

年代	户数	口数	出处	户均口数
元丰初年	16672012	/	《元丰九域志》各州合计数	/
元丰三年(1080)	16730504	23830781	(1)、(2)310	1.42
元丰六年(1083)	17211713	24969300	(1)、(2)341、(3)、(5)20	1.45
哲宗元祐元年(1086)	17957092	40072606	(1)、(2)393、(4)	2.23
元祐三年(1088)	18289375	32163012	(1)	1.76
元祐六年(1091)	18655093	41492311	(1)、(2)468、(3)、(5)20	2.22
绍圣元年(1094)	19120921	42566243	(1)、(4)	2.23
绍圣四年(1097)	19435570	43411606	(1)	2.23
元符二年(1099)	19715555	44364949	(1)b、(2)519	2.25
徽宗元符三年(1100)	19960812	44914991	(1)、(4)	2.25
崇宁元年(1102)	20264307	45324154	(1)、(4)	2.24
崇宁二年(1103)	20524065	45981845	(1)	2.24
大观二年(1108)	20648238	46173891	(1)	2.24
大观三年(1109)	20882438	46734784	(1)	2.24
大观四年(1110)	20882258	46734784	(3)、(4)	2.24
高宗绍兴二九年(1159)	11091885	16842401	(1)	1.52
绍兴三〇年(1160)	11575733	19229008	(1)a	1.66
绍兴三一年(1161)	11364377	24202301	(1)	2.13
绍兴三二年(1162)	11139854	23112327	(1)、(5)20	2.07
孝宗绍兴三二年(1162)	11584334 (11473439)	24931465 (24641510)	(1)左括弧内为各路合计数	2.15 (2.15)
隆兴元年(1163)	11311386	22496686	(1)	1.99
隆兴二年(1164)	11243977	22998854	(1)b(原脱据补)	2.05
乾道元年(1165)	11705662	25179177	(1)、(5)20	2.15
乾道二年(1166)	12335450	25378648	(1)、(3)	2.06
乾道三年(1167)	11800366	26086146	(1)	2.21
乾道四年(1168)	11683511	25395502	(1)	2.17
乾道五年(1169)	11633233	24772833	(1)	2.13
乾道六年(1170)	11847385	25971870	(1)	2.19
乾道七年(1171)	11852580	25428255	(1)	2.15

续表

年代	户数	口数	出处	户均口数
乾道八年(1172)	11730699	25955359	(1)	2.21
乾道九年(1173)	11849328	26720724	(1)	2.26
淳熙元年(1174)	12094874	27375586	(1)	2.26
淳熙二年(1175)	12501400	27634010	(1)	2.21
淳熙三年(1176)	12132202	27619019	(1)	2.28
淳熙四年(1177)	12176807	27025758	(1)	2.22
淳熙五年(1178)	12976123	28558940	(1)	2.20
淳熙六年(1179)	12111180	29502290	(1)	2.44
淳熙七年(1180)	12130901	27020689	(1)	2.23
淳熙八年(1181)	11567413	26132494	(1)	2.26
淳熙九年(1182)	11432813	26209544	(1)	2.29
淳熙十年(1183)	11156184	22833590	(1)	2.05
淳熙十一年(1184)	12398309	24530188	(1)	1.98
淳熙十二年(1185)	12390465	24393821	(1)	1.97
淳熙十三年(1186)	12369881	24341447	(1)	1.97
淳熙十四年(1187)	12376552	24311789	(1)	1.96
淳熙十五年(1188)	11876373	24306252	(1)	1.71
淳熙十六年(1189)	12907438	27564106	(1)	2.14
光宗绍熙元年(1190)	12355800	28500258	(5)20	2.31
绍熙四年(1193)	12302873	27845085	(3)	2.26
宁宗嘉定十一年(1218)	12669684	28377441	(4)	2.24
嘉定十五年(1222)	12669310	28325070	*(7)《两朝纲目备要》卷15	2.24
嘉定十六年(1223)	12670801	28320085	(3)(7)	2.24

　　原表说明:本表"出处"一栏中:(1)a 为《宋会要》食货11 之26 至30,(1)b 为《宋会要》食货69 之70 至77,两者相同时注(1)。(2)为《长编》,括弧后数字为卷数。(3)为《通考》卷11《户口考》。(4)为《宋史》卷85《地理志》。(5)为《玉海》,后为卷数。(6)为《包拯集》卷7《论历代并本朝户口》。

　　方按:上表据陈智超《中国封建社会经济史》(第三卷)第23～27 页表改制。陈表原有两宋90 个年份的户、口两项数据,真宗以前5 个年份或仅为主户,或缺口数,故删去。原表最后一栏为附注,即考订数据的取舍,对本表所论影响不大,且考订结果多已体现在表中户、口两项数据内,故亦删去,代之以每户的平均口数。我修订及移动了个别数据，又补了2.5个数据，出处为表中之(7)。本表共列真宗至宁宗时的88个数据(其中原出《中书备对》的为二个数据)，剔除北宋5项无口数外，北宋凡存46个数据，其中《中书备对》二个数据均为熙宁十年(1077)之数(熙宁十年另有据《宋会要》及《长编》列入的户、口数，与《中书备对》颇有异同)。陈表和以前的所有论者均认为这是元丰初的数据，今考定为熙宁十年之数①。因此，这个年份有三个各不相同的数据。这46个数据实有44个年份。北宋户均口数为2.11口；南宋今存凡37个年份户、口数据，其户均为2.12口。两宋全国户均口数分别为2.11及2.12口。南北宋户均口数如此接近，似非偶然，当为同一统计制度下的必然现象，也表明这一数据大致可信。

据上表，如果这户均2.11~2.12口的人口为男口，而一般认为宋代每户应在5口左右，则意味着女口应有2.88~2.89，即两宋男女性别之比分别为1∶1.37及1∶1.36②。显然，根据人口学的常识，这是任何社会、任何时代均不可能出现的现象。男女性别比如果失衡到这个程度，很难设想国家、社会、人类还有可能存在。上世纪七八十年代以来，由于B超鉴定胎儿性别技术的滥用，已导致新生儿性别比失衡的现象逐年加剧。2007年，据说新生儿男女性别比出现120.22∶100的骇人听闻的严重失衡现象③。已引起相关专家及当局的高度重视，遂有禁止医务人员泄露胎儿性别的立法动议，违者将

---

① 《中书备对》，据李焘《长编》卷三〇七元丰三年八月庚子条载：是"书凡一百二十五门，附五十八件，为六卷"，事多者分上中下，共为十卷。(李焘原注云：[元丰]元年闰正月十三日，向宗儒及仲衍编修。)其书始修于元丰元年(1078)，据商税等为熙宁十年(1077)之数，则户口也必为熙宁十年之数。因其书上于元丰三年(1080)，学者遂一致定为元丰初之数据。《备对》与《会要》户、口数据之异，原因见下考。又《宋会要·食货·商税》(《宋会要补编》第498~518页，《宋会要辑稿》食货一七之一至一八之七)所载商税额之数皆为熙宁十年之数，当时作为变法重要机构中书五房之一的户房，正为掌握这类数据的机构，故户口也应为同一年份数据。

② 人口学上性别比的计算公式为 $SR = P_m/P_s \times 100$。其中，SR 为性别比，P_m 代表男性，P_s 代表女性人数。其比在100上下。此为另一常见表达方式。

③ 北京《新京报》2008年3月7日刊《由B超胎儿鉴定而引发的危机》，转引自上海《报刊文摘》2008年3月12日第4版。我很怀疑这一数据的可靠性，如果得自抽样调查，必有相当大的误差。全国有如此大的失衡，似乎可能性极小。

严惩不贷。但宋代社会虽溺婴现象比较严重,却是男多女少,今之胎儿性别比亦男多女少,宋代决不可能出现女口超男口36%的现象。吴松弟主张宋代每户人口在5.4口左右(见其《人口史》第162页),如其主张的男口说能成立,则意味着宋代的男女性别比为100:155左右,显然更无可能。因此,宋代这一每户2.11～2.12的"口",决无可能是男口,这是"男口说"无法成立的第一个原因。

笔者认为:这一宋代人口统计中的"口",显然应是"丁口"的略称。何文所述可归纳为以下几点:(1)宋初乾德元年(963)诏令规定,岁奏户帐,具载其丁口,女口不预。(2)登记宋代户口的帐籍有丁帐、甲册、计帐等,有不同的性质,所登记内容不尽相同。如丁帐只录户、丁,甲册、计帐则明载男口。(3)《长编》中有户、丁对举的记载,叶清臣奏疏等宋代史料中可确证景祐元年(1034)中的户、丁数与《长编》卷一一五所载户、口数完全相同。(4)《宋史·地理志》所载某些州郡的口数,可确证为丁口数。(5)对远超过二口的《宋史》中"成丁"数及《中书备对》所载丁口、男口说颇相接近的原因分析。结论:户部统计中的口为丁口无疑。

苏基朗教授从户口统计制度入手,分析了迄今关于"户多口少"的各种主要观点及其论据,得出结论为:"宋代人口数字在大多数时候都是指丁男,有时指全体男子,这并非新结论";又说:"目前史学界对宋代一户两口现象的讨论,似乎越来越倾向于丁口说";丁口说不失为"目前材料限制下最合理的解释",关键在于重建宋代的版籍制度,尽管十分困难,却是今后努力的方向①。

近年来,宋代户口研究值得注意的一个成果是戴建国《宋代籍帐制度

---

① 参阅苏基朗《唐代法制史研究》第96～148页,香港中文大学出版社,1995年。引文见是书第113、142页。如果苛求的话,苏文亦有局部细节上的疏失,如认为乾德元年(963)诏令所指的"户帐",仅指"升降帐和桑功帐",而不包括"三年一造的户帐";又如税租簿帐与管额帐或空行簿、纳毕帐的关系等。分见同上书第100、101页。辨析详见戴建国文(见下注)。

探析》①。是文从关于户口籍帐制度层面辨析入手,指出唐宋户籍统计制度的继承与发展。丁账是据丁籍制成的唯一报呈户部户数及丁口的统计文书,丁籍则是存于州县统计男口的簿籍。上报户部的丁帐只统计户数及丁口数,成为全国每年户口统计最基本或主要的来源。县造税租簿只是有预算性质的推定税租文籍,故有男口数,为的是掌握入丁出老数据,以征税租。而漕司上报户部的《夏秋税额计账》也只报主客户数及成丁数。

今拟在苏、何、戴诸文论证的基础上略作申说。为了不作繁琐追溯,本节述评的对象主要涉及吴松弟《宋代户口调查统计制度史述评》②(下简称《述评》),必要时涉及其《中国人口史》第三卷(下简称《人口史》)。

首先,笔者十分赞同吴文《述评》所云:"研究人口史离不开人口数据,而历史人口数据却不可以拿起来就用,除了因传抄产生的错误及数据的脱漏外;往往还因调查统计制度的不同导致历朝官方户口登记对象的歧异,易使人产生理解上的错误。"吴著《人口史》也称:"宋代的户口数据尽管不少,却存在很多的错误和脱漏";"对于历史人口研究而言,全面而正确的户口数据是必不可少的前提③。"需要补充的是:在面对来自不同来源的人口数据时,需要详密考辨和审慎选择,切忌先入为主地选用符合自己观点、可以顺手拈来作为"论据"的数据。目前,对于"一户两口"之谜的焦点之争即为"男口

① 此文刊《历史研究》2007 年第 2 期。本文最大的败笔,即充分肯定吴松弟提出的所谓"宋代在户口调查统计之外还存在着户口的汇总发布系统";但在正文却专设"非闰年期间朝廷公布的主客户数据来源"一节,又指出:"户部合天下之数上之朝廷,朝廷最后予以公布"(分见《历史研究》该期第 33 页注②及第 46 ~ 47 页)。未免有抽象肯定,具体否定而难以自圆其说之嫌。

② 刊包伟民主编《宋代制度史研究百年(1900 ~ 2000)》,商务印书馆,2004 年,下引吴文,仅注是书(简称《百年》)页码。

③ 分见《百年》第 295 页,吴著《人口史》第 5 页。吴著第 11 页也云:"由于历史户口数据的复杂性,离开广泛占有资料基础上的数据考证,任何关于历史人口的研究都难以得出有价值的成果。"其实,明代卓越的方志学家何乔远早就指出:古代的户口统计数几无一可信,尽管他仅举了汉、隋及明代之例,但历代如此,赵宋尤然。参见《闽书》点校本卷三九第 958 页,福建人民出版社,1994 年。何炳棣教授更有精辟之论:官方"对数字和经济事物往往搞错";其"纪录更多的是印象性的,而不是定量化的";中国古代人口"没有一项是基于真正人口普查的"。见《明初以降人口及其相关问题》中译本第 302、306 页。我认为定量分析远较定性分析困难、复杂,但关键在考证。

说"和"丁口说"。令我费解的是:吴文《述评》称:"如按何忠礼的看法","据《宋史·地理志》推算的全国户均口数2.34都视为成丁",加上一口左右的老小中男为3.34口,"再加上同样数量的女性人口",推算出"平均家庭规模为7人,均超过甚至大大超过实际人口数①。"这一北宋全国户均2.34口②是否可信,我认为失之过高,不可轻易援引,尤其在证成自己观点或驳论时就更应慎重。不妨先将《宋史·地理志·序》所载八个年分的数据列表如下:

《宋志》所载北宋户口数及户均口数表③

年　份	户　数	口　数	户均数
嘉祐八年(1063)	12462311	26421651	2.12
治平三年(1066)	14181486	30506980	2.15
熙宁十年(1077)	14245270	30807211	2.16
元祐元年(1086)	17957092	40072606	2.23
绍圣元年(1094)	19120921	42566243	2.23
元符三年(1100)	19960812	44914991	2.25
崇宁元年(1102)	20264307	45324154	2.24
大观四年(1110)	20882258	46734784	2.24

这一北宋崇宁元年(1102)户均2.34口之说不可信者其原因主要有三:一是本身这一数据的计算错误,应是2.24;二是《宋志》原注已指出这一户口数与各州郡合计数有误差,如据梁表合计数,户均为2.33口,但遗憾的是,同样有计算错误,应为2.04口;三是这一数据仅为崇宁元年一个年份的数据,应不如上表所列《宋志》八个年份数据的平均值2.20更可信些。更重要的是:我据陈表改制增补的现存全部两宋约83个有户、口两项数据且经考辨而

---

① 吴义《述评》,引自《百年》第321页。

② 这一数据,见梁方仲《中国历代户口、田地、田赋统计》甲表38,第152页,上海人民出版社,1980年。但有计算错误,应为2.24。同样,其书第160页注②称各府州合计之数为:户17301008,口35268355,户均为2.33口,同样有计算错误,户均应是2.04口,梁先生当年全靠手工珠算,情有可原;今有计算器,援引时理应复核一下,不应将错就错而照抄。

③ 本表据《宋史》卷八五《地理一·序》(点校本第2095页)制成,其中治平三年(1066)口数原为"二千五十万",据前之户数及上下年份户口数,及上引陈表(据《长编》《会要》等考订)为29077273口,"二千"显为"三千"之误,已据改。令人费解的是其余七个年份户、口数均与陈表略同,而唯有治平三年不同,疑《宋志》数据或有误。

得出的户均口数,其平均值仅为 2.11~2.12 口,就比《宋志》有更高的可信度。如上述 2.11 口为丁口,加上何忠礼所估计的一口左右的老小中男(不成丁),则男口为 3.11;加上同样数量的女口,约为 6.22 口,虽略高于吴著估计的 5.4 口,但仍与程民生估计的最低户均 6 口相仿,并无什么出格。更不是什么"均超过甚至大大超过(宋代户均)实际人口数"。我虽不敢苟同程民生教授北方户均 9 口之说①,但也认为南宋户均 6 口左右完全可能。即使取《宋志》八个年份的平均值,以何文之估计,户均全口也仅 6.4 口;退一步说,即使如吴文《述评》之说,取《宋志》所载崇宁元年(1102)之数,据何文估计也仅 6.48 口(据各州郡明细数合计仅为 6.08 口),这不到 6.5 的户均全口,仍有可能在宋代户均人口最高值的合理范围之内。吴文《述评》是以错误的数据推算出宋代户均 7 人,实乃强加给何忠礼推测的并不存在的数据。至于其所谓据《长编》推算 7.5 人的"户均人口"就更无法成立,那仅是最高个别年份的一个数据,为现存 83 个数据之一,而且很可能其户、口数(或其中之一)有误而导致的虚高,《长编》多个年度人口数据有误,说详下文。这是男口说无法成立的第二个原因。

再从宋代户口制度与赋役制度来考察,宋承唐制,中唐杨炎(727~781)行两税法后,其基本原则为"量出以制入,户无主客,以见居为簿;人无丁中,以贫富为差②。"这意味着租庸调制成为"昔日黄花"而被摒弃。两税法的确立,也成为唐宋变革期财政制度方面的标志,即赋役制度向以土地财产税为中心征收及以人丁差役为主的方式转变。唐及宋初还尝以丁中为主;至迟在天圣以后,"中"不再成为赋役对象,这是与中唐以后的明显差别。宋代人口统计也进入主要以户、丁为主的时代。正如池田温所论:中唐以前,"全国一律采用以丁、中男为对象的、均一的租调役来征税的理念下的计帐,完全转变为异质而复杂化的帐簿体制③。"即从籍帐体制而言,宋代进入了以五等

① 据程民生的研究,两宋户均人口约为北方 9 口,南方 6 口,户均 7 口。见其《宋代家庭人口数量初探》,始刊《转变与定型:宋代社会文化史学术研讨会论文集》第 367~382 页,台湾大学历史学系出版,2000 年;又改题为《宋代家庭人口》,刊于《浙江社会科学》2000 年第 2 期。
② 《册府元龟》卷四八八,第 5833 页上,中华书局影印本。
③ 池田温:《中国古代籍帐研究·序章》第 11 页注[2],中华书局中译本,2007 年。

丁产簿及丁籍(丁帐)为主的时代。

宋代最早也最重要的户口登录及呈报制度的规定,见于乾德元年(963)。《长编》卷四有载:乾德元年十月庚辰,"诏:诸州版簿、户帖、户钞,委本州判官、录事掌之,旧无者创造。始令诸州岁所奏户帐,其丁口,男夫二十为丁,六十为老,女口不须通勘。"所谓"版簿",又称"版籍",实即户籍簿①,即下所云之"户帐"。这道诏令十分明确,分为两部分,首云重建宋代版籍制度,规定州由判官、录事掌其事,旧无者创造;次曰每年上报户帐,规定丁口的年龄为20～59,女口不需登录。后者的关键词是丁口,换言之:"户帐"登录和上报的是丁口,其年令有明确规定,女口不预。马端临《通考》卷一一则简述为:"令诸州岁奏男夫,二十为丁,六十为老,女口不预。"遂致后世学者解读不一,疑窦丛生。其实,"男夫"不能释为男口显而易见,这是"丁口"的同义置换词而已。《宋会要辑稿》食货七〇之三云:"诸州岁奏户帐,具载其丁口,男夫二十为丁,六十为老。"十分明确,男夫与丁、丁口完全是为了避免重复而使用的同一词语。其后的一系列史料提供了明确的证据,上引三说仅详略殊异,毫无实质性的不同。

宋代版籍以统计丁口为主,史有明证。首先,《宋会要·食货·户口杂录》载《通抄丁口诏》云:开宝四年(971)七月,因"春初修河"调发力役,但"豪要之家,多有欺罔,并差贫阙,岂得均平?"因而诏令黄、淮之间数十州军"所抄丁口,宜令逐州判官互相往彼,与逐县令佐子细通检,不计主户、牛客、小客,尽底通抄。差遣之时,所贵共分力役②。"此诏虽为检校户口之诏,但重要意义有二:一为宋代户口统计的重点在丁口,二是统计丁口的目的在于差遣力役。此处所谓"尽底通抄",乃据州存"底本"抄检,以便核对。如果说,这仅是临时性措施,亦非全国实行的"经国之制",至迟在真宗时,就有落实乾德令的敕令颁布。《景德农田敕》称:"诸州每年申奏丁口文帐,仰旨挥:诸

---

① 参阅戴建国《宋代籍帐制度探析》(下简称《探析》)。

② 《宋会要辑稿》食货一二之一一,又见六九之七八,《通考》卷一一。

县差本村三大户长就门通抄,每年造帐,本县据户数收落,仍春季终闻奏①。"

值得注意的是这里出现的"丁口文帐"这一关键用词,也许这就是最早的丁帐,是通过最基层的三大户长上门"通抄"的结果,这继承了唐以前"貌阅"、"点对"的旧法。更值得注意的是:注中所云"通抄"的57.9万"食民",即为福州的丁口,"黄中小老不计",明言只计丁口,说得十分清楚明确。这一始见于景德三年(1006)修纂的《景德农田编敕》②,似为每年一造的"丁帐"出现在宋代的最早记载,但据上引陈表,最早出现户、口(丁口)两项数据记载的年份是咸平六年(1003)。似可断言,丁帐的始造和上报,也许更早些,即至迟在十一世纪初已问世了,而且,这一"经国之制"一直延续到南宋末无疑。

其次,《永乐大典》卷七九九五引《临汀志》还独家披露了南宋后期基层户口登记、勘验制度,尤足珍贵。据胡太初奏云:"令沿门点定人户丁口,以籍申上。"在其所草《帖请诸乡隅总规式》中又云:"止要沿门点定户口人丁,置簿抄上。各三本:一申州,一申县,一付隅总。"这二道公文均胡太初为倡导立保伍法而上奏及下达,实即本王安石保甲法的遗存。其法:以五家为一甲,五甲为一保,五保为一大保,五[大]保以上为一都,合诸都为一乡或一团,各有长,乡团之长即为隅总。则一都约在600户以上。根据各县乡都的多少,可以约略推知该县的乡村户数。这种保甲制度直到1949年才寿终正寝,自王安石倡导始,风行了近千年。当然,要推究其起源,就更早得多。这是就其作为一种成熟的制度被广泛推行而言。

这里的"人户丁口",与"户口人丁"是意义完全相同、可以置换的同一词语。又可简称为"户丁"或"户口",即包涵了宋代人口统计制度中最主要的两项数据户、丁,有时又细分为主、客户,主、客丁而已。这意味着:宋代基层的户口登记制度中必备的两大要素是户与丁,胡太初的这二道公文无意中为宋代户口统计制度中的"丁口说"提供了有力的佐证。州郡正是根据这种

---

① 《淳熙三山志》卷一〇《版籍一·户口》。同书卷一〇《僧道》引《旧记》谓:"僧户与民参半,以今籍较之,直民田五之一,今民田若地八万二千余顷,食民五十七万九千,黄中小老不计。"
② 《宋会要辑稿》刑法一之四,《玉海》卷六六《天圣新修令》。

来自基层的簿籍,汇总编制出各种帐籍上报诸路漕司及户部。无疑基层统计数据的正确与否,事关重大,故须上门点对,但执行中往往大为走样,流于形式。采取保伍之长上门点对,可一定程度保证户口调查统计的相对正确,这种"上门点对"的方法,一直沿用至目前的人口普查,绝非偶然。《临汀志·户口》篇幅无多,却提供了如此丰富而重要的信息①。从户口统计制度考察,是男口说无法成立的第三个原因。

最后,有一条可证丁口说的重要史料似未引起学者的充分注意。《宋会要·食货·户口杂录》载:

> 真宗咸平五年四月,诏三司取天下户口数,置籍较定以闻。景德四年七月,权三司使丁谓言:"户部景德三年新收户三十三万二千九百九十八,流移者四千一百五十,总旧实管七百四十一万七千五百七十户;千六百二十八万二百五十四口。比咸平六年计增五十五(三?)万三千四百一十户,二百万二千二百一十四口。赋入总〔六〕千三百七十三万一千二百二十九贯石匹斤,数比咸平六年计增三百四十六万五千二百九十。窃以版图之役,生齿毕登,所以一租庸,辨众寡。前朝丁黄之数,悉载缣缃。五代以来,旧章多废。(兆)国家幅员万里,阜成兆民,惟国史之阙书;由有司之旷职。今以景德三年民赋、户口之籍,较咸平六年,具上史馆。欲望特降诏旨,令自今以咸平六年户口、赋入为额,岁较其数以闻。庶使国典有凭,方来可仰。"从之②。

当时主管财政经济的权三司使丁谓(966～1037)之说,有几点很值得重视:一是当时主管户口、赋入登记、汇总的机构是三司户部,元丰改制后,则还政于尚书省户部;二是其所说的景德二年(1006)户、口两项数据,减去户、口两项增额,即为咸平六年(1003)的户口数额。《会要》和《长编》所载数额完全一致,即本书据陈表改制的第一、二个数据,根据同样的推算还可得到

---

① 参阅拙文《〈开庆临汀志〉研究》,《历史地理》第 21 辑,上海人民出版社,2006 年。

② 《宋会要辑稿》一二之一至二,又见六九之七;《长编》卷六六(点校本第 1473 页)亦载。"六千"之"六",原脱据补。上"兆"字,疑为衍字,涉下同字而误衍。

这二个年份的赋入总额。三是其第一个年份即咸平六年(1003)的户口、赋入总额,还被称为"祖额",历年的户口、赋入均可与之比较,以定官吏的课最赏罚。四是此可确证三司户部及元丰改制后的尚书省户部是宋代户口统计、汇总、发布的惟一权威机构。今存全国性的人口统计数据全出于户部无疑。至于其数据的来源,我认为主要是由县——州——路(漕司)逐级上报、审核、汇总的丁帐及《夏秋税管额计帐》等。所以《会要》、《长编》、《玉海》等因来源同一,所载的数据基本一致,颇有异同主要是历代版刻中的手民误刊及明细数的合计计算错误所致。五是"前朝丁黄之数,悉载缣缃",明确指出,宋代以前丁黄并载。缣缃,本意指浅色极薄专供书写的绢帛,此喻指宋以前的籍帐。丁谓颇富文学才华,用词古雅。这就为《长编》卷四所载的乾德诏令作了一个显而易见的诠释,本朝所登录于帐籍的口数,仅仅是丁,不再包括黄(又称中丁、中男、半丁等)。这与两度担任过权三司使的叶清臣(1000~1049)所称景祐元年(1034)口数为"丁"实有异曲同工之妙①。丁谓的潜台词从制度层面说明了唐、五代的户口登记对象已从"丁黄"转变为宋初的"丁"。由此可以断言:本书据陈表转录的 84 个数据(除《中书备对》二个数据明言为口外),全部是成丁。这并非笔者的猜测或武断,还可以得到更多史料提供的"证言"。

(1)较之"祖额"的出现,"五等丁产簿"的开始攒造似稍晚些。景祐元年(1034)正月十三日,"中书门下言,《编敕节文》:诸州县造五等丁产簿并丁口帐,勒村耆大户就门,抄上人丁。②"《长编》卷一一三明道二年(1033)十月庚子条载:诏"天下闰年造五等版簿,自今先录户、丁推及所更色役,榜示之;不实者,听民自言。"五等丁产簿,又称五等版簿,五等版籍。据梁太济先生的考证,此为《天圣编敕》节文的内容,敕令始"造五等版籍"约在天禧三四年间(1019~1020)。但全国范围攒造五等丁产簿应始于仁宗亲政后的闰

---

① 叶清臣之说见《长编》卷一一八,景祐三年(1036)三月,点校本第 2780 页;又见《通考》卷一八《征榷五》。最早援引这条史料证"丁口说"的即上引何文。叶氏两任权三司使在康定元年(1040)、庆历八年(1048)。

② 《宋会要辑稿》食货一一之一三。又,章如愚《群书考索》卷六三《地理门·版籍类》称:"咸平五年,诏三司取天下户口数置籍校定以闻。景祐元年,造五等丁产簿并丁口帐。"

年——景祐元年(1034)①。作为征发赋役的依据,其人口登记只是成丁,即丁口或男丁。这即宋代户口登记的要素。闰年一攒造,可动态掌握全国成丁的数量,及时推老入丁,故称"丁推"。值得注意的是上门点对及公示,许民核实,纠正失误。此制保持到南宋末。其实,早在淳化二年(991)陈靖就已指出:宋承唐制,"大约科条,与今相类"。"州官县官,悉知丁口存殁。三年一造,户籍三本,一本供省司,一本在县主将(?),一本纳州照对。隐一户,则罚加守宰;漏一丁,则罪连乡邻②。"即在中唐以后,州县官最注重的即为"丁口"之数,如有隐漏户数、丁口,不仅守宰受罚,而且连累乡邻;三年一造户籍之制始自李唐,这些户口登记的原则皆为宋初所继承。

(2)北宋中期,主持变法的吕惠卿(1032～1111)推行"手实法",他说:"按《户令》,手实者,令人户具其丁口、田宅之实也。《嘉祐敕》:造簿委令佐,责户长、三大户,录人户、丁口、税产物力为五等③。"其所谓《户令》,疑即《天圣令》中已佚之《户令》,与上引之景祐元年《编敕节文》、及此又援引之《嘉祐敕》,均为仁宗时一脉相承的户口编制制度,其原则和具体方法如出一辙,即使吕惠卿欲强行推行手实法,也仍无法推翻既行之令敕,而只能在"旧簿不可信用"的藉口下,行"隐寄产业赏告之法"。其欲颁行之手实法所造"五等簿",仍以人户、丁口、税产物力为三大要素④。可见熙丰变法期间,户口登录的口仍为丁口。作为主持变法的执行机构中书五房之一的户房,其掌握的户口数据有人户、丁口、男口三项,或即与此有关。说详下考。

(3)宋代以赋税增多、户口增辟、丁口蕃息等,作为官员考课加官增禄的

---

① 梁太济:《两宋阶级关系的若干问题》,第44～49页,河北大学出版社,1998年。梁先生认为:"天下闰年造五等版簿"的敕令约颁布于天禧三至四年的冬春;其首次普遍执行则在景祐元年(1034)。这是针对日本学者所论过迟而言的(参是书第49页注①);但戴建国《探析》称建隆二年(961)"可以作为五等户制始设年代";笔者认为:五等户制的建立与"五等丁产簿"的创设并非同一概念,但戴文所说五等丁产簿不上报户部是正确的。

② 陈靖:《劝课上太宗聚人议》,刊起汝愚编《国朝诸臣奏议》卷一○五《财赋门》。

③ 《长编》卷二五四,熙宁七年七月癸亥,第6227页。

④ 同上注点校本第6227页。李焘是条注云:吕献此议遭御史中丞邓绾(1028～1086)纠驳。此史源出《国史·食货志》第二卷。又云:"行手实法在七年十月十九日,罢之在八年十月二十三日。"

主要依据。如皇祐元年(1049)四月二十六日,左司谏钱彦远(994~1050)言:"农桑者,生民大事,国家急务。""候至年终农隙,转运司遍行比较,委是增得垦田、户口数目,或流人自占,或逃移复业;陂塘灌溉有利,桑枣广植,沟洫开辟;增多赋税,丁口蕃息,明著板籍,不至烦扰者,保明举奏,特与就赐章服,增其秩禄①。"

(4)宋制:保甲簿与五等丁产簿,这是两种最基层的涵盖人口最多的簿籍,虽一般还登记不成丁,但其登计的要素亦为物力、丁口。因其皆三年一造又不在同一年份,故枢密院陈请同一年造簿,以免烦扰。枢密院言:"保甲簿及乡村丁产簿并系三年一造,其合造簿年份多不齐一,致重迭勾集、供通丁口、物力,实为烦扰②。"

(5)南宋初薛徽言之论,非常清楚明白无误地指出丁帐的登录对象,逐级上报的过程,从而揭示了:户部发布的人口两项数据,即来自每年上报的丁帐。其户、口两项即指户数及丁口数。从其所说"死亡、生长,以时书落"云云,并非指男口,而指丁口。死亡,指在20~59岁间的正常或非正常死亡;"生长"则当指年满60岁而出丁入老,故须"书落"——从丁帐中勾销。《宋会要·食货·版籍》有载:绍兴七年(1137)五月七日,比部员外郎薛徽言[言]:"欲望明饬有司,稽考州县丁帐,覈正文籍,死亡、生长,以时书落。岁终,县以丁之数上州,州以县之数上漕,漕以州之数上之户部,户部合天下之数,上之朝廷。残破之处,计登耗而为之赏罚。其重困之由,愿讲明之;其伤残之法,愿申严之。"从之③。但似乎当时因战乱等原因,这一户口登记申报制度,未能确立。这也许是绍兴二十九年(1159)南宋始有全国性的户口统计数据的主要原因。

---

① 《宋会要辑稿》食货六三之一八一。

② 《长编》卷四二二,哲宗元祐四年二月,第10227页。"供通",《长编》点校本误作"供运"。

③ 《宋会要辑稿》食货六九之二三;又见同上注一一之一七,《群书会元截江网》卷二六。因《宋会要辑稿》等三处在"薛徽言"后皆误夺一重字"言",其名遂误成薛徽。今考薛徽言(1093~1139),字德老,温州永嘉人。薛季宣父。建炎二年(1128)进士,官至起居舍人,曾力斥秦桧主和。事具《浪语集》卷三三《先公行状》。南宋初确另有一个薛徽,福建龙溪人,绍兴十八年(1148)特奏名进士,见《绍兴十八年同年小录》。首先援引这条史料者,为何忠礼。吴松弟《人口史》(第31页)援引时亦误作"薛徽",故特予考正。

终孝宗之世,每年均有全国性的户、口两项数据,可能是由于这样一道诏令:绍兴三十年(1160)六月十四日诏:"诸州县岁终攒造丁帐,三年推排物力。除附升降,并令按实销注。州委[判?]官,县委主簿,专掌其事。监司、太守,常切检点;如有脱落,许人户越诉。当行官吏,以违制论①。"以下两条史料似可证笔者的判断,并非空穴来风。其一,绍兴二十八年(1158)正月二十八日,直秘阁、荆湖北路转运判官罗孝芬言:"荆湖北州县,昨经残破,亡失版籍,乃有以丁增税者。根括人户,籍其丁口,使一丁受种七斗,以为税额。有元系一斗之税,而家有三丁,则增为二石一斗之税,不问其田之多少也②。"当时沿边残破,版籍亡失,丁帐、产业簿等未能重造,不得已,只能以丁口、种粮额敷税。其二,杨简《主簿厅记》云:"主簿之为职重矣,凡一县之簿皆得而领之。民丁有簿,保伍有簿,学有簿③。"杨简(1141~1236)此记,撰于绍熙四年(1193),时知饶州乐平县。他指出的民丁、保伍有簿,所谓"民丁簿",即为丁籍,此为孝宗时的情形,对户口、财赋控制最严,州县申报制度执行较好。杨简《记》又云:至南宋中期,"近世居是官者,自二税与夫省库之外,无与焉,号曰'冷局'。"或许正是基层户口登记制度的缺失,使乐平主簿无所事事,与孝宗时期判然有别。这也是绍熙元年(1190)以后至宋亡的80年间,全国仅存五个年份有户口两项统计数据的主要原因之一。

(6)在绍兴年间两浙推行经界法时,在常州无锡县还出现过鱼鳞图状的"丁口图帐",从藏于大保长处推测,或即保甲册,亦载有丁口,可在丁籍遗阙时,以作催科之用。洪遵在上奏荐用林珫,追述其知无锡县时的政绩云:"经界覆实官在县,置枷械于门,追呼自便;又于大保长名下勒取丁口图帐七千余本,皆鱼鳞细图,期限严峻,遂以重价就买官中本送纳。珫始至之日,实时

① 《宋会要辑稿》食货一一之二〇,参校同书六九之二五至二六。
② 《宋会要辑稿》食货一二之一一至一二。又原书天头有批注"芬一作芳",乃多此一举。据《海陵集》卷一八《罗孝芬除官制词》、《系年要录》卷一七八绍兴二十七年十二月丙午条及《大典》卷八六四七引《衡州府图经志》皆作"罗孝芬",实无疑。
③ 刊《慈湖先生遗书·补编》,转引自《全宋文》第276册,第17页,上海辞书出版社、安徽教育出版社,2006年。

禁止①。"可见南宋初籍帐并不健全之一斑，但无论保甲册或丁簿，丁口皆为必须登录的主要内容。即使是基层户口登记制度比较完备的孝宗时代，因官吏的因循苟且、无所作为等原因而无法保障丁籍等户口登记簿书的正确性。《宋会要·食货·户口杂录》有载：

> 乾道二年(1166)五月九日，臣僚言：两浙路去年百姓以疾疫死亡，以饥饿流移者至多，州县丁籍自应亏减。今年开收所宜从实，切闻州县至今往往未曾申闻销豁，按籍而催，尚仍故目。诚虑将来以年未及之人籍为成丁，或密计所亏之额，多取之于见存之人，或仰令保正长合力偿备(赔?)。乞下两浙州县覆实流移、死亡丁数，保明申上，权行倚阁。候流移归业，中小成丁，渐次增补。从之②。

此所云丁籍，实即丁帐。此云两浙因灾而流移、死亡人丁，州县不及时开落，仍按原数征收身丁等钱。清楚无误地告诉我们：两宋户口统计中的口，即为丁口无疑。

(7)更重要的是：南宋现存关于"诸州申夏秋税管额帐"及"转运司申夏秋税管额计帐"的详略不同，为丁口说提供了力证。关于这一点，何忠礼文已分析到位，论述确切。今仅略加补充申说：《庆元条法事类》卷四八《赋役门·税租帐·赋役式》③称："诸州申夏秋税额管帐"中规定必须分县申报的两项为"主客户丁"数及"税租数"，前者是征发身丁及役钱的基础数据，后者则为财赋收入的主要数据。堪称所有帐籍中的重中之重。"主客户丁"项下附注其须申报的具体内容为："新收、开阁、逃移、见管，项内各开坊郭、乡村主户、丁各若干，客户、丁各若干；及各开丁、中、小、老、疾病人数。内自来不载者，即将保甲簿照会具数。具新收、开阁，仍说事因。"上引原书小字注，类似于今之"填表说明"。之所以分新收、开阁、逃移、见管四项，为动态掌握户、丁的变动。新收如移民，开阁如死亡、迁移，人丁如中升丁，丁出老等推

---

① 洪遵：《荐用林珣奏》，《历代名臣奏议》卷一四三。
② 《宋会要辑稿》食货一二之六，参校六九之八一。
③ 参阅戴建国点校本第642～650页，黑龙江人民出版社，2001年。

排,均须说明原因。以免诡挟之类弊端。之所以要开列中、老、小、疾病四类成丁以外的全部男口,主要亦为掌握成丁之推割。州报漕司的"管额帐",之所以要分主客丁,乡村、坊郭户,新收、开阁、逃移、见管等,主要是二税中的有些色目是向主户以丁计征的;客户虽不收二税,但这份"管额帐"是税租两用的,租佃官田,必须"租依税"(标准另定),即以同一方式(如折纳、正耗、附征、色目、期限等)征收。此外,客丁亦负担身丁、役钱等,故客丁亦须列入统计,入丁出老为应有之义。也许正是"各开丁、中、小、老、疾病人数;内自来不载者,即将保甲簿照会具数,具新收、开阁,仍说事因"等填表说明文字,使持男口说者误认为州县既报男口,漕汇总上报户部也为男口①。其实,另一份"计帐"才是漕司上报户部的汇总文书,其项目和内容比留存漕司不再上报的"管额帐"简单许多,如税租只有实催正税、杂钱、增收及租课四项;户口只有主户、客户数、主丁、客丁四项,其合计数便只有户、丁两项。何忠礼文判断既然税租计帐只报丁口,户帐上报"也完全可能是丁口";这种推断相当合理且正确。

　　同书今存《户令》已提供二个力证:其一,"诸户口增减实数,县每岁具帐四本:一本留县架阁,三本粘连保明,限二月十五日以前到州;州验实完毕,具帐连粘管下县帐三本,一本留本州架阁,二本限三月终到转运司。本司验实毕,具都帐二本,连粘州县帐,一本留本司架阁,一本限六月终到尚书户部(原注:转运司申发《税租帐》日限准此)②。"这条史料值得注意者有以下几点:一是县帐所报为增减数,应为每年上报,有可能是丁帐或升降帐,此为总称户帐(应为"户口帐籍"的简称)中之二种,丁帐只报户、丁口两项,升降帐是否还有"中小老疾"的全部男口,不清楚。二是州有"具帐"、漕有"都帐",分别为各县、各州的汇总帐,故又称"计帐"(合计帐之简称)。即使县帐有"中小老疾"数,州之"具账"、漕之"都帐",在汇总时就不可能再有"中小老疾"之数,因为各县县帐已作为附件同时上报,只有有疑问时才会备查,州、漕的计帐,所报的均为丁口无疑。三是虽然不知丁帐、升降帐或其他户帐的.

---

①　如穆朝庆《两宋户籍制度与人口再探讨》(《中州学刊》1988 年第 6 期),即持此说。

②　《庆元条法事类》卷四八《赋役门二·令·户令》,点校本第 643 页。

格式,但漕司申报户部的《税租计帐》与《户口都帐》既然日限完全相同,其格式也应大同小异。户口帐所汇总上报的也必然只有主、客户及主、客丁四项,合计就只有户、丁两项。这从南宋现存全国或诸路的户口数据中可以得到充分证明,从同一数据的分称口、丁或丁口十分随意,就更能得到证明。

其二,从对逃移人户的追究看,其产业、应输税租及丁口,并为认定及记录在案须上报的三大必备要素。其目的显而易见:即开阁逃户、丁口。《庆元条法事类》卷四七《赋役一·阁免税租·户令》①载:"诸税租户逃亡,庙耆邻人即时申县。次日,具田宅四至、家业什物、林木苗稼申县。县录状并具本户丁口及应纳物数申州。"可见在阁免逃户税租时,官府由县向州申报的仅丁口及应输纳税租物数而已。足证丁口作为"纳税单位"登记于户籍,则其口数当为丁口,户令乃成文法,无疑可作为丁口说之显证。

(8)南宋至迟在孝宗时,乾德令所规定的户口登记制度已得到全面落实,不过有两项重大修改,一是将年满 20 为丁提高一岁,将成丁的年龄改为 21 岁;二是"户帐",改称为"丁籍",也许是为了减少重复,只须报户、丁两项。其余登记办法等基本未变。萧燧(1117～1193)言:"在法:民年二十一为丁,六十为老,官司按籍计年,将进丁或入老疾。应收免课役者,皆县令亲貌颜状,注籍通知,取索丁簿,稽考岁数,收附销落。法意非不善也②。"其所谓"县令亲貌颜状"云云,则显为具文而已。但据开庆元年(1259)知汀州胡太初《帖请诸乡隅总规式》称:"编排保伍,专以不扰为先,止要沿门点定户口、人丁,置簿抄上,各三本。一申州,一申县,一付隅总。"又称:"如将来甲内有人丁事(物?)故,甲、保次第报知隅总销落,仍申县、申州照会③。"

综上所述,两宋户口统计制度方面的史料提供的大量"证言",皆力挺丁

---

① 参阅点校本第 630 页,下有具体处置规定及申州日限。

② 《宋会要·食货·身丁》,《宋会要辑稿》食货六六之一六;此或为《淳熙条法事类》中之内容,是书 420 卷,宰相赵雄(1129～1193)提举修纂。见《宋史全文》卷二六下。又,成丁年令,两宋屡有变更。

③ 《永乐大典》卷七八九五引《临汀志·丛录》。似上门点对的为保长、大保长、都保正之类。保甲制为甲——保——大保——都保,每五户为甲,五甲成保,五保为一大保,五大保为一都保,已是 600 户;若干都保组成乡、团,其长称隅总,若亦以五都为一乡,则 3000 户矣。故县令即使想亲自点对颜貌,以推丁入老,也不可能。

口说而否定男口说,这是男口说无法成立的第四个原因。

除了叶清臣论"丁茶钱"所称景祐元年(1034)天下丁26205441,与《长编》卷一一五称"口"数完全相同外,两宋史料中丁口并称还有以下许多例证:

(1)景祐三年四月,淮南运副吴遵路(?~1043)奏称:"本路丁口百五十万,而常平钱粟才四十余万",请"增为二百万"①。虽《中书备对》淮南路丁口已佚,无从对比,但此必为淮南一路人丁无疑,可证一般与户对称的口,必为丁口。此可证丁口还是计提常平钱粟的依据之一。

(2)李心传(1167~1244)《建炎以来系年要录》卷八三绍兴四年十二月载:"福建、广西、两浙、夔州路上户部户口升降数:广南东路见管税客户一百三万余,丁口二百一十三万余;成都府路见管税客户一百一十三万余,口二百三十四万余。"这是同一条史料中,以丁口、口对举之例,从是年两路户均皆为2.07丁看,十分有力证明:与户对举的"口",必为"丁口"无疑。

(3)严州方志所载户口数云:"前志载:绍兴己未户七万二千二百五十六,丁一十一万一千三百九十四;淳熙丙午户八万八千八百六十七,丁一十七万五千九百有三。盖昔者丁钱未蠲,民苦重赋,故生子有不举。今为户凡一十一万九千二百六十七,口凡三十二万九千二百有六,比淳熙之数益增②。"前志,当指《淳熙严州图经》,其所载绍兴九年(1139)及淳熙十三年(1186)的户均分别为1.54丁和1.98丁,而景定年间的户均口数已为2.76。这同为严州一地的户均丁口数而有如此大增幅,是别有原因。绍兴初,因离方腊(?~1121)起义未久,北宋末官军的残酷镇压,导致人口大量死亡,南宋初的战乱又导致大量人口流离失所,户、丁减少乃正常现象。严州又为生子不举陋习最严重地区之一,其原因为丁钱、丁绢征收极为苛重。张栻(1133~1180)知州,请减免丁钱,才使淳熙户、丁有所回升。开禧元年(1205),御笔永免丁身钱后,至南宋末,户均丁数快速回升,乃十分正常的现

---

① 《长编》卷一一五,景祐元年七月壬子条,第2690页;又见杨仲良《长编纪事本末》卷四四《建仓·常平仓》,李之亮点校本第779页,黑龙江人民出版社,2006年。

② 《景定严州续志》卷一《户口》。

象,此又为同一方志中丁、口对举之证。

(4)《长编》卷二九五元丰元年(1078)十二月有载:是岁,"天下上户部:主户一千九十九万五千一百三十三,丁一千六百五十一万一千六十一;客户五百四十九万七千四百九十八,丁七百八十一万五千四十一①。"合计主客户为 16492631,主客丁为 24326102;户均 1.47 丁。这一数据,与上引陈表是年数核对,仅户、口略有差异,为 16402631 户,24326123 口,户均 1.48 口;显然《长编》所称的主客丁,与《宋会要·食货·户口》所载的口,为同一概念,均是"丁口"的略称,数据的微差,并不影响户均丁口数的数据。这一例证,可证叶清臣所举景祐元年(1034)丁、口可换用,皆为"丁口"之略称并非孤证。方志中也有同样的例子。是年户均丁口数偏低,原因见下文之论。

(5)朱长文(1039～1098)《吴郡图经续记》卷上《户口》(点校本第7页)称:"元丰三年(1080),有户一十九万九千八百九十二,有丁三十七万九千四百八十七。"苏州是年户均为 1.90 丁。而范成大(1126～1193)《吴郡志》卷一《户口税租》(点校本第5页)则云:"元丰三年户十九万九千,口三十七万九千",户均口数亦 1.90 口。显然,《图经续记》之丁与范《志》之口,亦为可以互换的同一概念,皆为"丁口"的省称。这在宋人原是司空见惯的惯例,故有时写作口,有时称作丁,有时又用全称丁口而已。

(6)周应合(1213～1280)《景定建康志》卷四二《民数》有载:"主户一十万三千五百四十五,口二十二万一千七百五十五;客户一万四千二百四十二,口二万六千四百四十一。按乾道旧志:句容主户二万五千八百九十七,主丁口六万七千五十;客户二千四百九十六,客丁口五千七百六十六。"景定间,建康府主户的户均口数为 2.14,客户为 1.86;乾道间,府属句容县的主、客户均丁数分别为 2.59 及 2.31。府、县主、客两项户均丁口数有一定差距,但南宋末户均丁数较南宋初增加为正常的普遍现象。同一部方志中,主、客口数,与主、客丁数同样是可以换用的与户对举的量词,这充分证明在方志

---

① 中华书局点校本第 7192 页。《宋会要辑稿》食货一一之二七和六九之七〇所载同。与《长编》微有误差的原因有二种可能:一是《长编》所载四项数据有误,二是《会要》编者合计或传抄之讹;或两者同时存在。但不影响户均丁口数。应为出于同一来源之数。

中出现的户均二口左右的口数之"口",一般皆为丁口。

（7）荆南府七县户、丁数是又一个典型例证。《宋会要·兵·乡兵》有载："乾道四年正月五日,前知荆南[府]、湖北路安抚使王炎言:荆南团结、义勇、民兵取会得荆南七县主佃客户共管四万二千二十户,丁口计一十余万①。"乾道四年（1168）,荆南府户均为2.5丁左右（2.38丁以上）;据《宋志》载崇宁元年（1102）户85801,口223284,户均为2.6口,这两个年份的户均丁口数十分接近,可证《宋志》所云之口,正是丁口,与《会要》所说之丁口为同一概念。

（8）更能说明户均二口并非男口而是丁口的力证为:乾道八年（1172）,薛季宣（1134~1173）出使淮西,与安抚赵善俊（1132~1195）修复合肥36圩,置营田22庄。"凡合肥户三百四十有四,口一千九百九十有六,胜耕夫八百一十有五,为田三百七顷八十有四亩;齐安户三百四十有一,口二千一百一十有一,胜耕夫六百一十有四,为田四百四十有四顷五十二亩②。"为清眉目,列为简表如下:

户口地点\\地点	户	丁	户均	口	户均	田（亩）	丁均	户均
合肥县	344	815	2.37	1996	5.8	30784	37.77	89.49
齐安县	341	614	1.8	2111	6.19	44452	72.40	130.36
合计	685	1429	2.09	4107	6.0	75236	52.65	109.83

在庐州两县的营田庄,安置流民、客户及归正人凡685户,户均6口人,2.09丁;耕地户均约110亩,丁均53亩。淮西为隆兴北伐的主战场,时刚走出失利的阴影,其营田庄上汲引的耕民当为客户、流民及归正人三种人,因

---

① 《宋会要辑稿》兵一之二四,又见《中兴圣政》卷四七,仅称户"四万有奇";《朝野杂记》甲集卷一八《荆鄂义勇民兵》（第410页）作"四万二千余户",均举其成数,考虑到丁口为10余万（李心传作10万余丁）,应约为户均2.5丁左右。

② 陈傅良:《止斋文集》卷五一《薛公行状》,四库全书本;吕祖谦:《东莱吕太史文集》卷一〇《薛常州墓志铭》,续金华丛书本。《墓志》只有户数,"耕夫"则作"受田之丁",可知丁、夫亦可对称换用,但无口数。吕《志》又将薛季宣卒年乾道九年（1173）,误作"七年"。薛氏七年十二月至淮西,八年春,措置营田;八年八月知湖州;九年二月知常州。见《行状》、《嘉泰吴兴志》卷一四。

而在人口数据上具有典型意义和代表性,即户均6口及2.09丁。不仅吕祖谦(1137~1181)撰《墓志铭》已明言:"受田之丁,合肥八百一十有五,故黄(即齐安别称)六百一十有四";而且还称:"以户颁屋,以丁颁田,二丁共一牛","六丁加一犁刀","种子钱,丁五千"。无论分田,贷给牛具、种粮,均以丁为标准。户均六口,丁均2.09口,加上约近一口的老小不成丁,则男口约为三口;约略三口左右的女口,与南宋实际状况完全相合。可见陈傅良《行状》所载的"耕夫"即是丁口①。如果这一"耕夫"是指男口,则男女性别比会成100:187.08,如上所证,决无可能。这是一个极具说服力的例证,完全可证丁口说的坚确无疑及何文所说不成丁约为一口、男口约为三口之说的合理性。可惜像这样具有普遍意义或极具代表性、而数据准确可信又齐全的史料实在太少。但能证成一个论点的证据不在其多少,无懈可击的力证一二条就行,何况笔者所举出无可辩驳的铁证,至少已有数十条之多。

(9)福州户口中的丁、口并举,均为丁口数。先看三组人口数据:祖额(北宋时?)主客户259290,主客丁386562,户均丁口1.49;建炎中户270201,口407344(原注:引《建炎图志》),户均1.51口;淳熙中主客户321284,主客丁579177,户均1.80丁。显然这三个数据中的丁、口均为皆指人丁数无疑。之所以户均丁数偏低,主要因为福州是佛教最盛行之地,剃度出家的僧人极多,如《旧记》北宋时系帐僧327951人,童行18548人,南宋初数十年未出卖度牒,至淳熙中,系帐僧为11530人,童行2915人,道士170人。显然,系帐僧人的锐减,导致了淳熙中成丁的大幅上升、及户均丁数的增加②。其户均丁口数偏低的另一原因是:福州为著名的狭乡,也是"生子不举"陋习流行的

① 丁与夫为同一概念,乃至两宋史料中颇有"丁夫"连称者,犹如丁与口,既可分别用作简称,又可全称"丁口"一样。《宋会要辑稿》中以"丁夫"连称者至少有数十条,今仅略举数例:如《宋会要辑稿》刑法七之二八引《赋役令》称:"诸丁夫经过县镇城市,三里外下寨宿止,不得入食店、酒肆。"此丁夫即为应役的人丁。不使入城镇,以免扰民。隆兴二年(1164)六月三日,权给事中叶颙(1100~1167)言:"淮南州县例以丁夫迎送过客,多至百余人"(《宋会要辑稿》刑法二之一五六)。淳熙四年(1177)十二月九日,臣僚言:"丁夫工役之事,正宜先及游手"(《宋会要辑稿》食货六三之二二二)。诸如此类,不胜枚举。
② 以上据《淳熙三山志》卷一○《版籍一·户口》、同卷《僧道》撰述;分见《宋元方志丛刊本》第7878~7880页,中华书局,1990年。

地区之一。更重要的是:其主客丁 579177 项下之双行小字注,分别开列有闽县等 12 县的主、客户数及主、客口数。总数则称"丁",明细数却称"口",足以证明,其为同一概念无疑。

(10)嘉兴府(秀州)户口数据中的丁、口并称对举。《至元嘉禾志》卷六《户口》(丛刊本第 4453 页下)引旧《〔图〕经》云:主户 49859,主丁 98395,户均 1.97 丁;又引《旧图》云:户 163415,口 322885,户均 1.98 口。这两组数据无疑均为宋代户口数,一为北宋初,且只有主户;二为南宋中后期,当为主客户口数;其丁、口户均数如此接近,只有一种解释,两者为同一概念:均为丁口(人丁)的简称或习称。

(11)桂阳监北宋初以丁征银,无二税之征。宋本《太平寰宇记》卷一一七记载[1],"桂阳监,今管主客户"4047,丁 9260。"口只纳银,无秋、夏税",合计纳银 1998 两有零;则户均为 2.29 丁,每丁平均计征 0.216 两银。足证户口中的丁数,与"口只纳银"的"口"为同一概念。这在宋人是一个不成问题的习称,可以任意转换使用。

(12)宋代抚州人口中的丁口与口并称之例。仍先看一组数据:大中祥符五年(1012),主户 56424,客户 35908,主客户合计 92332,主客丁口 213981,户均丁口 2.32;神宗时,户 160480,口 373605,户均 2.33 口;淳熙三年(1176)主客户 215822,主客丁口 524747,户均 2.43 丁口;景定二年(1261),户 247320,口 557479,户均 2.25 口[2]。这四组数据得出的户均丁、口数十分接近,又多有确切纪年。其中称丁口与口者各半,显然,此为可以置换的同一概念,决非男口。虽然此为弘治明志,但其所本却为景定志,应颇具可信度。景定志乃景定三年(1262)所修,一般而言,所载乃前一年数据,故定为景定二年数。这四组数据又表明:两宋抚州的户均口数约在 6.5 ~ 6.86 口(不成丁男口以一口计,女口则与男口相同计)。

---

[1]　第 216 页下,中华书局影印本,2000 年。

[2]　弘治《抚州府志》卷一二《户口》,《天一阁藏明代方志选刊续编》,第 47 册,第 721 ~ 724 页。其书所引景定志,有临川等 5 县景定二年户口明细数,据 5 县户口数合计,分别为户 251220,口 556479,户均 2.22,与原书上述总数略有误差,但不影响结论。

(13)值得注意的是扬州及淮东路户、口数。据万历《扬州府志》卷四《户口》①载录:嘉定时,淮东路户 127369,丁口 404261,户均 3.17 丁口;此数与《通考》卷一一所载全同,当抄自《通考》。《府志》又载:"大观时,扬州领县二:江都、天长";户 31202,丁口 62971,户均丁口 2.02。核《宋志》:崇宁元年(1102),扬州户 56485,口 107579,户均 1.90。户均口数二者十分相近,此口必为丁口无疑。但大观四年(1110)距崇宁元年仅八年,期间无战争及重大自然灾害,户、丁竟分别锐减近 45% 及 42%,或行政区划(属县)有变;否则似两年之数据必有一误。而万历《扬州府志》的数据全本自《宝祐惟扬志》,其佚文,《大典》残本仍有遗存;惜户口门已无存。弘治志其数与嘉靖《惟扬志》卷八《户口》所载完全相同。因此,始出于宝祐志与元修《宋志》两个相近年份的户均数据均有出错或刊误的可能。但户均二丁左右的数据却极为相近,可证《宋志》之口亦为丁口无疑。但令人费解的是:扬州绍熙时户均为 3.91 丁口、嘉泰时达到 5.58 丁口(疑应为 3.37 之刊误),宝祐四年(1244)为 3.17 丁口。据嘉定时淮东路户均丁口 3.17 而推论,绍熙、宝祐尚有可能,但嘉泰时却又未免过高,疑数据有误,说详注文②。其数亦出自《宝祐惟扬志》无疑。明修《扬州府志》,始于洪武志,注云:修志者盖"尝见宝祐志者③"。则以上数据,今存之嘉靖志、弘治志皆抄自洪武志无疑,其祖本则为《宝祐惟扬志》,即使数据有误,有迹可寻。宋志之可贵,于此可见一斑。

综上所述,尽管所举仅寥寥 10 余例,但已足以成为笔者力主丁口说而男口说无法成立的第五个原因。之所以"丁、口、人丁、丁口"之类词可以换用,或许是为了行文不至太多重复而已,这在宋人则为约定俗成的常识。可以断言,无论在官私史料及方志中,口与男口可以换用的每户二口左右史料,一条也找不到,也不可能找到。因为这是对史料误解而作出的与宋代史实相乖的结论。十分可惜,有些论者,如穆朝庆,在离历史真相一步之遥时,却

---

① 《北京图书馆古籍珍本丛刊》,第 25 册第 76 页下,书目文献出版社影印本。

② 上述扬州南宋中后期三个数据,依次为绍熙户 35951,丁口 140440;嘉泰户 36160,丁 201849(方按:疑此"二十万"或为"十二万"之讹倒,如是,丁口为 121849,则户均为 3.37 丁,与上下之户丁数据比较,颇合乎情理);宝祐户 43892,丁 135072。

③ 弘治《扬州府志》卷二四《文苑志上·史类》,同上引《珍本丛刊》第 415 页下。

得出了完全相反的不同结论①。

据吴松弟的概括,男口说主要有四条"依据"②:一为乾德令,据上考,这已明白无误地指明统计对象为"丁口",硬说成男口,显然有误解史料之嫌;二是《庆元条法事类》中州报漕的两税"管额帐"中各有丁、中、老、小、疾病人数,但何忠礼、苏基朗早已指出漕报户部的汇总表——计账,只有丁口。以上笔者也有补充说明,勿赘。三是毕仲衍《中书备对》中丁、口数相当接近,"口"指男口。笔者也同意此说,但对丁、口数字均偏低认为事出有因,即丁数严重失实导致口数偏低。四是少数宋代方志如《会稽志》、《赤城志》、《临汀志》中丁与不成丁并举。今再就主张男口说的后二条"依据"作些分析,结论是:仍无法支持男口说,反而成为丁口说足以成立的另二条理由。

(二)《中书备对》中的丁、口数偏低原因探析

《中书备对》是一部会要体的政书,但比会要更为详赡。关于是书修纂,《长编》卷二八七有载:元丰元年闰正月戊子,"命刑部员外郎、检正中书吏房公事向宗儒,太常丞、检正中书户房公事毕仲衍并编修《中书备对》。宰相吴充以圣问多出意表,故请为此书(原注:三年八月十一日书成)。"关于此书的修成和上进,同书卷三〇七亦载:元丰三年八月庚子,"检正中书户房公事毕仲衍上所修《备对》。其上书奏札言:'所谓会要者,正今中书之所宜有也。凡为一百二十五门,附五十八件,为六卷,事多者分上中下,共为十卷。'(原注:元年闰正月十三日,[命]向宗儒及仲衍编修。)"据此,则是书乃据时相吴充(1021~1080)建议而修,主要用于备皇帝顾问。被命始修者为向宗儒及毕仲衍。成书时,由毕仲衍单独上奏,可能宗儒已不在人世③。

关于是书内容,毕仲衍在书成后有《札子》(附目录)一通投进。因仲衍

① 详穆朝庆《两宋户籍制度问题》,《历史研究》1982 年第 1 期;参阅何忠礼《宋代户部人口统计考察》,《历史研究》1999 年第 4 期第 25 页。

② 吴文《述评》,见《百年》第 311~312 页。

③ 向宗儒,神宗时人。史料中最后记载见于元丰元年(1078)四月四日,"检正中书吏房公事、尚书刑部员外郎向宗儒检正五房公事;候一年取旨除馆职"(《宋会要辑稿》职官三之四六)。后未见馆职之除命,似在元、二年间物故。如贬或罢官,亦应有记载。毕仲衍(1040~1082),生平事略见《永乐大典》卷二〇二〇五引《毕西台先生集·起居郎毕公行状》(又见毕仲游《西台集》卷一六,丛书集成本)。

无集存世,遂被《永乐大典》卷一五一四九附收录于毕仲游《西台集》。清馆臣编集四库全书时,文渊阁本失收,文津阁本收入①。可贵的是这道上书奏札附有目录,使我们对《中书备对》有更清楚的了解,对今后的辑佚也有了比较可靠的依据。

《中书备对》的户口数,今仅见于马端临《文献通考》卷一一《户口二》转引,疑已非原文,且在抄录或转刊时已出现多处脱误,也会有合计中产生的错误,今已无别本可校。因上揭陈表无丁数及户均丁、口数。为便于说明问题,今据《通考》所载数据制成下表。据上述《备对》目录,原数出于第二卷上《四京诸路州县(户口民田附)》,为是书所附"五十八件(项)"之一。遗憾的是马端临在摘录时又改变顺序,更增加了出错的机率,惜今已无他书别本可校核。

<h3 style="text-align:center">熙宁末诸路户口丁统计表②</h3>

户口丁\地名	户			口			丁			户均	
	主	客	计	主	客	计	主	客	计	口	丁
东京	171324	/	171314	295912	85180	381052	212493	/	212493	*1.73	*1.24
京东	817983	552817	1370800	1660903	885774	2546688	957554	565693	1523247	1.86	1.11
京西	383226	268516	651742	644757	458130	1102887	400740	269623	670363	1.69	1.03
河北	765130	219065	984195	1473683	407501	1881184	773891	205467	979148	1.91	0.99
陕西	697967	264351	962318	2015436	746368	2761804	1067936	425651	1493587	2.87	1.55
河东	383148	67721	450869	752301	138358	890659	372390	77462	449852	1.98	1.00

① 《札子》全文及四库馆臣编者按,见杨讷主编:《文渊阁四库全书补遗》第二册第 767～779 页,北京图书馆出版社 1997 年影印本。近年,马玉臣:《毕仲衍〈中书备对〉目录的发现及其意义》(2006 年提交上海宋史年会论文,未刊稿本)首揭此文。但马文称有可能为《大典》编者"将他人文章误为毕仲游《西台集》"云云,则失考已甚。从文津阁本四库馆臣的按语中,及此文内容判断,此文必出仲衍无疑,所谓篇目《上编次官制卷目稿札子》只有二种可能:一是仲衍原题,疑"官制"后夺一"等"字;二是原无题,此为《西台集》编者附入时或《大典》、《四库全书》编者的拟题或改题。但本札内容为仲衍原文则殆无可疑。《中书备对》书名,似为成书后神宗的"御赐",从"奉圣旨,令各写一本纳执政"云云,仿佛透露了个中信息。

② 据校核:东京、梓州、夔州缺客户数,淮南路缺主客丁数,遂导致户、丁二项明细合计与原合计数,分别有 30 万、134 万余的差额。又,凡户均口、丁前标 * 号者,因缺客户数,只表示主口、主丁,正是因这 3 个数据与全表的非同一统计口径,及淮南丁数的缺载,才导致户、均丁口数与原合计数略有差异,今应以合计数 b 的户均口丁数为准。

续表

地 名 \ 户口丁	户			口			丁			户均	
	主	客	计	主	客	计	主	客	计	口	丁
淮南	723784	355270	1079054	1393555	637326	2030881	/	/	/	1.88	/
两浙	1446406	383690	1829096	2605484	618215	3223699	1629532	298027	1927559	1.76	1.05
江东	902261	171499	1073760	1609612	289843	1899455	1019134	186027	1205161	1.77	1.12
江西	871720	493813	1365533	2010646	1065201	3075847	884329	380798	1265127	2.25	0.93
湖南	456431	354626	801057	1153872	674258	1828130	622933	322546	945479	2.28	1.18
湖北	350593	238709	589302	702356	509644	1212003	285526	207624	493150	2.06	0.84
福建	645267	346820	992087	1368594	674438	2043032	790719	560230	1350949	2.06	1.36
成都府	574630	196903	771533	2789225	864523	3653749	685050	270724	955744	4.74	1.24
梓州	261585	/	261585	885501	528214	1413715	374669	305529	680198	*3.39	*1.43
利州	179835	122156	301991	402874	245992	648866	195387	144591	339978	2.15	1.13
夔州	68375	/	68375	215595	252472	468067	149070	171017	320087	*3.15	*2.18
广东	34759	218075	565534	812147	322512	1134659	735747	262059	997806	2.01	1.76
广西	163418	78691	242109	584641	470946	1055587	273674	419316	692990	4.36	2.9
合计 a			14532254			33251953			1650298	2.29	1.14
合计 b			14852686			33303889			17846873	2.24	1.20

关于这一户、口、丁的数据,需要辨析三个问题:首先,这是哪一个年份的数据? 加藤繁、袁震认为是元丰三年(1080)的数据,显然不可能;姑且不论与上引陈表有近 200 万的户数差额,成书于是年八月十日并奏进的《备对》,决无可能有此年年末才有的数据,显而易见。苏基朗认为是元丰二年(1079)的数据①,同样不可能。此数与元、三年的户数同样有 155～188 万户的差额,如无特殊原因,不太可能有如此超过全国户数 10.43%～12.72% 幅度的大起大落现象。据上所考,《备对》始修于元丰元年(1078)闰正月,据修书惯例,一般用最新的上年数据,即熙宁十年(1077)的数据,如阙,即用九年数据。这不仅是户数与现存出于《长编》、《会要》熙宁十年的数据比较接近,但仍相差 4.26%,疑所据统计数据或来源不同。更重要的是:现存原出《中书备对》的其他数据,如商税务与商税,酒务及酒课的数据,均为熙宁十年

---

① 分见加藤繁《中国经济史考证》卷下,第 326 页,东京大学出版会,1953 年;袁震:《宋代户口》,《历史研究》1957 年第 3 期。苏基朗:《唐宋法制史研究》,第 109～110 页。

（1077）之数①；因此，可以推论，户口数据也应是熙宁十年（1077）之数。而并非如前此学者一致认为乃元丰初数据。

其次，这是现存两宋户、口、丁三项数据同时具备的全国唯一数据，其"口"的含义是什么，宫崎市定教授认为是男口；陈乐素先生虽未明说，实际上也倾向此说②。这应是唯一的可能，说详下。

最后，更重要的是，学者对《中书备对》中户均2.24口，1.2丁这样的数据大惑不解，而其户均口数又恰与两宋期间的每户平均丁口数相当接近，遂误以为每户二口略多的"口"为男口，而不是丁口。其实，如将这一现象放在熙丰变法的历史背景下进行考察，就能得到比较合理的解释。先看神宗时期今存的户、口及户均丁口数据：

年代	户数	口数	户均丁口数
熙宁二年（1069）	14414043	23068230	1.6
熙宁五年（1072）	15091560	21867852	1.45
熙宁八年（1075）	15684529	23807165	1.52
熙宁十年（1077）	14245270	308072011	2.16（1.46？）
熙宁十年（1077）	14852686	17846873	1.20
熙宁十年（1077）	14532254	16502918	1.14
元丰元年（1078）	16402631	24326123	1.48
元丰三年（1080）	16730504	23830781	1.42
元丰六年（1083）	17211713	24969300	1.45

此表乃从上揭陈表中移录，其中熙宁十年（1077）有三个数据，出于《中书备对》的后两个数据，以户均口数改用户均丁数。第三个为据《备对》诸路明细合计数。第一个则据《会要》，《长编》，《宋志》，其史源均从《会要》出，三书同

---

① 原见《中书备对》第二卷中《商税》、《酒曲》。今分见《宋会要辑稿》一五之一至一六之二二，《宋会要补编》第671~685页；《宋会要辑稿》食货一九之一至一九，又见《通考》卷一七《征榷四》及赵珣《熙宁酒课》（四库本《说郛》卷九四下）。上述马玉臣文将此二目列为《备对》辑佚表，但似《会要》所载《商税》，熙宁十年部分据《备对》，此外仍有其他来源。

② 分见宫崎市定《宋代的户口统计》，《史林》第21卷第1期，1936年10月；陈乐素《主客户对称与北宋户部的户口统计》，原刊《浙江学报》第1卷第2期，1947年10月，又见《求是集》第二集第86页，广东人民出版社，1984年。

出一源,疑其数据可能有误,这是神宗朝现存九个户均丁口数中唯一超过二口者。颇疑此口数"三千"万之"三"为"二"之刊误;如是,则户均丁口数为1.46,才与前后数据颇相一致。这九个数据的平均丁口数只有1.49,如据修订数(即据《会要》所录第一个熙年十年数据改作1.46的话,则平均数只有1.39。比上述北宋户均口数平均值2.11低了约0.72,显然这是一个极不正常的现象。

究其原因,乃与熙丰变法有关。因免役法、青苗法、市易法等新法的推行,极大地加重了城乡约占85%以上的贫下户及中小商人的负担,导致了人口的大量逃亡,这是神宗朝人口统计中户、丁数偏低的主要原因,显然是赋税及苛敛大量增加导致的一种必然恶果。如以《中书备对》的丁数计,则每户约有一丁左右的丁口数因逃亡或隐漏等原因而减少。此外,还应考虑大量反变法地方官员在户口统计时的有意弄虚作假,导致户、丁两项数据的不正常大幅下降(此何文已述)。以笔者的愚见,《中书备对》的数据亦应从户部所得,其户、丁两项数据与《会要》的不一致,另有一种无法排除的可能性存在,即《备对》为熙宁九年(1076)之数,毕仲衍和向宗儒在元丰元年(1078)闰正月受命修书时,可能还未得到熙宁十年(1077)户部的全国统计数据,因而改用九年数据。总之,神宗朝尤其是熙宁十年每户平均丁口数明显偏低,乃有特殊原因,是熙丰变法所导致的必然结果。这和南宋初户均丁口数的严重偏低是由战争导致的大量人户丁口逃亡及死亡一样,是事出有因。在重建版籍系统的绍兴二十九年(1159),经近20年的休养生息,户均丁口才有1.52,可见南宋初更低得多。总之,在户口数据出现异常时,必须具体问题具体分析。我认为《中书备对》所提供的数据恰恰可以证明丁口说是唯一合理的解释:如果加上平均每户一口左右的隐漏或逃移丁口,则为户均2.20丁;再加上一口左右的不成丁,则为户均3.20左右的男口。即只要在现有户、丁数上各加一口,即为与当时户口状况基本吻合的数据。毕竟逃户及隐漏最重要的数据为"赋役单位"——丁口。因此,《中书备对》提供的数据,不能成为男口说的论据。

(三)关于个别方志中数据有可能支持"男口"说的辨析

再顺便说一下方志中记载绍兴府、台州、汀州的成丁、不成丁数据。至今我仍不理解这也能成为男口说的论据? 绍兴府的数据,吴松弟认为"可能有错":先看大中祥符四年(1011)的数据:户187180,丁329348,户均1.76丁,据八县明细合计数为187179户,329942丁,户均亦1.76丁;虽略有差额,却不影响户均丁数。其中上虞户均5.5丁,不是数据有误,便是来自不同统计口径,或为全口。但从越州全州而言,数据尚有一定的合理性,虽然已略低于北宋平均数2.11。嘉泰元年(1201),据绍兴府八县合计:户273343,丁335020,不成丁107072,男口442072;户均:丁数1.23,不成丁数0.39,男口1.62口①。户均男口数较北宋初丁数还低,户均丁数更低0.53口。这当然不可能,问题在哪里?

答案之一在同书卷五《赋税》有《旧额之外创增》、《折变》二目,其所载南宋新增税赋:(1)和买10万匹,已是五次蠲减之数,每匹以折钱6.5贯文计,则为65万贯;(2)役钱167928.950贯文;(3)水陆茶钱8008.203贯文;(4)小绫2500疋,折钱15422.5贯;(5)湖田米66003.74石,如以每石3贯折计,为钱198011.22贯文;(6)职田米15999.5,折价47998.5贯文;(7)折帛钱330432.628贯文。这7项合计为1417802贯文,意味着平均每丁增加4.232贯文的税赋负担,较之北宋初每丁160文的身丁而言,增加了25.45倍②。尤其和买,绍兴府特别苛重,而且又负担不均,原不应科和买的第五等户也被科敷。此外,丁绢、丁绵、丁盐钱三项也多敷之四、五等户。占人户近半数、占主户约67%的五等下户负担极重③,采取种种方法以隐漏丁口、人户就是必然的选择。这是绍兴府嘉泰元年(1201)成丁及不成丁户均数极低而不可信的主要原因。未必就是《会稽志》中的数据有误,当然也不排除某些数据有误的可能。即方志中的数据,完全不能反映当时人户丁口及户数的

---

① 以上数据,据《嘉泰会稽志》卷五《户口》(《丛刊本》第6787~6788页)计算,各县明细合计数与总数基本相符,仅丁额相差1000,丁额为334020,户均1.22丁,所差微小,可忽略不计。

② 《嘉泰会稽志》卷五《赋税》、《折变》,中华书局《丛刊本》,第6792~6794页。其中和买科敷主户(依法第五等不科),小绫、湖田、职田米也科主户,而役钱、折帛、茶钱,则不分主客,一律计丁征科。因无法区分,故并主客丁而平均计之。实际主丁尤重,客丁略轻。

③ 参阅梁太济《两宋阶级关系的若干问题》第80页,河北大学出版社,1998年。又绍兴府第四等的物力为38.5贯文,约有土地12亩左右,其下的五等户按规定即不科和买。参同上书第71页。

实际状况,这与数据有误乃两个概念。如估计隐漏成丁在户均 1 丁,不成丁隐漏为 0.5 左右的话,则绍兴府南宋中期户均成丁数为 2.23,不成丁数为 0.89,男口约为 3.12,加上约为同等数量的女口,每户全口约为 6.24 口。当然这仅是一种估计,虽未必正确,却有两条史料可证绍兴府隐漏人户丁口的严重状况及其真实原因。

一是和买(主户)及身丁绢、丁绵、丁盐等项的折帛钱负担过重,尤其是贫下户(四五等主户)的负担过重,这部分人户占 85% 以上。如庆元四年(1098)十二月知绍兴府汪义端应诏上言:"会稽县第五等户元不应科和买者,计五万二千五百五十八户;山阴县第五等户元不应科和买者,计六万七千七十五户,他县大略皆同。此乃其间实有下户,不皆诡挟之户也①。"此云五等户会稽有 52558 户,山阴有 67075 户;而《嘉泰会稽志》所载会稽主客户 35406,山阴 36652,显然不可能。其原因正在于和买以物力均敷,故上四等户挟名诡户以避免。至"议者多谓绍兴府无真下户,正皆是诡户②。"诡名之户之多,正是户均成丁及不成丁严重失实的另一主要原因。

又如乾道八年(1172)五月,知湖州单夔言:"绍兴府管三十三万三千五百二十一丁,每岁纳绢四万三千一十五匹有零,绵七万七千四百二十余两,钱四万七千七百五十贯有零。上四等系约四丁纳绢一匹,五等系约八丁纳绢一匹。"因丁绢、丁绵、丁钱(三项又总称身丁钱物)过重,故诏令予以减免:"绍兴府上四等每七丁共纳绢一匹,第五等每十丁共纳绢一匹;每年共减绢一万三疋二丈五尺四寸,计钱五万二千一十八贯七百足有零。"又云:湖州"六县管二十六万八千六(九?)十九丁,计绢六万五千二百九十六匹有零;又续编排出隐漏一万四千八百九十二丁。元额每三丁或四丁以上纳绢一匹,视他州为重。""诏:每七丁共纳绢一匹,比元额每岁计减绢二万四千八百二十匹③。"湖州当

---

① 《宋会要辑稿》食货七〇之九三。汪义端,《会要》讹倒作"汪端义"。据《全宋文》第 284 册第 364~365 小传改。
② 《宋会要辑稿》食货七〇之九二。
③ 《宋会要·食货·身丁》,《宋会要辑稿》食货一二之二〇至二一。据同上食货一二之一九:"范成大谓,处州丁钱太重,遂有不举子之风。"遂举一反三,诏令身丁钱物"比他州最重"的上述四州予以减免。

时仅括出隐漏丁口5.66%,实际当远不止此,已引起朝廷重视,对两浙身丁钱物征收较重的严州、处州及湖州、绍兴府予以减免除放。从乾道与30年后的嘉泰年间绍兴府丁额约持平,可见该府隐漏丁口现象也相当严重。此外,还有丁税"除附"之弊等,即乡司走弄作奸的人为因素。《宋会要·食货·版籍》①有载:

> 淳熙五年(1178)二月四日,臣僚言丁税二弊。一丁之税,人输绢七尺,此唐租庸调之所自出也。二十岁以上则输,六十岁以上则止,残疾者以疾丁而免,二十以下者以幼丁而免,此祖宗之法也。比年乡司为奸,托以三年一推排方始除附,乃使久年系籍与疾病之丁,无时销落;新添之丁,隐而不籍。皆私纠而窃取之,致令实纳之人无几而官司所入大有侵弊,兼有十数年不曾推排处,此除附之弊也。

当然丁口隐漏的重要原因之一还在于逃避苛重的差役。总之,我们在发现人口数据失实时,必须联系当时赋役制度分析其原因,而不能只以"可能有错"云云而塞责了当。即使绍兴府户均仅1.62的男口数为确,想象力再丰富,无论如何也成不了男口说成立的理由,难道绍兴府的户均人口只有3.24口吗? 这恰恰反而是丁口说的一个力证,关键在于:须推究其数据失实的真实原因。

淳熙八年(1181)十二月,朱熹(1130~1200)就任浙东提举,时绍兴府等地严重旱灾。其上《奏救荒事宜状》曾谈到绍兴府当时人口云:"今再抄札山阴、会稽两县口数以约六县之数,则山阴、会稽丁口半于诸暨、嵊县,而比新昌、萧山相去不远,绝长补短,两县当六县四分之一。今抄札山阴、会稽四等、五等贫乏之户计三十四万口,四等之稍自给及上三等者不预焉,则统计六县之贫民,约须一百三十万口。并上户当不下百四十万。"朱熹仅为大略框计,缺乏准确性,如附郭两县为34万口,占六县四分之一,即应为136万口,加10万上户即已146万口。余姚、上虞两县虽灾情不太严重,亦仅"不及半收",但已无力赈济,如这两县亦以六县人口的25%框计(经与《嘉泰志》

---

① 《宋会要辑稿》食货六九之三一。

分载各县丁口约计,约在 24.29% ~26.50% 间),姑且仍以朱熹估计的六县 140 万计,则绍兴府淳熙中人口达到 175 万。假定其户数与 20 年后的嘉泰元年相当,则绍兴每户家庭的规模为 6.4 口,男口约为 3.2 口,如以估计的不成丁为 1 口①,则丁口为 2.2 口,完全与宋代人口规模及各项指标基本相符。与以上估测户均漏成丁 1 口,不成丁 0.5 口的估计也约略相符。朱熹的估计虽不够精确,但却为丁口说提供了一个显而易见的力证。

台州的户口数据在《赤城志》中有两个完全相同的数据,首见于《户口》的小序,所举为概数,二个年份为干支纪年,户均分别为 2.01 与 2.06 口。再见于表中,所列为明细数。先列全州主客户、主客丁、幼丁(废疾)三项,纪年则分别为大观三年(1109)及嘉定十五年(1123),其下分述各县,更细分为主户、客户、主丁、客丁、主幼丁、客幼丁,其户均数同小序。据此显然所载为男口数,似乎确为男口说之证,而且与《宋志》所载崇宁元年(1102)的户均数 2.24 口数据相近②。台州亦为身丁钱物较重及生子不举的"重灾区",丁口隐漏及人丁偏低似属正常情形。浙东丘陵山区多如此,其原因论绍兴府时已分析,此勿赘述。另一原因是方志户口数据呈多样性,如保甲簿册、各种户帐、丁籍的数据均会被采用,不同的统计口径,会导致户、丁、口数颇有差异。我们似不能以个别方志中确有男口数据这一事实作出男口说的论定,如是,则有以个别论据概括出一般性结论的以偏概全之嫌,这在方法论上是不可取的。犹如我们在史料中经常见到一家十口、数十口、上百口,甚至许多《墓志铭》中也会出现户均十余口、数十口的现象;就不能据此论定,宋代户均人口为十余口、数十口一样。因为这些官户、形势、富户、上户毕竟只占人口比例的极小部分,不能作为全国性的户均人口数据使用,这种个别与全局的关系显而易见。

汀州的人口数据同样具有特殊性,《临汀志》不仅分别记载了主客户,主

---

① 引文见点校本《朱熹集》卷一六,第 655、654 页。据程民生的推算,户均约为 7.3 人,因估算方法不同之故。见其《宋代家庭人口数量初探》,台湾《宋代社会文化史学术研讨会论文集》,第 380 页。

② 以上数据分见《嘉定赤城志》卷一五《版籍门三·户口》,《丛刊本》第 7409 ~ 7411 页;《宋史》卷八八《地理志四》,第 2176 页。

客丁;坊郭户和乡村户数,还特别注明各项中的成丁和不成丁的人数,其不成丁中则包括老小、单丁、残疾三项;成丁、不成丁的合计数即为男口。今据《临汀志》等史料先列为下表①:

年代＼户口	户数	口数	户均口(丁)数	资料出处及备注
唐开元间	4680	13702	2.92 口	《寰宇记》卷102
唐贞元间	5330	15995	3.0 口	《大典》卷7890引《通典》
南宋初	150331	321080(其中成丁:175362)	2.14 口(1.17 丁)	同上引《临汀志》,据祖帐。此应是绍兴年间的数字。《八闽通志》卷20作口数327380(户均2.18)
隆兴二年(1164)	174517			《大典》卷7890引《郡县志》
庆元三年(1197)	218570	453231 丁	2.07 丁	同上引《临汀志》据《庆元鄞江志》。此志成于庆元四年,户口数为上一年数
递年见管	222361	532681(成丁333433)	2.4 口(1.50 丁)	《大典》卷7890引《临汀志》
宝祐六年(1258)	223433	534890(成丁335106)	2.39 口(1.50 丁)	同上引《开庆临汀志》
元至元二十七年(1290)	41423	238127	5.75 口	《元史》卷62《地理五》
明成化末弘治初(1486~1488)	43307	252871	5.84 口	《八闽通志》卷20 据8县合计数为:户43272,口254873(户均5.89)

上表中间南宋五栏户口数据,"口"指男口,"丁"指成丁;其中"递年"一栏应是庆元与绍定年间的一个年份,惜未著明其确年。唐、元、明首尾四栏之"口",皆指男女全口。唐代数据一般户均在5口以上,此低得离谱,实事出有因。即这方面汀州的情况也比较特殊,唐代户均口数就已低得不合情理,这可能与开元中唐循忠诱逃户来置州时,户均口数就较少,尤其是女口较少有关,是导致户均男口数只约略与其他地区丁口数持平的原因。

除了庆元三年(1197)的数据外,南宋其余四个年份的男口及成丁的户

---

① 据拙文《〈开庆临汀志〉研究》附表修订改制,《历史地理》第21辑,第376页。

均数,均比一般州郡为低,实有两大原因所决定:

因为南宋百姓赋役负担远较北宋苛重,汀州处三路交界的山区,是所谓"盐寇"的经常出没之地。如绍定年间(1228~1233),晏梦彪(? ~1231)攻破州县,导致"饥馑流亡",户口"几近减半",直到宝祐末才恢复到绍定前的水平。另一个更重要的原因为:汀州是全国生子不举陋习最为严重的地区之一,且屡禁不止。乃至汀州各县遍设举子仓,以鼓励生育。采取这样的措施,全国也罕见。但令人费解的是《庆元鄞江志》所载的户口数据,户均仍为2.07丁,达到接近全国的平均水准,如果此"丁"非"口"之误刊,也许是检括逃隐丁口的结果。但仍可看到随时间的推移,南宋成丁及男口的户均数均呈上升趋势。尽管元、明时户、口数仍远不及南宋,但其户均口数即已趋于正常。总之,户口数据的反常,必有其原因所致。退一步说,即使这三州的成丁、不成丁比较接近,其数相加又与全国户均丁口水平相当,能成为男口说的论据,其三州郡,在南宋197个州郡中只占1.5%,个别性特例是无法论定一个有普遍意义的观点或结论的。正如苏基朗早就指出过的那样"丁口说以外的说法,往往有资料诠释上的困难";丁口说不失为"目前材料限制下最合理的解释"。他担心丁口说的确立,会导致"很多宋代的人口问题便接踵而致"[①],其中一个主要问题,或即宋代每户的口数究竟是户均五口或六口,甚至更多,也许将成为今后争论的新焦点。

(四)并非多余的话:写在一户二口之谜应有定论之际

本书完稿后,按惯例对援引的大量史料进行校核时,不无惊讶地"发现":见于《长编》有全国户、口两项数据的资料始于咸平六年(1003),迄于元符二年(1099),却以嘉祐八年(1063)为时间界限,在表达方式上有明显不同。即在是年以前,均对称户、口;嘉祐八年起,则对称户、丁;如遇闰年亦然。只是平年一般只有户、口两项数据,而闰年又分主、客户、主、客丁各二项,凡四项,却无合计数。从嘉祐八年(1063)起,现存见载《长编》各卷的至少有15个年份的数据,与户对称的是"丁"而不是口;在这15个数据中,只

---

① 苏基朗:《宋代一户两口之谜》,《唐宋法制史研究》,第142页。

有治平元年(1064)、二年的 2 个数据为长编所独有,其余 13 个数据均可见于《会要》及《通考》、《玉海》、《宋志》等书,尽管数字上互有差异,但一般均为传写或刊刻中的脱误及合计中的疏误。《长编》这 13 个数据称丁,因所录多为闰年,故《长编》又分主、客丁两项著录,其合计数或与上述诸书相合,或略有差异,也有《长编》误而可据诸书考订者,但上举诸书却无一例外,均不称"丁"而称"口"。《长编》在嘉祐前有户、口两项的数据,凡 23 个年份,其与户数对称的亦是"口",而并非"丁"。这种《长编》同一书的前后"口"、"丁"并称及不同书间同一年份同一数据的"丁"、"口"并称现象,毋庸置疑,是丁口说无可辩驳的力证之一。

为了避免某些学者往往自负地称始发现某条史料、自称为"创见",结果却早已有人援引过、提出过类似观点的尴尬或贻留笑柄,我开始翻检寒斋所藏的数十种关于宋代人口的论著,果然有了更惊异的发现。原来早在 60 年前,陈乐素先生的力作《主客户对称与北宋户部的户口统计》中,通过对《长编》所载户口数据的逐条比对、考证,已精辟地揭示两项重要结论:其一,"诸州例须每年将户口数申户部,而户部须每年作统计,则似无疑问,不过平年的统计较为简括,闰年则必须详细分别主客";《长编》在"记载上有一显著的分别:其不属闰年则云:'是岁天下(原注:或无天下二字)户若干,口(或称丁)若干';若闰年则云:'是岁天下上户部主户若干,口若干;客户若干,口若干。'唯一例外,则卷二〇三,治平元年为闰年,而其式与非闰年相同而已。"其二,《长编》记载中,"至或称丁,或称口,则嘉祐八年前后不一致,前此则概称口。《宋史·哲宗纪》作丁,《通考》、《宋会要辑稿》、《玉海》、《宋史·地理志》亦概称口①。"

---

① 陈老大作,始刊于《浙江学报》第一卷第二期,1947 年 10 月,收入其《求是集》第二集第 68～99 页;引文见是书 85～86 页,广东人民出版社,1984 年。陈老大作中关于户口制度及丁口说的精赅之论还有不少,如对《太平寰宇记》史源的探索称:据"户部牒,不言户,只言丁"(卷 169);"本州供丁不供户"(卷 163、167、169)等,可知宋初存有首部方志的资料来源即为户部人口档案,当时这些零星记载藏于三馆。宋初除主客户外,还分别载有孤老女户、蕃户、獠户、夷户及山河户、盐亭户、冶户等特种户籍,可见宋初户部统计的繁杂、琐细、不统一。尤值得注意的是:上述专业户中,或征银,或课盐,皆计丁征收。参阅同上书第 74～76 页。上述均可成为丁口说之佐证。又,经核对,陈老文中援引、合计的数据,全部正确。前辈学者的治学谨严,令人心折。

　　陈老大作重点在讨论主客户对称及其所占比例,兼及户部的户口统计制度,故未对丁口说进一步展开论述,如《长编》前后口、丁不一的原因为何?其人口数据的史源又来自何处等未作深究。但在 60 年前的资料条件下能得出这样精赅的结论已难能可贵。必须指出,陈老揭示的《长编》记载闰年户口格式为"是岁天下上户部"云云,又无可置疑地确证:户部为天下(各地)户、口(丁口)数据的唯一来源及汇总、发布权威系统。不妨按史料提供的线索,作进一步的探究。

　　在上揭我据陈表改制的表中,所录北宋 52 个年份中,见于《长编》的有38 个之多,其中大中祥符二年(1009)、宝元元年(1038)2 个年份无口数,剔除后有 36 个数据,其中 23 个为嘉祐八年(1063)以前的称口,是年之后则称丁,为何前后有如此明显的不一致,而且有这样的分界线,仁宗朝以后的数据为何又有例外而称"口"?如熙宁二年(1069)、十年、绍圣元年(1094)三个年份却仍为户、口对称,一、三两个数据很好理解,因《长编》阙卷,上表中数据来自《会要》。唯独熙宁十年(1077),似难以索解。幸而《长编》卷二八六(点校本第 7002 页)李焘原注云:"此据王珪《会要》增入,《实录》无之。"所谓王珪(1019~1085)《会要》,即指"元丰四年九月己亥,宰相王珪上之"的《国朝会要》,又称《元丰增修五朝会要》,指在章得象(978~1048)提领的《三朝会要》(庆历四年四月己酉上之)基础上增损而成,凡 300 卷,分为 21类,855 门。因其起于宋初,迄于熙宁十年(1077),亦间有称之为《六朝会要》者;又因其继章得象《庆历国朝会要》后,故又称《续修国朝会要》,或简称《续会要》①。是年数据,本应据《实录》之数,但《实录》无之,故只能取王珪《会要》之数。从这段注文可以推测:《实录》无疑是李焘(1115~1184)《长编》户口数据的主要来源之一,很可能其著录方式即为户、丁对举(惜今传户口数据始于真宗时,故幸存的《太宗实录》中因无户、口对举数据而无法验证),至少,熙宁十年(1077)前后的《神宗实录》应是如此。《神宗实录》虽前后四修,但涉及户口数据尤其是户丁这类量词时,朱墨本改动的可能几乎没

---

① 《玉海》卷五一、陈振孙:《直斋书录解题》卷五。

有。《会要》的特点是户、口对举,这已确凿无疑,现存的《会要》户口数据无一例外,已可充分证明。但尚不能简单判定嘉祐八年(1063)以前的户、口对举数据全出自《会要》。因为在这 23 个数据中,至少有 15 个年份仅见于《长编》。

《长编》的主要史源除了《实录》、《会要》,还有宋人所修的《国史》,据裴汝诚先生等统计,太祖、太宗两朝引用的条目最多为《国史》、次则《实录》、最少为《会要》。其用力颇勤、卷帙最富的神哲徽钦四朝《长编》,与李焘参修的《四朝国史》(诸志皆出其手)及《徽宗实录》更是《长编》取材的来源。我们有理由相信这后四朝的《实录》及《国史》也许其户口资料多以户、丁对称。可惜徽钦两朝的《长编》已佚亡殆尽,无可验证;但从《宋史·哲宗纪》今存两条人口数据不仅亦对称人、丁,而且脱误也与《长编》完全相同。显然,《宋史》或抄自《长编》,或与《长编》同出一源,否则不可能连脱误及分按主客户、主客丁著录的表达方式也完全一样。因此,《长编》仁宗朝以后的户、丁对举有两种可能:一是《实录》、《国史》原就为户、丁对称,且闰年分主客户、主客丁记载,而平年却又不分主客,只计总数,这两个特点均与《会要》炯然相异。另一种可能性是李焘的独创,在他看来,丁与口是可以换用的同一概念,故在仁宗以后就改用丁。无论哪一种可能,这种"前口后丁"的现象均成为丁口说的如山铁证。故同一数据用丁、口的不同表达方式见之于史料中,就已远不止叶清臣所说的"丁茶钱"一例,而至少有数十例之多。

吴松弟《述评》是对一个世纪以来宋代户口调查统计制度史研究的综述。众所周知,这类学术综述的文章,其基本要素应是客观公正,备述众说,让读者自己作出判断。但吴松弟却不顾丁口说为越来越多学者"倾向于接受","而丁口说以外的说法,往往有资料诠释上的困难"(苏基朗语)这一事实,仍在喋喋不休"推销"他主张的男口说,这种主观随意轻率的做法,在百年制度史回顾的文章中极为罕见,不幸的是他的"荟萃众说"(在男口说的论据中无一条是他的创见),却仍然破绽百出而纰漏俯拾皆是。今限于篇幅而仅就他的"本人认为"之数条略作评论。

其一,"税帐中的夏秋税管额帐报户和男口数,保甲簿亦报户和男口数到户部,申报到户部的户口系统中,惟有税帐和保甲簿两种既有户,也有口或丁。……口或丁都是包括老小残疾在内的男口①。"这是一系列令人吃惊的常识性错误所导致的逻辑混乱而得出的错误判断。本文前已论及:有户和男口数的"管额帐",从县州只报到漕司,漕另有"计帐"汇总报户部,计帐只有成丁数而无不成丁数,因此,男口数不可能报至户部。这在《庆元条法事类》卷四八已有十分清楚明白的格式和说明,何、苏、戴三文均已论证。不知吴松弟何以仍一厢情愿要将有男口数的管额帐替代计帐上报户部?如此所提供的只能是伪证和反证。保甲簿是否上报户部的问题,苏基朗比较审慎,在他所列附表中称"情况不详"②。将"口或丁"说成"都是""男口",就更令人匪夷所思。

其实,在王安石初置保甲法时,神宗即说:"不如令属兵部,置属官,令出入点校";但王为了加强对变法的控制,他竭力主张由变法中枢机构司农寺管理保甲。为了说服神宗,他还提出了一个冠冕堂皇的理由:如"令兵部管保甲,恐百姓必疑将刺以为兵,不如令司农领之。"诸路各州则由"管勾常平官兼管勾点检③。"得到神宗批准,但神宗很快意识到这样欠妥,可能是祖宗家法提醒他"不欲令司农兼兵部",先命兵部参与保甲事务,旋于熙宁八年(1075)九月颁诏:"诸路教阅保甲,并隶尚书兵部,增同判官一员,主簿二员,勾当公事官十员;勾当分州军出入提举,旧州军提举官并罢④。"诸路则专设提举保甲司归口管辖,此为夺司农寺管保甲之权而还政于兵部。按情理,保甲簿即使上报尚书省,也只能是兵部;在报兵部的同时似还应报枢密院。但决不可能是户部,因户部从未主管过保甲,而且保甲本质上属于民兵。但我认为:直到南宋中期,保甲簿是否报朝廷尚书兵部、枢密院仍无法确定。

吴松弟《人口史》(第51页)转引的一条史料说明了都、乡、县、州、路均有保甲之簿无疑⑤,而且其登录的户口资料颇为详尽。但却无法证明是否上

---

① 吴文《述评》,见《百年》第320页。
② 《唐宋法制史研究》,第139页。
③ 分见《长编》卷二三五,第5710页;卷二四九,第6066页。
④ 分见《长编》卷二六三,第6419页,卷二六八,第6570页;《宋会要辑稿》职官一四之三。
⑤ 这条史料见《宋会要辑稿》食货六六之二九。不赘引。

报中央,更遑论户部,只说明保存在基层保甲簿数量之多的原因。吴著同页接着又说:"我们可以想象到当时逐级上报的情形。"这未免有误导读者之嫌。接着,他又引用另一条史料称:"保甲应造帐者,上都帐于户部";据此孤证,下断语:"保甲簿中的户口还上报到朝廷①。"但十分遗憾,这却是他误读误点史料导致的一个严重失误。这条史料的原文为:"诸州以秋税籍及吏皂之愿试刑法者,闻于所隶保甲;应造帐者,上都帐于户部②。"吴松弟既有断章取义之嫌,又误读误点史料,遂导致所谓载有男口的保甲簿上户部的幻觉。十分显然,这里的"保甲"只能上读而不可下读无疑。"上都帐于户部者",实乃"诸州"之"秋税籍[帐]";"诸州""吏皂之愿试刑法者","于所隶保甲(报名)"。乃判然二事,又岂可混为一谈!总之,从户口上报汇总制度层面而论,目前的研究成果及史料,尚无一条可确证男口已上报到户部。因此,男口说就成了无源之水,无本之木而难以成立。

据戴建国的考证,丁帐是每年上报户部的户口文书,持男口说的学者往往将丁帐与存于地方的载有全部男口的丁籍(丁籍有广狭两义,狭义亦可特指丁帐)混为一谈,误以为上报户部的是丁籍,这是男口说致误的另一重要原因③。而吴松弟则以为"丁帐上报到户部的只是丁口,没有户数"④,戴文亦已据《景德农田敕》等证明"诸州每年申奏丁口文帐","本县据户数收落",是户、丁两项数据同时上报的,我在上文已引宋末胡太初之奏:"令沿门点定人户、丁口,以籍申上"⑤,补充说明这一逐户点定人户、丁口(或称户口、人丁)的户口登记制度,是从北宋初至南宋末一贯实施的。先登记成丁,编制成丁簿(或称丁籍),供地方州县征税及差役之备;每年再整理成丁帐,汇总逐级上报户部,成为朝廷每年公布户数、丁口两项数据的依据。至于丁帐是否闰年按主客户、主客丁四项分列,如《长编》所列的格式,因丁帐无格式规定及更无实物存世,难以作判断。如果也如《长编》所示那样,平年、闰年

① 引文见吴著《人口史》第51页。
② 《宋大诏令集》卷一二七,第440页,司义祖点校本,中华书局,1962年。
③ 戴建国:《宋代籍帐制度探析》,刊《历史研究》2007年第3期。
④ 吴松弟:《人口史》第71页。
⑤ 《大典》卷七九九五引《临汀志》。

有不同的统计项目与格式,丁帐应是上报户部唯一的户口籍帐,也是惟一的权威性汇总及发布来源。如非是,则夏秋二税计帐也是另一种上报户部的有户、丁两项数据的帐籍。但所有的全国性户口数据,均出自户部则殆无可疑。

　　吴松弟还举《宋志》提供的户口数,全国户均2.34口,又与元初"南宋旧境户均口数为4.46,如以男性占人口的一半计,则为2.23"相比,结论是《宋志》的男口与元初"南宋旧境"户均口数之半"大致接近"。这又是一个包含了一系列错误而作出的无法自圆其说的主观臆断。《宋志》的户均口数前已证2.34是一个计算错误,按更多数据考证的两宋户均口(丁口)数应是2.11~2.12,这且姑置勿论。元初这条史料最早见于葛剑雄教授援引,但他原意是用来证丁口说言之成理的一个论据[①]。这条见于元《经世大典·序录·版籍》的史料称:"迨南北混一,越十有五年,再新亡宋版籍,又得一千一百八十四万八百余户。南北之户总书于册者,计一千三百一十九万六千二百有六,口五千八百八十三万四千七百一十有一,而其山泽溪洞之氓不与焉。"

　　首先,据最后一句,这并非原南宋末的全部人口,至少不包括湖南湘西及广西等地的少数民族及冶户、盐亭户等专业户的户口。其次,前一数据11840800户,与吴松弟首先"发现"的元·胡祗遹《紫山大全集》卷一一《效忠堂记》所载亡宋之户凡11746000户,相当接近。则无疑上引后一个13196206户,应是包括了原南宋与金旧境人口的总户数,金灭亡时,据吴松弟之说仅有户110万,而《经世大典·序录》所载则为135.54万,相差25万有余,也许从1234~1291年的57年中,北方人户有一定增长,可认为此差额为比较合理。但吴松弟《述评》中将这后一数据称为"南宋旧境户均口数"却又时空概念皆误。应是大致相当于"北宋旧境",且为元初(1291)包括原南宋、金旧境的人口及其平均每户口数。与《宋志》提供的崇宁元年(1102)的北宋极盛时期户均口数相比,且备可比性吗? 将不同时段(相差近二百年)的数据硬扯在一起相比能令人信服吗? 最后,更重要的是:众所周知,在大规模战乱后的旧王朝灭亡,新王朝建立之际,因战争、饥荒、瘟疫、逃亡等必

---

　　① 葛剑雄:《宋代人口新证》,《历史研究》1993年第6期。

然导致人口尤其是丁口的大量锐减,这时的户均人口必然出现偏低现象。这元初户均4.46口的人口数据与两宋正常的户均全口数至少有1口的差距,这一点吴松弟自己也并不否认,他也认为两宋户均人口在5.4口左右①。因此,这条史料丝毫不能成为男口说成立的证据,而只能如葛剑雄所论反成为丁口说成立的又一力证。吴松弟这样随心所欲、先入为主地使用史料,已使自己陷入前后自相矛盾、无法自圆其说的尴尬境地。

更为离奇的是吴松弟《述评》(《百年》第321页)中的如下文字:"如果采用《中书备对》数推算的成丁占男性人口的比例,并加上同样数量的女性人口,则据两书推算的平均家庭规模竟每户分别达到8.54~10.86与15人,任何时代都不可能出现如此高的家庭规模。"则又是一厢情愿以存在严重错误、不可据信的数据作为基数,又在计算中产生一系列疏误,加以无限放大的主观想象而已,与何忠礼的两宋家庭规模为户均6口的估测风马牛不相及。按吴松弟的逻辑先来"破译"一下他的推理:《中书备对》成丁占男口的53.57%,不成丁占46.43%;则《长编》户均2.02~2.57成丁,其男口应为3.77~4.80,加上同样数量的女性人口,应是7.54~9.60口;同样据《宋志》户均2.34丁÷0.5357×2=4.37×2=8.74。这应是极简单的乘除法算术题,我实在弄不清吴松弟这三个数据是如何计算出来的? 想象力再丰富无论如何也得不出户均15人的数据。

如上所述,《中书备对》丁口已不可信,与实际数相差户均一口,男口亦然,这是一个并不存在的比例;《长编》的多个数据本身有误,经陈智超考订的数据应为户均2.11丁(即上揭陈表)。如以这两种经考订(另一种为我考订的《备对》成丁占男口比例应是67.9%)后的远较吴松弟所说可信的数据为基础计算一下:即2.11÷(2.2÷3.24)×2=2.11÷0.679×2=6.22。这

① 本段所引数据,全据吴松弟本人提供,分见其《人口史》第146页,第162页,第383页,其称金亡时为110万,仅为鼎盛时(泰和七年——1207)841万户的13%;又,金是年户均口数,据《金史》卷四六《食货志》载为5.96,吴松弟点校本校记修订为6.36,未必允当,但可不妨如何柄棣先生早就指出的作6口左右,则已远高于元初的4.46口无疑。参吴著《人口史》第210页、第380页。总之,这4.46的户均全口不能成为南宋、金的代表数据无疑。南宋的户均人口亦应在6口左右。说详笔者本章下考。

正是与何忠礼估计相近的宋代家庭人口规模。设定某种指标来推算人口，并非不可以，但首先应论证其设定指标的可信度，并以正确的计算结果作为起码的条件。这样以错误的前提，错误的方法，又有多次计算错误的结论，强加给对手，实在离正常的学术讨论距离太遥远了。而且在这样冠以"百年"的学术综述的"重头文章"中，一再以错讹严重的数据误导读者，也未免太离谱了。

二、所谓"宋代户口汇总发布系统"证误

吴松弟人口研究的"最新成果"中，有一其颇为自负的"创见"。据其自称："传世的大部分宋代户口数据，来自保存在兵部职方的闰年图，朝廷每过若干年，便以地理总志的形式予以发布①。"不仅在《人口史》中以一章的篇幅"论证"这一问题，而且还认为："研究闰年图——地理总志，了解其户口数据的实质，无疑是正确理解宋代户口、统一学术界看法的关键②。"必须指出，这确为吴松弟在宋代人口史研究中"总的说来，发明不多"；却"提出宋代在户口调查统计各系统之外还存在着户口的汇总发布系统"③这一"创见"。不用检索，这确为吴松弟独具只眼的"创见"，也是他人口史研究中的"亮点"。而且，历来海内外研究宋代人口史的学者无一例外、毫无争议地认为：户部（元丰改制前的三司户部及改制后的尚书省户部）是唯一的人口归口管理部门，既是唯一的汇总系统，又是唯一权威的发布系统。他确独出心裁，与众不同，堪称"前无古人"。但十分可惜，这一创见却完全无法成立。

（一）兵部·职方的演变及闰年图的沿革

在我看来，这一所谓"兵部·职方的闰年图——地理总志宋代户口汇总发布系统"，是作者误解、曲解史料及主观想象的产物，是宋代并不存在的"幻象"。我因病目近无法使用互联网检索，因此尚不知道学界是否对这一

---

① 吴著《人口史》第71页（边码概括），原文见第72页。
② 《人口史》第72页，又见吴文《述评》，刊《百年》第318页。其观点的主要论述，又参阅《人口史》第71～73页，《百年》第317～318页。
③ 吴文《述评》，《百年》第317页。

独出心裁的"创见"有何评论？但否定其说的理由之一很简单，只想请问，既然存在这样的一个闰年图——地理总志汇总发布系统，现存大量非闰年的人口数据来自何方，由何权威部门汇总发布？也许辩称，此统计为闰年前一年之数据，但一般三年一闰（有时为二年），总有其他二年（或另一年）的人口数据出于何处的问题。不妨先看三个样本。

其一，即据上揭我据陈表改制的《一览表》，共载 83 个年份的数据（指有户、丁口两项数据者），其中为闰年的有 42 个年份，非闰年的为 41 个年份；这占 49.4% 的非闰年年份数据由哪个系统发布？或曰：此多出自《会要》、《长编》；但如追根溯源的话，宋人编纂的《会要》、《实录》、《国史》（如上所考，《长编》中有不少数据来自《实录》、《国史》）等书中的数据又源出于何？或曰此乃《实录》、《会要》中的全国人口数据，作者所论为方志中的地方人口数据。但权威性的记载已见于《宋会要辑稿》职官一八之七一，淳熙十五年（1188）五月，实录院申："今来修纂《［高宗］实录》，合要自建炎以来至绍兴三十二年"的"户部州郡户口数目"。这就可以确证，不仅全国性的户口数据来自户部，各地方州郡的户口数目同样也来自户部。《实录》、《会要》如此，据以纂修的两宋官私修《国史》同样如此。而炎兴年间正是由于地方户口数目的残阙不全，才使户部无法汇总公布，这是绍兴二十九年（1159）以前高宗朝全国户口数据阙佚的主要原因。

不妨再看一下另两个样本，本文上揭《宋史·地理志·小序》中所列北宋八个年份的数据中，闰年和非闰年各占其半，即各 4 个年份。这 4 个出自地理总志的非闰年数据又从何而来？更能说明问题的，是笔者所见利用方志中关于南宋人口资料最富的梁庚尧博士论文中第一章表五①，共载有可考确切年份（公元纪年）的数据有 57 个之多，其中，只有出于《至顺镇江志》卷三所载的乾道六年（1170）4 个数据及光绪《分水县志》卷三所列淳熙十三年（1186）的 1 个数据，共 5 个数据的年份为闰年，其余 52 个数据的年份并非闰年，非闰年的数据占样本总数的 91.22%。其中，除出于《通考》的 19 个路级

---

① 梁庚尧：《南宋的农村经济》，第 47～70 页，台北·联经出版事业公司，1985 年修订再版。

和全国的人口数据外，其余33个，皆出方志。又有31个出宋元方志，更能说明问题的是出《淳熙严州图经》卷一的2条，刘宰《漫塘文集》卷一二引《荆门军图经》的3条，皆非闰年。这些全为各地郡县的户、口及户、丁口数据，请问又从何而来？上述三个样本，并非笔者刻意所求，实乃具有随机抽样的性质；而且，涵盖了所有类别（从县至全国）的户口数据，应能充分说明，所谓闰年图——地理总志的汇总发布系统并不存在。这是笔者完全否定吴松弟"创见"的第一条理由。

我们不妨仍沿着吴松弟的思路，重新考察一下他所谓闰年图——地理总志汇总发布系统立说的依据。吴著设计了有资格成为"汇总发布系统"的传世宋代户口数据必须同时具备的五个条件：(1)调查统计全国户口；(2)户口上报中央；(3)包括主、客户二类；(4)包括户、口（丁）两方面内容；(5)北宋初便已建立。但他考证的丁账、五等丁产簿、税帐、保甲簿、赈济户口统计五个系统却无一符合这一条件①。今暂勿论其说能否成立，先从这五个所谓户口调查统计系统说起。如上所述，戴建国文已令人信服地论证了丁帐载有户与丁口两项，同时也是客户的归口户籍。而且因其每年一报户部，则顺理成章成了非闰年有主客户、主客丁数据出现颇具说服力的原因②。丁帐无疑是同时具备吴说五个条件的唯一系统，只是他误认为不载户数而将其排斥在外③。

顺便指出：其所说的"税帐"，据其《人口史》第59页表2－1所载，指"夏

---

① 吴著《人口史》第72页，《述评》更云："宋代丁账、五等丁产簿、税帐、保甲簿等户籍主要供州县官和户部征派赋役之用。除了在编制新户籍时取以参考外平时都作为档案保存在户部和国史馆，而类似的档案无论哪一级的官员均不可随意观看。"（《百年》第317页）；此说既失之于武断，又缺乏史料依据。事实是：在编纂历朝《会计录》、《实录》、《会要》、《国史》时，编者可以随意调阅观看户部人口、赋役资料，而且随着上述诸书的刊刻、流传，人口数据根本无机密可言。

② 戴建国：《宋代籍帐制度探析》，《历史研究》2007年第3期。

③ 吴著《人口史》第71页云："丁帐上报到户部的只是丁口，没有户数"；但同书第84页又称："而州县的丁帐上既有主客户，也有其成丁数和男口数。"显然吴说又陷入了自相抵牾。既州县报主客户数，何以汇总呈报时又成了没有户数。在现存的户口数据中，很多只有户数而无口（丁）数者，但只有丁（口）数而无户数者即使不说绝无仅有，也是极为罕见。而所谓丁帐有"男口数"云云，更是与只存州县不报户部又称丁簿、丁籍的户口帐籍混为一谈了。详上注戴文辨析，此勿赘及。而且，吴著同书第59页表2－1也明明写着"丁帐：报成丁数到户部"，又何来男口？前后的自相矛盾、思维混乱，令人吃惊。

秋税管额帐","报户和男口数到户部",均误。上文在辨析男口说不能成立时已论证过此乃"夏秋税管额计帐",报户口、人丁;下列主户、主丁,客户,客丁;一年两次报户部,成为可与丁帐相比较、参订的又一个人口调查统计、汇总发布系统。如数据局部阙失,两者还可互补,这也许是现存见于《长编》、《会要》中数据不同除技术性失误之外的主要原因之一。又,同上表末项所载的赈济系统,作为户口统计制度并不存在,而且,早在北宋就早已有之。只是一种临时性的呈报,往往地方官员多以奏札的形式临时申请救济钱粮而已,不形成人口统计制度层面的内容。乾道七年(1171),龚茂良(? ~ 1178)的上奏虽有批准的记载,但其未形成制度殆无可疑。《宋会要》瑞异三、四所载的数十例各地水灾、火灾,只有户数,没有口数,即可确证。赈济,相对全国户口统计制度而言,仅是局部性的。而且现存宋代赈济人口的另星、杂乱、不规则、无章法也可证①。打个不太确切的比喻,今之遭受严重自然灾害,受灾人口一般也申报民政部,但主要为了救助;与也归民政部扎口的全国人口普查,完全是风马牛不相及的两码事,此乃古今相通的同一道理。

再看一下吴松弟设定的"五个条件",实际上第四、五两项是不相兼容的,宋初的现存全国户口数据,只有户,而没有户、丁(口)二项。如笔者所证,宋代今存最早的户、丁(口)二项全国数据始见于丁谓《景德会计录》的小序,其咸平六年(1003)的户、丁(口)两项数据,还是从景德元年(1004)的总额及增额两项数据推算出来的。《会计录》的数据来源,毋庸置疑来自三司户部,作为权三司使的丁谓,根本不用去翻阅什么"档案",而随时可掌握属

---

① 李宝柱、穆朝庆之文均明确说明宋代"没有确立统计全体人口的赈济户口统计制度"(参见吴著《人口史》第57页及脚注②④),极是。吴松弟仅据几条似是而实非的史料,就主观设想出一个所谓的"赈济户口统计系统",实误。确立为制度层面的,必须具备敕、令、格、式之类法制意义上的规定。《宋会要》中,某位臣僚的建议后,往往会有"从之"的习惯语,这仅针对其具体建议而言,不能成制度。更何况细读龚茂良的上言,并无建立赈济户口统计制度的建议;他只建议,将赈济全部人口"根括记籍",与各县户口原有版籍"比较户口登耗",作为守令赏罚依据。"诏依,仍将已流移人与见在户口通行置籍,务令得实",仍是为了对文武官员"比较殿最",故须"申三省枢密院",而不是户部。其意甚明。详吴著《人口史》第55 ~ 57页。

下汇总的全国最新户口数据,并及时上报朝廷且发布出去,如《会计录》就是一种最新的发布形式。而且,户口蕃衍与土地垦辟,不仅是衡量农业生产力水平两个最重要的指标,也是对各级官员考核赏罚的依据,经比部等审计机构核实,也会定期颁布。作为最高统治者,年终也不会放弃这一宣扬政绩的机缘,必然会公布这些数据。人口、土地等数据,根本不需要保密,也无密可保,历代的史料均已清楚无误地揭示了这一点。很难设想,还需要什么职方据闰年图,经过一定期限,通过"地理总志"去"汇总发布"这些人口数据。从他自己设定的"五个条件"同时具备的逻辑思维混乱以及对丁帐没有户数的错误判断,已注定这一所谓的"汇总发布"系统纯属子虚乌有。这是笔者判定其"创见"不能成立的第二条理由。

但学术研究和讨论,毕竟要靠对史料的搜集、鉴别与考证来定论。故仍有必要对吴松弟援引为论据的主要史料作一辨析。其一,吴松弟称:"今已无从得知州图中是否记载各州的户口,但根据宋人的记载,唐代的各州图是与'板籍'即户口数一同上报职方的。唐代规定:'天下[户]籍造四本,京师、东京、尚书省、户部各贮一本。兵部职方属尚书省,各州送到尚书省的那本户籍估计就是由兵部职方保存的①。"这里引用了两条史料,一为董棻《严州图经序》,二是王溥(922~982)《唐会要》卷八五《簿帐》,因对董序的断章取义及误解,导致了第一个判断失误,即据宋人记载,唐之州图与版籍一同上报职方;引《唐会要》之说无误,但问题是他的"估计"却是逻辑推埋混乱导致的第二个判断失误:即既然"兵部职方属尚书省",估计送尚书省的户籍应由兵部职方保存。这一系列常识性的错误导致了其关于职方"沿革"全局性的失误。请注意,这里尚未引入"闰年图"这一概念。先看董棻《严州重修图经序》②:

《周官》职方氏掌天下之图,周知其数(险?)要。汉得秦图书,具知天下阨塞户口多少强弱处;光武中兴,按司空舆地图以封诸子。历代放

---

① 吴著《人口史》第73~74页。
② 录自丛书集成本《严州图经》卷首,参校陆心源(1834~1894)《皕宋楼藏书志》卷二九。其序撰于绍兴九年(1139)正月壬午(元日)。

周,遂以职方名官。至唐立制,凡地图命郡府三年一造,与版籍偕上省。国朝定令,闰年诸州上地图。大中祥符四年,诏儒臣纂修《图经》,颁下州县,俾遵承之。距今百二十有八年矣。

显而易见,上引董序包含两层意思:(1)职方沿革,始自《周官》;历代仿效,"遂以职方名官"。(2)"至唐立制:凡地图,命郡府三年一造;与版籍偕上省①。"即唐制:州郡地图,三年一造;与户口版籍一同上尚书省。问题在于,吴松弟既有断章取义之嫌,又将州郡三年一上各州府地图,与同为三年一上户口版籍判然两事,误捏合为一事。"偕"可释为"一同"、"一齐"、"偕同",更关键的是在"偕上省"三字,"省"指尚书省,董序的原意很清楚,州图与板籍偕上尚书省,再分送所属的分司部门——兵部职方与户部。宋承唐制,这后一句话是不言自明,其义若显的。更令人吃惊的是:《唐会要》明明说的是户籍造四本,尚书省、户部各存一本;主管户口的户部所存那一本,不正是汇总、发布户口数据的来源吗?吴松弟为了迎合他的主观设想,竟猜想或估计成兵部职方属尚书省,故贮尚书省的必存兵部职方。尚书省下辖吏、户、礼、兵、刑、工六部,又各辖若干司。为何要将存在尚书省的一本州郡户籍贮于兵部·职方呢?吏部职能之一掌官员任命、考核,州郡又以户口多寡分为等级,最有理由保存这本户籍。但史料中说得毫无含糊,乃尚书省及户部各贮一本;那么,假设即使真如吴说,尚书省那本存兵部职方(实际无此可能),主管户口的户部那一本也理应成为汇总及发布的权威依据。唐代文书的上报均有严格的规定,尚书省贮存的那本户籍决无可能存于兵部·职方;这仅是吴松弟的主观想象而已。职方只管地图,不管户籍,殆无可疑,显而易见。

龚延明教授对职方的沿革有一考略,今摘录如下:"职方,(先秦)职方氏省称。《周礼·夏官》之属官,掌版图、民籍。其正式官称始见于北周仿《周礼》六官之官制……。黄怀信等《逸周书汇集校注》卷八《职方解》:'职方氏,掌天下之图,辨其邦图、都鄙、四夷、八蛮、七闽、九貉、五戎、六狄之人

---

① 这段引文即吴著《人口史》第73页注④所引,"立制",讹作"之制";"偕"作"皆",但其意略同。

民'。《晋书·地理志上·总叙》:'职方掌天下之土,以周厥利。'……《新唐书·百官志二·尚书省》:'(兵部),职方郎中、员外郎各一人,掌地图、城隍、镇戍、烽候、防人道路之远近及四夷归化之事①。"

其《宋代官制辞典·职方司》亦载:"尚书省兵部所属四司之一。""职源:职方之名源于《周礼》。《周礼·夏官·司马》:'职方氏,掌天下之图,以掌天下之地。'作为尚书省兵部职方司之称,始置于隋朝(《隋书·百官志下》)②。"显然,《大辞典》修订了《辞典》之说,一为职方在先秦掌版图、民籍,二为职方作为正式官称不始于隋而始于北周。但两书有一共同之处,即自晋以后,兵部·职方不再掌版籍户口无疑。其职掌正如上引欧阳修(1006~1072)《新唐书·百官二》所概括的那样,不掌户籍,仅掌诸州府地图而已。宋承唐制,基本类同,元丰改制前后均如此③。唐宋职方不掌户口、户籍是毋庸置疑的史实。

其二,是关于"闰年图"的沿革。吴松弟说:"宋代各府州军定期交纳到朝廷的图籍,因主要逢闰年上交,称为闰年图。"又称:"在《宋史·职官志》中闰年图被称为闰年图经,而《宋会要辑稿》职官一四之二〇依其两个组成部分的内容,分别称为"诸州图及图经"。"可见,闰年图以府州军为单位编制,地图和图经是其两个组成部分。……据此闰年图已将唐代上交到职方的州图和版籍两项合而为一,就内容而言几乎相当于一部小型地方志……。尽管闰年图也有户口,却显然不是户籍的一种。"他还说:"除至道二年(996)至咸平四年(1001)间上交到仪鸾司外,各地的闰年图均上交并保存在兵部职

---

① 龚延明:《中国历代职官别名大辞典》第642~643页,又参阅第644页《职方郎中》、《员外郎》两条,上海辞书出版社,2006年。

② 龚延明:《宋代官制辞典》第223页,中华书局,1997年。两书关于职方的论述虽无不可议之处,但大体可信,尤其是指出职方晋以后不掌户,殆无可疑。

③ 参阅同上注龚书《辞典》第223页《职方司》"职掌"、"编制"、"简称与别名"诸目。其实,孙逢吉《职官分纪》卷一〇《职方郎中》已说得很清楚。是书首引《唐六典》云:"掌天下之地图及城隍、镇戍、烽候之数,辨其邦国、都鄙之远近及四夷之归化者。"又曰:"国朝:职方掌天下地图,以周知方域之广袤及城隍、堡寨、烽候之数,蕃夷归朝内附之事。"中华书局影印本第274页上,1988年。

方①。"这又是以一系列断章取义的史料,加以随心所欲的曲解和引申发挥,从"主题先行"的定向思维出发,作出的一系列完全错误的判定。

上引三段话,分为三个层次:一是闰年图的定义,成问题的是称之为"交纳到朝廷的图籍","朝廷"应改为兵部·职方,图籍,应作地图或图,因为闰年图,是有图无籍的。关于"闰年图"的由来与沿革,《宋会要·职官·尚书省·职方》有载:

> 太宗太平兴国二年闰七月,有司上诸州所贡闰年图。故事:每三年一令天下贡地图,与版籍[偕]上尚书省,以闰(月)为限。至是,吴晋悉平,奉图来献者州郡几四百卷。

> 淳化四年,令诸州所上闰年图,自今再闰一造;又令画工集诸州图,用绢百匹,合而画之,为天下之图。藏秘阁。

> 真宗咸平四年八月,职方员外郎吴淑言:"诸州(路?)所纳闰年图,合在职方收掌,近并纳仪鸾司。窃以天下山川险要,皆王室之秘奥,国家之急务,故《周礼》职方氏掌天下图籍,又诏土训以夹王车。汉祖入关中,萧何犹(独?)收秦图籍,由是周知天下险要,岂可忽而不顾!乞从今闰纳到图,并送职方。又州郡地里犬牙相入,向者独画一州地形,即何以傅合他郡?乞今后令逐路转运,从今闰各画本道诸州图一面,纳职方。自是每经十年,命一次画图送纳。"从之②。

据上引后二节文字,十分明显,"闰年图"仅是指闰年诸州郡(《长编》称诸路)所上的地图;既不是所谓"地图和图经是其(闰年图)的两个组成部分",更不是什么"已将唐代上交到职方的州图和版籍两项合而为一。"这完全是吴松弟肢解、曲解史料,加以拼接捏合的主观想象的产物,与唐宋的实际相去甚远。这从真宗时的一条史料也可以得到证明:"真宗咸平四年八月,诏:诸州所上闰年图,自今每两闰一造,每三次纳仪鸾司;即一次纳职方,

① 以上引文均见吴著《人口史》第74页。
② 《宋会要辑稿》职官一四之二〇。吴淑言云云,参校《长编》卷四九(点校本第1070页),末有"所冀天下险要,不窥牖而可知;九州轮广,如指掌而斯在。"这一联四六,为《宋会要》所无,益可证闰年图仅为地图,既不是图经,更不是与版籍的"合而为一"。

换职方旧图,却付仪鸾司。其诸路转运司即十年一造①。"这十年一造、以换
职方旧图付仪鸾司的"闰年图",早已名不符实,其仅为图而无籍却显而易
见。显然,这闰年图更无可能成为人口"汇总发布系统"。

也许正是出于东封西祀频繁出行的需要,大中祥符元年四月,龙图阁待
制戚纶(954~1021)"请令修图经官先修东巡所过州县图经进内,仍赐中书、
枢密院、崇文院各一本,以备检讨。从之……。三年十二月,诏重修定天下
图经,令职方遍牒诸州,如法收掌,自今每闰依本录进。"闰年图,宋始贡于太
平兴国二年(977);大中祥符元年(1008)始令修东巡途经州县的图经。大中
祥符三年(1010),由李宗谔(964~1012)主持全国规模的修纂州县图经。是
年岁末,修成诸州县图经凡1566卷(目录2卷)。事历两朝,时间相隔30余
年,判然二事,显而易见,毋庸赘述。李宗谔《祥符州县图经序》说得更清楚:
"今闰年,诸州上地图,亦其比也。图则作绘之名,经则载言之别。"《图经》之
纂,"览山河之形胜,酌方志之前闻,敕土训而夹车,校地官之著籍"。显然,
图经中的人口资料,须"校地官之著籍"——必须与户部所掌的丁帐等户籍
相校核;正透露了户部所掌版籍才是人口权威信息来源。"曾未半载,悉上
送官。毛举百代,派引九流,举《春秋》笔削之规,遵史臣广备之法。……自
余经界之疆畔,道里之迤遐;版赋耗登,轨迹昭晦,土毛良苦,气俗刚柔,具有
差品,无相夺伦。"概括了《图经》的纂修与内容。凡涉及府州军监421,县
1253;"祥符四年八月十八日,中书门下牒:别写录颁诸道《图经》新本共三四
二本②。"

从今存宋元方志考察:朱长文《吴郡图经续记》卷中《户口》载有苏州大
中祥符四年(1011)户丁数,分别为199829户,379487丁,户均1.90丁;施宿
《嘉泰会稽志》卷五《户口》亦载有大中祥符四年户丁数,分别为187180户,
329348丁,户均1.76丁。两地的户丁数据,应即录自《祥符图经》。可基

---

① 《宋会要辑稿》职官二二之五。同上云:"仪鸾司奏掌乘舆亲祠、郊庙朝会、巡幸、宴享及内
　庭供帐之事。"之所以仪鸾司需要诸州地图,或许是出于真宗东封西祀频繁出行"巡幸"的
　需要。
② 以上据《玉海》卷一四《祥符州县图经》第274页,江苏古籍出版社、上海书店影印本,1988
　年。

本确认为出于《祥符图经》的户口数据,今存方志中还有一些。上举苏州、绍兴数据,其表达方式一致,不分主客户、主客丁,而仅以户、丁对举。

值得注意的是《新安志》,其书卷一《户口》载有天禧中歙州户口数据,以主、客户、主、客口四项分列的方式出现,无合计数①;是书卷三至卷五还有歙州各属县的户口数,记载方式同上。据淳熙二年(1175)罗愿《新安志·序》称:"唐有《歙州图经》","大中祥符中,颁李宗谔所修新《图经》于天下,则由前诸书废不显。"他没有提到此后歙州有《图经》或方志之修,似乎这天禧中的户口四项数据亦取之于《祥符图经》;另一种可能是:或《祥符歙州图经》已佚,此四项分列的数据,为天禧年间所修的《歙州图经》记载的户口数(不能排除照抄祥符数的可能)。无独有偶,《宝庆四明志》卷五《户口》也有天禧中一组户口数据,记载方式全同歙州,也分列为四项而无合计数②。如果称苏州、越州二个户丁数据为出《祥符图经》的话,后二个歙州、明州数据为"疑似"出《祥符图经》或《天禧图经》,其表达方式的不同是前一组二州已将主客户、丁数四个数据合并为二个,而后一组数据的二州则为分列,丁及口与户的对举并称亦似《长编》,在宋人早已视为同一概念而可率意置换。总之,可以肯定:在《祥符图经》的户口数据中,应有户、丁两项,也许各地在编纂图经时体例并不统一,有分主客为四项的,也有不分主客仅为户、丁两项合计数的,很不规范、一致。报至朝廷后,由李宗谔等编纂成书,之所以没有祥符三年的全国户、丁数据,也许是各地所报数据参差不齐,错讹百出,无法作出比较可信的合计数据。《祥符州县图经》经李宗谔等整理编纂成书后,又于四年颁行各地,所以今存的户口数据应是祥符三年或稍前的户口数无疑。朱长文和施宿之所以记为四年,如上所述,应为李宗谔编成的书于四年颁于诸州而形成的错觉。

从今存宋元方志所引出于《祥符图经》的大量佚文考察,确有关于各州县"建立、沿革、城壁、吏员、户口、贡赋、山川、地理"等门的记载,甚至还有风俗、物产、祠庙、宫观、寺院、杂录等门类的内容。可以说,《祥符图经》作为北

---

① 今合计为主客户127203,主客口162292,户均1.28口。
② 今亦合计为主客户136072,主客口330989,户均2.43口。

宋唯一一次全国规模的《图经》纂修①，已具备了方志的几乎全部门类及要素。但正是这一点，使《图经》成为与闰年图区别的显著标志之一。足以判定闰年图与州县图经判然二事、并非一书的史料很多，姑举数条有代表性的史料以证。

（1）《长编》卷八一大中祥符六年（1013）十月丁亥条载，权判吏部流内诠慎从吉言："格式司用十道图较郡县上下紧望，以定俸给；法官亦用定刑，而户岁有登耗，未尝刊修，颇误程品。请差官取格式司、大理寺刑部十道图及馆阁天下图经定新本，付逐司行用。"诏："秘阁校理慎镛、邵焕，集贤校理晏殊等校定，翰林学士王曾总领之（原注：天禧三年书成，凡三卷，诏付有司）。"可证十道图无户数登耗，须用馆阁所藏天下图经以定新本而行用。以定郡县等级、官员俸给，及法官量刑。足证闰年图（十道图）与图经并非一书，且又并非专藏兵部职方，而由多个部门使用，更无密可保。

（2）可贵的是：《景定建康志》卷五刊有十五幅附图，尤值得重视的是刊于同卷图前的《地理图序》，明确指出了上于职方闰年图与上于户部的图志，均可简称为图。其序云："《周官》大司徒掌建邦之土地之图，与其人民之数，以佐王安扰邦国。以天下土地之图，周知九州之地域广轮之数，辨其山林、川泽、丘陵、墙衍，原隰之名物；职方氏掌天下之图，辨其邦国都鄙，周知其利害。盖方国各自为图，掌于职方，入于司徒，则谓之天下土地之图，大司徒合而图之，则谓之建邦土地之图，然则上矣。皇朝令郡国图经三岁一来上，即成周所谓天下土地之图也。……由职方土地之图，以入于建邦土地之图，讵容阙典？于是考古证今，为图凡十有五……当辨者附于图后。"此或当即"闰年图"存世之样本欤？图后仅有《辨丹阳》等五篇考辨文字，更无户口数据等其他文字。所谓《周官》"大司徒"，历代皆用作户部尚书拟《周官》的别称，或指代户部的喻称，其所掌之"建邦之土地之图，与其人民之数"，即主要指

---

① 据黄鼎《四明图经序》称："自大观元年（1107）朝廷创置九域图志局，命所在州郡编纂图经，于是明［州］委郡从事李茂诚等，撰地里之远近，户口之主客，与夫物产之异宜，贡赋之所出……"据此，则北宋末又有一次全国规模的图经之纂，仅明州而言，已修纂而成，却亡于两宋之际兵火。从今存宋元方志中佚文看，其影响与规模，远不及《祥符图经》。黄序刊《乾道四明图经》卷首，《丛刊本》第4874页。

所掌全国之耕地顷亩及户口之数。职方氏所掌天下之图,仅"辨其邦国、都鄙而周知其利害。"其用途主要在军事及出行,有点相似于今之军用地图及交通地理图的意味,而且仍要汇总于户部所掌舆地全图。两者的区别显而易见。

(3)熙宁九年(1076)八月八日,沈括奉旨编修《天下州县图》,但直到元祐三年(1088)才获准投进,据其自述:"今画《守令图》,并以二寸折百里,其间道路迁直,山川隔碍处,各随事准折。内废置郡县,开拓边境,移徙河渠,并据臣在职日已到文案为定,后未系。臣罢职,别无图籍。修立大图一轴,高一丈二尺,广一丈;小图一轴;诸路图一十八轴,并用黄绫装缥。副本二十轴,用紫绫装缥,谨随表上进以闻。"图上进后,特支绢一百匹,仍许贬黜中的沈括任便居住①。可惜这正副两套各20轴的"闰年图"(其投进之年正为闰年)的精品杰作今已无一传世,只留下令人称羡不已的记载。十二年始成而投进,乃沈括被贬逐而然。

(4)宋代虽然有图经三年一上或十年一上之规定,但不过徒为具文而已。如苏州,《祥符图经》后北宋有朱长文《图经续记》,南宋有范成大《吴郡志》,两宋不过三修。歙州(徽州),自《祥符图经》后,不过淳熙罗愿《新安志》之续修,凡二修而已。汀州志仅南宋隆兴、庆元、开庆凡三修。从今存的明州(庆元府)、潮州、洪州(隆兴府)等地的《图经序》中可知各地方志两宋320年间不过二三修、三五修而已。请问数十年上百年一修的图经、方志如何能承担起据以"汇总发布"人口数据的重任?况且,这些人口数据往往残阙不全,照抄前志,错讹百出;统计的口径、标准也各不相同。仅选录数篇《图经序节文》,以见一斑。曾丰(1142~?)《缘督集》卷一七有《隆兴府纂修图经序》,又有《豫章图志后序》,其说略云:北宋初始有《祥符图经》(三年,1010),北宋末有洪氏《职方乘》,至淳熙九年(1182)始有《豫章图志》之纂。180余年间洪州图志仅三修而已。汀州教授赵与沐跋云:"州有图志,一邦之史也。凡而山川之融茂,人物之消长,风俗之仍改,户口之耗增,事制之沿

---

① 事具《长编》卷四一三,第10033页,引文见沈括《长兴集》卷一六《进守令图表》。

革,官吏之更代,校舍之废置,世故之屯屯殷殷皆系焉。""鄞江旧志始纂于隆兴者颇略,继修于庆元者尚疏①。""山海有经,舆地有图,郡邑有图经,此古今所共由而一日所不可阙者也。盖天下之阨塞,户口之多寡,不有载籍以著其所以然,则所谓阨塞多寡者,虽欲具知而不可得②。"类似之例又如:

常祎《潮州图经序》:图志以诏事,周制也。后世因之,至宋而益详。今著在甲令(令甲?),凡诸州图经,十年一上之职方氏,以备参考。是则图经之设,岂苟然哉!潮旧有图经,兵火以来,散逸殆尽。厥今所载,不过叙其道里之远近,县镇乡里之若干,有司徒以为文具而已。至若州邑废置之由,户版登耗之数,风俗之所尚,土地之所宜,则漠然无所考,盖一邦之阙典已。

黄梦锡《潮州续图经序》:诸郡图经,唐已有之。参稽旧序,具言一经兵火,散逸殆尽。淳熙二载,常侯祎方哀而集之。继阅二纪,赵侯师岊又从而修之。历年二十有五,孙侯叔谨橄梦锡偕同志编辑校定,仅成全帙。以岁数计之,自淳熙乙未至于绍定己丑,几六十稔,更三十政,纂修者仅三焉。——端平二年八月朔日③。

其三,吴松弟认定地图与图经是"闰年图"的"两个组成部分"的主要依据为:"文字内容,根据嘉祐三年仁宗的诏令,包括'开析建立、沿革、城壁、吏员、户口、贡赋、山川、地里'诸项"。这也成为他"州图与版籍""合而为一"论的主要史料依据,据其书脚注,出《玉海》卷一《元祐职方图》④。今考吴著此误系于仁宗嘉祐三年(1058),实乃哲宗元祐三年(1088)之诏。《长编》卷四〇九元祐三年四月己卯条载:"诏诸路及州各具图,开析建立、沿革、城壁、吏员、户口、贡赋、山川、地里,上职方⑤。"这条史料行文太简,无前后背景,应

---

① 《永乐大典》卷七八九五引《临汀志·丛录》,参阅胡太初《临汀志序》。
② 《乾道四明图经》卷首《丛刊本》第4874页。
③ 两序,据《大典》卷五三四三引《三阳志》,《全宋文》并其人而失收。常序云"职方氏",乃用其先秦古义,以示其好古博学。
④ 吴著《人口史》第74页。
⑤ 《长编》点校本第9963页。亦见《玉海》卷一四《元祐职方图》,影印本第276页下。

有两种涵义,一是对闰年图的编绘说明,即路及州的图应具上述八个方面的简要说明,二是对州县图经的编纂要求及规定。笔者认为似应以前者为是,"诸路及州"的限定词似可说明,《图经》则州县皆有。另外,如是图经的门类,则《祥符图经》已远不止此。"上职方"云云,用的是其古义即先秦"职方氏"的省称,而非唐宋之兵部·职方的实指。吴松弟望文生义,混淆了先秦与唐宋"职方"的不同含义。但无论如何,也无法成为其所谓的"地图和图经"的"两个组成部分",更不是什么"州图和版籍两项合而为一"。如果真像吴松弟想象的那样,那么本书上引陈表中51个数据中元祐三年(1088)以前的前40个数据(占北宋的78.43%)又是如何"汇总发布的"?更何况无论闰年图及图经,远非逢闰年就编制上报的,这仅是徒有虚名的具文而已。

其四,通过以上考析,再回过头来看太宗时贡闰年图那条史料:"太宗太平兴国二年闰七月丁巳,有司上诸州所贡闰年图。故事:每三年一令天下贡地图,与版籍皆上尚书省。国初以闰为限,所以周知地理之险易,户口之众寡焉①。"这条史料的三层含义很清楚,首先,所述事由为"有司上诸州所贡闰年图",这有司指尚书省或职方。其次,"故事"云云:指宋以前之制,每三年一贡地图,与版籍(户口及赋役等)同上尚书省。这里有不言自明的省略文字:即贡地图上职方,而版籍上户部。其同为尚书省所属的主管部门,故云"皆(偕)上尚书省"。最后,宋初改为"以闰为限",因三年一上未必逢闰之故。闰年图,"所以周知山川之险易";版籍,可知"户口之众寡也"。吴松弟既将贡地图与版籍两事混为一谈,又将尚书省与其属司(兵部下属机构)职方视若为一,遂导致其结论的重大失误。毋须旁征博引,王炳上奏论尚书省六部二十四曹的职司分工足以说明问题。

> 至道二年[二月],祠部员外郎、主判都省郎官事王炳上言曰:"尚书省,国家藏载籍、典治教之府"。["唐末以来","尚书六曹"],名虽存而其实亡矣。""户部四司,……周知天下户口之数";"兵部四司,司马之

---

① 《长编》卷一八,第410页。又见《宋会要辑稿》职官一四之二〇。李焘注曰:《会要》与《实录》均云:"时吴、晋悉平,奉图来贡者,州郡凡四百卷。"此大误也。按《地理志》,乃雍熙中事,今削去。可见《太宗实录》原亦载斯事。

职,掌武人选举,周知天下兵马器械之数"。"今职司久废,载籍散亡,惟吏部四司官曹小具,祠部有诸州僧道文帐,职方有诸州闰年图经,刑部有详覆诸州已决大辟案牍及旬奏禁状,此外多无旧式。欲望令诸州每年造户口税租实行簿帐,写以长卷者,别写一本送尚书省,藏于户部①。"

又,《宋会要辑稿》职官一二之三引《两朝国史志》:"职方,判司事一人,以无职事朝官充。凡城隍、镇戍、烽候、防人、道路、远近、四夷归化,皆不与闻;本司但受诸州闰年图及图经而已。"据此,似在仁英两朝,职方曾一度掌受诸州所上图经,但如上所证,州郡图经毕竟不是户口版籍,两者有天壤之别;即使州郡图经中有一些关于户口的资料,也是零星、分散,颇有错讹,远不如户部所掌户口资料之齐全,不可能成为户口汇总、发布系统的主要信息来源。且至迟在神宗元丰改制后,职方已不再掌受州郡图经。值得注意的是,《职官分纪》卷一〇《职方郎中》已称:"职方掌天下地图","及城隍、镇戍、烽候之数,蕃夷归朝内附之事"。与上引《会要》所述不同。在元丰改制前,职方原有的职能已被夺废,又怎能设想让职方去主管"汇总发布"户口之事? 即使在元丰改制后,还政于尚书省六部二十四司后,也是忙闲有别、苦乐不均,户部为肥缺,忙得不可开交;兵部职方仍为冷局闲司,清苦无比,且职方已不掌受图经无疑。陆游曾有生动的对比,其说云:"自元丰[改]官制,尚书省复二十四曹,繁简绝异。"北宋后期,京师有语曰:"户度金仓,日夜穷忙";"兵职驾库,典了裓袴。"南渡后,"赂贿公行,冒滥相乘";"赋敛愈繁,而刑狱亦众,故吏、户、刑三曹吏胥,人人富饶,他曹寂寞弥甚。吏辈又为之语曰:"户度金仓,细酒肥羊";"兵职驾库,咬姜呷醋②。"

总之,图经与闰年图判然两事,兵部职方不预户口统计、汇总、发布之事,闰年图为有图无籍,殆无可疑。州县图经有可能提供某种户口数据,但毕竟是零星、杂乱、无序、粗放的,不可能成为宋代户口资料的主要来源。仁

---

① 《宋史》卷一六八《职官八》,中华书局点校本第 4001～4002 页,参校《长编》卷三九,第 829 页。"旬奏禁状",《长编》原讹倒作"旬禁奏状";《宋史》误作"勾禁奏状",据龚延明《宋史·职官志补正》第 530 页校改,浙江古籍出版社,1991 年。

② 陆游:《老学庵笔记》卷六,第 82～83 页,中华书局点校本,1979 年。

宗朝以后,每逢闰年岁末,《长编》多有以"天下上户部"的格式,著录主客户、主客丁四项数据,也无可争议地证明:两宋唯一主管户口的权威机构为户部,是主持户口统计、汇总及发布的唯一权威渠道,其户口数据的来源甚多,主要是各地逐级上报的帐籍,如丁帐、二税计帐,也有包括州郡图经的各地方志中的户口资料等。兵部职方不预户口事可成定论。对史料的误读、误解,随心所欲的断章取义,引申发挥,才导致这种"创见"的漏洞百出。这是笔者以为吴说无法成立的第三条理由。

(二)地理总志不可能是宋代户口的数据库

也许是吴松弟也认为并无把握论定其"创见",故总是模棱两可地用上述这类词语与口气:"可以推测,各地的闰年图是地理总志所载各府州军最新经济、人口资料的唯一来源①。"再从他所论的"宋代地理总志的编纂",来考察地理总志与"人口汇总发布系统"是否有必然的联系? 首先,笔者认为,既然其"闰年图是地理总志""人口资料的唯一来源"之主观设定,并无什么史料依据,而是凭空"可以推测"出来的,就无必要再进行深究;只要看一下所谓两宋修成的 13 部地理总志,尤其是北宋的 10 部地理总志②,是否有可能成为人口"汇总与发布"的数据库,答案仍然是否定的。

南宋的《建炎图志》仅见于《淳熙三山志》,究竟是福建、福州的方志还是全国的地理总志很难确定。按情理分析,在建炎年间(1127~1130)的艰难时世,赵构统治集团惊惶逃窜,立足未稳,南宋小朝廷远未定都,内外交困,似无可能有纂修全国性方志的可能和条件,传世的全国性南宋人口数据,迟至绍兴二十九年(1159)才出现。即使真有《建炎图志》这部"地理总志",也必然残缺不全,错漏百出,姑置勿论。《舆地纪胜》与《方舆胜览》两部私撰地理总志,均无人口数据,吴松弟认为:两书作者"王象之、祝穆皆不在朝廷任官,即使朝廷有一些闰年图资料,他们也无法看到。因此尽管两书记载了丰富的人文地理资料,却没有给后人留下各府州的户口数据③。"这又是一厢情

---

① 吴著《人口史》第 73~75 页,引文见 75 页。
② 参阅《人口史》第 75~77 页。
③ 吴著《人口史》第 81 页。

愿的主观想象。谭其骧先生曾精辟地分析过：两书体例、门类、内容基本相同或类似，但王书更详沿革，祝书则重四六和诗文搜载。两书与一般地志在体例、门类上的详略有很大不同，乃当时社会风尚所决定；按邹逸麟先生的说法是两书更着重于人文地理和经济地理。谭先生已指出，仅今湖南省境，《胜览》共采录了三十八种宋及宋以前图经、郡志、地记，估计全书采录方志四五百种；邹先生也指出，王书仅江西路就援用今已亡佚的自六朝至宋的图经、地志、地记约六十余种（还不包括单篇文章），估计全书援用图经、方志之类书上千种。分别是现存宋元方志的八倍或二十倍之多。仅就两宋的图经和地志而言，必然会有大量各地的人口资料和数据。两书之所以不援引，并非他们"无法看到""闰年图资料"，是因为他们未设户口这一门。是体例及门类所决定的。北宋末的《舆地广纪》不载户口资料和数据，也出于同样原因，因是书主要着重在沿革地理和政区地理。可以断言：他们从已援引的数百种或上千种宋以前已佚图经、地志、地记中见到各地人口资料与数据，比今存宋元方志中见存的户口数据要多得多，只是因为体例的限制未设户口门而记录下来而已。被称为图经、地记、地志等的宋代各地方志数量之多，远超过我们的想象。这些方志也多一直流传到明初，多已被收入《永乐大典》。如果不是四库馆臣无识，辑出这总数数千种的明初以前方志，无疑我们今日所见的各地宋代户口数据，会数十倍、上百倍的增加。这也从另一侧面证实：传世宋代各地州县人口数据，绝大部分来自各地的宋代方志，而不是什么闰年图，更不是地理总志。此外，从宋人的文集中等其他途径及国史、会要、实录等书中也可见到大量人口数据。谭先生和邹先生为两书所撰的前言中就各举了一个例证：如泉州"生齿无虑五十万"（《纪胜》陆守《修城记》），"中藏阛阓余十万家"（《胜览》卷四六）。又如吉州"元丰生齿，潭与吉最蕃息（潭主客户三十五万，吉虽微不若然，犹居潭十九已上。刘弇《送吉守盛公归朝序》）[1]。"总之，王象之、祝穆不需要、也不可能去从"闰年图"中找人口数据，这也是昭然若揭的。

---

[1]　分见谭其骧《方舆胜览·前言》，刊上海古籍出版社影印宋咸淳本线装书卷首，1986 年；邹逸麟《舆地纪胜的流传及其价值》，中华书局影印本卷首，1992 年。

以上论证了南宋的人口数据不可能出于地理总志,这里还要补充一点,即据上引陈表,孝宗一朝有完整的 26 个年份之户口数据,其中乾道九年以前的 12 个年份还有分路的户、口统计,均出自《乾道会要》和《淳熙会要》,当时就据户部的人口数据统计、汇总。可见南宋全国和路的户口数据库已相当完备,地方各州郡的人口数据的来源就相当多样性,一是方志,二是地方官员的奏章、文集,三是保甲簿、丁簿、管额帐、赈济人口统计等各种帐籍,除丁帐须逐级报至户部外,记入地方志中的人口数据因来源众多,统计口径不一,因而就呈现复杂多变、五花八门的形式。有只计总户数或主户的,也有分计主客户数的;有记丁口、男口(分成丁、不成丁)的,也有个别记全体人口的,很不统一规范。如果真像吴松弟所说的有什么闰年图——地理总志的汇总发布系统,其"发布"的人口数据就必然是同一口径整齐划一的,而不可能像目前我们所见到的各地方州县人口数据那样漫无章法,很不一致。

再看一下吴松弟所谓的北宋十部地理总志。先讨论现存有全国各地人口数据(少量残阙)的二部:《太平寰宇记》和《元丰九域志》。据陈乐素先生的考证,乐史《太平寰宇记》中的户口数据,主要仅载主客户数,且又具备四个特点:第一,所据为"户部所集的调查报告";第二,"是以地方的报告为准,而不是由户部直接派遣专员从事";第三,因各地情形不同,调查报告方式间亦有异,不尽专载主户、客户;第四,"当时客户的散布几遍全国,诸州中不载客户者仅极少数。"陈老在六十年前就得出据乐书内证而概括出的四方面值得注意之点,体现了作者非凡的史识。其本节的标题即为"《太平寰宇记》中的户部资料",其第三点尤值得注意,他列举了至少十条以上的例证,证明宋初户口类型的多样性,不仅有"蕃汉相杂"的少数民族如"部落户"、"蕃户"、"蕃客户"、"夷户"、"獠户"等,还有主客户外的"孤老、女户","山河户"、"盐亭户"等矿冶、煎盐的专业户①。笔者以为,乐史的资料来源除了各地向

① 陈乐素:《求是集》第二集,第 74～76 页。笔者检核了中华书局 2000 年影印宋本《太平寰宇记》各卷,确多分主客户载户数,陈老列举外,还发现卷七八(第 90 页上)涂州、向州各载有户、口数据,从户均数判断,其口亦为丁口;卷九九(第 114 页)处州、卷一一〇(第 175 页)均不分主客户,仅有合计数。

户部上报的资料外,可能还有宋初或宋以前的旧图经、地志中得来的户口数据。

关于《元丰九域志》的修纂、版本等请参阅王文楚先生等点校本前言①,此勿赘及。值得注意的是大观中晋原令程缜曾说:"新、旧《九域》二书,上据历代诸史、地志,旁及《左传》、《水经》注释并《通典》言郡国事,采异闻小说,绌次成书②。"《元丰九域志》所载人口资料数据当来自"诸史、地志",由于宋代印刷术的普及,刻书数量之多,令人叹为观止。至北宋中期,各地方志的数量已很可观,成为其书人口资料的来源之一。从其所载府州军监297郡的人户数据基本齐全及整齐划一来看,其主要的史源应来自各地上报户部的户口数,而取方志数参证。经检核,其所载基本上皆为分载主、客户数,无口(丁口)数③。今存北宋仅有主客户数的《寰宇记》、《九域志》两书不符合吴松弟作为"宋代户口的汇总发布系统"的"五个基本条件"之第四项——"具有户和口(或丁)两方面的内容"④,显然没有资格成为"汇总发布系统";因为根本就不存在这样的一个"系统",故其必然陷入自相抵牾、漏洞百出的无奈。如上所论,今存两宋的五部地理总志根本不是什么"汇总发布系统",其人口资料来源也并非什么"闰年图"。主要来自户部的统计及国史、各地方志(《图经》、地志、地记)所载。

不妨再看一下他列举的其余八部所谓北宋地理总志。(1)开宝《重修天下图经》,仅是设想,无论是卢多逊(934～985),或是宋准(938～989)均未成书,殆无可疑。(2)《景德重修十道图》,《玉海》卷一四已云"书不成"。(3)《景德九域图》,此书为子虚乌有,王存(实出曾肇之手)《元丰九域志》进

---

① 中华书局1984年点校本卷首前言。
② 《玉海》卷一五《熙宁都水名山记》,影印本第295页上。据《书目》:程缜撰《职方机要》四〇卷。是条又云:"《舆地广记》三十八卷,政和(1111～1118)中欧阳忞撰,考摭史传及山经、地志为三十八篇。"其不载户口亦体例所决定。
③ 仅卷五(第220页)秀州及卷九(第415页)康州称"客无"而仅有主户,这是一种可能;另一种可能是客户原阙数据资料。
④ 吴著《人口史》第71页。

书《表》明明说："趣时施宜，文约事备，则唐之《十道图》，本朝之《九域图》是也①。"明明是唐之《十道图》及王曾（978～1038）等《祥符九域图》（祥符六年成书）②，到了吴松弟笔下却又变幻成"或许《景德重修十道图》又被人称为《景德九域图》③。"明明《淳熙三山志》卷一〇《户口》所载原文为："国初主客户凡九万四千五百一十，景德一十一万四千八百六十二（原注：《九域图》）"④。显指"国初"及"景德"两个数据皆出《九域图》（即王曾等《祥符九域图》），但吴松弟却能凭想象掐去国初之一数据，又在小字注文书名前妄加"景德"两字，臆改史料，治史之大忌，这等常识，人所共知。(4)《祥符州县图经》，现存方志中的祥符间户口数据，多出于是书，因其本由州县纂修上报，后经李宗谔等删订成新本又颁行各地，故各地存书较多，后修方志（包括南宋）凡涉及宋初人口，多出此书。但此书本为州县图经，对各州县而言，显然不是地理总志，更非闰年图。何况朱长文《图经续记》、施宿《会稽志》所引均仅有户数而无口（丁）数，也不符合上引吴说五条基本条件的第四项，显然无法成为其"汇总发布系统"说的佐证。(5)王曾《祥符九域图》，即使有户口数据，当亦抄自三年前成书的《祥符图经》，何况有可能援引此书的仅为《淳熙三山志》卷一〇之一例而已。(6)《皇祐方域图志》及其(7)《续图》，从《元丰九域志》未提到过这二部书及现存宋元方志无一援引是书之例看，这二部书不可能成为现有户口数据的来源。(8)政和《九域图志》，是书纂修前，虽已成立详定《九域图志》所，以作资料方面准备，但现存史料中未有关于此书修纂完成的记载，不能视为已成之书。虽然《宋会要》中有关于蔡攸（1077～1126）、何志同（？～1133）、蔡经国等详定所臣僚就某一修书具体问题所上的多通奏札（节文），但从这些记载考察，无法得出书已修纂完成的结论⑤。

---

① 王存进书上表，刊点校本《元丰九域志》，据《玉海》卷一五《熙宁九域志》（第295页上）注云："《曲阜集》有进表"，似出预修者之一曾肇手笔，但今传《四库本》是表已无存，疑佚。

② 参阅《元丰九域志·前言》，刊是书中华书局点校本卷首。

③ 吴著《人口史》第75页。

④ 《宋元方志丛刊本》第7880页上，中华书局，1990年。

⑤ 除吴著《人口史》第76页注⑤列举的《宋会要辑稿》方域五之一七、五之二六［至二七］、六之三、六之五（原误六）等条外；还见于同书崇儒五之二八、礼二〇之九、二〇之一〇，同书食货一二之四。从以上诸条看，似仍还停留在搜集、考证材料阶段，远未成书。

毋庸讳言,在今存方志中,有多条涉及关于政和六年(1116)的人口数据,似仍不能完全排除此书已修成的可能;但这些数据亦有可能仅出自各地的上报而在方志中的遗存。

综上所述,以上八书(1)、(2)、(3)、(8)均未成书;(4)、(5)可能为一书;(6)、(7)则仅知正续书名,余未可考。上述八书中,只有李宗谔《祥符州县图经》一书有可能成为今存宋初户数数据的来源之一,而这些数据原就由州县《图经》所提供,亦须汇总至户部。不能认为来源于地理总志,更不是什么"汇总发布系统"或现存宋代户口数据的来源,殆无可疑。这是所谓的闰年图——地理总志"汇总发布系统"无法成立的第三条理由。

吴著《人口史》第78～79页表3-1"宋元方志中宋代户口的系年和资料来源"共载录了71条,其中只有22条来自他所谓的地理总志,占30.98%,除了《治平图志》、《建炎图志》各一见外,余全抄自《祥符州县图经》、《太平寰宇记》、《元丰九域志》三书。上已证:乐史《太平寰宇记》的人口数据,多来自户部资料,陈老据是书卷一六九注:"户部牒,不言户,只言丁"云云,称作者所据乃"户部所集的调查报告",是宋初人口数据来自户部资料的力证。"户部牒"者,户部之公文也。陈老指出的第三点,即"调查报告方式间亦有异,不尽专载主户、客户"云云及其下所举例证,尤为《太平寰宇记》所载户口数据乃出于户部提供资料的铁证。如卷一一七桂阳监主客户数、丁数,每月计丁征银数;又如卷一三〇载海陵盐、利丰监盐亭户数、丁数,以丁计征盐课额数①。这些数据,尤其是征银、征盐的课额,无疑只有三司及户部才能掌握,决非什么"闰年图"所可能记载的内容。而这种言之凿凿的史证,却被吴松弟极为轻率地以"户部牒"非"户部帐"为由而判为非是,莫须有地认为乐史"有关宋代的经济和户口资料估计得自他直史馆时所看到的闰年图②。"陈老所举无可置疑的史证,却可以被他自己的主观臆断——"估计"所否决,这种驳论之法确实极为罕见。据王文楚《宋本太平寰宇记·前言》称,其书"征引的历代总志和各地地志、图经、旧记及山水图记,极其宏富";则其人口数

---

① 参阅陈乐素《求是集》第二集,第74～75页。
② 吴著《人口史》第77页及脚注②。

据得自户部资料外,另一个来源是各地地志、图经、图记或旧地记之类方志。

王存①《元丰九域志·进表》云:"诏地事则有图,诏观事则有志,比生齿则有籍。近世撮其大要,会为一书,趣时施宜,文约事备,则唐之《十道图》、本朝之《九域图》是也。"开宗明义,已清楚说明地理总志成书的三个来源,"比生齿则有籍",显而易见则指比较户口则有版籍,而掌版籍者无疑只有户部。而所谓的"闰年图"只能"诏地事"——即告知天下山川险要地理形势。又称《元丰九域志》是以唐之《十道图》②及王曾主持之《祥符九域图》③为蓝本修纂的。上引《进表》已十分明确指出《元丰九域志》的户口数据来源亦为户部的版籍资料无疑。

综上所述,今存宋元方志的户口资料除来源于户部资料外,还来自各地的方志——图经、地志、地记,因其来源非一,或为丁籍、保甲册、或为赈济户口、或为当地官员的记载,或为旧经、旧志、旧记的传承,故呈现五花八门的状态,或为丁口,或为男口,或为全口,因刊误及合计中的错讹百出,往往出现许多不可信的数据。吴松弟《人口史》第 79 页据表 3-1 所作三点判断,其一、二称"估计"、"很可能"云云,足见他自己也毫无自信或把握,只能用这类模棱两可的词语来敷衍塞责,只是第三条算说了实话,"南宋的[州县]户口大都没有资料来源,即使有,也绝大多数抄自本地旧方志";之所以加上"州县"两字,是因为两宋的全国性户口数据无一不有来源(见上引陈表),而

---

① 是书由李德刍、曾肇"撰次于秘阁",王存"实董其事",即由王存领衔主编,李、曾具体编修。进表,据《玉海》卷一五《熙宁九域志》注云:"《曲阜集》有进表"(第 295 页上),应出于曾肇(1047~1107)手笔,但王存(1023~1101)为领衔,故以其名义上表。而《全宋文》竟重出于李德刍名下(第 73 册第 76~77 页),令人费解。录文及引文据中华书局点校本《元丰九域志》卷首。

② 据《玉海》卷一四《唐十道图》(第 267 页上),书凡三:长安四年(704)《十道图》十三卷;开元三年(715)《十道图》十卷;李吉甫《元和十道图》十卷。此似指李氏《元和图》。又是条引《志》称:唐"职方郎掌地图、城隍、镇戍、烽候、道路远近及四夷归化之事"。足证自唐以来,职方并不掌户籍。

③ 此必为《祥符九域图》无疑,《玉海》卷一五《熙宁九域志》载,熙宁八年(1075)七月十一日,刘师旦言:"今《九域图》自大中祥符六年(1013)修定,至今涉六十余年……"可证。如上所证,吴松弟《人口史》第 75 页所谓《景德重修十道图》为"不成"之书;"又被称为《景德九域图》",就更是凭空想象,子虚乌有(详《玉海》卷一四,第 272 页下)。

地方州郡数据,北宋则除个别外,多抄自《祥符图经》、《太平寰宇记》及《元丰九域志》,绝无可能出于主观想象的所谓"闰年图——地理总志汇总发布系统"。提出学术创见,并得到学术界的公认——"统一学术界看法",其"关键"①在于:拿出过硬的有说服力的史料依据来,如果仅凭肢解、曲解的史料,加上主观想象的拼凑、组合,就想把这类不着边际、连自己也毫无把握②的"创见"强加给学术界,留下的就只能是笑柄!

吴松弟还称:"由此想到,宋代的户口调查统计多选择在闰年,各府州军向兵部职方上报闰年图也在闰年;因此,传世的宋代户口数据的大部分,特别是全国性户口数和有全国统一年代的分府州军户口数,其年度也应是闰年③。"陈老大作的本意是指《长编》各卷记载了仁英神哲四朝的 24 个闰年户、口数据,其特点是分载主、客户、主客口(丁)四项;另有 8 个平年仅记载户、口两项,不分主客。另一特点即为上文已论证的以嘉祐八年(1063)为界,前后口、丁的对举,实乃异称同名④。想象力再丰富也联想不出上引吴松弟所说的结论。而历史的真实恰恰相反,今传世的户口数据,无论全国性还是地方分府州军的大部分均不在闰年而在平年。以全国性的而论,虽有户、口(丁口)两项数据者平年、闰年平分秋色,但加上只有户数的则平年更多;所谓统一年代的分府州军的户口数,今存者仅为见于《太平寰宇记》、《元丰九域志》和《宋史·地理志》,三书各地的户口数据非来源于同一年份殆无可疑,无从作为比较和论定的依据;只是笔者上节所引梁庚尧博士论文表中所引数据,绝大部分均出于平年。此有随机抽样的性质,就更具可信度。因

---

① 九字引文,见吴松弟《述评》,刊《百年》第 318 页。
② 其《人口史》第 74 页"估计",75 页"可以推测"、"可能"、"或许",77 页两次用"估计",79 页"估计"、"很可能",80 页"假如"、"可以推测";诸如此类含混不清的字眼,充斥其书足以证明。
③ 吴著《人口史》第 84 页。陈老的结论十分精辟,但与吴松弟的联想风马牛不相及,毫无共同之处,显而易见。
④ 陈老之论见《求是集》第二集,第 83~98 页。方按:数据不包括徽宗朝。如扣除《长编》缺卷的因素,则平年的数据至少有 14 个年份,仅比闰年少 10 个。而如改用《宋会要》作统计的样本(即上列我据陈智超表改制),则两宋间闰年数据为今存 29 个年份,平年今存 35 个数据,平年多 6 个数据;如仅以南宋而论,则平年为 24 个数据,闰年为 12 个数据,恰为其二倍,故"闰年图"之说已被众多宋代史实所否定,殆无可疑!

此,所谓"闰年图——地理总志的汇总发布系统"可以休矣！因为没有一条可信史料可以证成此说,有的只是牵强附会、主观曲解而已。

三、宋代每户家庭人口数量探索

海内外研究宋代人口史的学者比较一致或最少分歧的观点是:宋代的户数基本可信。基于这一定论,如将探索的重点转向每户家庭人口的数量,就不失为研究宋代人口总量的一条路径。早在十余年前,笔者曾开始积累史料,但起步维艰,也走过弯路。当初的方案是将刚出版的《全宋文》前50册(巴蜀书社版)中的全部碑志铭状记录的每户人口,作一统计;并自定凡例,只计一夫一妻及其子女,不计祖孙及婢仆,得出的数据户均也在十口以上。方悟此路不通,凡有这类文字传世的多为官宦之家或知识分子,在全部人口中只占不到5%的比例,即使能得出较可信的数据,对家庭人口的数量也不具代表性。史料中百口之家,数十口、十数口之家的记载不乏其例,但只代表极少数豪势及官宦之家。就农村人口而言,对人口数据有决定性意义的是贫下户,即主户中的四、五等户及客户才是人口中的绝大部分,约占宋代人口的85%～90%①。这部分人口加上被称为"中农"的三等户约近95%(此指农村户口)。

(一)宋代户均人数多为四至十口

史料中对这一占人口近95%人群的家庭人口规模的描述(约占南宋人口15%～20%的城镇人口中,中小商人、手工业者、城市贫民等,约在90%以上),除少数极端之例外,多集中在4～10口范畴。北宋中期,曾巩(1019～1083)在谈到河北遭地震、水灾,提出其救灾措施时称:"以中户计之,户为十人,壮者六人②。"米芾(1051～1107)之子米友仁(1069～1151)在两宋之际谈到其家落魄时说:"友仁五口在此,六口在新昌"③;全家十一口,分居两地。

---

① 参阅梁太济《两宋阶级关系的若干问题》第80页。

② 《曾巩集》卷九《论议·救灾议》,第151页,中华书局点校本,1984年。此议上于熙宁元年(1068),参见《宋史》卷一四《神宗一》,卷六一《五行一上》。

③ 岳珂:《宝真斋法书帖》卷二四《米元晖书简帖》(六),四库本。

像他这样父子均为名书画家的官宦之家仅十一口人十分罕见。张守（1084~1145）在谈到淮西"家业及千缗"、"仅有百亩之田"的中产之家时说，"税役之外，十口之家，未必糊口①。"他意在说明南宋之初赋役之苛重，中户已不堪忍受，何况贫下户。绍兴二十六年（1156）七月，御史中丞汤鹏举（1088~1165）曰："诸州县铜匠无虑千百家，家有十数口②"；这是一般手工业匠人家的代表数据，但不可忽视的是其中可能有所收的异姓徒工。同样的情形也出现在北宋中期的专业户茶园户中，吕陶（1028~1104）在论彭州九陇县茶户因卖茶亏价而闹事时说："有园户三百家以来，约及三千人，止约不住③。"其中很可能有雇工在内，但园户也不可能全家老幼尤其妇女一起去卖茶，故十口之家亦可成为茶园户的代表性数据。袁说友（1140~1204）《东塘集》卷七《峡路即事》（十首之五）诗云："双牛只叟一横犁"，"田家十口可无饥"。大约指川峡地区中等农户一般为十口左右，如风调雨顺可养家活口。说明在南宋中期，因局势较稳定，同样为十口之家，生活状况已较上述南宋初淮西农民有一定改善。

　　石介（1005~1045）尝自述"尽室九口在舟"④；无独有偶，周紫芝（1082~1155）诗曰："老稚八九口，未有寸田⑤"，这应是落魄官宦或失意文士家的代表性数据。方逢辰（1221~1291）诗中描述了浙东严州青溪一般农户家庭的人口状况云："大家有田仅百亩，三二十亩十八九。父母夫妻子妇孙，一奴一婢成九口⑥。"如果剔除异姓奴婢，则浙东农户为七口，占田二三十亩，构成一个典型的农家规模，南宋末维持生计已很艰难。吴泳据其亲历，在陕西汉中见到贫困户中也不乏八口之家，其《鹤林集》卷二《汉中行》诗云："三人共一碗灯"，"八口同半间屋"。这也不失为有代表性的人口数据。石介在谈到康定二年（1041）河北宣化军新修清河桥成，导致摆渡船民失业

---

① 张守：《毗陵集》卷五《论淮西科率札子》。
② 《系年要录》卷一七三，第 327 册，第 440 页。
③ 《净德集》卷一一《申府帅并二司状》。
④ 《徂徕集》卷二〇《谢益州张密学启》，四库本。
⑤ 周紫芝：《太仓稊米集》卷六二《九江新居设醮》。
⑥ 《蛟峯文集》卷六《田父吟》。

时说："舟有十五人，十五人为十五家，家率七口，为百五口①。"则北宋时河北船民户为七口。陆九渊(1139～1193)在致友人的信中说到抚州金溪县为万户之邑，户率七口。其说云："某虽不能周知一邑之版籍，以所闻见计之，此邑之民，耕屯田者，当不下三千(石)[人]。以中农夫食七人为率，则三七二十一，当二万一千人。抚万家之邑，而其良农三千户，老稚二万一千②。"陈造(1133～1203)在论淮东救荒时提出募饥民以疏浚盐运二河，使停积盐货得以流通的建议，不仅可以工代赈，度荒济困，尤可促进商品经济的发展，颇具远见。他说："一家二人从役，则六七口免涂殍矣③。"则淮东贫下户饥民户均亦六七口人，亦可证每户约为二丁。董煟(？～1217)《救荒活命书》卷二《义仓》称，南宋大率"一家五七口"，户均应在6口左右。

戴栩曾受命赴庆元府定海清泉两管"被旱最极去处"，"监散赈济米斛"。此两管绵亘五十里地，"以户计者凡千二百六十一，以口计者四万三千九百六十四④"；户均高达不可思议的34.86口，显然不可能。程民生教授在援引这条史料时曾提出，疑"凡"为"八"字之形近而讹，颇有见地，如是则为8261户，43964口，每户平均为5.32口。我认为这"凡"也有可能为"六"之形近而讹，如是则为6261户，户均7.02口。总之，清泉两管的饥民其户均口数约在5～7口。这数据本来是极具代表性的赈济人口户均口数，与上引陈造、董煟之说可相印证；因版刻中的误刊，传世又仅辑自《大典》的四库本孤本，遂变得面目全非而不可采信，故不列入下表作为定量分析的数据。由此可见，这计量分析的定量分析法难度实在太大。

对于学者久已认同的户均五口之说，南宋史料中也有足够多的例证，今仅举数条有代表性的。其一，胡宏(1105～1161)说："被甲者无虑数十万家，

① 《徂徕石先生文集》卷一九《宣化军新桥记》，点校本第229页，中华书局，1984年。
② 《陆象山全集》卷八《与苏宰书》(二)，第75页，中国书店影印《四部丛刊》本，1992年。又考是书淳熙十一年(1184)致时知金溪县苏森。见宋·李子愿汇编、清·李跋增订《象山先生年谱》卷中，吴洪泽主编《宋编宋人年谱选刊》第256页，巴蜀书社，1995年；弘治《抚州府志》卷一一，《天一阁藏明代方志选刊续编》第47册，第677页。
③ 陈造：《江湖长翁集》卷二四《与奉使袁大著论救荒书》。
④ 《浣川集》卷四《乞将清泉两管均济摘济札子》。

家以五口为率①。"其二,黄榦(1152～1221)在嘉定七年(1212)知汉阳军时
曾说:"本军城下并汉口共三千家","本军两县乡村共二万户,且以一家五口
计之,共十万口②。"则汉阳军城镇户口约占 13.04%,如每户均以 5 口计,全
军 2.3 万户,约有 11.5 万余人。其三,南宋时,泉州"中藏寰阓余十万家",
"生齿无虑五十万③。"则亦为户均五口。其四,方回(1227～1307)在论宋末
浙西嘉兴府佃户的生活状况时指出,大致为"五口之家,人日食一升,年食十
八石④。"户均约为五人。但正如北宋时吕陶早就指出的那样,每户口数的多
少,并非全由家庭经济状况所决定,他说:"缘民之贫富,不系丁之多少⑤。"一
般而言,上户、官户、豪势、富商等人户,因经济条件较好,家庭人口稍多些;
但也有不少地区的贫下户家庭,户均人口并非一定低于平均水平。

　　总之,就两宋人口的主体而言,每户四口至十口占绝大多数,这从以下
的史料可以得到证实:《宋会要辑稿》瑞异二之三九载:绍熙二年(1191),金
州火。四川总领所言,通判金州陈京等申:"本所赈给被火人户,每十口上下
之家,支钱引五道;五口上下之家,三道。"显然,金州遭遇火灾的人户,每户
家庭人口在 5～10 口居多⑥。淳熙二三年间(1175～1176),时知建康府的刘
珙(1124～1178)主持赈水旱之灾。"籍农民当赈贷者若干户,十口以上一
斛,六口以上八斗,五口以下六斗;客户当赈济者若干户,五口以上五斗,四
口以下三斗。"从刘珙分别对主客户实行赈贷及赈济的粮食标准看,大致主
户在 5～10 口居多,而客户一般为四五口人。客户在南宋约占 30%,各地比

---

① 胡宏:《五峰集》卷二《上光尧皇帝书》。
② 《勉斋集》卷三一《申京湖制置司辨汉阳军籴米事状》。又,同书同卷《申转运司乞止约客庄
　 搬载租课米事状》云:"两县百姓共有二万家,每家五口,共有十万口。"
③ 分见祝穆《方舆胜览》卷一二,第 144 页下,上海古籍出版社影印宋本,1991 年;王象之《舆
　 地纪胜》卷一三〇《泉州》引陆守《修城记》,第 3733 页,中华书局影印本,1992 年。
④ 方回《古今考·续考》卷一八《班固计井田百亩岁人岁出》。
⑤ 《净德集》卷二《奏乞宽保甲等事并灾伤免冬教事状》,此状元祐元年(1086)所上。
⑥ 吴松弟认为:乾道七年(1171)知隆兴府龚茂良上奏札后,宋代统计赈济户口已制度化,其说
　 见其《人口史》第 55～56 页。但史料提供的证据恰恰相反,并不支持这种设想。《宋会要》
　 瑞异二、三记述了数十例南宋各地的水灾、火灾,均只有户数而无口数,有的甚至连户数
　 也没有,而且多在乾道七年之后。如确有这样的"统计系统",必然会在《会要·瑞异》及
　 《宋史·五行志》等史料中有所反映。

例颇有不同①。

(二)南宋户均人口约为六口

今据搜集到的南宋史料,制为两表。表一为赈济、流移、归业、归正、归明人的户均口数的统计,已剔除十口以上及四口以下的数据及不具备代表性的或失实、含糊不清须考订的数据,表中共 23 个数据。其中最高的为户均 7.5 人,最低为 4.05 人。因所取样本的户、口数规模差距过大,其平均值不能确切反映南宋赈济等人户的户均人口数,但大致能代表这类人群的户均口数,这 23 个数据的平均值为户均 5.61 口。只是精确度不够。众所周知,这类人口应是足以反映最大多数人群的代表性指标数据。另一类能一定程度反映南宋户口水平的数据应是方志中所列的户、口数,其选择和剔除标准同上表,制为表二。主要以方志为主的数据搜集了 38 例,其中 4 例不明时间,有可能个别为北宋的数据,已无法确证其大致年代,故冠以"宋代户均人口表二"为名。其中最高数据为户均 8.78 口,最低为户均 4.33 口。相关的说明见于备注栏。表二所列的方志中户均人口,其可信度不如表一中所据史料为高,这是因为传世方志中的数据历来被认为缺乏准确性,其 38 个数据平均值为户均 5.74 口,只是一个大约的概数。根据以上两表的数据,其平均值为 5.68 口;似可认为南宋的每户家庭的平均人口约在六口左右。这与以上讨论"丁口说"时的户均规模可相印证,也与以下将要论述的南宋耕田及粮食产量——单产、总产的水平大致相吻合。因此,这与同一时期的金(女真)控制的北方地区的户均人口也基本上可相衔接②。吴松弟关于元初户均 4.48 口的户均人口水平之说③,明显偏低,不能视为南宋户均人口的代表性数据。在经过大规模战争新建王朝之初,均会出现总人口水平、户均人口大幅下降的现象,这已是人口史上颇具规律性的现象。

---

① 引文见《晦庵集》卷九七《刘公行状》;客户比例见梁庚尧《南宋的农村经济》第 20～33 页,联经出版事业公司,1985 年修订再版。
② 有确切纪年的金户均口数:大定二十七年(1187)为 6.58,明昌元年(1190)为 6.55,明昌六年(1195)为 6.71,泰和七年(1207)为 6.36 或 5.96,平均值约为 6.55 或 6.45 口左右。参阅高树林《金朝户口问题初探》表一,《中国史研究》1986 年第 2 期。
③ 参阅吴著《人口史》第 155 页。

　　不妨据北宋初中晚期少数民族内附的户均人口列为表三,据 13 个数据得出的平均值为户均人口 6.15。这一数据也许略偏低,是因为剔除了户均 10 余口、20 余口的多个数据,亦按照与上二表"同口径"作为对照的结果,作为参照系而不作为北宋户均人口的代表性数据。巧合的是:此表元丰六年之前的 5 个数据,均来自北方,户均为 7.46 口;此后的 8 个样本,均来自西南少数民族地区,为户均 5.33 口。可证北方户均人数确高于南方。但此表在人口学上不具典型意义。尽管如此,笔者仍难以苟同"北方户均约九人","北方、南方户均 7 人"之类的估测;因为这不免对北方地区户均人口数估计过高,实际上又无法一概而论对不同时期的两宋户均人口进行估测。但我对程民生南方地区户均约 6 口的评估持基本肯定的观点①,尽管他所取的户口样本与我不同,所得的数据也略有差距,但南宋户均六口应与当时的实际情形相近。不妨再拓展一下视野,看一下宋末元初部分郡县的户均人口状况。这些数据出于宋亡后四年至十一年,应能反映宋末的状况。据表四的 9 个数据,其户均人口的平均值为 5.86。两宋及宋元之际的下列四表,其户均口数均指向六口上下恐非偶然的巧合,尽管这些数据很难说有多少正确性,但总能反映一种趋势或当时的大致状况。

　　如果南宋户均 6 口人大致不谬的话,按嘉定十六年(1223)南宋人口峰值时的户数约 1500 万计,则南宋全盛时的人口约在 9000 万人。如加上稍早些时的金泰和七年(1207)的北方人口——金 730 万户(扣除原辽户 140 万),户均 6.45 口,则为 4708.5 万②,相当于北宋疆域的南宋金人口约为 2230 万户,1.37085 亿口;南北户均人口,约为 6.15 口。这仅是一个很不精确的估计数,供学界进一步深入讨论时作参考。如果亦将北宋户均人口估计为 6 口,则其现存数据以大观二年(1109)的户数为最高,约达 2088.2438 户,1.253 亿人。而北宋时的人口峰值应在宣和年间(1119～1125),如以年递增 5‰计(政宣间,有辽等大量内附人口,这一估测颇为保守),则为

---

①　参阅程民生《宋代家庭人口数量初探》,上揭《论文集》第 375 页,第 381 页,第 382 页。

②　南宋、金户数据吴松弟《人口史》第 366 页考订数;南宋户均 6 口,据上述拙考,金户均 6.45 口,取上引高树林《初探》一文平均数。

2255.3033万户,约为1.3532亿人。约与100年后的南宋与金统治区域南北人口约1.371亿人相近。如按南宋疆域约为北宋65%左右计,同口径对比:南宋与现存北宋人口数据最高值——大观三年(1109)的20882438户相比,超过219.4485万户,比宣和时略超过52.389万户。关键在于南宋的耕地与粮食总产能否养活这约9000万的人口。这是本章以下二节要重点讨论的问题。

南宋户均人口表一:以赈济、流移、归业人口为例

时间	地点	户数	口数	户均口数	人户性质	出 处
淳熙二年 (1175)	淮东官庄	1315	6742	5.13	流移、归正人	《宋会要》食货61之35
乾道八年 (1172)	庐州合肥县	344	1996	5.80	同上	《止斋集》卷51《薛公行状》,《东莱集》卷10《薛常州墓志铭》
同上	庐州齐安县	341	2111	6.19	同上	同上
同上	同上	51	236	4.63	归正人	同上
绍兴二年 (1132)	高邮军高邮县	1080	6000	5.56	归业	《系年要录》卷51
隆兴二年 (1164)	光州固始县	800	4000	5	归正人	《宋会要》兵15之13
同上	光州	40	300	7.5	归正人	同上
同上	江淮各地	5000	30000	6	归正人	同上
淳熙七年 (1180)	南康军三县	29578	217883	7.37	赈济饥民	《朱熹集》16《贴黄》,页643
绍熙五年 (1194)	临安府	50000	300000	6	赈济灾民	《定斋集》卷6《乞赈济札子》
嘉泰四年 (1204)	抚州	39000	185690	4.76	同上	《宋会要》食货68之102
嘉定元年 (1208)	湖州	10	55	5.5	归正人	《双溪类稿》卷23《申省状》
同上	同上	49	243	4.96	归正人	同上
同上	同上	112	623	5.64	归正人	同书卷23《申三省枢密院公札》及《申省状》

续表

时间	地点	户数	口数	户均口数	人户性质	出 处
嘉定十七年（1224）	黄州	369	2494	6.76	赈济灾民	《宋会要》职官 4 之 52
嘉熙元年（1237）	临安府	47000	293000	6.23	同上	《铁庵集》卷 3《缴赵与懽奏》
嘉泰元年（1201）	临安府	1321	5345	4.05	同上	《宋会要》食货 58 之 23
绍熙二年（1191）	兴州	3492	19209	5.50	同上	《宋会要》瑞异 3 之 17
同上	兴州长举县	179	1063	5.94	同上	同上
嘉定八年（1215）	太平州三县	67504	415071	6.15	赈济灾民	《西山文集》卷 7《申尚书省乞再拨太平广德济粜米状》
同上	广德军二县	55073	239321	4.35	同上	
淳熙十一年（1184）	湖北鼎澧州等	40000	200000	5	同上	《攻媿集》卷 102《赵公墓志铭》

宋代户均人口表二：以史料及方志记载人口为例

序号	时间	地点	户数	口数	户均口数	出处及备注
1	绍兴初 淳祐间	常州无锡县	23314 37916	105621 230568	4.53 6.08	元·佚名《无锡志》卷 1《户口》，丛刊本第 2187 页上
2	孝宗时 孝宗时	隆兴府新建县 隆兴府靖安县	25302 4229	149018 24878	5.89 5.88	康熙《南昌郡乘》卷 12《户口》，北图珍本丛刊第 199 页下
3	淳祐七年（1247）	隆兴丰城县	77139	404260	5.24	嘉靖《丰乘》卷 4《食货志》，天一阁方志续编本册 42，第 191 页
4	宋	建州建安县	25318	128142	5.06	嘉靖《建宁县志》卷 3《户口》，同上册 38，第 515 页

续表

序号	时间	地点	户数	口数	户均口数	出处及备注
5	宋	楚州宝应县	11608	85965	7.41	隆庆《宝应县志》卷4《户口》，同上册9，第512页
6	宋	南宁府	13285	103573	7.80	《大典》卷8507引《南宁府志·户口》
7	绍定元年（1228）	庆元府慈溪	20000	156380	7.82	《宝庆四明志》卷16《慈溪·官僚》、卷17《户口》
8	淳熙中	温州	170035	910657	5.36	万历《温州府志》卷5《食货·户口》
9	南宋 南宋	广西始建内史 临庆内史	3830 3715	22490 31587	5.87 8.50	四库本《广西通志》卷30《户口》
10	嘉定中 咸淳中	镇江府 同上	108400 72355	644100 397344	5.94 5.49	《至顺镇江志》卷3《户口》引《嘉定志》、《咸淳志》，点校本第85～86页 方按：10～13，嘉定中，至顺志原误作"理宗时"，小字注，出《嘉定志》，必为"宁宗时"之误 又，小字注中户口分项统计与"理宗时"数相合，足证为嘉定年间之数，据改
11	嘉定中 咸淳中	镇江丹徒县 同上	27000 14081	169600 76335	6.28 5.42	
12	嘉定中 咸淳中	镇江丹徒县 同上	35200 22768	218500 118461	6.21 5.20	
13	嘉定中 咸淳中	镇江金坛县 同上	30300 26880	192300 164163	6.35 6.11	
14	嘉定中	真州扬子县	6856	60187	8.78	隆庆《仪真县志》卷6《户口》
15	宋	岳州	98672	519279	5.26	隆庆《岳州府志》卷7《户口》天一阁方志选刊本

续表

序号	时间	地点	户数	口数	户均口数	出处及备注
16	绍熙四年 (1193) 同上	鄂州 岳州	66632 4675	314894 28593	4.73 6.12	《朝野杂记》甲集卷18《荆鄂义勇民兵》,第411页
17	乾道八年 (1172) 同上	徽州在城 徽州城外	1281 650	6858 3281	5.35 5.05	《新安志》卷1《户口》丛刊本第7609页 同上
18	淳祐间 咸淳间	临安府余杭县 同上	26650 26581	140280 141400	5.28 5.32	《咸淳临安志》卷58《户口》,丛刊本第3869~3870页
19	淳祐间 咸淳间	临安临安县 同上	25651 25907	127899 126996	4.99 4.90	同上
20	淳祐间 咸淳间	临安于潜县 同上	20751 20803	112291 111970	5.41 5.38	同上
21	淳祐间 咸淳间	临安富阳县 同上	30063 29985	155369 149898	5.17 5	同上
22	淳祐间 咸淳间	临安府新城县 同上	17908 18071	87528 79816	4.89 4.42	同上
23	淳祐间 咸淳间	临安府昌化县 同上	12794 13678	68481 59160	5.35 4.33	同上

北宋户均人口对照表三:以北宋初中晚期内附少数民族人口为例

时间	地点	户数	口数	户均口数	出处及备注
太平兴国五年(980)	河东岢岚军	260	2300	8.85	《长编》卷二一,第472页
同上	同上	89	632	7.10	同上
太平兴国六年(981)	河东岚州	53	363	6.85	《长编》卷二二,第493页
雍熙三年(986)	应、云、寰、朔州降民内徙	8236	78262	9.50	《长编》卷二七,第620页
咸平元年(998)	凉州河西军五县	25693	128192	4.99	《宋会要》方域21之15,《宋史·吐蕃传》作128193口
元丰六年(1083)	黔南思广峒	1417	6263	4.42	《长编》卷三三二,第8001页

时间	地点	户数	口数	户均口数	出处及备注
元丰六年(1083)	麟府路纳降	217	1131	5.21	《长编》卷三三四,第8038页;"口"下脱"千"字
同上	同上	16	66	4.13	同上
同上	同上	11	65	5.91	同上
大观二年(1108)	黔南安化上三州	10000	65000	6.5	《宋会要》蕃夷5之8
同上	黔南落安峒	8000	45000	5.63	《宋会要》蕃夷5之93
同上	黔南丹团	7000	40000	5.71	同上
同上	黔南少数民族内附	51100	262000	5.13	同上

宋元之际部分郡县户均人口表对照四

时间	地点	户数	口数	户均口数	资料来源及备注
元至元二十七年(1290)	金陵在城	15104	79191	5.24	元·张铉《至正金陵新志》卷八《民俗·户口》,此志户口所录距宋亡仅11年,应能反映南宋末建康府户口状况,一般认为:元初统计户口较宋代为可信,其分户名更细
	江宁	22705	132787	5.85	
	上元	29277	/		
	句容	34814	214790	6.17	
	溧水	57896	316425	5.47	
	溧阳	63482	/		
至元二十年(1283)	四明昌国	22640	126005	5.57	元·冯福京《昌国州图志》卷三《户口》,丛刊本第6078页
元至元二十七年(1290)	镇江府	108465	638585	5.89	《至顺镇江志》卷三《户口》点校本第86~96页,其中客户5753口,剔除
	丹徒县	29468	193031	6.55	
	丹阳县	30455	192681	6.33	
	金坛县	33437	188456	5.64	同上,不计客户、僧道户

第二节 南宋垦田数量探析

相对于人口而言,南宋垦田数量之谜的破解,尤为困难。首先是南宋没有关于垦田顷亩的全国簿载数据,就失去了推算的依据;各地方州郡,簿载田亩数据不少,但绝大部分失之于粗疏而不可信。想重建南宋各地路分、州县垦田的数据库,不仅工作量极大,而且数据阙佚太多,也许通过户均耕田的推算,能另辟一条蹊径,仅试作初步的探索。

郏亶在论水利的重要性时,曾对北宋中期苏州的耕田有一粗略的框估。他说:按面积估计,约"为三十六万夫之田,又以上中下不易、再易而去其半,当有十八万夫之田,常出租税也。国朝之法:一夫之田为四十亩,出米四石,则十八万夫之田,可出米七十二万石矣①。"据他估计,苏州按面积计算,约有田1440万亩,其中半数处于休耕或水潦,常年可耕之田约为720万亩,平均每丁种40亩田,亩税一斗,出税应为72万石,而实际仅有34万石左右,乃因各种灾害而减免税租。但事实上,二税中的秋苗远未达亩税一斗的标准,官田所占比例也极小,这是税租仅有预计一半的主要原因。他的框估提供了一个比较的依据,即一夫占田40亩,而一般户有二丁,则每户应占耕田80亩左右。他上奏议在熙宁三年(1070),不妨与相邻近的元丰间的户口数据作一比较。据朱长文的记载,苏州元丰中的户数为199892,如果以此考量,即每户以占田80亩计,北宋中期,苏州田亩就应有1600万亩。这一数据还应扣除约30%的客户、坊郭户等,北宋时苏州应有耕田在1120万亩左右。至南宋,随经界及水利田的开发,常熟端平二年(1235)田地合计为262.79万亩,昆山约为333.37万亩,其余四县田地可能较少些,如估计每县为200万亩,则苏州六县应有田地近1400万亩,据《姑苏志》卷十四《户口》记载:苏州德祐元年(1275)簿载户口为329603户。如以昆山与常熟南宋后期的年平均人口增长率的平均值2.7‰计,则约略端平间的户数为294006户,则户均为47.62亩,"一夫之田"已下降为23.81亩②。苏州为地狭人众的狭乡,可能其他地区的户均占田数应稍高些。如方回就曾据在嘉兴府的见闻说过,当地佃户"一夫之田"约为30亩③。其他地区没有这么详细的资料,不得已而只能将史料中载有相近时间的田亩及人户数列为一表,大致得出户均占

---

① 《吴郡志》卷一九《水利上》。
② 以上参阅拙文《两宋苏州经济考略》,刊《农业考古》1999年第3期,其中有些数据已作修订。
③ 方回:《古今考·续考》卷一八《附记班固记井田百亩岁出入》。

田数。

相对而言,南宋户数的可信度较田亩稍高。因为"户口之登耗,系国脉之盛衰①。"而划分户等的主要依据是财产,财产主要分动产不动产两项,即"浮财物力"和"田亩物力",又以后者为主。田亩又分等第,各地又多以产钱加以衡量,经界的程度又因地区而定,故计算南宋州县的田亩是极为困难之事。以下之表因人户与田亩的时间并非同期,原始数据尤其是田亩数据质量不高,故只能表示约略的概数,远谈不上精确。

南宋郡县户均占田亩数参考表一

地区	户数		亩数		户均亩数	出处
	时间	户数	时间	亩数		
平江常熟县	淳熙元年(1174)	51138	端平元年(1234)	2321563	45.40	龚颐正《常熟顺民仓续记》,《吴郡志》卷38;《琴川志》卷6《叙赋》
嘉兴华亭县	绍熙中(1190~1195)	97000	同左	4700000	48.45	《绍熙云间志》卷上《版籍》,顾清《旁秋亭杂记》卷上
浙西江阴军	绍定中(1228~1233)	64035	同左	1253602	19.58	重修《毗陵志》卷7《食货·户口》、《财赋》
绍兴府嵊县	嘉定中(1208~1224)	33194	同左	375738	11.32	《剡录》卷1《版图》
庆元府鄞县	宝庆中(1225~1227)	41617		746029	17.93	《宝庆四明志》卷13《鄞县·户口》、《田亩》
庆元慈溪县		20000	同左	469100	23.46	《宝庆四明志》卷16《慈溪·官僚·丞》
庆元定海县		19119		356790	18.66	《宝庆四明志》卷19《定海·叙赋·户口》
温州乐清县	淳熙中(1174~1189)	24582	同左	460000	18.71	万历《温州府志》卷5《户口》、《田土》
台州	嘉定中(1208~1224)	266014	同左	2628283	9.88	《嘉定赤城志》卷13《田》,卷15《户口》
台州宁海县		35518		385718	10.86	
台州临海县		73997		668383	9.03	
台州黄岩县		68898		957974	13.90	
台州仙居县		33994		310126	9.12	
台州天台县		43841		313122	7.14	

---

① 嘉靖《建宁府志》卷一二《户口》,天一阁方志选刊本。

续表

地区	户数		亩数		户均亩数	出　处
	时间	户数	时间	亩数		
徽州	乾道中(1165~1173)	122014	淳熙中(1174~1189)	2919553	23.93	《新安志》卷1《户口》卷2《税则》
徽州歙县		26034		458156	17.60	《新安志》卷3《歙县·户口》、《田亩》
徽州休宁县		19579		303964	15.53	《新安志》卷4《休宁·户口》、《田亩》
徽州祁门县		15536		717636	46.19	《新安志》卷4《祁门·户口》、《田亩》
徽州婺源县		42864		795787	18.57	《新安志》卷5《婺源·户口》、《田亩》
徽州绩溪县		8391		309566	36.89	《新安志》卷5《绩溪·户口》、《田亩》
徽州黟县		7769		334440	43.05	《新安志》卷5《黟县·户口》、《田亩》
建康府	景定中(1260~1264)	117787	同左	4397633	37.34	《景定建康志》卷40《田亩》、卷42《民数》
上元县		18746		775431	41.37	
江宁县		13611		523426	38.46	
溧阳县		63983		1788957	27.96	
句容县		25366		1013683	39.96	
溧水县		24761		296139	11.96	
福州	淳熙中	321284	同左	4263318	13.27	《三山志》卷10《户口》、《垦田》
闽县		32745		335825	10.26	
侯官县		26911		293451	10.90	
怀安县		23510		263451	11.21	
福清县		48512		533087	10.99	
长溪县		46324		826834	17.85	
古田县		23625		609041	25.78	
连江县		18674		255756	13.70	
长乐县		13264		200411	15.11	
永福县		19633		282735	14.40	
闽清县		14559		221015	15.18	
罗源县		12391		169175	13.65	
宁德县[①]		20249		284891	14.07	

① 据嘉靖《宁德县志》卷二《户口》,绍兴二十四年(1154),户为19249;同书卷二《田地》载:田284991亩,田地合计为819267亩。显然抄自《淳熙三山志》。如仍以淳熙中户20249,户均占田地则为40.46亩,是《淳熙三山志》所载14.07亩的287.56%。这种情形各地多有。地和山地所占顷亩往往远超过垦田。地和山地不仅可种旱粮作物及经济作物,且已有相当数量改造成可种稻的梯田及山田。

上表参据梁庚尧《南宋的农村经济》表十(第102~107页)改制,此表共列40个数据,户均垦田数的平均值为21.22亩。虽所涉地区有两浙、江东、福建等地,但所涉之地皆为狭乡,远不能反映南宋土地的全貌。众所周知,宽乡如两淮、京西、湖北、湖南、广东、广西户均占垦地要多得多,可惜极少可信的簿载数据传世。更重要的是上表所列的数据多为垦田,不包括地和山地,如加上这二项,从笔者搜集到的数据看,无疑其数远超过垦田。如改用耕地这一指标,也许更合乎南宋的实际状况。据下列对照表二,共20个数据,其平均值已为户均40.52亩,是上表平均值的190.95%,约近二倍。上述所有数据,很难说有何准确性而言,只是反映一种趋势,户均田地数(不包括宅基地等)约为田亩数的二倍。如果以宽乡的屯营田计,则户均占田数就比户均田地数更高1.32倍,请参阅南宋军屯民营田户均对照表三。耕兵及民夫每2人折计为一户,表中14个数据平均每户占田更高达94亩。涵盖的地区有两淮、江东西、浙西、京西、湖北、湖南、广西等地;时间跨度为南宋早中期凡近八十年(1136~1212)。从时空两方面而论,应颇具代表性。但多为宽乡之屯营田,这户均近百亩之田,不能作为南宋有普遍意义的代表性数据。方回据嘉兴府概括出的"一夫之田"30亩,即户均为60亩应更能反映南宋的实际情形。如果以这一数据,与嘉定十六年(1223)的户口峰值1500万户约计的话,南宋耕地的总量约为9亿宋亩,据笔者的估计这应是个相当保守的估测,是以嘉兴等狭乡为基础估算的,约合今市亩为7.74亿亩。如以南宋耕地约为北宋的70%框估,则北宋耕地约为11.06亿亩(市亩)。这是比以前学者估测高很多的一个数字,特提出供学界进一步探索。根据周生春教授的研究,南宋末浙西太湖平原(包括苏、湖、常、秀州和江阴军5郡)垦田总计为2500万亩,已接近清代的水平。甚至与20世纪七八十年代之际的2665万亩亦已十分接近[1]。可作为笔者估计并非大谬的一个佐证。

① 周生春:《宋代江南农业经济史论稿》(博士论文,未刊稿)。

南宋部分郡县户均田地对照表二

地区	户数		田地数		户均亩数	资料出处及注
	时间	户数	时间	亩数		
平江府常熟	淳熙元年(1174)	51138	端平二年(1235)	2627931	51.39	龚颐正《常熟县厅壁续记》《吴郡志》卷38;《琴川志》卷6《田·地》
建康府	景定二年(1260)	147467	乾道中(1165～1173)	7772863(7752831)	52.71(52.57)	《景定建康志》卷40《田数》,卷42《风土·民数》。注:此亩参用乾道旧志之数(括号中南宋末数)
隆兴府丰城县	淳祐七年(1247)	77139	同左	4110356	53.29	嘉靖《丰乘》卷4《食货·户口·田地》
建宁府建安县	南宋	25318	同左	905152	35.75	嘉靖《建宁县志》卷3《田赋·户口》,原仅有产钱3620.607贯文,据中下二等田产钱的平均值每亩4文折计
庆元府鄞县	宝庆三年(1227)	41617	同左	1797100	43.18	《宝庆四明志》卷13《鄞县·田亩》、《户口》,丛刊本第5160页上
建康府溧水县	景定二年	24761	同左	797567	32.21	《至正金陵新志》卷7《历代沿革》引《景定志》
江宁 上元 句容 溧水 溧阳	至元二十七年(1290)	22705 29277 34814 57896 63482	南宋末	995822 1997085 1282754 1698596 1770962	43.86 68.21 36.85 29.34 27.90	《至正金陵新志》卷7《田土》、卷8《民俗·户口》,户口为1290年数,距宋亡(1279年)仅11年,疑田地亦然,完全能反映南宋末户口占耕地数,其分项统计极为详尽。
镇江府 丹徒县 丹阳县 金坛县	至元二十七年(1290)	108475 29468 30445 33437	同左	3661128 1202447 1294458 1160002	33.75 40.81 42.52 34.69	《至顺镇江志》卷3《户口》、卷5《田土》,点校本第188页
台州	嘉定十五年(1222)	266014		5632842	21.17	《嘉定赤城志》卷13～15《版籍·田》、《户口》,丛刊本7389、7392、7409页。人口与田地均包括僧道
福州	淳熙八年(1181)	321284		10522170	32.75	《三山志》卷10《版籍·户口·垦田》
长溪县	同上	46224	同左	1614473	34.93	嘉靖《福宁州志》卷3《户口》、《田土》
宁德县	绍兴二十四年(1154)	19249		819267	42.56	嘉靖《宁德县志》卷2《户口》、《田地》

南宋军屯营田户均田对照表三

时间	地点	田亩数	户数	户均亩数	出处及备注
绍兴六年(1136)	江东西、淮东西	/	/	110	《宋会要》食货63之100;官庄每户给田100亩,菜田10亩
绍兴十八年(1148)	安丰军六安县	/	/	200	《文忠集》卷77《王镇墓碣》;"按户籍,丁给百亩"
绍兴二十一年(1151)	湖南广西交界处	/	/	100	《系年要录》卷162;邵州吕稽中请每夫给田50亩,户以二丁计
隆兴二年(1164)	镇江府	47588	518	92	《宋会要》食货63之133;客户253,屯田官兵505人,二人折一户
乾道元年(1165)	淮东滁州	10000	250	40	同上食货63之138;军兵500人
乾道二年(1166)	淮西军庄营田	20765	292	71	同上食货63之142~143;军兵584人
乾道八年(1172)	淮西安丰军	18703	217	86	同上食货6之22,兵15之23;归正人217户开耕
乾道八年	淮西庐州合肥圩	75236	685	110	《止斋文集》卷51《薛公行状》;此为合肥、齐安二县合计之平均数,分别为户均89.49及130.36亩
乾道八年	淮东五州军营田	91409	1315	69.5	《宋会要》食货61之35;1315户,凡6742人,人均仅13.56亩
淳熙十年(1183)	淮西屯田	50000	762	66	同上食货63之54;军兵每3人耕一顷,以二兵折一户,凡1525人
淳熙十一年(1184)	京西荆襄木渠灌区	10944	100	109	同上食货63之56;耕兵凡200人
绍熙元年(1190)	淮西和州屯田	34500	750	46	同上食货63之56;耕兵人授水田20亩,陆田3亩,凡1500人
绍熙中(1190~1194)	淮西和州闲田	/	83	115	同上食货63之63;招到弩手83人,以主客户充,上田给80亩,次田给150亩,以二等田各半计
嘉定七年(1214)	淮西濠州	16118	160	101	《宋会要》食货63之157;凡319丁,每户以二丁计

　　宋代土地制度中的一个十分重要的问题是:"富者田连阡陌,贫者无立锥之地。"赵宋立国之初,就确立了不立田制,不抑兼并作为基本国策。宋太祖即鼓励臣僚"多积金,市田宅,以遗子孙①"。"富者田连阡陌",被视为"为

---

　　① 《宋史》二五〇《石守信传》,第8810页。

国守财①"。南宋土地兼并愈演愈烈。绍兴六年（1136），知平江府章谊（1078～1138）已言："强宗巨室阡陌相望，而多无税之田，使下户为之破产②。"是说土地兼并导致的税役不均现象已很严重。

淳祐六年（1246），殿中侍御史兼侍讲谢方叔（？～1272）言："豪强兼并之患，至今日而极。""今百姓膏腴皆归贵势之家，租米有及百万石者；小民百亩之田，频年差充保役……。不得已，则献其产于巨室，以规免役。""兼并浸盛"，导致弱肉强食，民不聊生的另一重要原因为和籴、保役强加于民而不及"权势多田之家"③。咸淳十年（1274），侍御史陈坚、殿中侍御史陈过犹大声疾呼：在此"危急存亡"之际，而"邸第戚畹、御前寺观，田连阡陌，亡虑数千万计，皆巧立名色，尽蠲二税④。"值得注意的是：宋末"小民"仍有"百亩之田"。

约嘉定末，叶适曾对温州近城 30 里内有田地 30 亩以上的官民户凡1953 户进行统计比较，大致相当于四等户以上的主户拥有的田亩数，可见当时各地土地占有状况贫富差距之大一斑。今据其所述列成下表⑤：

占田数量	户数	百分比（%）	占田总数	百分比（%）	平均每户占田数
400 亩以上	49	2.5	37848	19.3	772
150～400 亩	268	13.7	59366	30.3	222
30～150 亩	1636	83.8	98980	50.4	61
总计	1953	100.0	196194	100.0	100

从上表看，仅占户数 2.5% 的一等以上户占田近 20%；而占样本 83.8%的三等户，仅占 50% 的田亩；这还不包括占田 30 亩以下的四五等户，如将其列入，贫富差距就更触目惊心。其一、二、三等户的户均占田额分别为 772亩，221.5 亩和 60.5 亩，这还远非极端之例。必须指出：叶适生活在南宋中

---

①　王铚：《枢庭备检》，转引自王明清《挥麈录·余话》卷一。
②　《宋史》卷一七三《食货上一》，第 4171 页。
③　《宋史》卷一七三《食货上一·农田》，第 4179～4180 页。
④　同上卷一七四《食货上二·赋税》，第 4222 页。
⑤　《叶适集·水心别集》卷一六《后总·买田数》，点校本第 858～869 页，表据陈智超《中国封建社会经济史》第三卷第 151 页移录改制。

期,其所取样本为属于狭乡的浙东沿海温州;既然占除四五等以外主户近84%的三等户户均占田60.5亩,这是一个颇具代表性的典型数据。况且,四等户占田下限为20亩,宽乡完全有可能达到60亩,这从上列表三也可得以证见,足以为本书上述估计南宋户均有田60亩作一有力的旁证,笔者以为,这也并非偶然巧合。南宋占田百万亩以上者也不乏其人。乾道八年(1172),江西抚、吉、筠州因特大富户赈荒枭粮受到推赏补官的尹真、吴纪、张嘉谋、吴宗道等6人提供赈济米2.65万石,至少有田10.8万亩①,平均每户1.6万亩,相当于3000余户农户的占田。李心传《朝野杂记》甲集卷八《陈子长筑绍熙堰》称:"两淮土沃而多旷,土人且耕且种,不待耘籽而其收十倍。""有张拐腿者,淮东土豪也,其家岁收谷七十万斛。"保守估计,其家之田也在70万亩以上。这是令今之机械化种粮大户及小营农场也望尘莫及的土豪大地主。更遑论上述张俊、韩世忠、杨沂中等占田百万亩以上的官僚豪富特大田主。还必须指出,寺观也占有大量土地,典型之例则见于福州。据《淳熙三山志》卷一○记载,当时福州有民田凡8209664亩,人户324240户,户均25.32亩,每户二丁计,丁均仅12.66亩。而寺观却占田2112506亩,有僧道14445人,人均146.24亩,僧道占田是丁均民田的11.5倍,可见一斑。这种情形,各地程度不同地存在。

第三节　南宋稻米产量

体现南宋农业生产力水平最重要的指标之一,即为稻米的单位面积产量。关于这个问题,长期以来,海内外学者提出了各自的见解,由于对史料的理解及度量衡制换算率的认同度有不小的差距,迄今仍众说纷纭,从亩产200斤至455斤,各有其依据。最早研究这一问题的吴慧先生和近年有所研

---

① 《宋会要辑稿》职官五五之五二。

究的郭正忠先生①,均持宋代稻米亩产二石之说。这一数据,对于南宋而言,应该是比较合理的,关键在于如何折计,对不同的史料作何理解?在讨论这一问题前,有必要先明确一下如何研究产量的方法论问题。一个由来已久的盲区或误解是日本著名学者加藤繁教授提出的"以租计产"论:即租米的倍计为单产,这一观点的提出不仅被日本学界视为定论,迄今仍被海内外学者在估测产量时广泛援用,因此有必要先加以辨析。

一、认识论的误区:以租倍计定产量

早在七十余年前,加藤繁先生就指出:唐宋亩产量,"不管南北,不管水旱田,一亩的收获量大约米五斗(即粟一斛)。"这是从列举几条很有限的史料中得出的结论,未免有以偏概全之嫌。而且,也不能把唐宋的亩产量置于同一水平线上等量齐观,实已两失之矣!加藤繁先生论地租率时又说:"这个二分之一,是秦汉以来一直到现在为止的标准地租率,不妨把唐宋之际的地租率也当作这样②。"

关于宋代的地租,还得从其租佃制度谈起。宋代不立田制,不抑兼并,土地买卖盛行,土地所有权的转换十分频繁。宋代乡村按其有无田产和应否负担税役划分为主户和客户,主户又以其田产和物力多少,划分为五等户,其中的第五等户占主户中较大比重。第五等户与四等户合称下户,通常指占田在20亩以下(又以10亩以下居多),全部总资产在38.5贯以下的户③。由于要

---

① 分见吴慧《中国历代粮食,亩产研究》,第157~165页,农业出版社,1985年;郭正忠《两宋城乡商品货币经济考略》,第16~17页,经济管理出版社,1997年。

② 加藤繁:《中国经济史考证》第一卷,吴杰译中文本第102页及脚注①,商务印书馆,1959年。约略稍后,我国著名史学家蒙文通先生就已有精辟考证,指出宋代农业的划时代进步,无异于对加藤教授之说的批判或回应。他说:"唐代平均每亩约1.5石(比汉代高50%),宋代约2石,比唐高约30%。经济作物,无论种茶、甘蔗、栽桑养蚕、种棉,均比唐代发展。特别是棉花种植的普遍推广,小麦种植在南方的推广尤为显著。"转引自胡昭曦《宋朝社会与中华文明》,原刊成都《中华文化论坛》,1998年。

③ 物力及38.5贯以上为四等户,见《王十朋全集·文集》卷二一《定夺余姚县和买状》,第929页,上海古籍出版社,1998年。参见梁太济《五等下户的经济地位和所占比例》,刊《杭州大学学报》1995年第3期。

负担赋役,"实不足以自给","甚为困苦,已不胜言"①。其生活的贫困化已与佃农没有什么两样。据方回之说,养活五口之家至少要有 30 亩田,其中口粮就需 18 石米②。宋史学者的研究成果也表明,五等下户中的多数实际上已沦为佃农③。必须租种地主的田地才能养家活口,并应付日益苛重的赋役负担,即使是在经济最发达的江南地区也不例外。构成佃农大军的还有所谓"无产税户"及约占农户 30% 的客户。与自耕农一起成为南宋农民的主体。

就宋代的地租形态而言,除存在着个别的劳役地租和由折钱租演变而来的少量货币地租外,产品租(或称实物租)是其主要形态。宋代租佃制度中有两种基本的形态:分种与租种(或称佃种、租佃)。分种者,采取分成租的分配方式;而租种,最主要的特征即为实行定额租。这两种分配方式早已见之于先秦或秦汉,如《孟子·滕文公上》已引龙子之说云:"贡者,校数岁之中以为常。"即成为后世定额租的基本原则。又如董仲舒就说过:"或耕豪民之田,见税什五④。"即为关于五五中分的分成租的最早记载。这种租率为 50% 的田主、佃客对半分成的分配方式,延续了千年之久,至宋代仍是实施较为普遍的分成方式⑤。按情理,一般倍计即可约为产量之概数。但有两种因素必须考虑:其一,田主为了提高分成租的收入,往往高估产量;佃户为了少交租米,就势必会瞒报、低估产量。为了核实产量,往往会在秋收季节之前到田头估产并监收。甚至从种到收的全过程,皆在田主的掌控之中,佃户缺乏应有的自主性。有权有势的官僚差公人去其庄田、职田估产时往往以上等田块高估⑥。因为估产难免会有过高或偏低之失,这样确定下来的分成租额未必正确,具体执行也太麻烦。如两宋之际的郑刚中(1088 ~ 1154),在某

---

① 真德秀:《西山文集》卷一〇《申尚书省乞拨和籴米及回籴马谷状》。
② 方回:《续古今考》卷一八《附论班固计井田百亩岁入岁出》。
③ 梁太济:《宋代五等下户的经济地位和所占比例》。
④ 《汉书》卷二四上《食货志·上》。
⑤ 苏洵《嘉祐集》卷五《田制》:"主得其半,耕者得其半。"洪迈《容斋随笔·续笔》卷七《田租轻重》:"吾乡之俗,募人耕田,十取其五。"均其证。
⑥ 如《宋会要辑稿》职官五八之八至九所载:许州遣公人专拣上等田块估产,以提高职田租。

一歉收年份的八月,冒酷暑去田头监收,虽打着伞,有僮仆侍候,仍几乎中暑①。

其二,除了对半中分外,分成租还有视是否用主家牛、农具、口粮等而决定的其他分配比例。如佃户租用田主之牛者,则田主取其六成,"谓之牛米"②,即主客以六、四比例分成。更有贫穷的佃户,犁及其他农具均须向田主借用,即"犁、牛、稼器无所不贷于人"③的情形往往有之。如牛和"稼器"均须主家提供,便成了三七开比例分成。这种情形,北宋中叶以来即已有之。当然牛和农具未必全由地主提供,还有诸如贩牛客、农具生产者等专供出租的第三者参与分配。如陈舜俞(1026~1076)所论:"以乐岁之收五之,田者取其二、牛者取其一,稼器者取其一,而仅食其一。"④这里所说的一种倒四六的分成方式,即田主得四成,牛、农器具各占二成(未必全由田主提供,也可能是第三者供给),辛劳一年的佃农只得到二成的收获量。陈舜俞所说的情况,与洪迈家乡饶州牛只算一成的情形有所不同,也许是在不同的时期各地有其不同的约定俗成吧。实际上民田(或称私田)分种,主客间往往将牛、农具、甚至种子由谁出规定得一清二楚,并订有契约,秋收后即按比例分摊。因此,即使是以中分制为主的分成租,也有着多种不同的复杂多变的比例分配方式。遗憾的是:在宋代许多史料中谈到分成租时,几乎就没有提到过租率,使估计产量失去了基本的前提。要之,如在估计产量时,凡以租倍计为产量者,必须具备一个基本前提,即只有在确切知道租率为50%的前提下,才有意义。否则,不分青红皂白,如果不问租率一概而论,则难免"差之毫厘,失之千里。"

---

① 郑刚中:《北山集》卷五《记旱》,同书卷二《临刈旱苗》诗云:"岂便得收敛,半属租种客。分争既不贤,烈日乃暴炙。"堪称曲尽其妙。
② 《容斋随笔》卷四《牛米》。
③ 陈舜俞:《都官集》卷二《太平有为策·厚非一》。
④ 同上注。又,王炎《双溪类稿》卷一九《上林鄂州书》中提到湖北鄂州的情形时说:"佃客自备牛具、种粮者,四六分;无者,则对半分。"但前提是"佃客税而耕之",即负担秋苗十一之税,实际仍为对半分。且要负担种子(每亩谷二斗),又占半成。此为田主转嫁负担的典型之例。种粮与税,本该田主负担。又《淳熙新安志》卷二《叙贡赋·税则》云:"大率上田产米二石者,田主之收什六、七。"大概也是田主提供牛、种和农具的分成方式,均非对半中分。

定额租,已见之于唐代陆贽(754～805)之论,"私家收租,殆有亩至一石者。"①高达一石的私租,应是定额租。就宋代而言,定额租是与分成租并存的一种分配方式,与之相对应的则是宋代史料中往往称之为"租种"或佃种的这一租佃制度。分成租除了以上所述的弊端外,还有诸如田主向佃农摊派本应由自己负担的"租赋庸敛"②。甚至还有田主要求"出种与税而后分之"③的情形发生,即除去明年种子和本年苗税后分配,这是直接或间接向佃农转嫁负担。目前,我们虽然还不太清楚这两种分配方式何种占主导地位,或两者各占多少比例?甚至在同一时段,同一田块上还存在着定额租与分成租同时并存的复杂现象④。但至少有三点可以肯定:一是随时间的推移,实行定额租的越来越多;二是在职田、学田、常平田、慈幼田等公田或义庄、庄田等私田上,广泛实行以定额租为主的分配方式;三是在两浙、江南路等经济发达地区,实行定额租的比例更高,而且定额租取代分成租成为不可逆转的趋势。定额租在产量比较稳定的地区——如两浙、江南地区,在南宋中后期已占主导地位。

究其原因,定额租有着比分成租更多的优越性。定额租对主、佃双方均有利,田主可以完全不过问生产,也省去了估产、监收的种种麻烦,能坐收稳定的一份田租(宋廷有关于灾伤年份减免私租的敕令,定额、分成租皆然)。虽然也许租入比分成租稍低些,但田主可以有更多的时间和精力去经营其他产业。定额租更是能调动佃农的积极性和主动性的激励因素。他们为了提高农田的收获量,必然投入更多的劳力,更加注重深耕细耙、灌溉、中耕、除草、施肥等每一环节的耕作方式,以争取更多的产量和收入分配额,改善自己的生活。这在客观上有利于宋代农业生产力的提高。因此,定额租是比分成租更为合理和进步的分配分式,其取代分成租是必然的选择。但也

---

① 陆贽:《陆宣公翰苑集》卷二二《均节赋税恤百姓第六条·论兼并之家私敛重于公税》。

② 《宋史》卷三〇四《刘师道传》。

③ 《欧阳文忠公文集》卷五九《原弊》。据曹彦约《昌谷集》卷一六《屯田议》:"每亩种谷二斗",折米为一斗。秋苗虽北宋中期以前定为亩收一斗,但实际征收,各地标准五花八门。

④ 如陕西官田中的营田,见《长编》卷一四二庆历三年七月辛巳条;又如《宋会要辑稿》职官五八之八至九引李淑奏。

毋庸讳言,即使到宋末元初,在两浙等地仍有以中分制为主的分成租存在。如方回《古今考·续考》卷一八《附论秦力役三十倍于古》中所论:"今民贫耕主家田,佃户率中分,亩或一石或八斗、七斗、五斗……。"

　　现在我们不妨考察一下,在宋代石刻资料中留有较多记载的宋代两浙、江东地区的学田租,石刻碑记中反映的数据,几乎全部是定额租①。这些学田,有些是民间捐赠的,通常其租之定额,直接来自于原民田,一般租额稍高。有些则由民田转化为官田(如逃田、户绝田、没官田的拘收),其租额也间接源于民田,或据原租额重加核定。这就是斯波义信教授《宋代江南经济研究》表一中学田租最低为0.15石(无锡县)、最高为2.26石(吴县)的主要原因。这些民田有分散、地块零星的特色。为免引起后世的争议,这类学田不仅有田契及申报地方官府的簿书,而且还往往在府学、县学刻石为记,载明其步亩、税赋、租课的数额,田地的四至界限,所在乡里,乃至佃户之姓名,租佃之期限等②。此外,与学田性质相似的寺院田、义田等一般也实行定额租。显而易见,定额租与产量没有固定的比例关系,除了极个别能确知其租率的地块外,一般无法据以估计产量。遗憾的是海内外多数学者往往不分定额租与分成租,一律倍计即为产量。这种认识上的误区,由来已久,亟待澄清。

　　宋代的定额租,一般与产量无关,却与地价有着密切的关系。《宋会要辑稿》食货六九之一三称:"民间买田之初,必计租定价。"通常田价之高低由地租的多少而决定。如《宋史》卷一七三《食货志上一·农田》已记载宋末公田以租论价的标准为:"亩起租满石者偿二百贯,九斗者偿一百八十贯,八斗者偿一百六十贯,七斗者偿一百四十贯,六斗者偿一百二十贯。"陈智超先生曾举例论证了定额租决定地价的规律,即"计租定价"原则③。这也许是宋代,尤其是田地买卖最为兴盛的两浙等经济发达地区流行定额租的原因之

① 《宋代石刻文献全编》第二册,第286~292页,300~315页,324~326页,361~369页,372~378页,387~397页,843~852页,北京图书馆出版社,2003年影印本。
② 如《越中金石记》卷四《嵊县学田记》等。
③ 陈智超:《宋代地租的剥削形态及其经营方式》,刊《陈智超自选集》第369~371页,安徽大学出版社,2003年。

一。南宋以后,这种趋势愈益明显。在许多情况下,干脆不直接记载田价多少,而只以租额的数额作为田价之代表数据。这是非常流行的田地买卖惯例。

综上所述,主户中的第五等户及客户构成了佃农的主体。一般而言,租种制采取的定额租形式,乃是产量较高也较稳定的两浙等经济发展较快地区普遍实行的一种流行模式。这从南宋政府屡颁诏令,在灾伤年份放免私租的规定中也可见一斑。如《宋会要辑稿》食货六三之二一载:隆兴元年(1163)九月诏令称:"既放苗税,所有私租,亦合依例放免";如果田主不放,"许租户越诉"。这似乎也表明,在南宋统治的核心圈内,即两浙路等京畿地区,定额租已取代分成租而占据了主导地位①。总之,宋代两浙、江南地区,乃至全国各地,官私田租米的征纳复杂而多变,既没有一定的标准,也无固定的比例,毫无规律可循,堪称千变万化。凭想当然一概假定为50%租率,再倍计为产量毫无实际意义,也不可取。这是方法论的失误。

最能体现以租定价原则的乃黄震之论,其《黄氏日抄》卷八四《与叶相公(西涧)书》云:

> 买田不以亩为价,而随租以为价。则随其租入率减其二,元租一石者今八斗;元租八斗者,今六斗四升;自此递递以减,庶几为惠均而防患密矣。今或不问田土之肥瘠,与夫元租之多寡,类曰亩收八斗。则与元行石收八斗之说名虽相近,而实相反。夫物之不齐,物之情也。茫茫原隰,岂能亩皆八斗耶!颇闻湖、秀等田元租亩收一石者,已十不能五六。如常、润渐北,则地渐高而土渐硗,所收多止五六斗,或四三斗,今乃例拘八斗,岂朝廷意耶!朝廷随石数为减数,其法活,正欲抑多而就寡,永利佃田之户。今县家整亩数为石数,其法拘,反或抬少而就多,先抑卖田之主。差之毫厘,谬以千里。

这段话的意思非常清楚,田价决定于定额租。朝廷令减租二分,以利佃

---

① 参见梁太济《两宋的租佃形式》,刊《中日宋史研讨会中方论文选编》,河北大学出版社,1991 年。

户,而地方政府则一律拘收定额租为八斗,却不问田之肥瘠程度及原租额的多少。显然,这与分成租及倍计为产量无直接关连。而梁庚尧教授《宋代太湖平原农业生产问题的再检讨》一文中却未联系上下文而误解为:"湖秀两州至少有十分之四五的田地亩产量可达二石[①]。"显然,这也是误以定额租为对半分成租的疏忽,客观上也起到贬低湖、秀乃至苏州亩产量的作用,故不可不辨。

其实,早在南宋初,《宋会要·食货·权衡》已载:绍兴三十二年(1162)九月二十八日,户部引臣僚札子言:

> 民间田租各有乡原等则不同,有以八十合、九十合为斗者,有以百五十合至百九十合为斗者,盖地有肥瘠之异,故租之多寡,赋之轻重,价之低昂系焉。

> 民间买田之初,必计租定价。若用百九十合为斗者,其价必倍。官虽重税,业主自皆乐输,斗器虽大,佃户亦安受而不辞。今一旦无故损去其半,而二税、和买、役钱之类如初,若中人之产,量入以为出者,是卒岁之计夺其半矣。今乞行下州县各随乡原元立规例,每斗以百合为之等则(如元约以百九十合为斗,即每亩作一石九斗;元约以八十合为斗,即每亩作八斗之类)[②]。

二、两宋以太湖流域为主与亩产有关的史料考辨

传世直接与产量相关的宋代史料堪称少之又少,学者在引用时,又赋予了各种的诠解,更遗憾的是方法论的失误导致的误解与随心所欲的曲解。故有必要对被引用过的一些史料进行必要的考订,下论史料多在精耕细作的高产区域。之所以列举了少量江东、淮西及苏州的北宋高产史料,是为了

---

① 见台北《宋史研究集》第31辑,第215页。
② 原收入《大典》卷五二一三,已误改类目作"宋量",今从陈智超说回改为"权衡"。又,据徐松《宋会要辑稿》食货六九之一二录文。引文末"以八十合"云云14字,《宋会要辑稿》已窜入正文,今回改为注文。此针对会稽知县陆之望请一律以百合斗为准,而"诏从之",仍以乡原规例为则,而户部提出反对。

便于将南北宋间的亩产水平作一直观的对比。再将笔者搜集到的一些南宋其他地区粮食亩产资料列为一表，以求对南宋稻米亩产有一概略的认识。

（一）太平州芜湖万春圩田亩及亩产量小考

由于张问（1013～1087）撰张颙《墓志铭》1976 年在湖南常德的出土，与此相关的史料，才得以浮出水面。《墓志》记载了嘉祐六年（1061）张颙（1008～1086）除江东转运使，主持修复万春圩之事。《墓志铭》记载："李氏据江南时，太平州芜湖有圩，广八十里，围田四万顷，岁得米百万斛。其后圩废地为豪姓所占。公见其利，募民之愿田者，筑堤于外，以捍江流；四旁开闸，以泄积水。自是，岁得米八十万斛，租入官者四万。民仰其利，名之曰万春圩①。"此仍颇有语焉不详之憾，所幸沈括《长兴集》卷二一《万春圩图记》有更详尽的记载。称倡议修圩的除张颙外，还有江东转运判官谢景温（1021～1097）、及时任宣州宁国县令的沈披。沈披力辟众议，且亲任其事，遂于治平元年（1064）修圩成。沈括《图记》称：圩成，"圩中为田千二百七十顷。……圩中为通途二十二里。"将《墓志》和《图记》的相关记载联系起来考察分析，即"岁得米八十万斛，租入官者四万［斛］"，与"圩中为田千二百七十顷"（《图记》）两个数据相除，便可得出每亩产 6.3 斛的亩产量，四舍五入为 6 斛，漆侠先生的亩产 6 斛就是这样计算出来的②。这个数据可信吗？显然未足置信。因为史料提供的数据本身是大成问题的，古人本无数量概念，再加上出土碑志的漫漶，尤其是《墓志》作者常有的谀墓而导致的严重失实等，遂使这一数据高得离谱而不可信。

首先，上引《墓志》中称，南唐李氏时圩广 80 里，围田 4 万顷，岁得米 100

---

① 据《全宋文》卷一〇二九（第 24 册第 371 页）录文，巴蜀书社，1992 年。
② 最早使用这条史料的是邓广铭先生，见其《不需要为沈括锦上添花——万春圩并非沈括兴建小考》，刊上海《学术月刊》1979 年第 1 期。但如题目所示，邓先生未论及其产量和面积。最早把这条史料和下引沈括《图记》所载面积联系起来考察其亩产量为 6 斛的是漆侠先生，见其《宋代经济史》上册第 135 页。惜他仅注出《墓志》而失注沈括《万春圩图记》，遂使单产 6 斛的来由不清，另称时间为嘉祐六年（1061）亦不无小误。据《墓志》记载，英宗即位后，张离任。《墓志》云："圩成，公代去。"则圩成于治平元年（1064）。种上庄稼，有所收获，得米 24 万斛，应是治平二年（1065）以后之事了。李伯重《选精》文中一再称漆氏未注明出处的亩产六七石，可能即据此而立说。

万斛,这几个数据就不可信。4 万顷为 400 万亩,景祐元年(1034),苏州仅有田地 3.4 万顷①。芜湖县之一圩超过苏州六县垦田面积,显然不可能。此云广 80 里,沈括《图记》称"圩中为通途"22 里,南唐时圩田面积约为其 4 倍,《图记》称万春圩得田 1270 顷,故疑南唐时的 4 万顷,实乃 4 千顷之误。这样总产 100 万斛,平均亩产量为 2.5 石,才合情理,说详下。同样,《墓志》称万春圩修成后,"岁得米八十万斛,租入官者四万[斛]";其总产量 80 万斛这一数据也是大成问题的,显然是作者张问为夸大墓主的功绩,而将总产量提高了三倍有余,或提供的《行状》等原始资料数据就已有误。所幸沈括《图记》提供了可信的数据,据《图记》称:为田一二七〇顷,岁租二十而三,总为粟三万六千斛②。如其说无误,则 15% 的租率,其总产量应为 24 万石,则平均亩产为 1.89 石,接近 2 石。《墓志》所称官租 4 万斛,乃举其整数而言,两者基本相符;这接近 2 石的亩产,与上述南唐亩产应为 2.5 石也十分接近,因而比较可信。沈括所记 15% 的租率,乃北宋行定额租的力证;虽为官租而较低,但足证租率并非一概为 50%。因为这是 12.7 万亩的大圩,也许是江东面积最大的水利田之一,在统计学上应有举足轻重的意义,故特为之详考如上。但愿今后勿再以讹传讹。

(二)熙宁三年(1070)以前苏州亩产米 4 石乃误读史料之失

此乃水利专家昆山人郏亶(时为广东帅司主管机宜文字)在上奏中所论,始见于《吴郡志》卷一九《水利上》,其后不断被明清水利书所引用(《历代名臣奏议》卷二五〇中还有《吴郡志》失载的文字)。郏亶之论曰,苏州"当有十八万夫之田,常出租税也。国朝之法,一夫之田为四十亩,出米四石;则十八万夫之田,可出米七十二万石也。"这段话的表达十分清楚,即宋代中期一夫可耕田 40 亩,出米 4 石,实乃 40 亩田每亩一斗的二税秋苗合计数。这从 18 万夫之田,每夫 40 亩,合计为 720 万亩之田,亩税一斗,出米 72 万石亦可得到证明。如果是亩产米 4 石,则为总产 2880 万石,恰相差 40 倍。所谓

---

① 《范文正公文集·政府奏议》卷上《答手诏条陈十事》。
② 沈括:《长兴集》卷二一《万春圩图记》。王象之《舆地纪胜》卷一八云:万春圩"计田一千二百八十顷"可证。

苏州亩产4石米之说,显误无疑,这与产量无关。自顾吉辰误解为产量以来①,沿讹踵谬者不一而足②。迄今未见正确的解读和诠释③,今特正之。

(三)绍圣三年(1096)舒州怀宁县西皖山北濒江田亩产小考

贺铸(1052～1125)《庆湖遗老诗集·拾遗》有《题皖山北濒江田舍》(题注:丙子四月赋)诗一首,其颔联云:"一溪春水百家利,二顷夏秧千石收④。"今考此诗绍圣三年(1096)四月下旬作,地点在舒州怀宁县(治今安徽潜山),皖山在县西十里,与著名的天柱山、潜山三峰并峙。诗题已显示,其田在山北麓之濒江处,这里已有"山川之胜,粳稻之饶"⑤的美誉,是淮南又一高产地区。这是时间,地点均明确可考的田块。但贺铸所见的仅是夏秧长势良好,目测估计秋收时二顷田约有千石之收。一是非实际产量,而是预估;二是也许不无诗人的夸张。但如果我们把这千石理解为谷,即每亩的稻米产量为2.5石,也许离实际状况不远。因为贺铸多次来往于沿江这一带,晚年又曾长期居住在今苏南,也颇关心农事,尚不至于凿空臆估,或夸大失实若此。

(四)南宋中晚期湖州亩产米三石

此始见于《宋会要辑稿》食货六之三一:嘉定二年(1209)正月十五日,许奕引知湖州王炎奏称,本州"变草荡为新田者凡十万亩,亩收三石,则一岁增米三十万石。……今既许其修筑,复为新田,然必亩纳一石,然后官始给据。"这是嘉定二年(1209)湖州新开草荡田亩产三石之证。虽为预计数,但从下所说,凡欲占为新田者,必先亩纳一石米,"官始给据",则其官租在一石

---

① 顾吉辰:《宋代粮食亩产量小考》,《农业考古》1983年第2期。

② 如傅宗文《宋代草市镇研究》第27页,福建人民出版社,1989年。

③ 发表于1998年的拙文《两宋苏州经济考略》注(43)中已作考辨。

④ 最先引用此诗据以定每亩产量为5石的是漆侠《宋代经济史》(上册)第136页,其注①称贺时"系官太平州",故定其诗作中皖山所在地区为太平州,均误。今考贺铸诗集乃其手自编定,且均有题注明其行实、本事,斑斑可考。绍圣二年(1195)九月,贺除监江夏(鄂州,治今湖北武汉武昌)宝泉监,是年冬启程赴任。次年四月相继途经姑孰(即太平州,治今安徽当涂)、芜湖、舒州怀宁(治今安徽舒城)。于八月到达江夏宝泉监官舍,均有诗记其事。贺铸元符元年(1098)丁母忧去官,其赴太平州,似在崇宁年间。

⑤ 《舆地纪胜》卷四六《安庆府·风俗形胜》引《图经序》。

以上无疑。而请田者仍不乏其人,可见湖州之田亩产三石应是可信的。此又得到端平(1234～1236)以前周弼诗"长田一亩三石收"①的佐证。长田,即上田。周弼(1194～?),字伯弼。原籍汶阳(今山东汶上)。其生平事迹仅于友人李彭所撰《端平诗集序》可见一斑:"洛阳周伯弼与予同庚生,同寓里,相与往来论诗三十余年。"李彭(1194～?),籍贯菏泽,客居吴兴,则周弼亦必居湖州,方可时相过从。周弼为湖州人,仍可从上引《丰年行》尾联:"庙前擘纸青竹爆,饧糕粉鱼夜祠灶"得到证明,此正鱼米之乡典型的吴俗——祭灶情景。我们没有理由怀疑有"苏湖熟,天下足"②美誉的湖州上田亩产米三石之可信度。顺便指出,高斯得《耻堂存稿》卷五《宁国府劝农文》所谓上田一亩收五六石,乃指谷,折为米不过二、三石,这是苏湖间有可能达到亩产三石的又一旁证③。

(五)南宋初绍兴府亩产米二石

此说见之于朱熹《晦庵集》卷一六《奏救荒事宜状》,时朱熹为提举浙东路常平茶盐,主持救荒,《奏状》所上时间为淳熙九年(1182)。此条似亦未见前人援引过,是关于绍兴八县中六县(约占75%)的垦田总面积200余万亩的平均产量,十分重要。其说云,绍兴府八县"除余姚、上虞外,今将田亩计其岁入。六县为田度二百万亩,每亩出米二石,岁收四百余万。"这是他向朝廷上报请拨救灾钱粮的奏疏。其所说正常年景的平均亩产量必有簿书记载为依据,既不可能低估,也不可能高估,应是颇能附合当地情况的实际产量。约略同时,江东路的徽州其田亦产米二石,这是从秋苗亩收二斗可以推知的④。因此,这是两个应能代表浙东和江东在南宋初亩产量的数据。顺便指出,斯波教授《宋代江南经济史研究》(中译本第147页)提到的北宋末越州萧山县的落星湖公田3821亩,宣和二年(1120)作为官田经营,官租亩收

①　周弼:《端平诗隽》卷一《丰年行》。又李伯重《多视角看江南经济史》(三联书店,2003年)第77页注⑦称:此诗所说的产量"地点、时间也不明确",有失考之嫌。
②　此说始见于薛季宣《浪语集》卷二八《策问·问水利》。参见周生春《论太湖地区农业的发展》,《中国史研究》1993年第3期。
③　梁庚尧《再检讨》一文已指出这一点,参见台北《宋史研究集》第31辑第210页。
④　罗愿:《淳熙新安志》卷二《税则》。其又称上田产米二石。

0.37 石(推定产量为 0.74 石),显然也是误把定额官租作为对半中分的分成租了。如亦以官租率为 15% 计,则亩产为 2.47 石。斯波教授又将南宋初少计 900 亩承包给归正人大周仁包佃,称作"是新田生产率较低的旁证",就更是于史无据的猜测之词。

(六)嘉兴府南宋末亩产量

方回南宋末曾居住在嘉兴魏塘镇王文政家,据其观察:"一农可耕今田三十亩,假如亩收米三石或二石,姑以二石为中"①,则嘉兴(南宋中期以前称秀州)亩产上田为三石,中田为二石。他还以更大范围考察了吴中的水田和山田产量上的差异:"吴中田,今佳者岁一亩丰年得米三石;山田好处,或一亩收大小谷二十秤,得米两石,皆百合斗"。下又称水旱歉收除外(水则绝收,旱则半收或三分之二收),最后则云:"收谷一秤十六斤,二百足铜钱为一斤"②。据其这二段记载,可证以嘉兴为中心的吴田,正常年景上等水田亩产三石,中等水田及山田亩产二石,如平均以二石计,则为比较保守,嘉兴府南宋末的产量约为 2.5 石。应该是据其亲身体验而得出的比较可信的数据。

(七)明州民田北宋末产量

比较详细的记载见之于李心传《建炎以来系年要录》卷一二八,绍兴九年(1139)五月癸卯条:"广德湖在明州西十里,灌民田近二千顷,亩收谷六、七斛③。自政和末始废为田,得租米万九千余石,近岁仇悆为守,又倍增之(原注:绍兴七年)。然民失水利,所损谷之入,不可胜计。"类似的记载还见之于《宝庆四明志》卷一二引王庭秀《水利论》云:楼异"经理湖为田八百顷,募民佃租,岁入米近二万石。"④这里所说的实乃二事,其一,在政和七年(1117)楼异知明州前,广德湖水灌溉周围民田近二千顷,亩产谷六、七斛,折

---

① 方回:《古今考·续考》卷一八《附论班固计井田百亩岁入岁出》。
② 同上。方按:这里所说的"收大小谷二十秤","收谷一秤十六斤",所谓一秤的重量,已折计为米。有学者在引用时仍误计为谷,误差一倍。
③ 又见《宋会要辑稿》食货七之四五,《会要》"斛"作"硕",则斛与石通用之证。又漆侠《宋代经济史》第 136 页引此条时已注明为"谷",是。
④ 《宋史》卷三五四《楼异传》则略有不同:政和七年(1117),楼异知明州,"治湖田七百二十顷,岁得谷三万六千[石]"。又据《宝庆四明志》卷六,治湖田乃政和八年之事。

米 3～3.5 石。其二，政和八年(1118)楼异开湖田后，虽增湖田近 8 万亩，但仅得租米 2 万石，平均每亩 0.25 石，从王庭秀《水利论》称"佃租"显见为定额租。据《宋会要辑稿》食货六三之一九八记载，绍兴二年(1132)收租率已略有提高，至绍兴七年(1137)又增租米为 3.9 万余石，平均每亩仍不到 0.5 石，只有政和末亩产量以 3 石计的 8%～17%，实乃得不偿失。如上所论，定额租无法折计产量。因此，这 20 万亩广德湖周边田，亩产 3～3.5 石是北宋末之事，既失灌溉之利，其产量急剧下降，自不待言。即如《要录》所说，南宋初所损租谷之入，"不可胜计"。

另外，这是臣僚在论开湖田得不偿失时所说，不能排除其或有夸大其词的可能性。这里可提供同在明州的东钱湖田略作比较。嘉定六至八年(1213～1215)，以浙东提举兼摄明州的程覃拨款 3.2 万缗，欲买田 1000 亩，岁收租谷 2400 余石[①]。其每亩的租米达 1.2 石，如高估租率为 50%，则估计产量为平均每亩 2.4 石米，这比广德湖田北宋末的亩产下降 20%～31%。众所周知，一般而言，南宋中期的亩产量似不应低于北宋末。

(八)乾道元年(1165)常州宜兴县田亩产量考释

笔者近检得《陈氏舍田告给公据碑记》[②]，是十分完整的舍田入寺资料。其中与亩产量有关的资料尤为难得及可贵，尤其是宋代史料中关于常州亩产的材料又颇为罕见。《碑记》包括舍田的田主陈宗道的申请状，寺院的陈请状，及官府的官告、给付的公据等；与此相佐证的还有沈文《陈氏舍田记》(乾道元年五月二十七日撰)的石刻。今仅录陈宗道及寺院二状的相关内容。

宜兴县陈宗道状：情愿将本家管产砧基内善权乡、永丰乡常熟田一二二号，计二百零二亩伍十七步，逐年计收宅分米二佰石伍斗柒升，小麦苗捌石乙斗伍升，系一百丹(单?)五合斛子。舍入善权山广教寺禅院。

寺院陈请：今[估]价钱一千贯文足，宗道仍自将钱送纳税钱。今连粘产段字号、亩步、四止坐落并作户姓名在前……乞出公据……付本院

---

① 《宝庆四明志》卷一《东钱湖田》。

② 刊明释·方策《善权寺古今文录》卷三，据北京图书馆藏《古籍珍本丛刊》(书目文献出版社影印清抄本)第 118 册第 712～713 页录文。

收执,永自为业。

首先,这202亩有余之田为常稔的上田,原田主租给"作户"(佃农)耕种,收租米200石有余,平均每亩近1石租米。"宅分米"明言乃"分种",即分成租,如以对半中分,则平均亩产量为2石左右。又因租米用105合斛子计量,则产量约为2.1石。其次,估价1000贯,则平均每亩田的买价为5贯不到,即使施舍为寺田,也要按规定纳税,寺院连这税钱也要陈宗道给付。从小麦苗税8.15石看,这202亩田中约有近半数为稻麦二熟连作制田块,如夏粮亦以亩收一石计(夏税以亩收一斗计),则其复种指数为40%左右。这本应由田主缴纳的二税中的夏粮,也转嫁给了"作户"(佃农)。为免陈氏后人非议或反悔,故寺院坚请官府给官告、公据,请人作《舍田记》并刻石为证。这信而有据的资料,就包含了如此丰富的信息。这表明宋代十分重视产权的转换,并有完备的手续①。

(九)台州学田产量推测

宋人林表民辑《赤城集》卷六载有应椿年《台州增学田记》(简称《田记》)和俞建《台州新给赡学田记》(简称《新记》)。《田记》称:淳熙四年(1177)十二月,台州学田得黄岩黄氏田50亩,陈公辅田20亩,临海朱凤田15亩,为谷200石有奇。合计85亩田,租谷200石,亩均租米1.18石。《新记》则云:嘉泰元年(1201)正月,台州学田以"亩计者百有四,缗计者九百四十有六,斛计者二百三十有七。"则平均每亩田价为9.096缗,每亩学田租为2.28石。据上述《田记》则亦应为谷,折计成米,亩租当为1.14石。这些学田均为学田租,如果假定其租率为50%,则台州学田的亩产量应在2.4石左右。此条似亦未见有人引用过。

(十)关于苏州粮食亩产量的考析

苏州是江南亩产量最高的地区之一,苏州的粮食亩产量本不应该有任

---

① 《宋会要辑稿》食货六九之一一提到佃户租种须与田主订立"租契"。其格式,则见元泰定元年(1324)刊《新编事文类要启札青钱·外集》卷一一《公私必用·当何田地约式》;载黄时鉴《元代法律资料辑存》第240页,浙江古籍出版社,1988年。舍田公据的要素颇与此租契相类似。

何争议,但由于对史料的误解,却导致了若干人为低估苏州亩产的现象①。
其一,称"范仲淹本人也说过中田亩产量为 1 石"(《新探》第 119 页)。范仲
淹这段话见《范文正公文集》卷一〇《上资政晏侍郎书》:"某官小禄微,然岁
受俸禄仅三十万。窃以中田一亩,取粟不过一斛。中稔之秋,一斛所售不过
三百金,则千亩之获,可给三十万。"是说他 30 万(合 300 缗)之俸禄,乃千亩
之所获。我早就多次指出,此乃范仲淹上晏殊书中之语,上书时间为天圣八
年(1030),地点在范通判河中府(治今山西永济西南)任所。此显指河中府
之亩产,其文中称"粟"不称米亦可证。范仲淹知苏州在景祐元年至二年
(1034～1035),这不是指苏州的亩产显而易见②。其二,是称"张方平的说法
也与此相同"(方按:承上文指与范仲淹之说相同,见《新探》第 119 页,同页
注)。今检张方平《乐全集》卷一四《刍荛论·食货论·税赋》曰:"大率中田
亩收一石,输官一斗。畿甸之外,岁供两税。"首先,这是他泛指畿甸之外的
产量,而且仅是大致的估计,因而对产量的认定只有参考价值而无决定意
义。其次,他是指北宋中叶官府确定十一税率(即两税中的秋苗)时对税基
的估计,大约定为每亩一石,"输官一斗"的标准;正如北宋人李昌龄《乐善
录》所说:"亩税一斗,天下之通法。"李说可视为张说必要的补充。因此,显
然这是泛指京畿地区之外的南北各地大致估计的平均产量,而决非指苏州
亩产一石也显而易见③。其三,是说苏州亩产一石论还得到"熙宁八年
(1075)记载的支持"(《新探》第 119 页),此指吕惠卿在与神宗讨论是否应

①　这几条史料,梁庚尧《再检讨》在批评李伯重《选精、集粹与宋代江南农业革命》(下简称《选
精》)一文时均已涉及,但过于委婉而说得不够清楚明白。黄震所说的一条,梁教授亦误解
为分成租,说详下。此为李伯重《选精》引斯波教授之说以证其江南亩产一石的新论,在梁
教授提出商榷后,李仍未作任何修订而收入其《理论、方法、发展趋势:中国经济史研究新
探》(下简称《新探》),清华大学出版社,2002 年。

②　参见拙文《两宋苏州经济考略》注(36),注中已略及李伯重沿讹踵谬;斯波《宋代江南经济
史研究》拙译第 146 页脚注"译者按";拙撰《范仲淹评传》附录《范仲淹年谱简编》,南京大
学出版社,2001 年。

③　参阅同上拙文《考略》注(36)。需要补充说明的是,斯波教授在其《研究》(中译本第 147
页)中并未引《乐全集》卷一四说过张方平有苏州中田亩产一石之说。他仅引《乐全集》附
录《行状》称:时任昆山县令的张方平指出:宋初以来,昆山"地旷人稀,占田无限"。无任何
涉及产量之语。

征收兴修水利助役钱时的对话。吕惠卿说:"苏州臣等皆有田在彼,一贯钱典得一亩,岁收米四、五、六斗①。"上文中我已指出,定额租是买田价的依据,即宋代有以租定价原则,屡见于史料,此又为一例②。吕惠卿此说,乃指他以平均每亩一贯的价格典得苏州之田,按上中下之田,每亩分别得到 0.4~0.6 石的定额租,而且佃户还经常拖欠不交,仅能两岁一收。吕惠卿是在强调每亩仅能收钱 150 文,实在交不起每亩 200 钱的助修水利钱。正如梁庚尧教授《再检讨》所指出的那样:有压低田租以向神宗"哭穷"的意图(参见《宋史研究集》第 31 辑第 212 页),但更重要的是这 0.4~0.6 石的每亩田租,其性质为定额租无疑③。无法以此倍计为产量,更不能作为苏州亩产一石的佐证。

这里还有必要对与苏州相关的另两条史料稍作分析。一是范仲淹皇祐元年(1049)在从邓州移守杭州途中经姑苏时,筹划买负郭常稔之田千亩,号曰义田,岁入粳稻八百斛④。每亩上田粳稻 0.8 斛之租,显然乃定额租,而非分成租,不能倍计为产量。二是《宋会要辑稿》食货六一之三七载:淳熙十年(1183)十月十七日,浙西提举王尚之言:根括到平江府官田 124203.28 亩,岁收官租 21233.12 石。平均每亩租米 0.17 石,显然 10 万余亩的官田,其平均亩产量绝不可能低到只有 0.34 石。而在南宋中后期往往直接标官私之田租额以表达田价水平的高低、田地之丰腴程度,类似之例在史料中俯拾皆是。

---

① 李焘:《续资治通鉴长编》卷二六七,熙宁八年八月戊午条。
② 拙文《两宋苏州经济考略·亩产》中已举出近 10 条例证,尤其是第(6)条,证明定额租不能倍计为产量,参见《农业考古》1999 年第 3 期第 195~199 页。
③ 关于这种分上中下田而立定的定额租,还可举出旁证。如曹彦约《昌谷集》卷一六《屯田议》云:屯田开垦的明年起,"每亩有租课,上田四斗,中田三斗,下田二斗;又明年,递增一斗而止"。即分别为五、四、三斗。这是指舒州开禧二年(1206)的情况,无疑也是定额租,与吕惠卿所说除了时间、地点不同外毫无二致。斯波《宋代江南经济史研究》表一中,亦误以为分成租而倍计为产量。故与史实相去甚远。
④ 钱公辅:《义田记》,刊于《范文正公文集》附录《褒贤祠记》卷二;龚明之《中吴纪闻》卷三《范文正公还乡》。梁庚尧《再检讨》称"平均每亩收租米八斗",已误"稻"为"米";其倍计为 1.6 石认为乃平均亩产量,就更是误中有误。梁教授之文不乏精彩之论,其批评李说也多持之有故,言之成理。但其文最大的不足,仍未能明确指出宋代田租存在大量定额租及以租定价原则。也未指出斯波教授和李伯重倍计为一石以下的产量全部是定额租,因而不能作为推计产量的根据这一重大失误。

通过以上的考析，笔者以为苏州的亩产量仍以范仲淹所说为不易之论。他在《答手诏条陈十事》①中说："臣知苏州日，点检簿书，一州之田，系出税者三万四千顷。中稔之利，每亩得米二石至三石，计出米七百余万石。东南每岁上供六百万石，乃一州所出。"考范仲淹景祐元至二年（1034～1035）知苏州，田 3.4 万顷，亩产 2～3 石，当为景祐元年以前的记录②。这是他当年点检簿书的结果，即持之有据。这也是他在作为庆历新政改革纲领奏疏中提出的数据，不可能凿空臆估。因此，迄今仍是关于苏州垦田亩产量最为权威的记载，并被广泛引用。当然，诚如拙文《考略》早就论证过的那样，其登录在簿书中的垦田数，仅为系税田亩，即缴纳二税的田亩数，见苏辙《元祐会计录·序》③。与苏州实际的垦田数仍有相当大的差距。我以为，早在北宋中期以前，苏州的稻米亩产量已达到每亩二石以上，殆无可疑。正常年景下，亩产二石已是比较保守的估计，姑且不论其是否已使用 135 合的平江斛（如以平江斛折计，则为 2.7 石）。而在南宋，其产量又有提高，应与湖、秀州持平，即上田 3 石，次田 2 石，平均约在 2.5 石。

宋代江淮两浙地区亩产稻米估测表一

序次	时间	地点	产量（石/亩）	史料出处	备　考
1	景祐元年（1034）前	苏州	2～3	《范文正公文集·奏议》卷上《答手诏条陈十事》	点检簿书结果，时苏州有田 340 万亩
2	治平年间（1064～1067）	太平州芜湖万春圩	1.9	沈括《长兴集》卷 21《万春圩图记》；张问《张颙墓志铭》（1976 年湖南出土）	说详本文亩产史料考辨
3	绍圣三年（1096）	舒州怀宁西	2.5	贺铸《庆湖遗老诗集》拾遗《题皖山北濒江田舍》	"二顷夏秧千石收"。亩收稻5 石，折米 2.5 石

①　《范文正公文集·政府奏议》卷上；又见《长编》卷一四三，庆历三年九月丁卯条，《宋文鉴》卷四三等。

②　范仲淹景祐元年（1034）从睦州移知苏州，已是秋冬之际。是年苏州大水，他行装未卸，即赴常熟、昆山等地部署救灾，兴修水利等。参阅拙撰《范仲淹评传》第一章。

③　见王应麟《玉海》卷一七六引苏辙《元祐会计录·叙》引蔡襄之语；《玉海》题注称有 6 篇，今存 3 篇，此文已不见于今传本《栾城集》。

序次	时间	地点	产量(石/亩)	史料出处	备 考
4	政和七年(1117)前	明州鄞县	3~3.5	李心传《系年要录》卷128,《宋会要辑稿》食货7之45	广德湖溉田2000顷,亩收稻六、七石
5	绍兴二十七年(1157)	徽州休宁县	1.5	吴儆《竹洲集》卷16《良干埂并序》	"收至亩一钟",《朱子语类》卷86:"以今量较之,为米1.5石"
6	乾道元年(1165)	常州宜兴县	2.1	明释·方策《善权寺古今文录》卷3《陈氏舍田碑记》	陈宗道舍田202亩为寺田
7	乾道九年(1173)前	徽州	2	罗愿《新安志》卷2《贡赋·税则》	大率上田产米二石,亩收秋苗二斗
8	淳熙四年(1177)	台州	2.4	《赤城集》卷6应椿年《台州增学田记》	同书收俞建《新记》称:嘉泰元年(1201)新增学田同
9	淳熙九年(1182)	绍兴府六县	2	朱熹《晦庵集》卷16《奏救荒事宜》	绍兴凡8县,此除上虞、余姚外6县,为田200万亩
10	淳熙十六年(1189)	浙闽地区	2~3	陈傅良《止斋集》卷44《桂阳军劝农文》	泛指上田三石,次田二石
11	嘉定二年(1209)	湖州	3	《宋会要辑稿》食货6之31	新辟草荡田10万亩
12	嘉定年间(1208~1224)	湖苏间	2	岳珂《愧郯录》卷15《祖宗朝田米直》	江乡上色田可收谷四石
13	端平元年(1234)前	湖州	3	周弼《端平诗隽》卷1《丰年行》	"长田一亩三石收"
14	咸淳五年(1269)	浙西	2.5~3	高斯得《耻堂存稿》卷5《宁国府劝农文》	"上田一亩收五、六石"(谷)
15	南宋末	嘉兴为中心的吴地	2~3	方回《古今考·续考》卷18	上田、水田三石,中田、山田二石

三、关于南宋粮食单产及总产的估测

据以上的考释,以时间先后为序,列为"宋代江淮两浙稻米亩产估测表一",以清眉目。表中数据凡稻谷者,已按50%的出米率,折计为米。虽仅15

项,但涉及史料 20 余条之多①。从时、空的分布考察,时间从北宋中期至南宋末,地城范畴几乎涵盖了整个江南地区,尤详于以苏、湖为中心的太湖平原——即江南的核心区。其中既有泛指两浙、浙西、吴地者,也有包涵苏州、绍兴、嘉兴等整个州郡者;即使是田块,最小的也在 200 亩以上,大至 10~20 万亩,在统计学上均是有意义的数据。分布的范围涉及浙东、浙西、江东、淮南等路,从抽样调查的角度看,时空分布完全能代表江南全区,而决非什么"选精"或"集粹"。下表一所列 15 个数据,最高为 3.5,最低为 1.5,其平均值为亩产 2.39 石(以幅度表示者取其中)。此乃以太湖流域为主地区的亩产量,高于全国平均水平乃情理中事。在这一基础上,再看一下亩产和总产,应具备一定的客观性与可信度。

对于中国古代而言,反映农业生产力发展水平的重要标志,应是单位面积的粮食产量。关于对宋代稻米的亩产量的估测,我倾向于同意海内外多数学者的意见②,即南宋全国的亩产为 2 石。这绝非从众,而是在上节考辨的基础上及二表给出数据综合分析的结果。而且在折计为今量的问题上与迄今的学者估测数相比要高许多,主要是采纳了新的计量史研究成果为折计标准,当然其中也有我自己检得的史料为佐证。对于环太湖流域的南宋京畿区而言,亩产 2 石则为比较保守的数字,如苏、湖、秀州应在 2.5 石左右。而对于严州、婺州及镇江等地,即东西部的丘陵山区而言,则又似乎偏高。这些地区似以 1.5 石的平均亩产为宜。江东圩田区亦在 2 石左右,故全区以平均 2 石以上为妥。如果说上表所列 15 条中的 12 条仅是具有抽样意义的不同时点的亩产量,那么第(1)、(9)两条分别为苏州全部簿载垦田及绍兴 75% 左右农田的亩产量,第(15)条可视为嘉兴的亩产量;就更不是什么"选精"或"集粹"的结果,而无疑分别是浙西和浙东的平均亩产量的代表性数据。

今将笔者多年来搜集到的有可能为产量的一些数据制成"南宋各地亩产稻米估测表二",少数仅知其租米数,不能确定为定额或分成租,故无法确

---

① 其中(1)、(2)、(4)、(8)、(11)、(13)等条,均得到二条或三条史料佐证。
② 参见李伯重《选精》一文所引数据(《探索》第 103 页及注①~④),不再重出。

证,产量用大致幅度表示(今取其平均值)。因篇幅有限,不再一一进行考辨,但大致已考明其时间和地点。从时间跨度看,从南宋初至南宋末;从地区范畴看,除两广等个别区域外多已包涵,应能大体上体现南宋的稻米产量水平。从下表所列的 16 个数据看,最高亩产 3.08 石米,最低 1 石,亩产平均值为 2.20 石。最低亩产一石,仅为陈傅良的估计,而且他对闽浙的产量也估计为上田 3 石,次田 2 石,平均在 2.5 石,这是因劝农而激励当地人精耕细作,并非实际产量。而在半个世纪后,同在桂阳军的蓝山县,其学田产量已至少亩产 1.8 石(见下表二)。因此桂阳军产量至少应在 1.5 石左右。表中所列多数在 2~2.5 石亩产的水平上,因此估计南宋全境亩产 2 石米应无太大问题。即使二广及湖北产量稍低,在 1.5 石左右,但二表中所列 31 个数据平均值达到 2.3 石左右;扯平统算,南宋全域稻米亩产如以二石计,应是能得到基本认可的数据。其中部分数据,则为稻麦两熟田亩产的合计。

南宋各地亩产稻米估测表二

时间	地点	田亩性质	产量(石/亩)	史料出处	备 考
绍兴六年 (1136)	陕西汉中	屯营田	3	《宋会要》食货 63 之 111,《通考·田赋》,《系年要录》卷 111,《朝野杂记》甲集卷 16	营田 85479 亩,岁收 25 万石,应为稻麦两熟田产量。参本书第二章之考。
南宋初	四川某地	舍田	2	晁公溯《嵩山集》卷 50《舍田记》	田广 10 亩,岁得米 20 斛,当为自耕之田。
绍兴十八年 (1148)	淮南	官庄	2.22	《源流至论》续集卷 1《屯田》,四库本第 942 册,第 353 页	官庄 43,田 22500 亩,官 收 19998 石,以四六分成计。
隆兴乾道间	平江府	庄田施舍	2.4~3.08	《径山志》卷 14《寺产》	杨存中舍给径山寺田 1.3 万亩,岁出 2 万斛租米,以四六或中分租计。
淳熙十三年 (1186)	绍兴山阴县	民田舍入寺	1.97~2.36	《陆游集·渭南文集》卷 18《能仁寺舍田记》第 2146 页	家田 1100 亩,岁米 1300 石,舍入大能仁禅寺,租率同上。

续表

时间	地点	田亩性质	产量(石/亩)	史料出处	备考
淳熙末 (1187~1189)	湖南桂阳军	官私田	1	《止斋文集》卷44《桂阳军劝农文》	有田10亩,岁收不过10石;此为估计数,未必正确
绍熙二年 (1191)	明州	寺田	2	释·宝昙《橘洲文集》卷5《雪窦普门庄记》	寺田500亩,斛米如之;以中分租计
庆元六年 (1200)	绍兴余姚	寺田	2.5	释·居简《北磵集》卷3《福昌院记》	市田300亩,岁入700斛,可给千指。此为米无疑
嘉定五年 (1212)	四川叙州	营田庄	2~2.5	《两朝纲目备要》卷13第238页	李埜以钱2.7万缗市之,田租2700石,400家土丁,每7石赡一丁,则田为2700亩,亩租1石
嘉定七年 (1214)	庆元府	水利田	2.32~2.79	程覃《初置淘沙谷田石刻节文》,刊《四明它山水利备览》卷上	1200贯官会,买田40.87亩,收租谷114.15斛,此定额租。以四六或中分计
绍定三年 (1230)	湖南桂阳蓝山	学田 (没官田)	1.8	刘晦之《蓝山县学初得田记》,刊嘉靖《湖广图经志书》卷12第1090页下	以亩计[百]六十有七,以租米纽百五十有奇,平均租米0.9石,中分计为1.8石
绍定五年 (1232)	平江府昆山	学田	2.58	郑准《昆山县学置田记》,嘉靖《昆山县志》卷14	摹2000缗,购良田69.5亩,岁租89.9石有奇,亩租1.29石,此为定额租
嘉熙元年 (1237)	平江府常熟	祠田	1.68~2.1	袁甫《教育言氏子孙记》,《琴川志》卷12	得钱6300缗,买田450亩,岁入米380斛,亩均0.84斛,此为定额租
淳祐八年 (1248)	江西抚州宜黄	学田	2	邹槃《宜黄儒学新田记》,同治《宜黄县志》卷45	增学田350亩,岁可收700斛

续表

时间	地点	田亩性质	产量(石/亩)	史料出处	备 考
淳祐中	湖南潭州浏阳	良田	1.94 或 3 石左右	高斯得《浏阳县平粜仓记》,《大典》卷7514引《浏阳县志·诗文》	择市良田得 390亩,岁收米 755石;如为租米,则产量至少在 3 石以上
淳祐中	福建兴化军莆田	祀田	2	《后村先生大全集》卷89《修复艾轩祠田记》	郡守杨栋以公钱120 缗回购田8.88 亩,岁收谷17 斛,租钱 1 缗(折 0.33 斛米)亩均租谷 1.99 石,以中分计

以上搜辑并考订了今存关于南宋各地稻米亩均产量的绝大部分数据,决非"选精"或"集粹";远高于唐代及略高于北宋的水平殆无可疑。如果亩产稻米二石之说能够成立,意味着南宋 9 亿宋亩耕地中如有 50% 为水田,则总产量为 9 亿宋石,如按嘉定十六年(1223)时的户数约 1500 万户计,则户均达到 60 石,按方回之说五口之家口粮需 18 石,如以上考按南宋户均六口计,口粮 21.6 石,留种、赋税、维持日常生活等以每户平均 20 石计,则仍有20 石左右可提供为商品粮。另一半约 30 亩山地或园地则可种植蔬菜、花卉、棉花、茶叶等经济作物及发展林木副渔业,还有约占 20% 的水利用地。当然还得考虑各地水旱等灾害的减产因素,但养活南宋峰值约 9000 万人口当无问题。总之,从南宋耕地、产量、人口综合考察其农业生产力达到当时世界的最高水平,殆无可疑。

四、南宋农业生产力领先于当时的世界水平

这平均每亩二石的稻米,每石约折今 357 市斤,如以稻谷计则为 714 斤,已达到上世纪五六十年代的水平。在化肥、良种稻发明以前已是略超过明清的中国古代最高亩产水平①。这一估测,与本章开头所引安古斯·麦迪森

----

① 参阅拙文《关于宋代江南农业生产力发展水平的若干问题研究》所考,刊《宋代江南社会经济研究》第 536~539 页。

教授的估算大致相吻合,即宋代亩产与(人均)GDP 均达到古代最高水平。

在上注所引拙文中,我曾就江浙宋代稻米产量与欧洲的小麦产量间种籽与产量之比进行对比,得出结论为生产率是欧洲同期的 5 倍,我想把这段话重复引在这里,然后再用新近检拾到的史料进行验证。

英国著名经济史学者克拉潘(J. H. Clapham)曾指出:"在 11～14 世纪这四百年里,欧洲小麦的平均产量是种籽的四倍;而现在的农民看来,八倍于种籽的产量已经很低了①。"今按:这"现在的农民",当指上世纪五十年代作者撰写此书时的欧洲农民。两相对照,中国江南在11～13 世纪,约略与上引克氏所说的欧洲同时代,但其主要农产品稻米的平均产量,是种籽的 20 倍,其生产效率是同时代欧洲主要农产品小麦的 5 倍,甚至远远超过了 20 世纪 50 年代欧洲小麦的生产效率。这是足以令国人自豪的极为了不起的成就。前提当然仍是克氏的这种估计是否可信?

(一)投入产出之比

我国古代最大的类书——有"百科全书"之誉的《永乐大典》卷七五一四引《常德府武陵图志·仓廪》记载:宝祐二年(1254),湖南提举刘籥"置思济一庄,计种子一百八十六石五斗六升,岁可收租谷文思院斛一千四百二十八石有奇,专储以为举子、举丧者之助。"在湖南常德的慈善庄田上,如租率以50% 计,则种粮与收获稻谷之比达到了 1:15.31,约为欧洲同一时期生产力水平的近 4 倍,为欧洲 20 世纪 50 年代生产力水平的近 2 倍。湖南充其量不过是南宋中等产量稻作区,其种粮之比——衡量生产力水平的标准完全能代表南宋的平均水平,足见已远超过同时期的欧洲生产力水平无疑。

为了进一步论证这个问题,不妨再举几个例证。我国享有盛誉的数学名著——南宋秦九韶《数学九章》卷五下《宽减屯租》曾出了一道复杂而有趣的数学题,其复杂的计算过程,姑置勿论。因其题多从现实社会生活中来,

---

① 克拉潘《简明不列颠经济史》(原著 1957 年版),范定九译中文本,上海译文出版社,1980 年。转引自董恺忱《从世界看我国传统农业的成就》,刊《农业考古》1983 年第 2 期。

一定程度反映南宋中后期生产及生活实况。其题称,南宋"屯租旧额:官种一石,纳租五石;私种一石,纳租三石。今某州屯田,去年官私种共"9782 石,共合收租谷 39586 石……。本书第二章已论证,屯田,无论军屯或民营田,皆为南宋平均亩产粮食最低的田块,即使这类田地,其种粮之比至少也在1:8.10,这还是以主客中分为基础得出的比例,如以通常的四六或三七分成,其种、粮之比则为 1:10.12 或 1:13.5。以屯田中等产量计,种粮之比约为1:10。分别为同时期或 20 世纪 50 年代欧洲小麦种粮之比的 2.5 倍或 1.25倍。这是南宋中期最低水平农业生产率与欧洲同期小麦平均生产率水平间的比较。

或许有论者会提出:小麦和水稻不同品种农作物之间无法作出比较,则可从南宋硕果仅存的小麦种粮之比的例证再作比较。其一,见之于《宋会要·食货·屯田》[1]记载:绍熙元年(1190)十二月九日,知和州刘炜言:屯田庄"见管陆田五十余顷,每年止是种二麦,除出种子,官收不过千四五百石……。其二麦[与耕兵]作两份平分,及有杂色豆斛,依此分收。"这块陆田50 余顷,除二麦外,还种有数目不详的杂色豆类(如蚕豆、碗豆等),姑忽略不计。官收租麦约 1500 石,耕兵所得为出种后平分,亦 1500 石。当时,大小麦每亩用种分别为 1.2 斗及 1.1 斗[2],姑以其平均数计,为亩均 1.15 斗。则其总产量应为:(1500 × 2) + (0.115 × 5000) = 3575 石,亩均二麦产量为 0.715石。其种、粮之比则为 1:6.22。必须指出:淮西屯田军庄的二麦产量为南宋最低水平;其中小麦所占份额远比大麦为高;还有数目不详的杂色豆斛未计。即使如此,与同一时期的欧洲小麦种、粮之比相比较,其农业生产率——即狭义的投入产出比——种粮之比,南宋也为欧洲的 1.56 倍。如剔除上述三项不可比因素,保守估计,也不低于欧洲 20 世纪 50 年代的小麦种植投入产出之比的水平。

其二,《开庆四明续志》卷四《广惠院·租麦总数》记载:"地一十四亩"有奇,"收租麦七硕,百合斗"。其明细帐则为二笔,一是象山县佃户谢元五

---

① 仅见《宋会要辑稿》食货六三之六二。
② 《宋会要辑稿》食货六三之五三。

租地约 4.94 亩,"租小麦二硕,百合斗";二是昌国县佃户陈合租地 9.13 亩,地"租小麦五硕,百合斗"①。两块地的亩均麦租为 0.5 石,一般麦租率在 30% ~50% ,则这合计为 14 亩的二块地的亩均产量为 1 ~1.67 石,取其平均值亩产 1.33 石小麦。据上例所考,小麦每亩用种 1.1 斗,则其投入产出比为 1:12.09。是欧洲同期小麦种、粮比的 3 倍有余,较之 20 世纪 50 年代欧洲小麦的种、粮比高 51.13% 。这一例证,似可代表南宋晚期的中等水平田块的小麦亩产量。因是民田转换成的慈善庄田,由佃户租种,故其产量远较前例军兵屯田为高。从伊懋可教授设定的投入、产出能量之比这一指标考察,无论稻麦,南宋农民堪称创造了当时世界领先的奇迹;并将这一领先地位保持了近八百年之久,这是值得国人自豪的杰出成就。

(二)各地乡规土俗对田亩、产量的折计

最后,顺便说一下关于种粮之比,有一个十分重要的指标,即每亩田所下粮食种子的多少问题,这会因不同品种(稻、二麦),落谷布种的时间,种植方式(如插秧还是直播),不同田块等而略有差异。在北宋及宋以前,大致在每亩用 1 ~1.2 斗稻谷。如《分门琐碎录·农桑·谷》有载,"种谷:三月种,每亩用子一斗;四月种,每亩一斗二升②。"陈元靓《事林广记》甲集卷下称:"种谷:二月上旬为上时,三月上旬为中时,一亩用子一斗;四月上旬为下时,每亩用子一斗二升③。"见之于宋代文献的南宋时期各地每亩稻谷种子从一斗至二斗不等,其中又以一斗五升为多。令人费解的是见存农书中阙载,故略举数例:

(1)《宋会要·食货·营田》称:淳熙十年(1183)五月,鄂州都统制岳建寿申:"根括积年荒田九十余顷";"官给牛具、种子,每亩种一斗,共用种九百余石④。"同书另一例则为军庄"逐州退下营田、屯田","往往皆是瘠薄田亩,又多与本军见耕田土参杂";乾道七年(1171)九月三日,湖广总领所言:"荆

---

① 分见《宋元方志丛刊本》第5974 页上,第5979 页上。
② 《续修四库全书》第48 页,影印上海图书馆藏明抄本。
③ 中华书局 1999 年影印北京大学图书馆藏本,第16 页。又,《大典》卷一三一九四引《山居备用》之说略同。
④ 《宋会要辑稿》食货六三之一五四。

南军原退下屯田"20255.5亩,"除耕种过"12158亩,计用种1115.75硕,"一切了毕,务得岁计稻谷增羡①。"则荆襄平均每亩军屯营田实际用稻种为0.92斗,约近一斗。此二例均为瘠薄屯营田之用种,产量不高,其原因即广种薄收,农本、工力不足。

(2)南宋初,因版籍散佚,无法计征二税,遂"不以田亩收税,唯以种石纽税,以种一石,作七亩科敷。"如绍兴六年(1136)右谏议大夫赵霈言:岳州等地即以此"反复纽折","有至数十倍者②。"这是以种粮折算田亩纳税之简易方法,以种粮一石折七亩科税,是说岳州等地平均每亩稻田需落谷一斗五升左右(1.43斗)。无独有偶,绍兴十五年(1145),接替李椿年主持绍兴经界法的王铁主张民户自实,由"甲内人递相纠举",并以各地惯例如论钧、把、石、秤、工等以计"田产亩角数目"③。其中,论种石,即为建宁府等地计田亩数量的习俗。其法以种粮1.5斗折一亩,因其地多山田,且又不太规则,难以丈量之故。而每亩水稻田用种子1.5斗似为南宋最为盛行的标准。其说见于《宋会要·食货·屯田》:"稻,每一亩用一斗五升;大麦,每一亩用一斗二升;小麦,每一亩用一斗一升④。"1.1~1.2斗,则为二麦每亩比较普遍的种子用量。

(3)在福建等地,种石与租米一样,成为田亩的代表数据。如刘克庄《后村先生大全集》卷九三《荐福院方氏祠堂》记载:方氏功德院祠田,由当地官僚或乡绅施舍,凡"计种五十九石。"如以当地每亩用谷种1~1.5斗计,则59石之田为393.3亩~590亩,取其平均数约为491.67亩。同样,朱熹《晦庵集》卷二一《经界申诸司状》则以种一斗折产钱十余文,以此准一亩。其说云:"闽郡多山田,素无亩角可计。乡例率计种子,或斗或升;每一斗种,大率

---

① 《宋会要辑稿》食货六三之一五二,参校同书三之二一。但这条史料尚有另一含义:如果"计用种"之上脱一"外"字,则意味着"计用种"的田亩为8097.5亩,每亩用种为13.8升,即近1.4斗。这是无法排除的另一种可能。

② 《宋会要·食货·赋税》,《宋会要辑稿》食货七〇之三七。据《宋会要·食货·官田》(《宋会要辑稿》食货六一之二七)记载:自绍兴二十五年起岳州(时已改称纯州)已改为"以丁定税"而弊端百出,遂从三十年七月起"各置砧基簿","上簿籍记数目"。但福建建宁府等地因山地又多畸零,难以丈量,仍依乡俗以种石定顷亩而出税。

③ 《宋会要辑稿》食货六之四〇。

④ 《宋会要辑稿》食货六三之五三。

系产钱十余文。"产钱,经界时还可据以定田亩等第。除了以种粮定顷亩外,各地乡俗还有以秧把、用工定顷亩,以钧、秤、杠等特殊计量单位定产量以纽计田亩等法,在南宋经界、计税租实践中曾广泛行用。今特考其缘由,因在宋代社会经济史、法制史等研究中经常会遇到此类词汇,如不明其来龙去脉,往往无法进行定量研究。

秧把或禾把:在浙东、江西、福建等一些地区,因土地过于畸零或在山区,难以进行丈量。各地乡俗,就以拔秧时扎成的每一把秧的栽插面积;或以平田一块,割禾百把,进行丈量,以计亩角,由此而作为经界、出税的田产顷亩。又称"禾把",以此折计亩数。此法似始于北宋熙宁间王安石变法之时,最早出现在王安石的故乡抚州。康熙《宜黄县志》卷三《田赋·秋粮》有载:"本县丞佐不得其人,惮于履亩之劳,只从三乡择平壤田一区,计所割禾一百把,就其地而丈之,即一区以概其余。每百把崇乡约得田五亩","仙乡约得田五亩五分","待乡约得田六亩三分"。一般而言,土地膏腴肥沃,百把秧或生长所占田亩步越少,瘠薄之地占田更多。上举之例表明,江西抚州宜黄百把秧、禾所计之亩为 5～6.3 亩不等。这也成为划分上中下田的依据。但明人谭纶《与江西巡抚止高安县分派书》称:王安石作相,"欲行均田之政,有令宜黄者,以山田难丈,以禾把准亩。每田一亩,准禾二十把,每一百把准田五亩。复有郡倅周复初至邑求贿不得,遂增至六亩三分①。"与上揭之说显有不同,当时并未抽样丈量,而仅凭估计准百把秧为五亩,通判索贿未成,遂增至六亩三分。当时的真相究竟如何,史阙有间,已难确考。但此为宋人之创例无疑。

南宋末祥兴元年(1278)九月九日,处州缙云县坊郭户居民杨大亨及夫人郭氏因独子寄老遁入空门,年老无子,遂将置于十都、五都、二都的十块田(凡 26 丘),合计秧把 1120 把并水塘 2 口,舍入梵严寺(一名祝圣寺)。以此田产,"生则给养,没则津送安葬。"如以二十把折一亩,则为 56 亩②。可见浙

---

① 道光《宜黄县志》卷三一之五引,参阅梁庚尧《南宋的农村经济》第 126 页注⑱。

② 《括苍金石志》补遗卷三《杨曾九宣义舍田数》,参阅缙云知县、金华人杨克谦同年腊月撰《宏农杨氏舍田记》;并见《宋代石刻文献全编》第 3 册,第 895～897 页,北京图书馆出版社影印本。

东处州等地亦以秧把折计田亩,又可见山区的田地极为畸零和分散,这是和小农租佃制相适应的经营土地方式,其成本较高及效益较低显而易见,这是又一个典型例证。无独有偶,始见于宋代的这种以秧把或禾把准计田亩的方法一直沿袭至明清乃至近代。如清初江西萍乡仍在实施此法。清·谢旻《萍乡县丈量地亩疏略》①称:明清易代后,当地"鳞册无存,农民不知计弓定亩,仅以插秧把数积算[田亩]:肥美者,三十把为一亩;其次,五十把为一亩;又其次,八九十把、一百把为一亩,以此积算定亩。"此又可证,清亩应比宋亩为大;土地越瘠薄,每亩所用秧苗越多,即用种子亦多。当然,秧把有大小,禾把有广狭,以此计亩,远逊丈量准确。

(4)计算产量时,南宋各地也有不同于常规的乡风土俗的计量方式,不以通常的斛、斗、升为量器。如"钟",吴儆(1125~1183)《竹洲集》卷一六《良干竭赋并序》在论徽州休宁县产量时说"收至亩一钟";《朱子语类》卷八六则云:"以今量较之,为米一石五斗尔。"恰可为之诠释。在温州等地有以若干杠稻谷作为计租甚至田价的折算单位。叶适曾说:"计谷四百六十二石,计谷二百三十一杠";则一杠折二石谷。他又说:"一年计米一百二十石,计谷八十杠②。"则一杠谷又折米一石半。宋代的出米率一般为50%,此高达75%,应是糙米或小禾米,即籼米。但一般的白米折糙率仅为1:1.1。如宋末何梦桂(1229~?)云:"膏田得苗屯白米二百一十硕有奇,计直若干,展糙得赢二十一硕③。"另也见折糙率有1:1.2者。

比较复杂的是宋代的秤及其换算。宋秤一斤,约合今640克;其一斤为十六两,每两为40克;一石约合120宋斤④。这是标准计量。问题在于各地五花八门的"秤"及其折计。不妨先看几个实例:其一,淮秤。《通考》卷六《田赋六》记载:乾道元年(1165),淮西总领所申,通管田730顷,共理租

① 载四库本《江西通志》卷一一八。

② 《叶适集·水心别集》卷一六《后总》,点校本第855页。

③ 《潜斋集》卷九《庐陵养济买田记》。

④ 陈元靓:《事林广记》卷六《算法类》,中华书局影印本,1963年。参阅郭正忠《三至十四世纪中国的权衡度量》第212、214页,中国社会科学出版社,1993年。

211000 余秤,"不过米(二)[三]万石①。"则每亩定额租为 2.89 秤,折 4.11 斗,淮秤每秤约合 1.42 斗,每秤为 17 斤,比 16 斤的标准秤略重。其二,吴秤。元·方回曾考察过秀州田的产量称:"山田好处,或一亩收大小谷二十秤,得米两石,皆百合斗";又云:"收谷一秤十六斤,二百足铜钱为一斤②。"米两石合大小谷二十秤,则 1 石米 = 160 斤谷 = 120 斤米,此为与官秤(标准秤)相同之秤。但其出米率已高达 75%,约与今相仿,说明当地南宋末稻谷加工技术已相当先进。其三,足斤大秤(徽秤)。宣城人周紫芝(1082 ~ 1155)屡试不第,晚年始入仕。60 岁以前生活拮据,常靠友人接济。其自述云:同郡徐侯伯远慨然见怜,"割膏腴之地五十亩,分播种之谷三秤。"一次赠地 50 亩,又送种谷三秤,相当慷慨。这是大秤足斤,每秤 100 斤,每斤 20 两,约相当于 2 石谷,平均每亩谷种为 1.2 斗。

其四,闽秤。相关资料见于《永乐大典》卷七五一四引《临汀志·仓场库务·均济仓》云:(1)"拘催江元立等一十一项子利米三千四百九十一升,禾一十(称)[秤],计米四十升,共价钱六十二贯九百三十二文足"。(2)"早禾谷八十升,折白米四十升"。(3)又云:"郡守胡公太初办助米"584.77 石,"每石时价十七界会四十贯文",总计会 23390.8 贯文。(4)又曰:"递年收计子利禾五百五十把,每把纳见钱七十[五]文足,共收见钱四十一贯二百五十文足。"(5)又,《大典》卷七五一四引《临汀志·淳祐平粜仓》亦载:"中定仓,岁收禾四百秤(乡例以三贯二百文中为一秤)③。"解读以上五条及注中另一条史料,可以得出以下结论:其一,据(1)和注文,南宋末汀州均济仓出粜每升米价约为 18 文足,每石则为 1.8 贯文足,仅比"官司和籴一石,例支本钱"1.6 贯文足略高④。与(3)相比较,钱、会之比已为 1.8:30.8 = 1:17.11,反映了南宋末通货膨胀,物价飞涨的社会经济状况。按:十七界会已展为足钱同

---

① "三万石",原误作"二万石",据《宋史全文》卷二四下改。
② 《续古今考》卷一八《附论班固计井田百亩岁入岁出》。
③ 分据张忱石等《永乐大典方志辑佚》第 1313 ~ 1314 页、第 1317 页录文,中华书局点校本,2004 年。又,同书第 1314 页也记载:"折价米"15771.5 升,计钱 270.688 贯文足,"田税并赁钱"5.850 贯文足。则两项合计每升米价为 18 文足,与正文中(1)所述略同。
④ 引文见《大典》卷七五一四,同上书第 1315 页。

口径对比,其时间则为开庆元年(1259)或稍前。其二,均济仓贮米放贷或以田出租,分收子利米(钱)或子利租谷。据(4)子利禾(谷)每把75文足(原脱"五"字,据上下文可补),按米价则可折计为4.17升米,据(2)则折谷八升,据(1)则约可折计为一秤。故在汀州,禾把与小秤为等值可换用的概念。其三,汀州平粜仓另用一种大秤,据(5)之原注文称:"乡例以三贯二百文中为一秤",如以官和粜米价准计,则相当于二石米,即以省斤论为240斤,如以足斤论则180斤,以加斤论则为144斤。如为百斤大秤,则比宋代已知的加斤大秤更增44%,是否有这可能? 史料没有给出答案,只留下进一步探索的空间。计量分析之难时时困扰笔者,此为又一以俟博洽的难题。

最后,关于计量影响产量评估的另一个问题是其量具或量器。南宋是一石斛和二石斛(五斗为斛)并行的时代,但通常五斗斛均注明,一般不说明者多为一石斛。将南宋因使用五斗斛而一概定论为一石为五斗,实在是一种误解。一石斛远较五斗斛使用更为普遍广泛。史料中出现的斛、石、硕等,均指一石斛。需要注意的则是各地行用乡斗之多,即地方自行造制和行用的各色各样容积重量不等的斗才是必须值得注意的问题,这是和南宋极为苛重的赋税制度及官吏的腐败有密切关系的"孪生"现象。宋代的量斛至少在33种以上,对应的量值也从50升~190升凡33种而不等,各地比较通用的则为文思院斛及省斛(83升斛,官斛一石约当1.2省斛)。其余多为加斛和加斗,亦不乏省斛、省斗。郭正忠先生遗著已详列其名目[①],此勿再一一赘陈。

① 参阅郭正忠《三至十四世纪中国的权衡度量》第371~412页,尤其是表4-10~13四表(同书第383~385页)。

第四章　南宋农学遗产

　　我国劳动人民在长期的农业生产实践中,创造了举世罕有甚匹的农业文明。其结晶或载体,即为古代农学,又称农业遗产。这主要包括农书、涉农诗词文及大量历代相传的农谚等,是古代农民和知识分子共同创造的亟待总结清理的精神财富。其中最重要的即为古代农书,在我国近代实验农业和现代高科技、生态农业兴起以前,成为我国农业生产力发展和农业科技水平的总结和体现。农书,迭经历代传刻而广泛流传,对历代农事实践又有指导意义,并在实践中不断推陈出新。刘瑞龙《正确对待中国的农业历史遗产》[1]一文曾指出:"农学遗产,不仅是我国古代灿烂文化的重要组成部分";也是"今天搞中国式的农业现代化必须珍视、利用、借鉴的宝贵财富。我们要采取科学的态度和方法,总结、整理、继承和利用这份遗产。"正是他和前农业部长何康的远见卓识,才有了《中国农业百科全书》的编纂和出版。

　　南宋是农学遗产极为灿烂丰富、十分辉煌的时代。过去评价不高,被误认为似乎只有陈旉《农书》,是书甚至也未能列入古代"四大农书"之列[2]。其实,即使就农书而言,其数量之多,质量之高,实用性之强,也远超出人们的想象。今试据有关史料作一概略的考察。

---

[1]　刊《中国农史》1981 年试刊号及《农业考古》1981 年第 1 期。

[2]　指北魏·贾思勰《齐民要术》、元官修《农桑辑要》、元·王祯《农书》和明·徐光启《农政全书》四部大型综合性农书。从理论创新的角度而言,陈旉《农书》应列其中,当然还得加上五代·韩鄂《四时纂要》,此仅现存农书而言。以上六种,今中国农业出版社皆有校注本或校释本。

第一节　南宋农书考略

古农书,一般指古代中国传统农业科学技术、生产经营管理等方面的著作。宽泛而言,还包括时令类、类书类、谱录类及水利类、兽医类等相关著作。今以王毓瑚先生《中国农学书录》(农业出版社,1964 年)①的收录范围为参照,对南宋农书作书目解题式的考察,尤注重前人从未涉及过的农书或前贤今人虽已著录却有误解或需补充的农书。宋代茶书笔者已有考证②,今不再重复。

(1)《农书》　3 卷,陈旉(1075 ~ ?)撰。今存。陈旉,自号西山隐居、如是庵、全真子。是两宋之际居无定址,躬亲农圃、自食其力的饱学之士。熟悉六经及诸子百家、释老之学,尤精于《易》。惟务读书,不求仕进。其生平,略见是书洪兴祖(1090 ~ 1155)序、跋。本书乃其晚年隐居真州(治今江苏仪真)时所撰。乃总结江南农业生产技术经验的开创性著作。全书凡 22 篇,其中:卷上 14 篇,讲述种田,尤详稻作;卷中 3 篇,论耕牛及其疾病防治(宋称牛医等兽医为医兽);卷下 5 篇,专论蚕桑。是关于鱼米之乡颇有理论建树的农学专著。其所创导的"地力常新壮"理念,是我国古代最出色的农学理论之一,这是他在针锋相对驳斥了地愈种愈薄的流俗之论后提出的令人耳目一新的观念。

陈旉提出:只要注重施肥,投入充分的人力,对土地勤于经营管理,土地

---

① 王毓瑚《书录》收书凡 542 种,其中佚书 200 余种,约占 40%。著录的宋代农书凡 114 种,其中南宋 49 种,北宋虽略多,但《崇文总目》等书著录的也有宋以前之书,综合考量,南北宋已知农书数量约略持平。从笔者有限的补考看,南宋农书的数量远超过北宋无疑。

② 拙文《中国茶书总目叙录(唐宋部分)》,刊《文史》第 52 辑(2002 年第 3 辑)。凡著录宋代茶书 45 种,其中首次著录为 23 种。虽著录的南宋茶书仅 5 种。但现存的赵汝砺《北苑别录》中有关于茶园中耕及桐竹茶间种相得益彰等内容,为首次记录;桑庄《茹芝续茶谱》为继毛文锡《茶谱》的填补空白著作;许刊刊《北苑修贡录》是关于南宋贡茶的重要著作;多达 104 卷的《绍兴编类诸路茶法》,则更是集宋代茶法大成的鸿篇巨制;其重要性不言而喻。又参见拙文《宋代茶书考》,刊《农业考古》1998 年第 2 期。

不会越种越薄,而会地力"常新壮"。体现了天地人三才相维的哲学理念,是生态农业观念的朴素萌芽,是最值得珍视和总结的农学遗产之一。近年来,出现对《农书》及陈旉的研究热绝非偶然。在这种理论的指导下,宋代南方水田形成深耕、细耙、再秒的整地技术,辅之以绿肥作物的种植,广辟各种肥源,种地、养地相结合;形成了一套精耕细作的耕作技术,即使一年二熟、三熟,也创造了地力连作而长盛不衰的佳话,保持长期稳产高产的奇迹。这种卓越的思想,至今仍闪耀着熠熠光彩,也令《农书》赢得了世界声誉,被译成多种外文。其他不乏精采的内容尚多,已在本书下章农业科技耕作技术一节有所论述,此勿赘陈。

本书乃陈旉晚年撰成,绍兴十九年(1149),他持书谒见时知真州的洪兴祖(1090~1155)。洪氏博学多闻,精通经史,读后诧为奇书,旋即为其刊刻于郡斋,并附真州劝农文而广为散发。但陈旉对这一初刻本极为不满,于绍兴二十四年(1154)元旦自跋云:"当时传者失真,首尾颠错,意义不贯者甚多;又为或人不晓旨趣,妄自删改,徒事缔章绘句而理致乖越。"因而"取家藏副本缮写成帙",以待有识之士镌刻新版以广其传。绍兴始刻本后是否另有宋刻本行世,今未得其详。但六十年后的嘉定七年(1214),时知高邮军的汪纲取陈旉"《农书》一帙",与秦观《蚕书》合刻,后又附楼琦《耕织图诗》,并录其孙楼洪镌石题识称:嘉定庚午(三年,1210),楼诗刻石于郡,而汪纲刻二书时附楼诗而并刻之,成为极具特色的嘉定本①。这一《农书》、《蚕书》、楼琦《耕织图诗》的三合一宋本有幸流传至今。迭经嘉兴项氏、泰兴季氏(有"项靖之印"、"季振宜藏书"等印记各二枚)收藏,今仍藏台北,见《天禄琳琅书目》卷二著录②。《农书》,明初收入《永乐大典》,后被《四库全书》编入(据《大典》辑本),成为通行之本。明代传本渐稀,清代则被鲍氏《知不足斋丛

---

① 以上据洪兴祖前后二序,陈旉自跋,汪纲跋,均见农业出版社 1956 年版陈旉《农书》附录。

② 《书目》卷二除著录汪纲《农书·跋》外,还有孙镛《蚕书跋》称:"高沙之俗,耕而不蚕";"郡太守汪公取秦淮海《蚕书》示余曰:'子谓高沙不可以蚕,此书何为而作乎!'乃命锓木,俾与《农书》并传焉。"二跋均署嘉定甲戌(七年,1214),则为是年合刻无疑。程珌《洺水集》卷二《缴进耕织图札子》称:"汪纲近开板于郡治","臣今已装背成帙,仅以进呈。"即指此三书合一之宋本。

书》等多种丛书本收入。今流传较广者为农业出版社 1956 年据鲍廷博丛书本重刊的排印本。同年,农业出版社又刊行著名农史学家万国鼎先生的《陈旉农书校注》。杨德泉与万国鼎是最早对农书进行研究的学者,其后的研究成果基本上未脱其窠臼,不过更细密化而已①。

也许是陈旉以前的农书极少有论述江南水田地区农事经验者,故陈氏自序中对《齐民要术》、《四时纂要》等主要论述旱田耕作经验的农书讥贬过甚,乃至称之为徒托"空言",欺世"盗名"(见陈氏自序),未免自视太高而损人太过分。但是书对江南地区推广两熟制耕作制度确有划时代的重要意义。《四库全书总目提要》的编者批评此书"虚论多而事实少",同样是有失公允的偏激之词。此与上述二书原为针对不同地区的农事而述,在评价时自不可一概而论。

(2)陈氏《农书》 3 卷,陈克己(字胜私)之父撰。已佚。此书仅见朱熹诗注中提及。《朱文公文集》卷七《戏赠胜私老友》:"乞得山田三百亩,青灯彻夜课《农书》(自注:胜私先侍讲尝著《农书》三卷)。"今考《文集》卷九《诗送碧崖甘叔怀游庐阜(三首)》跋文称:"有陈胜私在九叠屏下田舍"云云,则知其人陈姓,时隐居庐山农耕。其父北宋末或南宋初曾官"侍讲"。检点校本《朱熹集》人名索引(四川教育出版社 1996 年版第 10 册第 387 页),此人乃陈克己。核束景南《朱熹年谱长编》卷上(华东师范大学出版社 2001 年版第 680~681 页)略同,并注出陈克己字胜私的史料依据,皆是。但却未注意朱子诗注中"先侍讲"三字,误断为即陈旉《农书》,而陈胜私似乎也成了陈旉之子②。

无独有偶,楼钥(1137~1213)《攻媿集》卷六二《回陈胜私先辈(屺)启》亦云:"父书素读,天分更高。""古事今事,问无不知;儒家道家,应皆如响。"可见其为饱学之士,年令比楼钥略大,又称其人乃陈秀公(升之)裔孙而侍讲

① 杨文见《扬州师范学院学报》1961 年第 12 期,万文《陈旉农书评介》,刊《图书馆》季刊 1963 年第 1 期。近年来,海内外出现研究陈氏《农书》热,其代表作如[日]大泽正昭《陈旉农书研究》,东京农山渔村文化协会,1993 年。

② 同样判断失误的,如郭齐《朱熹诗词编年笺注》卷七第 700 页(巴蜀书社,2000 年)。虽作者同为陈姓,书亦三卷,更巧合的是著书年代亦约略相近;但却作者乃判然二人,书也存佚有别,显为二书无疑。

之子。其父侍讲与楼钥仲舅汪大猷昔为交游，而与楼钥则失之交臂，缘悭一面。今幸与其哲嗣胜私定交，两人也堪称世交，故以"先辈"称之。显然，楼钥文中的陈胜私与朱熹诗文中所及乃同一人无疑。但令人费解的是其名却为陈屺，当然古书竖写，有可能"屺"乃"克己"两字之形近而讹；另一种可能是其原名克己，后改名为屺。因书阙有间，已难确考。关键在于其父"先侍讲"之名，虽两宋之际陈姓为侍讲者有十余人之多，但却无一可确证为胜私之父。楼钥称胜私乃陈升之（1011～1079）裔孙，今考升之有二子：闶、闳①，则此侍讲应为闶、闳之子孙，其生活的年代似应在南宋初。

周紫芝（1082～1155）《太仓稊米集》卷一一《奉圣山中邂垢忻师相与话十年旧事为之惘然二十一日同游陈侍讲附子园偶作此篇》诗末四句有云："倦客来看栽药圃，先生昔侍讲经筵。人间作计无多子，也合归耕种谷田。"从诗中所述，似乎即撰此《农书》的陈侍讲，惜仍未能得其名。朱熹《晦庵集》卷三四《答吕伯恭》书云："靖康间，有处士陈安节召对，授通直郎、崇政殿说书者，今史录中有其事否？幸子细批喻。其子弟见属叙述，以不知其本末，不敢作也。"这里所说的陈安节②，亦疑似为作《农书》三卷的陈侍讲③，却同样无法确证。因此，这一《农书》的作者只能确定为陈胜私之父，其真实姓名遍考未得，以俟博洽，但非陈旉却可断言。书已佚，内容也无从得知。

（3）《农书》3卷，陈峻撰。已佚。峻字景文，平江府（治今江苏苏州）人。是书"辑六经中所载农圃之事，参以田牛、蚕桑等为此编，以补史记之阙。谢艮斋谔为之序④。"据正德《瑞州府志》卷五记载，陈峻曾任筠州司理

---

① 《名臣碑传琬琰集》下卷一五《陈成肃公升之传》。

② 《咸淳临安志》卷八四《寺观十·寺院·于潜》载："开化院，在县北三十里惟新乡眉山绝顶上。徽宗皇帝朝崇政殿说书像章陈安节隐居于此。"此为陈安节行实仅存之记载，其确曾官侍讲，又为江西洪州人。又，陈康伯（1097～1165）子亦名安节，当为另一人。

③ 宋代侍从以上充讲官者，称侍讲；而庶官则为说书，但往往崇政殿说书亦可泛称侍讲。犹如校书、校理之类馆职亦可泛称学士。侍讲、说书多为兼职。

④ 赵希弁《郡斋读书志·附志》卷上著录，据孙猛《郡斋读书志校证》第1143页（上海古籍出版社，1990年）录文。又，陈乐素《宋史艺文志考证·考异》第209页（广东人民出版社，2002年）云："读书附志作陈峻"，似亦误以为与陈旉《农书》为一书。尽管内容相近，但判然二书甚明。谢谔（1121～1194）绍兴二十七年（1157）始举进士，其书当远比陈旉《农书》晚出。

参军,疑为同名之另一人。而陈淳(1159~1223)《北溪大全集》卷五〇《祭陈景文》有云:"日饬十亩之园而蔬果之是植也,藏修游息于是而悠然以朝夕也。""昔与子相聚隆兴迨今盖三十余年,而尊德乐道之诚如一日也。"这首真挚感人的祭文中所述之陈景文或即《农书》作者陈峻。从陈淳文中"父事之"云云,则年龄比陈淳大,而又学问极好,能使朱熹高弟服膺终生。其卒当在南宋中期。

作序者谢谔(1121~1194),字昌国,号艮斋。临江军新喻(治今江西新余)人。官至御史中丞、权工部尚书。有《艮斋集》40卷等著作多种,皆佚①。谢序今亦无存,约略作于淳、绍间(1174~1194),则陈峻《农书》之成,当晚于前二种陈氏《农书》,十分巧合的是同为三卷。

(4)《农书》 刘清之撰,卷数不详。仅见《宋史》卷四三七本传著录。刘清之(1134~1190),字子澄,号静春。临江军新喻人,绍兴二十七年(1157)进士。尝从学于朱熹,历知宜黄县,通判鄂州,权发遣常州、知衡州,终官知袁州。撰有《文集》等多种著作,今存者仅《戒子通录》五卷。事具《朱文公文集》卷八七《祭刘子澄文》、《宋史·本传》等。其《农书》已佚于宋,雍正《江西通志》卷五〇小传著录,显据《宋史》无疑。

(5)《务农书》 作者、卷数未详。仅见陈造《江湖长翁集》卷二〇《东小留四首》(之二)著录,其诗及注云:"西归新得《务农书》(原注:是书得之归州)。"此书未见宋代书目及前贤今人提及,已久佚失传。

(6)《禾谱》 陆游撰,已佚。见陆游诗:"身尝著《禾谱》,儿解读农书②。"陆游晚年退居绍兴山阴三山故居,躬亲农事。尝撰有此《禾谱》,当是关于绍兴、浙东水稻品种之书。其著书亦事出有因。开禧(1205~1207)中,

---

① 生平事略,见周必大《文忠集》卷六八《谢公神道碑》、《宋史》卷三八九《谢谔传》。
② 《陆游集·剑南诗稿》卷六八《秋怀》之六,第1612页,中华书局点校本,1976年。

曾之谨将其所撰之《农器谱》和伯祖曾安止(1047～1090)撰《禾谱》五卷①一起寄给陆游。陆游为二书赋诗而感到曾氏《禾谱》仅及北宋江西水稻品种，遂有感而撰此《禾谱》。陆游此书撰于其晚年，卷数不详。

(7)《种艺必用》及其《补遗》　各1卷，作者分别为南宋初人吴怿和张福。原书见《永乐大典》一三一九四。胡道静先生最早从《大典》中发现是书，并加辑佚，今有校注本行世②，堪称功德无量。但是书印数不多，传本渐稀，知者甚少。胡先生考证，此为南宋末吴怿撰，元初张福补遗；又称是书为元明之际俞宗本(木?)《种树书》之所本。限于当时的资料条件和检索技术(但时至今日，电子版《四库全书》等广泛盛行后，仍未见吴怿、张福其人之确据)，胡先生此或偶有失考。近年，笔者曾留意这二位作者的生平；又通过对《种艺》及《补遗》与《琐碎录》、《种树书》的对读校勘，有些全新的认识。

首先，《种艺必用》的作者吴怿，应是南宋初人。张孝祥《于湖集》卷一九《刘嗣立吴怿进书赏转官制》云："先帝信书之成，汝辈共劳其间，可无褒哉！"孝祥曾两为中书舍人，一在绍兴二十八年至二十九年间(1158～1159)；一在隆兴二年(1164)。又考陈骙《南宋馆阁录》卷四《修纂上》："绍兴七年(1137)，诏史馆编修《徽宗皇帝实录》"；绍兴二十八年十一月③，"实录院上《徽宗皇帝实录》一百五十卷。"则吴怿似预修官员之一，按宋制规定，预修官转一官或减三年磨勘(同上引书)。可见张孝祥制词应作于绍兴二十八年。

---

① 曾安止，字移忠，号屠龙翁。吉州泰和人。熙宁九年(1076)进士，释褐洪州丰城主簿，后为江州彭泽县令。因目疾而辞官。另有《车说》一卷、《屠龙集》等，均佚。《禾谱》，原书五卷。其书首载政和四年(1114)程祁序，当时仅有写本，但曾之谨寄给陆游时，似已为刊本。今仅少量内容残存于光绪《匡原曾氏重修族谱》。今存佚文中，记载粳籼稻品21个，糯稻品种25个，合计46个；又可考见其余品种10个以上。足证吉州自北宋以来，即为水稻主产区之一。安止生平，见黄履(1034～1104)撰《移忠公墓志铭》(刊《全宋文》第41册，第319页，巴蜀书社，1994年)；《禾谱》，见《文献通考》卷二一八《经籍考》著录。参见曹树基《禾谱及其作者研究》、《禾谱校释》二文，分刊《中国农史》1984年第4期，1985年第2期。
② 宋·吴怿撰，元·张福补遗《种艺必用》，胡道静校注本；农业出版社，1963年。详是书前言和后记。又见胡道静《〈种艺必用〉在中国农学史上的地位》，始刊《文物》1962年第1期。
③ 方按：《宋史》卷三一《高宗八》称是年八月。

但约略稍早,宋代史料中又出现过一个吴怿①,尽管他与前一个吴怿为同一人的可能性很小,但毕竟不能完全排除这种可能。因为他完全有可能在入仕前后因某种原因而被拘没田产估卖。不论其是否同一人,但张孝祥提到的吴怿,应是《种艺必用》的作者无疑。其撰书时间约略在高、孝宗之际(约1150～1173)这二十余年间(说详下)。无独有偶,张福在宋代史料中也确有其人,他是宋孝宗(1163～1189 年在位)时之人,亦可判定其为南宋初人。即《种艺必用》行世未久,《补遗》即已完成。据《宋会要辑稿》职官五四之三九载:乾道九年六月一日,吏部言,据武功大夫、台州刺史张福等状:"伏睹本部见使横行岳庙阙,并无本等人指射。欲乞尽数划刷已未有到任及见榜岳庙员阙,依乾道六年例,借差一次。"虽然在宋代史料中还可检索到另外四位张福②,但最有可能为《补遗》作者的应是见于《宋会要·职官》的这位张福。他乾道九年(1173)为"武功大夫、台州刺史",前乃正七品武阶官衔,政和二年(1112)由皇城使改。绍兴间序位在正郎至横行副使阶官之上。正任刺史临州,仅为武臣加官,而台州正为军事州。则其人确为武官,但宋代文武换阶乃常事,很多武官颇有文才,其人能作《补遗》,实在情理之中。其引书最晚止于叶梦得《避暑录话》,据石林自序,是书撰于绍兴五年(1135)夏,则《补遗》应成书于高宗末或孝宗初。据此,这位张福乃南宋初人而非元人。

笔者近将《种艺》、《补遗》、《种树书》与南宋初温革《琐碎录》残本进行对读互校,认为《琐碎录》是一部类书,今存《分门琐碎录》是明人的分类摘编本。与上述三书进行比较的乃其农桑、种艺(下分竹、林、花、果、菜五类)二门;其余禽兽、虫鱼、牧养、医兽四门,因上述三书无相应内容,故摒除不计。比较的结果如下:

---

① 《宋会要辑稿》食货六一之四,建炎二年正月十九日条曾提到:有"抚州宜黄县人户熊富、吴怿"等,疑与张孝祥制词所及非同一人。

② 其一,《盘洲文集》卷七五《先君述》载,绍兴元年(1131)洪皓受命使金,随行隶卒即有张福者;绍兴十年前死在冷山(参见清·洪汝奎编《洪忠宣公年谱》)。其二,国家图书馆藏《中国历代石刻拓片汇编》(第37册、第134页)有"张福等施财题名"。其三,嘉定中,红巾军兵变首领张福(? ～1220),见《宋会要辑稿》兵二○之二六等。其四,淳祐(1241～1252)中,任汀州驻扎寨副将张福,见《嘉靖汀州府志》卷三九。其人虽有可能入元,但亦武人,几无可能著书。

其一,(1)《琐碎录》二门凡327条,(2)《种艺》185条,(3)《补遗》55条,(4)《种树书》185条。(2)与(1)互见者有140条,占(2)总条数的80%①。(3)与(1)互见者有47条,占(3)总条数的85.5%。(4)与(1)互见的多达177条,占(4)总条数的96%;从文字的异同看,(4)无溢出(1)之文字,且除手民误刊及(4)个别的删节外,基本相似。可以断言:《种树书》抄自《琐碎录》无疑。这从门类的析置、条目的次序相当近似亦可作旁证。(4)有(1)无而同(3)的只有一条,这一条"竹醉日"乃引《齐民要术》和《岳阳风土记》而成,我的判断是《琐碎录》原有,已被明抄本所遗漏或刊落,因为(1)中已有类似条目。(4)与(2)(3)应无直接的袭用关系。

其二,《种艺》第二、三、四、五、三六、三七、四二、四九、六六等九条,有溢出《琐碎录》的文字,从数字至数十字不等,最多一条溢出40余字;另外,至少有三条文字详略殊异,疑为所据资料来源不同。可以判定:《种艺》似与《琐碎录》没有承袭关系,而却颇有可能是《琐碎录》的来源之一。另一种可能是两者同出于北宋的某种或多种农书、类书。笔者认为,以前者可能性较大。如果非先后相承同出一源,似不太可能有140条之多的互见条目,但仍无法完全排除后一种可能。从文字质量看,(2)远胜于(1),这是因为今传(2)书,乃出《大典》本,殆据宋刊本录入;而(1)则经多次传抄,又经明人打乱重编摘抄之故。条目分合的不同亦缘由于此。

其三,《种艺》有三条抄自陈旉《农书》,肯定成书于其后无疑。《农书》,据洪兴祖序乃成于绍兴十九年(1149)。如果笔者上述判断能够成立,则吴怿之书应成书于其预修《徽宗实录》期间,他在馆阁能看到许多稀见之北宋

---

① 胡先生《占农书概述》指出:《种艺》为170条,《补遗》72条,合计242条。很遗憾,胡老辑佚本久觅不得,未能详其分析条目状况。笔者离析条目,主要据内容,亦参考温书的分条,故《种艺》为185条,多出15条的主要原因是《大典》抄手厘合条目极为随意,其分条标识是空一字,但许多条应空格而连在一起,也有却将同一条中空格者。《补遗》,胡老比笔者多17条,似可能性不大。疑胡老将其后之《种植杂历》(另一种《大典》引书)误辑入《补遗》,《杂历》凡21条,剔除则实际差异仅4条,乃分合之异。二书合计,胡书仅多二条,实为巧合。胡文统计,《种树书》与吴、张二书互见条数为104条,为二书合计数的43%;《种树书》独见的凡64条,占全书188条(我统计为185条)的34%。而《种树书》与《琐碎录》相同条目占96%,这是我判定此二书承袭关系存在而与吴、张二书无关的主要依据。

农书。成书具体时间应在绍兴二十年以后(1150～1162),因为《琐碎录》成书的下限当在绍兴末或孝宗初(详下条所考),或二书迭相先后而成。温革绍兴初亦尝任秘书省正字,完全有条件看到前朝遗存的珍本秘籍,故不能排除其书成于吴怿之前的可能,如是,则亦有可能吴书抄温书,而上述这几条有溢出字之条目则或抄自同一来源的北宋资料,两书去取不同,故详略殊异。尽管这种可能性很小,但毕竟存在。

其四,《补遗》和《琐碎录》孰为先后,更难以判断。《种艺》没有关于"竹"的条目,《补遗》大量补充此门内容,凡30条(5～34)。其中,"月菴种竹法"一条,前59字为《琐碎录》所无;但有可能宋本原有,而为明代改编者或抄手所删。《种树书》中亦有这59字,可为笔者上说提供佐证。如是,则很有可能《补遗》成书于《琐碎录》后,张福见温书中有《种艺·竹类》(凡33条),就抄辑成篇以补吴书,同时又杂采温书《农桑》、《种艺》二门而吴书未及之条目以补之。虽有8条仍不见于温书,但毕竟已占85%以上条目互见,且文字相近。如上说不能成立,《补遗》亦有可能成于温书之前,成为温书的来源之一。毕竟其作者张福乾道九年(1173)已加官台州刺史,二十年前已成名而有可能继《种艺》而撰《补遗》,从而成为《琐碎录》的来源之一。当然,《琐碎录》或与张福书同据某种类书或多种书同出一源而成。这三种可能性皆存在,笔者以为张承温书的可能性为大。

此书内容丰富,不仅涉及稻麦粱谷的种植,还有蔬菜、瓜果、花卉、竹木种植园艺等方面的内容。已突破自《齐民要术》以来,花木不入农书的禁条,有许多独特的创见。其移树、嫁接、生物治虫等技术一直沿用至今。王祯《农书》中有不少内容抄自《种艺必用》,由此可证,王氏《农书》主要也是反映宋代农业技术进步和水准,殆无可疑。王氏《农书》大量抄袭宋代农书,又不注出处,非著书之体;否则,当可据以辑出不少已失传的宋代农书。可贵者,《种艺必用》及其《补遗》为残本《永乐大典》中硕果仅存的二种大体上完整的宋代农书。《大典》中曾辑入许多种宋代农书,今已荡然无存,惜哉! 今摘录是书数条内容,仅涉及稻麦的种植、中耕、灌溉等,以见一斑。

"小麦不过冬,大麦不过年。""正月锄麦再遍为良,又种春麦。""老农

言:'地久耕则耗,三十年前,禾一穗若干粒,今减十分之三'"。"老农言:
'稻苗立秋前一株,每夜溉水三合,立秋后至一斗二升,尤畏秋旱。'""粱谷
米大香滑而种者少,问庄家云:'收少而损地力。'""浙中田,遇冬月有水在
田;至春(秋?)至大熟。谚云:'谓之过冬水。'""早禾怕北风,晚禾怕南
风。""正月、二月,耕地一工当五工①。"今按:从"地久耕则耗"条看,这种
观点与陈旉《农书》之说相对立。对稻苗需水量的估计,是宋代以前农书
从未说过的内容。其对水稻"尤畏秋旱",应加强秋灌之说,是本书最重要
的农学理论发现之一②。冬田保持水分,耕田贵早,也是颇可贵的农学经
验总结。

(8)《琐碎录》 20卷,温革撰。为居家必用之类的实用类书。原书已
佚。其中农艺门,今存两种明抄残本,国家图书馆藏三卷本,上海图书馆藏
一卷本(或不分卷)。残本《永乐大典》中还录有其书其他门类的一些条目。
是书还有陈晔编撰的《续录》,又称《后录》,说详下。今考温革,字叔皮,泉州
惠安人。政和五年(1115)进士,绍兴八年(1138),官秘书省正字。十年,通
判洪州(治今江西南昌)。后知南剑州,二十四年(1154)知漳州。绍兴末,官
至福建转运副使。与赵令畤(1061～1134)、刘才邵(1086～1158)等交游。
除本书外,撰有《隐窟杂志》、《十友琐说》(今存),《续补侍儿小名录》(佚)
等。则其为两宋之际人③。陈晔,南宋中期人。陈振孙已称不详其人,今补
考如下:陈晔,字日华,福州长乐人。淳熙六年(1179)知淳安县,后通判通
州。庆元二年(1196),知汀州;四年,除广东提刑。嘉泰二年(1202),除四川
总领;开禧二年(1206),追三官放罢。又有《夷坚志类编》三卷,《古灵先生
(陈襄)年谱》一卷(今存);《通州鬻海录》、《种师道事迹》各一卷,又纂《善谑

---

① 《永乐大典》卷一三一九四。影印本第6册,第5723～5724页。
② 《大典》卷一三一九四引张福《补遗》一条亦极可贵:"凡晚禾最怕秋旱,秋旱则槁枯其根,
虽羡得雨,亦且收割薄而歉矣。故谚曰:'田怕秋时旱,人怕老时贫'。"
③ 温革生平事略,据陈骙《南宋馆阁录》卷八、李心传《系年要录》卷一三八、洪迈《夷坚甲志》
卷一九《杨道人》、温革《漳州府重建学记》(《永乐大典》卷二一九八四引《清漳志》),明嘉
靖《惠安县志》卷一二、一三,清光绪《漳州府志》卷九、四库本《福建通志》卷三二等考定。

诗词》一编示洪迈,还编有《庆元鄞江志》等(以上皆佚)①。

是书始见于陈振孙《直斋书录解题》(下简称《解题》)卷一一著录:"《琐碎录》二十卷,《后录》二十卷。温革撰,陈昱增广之;《后录》者,书坊增益也。"陈氏之说有三误:其一,陈昱,应作陈晔;卢文弨校本已正之②。其二,《续录》二十卷,而《解题》似又误作《后录》。陈晔撰,乃仿温革书而续补之。其三,书坊增益之,未审何据?或陈氏未见原书,而据闻说转录,至少《后录》是否有之,仍为疑问。《通考·经籍考》即据陈说著录。《琐碎录》及陈晔续编的《后录》,约在明初收入《大典》后就已失传,后又被明人改编为《分门琐碎录》,将这部类书分门按内容摘抄汇编,其中《分门琐碎录·农艺门》因单刻别行而得以幸存。上图藏本系 20 世纪 60 年代初从秀水藏书家计氏原藏辗转收得,今已收入《续修四库全书》,成为易见之书。

1963 年,胡道静先生首先对此书进行研究,有不少精辟之论。如首揭此书与幸存《大典》中的《种艺必用》为四大农书中间可体现我国农学发展历程的标志性著作;又如对果树、花木、蔬菜等所谓园艺类作物的种植、栽培、嫁接与施肥经验的总结,实始于此书和《种艺必用》等。但亦偶有失考,如认为《琐碎录》早于《种艺必用》,至少,今无确据可证两书的先后关系(说详上条拙考)。又如误以为陈晔为南宋中期书贾,又认为陈晔增广温书,后书坊又为《后录》之类③。但劫后余生的胡老,旋于 1979 年就上述大作作《补记》云:"《分门琐碎录》有一部元刻孤本,残存六卷",原藏日本,为姚志梁所得。叶德辉曾借观,曾在题跋(刊《郋园读书志》卷六)中录是本所载陈晔自序云:"《琐碎录》,温公讳革字子(叔?)皮所作,凡四百余事,余倅通海,得于兵官赵君善成。自时厥后,每有闻见,效而笔之,名曰《续琐碎录》④。"精于目录版

---

① 陈晔事历见《宋会要辑稿》食货六〇之一、同书职官七四之二,李心传《朝野杂记》甲集卷一六《钱引兑监界》,洪迈《夷坚三志·己》卷七《善谑诗词》,《宋史全文》卷二九下;《宋史》卷二〇三《艺文二》,《永乐大典》卷七八九二~七八九四引《临汀志》、明嘉靖《淳安县志》卷九等。

② 卢校作"陈晔",见点校本《解题》第 344 页(上海古籍出版社,1987 年)。或清刻本《解题》避清讳迫改作"陈昱",卢氏复其旧,极是。

③ 参见胡道静《稀见古农书录》,原刊《文物》1963 年第 3 期。

④ 上引文《补记》,已收入胡道静《农书·农史论集》(农业出版社 1985 年版第 12~13 页),又见《中国古代典籍十讲》(复旦大学出版社 2004 年版第 239~240 页)。

本之学的胡老,以其勤奋博学不仅订正了上述后一疏漏,而且据叶氏转录的陈晔自序,纠正了陈氏《解题》七百余年来的以讹传讹。遗憾的是:新刊《全宋文》卷六二一三(第274册)竟失收陈晔此文(序文又见清·都穆《南濠居士文跋》卷一,上引"笔之"下,又多"约将十倍"四字),即温书录"四百余事",而陈晔《续录》已约四千余事。故特为拈出。《琐碎录》和《续录》原分别为书,殆无可疑;而《续琐碎录》实即《琐碎后录》,乃陈晔所撰的同书异名。说详本章陈思《海棠谱》条拙考。

温革《琐碎录》凡分30门,厘为20卷。今存《农艺门》已是原农桑、种艺、牧养、饮食等门的摘抄汇编,称之为农书应是名至实归。尤可贵者,历来农书不载之花卉栽培法,是书亦广搜博采,专置一类,列入70条,可见其余门类、内容之概要。此外如《大典》卷一四五三七收录"居家种树:东种桃柳,南种梅枣,西种榧榆,北种柰杏"一条,已不见于上图藏本。可见,当时抄辑时,仍不乏遗漏,此条应为是书《种艺门·木类》之内容无疑。其书固然多抄辑前人之书,然亦不乏仅见于是书者,如"凡花木有直根一条,谓之命根。趁小时便盘了,或以砖瓦承之,勿令生下,则他日易移。"又如"催花法:用马粪浸水煎,日浇之;三四日方开者,次日开尽。"此催花早开之法,始见于温革是书;原误以为南宋末才有,始见于周密书①。据此,则催花法的始载至少提前了百余年。他如记生物防治果树虫害技术不仅最早也更简便易行。如"柑橘树为虫所食,取蚁窝于其上则虫自去";较之庄绰《鸡肋篇》卷下《养柑蚁》所述约同时,且适用地域更广。其书"果木有虫蠹处,用杉木作小丁塞其穴,其立死";"桃树过春月,以刀疏砍之,则穰出而不蛀"等两条,则远比周密所载早百余年,且更科学合理。周密所记则不乏故弄玄虚色彩②。诸如此类,不胜枚举。

温革《琐碎录》20卷,当编纂于绍兴年间,其《种艺·竹》中一条有云:

---

① 《齐东野语》卷一六《马塍艺苑》:"凡花之早放者,名曰堂花……"不过其法更完备,记载更详尽而已。

② 周密《癸辛杂识》别集卷上《灯檠去虫》云:"桃树生小虫,满枝黑如蚁,俗名砑虫……乃用多年竹灯檠挂壁间者,挂之树间,则纷纷然坠下。此物理有不可晓者。"此不过某地之土法,未必皆验。远逊温革之论。

"用腊日［种竹］之法大谬,见石林《避暑录话》。"核叶梦得是书卷下曰:"每以腊月种,无一竿活者。"叶氏是书自序已称撰于绍兴五年(1135)五六月间,则温革书必成于其后,结合其宦历及上条《种艺》考察,似其编书应在绍兴末。值得注意的是:其《种艺·木·杂说》"采栗"条末称:"南圭云",乃注明是条所自出。既证明温书不乏自撰的内容,尤为其成书的时间提供了力证。今考员兴宗《九华集》卷二一《员公墓志铭》云:员南圭(1087~1162),字德温。绍兴十四年(1144)进士,官至奉议郎。此人当与温革相交游。则温书之成下限应在绍兴末或孝宗初①。

总之,《琐碎录》除记载稻麦等大田农作物栽培技术外,主要总结南宋以前园艺类作物如花果、树木、蔬菜等种植经验和技术,还涉及家畜、家禽养殖及兽医、饮食、酿酒等方面的内容。给人以耳目一新之感,充分反映了南宋以来商品农业蓬勃兴起,农林牧副渔全面发展的盛况。从种植上时、种谷、种大麦、种小麦等条及竹杂说三条等内容考察,陈元靓《事林广记》甲集卷下所述几乎全抄自《琐碎录》,仅文字略有增损而已。可以肯定,同为类书,《琐碎录》应是《岁时广记》的来源之一,或有一脉相承的某种"血缘"关联。本书的其他章节也有述及《琐碎录》的相关内容,请参阅。

(9)《田夫书》 1卷,范如圭撰。范如圭(1102~1160),两宋之际人。字伯达,建阳人。少从舅父胡安国学,建炎二年(1128)进士。曾斥秦桧主和议为丧心病狂而被罢。终官直秘阁、知泉州。为南宋初名臣。此书乃其晚年之作,见尤袤《遂初堂书目》及《宋史》卷二〇五《艺文志》著录②。惜已佚。顾名思义,当为记载农夫耕作实用技术之类的农书。

(10)《农器谱》 3卷,曾之谨撰。曾之谨,吉州泰和人,安止侄孙。乾道七年(1171)乡贡进士(第发解试);直至绍熙元年(1190)始进士及第,后尝官耒阳令。王镇(1116~1193)四女王章夫死再嫁衡州耒阳县令之谨③,可证

---

① 《琐碎录》今存《饮食门》"京师卖煮熟猪肉"条有云:"今临安食有四十年不易之汁",如确出温革之手而非陈晔撰《续录》内容,则是书至迟成于乾道初(1165~1167)。
② 王应麟《玉海》卷一七八讹倒作《夫田书》。
③ 事见周必大《文忠集》卷七七《王君(镇)墓碣》,曾之谨事略见四库本《江西通志》卷五〇。

其时他已完成《农器谱》三卷。尤袤(1127～1194)《遂初堂书目》已著录之谨是书①,亦可证《农器谱》必成于绍熙四年(1193)以前,因尤目成于是年。

《农器谱》,是我国首部关于农具的专著。周必大最早介绍同乡后学此书,其《文忠集》卷五四《曾氏农器谱题辞》云:绍圣元年(1094),苏轼南迁,过泰和,得曾安止所献《禾谱》。"文忠美其温雅详实,为作《秧马歌》,又惜不谱农器。时曾公已丧明,不暇为也。后百余年,其侄孙耒阳令之谨始续成之。凡耒耜、耨镈、车戽、蓑笠、铚刈、筊蕢、杵臼、斗斛、釜甀、仓庾,厥类惟十。附以杂记,勒成三卷。皆考之经传,参合今制,无不备者。"对其缘起、内容、价值均作简要评介。无独有偶,陆游有《耒阳令曾君寄〈禾谱〉〈农器〉谱二书求诗》云:"曾侯奋笔谱多稼,儋州读罢深咨嗟。一篇秧马传海内,农器名数方萌芽。令君继之笔何健,古今一一辨等差。我今八十归抱耒,两编入手喜莫涯②。"此诗陆游作于开禧二年(1206),时年八十二,称八十者,或举其成数。必须指出:王祯《农书》中的《农器图谱》,至少有八门完全照抄曾氏《农器谱》的内容,甚至连门名也直接继承(有的改一字)。其他二门,如"车戽"被改作"落溉"门,"斗斛"被合并在"仓廪"门(又全抄曾氏"仓庾"门)。即其20门中有一半以上内容直接全盘继承了曾氏的研究成果。如《农器图谱四·耧鼓》一目约三百来字全抄曾氏《农器谱》,余则不出注而已。王祯《农书》,从某种意义上而言,乃全盘继承了宋代及金人的农书研究成果。其引书不注出处,殊失著作之体,将其书列入我国"四大农书",实有浪得虚名之嫌。其精审也远不及元初官修的《农桑辑要》。

(11)《耕织图诗》　1卷,楼璹(1090～1162)撰。璹字寿玉,一字国器。鄞县(治今浙江宁波)人。以父楼异(？～1123)荫入仕,绍兴初任于潜令,完成《耕织图》。历官知扬州、兼淮南转运使。《耕织图》凡耕图21幅,织图24幅,每幅配以五言诗一首。以图文兼茂的形式,耕图反映了江南从浸种、耕

---

① 其后陈氏《解题》卷一〇著录,称有《续谱》二卷,未审其何据？如确有,疑后人所续撰。《通考》卷二一八《经籍考》本陈说。而《玉海》卷一七八、《宋史》卷二〇五《艺文四》皆著录《农器谱》三卷,未言有《续谱》二卷。

② 《陆游集·剑南诗稿》卷六七,第1597～1598页。

地、平地、插秧,耘耥、灌溉等田间管理到收割、脱粒、入仓的水稻种植、栽培、生产加工的全过程。织图则描述了浴蚕、采桑、择桑、缲丝、织绢、剪帛等养蚕采桑、蚕丝缲织的全部流程。是形象、逼真的农书和直观生动的劝农教材。正如楼钥《攻媿集》卷七六《跋扬州伯父耕织图》所云:"农桑之务,曲尽情状。"进呈后,即获高宗嘉奖,并宣示后宫。嘉定三年(1210),其孙洪、深曾将诗刊石,遂广为流布。《耕织图》宋刊原书已佚。后有元·程棨摹本、明·宋宗鲁重刊本等。明万历刊《便民图纂》收《耕织图》31 幅,将五言改成吴语竹枝词,这种改编节删本曾广为流传。清代焦秉贞有重绘《耕织图》46 幅,上栏有康熙御题七言各一首,而原楼璹五言诗则入图,但其人物、风情、农具已具鲜明的清代特征,非楼氏之旧。清还有雍正《耕织图》等多种流传,但均不及康熙刊本之精。楼诗则有知不足斋本等流传。

从其耕诗考察,真实再现了两浙路农民精耕细作的各道程序。①浸种,可提高出芽率,减少病虫害,促使秧苗苗壮。②耕耙耖,不仅需"行遍畦畛"、"均泥滓",还需达到"万顷平如掌"的高标准,不仅秧田如此,大田也一丝不苟,深翻平整。③落谷布秧,在梅雨季节,老农挥洒自如,均匀如一,是技术要求很高的绝活。④淤荫,指田中应上足基肥,"洒灰传自祖",是说历来以人畜粪拌和泥灰布洒田间。⑤"杂草闻吴儿",则指吴中重视绿肥等沤肥,注重施肥是传统。⑥插秧,在"啸歌插新秧"的芒种季节,处处可闻欢歌笑语。秧马当时在两浙已得到推广,看来应是拔秧、插秧的两用农具。不仅可"代劳"即减轻劳动强度,还可提高工效。⑦耘耥,是田间管理的核心环节,中耕除草是增产的关键。当时,两浙,至少"三复事耘籽"。⑧秋灌,是结穗丰满的必要措施,适时灌溉和烤田兼行并施,颇有讲究。南宋初,重视秋灌已蔚为风尚。⑨收割、登场、入仓等组诗,虽不乏丰收的欢乐和喜悦,"却愁催赋租,胥吏来旁午。输官王事了,索饭儿叫怒(《耕诗·入仓》)"。诗图兼茂,一气呵成,足证稼穑的艰辛和两浙精耕细作模式之先进。令人发噱的是:后人将楼氏 21 首五言耕诗嫁名于宋高宗,"御题"于李嵩(1166～1243)《服田图》(凡十二幅,并后九幅画亦伪作),全不顾李嵩作画时,赵构(1107～1187)早就墓木已拱;演出了明代版的"关羽战秦琼"的闹剧,足证明代书画作伪的泛滥。不幸的是,斯风今则有过之无不及。

(12)《桂海虞衡志》　1卷①,范成大撰。范成大(1126～1193),字至能,号石湖居士。吴县人。绍兴二十四年(1154)进士,官至参知政事。学问渊博,著作繁富。是南宋著名学者,文学家。其田园诗,成为继陶渊明以来最杰出者之一;使金途中写下的七十二绝,充分体现了其爱国思绪,也是南宋诗坛不可多得的力作。范又是地理学家、民俗社会学家等。其一生中最闪光的篇章是:使金宁死不屈,在金廷猝发私书;在出帅方面及历宦州郡的生涯中,展现了他关心民瘼,干练精明及出色的军事、外交才能。他的《范石湖大全集》136卷的佚失(仅存诗赋34卷),不仅是南宋史学、文学研究不可弥补的损失,也影响了后人对他的正确评价②。成大除诗词外,今存著作八种,其中《揽辔录》、《骖鸾录》、《吴船录》各一卷,属游记,按四部分类法可与其《吴郡志》(50卷)同归于史部地理类,《梅谱》、《菊谱》属谱录类,当属园艺类农书。《桂海虞衡志》则因内容庞杂分十三门,虽历来归属于史部地理类,但其中志香、酒、禽、兽、虫鱼、花、果、草木等八门又属农书著录的范畴。

此书成大于淳熙二年(1075)自桂赴蜀半载行旅中所撰,乃其"时念昔游"之作,杀青时已到成都(详是书自序)。足见其对广西边陲百姓及当地的风俗民情怀有很深的依恋。除上文所述八门外,还有志山、志金石、志器、志蛮、志杂等五门。成大帅广西兼知静江府(治今广西桂林)二年,据其亲闻目睹,如实记载了以桂林为中心的西南各少数民族地区的民俗风情及社会状况,足以广见闻,备考证。给后人留下了治历史地理、社会学、人类学、民俗学、民族史、中外贸易史、中外关系史、经济史、生物学、农学等众多领域的史

---

① 是书卷数,周必大撰《范成大神道碑》称一卷,《解题》卷八(《通考·经籍考》沿袭之)作二卷,《玉海》卷一四、《宋史·艺文三》(卷二〇四)著录为三卷,《四库提要》又从其说。笔者以为:周必大为成大挚友,其所见宋刻原本及收入《大全集》之本均为一卷完本,当从其说。陈氏《解题》著录的二卷本,有可能为后出之宋本,析为二卷。《宋史》著录是书两出之,卷二〇三著录为一卷,当据《神道碑》;后又作三卷,当据赵希弁《读书附志》卷上著录。则或宋代是书刻本已夥,已有一、二、三卷分合之异,又有可能讹"二"为"三"。

② 关于范成大的生平和评价,请参见:于北山《范成大年谱》,上海古籍出版社,2006年;拙文《范仲淹与范成大》(刊《范学论文集》上册第268～360页,香港新亚洲出版社有限公司,2004年),《杰出的地理学家范成大》(刊西安《中国历史地理论丛》1994年第4辑)。

料,堪称一部宝贵的小型博物辞典。其书也为时人及后人所宝爱和重视,宋人援引是书者甚多。如其幕僚周去非所撰《岭外代答》,即多据成大是书,因而也可视为校补、辑佚的来源之一。

《虞衡志》编成后,宋元明清,凡述西南地区风俗民情及少数民族状况时,多以是书记述为主。但约在明代中后期,成大原本遭到严重的删节改写,甚至窜乱、"阉割",已全失石湖原书之旨;随宋本的佚亡,是书已变得面目全非。这种大刀阔斧的删削、改写,宋代黄震《黄氏日抄》卷六七《石湖文》为始作俑者,虽可略存《虞衡志》多条佚文梗概,但却几全部按己意改写。严格意义而言,不能视作佚文。这似乎开创了一个恶劣的先例,但是书为读书札记之类。明人则走得更远,乃至石湖这部极为后人重视的著作今存诸本堪称无一足本、善本①。是书影响深远,早已走出国门,仅日本就藏有 14 种版本之多,且至少有和刻本两种。今人点校整理本,笔者所见者有齐治平、胡起望、孔凡礼(中华书局,2002 年)三本,其中胡本会校诸本,用力甚勤,注亦搜罗颇多;但辑佚仍有遗珠之憾,也不乏手民误刊。孔本最晚出,理应后出转精,但却不敢恭维,其书远逊胡本,虽罗列了黄震等十余条未见诸本的"佚文",但对今存于宋至明代文献中的数十条名实相符的佚文(约近万字),却茫然无知。如今存《永乐大典》残本中有七条《虞衡志》原文之多,其中"挑生"一条即存 280 余字;孔氏仅辑一条却又自我炫耀。又如《事文类聚》后集卷三六(可用谢维新《合璧事类》别集卷七六参校)即存范氏《志兽·象》近700 字的一条佚文,今传本仅存 23 字。其文述象之生活习性、捕象、驯象及野象为害等皆备,是世界上最早的记载。诸如此类,孔氏一概失辑。更不可思议的是:在底本、校本选择甚至标点断句也存在许多严重问题。笔者关注此书辑佚已久,今已写定一个新辑佚校点本而即将刊行。其与农业相关的部分集中在志花、志果、志草木三门,记载了许多我国今两广及西南地区的异花奇果。由于今传本是书被过多删节,这部分也比较简略。《四库全书》

---

① 今存明清抄本、刊本及各种丛书本约近 20 种,详胡起望等《桂海虞衡志辑佚校注·附录六》(四川民族出版社 1986 年版第 319 页),下简称为胡本。

的编者明知《永乐大典》中存有是书完本①,当时却不加搜辑,仅用所见不完之删节改编的一卷本滥竽充数,收入四库,殊为无识。听任这部极有价值的名著乃至名存实亡,令人痛心。

(13)《耕桑治生备要》　2 卷,何先觉撰。已佚。何先觉,字民师。郴州人。建炎二年(1128)进士。绍兴二十四年(1154),权知横州,后以朝奉郎知连州。隆兴元年(1163),知廉州②。是书始见陈氏《解题》卷一〇著录,称其通判横州时撰,有绍兴二十三年(1153)序。或其先任通判,次年权知州欤?又,是书据崇祯《廉州府志》记载,隆兴元年(1163)刊于廉州,"与士庶习之"。书名中"备要"两字,原讹"要备"。明·钱溥撰《秘阁书目》正著录为《耕桑治生备要》,是。可见南宋初重视农业之一斑,这类兼有劝农和推广耕桑技术的农书曾大量刊行,各地多有,此可备一证。

(14)《糖霜谱》　1 卷,王灼撰。王灼,字晦叔,号颐堂。遂宁人。绍兴中,曾任夔州安抚司、四川总领所幕职,仕宦未显。王灼博学多闻,精于音律。撰有《颐堂先生文集》59 卷,《碧鸡漫志》、《长短句》、《祭文》各一卷③。其《文集》宋时已散佚,乾道中其侄王傅所编仅五卷,今有四部丛刊三编影印乾道本行世,词一卷已收入《全宋词》。其诗文颇有散佚,《全宋文》已辑得佚文 16 篇,《全宋诗》辑得佚诗 19 首,但今存《永乐大典》中仍可补辑《送冯仲壬归侍》七律一首④。

---

①　《四库全书总目》卷七〇是书《提要》称:"其余诸门,检《永乐大典》所引,亦多在此本之外。"其下又云:"原书本三卷,而此本并为一卷";亦纯属臆说。宋刊本已有一、二、三卷本之厘合。说详上注。

②　事见弘治《衢州府志》卷一〇、嘉靖《南宁府志》卷六、万历《郴州志》卷四,崇祯《廉州府志》卷七、卷九。

③　王灼生平,据其诗文及注,《画继》卷八、《书录解题》卷一〇、赵希弁《郡斋读书附志》卷下考定撰述。《宋史·艺文志》既误集名中"颐堂"为"颐室",又作"五十七"卷,似亦误。又,《王灼集》(巴蜀书社 2005 年版卷首第 14 页),点校者竟将北宋王曙(962~1034)的《周书音训》十二卷(《宋史·艺文志一》著录)亦归之王灼,虽二人均字晦叔,但《河南集》卷一二《王公神道碑铭》言之甚明;又称《宋史》卷一六五言及王灼有《蔬食谱》,更是失检已甚,未审其何所据? 此书今存,乃陈达叟撰,且《宋史》原无此说。

④　见《大典》卷一三三四〇,中华书局影印本第 9 册,第 9125 页下。点校本《王灼集》20 首佚诗竟全部失辑。其"所考"王灼生年亦未足置信,今不取。

《糖霜谱》,今存《楝亭藏书》、《四库全书》、《学津讨原》、《美术丛书》、《丛书集成》等本,诸本同出一源,文本无甚差异。宛委山堂本《说郛》卷九五竟将洪迈《容斋五笔》卷六《糖霜谱》收入,目录署王灼,正文署洪迈,鲁莽灭裂,莫此为甚。洪迈文末已云:"遂宁王灼作《糖霜谱》七篇,且载其说。"《说郛》编者却视而未见。

王灼是书撰于绍兴二十四年(1154)前,全书约 2500 余字,凡分 7 篇。因其家乡盛产蔗糖,制作糖冰(冰糖)而擅名天下,故据亲闻录而成书。这是我国乃至世界上最早关于甘蔗生产及冰糖制造的著作,具有重要价值和参考作用。

其书分述:(1)甘蔗产地、各地蔗糖优劣及遂宁糖霜沿革。(2)追溯我国蔗糖的源流,提出糖霜制法乃后起之论。(3)叙述甘蔗的栽培方法及列举其品种。(4)具体记载甘蔗生产及蔗糖生产工具、蔗糖榨法。(5)记述官府对蔗糖户的欺压勒索。(6)略述蔗糖的食用方法。本书几乎涉及蔗糖生产的各个方面,充分反映了糖霜业作为商品农业之一在宋代崛起的盛况。当时,宋代糖霜的著名产地已有浙东明州、福建福州、广州番禺,四川广汉等地,而以遂宁为最。当地为"蔗田者十之四,糖户十之三",其产业化程度已占农户十之七。又认为,蔗糖较之农业"利当十倍",糖霜户或可立致暴富。其书还记述了官府对糖霜户敲骨吸髓的勒索,导致了"败本业者居半"的严重后果,充分反映了赵宋王朝专制政权对商品性农业的摧残,使最有希望出现资本主义萌芽的行业惨遭扼杀。

其总结的宋代甘蔗栽培经验,被概括为十二字,即"治良田,种佳蔗,利器用,谨土作",至今仍有借鉴作用。其书首论要善于区分食用蔗与糖蔗,对甘蔗的品种分类已有相当深的认识。提出糖蔗种植应选节短者,利于使芽生节间,尤为殊见。对蔗坑的深度和阔狭,也充分总结了蔗农的实践经验,切实可信。提出蔗田应"深耕耙耧",即精耕细作;特别注重中耕除草,提出"草不厌数耘,土不厌数添"的见解。还强调指出合理施肥乃提高甘蔗产量的关键。且提出蔗田应与五谷轮作,"以休地力"。这些宋人的可贵经验,多为今之蔗农吸取继承。

是书还具体记述了蔗田生产农具及榨糖制作用具。如当时榨糖主要依靠畜力(牛),用具有石蔗碾、榨槽、榨斗、榨床、枣木杵、漆盘等。还记载了榨糖的各道工序等。是书对我国甘蔗栽培史及蔗糖制作技术发展史有重要的研究价值。

(15)《橘录》 三卷,韩彦直撰。今存。韩彦直(1131~?),字子温。延安府人。抗金名将韩世忠(1090~1151)长子。绍兴十八年(1148)进士;绍兴末,累迁左朝请大夫、行光禄寺丞、兼权屯田员外郎。隆兴二年(1164),除淮东提刑。乾道四年(1168),以司农少卿、总领淮东军马钱粮除直龙图阁、江西运副。五年十二月,除敷文阁学士,再除司农少卿、总领湖北、京西军马钱粮,寻兼发运副使。六年,知襄阳府、充京西南路安抚使;七年,改鄂州驻扎御前军都统制、兼知鄂州。八年,以右司员外郎、兼权刑部侍郎除秘阁修撰、知台州。九年,兼工部侍郎,迁吏部侍郎。淳熙二年(1175),已在户部尚书任;同年岁末,兼知临安府。次年初,旋罢,宫祠。四年,起知温州。六年,以弟任两浙运判,引嫌改知泉州。后尝再任户部尚书,以光禄大夫致仕。卒,谥庄敏。彦直才兼文武,历任要职。撰有《水心镜》一六七卷,已佚。《橘录》三卷,为淳熙五年(1178)撰于知温州任所,故又名《永嘉橘录》①。

这是中国乃至世界历史上最早成书的一部柑橘专著,迄今已有830年之久。其书卷首有自序,述著书之缘起。书分上中下三卷。前二卷分述种植于温州的柑橘品种凡二十七种,其中柑8种,橘15种,橙5种,多流传至今。其卷上前言称:柑比橘娇贵,种植尤难,故橘多柑少。"植立甚难,灌溉、锄治少失,时或岁寒霜雪频作",柑即"殆无生意"。卷下分种治、始栽、培植、去病、浇灌、采摘、收藏、制治、入药九目,涉及柑橘种植、栽培、采藏、功效、防治病虫害等各个方面。如《种治》称,地宜"斥卤",凡"圃之近涂泥者实大而繁,味尤珍,耐久不损,名曰涂柑",价昂而争售。其种莳之法:"高者畦垄,沟以

---

① 韩彦直生平见《宋史》卷三六四本传,但错讹甚多。故特据下列史料考订:《绍兴十八年同年小录》、孙觌《鸿庆居士集》卷三六《韩公(世忠)墓志铭》、张孝祥《于湖集》卷一九《韩彦直淮东提刑制词》、叶适《水心文集》卷一〇《东嘉开河记》,《宋会要辑稿》选举三四之二一、三四之二七、同书帝系一之一八,同书职官六二之二二,同书食货五八之八,同书兵二九之二四、五之二八,《咸淳临安志》卷四七,民国《泉州府志》卷二六等。

泄水,每株相距七八尺,岁四锄之,薙尽草。冬月以河泥壅其根,夏时更溉以粪壤"。

《始栽》则详载其嫁接之法,称已始见于《四时纂要》中。约稍早成书的《琐碎录》中亦有翔实记载,可相印证补充。《去病》条则记防止枝干上苔藓附生应勤刮去,否则会致枝干老枯。又述修剪不能开花结实的繁枝,以利通风透气。凡树上有蛀屑,则有虫,可用钩钩出,再用松木钉塞蛀洞。《浇灌》载:大旱时应"抱瓮以润",雨水多时,开沟泄水。《采摘》云:带青采摘,采时尤忌酒香,应滴酒不沾。平蒂剪断,轻放入筐。《收藏》云:堆放之地铺放稻草,窖藏地下可久贮,但应时常翻检,有烂者检出。《制治》曰,朱栾花可制香料,柑橘可制蜜饯行远,皮又有药用价值。

是书总结了温州柑橘种植、栽培的经验,其后,温柑身价百倍,成为名品。《橘录》对后世也有较大的影响和借鉴意义。是书有《百川学海》(宋刊咸淳本等)、《四库全书》、《说郛》二本、《丛书集成》等本,《山居杂志》本又题作《橘谱》。诸本同出一源,以《百川学海》宋刊本为佳。

(16)《梅谱》 1卷,范成大撰。今存。是书一名《范村梅谱》。与唐代士大夫尤重牡丹,誉为百花之王,注重其雍容华贵截然不同的是:宋人于百花中首重梅花,咏梅花的诗词远过诸花。乃至陈景沂编纂《全芳备祖》,将梅花置于卷首,傲视群芳。或重其冷峭瘦硬的风骨,或誉其斗霜傲雪的气节。托物寄情,与追求肥腴、华贵的盛唐时尚,其价值取向炯然有别。范成大在《梅谱·序》中开宗明义阐明了宋代尤其是南宋的这种风尚。他说:"梅,天下尤物。无问智贤、愚不肖,莫敢有异议。学圃之士,必先种梅,且不厌多。他花有无、多少,皆不系重轻。"崇尚气节观念的成大尤对梅情有独钟,在石湖已植梅"数百本"之余,又以范村之地三分之一植梅。并指出吴中"栽梅特盛"的地域特色,其"红梅"条称"此花独盛于姑苏"。今苏州光福"香雪海"及西山数千亩"林屋梅海",仍为海内外享有盛誉的赏梅胜景,乃源于宋代深厚的历史积淀。北宋晏殊(991~1055)始移植汴京西冈居所园圃中,贵游略园吏,始"得一枝分接",都下才"有二本",可见此花之名贵一斑。亦充分证明,北宋前期嫁接花枝的技术已相当成熟①。

其书"古梅"条附记生平所见最为奇古的二梅,一在成都郊外二十里的卧梅,相传为唐物,"偃蹇十余丈";被誉为"梅龙","好事者载酒游之"。二在江西临江军清江(治今江西樟树)酒家,"有大梅如数间屋,旁枝四垂,周遭可罗坐数十人"。其大无比,令人心羡。又如其称"重叶梅"为"梅中之奇品",巧夺天工。皆足以广见闻,增智识。

成大跋中则指出:"梅以韵胜,以格高,故以横斜疏瘦与老枝怪奇者为贵。"道破梅为宋人所喜爱之原因,尤以林逋咏梅诗《山园小梅二首》之一最为脍炙人口:"众芳摇落独暄妍,占尽风情向小园。疏影横斜水清浅,暗香浮动月黄昏②。"正是梅花的这种韵格、风骨,激起了宋人挥之不去的嗜梅、咏梅情结,从而也诞生了一批优秀的文学作品(诗词、文赋、画作),成为创作的永恒主题。范成大《梅谱》作为南宋开山之作,尽管篇幅不大,但首创之功实不可没。

其跋中还批评了吴中以"气条"规利的陋习,认为已"无可谓韵与格"可言;此乃士大夫自命清高、风雅的赏花情怀。实际上,作为普通市民美化环境自不必厚非。杨无咎(字补之)的墨梅,是宋代绘画中的名作。书画欣赏水平及造诣极高深的范成大贬之为不过"皆气条耳",也许是为了迎合宋孝宗关于杨画不过"树梅"的讥评。而理宗时赵希鹄撰《洞天清禄集·古画辨》则已称:"今江西人得补之一幅梅,价不下百千。"可见书画作品历来贵远贱近。也曲折反映:梅开始从士大夫的赏玩专享品,进入寻常百姓家。

是书除序、跋外,分江梅、早梅、官城梅、消梅、古梅、重叶梅、绿萼梅、百叶湘梅、红梅、鸳鸯梅、杏梅、蜡梅十二目。成大作为植梅专家,又拥有吴中所有梅品,自写来得心应手,其文字亦清新洗练。

《梅谱》的版本很多,陈振孙《解题》卷一〇就著录有《范村梅菊谱》二

---

① 范仲淹景祐元年(1034)创作的古诗《和葛闳寺丞接花歌》(《范文正公文集》卷三),即慨叹有接花神技花匠被充军的不幸遭遇,亦可证。南宋花木嫁接技术更是突飞猛进,详《种艺必用》、《琐碎录·种艺》各条及本书第六章第四节。

② 四部丛刊本《林和靖先生诗集》,又见《咸淳临安志》卷二三等。

卷,应是《梅谱》、《菊谱》的合刻本。《梅谱》,又被收入《范石湖大全集》,当还有其他的宋刊本。惜以上诸本均已佚。今传最早也最佳之本为咸淳宋刊《百川学海》本。此外,还有《山居杂志》、《四库全书》、《说郛》二本、《墨海金壶》、《珠丛别录》、《香艳丛书》、《古今文艺丛书》、《国学珍本文库》、《丛书集成》等本。诸本皆从百川本出。文本差异甚微。已知宋刊至少有上述四种,其三已佚,幸存的百川本乃诸本之祖本。但鲜为人知的是:残本《永乐大典》中今仍完整保存着范成大另一系统的宋本《梅谱》。惜今人孔凡礼点校本竟不知取《大典》本作底本或作主要校本,尤令人费解的是如此浅明之书,竟多处点破①。

(17)《菊谱》 1 卷,范成大撰。存。在宋人所撰关于花卉栽培及品赏的专著中,最多者首推菊花。早于范成大者已有三种:即元丰五年(1085)周师厚撰《洛阳花木记》中记洛阳菊 26 品②;崇宁三年(1104)刘蒙撰《菊谱》载魏菊 35 品;淳熙二年(1175)史正志撰《菊谱》录吴菊 28 品。范成大《菊谱》则撰于淳熙十三年(1186),专述自己栽培的范村菊凡 36 品。则百年间已有一记三谱,记载南北三地菊品计 125 品。至淳祐十年(1250),不过六十余年,又出现了沈竞《菊谱》载诸州及禁中菊凡 90 余品,史铸《菊谱》仅越品已载 40,去其重复,凡得菊 163 品。此后又得胡融《图形菊谱》二卷,又得 41 品,合计已 329 品。且又有沈庄可、文保雍、马揖三谱,史铸未能得之全文。至史铸乃集其大成撰《百菊集谱》。宋人之嗜菊情结实在浓厚,究其原因,除了菊花千姿百态,竞艳吐芳外,胡融《菊谱·序》总结了其集七美于一身,谓

---

① 《大典》卷二八〇八至二八一一各条收入《梅谱》全文,包括序跋。笔者初步判断,当从《范石湖大全集》或其他宋刊单行本录入,颇有可校补中华书局 2002 年版孔氏点校本《范成大笔记六种·梅谱》处。如点校本第 254 页"江梅"条末,可据《大典》本补"梅名品:江梅,粉红色,香类杏"十一字;同条"之趣",《大典》作"之处",是。同页"官城梅"条"花肥实美","美",《大典》本作"大";"唐人"作"诗人",皆义长。又如第 256 页"鸳鸯梅"条,作"多叶红梅也。花轻盈",《大典》本"也"作"色",极是;百川本形近而讹。应据改,并应标点作"多叶,红梅色,花轻盈"。则文从字顺。同条,"双果",《大典》引作"双颗",义胜。关于点校:各条目名下均作句号,似未允;宜作冒号,或空一格,条名可作黑体字。又如第 257 页末行:"结实如垂铃,尖长寸余。""尖"似应上读为宜。

② 周师厚《洛阳花木记·序》称"得芍药四十余品,杂花三百六十余品";文见乾隆《洛阳县志》卷一四。其中菊品二十六,据史铸《百菊集谱·序》(下文据史序者不再出注)。

寿考、芳香、黄中、后凋、入药、可酿、为枕明目而益脑。故宋人嗜之尤甚。

菊,作为我国古代观赏花卉兼具药用功能的植物,其人工栽培历史渊源已久,至迟可以追溯到晋人陶渊明(365~427)的"采菊东篱下,悠然见南山"。作为长寿、吉祥的代表性花卉,菊不仅遍种我国南北各地,而且很早就东传日本。范成大的梅、菊二《谱》早已有日本刻本传世,即为明证。

范成大《菊谱》弥足珍视的内容,即其序中记载吴中花农已掌握摘心促其分枝繁花的技术。这种艺花之法,为世界上最早的独家记载。其说云:"爱者既多,种者日广。吴下老圃,伺春苗尺许时,掇去其颠,数日则歧出两枝;又掇之,每掇益歧。至秋,则一干所出,数百千朵,婆娑团栾,如车盖熏笼矣。人力勤,土又膏沃,花亦为之屡变。"赖其如椽之笔,吴中培育名品菊花之法得以传世。其序又称:"见东阳人家菊图,多至七十种",惜未能详载,可见图文本《菊谱》早于胡融即已有之。而温州也不失为艺菊的重镇。其后序则亟称虽黄白菊皆可入药,但以白菊"治头风"为佳。此说有一定科学道理,今人仍以杭白菊作为饮料,无疑有益于健康。《菊谱》的版本略少于《梅谱》且皆同,不再赘陈。值得一提的是:其序、跋今存谢维新《古今合璧事类备要》别集卷三九;其全文则被史铸《百菊集谱》收入,无异有二个不同于宋刊百川学海本的校本,孔凡礼先生的点校本仍未知能取校,惜哉!

(18)《菊谱》 1卷,史正志撰。今存。史正志,字志道,号乐闲居士、柳溪钓翁、吴门老圃。江都人,后寓丹阳,晚居姑苏。绍兴二十一年(1151)进士,释褐歙县尉。三十一年,除枢密院编修,迁司农丞。隆兴二年(1164),从江东运判徙江西。召为户部员外郎,出为福建运判。乾道初,召除左司谏,兼权吏部侍郎,移刑、兵二部。乾道三年(1167)知建康府。六年,徙知成都。同年,以户部侍郎兼江浙诸路都大发运使。岁末,责贬楚州团练副使,永州安置。淳熙中,起知宁国府,徙赣、庐州;卒于任,年六十。撰有《清晖阁诗》,编《建康志》十卷,均佚①。

---

① 史正志生平,见《宋会要辑稿》职官六一之五二、五八之二八,食货四一之六、六一之八五,《系年要录》卷一九九,《嘉定镇江志》卷一八、《景定建康志》卷一五、《宋史》卷三四《孝宗纪》、卷一六七《职官》、卷二〇四、二〇五《艺文》。

《菊谱》乃史氏幸存之书，是他淳熙二年（1175）居平江府时所撰。其《序》称："苗可以菜，花可以药，囊可以枕，酿可以饮。""白菊一二年多有变黄者，余在二水植大白菊百余株，次年尽变为黄花。今以色之黄白及杂色品类可见于吴门者二十有七种"，类次成《菊谱》。其"后序"又云："菊之开也，既黄白深浅之不同，而花有落者，有不落者。盖花瓣结密者不落，盛开之后浅黄者转白，而白色者渐转红，枯于枝上。花瓣扶疏者多落，盛开之后渐觉离披，遇风雨撼之，则飘散满地矣①。"序跋大体上概括了此书的内容。其序所谓"二水"在建康府（治今江苏南京），因李白诗"二水中分白鹭洲"而得名。史氏乾道五年（1169）十月有《二水亭记》②可证。其在宦途得意之际，就曾植白菊百余株，并取得一二年间变黄的可喜试验成果。

核其书，凡黄菊 13 种，白菊 10 种，杂色 5 种；合计 28 种，或序中偶误为 27 种欤？其与范成大《菊谱》虽同著吴门菊品，却又颇互有异同，即使同一种菊，所述性状亦不一致，或乃各人欣赏角度不同，"横看成岭侧成峰"而已。史氏《菊谱》的版本，约与范氏《菊谱》相同，今存凡七种，勿赘。为和其他作者的《菊谱》相区别，《四库全书》名之曰《史氏菊谱》，商务本《说郛》又命名为《史老圃菊谱》③。

（19）《百菊集谱》 6 卷、补遗 1 卷，史铸撰。史铸，字颜甫，号愚斋，又号山阴菊隐。山阴（治今浙江绍兴）人。嘉定十年（1217）撰有《会稽三赋增注》一卷，今存④。《集谱》成于淳祐二年至十年（1242～1250）。这是关于菊花品种、种植栽培、故事典实、诗词文赋的集大成之作。远比陈景沂《全芳备祖》卷一二《菊花》所述详备。全书共录宋人著录的菊花凡二百余品，故名"百菊"；如名实相符应称"丽菊"，这是因为其淳祐六年（1246）始刊时仅得 163 品，故举其成数而已。其前已得周师厚、刘蒙、史正志、范成大一《记》三《谱》，后又得沈竞、胡融之《谱》，书中还述及沈庄可、文保雍、马揖三种《菊

---

① 史正志序、跋，分见百川学海本《菊谱》卷首及卷末附录，又见谢维新《古今合璧事类备要》别集卷三九。
② 见《景定建康志》卷二二。
③ 详《中国丛书综录》（2）第 789 页，上海古籍出版社，1982 年。
④ 见陆心源《皕宋楼藏书志》卷三四、五四。

谱》，及自撰之《谱》凡十种之多，集诸谱于一书，故曰"集谱"。沈、胡之《谱》赖其书而得以幸存，即使从保存古文献资料的角度考察，是书也极有价值。

是书卷首有序，备述其著书缘起及取材范围。卷五有小序，述得胡融《图形菊谱》二卷之惊喜。《补遗》卷首亦有小序，述补入二文之缘由。本书卷首列菊品凡163品，卷一则分记周、刘、史、范四书所录的四个品系菊品。卷二记载嘉定六年（1213）沈竞《菊谱》关于各地及禁中菊品90余种，及自己搜集到的越中品类40种。卷三分种艺、杂说、方术、古今诗话、故事五目，种艺备述温革《琐碎录》、范成大及沈庄可等人的艺菊、催花、嫁接之法。其中引《琐碎录》："梅雨时收菊丛边小株分种，俟其茂则摘去心苗，欲其[分叉而]成小丛也，[秋到则不摘]"一条，虽见于今传本温书"种艺"门，但可据补上引八字。可见明人摘抄时，仍有遗落或节删。后四目杂引汉晋唐宋诸书，类次关于菊花的轶闻、故事，足以广见闻，备智识。值得注意的是尚有从文保雍《菊谱》中辑得关于"小甘菊"诗一首，称得之于《岁时广记》①。卷四分历代文章、唐宋诗赋二目，收录咏菊诗词文赋，以宋人之作为多，文仅摘引。卷五补录得之于陆景昭的绍熙二年（1191）胡融撰《图形菊谱》，摘要编入。其中颇值得珍视的是"栽植"一目中"初种、浇灌、摘脑"三条。卷六收入史铸咏菊诗61首，多为咏越品菊花之作；此后附有同时交游冯发藻等人的诗作19首；后又收史氏集句菊诗40首。《补遗》一卷收入马揖（字伯升）《晚香堂品类》24品（已去除重复者）、《晚香堂题咏》20首（原为百咏，选录二十），又收马揖《蘜先生传》及邢良孚《黄华传》。仍附史氏《续集句诗》二十首，词一首（《全宋词》已收入）。末附正误八条，改正淳祐六年（1246）刊本之误。

实际上，史氏此书已涉及宋人十家《菊谱》，包括文保雍及马揖的《菊谱》。洋洋大观，汇丁一编。其书收宋人菊诗已数百首之多，《全宋诗》编者

---

① 文保雍，北宋神宗、哲宗时人，元祐初（1086～1088）尝官将作监丞。见苏轼《东坡全集》卷一〇七《制词》。史铸《集谱·序》已称文《谱》"求之未见"。史氏《集谱》卷三又录其《菊谱》中《小甘菊》诗一首云："茎细花黄叶又纤，清香浓烈味还甘。祛风偏重山泉渍，自古南阳有菊潭。"史氏称此诗得之于陈元靓《岁时广记》，但今传《四库全书》本是书已无此诗，似陈氏此书今传已非完本。其中"祛风"一句，史铸又录入其《集句诗·菊花十二首》之六（《集谱》卷六），乃称菊花有治头痛功效。《全宋诗》并文氏其人而失收。

仅收入史铸百余首,其余上述宋人的菊诗多付之阙如,鲁莽灭裂,可见一斑。是书有《山居杂志》和《四库全书》本及《生活与博物丛书》点校本(上海古籍出版社,1993年)行世。今将其余南宋四谱分条著录于下。

(20)《菊谱》 1卷,沈竞撰。今存。可从史铸《百菊集谱》各门中辑得六篇。如卷二《诸州及禁苑品类》著录其书《菊名篇》90余品;又如史《谱》卷三《种艺》、《杂说》、《古今诗话》各门中载沈《谱》五条之多。沈竞,宁宗时吴人,其书撰于嘉定六年(1213)。仍可从《集谱》中辑佚大半。

(21)《菊谱》 1卷,马揖撰。已佚。马揖,字伯升,号晚香堂。建阳人。曾从刘克庄(1187~1269)游。其事略见《后村集》卷二九《回马揖投赠》、卷三一《跋建阳马揖〈菊谱〉》。刘跋云:"建阳马君,谱菊得百种,各为之咏。其嗜好清绝可喜。"史铸《百菊集谱·补遗·辨疑》亦云:"近时马伯升《菊谱》有该金箭头菊,其花长而末锐,枝叶可茹,最愈头风,世谓之风药菊。无苗,冬收实而春种之。"仅存其书之一鳞半爪。有此二证,足以证明马揖确有《菊谱》,南宋农书又多了一种,此为首次著录其人其书。《晚香堂题咏》中的百首菊诗,史氏《集谱·补遗》尝撷其中二十首录入,并称马氏《菊谱》作于"淳祐壬寅(二年,1242)之秋",即史氏首刊《集谱》之岁。这二十首诗的题注,似当即为马氏《菊谱》中之内容,故马揖之《谱》亦部分保存在史《谱》之中。

(22)《图形菊谱》 2卷,胡融撰。胡融,字小瀹,号四朝老农。宁宗时台州宁海人。《天台续集》别编卷四录其《游天台诗》凡十三首。《赤城志》卷一四收其佚文《南塘记》,约撰于嘉定末(1224)。其文中有"以洗去其平生功名之念","以穷烟波之乐"云云,当为隐居之文士。撰有《历代蒙求》、《土风志》等,已佚①。史氏《百菊集谱·补遗》有胡融《菊谱》序及后序,史书卷五存胡《谱》之概略,故谢采伯《密斋笔记》卷三称:"《菊谱》,范石湖略,胡少瀹详。"实乃两书著书之体例、旨意不同,故详略殊异。

胡《谱》撰于绍熙辛亥(二年,1191),以图文兼茂的形式,彰扬秋菊"冷淡

---

① 事具《浙江通志》卷二四二引万历《宁海县志》、同书卷二五三引《赤城新志》,光绪《宁海县志》卷二二。

而耐久,潇洒而有远韵"的魅力①。这是我国也是世界上首部附图的《菊谱》,惜已图佚而文存其梗概。史《谱》卷五摘要收录其书,分菊名、栽植、事实三门,又附录张栻《菊赋》等。胡书中菊名凡著录 41 品,叙述文字已删。栽植三条皆其亲自艺菊的实践经验,殊可贵。如"初种"云:仲春,菊苗五六寸时,"掘起拣根茎大者,相去四寸许种之,先用麻饼末一大撮拌土。"即述及种菊时间,菊苗选择,种法,施基肥等内容。"浇灌"条则曰:"一月凡三度锄薙",日暮浇溺,春月用蚕沙。又述及松土、浇灌,施追肥。"摘脑"条称:菊高一尺,即摘脑。如此,便"杈生而花阔,至立秋而止。"这些艺菊之法,一直沿用至今,已有七百余年之久。

(23)《菊谱》 1 卷,沈莊可撰。仅见史氏《集谱》引录其《谱》二条,分述平江府和南昌菊种艺之法,得丛繁花茂之要诀,亦不失为经验之谈。沈莊可,号菊山、菊花山人。袁州宜春人。尝知钱塘县。其人嗜菊,庭植数百株,晚年退闲,尤寄情于菊②。戴复古(1167~?)《石屏诗集》卷二有《寄沈莊可》、《沈莊可号菊花山人即其所言》,赵师秀(1170~1219)《清苑斋诗集·送沈莊可》有"与花方作谱"句。乐雷发《雪矶丛稿》卷三《访菊花山人沈莊可》(题注云:莊可号菊山,宜春人,曾为钱塘令)。严粲《华谷集·次韵菊花山人沈莊可见过之作》、张弋《秋江烟草·赠沈莊可》、邹登龙《梅屋吟·秋夜怀菊山沈莊可》有"顾影重伤心,思君长下泪"一联③。上述 6 人皆沈氏交游。

(24)《兰谱》 1 卷,王贵学撰。王贵学,字进叔。龙溪(治今福建漳州)人④。据其自序,是书成于淳祐七年(1247)。卷首有蒲阳叶大有序⑤。其自序称,兰兼有"孤竹之清标","汾阳之清节","灵均之洁操"。下分品第之

---

① 史铸《百菊集谱》卷五引胡融《图形菊谱》自序。
② 事具四库本《江西通志》卷四九、卷七二等。小传称其宣和三年(1121)进士,似未允,今不取。《万姓统谱》(卷八九)等书录朱熹《挽沈莊可》诗"爱菊平生不爱钱"云云,尤为臆说;《全宋诗》小传(第 31 册,第 19973 页)沿袭其误说。朱熹(1130~1200)比沈氏先卒无疑。
③ 严、张、邹三诗,分见陈起《江湖小集》卷一一、卷六八、卷六九。
④ 《四库全书总目》卷一一六《兰谱提要》称其为"临江"人,误;或以其自序中所称"龙江"而误欤? 王氏履贯,据《兰谱》卷首叶大有序及自序,明·徐𤊽《笔精》卷六《漳州兰谱》等。
⑤ 叶大有,字谦之。仙游人。绍定五年(1232)进士,官至刑部尚书、宝章阁学士。事具《南宋馆阁续录》卷八、九,雍正《福建通志》卷四四等。

等、灌溉之候、分拆之法、泥沙之宜、紫兰、白兰六则。

"品第"一目,亟称漳州兰"既盛且馥",又具体品第为上中下品。"灌溉"一目,则介绍其艺兰经验:初栽时,"其浇宜薄";生长期,"其浇宜厚";"秋七八月,预防冰霜"。如以"灌鱼肉水,或秽腐水"浇花,需停久返清,然后浇之。如此,则兰"硕而茂,密而蕃",其关键在"莳沃以时而已"。

"分拆"则云:"分兰次年,才开花即剪去。"未分前月余,即为堪扬尘细沙,去砾石,伴鹅粪,"晒干贮久"。击碎原盆,"轻手解拆",或三四颖移作一盆。旧颖在内,新颖在外。"下沙欲疏而通,则积雨不溃;上沙欲细而润,则泥沙顺性。"分盆颇多讲究,非老于此道者无法操作。

"泥沙"一则称,竹凡39种,菊有120种,芍药百余种,牡丹90种,皆用同一等泥沙种植,"唯兰有差",应据品种而有区别。又云:"兰性好通风","性畏近日",置地应得其宜,"左宜近野,右宜依林。"如"蚯蚓蟠根",则"以小便去之";"枯蝇点叶,以油汤拭之";皆防治之法。兰颇娇贵,倘"失莳养之法,久皆化而为茅。"

"紫兰"、"白兰"二目,分别介绍各地名品兰42品凡近50种(序称五十品乃举其成数)。漳州名品迭出,乃著名兰乡,南宋已然,迄今犹然。建州、广州等地,亦不乏名品。十分有趣的是:南宋名贵品种兰花,多以人名、行第、官衔为名,亦诸花中之奇观。是书又名《王氏兰谱》,有《山居小玩》、《说郛》二本、《群芳清玩》、《香艳丛书》、《国学珍本文库》等本行世。以《说郛》宛本卷一〇三所收为完本,今通行本《生活与博物丛书》点校本(上海古籍出版社,1993年),即据《说郛》宛本,殊有识。

(25)《金漳兰谱》 3卷,赵时庚撰。存。赵时庚,号濠斋。漳州人。似未仕。是书撰于绍定癸巳(六年,1233),不仅早于王氏《兰谱》,且又更加详备。《四库全书总目》卷一一五已称:作者"始末未详"①。今考其自序云:"先大夫朝议郎自南康解印还,卜里居";"得郡侯博士[傅]伯成名其

---

① 《四库提要》又云:本书"末又有懒真子跋,误",疑非马永卿,"殆别一人而号偶同"。此不当疑者。跋已明署乃李子谨,且又署"己卯岁中和节望日"。如"己卯"不误,则已为祥兴二年(1279)。是年,南宋亡。

亭曰筼筜世界"。其父赵彦骢,庆元中知南康军,六年(1200),得知常州新命,因其在南康"席卷公帑",被劾罢。而傅伯成知漳州则在庆元三年至五年(1197~1199),故时庚父罢知南康军返漳州里居必在庆元五年前①。据《宋会要·职官·黜降官》所云,其父乃一贪官,却在退居漳州后大兴土木,园囿中"环列兰花"(《兰谱·自序》),与士大夫崇尚兰花的节操高洁,适成鲜明对照,不啻绝妙的讽刺。时庚其时年幼,三十余年后,艺兰已颇成规模,故撰是《谱》。

其书卷上分叙兰容质、品外之奇、白兰、品兰高下、天地爱养五则。后二目凡列兰花55种,与王贵学《兰谱》互有异同。评价也迭相出入。卷中则分坚性封植、灌溉得宜、紫花、白花四目。主要叙述兰花的种莳之法,亦比王氏《兰谱》叙述更为详备。卷下奥法,分为分种、浇花、种花肥泥、杂法四目,介绍其独家艺兰心得,亦较王《谱》详尽。如其论分种季节,看花浇灌,不可用井水,据花品种不同分别用肥、泥,用大蒜、清茶水防治蚜虱、蚂蚁等法,皆切实而有用,多为王《谱》所未及。有不少艺花之法一直沿用至今。《金漳兰谱》的版本有:《四库全书》本及据以点校的《生活与博物丛书》点校本三卷完本。商务本《说郛》卷六三所收为二卷本,将原书卷上、卷中合为一卷,题《金漳兰谱》,将李跋移置于卷末,又将原卷下单列一名曰《兰谱奥法》一卷,乃将一书分拆为二;《夷门广牍》、《丛书集成》本亦作《兰谱奥法》一卷。《百川学海》(明·重编本)、《说郛》(宛本)卷一〇三、《香艳丛书》、《国学珍本文库》本皆题作《金漳兰谱》一卷,乃不含原书卷下《奥法》的未完之本。

(26)《海棠谱》 3卷,陈思撰。陈思,临安人。宋末书贾。其《小字录》结衔称"成忠郎、缉熙殿国史实录院、秘书省蒐访",或捐资所得。有《宝刻丛编》、《书苑菁华》各二十卷,《书小史》十卷,《小字录》一卷,均被《四库全书》收入。就书贾而言,其编书水平之高,堪称空前而绝后。又编有《双陆谱》一卷,已佚。当时学者颇与其交游者众。魏了翁在答疑问难时,曾让朱择善

---

① 赵、傅宦历,分据《宋会要辑稿》职官七四之九、嘉靖《龙溪县志》卷七、八及万历《漳州府志》卷九考定。

(改之)去请教"卖书人陈思郎可得也①。"在当时儒宗的心目中不因其是书贾而轻视之,足见其卖书、编书、刻书在当时士林中已是声誉鹊起②。

其书卷首有自序,署开庆元年(1259),则其盛年时所编。卷上为"叙事",引北宋沈立《海棠记》云:海棠之名,始著于唐相贾耽著《百花谱》,誉为花中神仙。杜甫入蜀,绝吟于是花;由是虽盛称于蜀而"蜀人不甚重"。至北宋,"京师、江淮尤竞植之,每一本价不下数十金"。"出江南者,复称之曰南海棠。"又云:"棠性多类梨,核生者长迟,逮十数年方有花。都下接花工多以嫩枝附梨而贅之,则易茂矣。""其实状如梨,大若樱桃,至秋熟可食,其味甘而微酸。"不仅传承了沈立名作的佚文,且又存海棠这种花果兼茂植物的栽培简史。值得注意的是:北宋花匠已熟练掌握海棠与梨的嫁接技术。是书又备引两宋史料笔记、类书中关于海棠的典实。其中,引温革《琐碎录》三条,皆见于今传之本;而引陈晔《琐碎后录》二条则已不见于今传《分门琐碎录》③。此外,引《长春备用》一条、北宋张宗诲《花木录》四条④,皆为宋代已佚之农书。《备用》述海棠种植、施肥之法,《花木录》称"海棠色红,以木瓜头接之,则色白。"足补沈立《记》之未详。其中、下二卷收录唐宋人咏海棠诗凡89首,其中唐诗仅薛能、郑学5首。84首宋人海棠诗,与《全芳备祖》卷七所收颇有异同,数量约略持平⑤。这两书合计百余首海棠诗中,颇有为《全宋

① 《鹤山集》卷三五《答朱择善》。又,同书卷六五《题陈思〈书苑菁华〉》则称其为"临安鬻书人。"《宝刻丛编》卷首又载魏了翁、乔行简、陈振孙三序,均对其有高度评价。如陈序称:"思,市人也。其为是编,志于卖而已矣,而于斯文有补焉!"

② 与之交游半个世纪之久的台州人谢愈修(1194~?),在咸淳三年(1267)所撰的《书小史·序》中称其人"趣向之雅,编类之勤",不同凡响。陈思生活的时代约与谢氏相仿。

③ 《琐碎后录》,即《琐碎续录》。都穆《南濠居士跋》卷一《续琐碎录》节引陈序云:温革"尝著《琐碎录》,凡四百余事。晔每有所闻见,效而笔之,约将十倍,名曰《续琐碎录》。"陈晔《续录》明清之际尚存,凡四千余事。疑陈晔所见温书已仅是种艺门。

④ 《花木录》,七卷,见《宋史》卷二○五《艺文四》著录,卷二○六《艺文五》重出(分见点校本第15册5207、5226页)。《通志·艺文略四》误书名作《花目录》。张宗诲(969~1045),字义之,洛阳人。齐贤子,以荫授秘书省正字,官至秘书监,致仕。撰有《安边议》三十卷、《文集》、《刻漏记》等,皆佚。事见尹洙《河南先生文集》卷一七《张公墓志铭》。尹《志》著录《花木编》二卷",书名、卷数均不同。是书是否《琐碎录》的资料来源之一,存疑待考。

⑤ 《海棠谱》的主要版本有:《百川学海》、《山居杂志》、《群芳清玩》、《四库全书》、《武林先哲遗书》、《说郛》二本、《香艳丛书》、《丛书集成》等本。

诗》失收者。两书均非僻书,编者失辑至多,惜哉。

(27)《天彭牡丹谱》 1卷,陆游撰。原为《渭南文集》卷四二之一篇文章,《百川学海》(明代重辑本)始离析为一书。《山居杂志》、《说郛》(宛委本)、《云自在龛丛书》、《香艳丛书》等本相继收入。陆游此文分花品序、释名、风俗记三则。首云:"牡丹在中州,洛阳为第一;在蜀,天彭为第一。"又录彭州名品牡丹凡45品,其中红花21,紫花5,黄花4,白花3;碧花1,最为罕见。另有33品未详,仅列其名。又称彭州"花品近百种"。"花释名",品第诸花之优劣,指出:"彭人谓花之多叶者京花,单叶者川花。近岁尤贱川花,卖,不复售。"其三,记彭州风俗"好花",故号称"小西京"。"大家至千本"。又云:牡丹"最盛于清明寒食时,在寒食前者,谓之火前花,其开稍久。火后花则易落。"又称"花户则多植花以牟利,名贵品种双头红初出,一本价值至三十千。"文末载淳熙四年(1177),范成大帅蜀时,尝以高价从花户处购得数百名花,飞骑从彭州驰往成都,"至则露犹未晞,其大径尺,夜宴西楼下,烛焰与花相映发,影摇酒中,繁丽动人。"可见当时风俗之奢靡一斑。此文陆游撰于淳熙五年(1178)正月,严格意义上不能算谱录类农书,姑附录之。

(28)《梅品》 1卷,张镃撰。张镃(1153~1211),字时可,功甫,号约斋。临安府人。张俊曾孙,以荫入仕。淳熙五年(1178),除直秘阁、通判婺州。开禧三年(1207),官至司农少卿。助史弥远诛韩侂胄;后复谋诛史,嘉定四年(1211),被除名编管象州。死于贬所。撰有《桂隐百课》、《四并集》各一卷,《仕学规范》四十卷(以上今存)。《南湖集》二十五卷,原本已佚,今有四库辑本十卷(含词一卷)。事见杨万里《约斋南湖集序》(《诚斋集》卷八一)、周密《齐东野语》卷三、卷一五等。

《梅品》,原称《玉照堂梅品》,原为张镃的佚文。始见于周密《齐东野语》卷一五,明代佚名《百川学海》(重辑本)始作为一书编入壬集。后《说郛》(宛委本)、《夷门广牍》、《香艳丛书》、《丛书集成》相继收刊。《梅品》包括绍熙五年(1194)作者自序,述玉照堂植梅三百余株的由来,又疏花宜称、憎嫉、荣宠、屈辱等四事,凡五十八条,寓"梅花虽贵而不能爱敬"之意,"揭之堂上"(《梅品·序》)。实乃仿李义山《杂纂》之类的游戏文字耳。

张镃作为高宗宠臣张俊之曾孙,一生锦衣玉食,经营园圃。其南园为南宋行都临安府著名之景观。今见《种树书》末附张约斋《种花法》佚文,不见于宋代文献,似亦张镃之佚文。其文述花果树木的种植、嫁接、养护,颇有心得,故辑录于下,亦南宋农业文献中难得的珍文之一。

种 花 法

春分和气尽,接不得;夏至阳气重,种不得。立春、正月中旬宜接樱桃、木犀、(徘徊?)、黄蔷薇。正月下旬,宜接桃、梅、李、杏、半丈红、蜡梅、梨、枣、栗、杨、柳、紫薇。二月上旬,可接紫笑、绵橙、扁橘。以上种接,并于十二月间,沃以粪壤。至春时,花果自然结实。立秋后,可接林禽、川海棠、黄海棠、寒球、转身红、祝家棠、梨叶海棠、南海棠。以上接种法,并要接时将[接]头与木身,皮对皮,骨对骨,用麻皮紧缠,上用箬叶宽覆之。如萌苗稍长,即撤去箬叶,无有不成也①。

张镃艺花、种果木、嫁接经验的丰富,于此文可见一斑。当然,其南园必有身怀绝技之花匠、果农和园户。绵橙、扁橘为不见于《橘录》的佳果,其品种的改良,可通过嫁接获得。尤可贵。

(29)《玉蕊辨证》 1卷,周必大撰。周必大(1126~1204),字子充、洪道,号省斋居士、平园老叟。庐陵(治今江西吉安)人。绍兴二十一年(1151)进士,孝宗末,除左相。光宗初,封益国公,授少保。庆元党禁,首当其冲,转少傅致仕。必大学问渊博,考据精审。曾校正《文苑英华》及欧阳修《文集》。其文集亦体大思精,诸体皆备,为南宋最渊博的学者之一,其学识堪与朱熹、范成大等相匹。撰有《文集》二百卷,其子周纶编集,《附录》五卷、《年谱》一卷,有宋刻庐陵本(今残存宋刊本)、四库全书本等。事见楼钥撰《周公神道碑》(《攻媿集》卷九四)及其子周纶编《年谱》(《文忠集》附录)。

---

① 辑自《生活与博物丛书》上册第371页,上海古籍出版社,1993年。"徘徊"二字,疑误衍,"接头"之"接",以上下文意补。"半丈红"似为葵花之俗名,参见《全芳备祖》卷一四:"浙间又一种葵,俗名一丈红,花有五色(《南方草木记》)。"或为其他花之俗名。

是书原为周必大《杂著》中的一种①,题为《玉蕊辨证》一卷。明代毛晋刻入《津逮秘书》后,始别出单行。后有《丛书集成》影印毛本行世。必大遍引唐宋诗文,辨析毫芒,确证玉蕊与琼花乃判然二物。博洽如宋祁(998～1061)、刘敞(1019～1068)、宋敏求(1019～1079)、晁补之(1053～1110)、曾慥(？～1155)、葛立方(？～1164)、洪迈(1123～1202)等,皆误认为二者为一物异名。必大指出:诸公之误,其因在于"未见花"而信耳食之言。其书撰于庆元二年(1196);四年正月,又有《续补》,见必大是书卷末二跋。足见其治学严谨与博闻广识之一斑。约六十余年后,陈景沂《招隐寺玉蕊花记》(《全芳备祖》前集卷六),再次论证此花非山矾,非琼花。不失为周必大的知音。作为超一流植物学家的陈氏,在未见周文的情况下作出了权威性的判定,堪称异曲同工,所见略同。

(30)菌谱　1卷,陈仁玉撰。存。陈仁玉,字真公,号碧栖。台州仙居人。宝祐中,尝官迪功郎、史馆检阅文字。开庆元年(1259),赐同进士出身,以军器监丞兼国史、实录院检讨官、兼崇政殿说书;同年,兼权礼部郎官,除直秘阁、浙东提刑兼知衢州。景定元年(1260),加直华文阁,又擢直敷文阁。曾编有总集《游去编》,录上古至朱熹、张栻南岳唱酬等登览游从佳作为一编。有序②。

蕈菌,自古以来便充食品。生于地上者名菌、生于木上者为蕈。至今仍为人们喜爱的有益健康的山珍,被誉为绿色食品。台州所产之菌,历来为士大夫称道。如叶梦得亟称四明、温、台山谷之间多产菌;周密则云天台所出桐蕈味极珍③。陈仁玉《菌谱》是今存关于菌蕈的首部著作,记录了台州所产诸品,以合蕈为极品,充贡品,曾标以"台蕈"。皇帝遥见,误读为"合蕈",遂以名之。又以麦蕈为卜品,紫蕈为下品,四季蕈为不入品。凡著录台菌十一品,著其性状。尤为有益者,其末条"鹅膏蕈"中附录杜蕈,称误食毒菌会导

----

① 见四库本《文忠集》卷一八四。又,张淏《云谷杂记》卷四亦有关于玉蕊、琼花为两物的考证,稍早些时,更有郑兴裔的《琼花辨》(刊《郑忠肃奏议遗集》卷下),与必大之辨互有异同。

② 事具《南宋馆阁续录》卷八、张淏《宝庆会稽续志》卷二,《珊瑚网》卷四、《爱日精庐藏书志》卷七。

③ 分见《避暑录话》卷上、《癸辛杂识》后集《桐蕈鲅鱼》。

致身亡①。又著录了万一食用毒菌,可用"苦茗杂白矾,勺新水并咽之"的解法,尤为功德无量。

(31)《全芳备祖》 前后 2 集 58 卷,陈景沂辑编,祝穆订正。是我国最早的栽培植物学类书,也是我国农学著作中具有里程碑意义的巨著。尤值得欣幸的是宋刊本今存四十一卷,占全书的近 71%。陈景沂,名詠,以字行。号江淮肥遯、愚一子。台州天台人。理宗初,曾上书论恢复,不报,遂绝入仕之念,潜心治学著述②。祝穆,初名丙,字和甫(父),一字伯和,号樟隐。籍贯新安(治今安徽歙州),父康国始徙建宁府崇安。其曾祖祝确为朱熹外祖父。穆幼孤,与弟癸从学于朱熹。庆元六年(1200)朱熹卒时,曾与童子为"执烛之列"。其生当在淳熙(1174~1189)末,宝祐年间(1253~1258)仍在世。撰有《方舆胜览》七十卷,原书始刊于嘉熙三年(1239),其子祝洙增补重订于咸淳初(1266~1267)。二种宋本今存。纂有《古今事文类聚》四集凡一七〇卷,始刊于淳祐六年(1246),今存。还有《四六妙语》(一名《四六宝苑》),已佚。曾刻熹父朱松(1097~1143)《韦斋集》及穆之表叔吕午(1179~1255)《竹坡类稿》③。

是书景沂几用毕生精力修纂。其自序云:"自束发习雕虫,弱冠游方外。初馆两浙,继寓京庠、姑苏、金陵、两淮诸乡校,晨窗夜灯,不倦披阅。"历经"读万卷书,行万里路"的资料积累和实地考察,孜孜不倦致力于"记事而提其要,纂言而钩其玄",数十年如一日,钟情于花果草木,经持续不懈的努力,才勒成一代巨编。曾将书稿进呈,期望能得到天子的欣赏,但似未引起重视。后经反复修改,又得到编纂类书颇有心得体会、藏书极富的祝穆协助修订,始于宝祐中(约在 1253~1256)得以刊行。当时,景沂有其修纂的标准,自序称:"梅先孤芳,松柏后凋,兰有国香,菊有晚节",乃托物喻意。表明纂

---

① 毒菌杀人及解法,分见同上《避暑录话》卷上第 282 页(《全宋笔记》点校本,大象出版社,2006 年),《癸辛杂识》前集《覃毒》第 17~18 页(中华书局点校本,1988 年)。

② 陈景沂事略具《全芳备祖》卷首自序及韩境序。

③ 祝穆事略见《朱文公文集》卷九八《外大父祝公遗事》、吕午《方舆胜览·序》(刊是书卷首),祝穆《朱文公易簀私识》《南溪樟隐记》(分见《事文类聚》前集卷五一、续集卷六);《竹坡类稿·后序》(是书卷末附录)等。

者有不凡的志向,独立特行的节操和高雅的追求。其序又以答客问的方式,表彰琼花、王蕊、牡丹、芍药、海棠的"尊贵",也驳斥了所谓"玩物丧志"的世俗偏见。得到了韩琦(1008~1075)后裔韩境的认可与赞赏,称其书"敛华就实,由博趋约";誉其人"貌癯气腴,神采内泽,有道之士也①。"

是书前集著录花果、草木类植物 120 种左右,后集著录果卉、草木、农桑、蔬药类植物 170 余种,合计不足 300 种。因其门类之多与齐全,故称"全芳"。但自序称"所集凡四百余门",这有二种可能:一是当时陈氏误计或刻序时手民误刊,二是有些种类传写校刊时误夺。似以前者可能性为大,近百种植物门类讹脱,几无可能。是书自序又称,于花卉、草木、果蔬等栽培植物的事实、赋咏、乐府"三纲","必稽其始",故云"备祖",此乃叙其书名之由来。是书实开明清《群芳谱》、《广群芳谱》等大型类书的先河。

是书体例分叙各条亦颇具匠心,据韩序概括乃"物推其祖,词掇其芳。"即每门各列三部分内容,一是事实祖,下分碎录、纪要、杂著三目,大体按成书时间先后排列;次为赋咏祖,分五七言散句、散联、古体、绝、律凡十目,分辑唐宋人诗;三是乐府祖,分录唐宋词,各以词牌标目。详于诗词。从而使这后两部分具有极高的学术含量,成为后人辑佚的渊薮,校勘的宝山。《全宋诗》、《全宋词》的编纂从此书获益匪浅,其例不胜枚举,请参阅梁家勉先生《日藏宋刻〈全芳备祖〉影印本序》②。

宋刻本只有宝祐刻本,海内久已失传,幸而日本宫内省图书馆庋藏这一

① 引文见《全芳备祖》卷首韩境序。韩序撰于宝祐元年(1253),当为其书始刻之岁。又,韩境,字仲容,号安阳老圃,又号初堂。会稽(治今浙江绍兴)人。韩琦六世孙。嘉熙二年(1238)进士,官至直史馆、直秘阁。曾从学于刘清之。事见《宝庆会稽续志》卷六,王柏《鲁斋集》卷 二《跋韩初堂帖》,嘉靖《江阴县志》卷一二、雍正《浙江通志》卷二八。

② 梁序刊《中国农学珍本丛刊·全芳备祖》卷首,农业出版社,1982 年影印本。梁序论述是书颇多精赅之见,然亦不无小误,今姑摭数例:其一,称校订者祝穆为建阳人,又称其为迪功郎、兴化军涵江书院山长,实沿《四库提要》之误。余嘉锡先生《四库提要辨证》卷七第 400~401 页(中华书局,1980 年)已证其误。祝穆为崇安人,其自署"建安",为郡名,即建宁府。说详谭其骧先生《方舆胜览·前言》(上海古籍出版社宋咸淳本,1984 年)。祝穆未仕,以迪功郎任此职者乃其子祝洙。其二,梁序所列"绝迹人间已久"的宋集中,汪藻《浮溪集》今存多种版本,如《四部丛刊》、《四库全书》本,辑自《大典》已为三十六卷,《全宋文》又辑得佚文多篇。

珍若拱璧的宋本——海内外唯一的孤本。且得到日本著名农史学家天野元之助教授等日本友人的鼎力相助，才得以"回归"，并由农业出版社影印出版①。这是我国出版史上的盛举，也是中日文化交流的佳话。

（32）《山居备用》 卷数、作者未详，疑为宋代类书。是书今见残本《永乐大典》收录近百条佚文，又见《文渊阁书目》卷三著录："《山居备用》一部二册。"则是书明初尚存，修入《大典》未久就已亡佚，遍检明清书目无线索可觅。遂从今存《大典》中是书佚文进行考索。首先，这是一部"居家必用"之类的生活大全类书，其中有农桑或农艺之门，属山居类农书。笔者曾在前几年所撰的拙文中指出唐宋之际的王旻撰有《山居要术》三卷，又有《山居种莳要术》一卷，北宋祖无择（1010～1085）曾向余靖（1000～1064）借阅此书，有诗唱和。是书元初尚存。王旻此书堪称山居类农书的创体之作②。其后即有类似之作不断出现。如沈括有《梦溪忘怀录》，元人杨瑀、汪汝懋又分别有《山居新话》、《山居四要》四卷等③。其中虽有别的内容，但农桑、种艺类乃其必具之门类，历来将其书或其中的分门类编归入农书之列。

《山居备用》中无疑有关于农事和种艺的门类。残本《永乐大典》卷一三一九四引《山居备用》称："春以力耕，夏以强耘。"又云："秋耕欲深，春夏欲浅。正月、二月耕地，一工当五工。"又云："初耕欲深，转地欲浅。""[相]地：高处宜粟，平地宜粳米，最下者宜糯。""《种植上时·种谷》：二月上旬为上时，三月上旬为中时，一亩用子一斗；四月上旬为下时，每亩用子一斗二升。农人以雪浸谷种之，收倍，仍不生虫。"这些宋人极富创意的对农事的总结，就涉及浸种，每亩用种子，种谷宜早，耕耘等多方面内容。值得注意的是：除《种植上时·种谷》条较今存《分门琐碎录·农桑》较为详尽及"秋耕欲深，春

---

① 宋本存前集十四卷，后集二十七卷，缺卷以清抄本配补。海内藏有清抄本至少十部，其中清初毛氏汲古阁本抄本（藏上海辞书出版社图书馆），邓邦述跋清抄本（藏上海图书馆）、丁丙跋清抄本（藏南京图书馆）等颇具特色。

② 参见拙文《关于江南农业生产力发展水平的若干问题研究》，刊范金民主编《江南社会经济研究·宋元卷》第 555 页，中国农业出版社，2006 年。

③ 沈括《梦溪忘怀录》有胡道静等辑佚本，见《杭州大学学报》1981 年第 1 期。杨瑀《山居新话》仅见残本《大典》卷五八三九等收入近十条。

夏欲浅"一条不见温书外,《山居备用》与《琐碎录》所载全同。尤值得注意的是:《山居备用》引《淮南子》"耕种总说"、"古语云"、《阴阳书》云:"亥为天仓耕之始"等另三条亦与温书全同①。上述农事八条中,除"秋耕"条八字温书无外,其排列次序也完全相同。

无独有偶,《大典》卷一四五三七引《山居备要》种树凡七条,除"取大枝除斧柯条"外,其余六条《琐碎录·种艺门》全有。仅第一条"凡木皆有雌雄",《山居备用》条末溢出"乃实以银杏雄树试之,即见"凡十一字;第四条"种一[切]树,大枝向南,栽亦向南",《琐碎录》"大枝",误作"木根",而《大典》抄胥录《山居》条时又误夺"切"字,其余文字全同。更值得注意的是:第二条"凡栽树记其阴阳",只有温书和《山居》有,《种艺必用》及《补遗》、《种树书》皆无,这是百余字的长条,不可能上述三书传写时脱落,只有可能因其文长而未录。今存《大典》中《山居备用》的其余八十条内容多为生活日用类之内容,无法与温书"农艺"作比较,姑置勿论。仅就这"农事"、"种艺"二门的十五条内容考察,可以断言:《山居备用》与温革《琐碎录》存在着极为密切的先后承袭关系,问题在于:两书孰先孰后? 我的判断是《山居备用》在前,《琐碎录》在后。

理由有三:其一,十五条中,《山居》比《琐碎录》仅多一条;但比《种艺》、《补遗》、《种树书》三书,至少多出五条以上(农事四条、种艺一条)。显然《山居》只与温书有承袭关系。其二,上引《种植上时·种谷》条,《琐碎录》删改为"种谷:三月种每亩用子一斗,四月种每亩一斗二升。"不仅删去上中下时三句二十余字,且"三月"前似又脱"二月"二字,显然文意不完备,删节未允所致;此外,种树第一条又溢出十一字,不太可能为抄手脱落,似亦为温革删节。从文字的多少、文意的完备程度分析,温书乃节抄《山居》。其三,温书较《山居》仅"相地"条多一"相"字,种树第四条"种一切树"中多一"切"

---

① 亦见《大典》卷一三一九四(八条均见中华书局影印本第 5721 页下),也许是抄吏疏忽,在引文之首漏抄书名,引书之名遂被补刻在八条引文之后。正是这种违反常规,使栾贵明"天价"之书《永乐大典索引》(作家出版社 1997 年版第 304 页)漏列这八条极为重要的佚文。笔者已发现栾氏《索引》漏录误系者就有数百例之多。

字,但仅这二字,不难看出乃《大典》抄手或原书刊本无意夺误,此外无溢出文字。据以上三点,《山居备用》虽遍考未得其作者及其时代,但基本上可以认为,乃两宋之际或北宋类书①。其中,至少有农耕(或农桑,姑定名为农事)、种艺二门,余多为类似《事林广记》、《居家必用》等类书所有的门类。其农艺部分,则属于山居类农书无疑②。

较之作者及时代的难以考定,其篇幅或卷数似尚有迹可觅。《山居备用》,始见于《文渊阁书目》卷三《农圃》,著录为一部二册;其后,亦见《千顷堂书目》卷一二著录。前者凡著录明初以前农书14部,除今存"四大农书"("五大农书"中缺其后成书的徐光启《农政全书》)外,凡10种;其中,除已知《山居四要》一册为元·汪汝懋③撰、《栽桑图》一册为元人苗好谦撰外,其余8种皆未考得作者。但据《千顷堂书目》卷一二著录:《种莳占书》二卷,《种艺杂历》三卷,《岁时种植》一卷,《山居四要》四卷,《栽桑图》五卷;以上书,《文渊阁书目》俱作一部一册。如姑以完本计,被著录为一部二册的《山居备用》其卷数应在二至十卷间。又据《春明梦余录》卷一二著录汪氏《山居四要》"一本,八十三页";则二册的《山居备用》应在150页以上,其篇幅或为今存温革《琐碎录》(上图藏本47页)的三倍左右。汪汝懋《山居四要》及元·杨瑀④《山居新话》应是仿《山居备要》的同类型书。这类山居型农书,可认为以下列链式传承:王旻《山居要术》——沈括《梦溪忘怀录》——佚名《山居备要》——《山居新话》——《山居四要》……。要之,北宋或两宋之际的农书又增加了一种《山居备要》。

---

① 另一种无法排除的可能是:此为南宋晚于温书的类书,其溢出的条目及文字,乃两书据北宋同一来源的类书或农书辑录,条目及文字的多寡,乃取舍删节不同所致。因为《淮南子》、《阴阳书》等均为远早于宋代之书,似乎也有这种可能,但可能性较小。

② 《大典》卷二二一八一引《山居备要》"瞿麦"、卷一四一二引"杏桃及一切果"数条等无疑亦属"农艺门";卷八八四一等引是书关于油的数十条属于"居家必用"(日常生活常识)类,卷一三三四一"豉"等五条又属于"饮食门",因此可断定是书为类书。

③ 汪汝懋(1308~1369),字以敬,号遯斋。淳安人。其生平见元·戴良(1317~1383)《九灵山房集》卷二三《汪君墓志铭》等。

④ 杨瑀(1285~1361),字元诚,号山居。钱塘人。事具明·杨维祯《东维子文集》卷二四《杨公神道碑》。

(33)《经界弓量法》 1卷,王居安撰。佚。王居安,字资道,原名居敬,字简卿,号方岩。台州黄岩人。淳熙十六年(1189)进士。尝知太平州、兴化军、隆兴、襄阳府、温、福州,入朝官太学博士,司农丞、著作郎兼国史实录院检讨、编修官。擢右司谏,迁工部侍郎,官至龙图阁直学士、太中大夫。有《方岩集》十卷,已佚①。

是书约撰于嘉泰初(1201～1202)王居安任司农寺丞期间②。当时,推行经界法,王居安撰此《经界弓量法》,以改变各地丈量田亩标准、方法不一、政出多门的状况。属政府推行统一丈量法之公务性著作,惜已佚,无以考究其内容,但显属农书则无疑。不妨称之为法令类农书。

(34)《岁时广记》 4卷,陈元靓撰。据胡道静先生之考③,作者崇安人,陈逊裔孙④。宁宗、理宗(1195～1265在位)时人。生平不详。刘纯⑤《岁时广记·后序》称:"有隐君子广寒之孙,涕唾功名,金玉篇籍",则作者为失意士人,隐居著书。朱鑑⑥《序》称:是书"萃为巨帙,殆靡一遗";"该而不冗,雅而不俚"。实乃摘引汉唐以来典籍,首系时序节令,后以三字为目,摘抄有关

---

① 事具《赤城集》卷一七吴子良《方岩王公文集序》、《嘉定赤城志》卷三三,《宋史》卷四〇五本传、同书卷二〇五《艺文志》等。

② 王居安任司农寺丞在庆元、嘉泰之际(1200～1202),见《宋会要辑稿》职官七三之三二:"嘉泰二年闰十二月十一日,王居安司农寺丞与祠禄。"

③ 详《元至顺刊本〈事林广记〉解题》,此文作为前言,始刊于中华书局1963年影印本《事林广记》卷首(又作为附录收入1999年同书影印本);以此为题,始刊于1979年第5期《百科知识》,又收入胡先生《农书·农史论集》附编(农业出版社,1985年),近又收入《中国古代典籍十讲》(复旦大学出版社,2004年)。虽历时40余年,文凡五见,仍为研究陈元靓及其著作的经典。

④ 陈逊,崇安人。绍圣四年(1097)进士。曾官温州通判,见弘治《温州府志》卷八。上引胡文称其为宋初广寒先生之子,似时代太久远,应为孙或裔孙。下引刘跋正称"孙"。

⑤ 刘纯(?～1231),字君锡,号道山居士。建宁府建阳人。以父荫为沙县主簿,调袁州分宜县丞,为行在太平惠民和剂局监门。绍定中,出为湖北账干,居家未赴。殁后,赠官朝散郎。事具《宋史全文》卷三二,嘉靖《建宁府志》卷一六、一八,嘉靖《建阳县志》卷一〇,嘉靖《邵武府志》卷一二,嘉靖《延平府志》卷一〇等。

⑥ 朱鑑(1190～1258),字子明。徽州婺源(治今江西婺源)人。朱熹(1130～1200)长孙。以荫补迪功郎,历知无为军巢县事,擢知兴国军。端平(1234～1236)初,除大理寺簿。改将作监丞,淮西制置司参议兼运判,官至户部郎中、湖广总领。淳祐(1241～1252)中,奉祠。事具许应龙(1168～1248)《东涧集》卷六、洪咨夔(1176～1236)《平斋集》卷二〇制词,《南宋馆阁录·续录》卷九,万历《建阳县志》卷六等。

诗文,以类相从,"手编心缉,博而不繁"(刘纯《后序》)。不失为一部小型类书,其中有关于农事的记载,如其书卷二《售农用》一条引宋代已佚方志记载,今四川地区,在春季农忙前设有专售农具、耕畜、种粮之类的集市,弥足珍贵。其书引温革《琐碎录》二条,不见于今传本,因内容非农桑类而不足为怪。但引《四时纂要》的二条①,也不见于今传唯一之本②,就令人费解。陈元靓书各卷每月时令几乎均引《纂要》,至少有十条之多,亦不见于今本。如果他所引的《纂要》确是《四时纂要》的话,就更不可思议,竟然十余条佚文中无一字见于始出于明万历十八年(1590)的朝鲜重刻本《四时纂要》,而此本又在日本被首先发现,实在太离奇。联系到已有学者怀疑其书卷三《种木绵法》一条乃后人添入;笔者却更怀疑其书卷二《种茶》、《收茶》二条所述,其种茶技术之成熟,尤其是茶亩产高得离谱而殊不可信③。虽然,论定其书为后人伪造,尚需更多力证;但此书是否五代人所撰,却已足以令人疑窦丛生。诚如王毓瑚先生指出:是书真伪,"值得怀疑"。

《岁时广记》的成书时间约略可定,今考刘纯在绍定四年(1231)因招降晏头陀、刘安国余党而遇害,殁后,赠官朝散郎。是年已调官湖北帐干,未赴而毁家纾难,组织"忠武军"义勇千人,朝命知邵武县。而其书序则署"文林郎、新行在太平惠民和剂局监门",尚在其前;而另一位作序者朱鑑的系衔为"宣教郎、特差知无为军巢县事",就更是早在嘉定、宝庆之际(约1223～1226),此书至迟宝庆(1225～1227)初已完成。正如胡先生所考,《博闻录》成书就更早些;但似应在嘉定中已成。是书宋本已佚,今存以明刊《格致丛书》本为最早,附《图说》一卷,清有《四库全书》、《学海类编》等本,后又有

---

① 二条分见四库全书本《岁时广记》卷二《黄梅雨》、《占蝗旱》。
② 《四时纂要》久佚失传,突然于1960年重显人间,据称在日本发现了明万历十八年(1590)的朝鲜刻本,旋于1961年由[日]东京山本书店影印刊行。我国农业出版社于1981年据此本出版缪启愉校释本。
③ 《四时纂要》卷二载,每亩"计收茶一百二十斤"。按唐宋之制,一斤为640克,一市亩约为0.861宋亩。而1982年我国茶园每公顷的平均茶产量为262.5千克,即每亩17.5公斤(王泽农《茶业》,刊《中国农业百科全书·茶业卷》卷首,农业出版社,1988年)。同比折算为五代时亩产茶已达89.2公斤;即使同折成成品茶计算(以3.5斤毛茶制1斤干茶计),五代也为今之茶亩产量的1.46倍。这可能吗?

《十万卷楼丛书》及《丛书集成·初编》本。

（35）《事林广记》 陈元靓撰。陈氏有《岁时广记》四卷，已著录。是书，倪灿等《宋史·艺文志补·子部》著录为十卷，一本作十二卷。如《宋志补》编者确据当时尚存的是书宋本著录，则宋本原书似为五集十卷本，后又增补为六集十二卷。惜宋本已佚，无从考证①。今存《事林广记》，国内藏有元、明各三种版本，日本藏有元刻二种，明刻六种，和刻本一种，去其重复，今存海内外是书版本已逾十种。其内容已有很大不同，作为日用百科全书型大型类书，代有增损。其书有实用性、通俗性，但因其祖本属麻沙本，编纂时已杂抄众书，刊刻时又错讹千百出。因此错误极多，称其为粗制滥造一点不过分。尤不能容认的是：书中多处伪托名人之论，以提高本书的知名度和"公信力"，以求得较多的发行量和出版利润。如和刻本《事林广记》卷七（中华书局影印本页 430 上）所谓"涉世良规"门首撰小序，已伪托"翰林学士沈括存中曰"，其下"居处"等七篇更是文字鄙俗，决无可能为沈括之作。必为元人伪造，以括有《梦溪忘怀录》且为大名人而嫁名伪托。类似之例，不胜枚举。

但是书不仅在当时有较高实用价值，至今仍有一定的史料价值。其所引用的大量宋人著作，尤其是其中的佚文足资今人研究之用。早在是书1963 年中华书局影印本《前言》中，胡道静先生就对是书的沿革、版本、内容、价值有过精辟的论述。今凡研究是书者，胡文是必读的经典②。

这里仅就《事林广记》陈元靓原著中的农艺诸门③涉及的内容作有限的补充。《事林广记》较多取材于温革《琐碎录》，农艺部分有半数以上条目录

---

① 今存最晚出的和刻本（中华书局 1999 年影印本）正为十集，或许并非偶然的巧合。是书又析为甲乙丙丁戊己庚辛壬癸十集，每集析子卷 10～13 卷不等。

② 胡先生大作增补修订后刊《百科知识》1979 年第 5 期，又被 1999 年中华书局影印本《事林广记》收作附录，还被胡先生遗著《中国古代典籍十讲》（复旦大学出版社，2004 年）收入。日本学者森田宪司《关于在日本的〈事林广记〉诸本》（刊《国际宋史研讨会论文选集》河北大学出版社 1992 年版），对胡文有高度评价。

③ 如以北大藏元至元郑氏积诚堂刊本（中华书局 1999 年影印本）卷首总目为例，其书农艺大致包括 53 门中的农桑、花品、果实、竹木、茶果、禽兽、牧养等 7 门，历候、节序中也有部分内容涉及。

自温书。但也有不少录自宋人农书或涉农诗文。有些进行了通俗化的改写。今以原北大藏本《事林广记》甲集卷下《竹木类·种治竹法》①长条为例探其史源。是条先后录 a.《齐民要术》"竹醉日",b.《岳州风土记》"龙生日",c. 宋子京(祁)《种竹诗(并注)》,d. 山谷(黄庭坚)竹诗一联,e.《月菴种茶法》,f. 沈括《梦溪忘怀录》,g. 苏轼《志林》(二条),h.《琐碎录》(三条),合计引八种书,凡十一小条组合而成。这十一条,均见《琐碎录》,但温革所引更为详尽,陈元靓应是据温革书删节后将各条组合拼接而成。值得一提的是:后四种书所引的七条均见元初《农桑辑要》卷六引《博闻录》(实为六条,《琐碎录》三条之一无),文字基本相同,可见《事林广记》的来源之一又为他自己较早时编成的《博闻录》,关于这一问题,在下条《博闻录》中还将涉及。《事林广记》所引的这一条基本上又全见于张福《种艺必用补遗》,不能排除元靓亦见过并参考过张福书的可能。就文字质量而言,以张福及温革书所引为佳。

尤值得注意的是沈括《梦溪忘怀录》关于种竹的佚文,先引《琐碎录·种艺·竹》的三条②:

> 种竹不[去]箨,则林外向阳者二三年间便有大竹。谚曰:"栽竹无时,雨下便移;多留宿土,记取南枝。"如要不间年出笋,用"本命日"谓正月一[日]、二月二[日]之类是也。

> 种竹不拘四时,凡遇雨皆可。若遇火日及有(雨)[西]风则不可。移花木亦然。移时,须是大其根盘,维以草绳,仍记元向背为佳。

> 大率种竹须向北,盖根无不向南也。仍须土松浅种,不用增土于窠株之上乃佳。

其下则温革的总括语:"《梦溪忘怀录》之法用尤妙。"由这一总括语及《博闻录》、《事林广记》先后两次删节上述三条之内容,捏合拼接成一条,可

---

① 中华书局 1999 年影印本,第 22 页下。
② 这是三条佚文,又全见张福《种艺必用补遗》(刊《大典》卷一三一九四),讹脱之文,即据此校补。两书文字完全一致,排列顺序相同,连总括语亦同。可证张福引自温革。这三条引文,虽不无温革删改的可能,但应是最接近沈括原文的文本。

以断言。这三条均为沈括《忘怀录》之佚文,胡道静先生等《〈梦溪忘怀录〉钩沉》辑得的《种竹法》(二),即可证除了始见于陈元靓《博闻录》的这条已被删节纂改得面目全非的沈括关于"种竹"的佚文外,还有其他同类佚文①。《事林广记》因为其类书的性质将前人之文加以删改、改编是宋末麻沙本的惯例,所幸还注明出处,有案可稽,至元明时的增补改编,是书就更被纂改得成了一笔糊涂帐,究竟哪些是陈氏原有之文字,哪些是后人增补的内容也难以分清了。

诚如胡先生所论,《事林广记》开创了在类书中有插图的先例,不仅恢复了古书左图右史的传统,而且有助于时人尤其是后人对本书的理解。即以是书《农桑类》所附的《耕获图》、《蚕织图》看,采取白描手法,简洁生动,堪与楼璹《耕织图诗》中的插图媲美。

《事林广记》在我国目录版本学上也是有独特意义之书。在今存海内外元明两代十一个版本中,不仅不同版刻书的门类、内容、卷数有很大的不同,有些是面目全非、脱胎换骨的改编、增补;即使是出于同源(祖本或"兄弟、父子"关系)的刊本,亦颇有差别。因此笔者亟盼海内外藏家应通力合作,将现存版本全部影印出版,以便有志者能会校诸本,整理出一个全新的通行本行世。兹事体大,在藏大于用,注重经济效益的今天,也许是一个难圆之梦。

(36)《博闻录》　10 卷,陈元靓编,已佚。这是陈氏所编三部类书中最早成书的一种。元初官修《农桑辑要》中引《博闻录》约三十一条,今仅列其条目拟名②,以见其农艺类内容及史源之一斑。1. 白桑,2. 柘叶,3. 下蚁;4. 种花忌麝,5. 种韭用鸡粪,6. 胡荽种日,7. 菠菜种日,8. 香菜,9. 葡萄与

---

①　胡先生(与吴佐忻合辑)《梦溪忘怀录钩沉》,刊《杭州大学学报》1981 年第 1 期。其《种竹法》(一)辑自《农桑辑要》卷六,实已是转录,始见于《博闻录》(元本《辑要》已标明,四库本业经窜乱,故仅云"梦溪云");又见于《事林广记》(仅多"不可[去]篆"三字)。此外,沈括是书,既有可补辑者;又,《钩沉》辑自《寿亲养老新书》未注出处者是否可推断全为佚文,亦颇可商榷。另如始见于温革《琐碎录》"脱果法"的一条,吴氏之考,只能说明非出温手,还无法确证必出于沈括佚文。又,第二条所述移树法,今人仍广泛用之。

②　各条及卷数,分见元刻本《农桑辑要》缪启愉校释本,农业出版社,1988 年。条目名,乃笔者所拟。又,第25 条"树结子法",缪校本第 415 页已析为两条,似未允。无论从内容、《琐碎录》原文及《农桑辑要》引录均应为一条。

枣嫁接,10. 银杏雌雄合种,11. 种树,12. 木有雌雄,13. 社日杵春百果树下,14. 果树治虫法;15～20. 种竹法六条,分别转引自《月菴种竹法》、《梦溪忘怀录》、东坡《志林》(二条)、《琐碎录》二条,21. 栽松,22. 砍松木,23. 插杉,24. 杨柳,25. 树结子法,26. 种枸杞法,27. 菊花,28. 决明子,29. 种罂粟;30. 马伤脾方,31. 牛瘴疫方。上述所引各条中:1～3,见《农桑辑要》卷三;4～14,见同书卷五;15～29,见同书卷六;30～31,见同书卷七。其中除第6、7、11、27等条外,多见《琐碎录》,仅文字有删略而已。可以断言,《博闻录》农艺门的主要史源应是《琐碎录》。

残本《永乐大典》卷五四〇引《博闻录》今存"辨肉苁蓉"一条,卷五四一存"折庸"一条①;前者为"本草类",后者乃属法制类内容。此外,《资治通鉴》卷二五五胡三省注引《博闻录》有"蚀金箔法";史铸《百菊集谱》卷二《紫菊》条称:"旱莲有害人之毒(注云:事见《博闻录》)。"仅今所存的一鳞半爪,亦可断言:这是内涵广泛、门类较多的类书无疑。方回对是书的评价不高,有云:"今之俗传《博闻录》,恐多不经,未足信也②。"

值得一提的是:作为编类书以牟利的陈元靓还编有《良玉历撮要》,这是关于预卜吉凶良忌的占卜类书。仅见残本《大典》中佚存18条是书佚文③,其中"造酒曲药"、"醃藏鲊脯、姜瓜"、"畋猎捕鱼"等条也属农书论述之范围。

以上著录并考论南宋农书凡37种④,远非南宋农书的全部。但作为南宋农学遗产幸存的主体部分已足以引起我们的重视。上述农书大体可分为四类:(一)农桑类农书,(1)～(6),(9)～(11),(13),(33),凡11种;(二)种艺类农书,(7)、(8),(14)～(30),凡19种;(三)类书类农书,(8),(34)～(36),凡4种;(四)其他类农书,仅(12)和(31)、(32)3种,但无论是

---

① 分见中华书局影印本第1册第95页上,99页下。
② 《续古今考》卷五《皇帝玺符节》。方回《古今考》,《四库提要》有较高评价称:"见闻尚属赅洽,所考多有可取者。"以重考据的学者视野衡量,抄辑成书的类书中,许多内容属荒诞无稽,经不起推敲。陈元靓三部类书皆属此类,似不必责之细苛。
③ 分见《大典》卷二〇一二一(三条)、卷二〇一三九(十五条)。前者引作"陈元靓编《玉历撮要》",后者则引作"陈元靓编差学(?)撰《良玉历撮要》。"
④ (7)《种艺必用》及张福《补遗》应计为二种,实为37种。

今存的《全芳备祖》、名存实亡的《桂海虞海志》及已佚的《山居备要》，均是十分重要的农书。

作为有里程碑意义的陈旉《农书》，虽篇幅无多，但完全应列入"五大农书"之列，《种艺》及其《补遗》、《琐碎录》三书则为农书中的创体之作，拓展了农书包含的内容及论述的范畴，将历来被屏弃于农书之外的花卉、竹木等内容列入农书范畴，而且在农书中填补了从《四时纂要》至《农桑辑要》的空白。各种谱录类专书的成批出现，使这一领域的农书呈现百花齐放，繁荣昌盛的全新景况。《全芳备祖》则是集大成之作，这是南宋农书中最值得珍视的遗产之一，其他如《橘录》、《糖霜谱》等均为堪称开风气之先、创世界之最的农书。

这里不妨探索一下农书从南宋初起就显现"井喷"式繁花似锦且长盛不衰的原因。农业，是古代经济中最重要的部门或行业，国家财政收入的支柱即赖农业支撑。重视农业是每一王朝的题中之义。这种重视从早已有之的皇帝亲耕藉田到号召撰写农书，再到发布劝农文字，旨在营造全社会重视农业的氛围。

今考每年农历二月一日中和节献农书之俗，始于唐德宗贞元五年（789），应宰臣李泌之请，诏"令百官进农书"，意在"用广异同之说"①。但也许是此诏颁后只是虚应故事，今知唐人撰写的农书不过近十部，完整流传至今的只有陆羽《茶经》和韩鄂《四时纂要》，而且，这二部书显然与上述中和节献农书之俗无关。

两宋开创了农书写作的全盛时期。北宋邓御夫（1032～1107）撰《农历》一二〇卷，是较《齐民要术》更为详备的农业百科全书。是书明初犹存，曾被分韵录入《永乐大典》，惜四库馆臣殊为无识，竟不辑这部农书宝典，听任这样一部划时代的煌煌巨著丧失殆尽，这已是我国农学和农史研究无法弥补的巨大损失和莫大遗憾②。被湮没在岁月沧桑中的宋代农书远不止此。

---

① 分见《旧唐书》卷一三《德宗纪下》；贾耽《中和节百辟献农书赋》，刊《全唐文》卷七三一，第3341页上，上海古籍出版社，1990年。

② 关于是书，请参阅拙文《关于宋代江南农业生产力发展水平的若干问题研究》，刊范全民主编《江南社会经济研究·宋元卷》第551～552页。

南宋立国之初,因地狭人稠,又须以半壁江山支撑日益增加的战时财政体制,因而格外重视农业。绍兴十九年(1149)七月,诏令"颁诸农书于郡邑";中和节"百官进农书以示务本"①的风尚终南宋之世才真正得以落实。前者指将已有农书广泛颁行至州县,附以劝农文,对农民的农桑技术进行切实的指导;后者则主要指百官将新创作的农书投进,旨在不断总结当地士农农耕的经验及技术进步,尤其是农业生产力发展水平较高、农业技术比较先进的地区如两浙等地的经验,这也是当时该地区农书成批涌现的主要原因。

其次,宋代的各级官员,不乏出身农家或贫寒者,在其入仕前,或入仕后因各种原因赋闲及退休后,均有农事实践的经验。其中不少人热衷于花卉、果木、蔬菜等的种植、移栽、嫁接及病虫害防治,长期乐此不疲的嗜好,使他们用笔记载下自己的心得体会。范成大、杨万里、陆游不过是其中的杰出代表,大量所谓山居类的农书就这样应运而生。更有不计其数的人,其农学著作未能流传,但却在其诗文中寄托和尽情抒发了这种重农情结,因而有了上百万字的涉农诗词文赋,这同样是值得重视珍惜及总结的南宋农学遗产。

复次,由于印刷业的极为发达,无论士人、书商乃至落魄文人,出于不同目的热衷于编纂、刻印生活百科居家必用之类的类书,其中亦有大量的农艺内容,指导农桑、种艺乃至酿酒、制茶、兽医等实践。无论是南宋初的温革《琐碎录》及南宋后期陈元靓的《事林广记》等三种类书,均为流传极广、影响深远的典型之作。

本节罗列之农书,仅是尝脔之一鼎。较之南宋农书的总体而言,今存及已知的农书堪称十不及一②。还必须指出:与南宋并存的金控制的北方地区,同一历史时期也出现不少农书,仅见于元初《农桑辑要》引用的就有《士

① 分见《宋史》卷三〇《高宗七》,吴自牧《梦粱录》卷一《二月望》。
② 如本书未加罗列的赵汝砺《北苑别录》等五种茶书,朱肱《北山酒经》等三种酿酒书,高似孙《蟹略》等水产类农书,魏岘《四明它山水利备览》等多种水利类农书,陈达叟《蔬食谱》、林洪《山家清供》等饮食类农书,佚名《四时栽接花果图》、叶廷珪《名香谱》等谱录类农书,周密《乾淳岁时记》等时令类农书,王愈《蕃牧纂验方》等兽医类农书,已知的南宋农书至少在七八十种,已佚的不知名农书,更难以尽数。

农必用》、《务本新书》、《韩氏直说》、《种莳直说》、《农桑要旨》、《四时类要》①等多种。而且,颇有可能其中的某些书原出于南宋境内,后流入金土,并被传刻。这种南北交流屡见不鲜,《政和证类本草》今传金刻本成为通行之本,及《大藏经》中的赵城藏金刻本今幸存于世都是十分著名的例证。

综上所述,南宋农书种类繁多,众体皆备,内容丰富,题裁多样。既有以理论创新著称在农学史上举足轻重的陈旉《农书》等"正宗"农书,也有百花齐放,原不被重视的种艺类农书,更有《橘录》、《糖霜谱》等开创性的专题性谱录类农书,还有通俗易懂、实用性强的类书型农书,甚至还出现了图文并茂、诗文相兼的佳作。陈景沂《全芳备祖》则是颇具文学性的小型百科全书式的农书。呈现繁花竞艳的丰富多彩,开创了我国农书创作最为繁盛的时代,也是宋代精神文明高度发达的展示或体现之一。这种宝贵的农学历史遗产,亟待总结和清理,亟盼高质量的点校本宋代农书汇编能早日问世。

第二节　南宋劝农文述略

"劝农"一词,其来已久。在我国五千年文明史上,劝农与帝后亲耕藉田、亲事蚕织的风俗几乎同时应运而生,伴随着农业文明的诞生而滥觞。先秦文献中,"劝农"成为出现频率较高的词汇之一就是明证。作为有重农传统的中国,至迟在秦汉时代,就已形成"仲吕之月""巡劝农事"之制②。而在汉代,就已劝农之诏屡颁。而我国最早的劝农文似始于被宋人誉为楷模的西汉循吏龚遂③。"劝农使"之名,始见于唐玄宗开元十二年(724)六月。应

---

① 《四时类要》中有引用今传朝鲜本《四时纂要》的内容,但两书决非同书异名,当可断言。我十分怀疑,明代始出的《纂要》是否有可能引用了《类要》的内容;即《纂要》是否确成书于五代,颇可稽疑。因为五代与宋的文字风格已相当接近,很难判断。这需要逐条校勘并深入探究才能定论。

② 《吕氏春秋》卷六《音律》。

③ 龚遂(?~前62),字少卿。西汉山阳南平阳(治今山东邹城)人。宣帝时,官渤海太守,奖劝农桑,狱讼减少,农民归田。后官至水衡都尉。后世将他与黄霸(?~前51)合称"龚黄",作为"循吏"的代表人物。事见李幼武《宋名臣言行录·外集》卷一四《刘清之》。

宇文融之请,任命其"为劝农使巡行州县",检括逃田隐户。宇文融又请置劝农判官 10 人(《新唐书》作 29 人),并请置十道劝农使,被时相张说(667～731)以扰民而格①。可见当时仅为昙花一现的临时差遣,并未形成制度。北宋设劝农使始于至道二年(996)七月,诏以陈靖(948～1025)为劝农使,以皇甫选、何亮为副使,按行荆襄诸州,"劝民垦田"②。无非重演唐代宇文融故事而已。

我国劝农使之设成为制度,始于宋真宗时,距今已有一千年之久。景德三年(1006)二月丙子,应权三司使丁谓之请,诏命少卿、监、刺史、阁门使以上知州者兼劝农使,余官为知州及通判并兼劝农事,诸路转运使、副亦兼劝农使。我国历史上,"劝农使入衔自此始③。"南宋则更是将州县官兼劝农使(事)这一典制奉若圭臬,凡系衔必以"劝农使(事)"入衔。正如吴泳《鹤林集》卷三九《宁国府劝农文》所概述云:"国家重农务穑,应郡守授敕诰必以其职系衔,大者为劝农使,小者兼劝农事,示崇本也。"劝农使之入衔及劝农文的大量出现,无非表示当局重视农业之意,所谓"为政之术,务农为先";"自天子而下,无不以农为务","率劝民耕"④。这似乎是最具象征意义的重农主义范式。

南宋立国之初,面临山河破碎,国土蹙狭,百姓流离,大量移民南迁,人口压力剧增;重建极盛而衰、面临崩溃的财政体系,以维持扶摇直上的战时经济及天文数字的军费开支,解决数以千万计的人民的衣食住行问题,是一个极为严峻而紧迫的课题。无可替代的当务之急是恢复和发展农业生产。南宋的劝农制度就在这样的历史背景下逐渐形成,终南宋之世而不渝。劝耕农桑,增加赋税收入,成为南宋州县地方官员的首要政务,堪称重中之重。绍兴十五年(1145),立足未稳的宋高宗欲于来年春行藉耕之礼,司农寺主簿

---

① 事具《资治通鉴》卷二一二、二一三,《旧唐书》卷一○五、宋祁《新唐书》卷一三四《宇文融传》。

② 《长编》卷四○,点校本第 846 页。

③ 《长编》卷六二,第 1386 页。又,"人",误作"八"。

④ 分见《陆游集·渭南文集》卷二五《戊申严州劝农文》,中华书局点校本第 3214 页;林駉《古今源流至论》后集卷一○《劝农》。

宋敦朴建议,诏地方守令每年仲春出郊劝耕,高宗一面称:"农者,天下之本。守令有劝农之名,无劝农之实,徒为文具,何益于事!"一面却又颁"诏从之"①。《庆元条法事类》卷四九《农桑·劝农桑·职制令》载:"诸守令出郊劝农(每岁用二月十五日)。不得因而游玩及多带公吏,辄用妓乐宴会宾客。"则至迟在南宋初已形成劝农制度。

在今存上百篇南宋劝农文中,确不乏形式主义的八股时文,也引起当时人的不满乃至辛辣的嘲讽。包伟民《形式的背后:两宋劝农制度的历史分析》(下简称包文)②,对劝农制度的形成、演变及其功能、影响进行了全面的分析和评价。笔者稍有异议的是:针对南宋出现《劝农文》这一"井喷"现象的背后,仅就总结、发扬我国农学遗产这一角度而言,从体现我国南宋时期农业科技水平的发展高度而言,似乎仍有更多需深层思考和深入发掘的内容。毕竟现存南宋劝农文超过历代类似文章之总和③,这一现象值得我们作进一步探索。即使从南宋农业史及经济史的角度考察,也提供了许多可贵的第一手资料和实录。对此更不能低估。诚然,许多劝农文纯粹是形式主义的应景之作。正如黄震所论:"上下习熟,视为文具④。"罗列诸如:"百姓亲睦,出入相友,守望相助,疾病相扶持"⑤之类的睦邻之道;尊敬父母,友爱兄弟、不要沾染健讼、酗酒、赌博、游手之类恶习的行为准则;要及时完税服

---

① 李心传《系年要录》卷一五四,第327册,第156~157页,参见《宋会要辑稿》食货一之三八。

② 包文刊《李埏教授九十华诞纪念文集》第240~249页,云南大学出版社,2003年。顺便指出:偶见包文有数处史料运用的疏误。如:1. 胡太初乃南宋末人而非北宋人。2. 刘爚(1244~1216)《云庄集》卷一《长沙劝耕》,乃真德秀诗,见《西山文集》卷一;梁庚尧早已有文辨证。详《刘爚〈云庄集〉的版本及其真伪》,刊梁庚尧《宋代社会经济史论集》下册第538~557页,台北允晨义化实业股份有限公司,1997年。3. "劝农文似天花坠"云云一首讽刺诗,非刘塤(1240~1319)作,作主为南宋末诗名颇著的谌祜(1213~1298),篇题为《劝农日》;见《隐居通议》卷八《桂舟七言古体撷》。

③ 收入《四库全书》中的宋人文集就存有劝农文近70篇;此外,还有类似性质的劳农文、劝耕诗,告民文、谕俗文等。在方志及碑刻中还另有一些南宋劝农文存在。现存总数远超过历代劝农文之总和。

④ 黄震《黄氏日抄》卷七八《咸淳八年春劝农文》。

⑤ 宋莘《洋州劝农文》碑,转引自陈显远《陕西洋县南宋〈劝农文〉碑再考释》,《农业考古》1990年第2期,第169页。

役,交纳田租,不可犯上作乱之类的空洞说教①。有些劝农文又确实写来文字晦涩难懂②,故真德秀诗云:"是州皆有劝农文,父老听来似不闻。只为空言难感动,须将实意写殷勤③。"细籀其诗意,真德秀确实有批评当时郡县守令劝农文写得不够通俗易懂之弊,但却毫无否定劝农文功用之意。他只是以亲身实践,倡导应将这类文字写得明白如话,通俗易懂,以收劝农的实效④。

南宋的劝农风习之盛则渊源有自,自朝廷、行都倡率,开风气之先。诸路守臣、县令无不上行下效。大量的劝农文告亦缘此应运而生,形成了一种覆盖面极广的重农舆论宣传和社会风气。农历二月十五日,郡县守令相"率僚佐出郊,召父老,赐之酒食,劝以农桑,告谕勤劬,奉行虔恪。"成为南宋蔚然相沿的风俗。是时,正当风和日丽,百花竞艳,春意浓浓之际,士民踏春游赏,这一习俗沿袭至今。此时亦正一年农忙开始之时,守令出城,与民同乐,兼以劝农。连寺院道观的僧众道徒亦举行胜会,"为民祈福"。堪称其乐融融⑤。但这种与民同乐的活动,招致了时人的严厉抨击,认为是浪费钱财的无益之举,徒具形式的空费口舌。宋末颇著诗名的谌祐(1213～1298)有《劝农日》诗予以辛辣嘲讽:"山花笑人人似醉,劝农文似天花坠。农今一杯回劝官,吏瘠民肥官有利。官休休,民休休,劝农文在墙壁头。官此日,民此日,

---

① 如真德秀《西山文集》卷一《长沙劝耕》:"鞠育当知父母恩,弟兄更合识卑尊";卷四〇《福州劝农文》:"若其害农,则有四事:一曰耽酒,二曰赌钱,三曰喜争,四曰好闲。"又如文天祥《文山集》卷一《宣州劝农文》:"第二戒尔莫避役","第五劝尔了王租。"诸如此类,不一而足。

② 典型之例,如刘宰《漫塘集》卷一八《泰兴县劝农文》。

③ 《西山文集》卷一《长沙劝耕》(十首之一)。此十首诗,《四库全书》又误收入刘爚《云庄集》卷一。另外,其集卷一二《闽县劝农文》,亦为误收真氏之作;殆据《西山文集》卷四〇《福州劝农文》而改题。详梁庚尧《刘爚〈云庄集〉的版本及其真伪》(始刊台湾《书目季刊》第八卷第二期,1974年)。又,需要补充的是:据真德秀撰《神道碑》、陈孔硕撰《行状》、沈偘编《年谱》等,刘爚宦历中未任知闽县及潭州,故不可能有此诗、文。

④ 上述包文中,反复引用真德秀《长沙劝耕诗》(又误作刘爚诗),以证劝农文的徒有虚名,似亦有曲解真诗本意之嫌。其下九首劝耕诗及真氏一系列的劝农文皆来明白如话,琅琅上口,可证其良苦用心。

⑤ 本节及引文参见吴自牧《梦粱录》卷一《二月望》。

官酒三行官事毕①。"对劝农制度及劝农文一笔勾销,未免过于极端及有欠公允。

南宋劝农文,主要见于有历宦州县经历的士人文、别集②,也有见于碑刻、方志或总集等的③,还有见之于笔记等引录部分内容的④。至于已佚的劝农文就更多了,如陈旉《农书后序》曾提到,时知真州洪兴祖不仅为他的书作序,还将《仪真劝农文》附初刻宋本《农书》刊行,而得到广泛流传。此外还有《劝种麦文》、《劝耕诗》、《谕俗文》、《劳农文》等类似于《劝农文》的文字。总之,南宋劝农文不仅数量众多,体裁多样,而且内容丰富,涵盖南宋的各个历史时期及几乎所有的经济区域,这份遗产值得总结,惜未能引起学者注意⑤。南宋的地方官员,不少人出身农家,熟悉农事,关心农民疾苦,注重农村经济和农业技术推广,深受儒学重农思想的熏陶,其劝农文中洋溢着浓郁的重农情结。其值得肯定的积极因素大致有以下几个方面,结合今存的劝农文略作分析。

一、重视农业,关心农民疾苦,充分反映社会现实

朱熹《晦庵集》卷九九《南康军劝农文》云:"民生之本在食,足食之本在农",一语道破农业对国计民生的重要意义。故作为地方官员应将农业生产

---

① 诗见刘埙《隐居通议》卷八《桂舟七言古撷》。谌祜(1213～1298),字自求,号桂舟,又号服耕子。未仕,有文名,以诗鸣。撰有《桂舟杂著》、《自知集》、《桂舟歌咏》等,已佚。事具刘埙《水云村稿》卷三《观空堂记》、元·吴澄《吴文正集》卷七一《南丰刘君墓表》,清·陆心源《宋诗纪事补遗》卷六四等。

② 在今存南宋文集中有些是有目无文的,如楼钥《攻媿集》卷八二目录有《劝农文》三首,正文已佚;又如刘克庄《后村集》卷三六《祝文》(目下注:"劝农文附"),文亦无存。

③ 最著名的如宋莘《洋州劝农文》,见陈显远《陕西洋县南宋〈劝农文〉碑再考释》,《农业考古》1990年第2期。又如郭允喆《忠州劝农文》(万历《重庆府志》卷八五)、叶筠《延州劝农文》(《南宋文录录》卷二一)、赵不退《郴州坦山岩劝农记》(《八琼室金石补正》卷一一三)等。

④ 如应俊辑补《琴堂谕俗编》卷下称江万里有《吉州劝农文》,元·陈栎《勤有堂随录》称江万里又有《江东漕司劝农文》。

⑤ 除了包文列举的相关论文外,笔者有限的阅读范畴中,还见程利田《从〈劝农文〉看朱熹农业思想》(收入《朱熹与闽学渊源》,三联书店上海分店,1992年)、王兴刚《从〈劝农文〉看宋朝的农业技术推广》(刊《农业考古》2004年第3期);寥寥数篇而已。

和农村经济视为政务中的头等要事①。当时农民从事耕耘"既艰且勤,冲寒晓耕,触热昼耘",十分辛苦;身为知州又出身农家的真德秀"心在阡陌",忧心水旱;"一夫伤嗟,如痛在肤②。"但当时农民的生存状况却不容乐观,正如魏了翁所述:"今日征调不休,公私迫蹙。贪吏假威于州县,伺民之隙而肆其剽夺;奸民罔利于邑野,逢吏之贪而售其告讦。"导致"物贵钱蠤,重以科条百出,民不聊生③。"以范仲淹(989~1052)"先忧后乐"为立身行事榜样的卫泾(1160~1226),在任职地方州郡时给自己立下了"勤恤民隐",农忙时不兴工役,不淹狱讼的一定之规;又对"均折变之额","严受赇之禁"的所谓"德政"不遗余力,以纾民间疾苦④。

刘宰则怀着自责和愧疚的心情,深刻揭示了饱受战争苦难的淮东农民之生活现状,面对农民这样的困苦却回天乏术。其说云:

> 凡农之害有三,令实司之。一曰夺其心,二曰夺其力,三曰夺其财。豪民梗之而不能制,奸民扰之而不能戢。或侵其疆,或讦其私,或负其直,或攘其有,使吾民怏怏然有怀弗伸,而惴惴然畏祸之及。耕弗克深,耰弗克易,卤莽灭裂,以苟朝夕,此之谓夺其心。工役繁兴,狱讼滋炽,事虽微而追逮者众,理虽明而淹延弗决,一事未已而一事继之,吾民赴期会之时多而治稼穑之时少。或耕而弗种,或种而弗耘,此之谓夺其力。赋敛有常,渔取无度,或名为公家兴作,或并缘上司行移,官收其一,吏没其十。重以兼并之家,因债负而再倍准折;僧道、巫觋、游手之辈,托佛老鬼神而诳惑乞取。使一岁之入,不足以供一岁之出,冬暖而号寒,年丰而啼饥,此之谓夺其财。夺其心则弗康,夺其力则弗专,夺其财则弗裕⑤。

---

① 正如陆游《渭南文集》卷二五《戊申严州劝农文》所概括的那样:"为政之术,务农为先。"

② 《西山文集》卷四〇《泉州劝农文》(嘉定十二年——1219)。

③ 分见《鹤山集》卷一〇〇《潼川府劳农文》、《绍定六年(1233)劳农文》。上引魏了翁后文有一简要说明:"州郡岁以二月劝农于郊,农事既毕,则又率僚吏以十月劳农,因相与讲明风化。今仍修故事,且列劝谕如后。"则劳农与劝农前后呼应,如出一辙。

④ 《后乐集》卷一九《隆兴府劝农文》。

⑤ 《漫塘集》卷一八《泰兴县劝农文》。此文即农民晦涩难懂之例。

而读利登的诗,不禁心灵深受震撼,这首诗不失为写实主义的杰作。《野农谣》诗云:

> 去年阳春二月中,守令出郊亲劝农。红云一道拥归骑,村村镂榜粘春风。行行蛇蚓字相续,野农不识何由读。唯闻是年秋,粒颗民不收。上堂对妻子,炊多粜少饥号啾;下堂见官吏,税多输少喧征求。呼官视田吏视釜,官去掉头吏不顾。内煎外迫两无计,更以饥躯受笞箠。古来丘垅几多人,此日屠生岂难弃。今年二月春,重见劝农文。我勤自钟情自釜,何用官司劝我氓。农亦不必劝,文亦不必述。但愿官民通有无,莫令租吏打门叫呼疾,或言州家一年三百六十日,念及我农惟此日。

此诗与上引谌祐之诗实有异曲同工之妙。尤其是在租佃经济极为发达的南宋,佃农及租种公私之田的下户,其生活的贫困化更是令人关注。在苛重公私税租的盘剥下,一年所剩无几,在严寒中只能另谋生计,终岁辛劳而难以养家活口。利登另一首《田父怨》诗亦如诉如泣:"黄云百亩割还空,垂老禾堂泣晚春。偿却公私能几许,贩山烧炭过残冬①。"类似之作,连篇累牍,充分反映南宋各地农民生活的艰辛和极端贫苦。尽管其创造了辉煌的农村经济和当时世界首屈一指的极高农业生产力。深受儒学传统思想影响的南宋地方官员,力所能及的只是在其职权范围内尽可能轻徭薄赋,均平负担,禁遏贪吏猾胥勾结豪富作奸犯科,为非作歹。很少有人想到从制度层面去改变农民生活贫困的状况。理学大师朱熹提出的漳州经界方案也许是极为罕见的能有限改变赋税不均状况的措施,可惜未及实施就因其被罢官夺职而夭折流产。绍熙二年(1191)二月,朱熹在知漳州任,例行发布《漳州劝农文》,却别出心裁,成为行经界的动员令。其说云:

> 今来朝廷推行经界,本为富家多置田业,不受租产;贫民业去税存,枉被追扰。所以打量步亩,从实均摊,即无增添分文升合。虽是应役人

---

① 利登,字履道,号碧涧。建昌军南城人。淳祐元年(1241)进士,仕止宁都尉。工诗词,有《骰稿》一卷,见陈起《江湖小集》卷八二(上引二诗据此)。赵万里已辑其词为《碧涧词》,原刊《阳春白雪》。

户日下不免小劳,然实为子孙永远无穷之利。其打量纽算之法,亦甚简易,昨来已印行晓示,今日又躬亲按试,要使民户人人习熟。秋成以后,依此打量,不过一两月间,即便了毕(见《晦庵集》卷一〇〇)。

其目的全在于"欲使民得安居,不废农业。"朱熹劝农文说得清楚明白,通俗易懂,即为解决税赋不均而并非增税,且又一劳永逸,手续简便,切实可行。同样,世代业农出身的吴儆,以对农民充溢人文关怀的感情笔触谴责了害农、妨农的莘莘大者。其《竹洲集》卷一四《劝农文》有云:"家世业农,知吾农民甚苦。寒于蚕而不足于衣,热于耘而不足于食。凡国家宗庙社稷之奉,军旅之须,官吏之俸禄,州县之用度,一丝一粒,无非取办于吾农民。且有里胥之追呼,官吏之刑责,豪右大家之兼并,游手亡赖之生事,凡所以苦吾农民者复不一也。"

二、宣扬天地人三才相维的朴素哲学观念及人力胜天因地制宜的事农理念

在基本上靠天吃饭,农业仰赖天时地利的南宋时代,大力宣传勤力或农功对于农耕与丰收的重要性乃势所必然。兴修水利,可以改变水旱灾害频作的状况,达到旱涝保收、稳产高产的目的。多施肥料,可以改变田地越种越薄的贫瘠,出现地力常新壮的局面。改变耕种制度,合理安排荐口,推广二熟制为主的轮作制,可以以丰补歉,提高总产。因地制宜,广种经济作物,能够安然度荒,解决生机问题,还能增添收入。引进良种,加强田间管理,防治病虫害,实行精耕细作的模式,则是农业丰产增收的关键。以上内容在南宋劝农文中均有不同程度的反映。

真德秀《西山文集》卷四〇《福州劝农文》有云:"福之为州,土狭人稠。岁虽大熟,食且不足。田或两收,号再有秋;其实甚薄,不如一获。凡为农人,岂可不勤;勤且多旷,惰复何望。勤于耕畲,土熟如酥;勤于耘耔,草根尽死;勤修沟塍,蓄水必盈;勤于粪壤,苗稼倍长。勤而不惰,是为良农。"以琅琅上口、通俗易懂的四言,说清了其一贯主张的"田里工夫着得勤","好将人力副天工"之道理①。卫泾也劝谕专事农业的潭州百姓不辞"勤苦",去夺取农业丰收。其言谆谆,其心良苦。他说:"水旱之数无常,天时不可数恃,惟在勤苦,可望有秋。湖湘之俗,素号淳朴。非有游观侈泰之欲以荡其心,非有工械伎巧之蠹以分其力。民无末作,多事南亩,农田之利,宜自知之②。"其《后乐集》卷一九《隆兴府劝农文》亦称:"相率勤农,出作入息。夫耕妇馌,不辞三时之劳,可享卒岁之逸。"朱熹高弟黄榦也说:"而为衣食之计,则莫若勤,勤则不匮③。"

郭允蹈《忠州劝农文》针对经济相对落后地区的现状,劝谕当地农民应扬长避短,利用"土广"、"赋轻"、"俗俭"的特点,广辟耕地,多种适宜山区的经济作物,因地制宜,增产增收,改变自己的生存状态。其说云:"忠之为州,虽侧耕危获,不若平川之易,然土广而赋轻,俗俭而用足,亦他郡所希有④。"魏了翁也充分强调农业生产中人力的因素应充分重视,人力可以弥补天时、地利的不足。他说:"造物能予人以丰年,不能殖不耕之田;能遗人以安富,不能福不率之民⑤。"

宋莘则对洋州农民仅赖天时、地利优越条件务农,人惰力亏,深致不满。他说:"耕耨之功已亏,粪壤之力全无,虽遇丰岁,雨旸及时,亦岂可望所入之厚哉⑥!"洋州地处汉中平原,历为山河堰灌区的农业重镇,占尽天时、地利。其自然条件的优越与两浙、江东相仿佛,但却未能获得丰厚的回报,关键在于农功未到,既不能深耕细耨,亦未能勤施粪肥,导致功亏一篑,无论单产、总产及农民收入,较之两浙等先进地区尚有差距。

---

① 二句,分见《西山文集》卷一《长沙劝耕》(十首之四、三)。
② 《后乐集》卷一九《潭州劝农文(一)》。其《潭州劝农文(二)》也称:"良农不为水旱辍耕,此人事也。人事既尽,天理自还。"此宣扬人力可以回天的道理。
③ 《勉斋集》卷三四《新淦劝农文》。
④ 郭文,刊万历《重庆府志》卷八五,转引自《全宋文》第292册,第230页,上海辞书、安徽教育出版社,2006年。又,郭允蹈,庆元三年(1197),知忠州。
⑤ 《鹤山先生大全文集》卷一〇〇《权遂宁府劝农文》,四部丛刊缩印本第826页下。真德秀也有类似之论,《西山文集》卷四〇《再守泉州劝农文》称:"时不可常,天不可恃,必殚人为。"
⑥ 宋莘《洋州劝农文》碑,据《农业考古》1990年第2期第168～170页所刊陈显远"考释文"录文,原漫漶处仍作方围。下再引此文,简称《宋碑》,不再一一出注。

三、针对不同经济区域的自然地理条件、人文环境,提出有的放矢、因地制宜的发展农业规划

这一类的《劝农文》较多,远非只尚空谈的说教所能比拟,属于比较切实的农业指导性文字。撰写这类文字的官员多有务农的实践,又有历宦州郡的施政经验,因而能提出不少切实有效的方案,帮助农民改变当地农村经济的现状。其中不乏可贵的开拓型新思维,不失为我国古代农学遗产中的精华。如卫泾《后乐集》卷一九《福州劝农文》有云:"八州之地,福为最广,而人亦最稠。农家之子,去而从释氏者常半耕夫焉。邑十有二:濒海者三之一,负山者过其半。负山之田岁一收,濒海之稻岁两获。民无甚贫亦无甚富,岁无甚稔而亦无甚俭,其俗不侈不陋而率称是。盖濒海则资水利,负山则仰泉脉。霖雨太溢,则两获者微伤而负山者倍熟;骄阳为沴,则一收者易损而濒海者倍收。"深刻指出:福州乃福建路的首府,所属 12 县中,沿海地区近35%,山区占过半,因此,因地制宜念好"山海经",就成为脱贫致富的关键。福州佞佛,农家子弟多皈依佛门,即使狭乡之田仍存在青壮劳力缺乏的局面;寺院经济的发达,又造成土地的紧缺。必须在沿海兴修水利,确保双季稻种植面积,稳定复种指数,努力提高粮食总产,以解决当地军民的吃饭问题。山区则致力于发展商品性特产农业,多种经营,实现增产创收,开创农林牧副渔全面发展的新格局。这在劝农文中确是不可多得的超前意识和创造性思维。其因地制宜的规划,也多切实可行。

程珌(1164~1242)《洺水集》卷一九《壬申富阳劝农文》则针对富阳农人只重"粪桑,轻于壅田"的现状,提出了改进之法,应近学浙东"婺、衢之人"重视积肥的习俗,农桑并举,加强粮田施肥。重视堆积自然肥,提高粮食产量,改善稻米品质,优化土壤结构,阐明了"庄稼一枝花,全靠肥当家"的道理。又提出应学习江南东西路的经验,改进种桑之法,倡导在低山坡地广泛植桑,进一步发展蚕桑丝织业,以提高农民的收入。其说云:

> 令尝至郊外,虽曰田无不耕而粪田不至。每见衢、婺之人收蓄粪壤,家家山积;市井之间,扫拾无遗。故土膏肥美,稻根耐旱,米粒精壮。

此邦之人重于粪桑,轻于壅田。况是土色带沙,粪又不至,则米不精绽,根不耐旱,此粪田尚当致力也。此邦平地,固盛植桑,然江东、江西之人,凡低山平原亦皆种植。尝见太平州老农云:彼间之种桑者,每人一日只栽十株,务要锄掘深阔,则桑根易行,三年之后即可采摘。盖桑根柔弱,不能入坚。锄掘不阔,则拳曲不舒,虽种之十年,亦可摇拔。此种桑之法也。低山平垅,更当添种,则蚕丝之利博矣!

对于农业经济相对滞后的泉州安溪县而言,地少瘠薄,人力怠惰是害农之大忌。"官民而不相孚,贫富而不相济",则又无异于雪上加霜。嘉定初知县陈宓(1171~1230)开出的药石之方是官民相孚,贫富相依。即官司应宽厚,废弃严刑峻法;"民当畏法顺命",完税服役。"富者当恤贫,贫者当依富①。"男耕女织是中国传统的小农经济模式,在旧习俗的影响下,南剑州的妇女却不事桑蚕。陈宓旗帜鲜明地指出:此为影响当地农业生产发展水平的关键因素,虽占尽天时地利,人力不到,仍无法迅速脱贫致富。他用犀利的笔触指出:"古人有言:'田者不强,困仓不盈;妇女不强,布帛不精。'此邦粒米狼戾,平时不知爱惜;又农人怠惰不力,妇女坐食,无事蚕桑②。"不言而喻,他的劝农之法简单而明晰,回到男耕女织的老路,克服怠惰,以勤致富。

兴元府洋州,地处川陕抗金前哨,又为汉中平原农业重镇,自然条件十分优越,物产丰富。南宋初又成为军屯基地,承载着军需、税赋的重负。但农业生产却起色不大,与二浙等农业先进区域尚有差距。绍兴十八至二十一年(1148~1151)知洋州的宋莘虽名不见经传,却留下了十分珍贵的农业文献《洋州劝农文》③碑,针对洋州农业的现状提出了他一揽子的复兴农业规划,堪称雄心勃勃,难能可贵。今仅据其碑文,概述其蓝图之梗概。

其一,推广稻麦二熟制。《宋碑》称:"尝巡行东西两部,见□稻如云雨,

---

① 《复斋集》卷二〇《安溪县劝农文》(续修四库全书影印本)。其说又云:"此邑田畴狭少,地势硗埆。使人人并力而耕,才可供一岁衣食计;一或怠惰,则饥寒立致。"

② 《复斋集》卷二〇《南剑州劝农文》。又,陈宓知南剑州在嘉定十四五年(1221~1222);见《宋会要辑稿》职官七五之三三。

③ 以下引文均据陈显远《再考释》(《农业考古》1990年第2期)。

稻田尚有荒而不治者。怪而问之,则曰:'留以种麦'。夫种稻而后种麦未晚也,果留其田以种麦,使变成□□,则一年之事废矣。"从此碑可见,在南宋初即使已有条件推行稻麦二熟制的地区,其复种指数也相当有限。主要是旧的传统观念未破,一年两季,地会越种越薄。依当地的气候条件,完全有可能推广稻麦二熟,故宋莘百思不解,大力倡导劝种。

其二,倡导多栽桑麻、果木等,经济作物与粮食作物并举,农副业并重。其说云:"宅不毛之地,四□不载桑麻、果木。"对于这种现状,深致不满。利用宅基四周的空闲田地,栽种桑麻、果木、蔬菜等经济、园艺作物,不仅可以自给有余,还能提供农产商品,以增加收入,一举二得,何乐而不为。

其三,提倡深耕浅种,精耕细作。此乃增产的关键。《宋碑》指出:"治田之法,欲深耕浅种,深耕则地力厚,浅种则发动疾。"但深耕须投入更多的人力、畜力。又云:"洋民麦田一耕便布种,坐待来岁之收;稻田一耕便立苗,□□收入。"宋莘对这种粗放鲁卤的耕作方式深致不满。言下之意,麦田应深耕细耙,做好垅沟,以便排水,而稻田应采取移秧育苗的栽种方式,这也是合理安排茬口、推广稻麦二熟制的需要。

其四,重视积肥,"粪壤之力,不可少亏"。肥料对农业生产的重要性,陈旉《农书》言之尽矣。但与《宋碑》约略同时成书的陈氏《农书》尚未得以推广,远在陕西边陲的宋莘却与陈旉不谋而合,高度重视施用农家有机肥,认为对改良土壤、增产丰收有重要意义。初以为此乃农家常识,疑或洋州土壤不宜施肥,经询问"闵墨录(?)",乃知洋人之陋习使然,遂大声疾呼:"村市并建井厕,男女皆如[厕]";可积"粪秽以肥其田"。号召"田主饬其佃客,父兄教其子弟",改变"置厕而不问"的恶习。不但可以"肥其田",还能克服不讲卫生的坏习惯,避免"秽臭不可言,暑月灾疫"频作的公共环境进一步恶化。

其五,重视水利灌溉,充分利用水力资源;引进先进农具。《宋碑》称:"水激而行之,可使在山(疑有夺文),今高山无激水之具。"南宋已能充分利用水力资源,尤其是利用山间水流之落差,冲激水转连磨或高架水车,既能车水上山,灌溉农田,亦可加工粮食。洋州尚未能充分利用这一水力资源。却又因"邻田不相和协,往往多因过水,讼谍交至。"即尚未能充分合理开发水利资源,又不能协调配置公共水利资源。又指出:"今农器皆□弱不堪,使用更加不堪",实有改进更新的必要。《宋碑》引"工欲善其事,必先利其器"的古语,以论证改革农具的必要。实际上南宋的农具已相当先进而实用,王祯《农书》中所载的农器具,南宋多已有之。南宋中期曾之谨的《农器谱图》早已记录在案,其实际行用应该更早些。

其六,号召绿化荒山,多栽林木,使农林副业协调发展。《宋碑》曰:"惟荒山高垄,并种杂木。如此数年之后,米粟不□,布帛不实,薪炭不足者,未之有也。"也许宋莘尚不能意识到绿化造林对防止水土流失、保持生态环境的优化与可持续发展的重要性,我们不能苛求古人有今人的环保意识。但他主张利用荒山,多种杂木的新思维确实卓荦不凡,是非常超前的明智之举。联系他曾竭力主张树桑栽麻,种植果树,就更显示他有农林副业协调发展的远见卓识。在860年前有这样的过人视野是何等难能可贵。

这篇久佚复出的劝农文,提供了十分难得的珍贵史料,使我们认识到梁洋一带屯田、营田能达到较高的产量绝非偶然。其原因之一,是有以宋莘为代表的行政官员以十分专业的目光在关注和指导农业和农村经济,关心农民疾苦,切实协助他们解决具体困难。这是一个罕见而难得的"样本",剖析这一典型,充分显示,劝农文并非只是形式主义的八股时文,或游春玩乐的应景之作,也有不少有助于促进农业发展的颇具创意之作。

正如卫泾《后乐集》卷一九《潭州劝农文(二)》所总结的那样:"劝农以文,不若除病农之实。"与其口惠而实不至,不如实实在在替农民办些实事。诸如本州与湖北相邻诸郡去年旱灾,"太守既为尔减租发粟矣";虽然"田租可宽而难以尽捐,廪粟有限而难于遍及",但毕竟不无小补。既灾,来年米价必涨,卫泾也许不懂什么是价值规律,但他发布的信息,却可以指导农民在灾后加快农业生产发展的步伐。

四、总结不同经济区域的农事实践,强调学习先进地区的耕作技术及经验

南宋境内,按其农业生产力发展水平及农耕科技水平的成熟程度,大致可以划分为这样几个层次:两浙、江东及四川成都平原为农业经济发展较快的先进地区,尤以浙西为最;福建、江西、湖南北的部分地区为农村经济和农业生产力发展中等水平的地区;两广及沿边的两淮、荆襄、川陕等地,因历史的原因及长期战争的影响,属于农村经济欠发达地区。这只是大致的划分,并非尽然。如川陕的梁、洋等州,稻米产量达到二石左右,可与两浙、江东一争高下,即得力于长期经营的农田水利基础及得天独厚的自然条件。据阅历丰富、宦游各地的南宋地方官员一致公认,"浙人治田",乃南宋最先进的耕作制度和方式,其核心内容为精耕细作,陈造高度概括为"深其耕,精其耘,亟其收"九字,堪称增产丰收的秘诀。即使遇灾,亦能旱涝保收,全在于有一套先进的耕作制度。亦如陈造所论:"吴门之地,最为膏腴;谷粟所出,全浙所赖。去年之旱,浙民苦之,而郡境独丰①。"即使在两浙这一农业先进地区,湖州、平江府(苏州)亦独领风骚。

南宋以太湖平原为中心的两浙地区已形成一条集约化农业的经营之路,重视农桑及林牧副渔的全面发展,精耕细作的各个环节已经高度成熟,如耕、耙、耖已同步进行,毕其功于一役,广泛采用移秧育苗技术。注重施肥,有用粪如用药的理念,不仅施足基肥,尤能因地制宜施追肥。田间管理则将耘田、除草、烤田、灌水相结合,中耕薅耘,不惜工力。此外,重视兴修水利,良种的培育与引进,先进农具的推广,田间管理各个环节的细化,病虫害的防治;二熟制耕作制度的盛行,复种指数的提高;各种经济作物及商品性农作物的广泛种植,均领先于各地。这在见多识广的南宋地方官员劝农文中得到了高度评价。这方面的论述很多,姑举数例以证之。吴泳《鹤林集》卷三九《隆兴府劝农文》对浙西和江西路首府隆兴府的农业进行了对比。其说云:

> 按《隋书·地理志》载,豫章之俗颇同吴中,其男勤耕稼,其女勤纺绩,意谓田野辟,蚕桑富,民皆著于本,无冻馁之患矣。太守自吴中来,

---

① 引文皆见《江湖长翁集》卷三〇《平江府劝农文》(代平江守王仲衡尚书)。方按:王希吕,字仲衡,一字仲行。宿州人,寓嘉兴。乾道五年(1169)进士,官至吏部尚书。其知平江府在淳熙十三年(1186),此文撰于次年春。

入境问俗则不然。吴中厥壤沃、厥田腴,稻一岁再熟,蚕一年八育;而豫章则襟江带湖,湖田多,山田少,禾大小一收,蚕早晚二熟而已。吴中之民,开荒垦洼,种粳稻,又种菜麦麻豆,耕无废圩,刈无遗陇(垅?);而豫章所种,占米为多,有八十占、有百占、有百二十占,率数(日)[月]以待获,而自余三时,则舍稻不务,皆旷土,皆游民也。所以吴中之农,专事人力,故谚曰:"苏湖熟,天下足",勤所致也。豫章之农,只靠天幸,故谚曰:"十年九不收,一熟十倍秋",惰所基也。勤则民富,惰则民贫。

吴泳将今江西首府南昌与苏州农业状况进行对比,不仅在于耕作技术水平的差距,尤在于耕作制度上的不同。双季稻与单季,蚕一年八育与二熟,兼种菜麦麻豆与只种禾稻,不仅是观念习俗的不同,归根结底是勤惰的迥然相异。这里再次强调了人力和农工对于农业发展的重要意义。

陈傅良《止斋文集》卷四四《桂阳军劝农文》则云:

闽浙之土,最是瘠薄,必有锄耙数番,加以粪溉,方为良田。此间不待施粪锄耙,亦希所种禾麦自然秀茂,则知其土膏腴,胜如闽浙。然闽浙上田收米三石,次等二石,此间所收,却无此数,当是人力不到,子课遂减……。假如有田十亩,岁收不过十石。

陈傅良从农功与自然条件关系这一角度切入,殊途同归,亦论证了湖南产量只及闽浙中田一半的原因在于"人力不到"。陈造《江湖长翁集》卷三〇《房陵劝农文》曰:"农器之制,必访诸浙;耕者、蚕者亦取法于浙;故农功日劭,亲旧之见从者日以给足。"是说两浙为南宋农业生产最先进地区,具有示范效应,不仅耕蚕之法皆备,农器具亦领先于各地。各地均应师法于此。朱熹《晦庵集》卷九九《南康军劝农文》云:"本军田地硗埆,土肉厚处不及三五寸,设使人户及时用力以治农事,犹恐所收不及他处。而土风习俗大率懒惰,耕犁种莳既不及时,耘耨培粪又不尽力;陂塘灌溉之利废而不修;桑柘麻苎之功,忽而不务。"亦指出南康军和两浙等地区治田务农各方面的差距。

出身于四川鱼米之乡的高斯得也对"浙人治田"发出由衷的赞叹,对浙、蜀二地的耕种制度进行了一番对比,得出结论亦同上述究究诸公:由于"人力之尽"之故。其《耻堂存稿》卷五《宁国府劝农文》曰：

> 浙人治田，比蜀中尤精。土膏既发，地力有余，深耕熟犁，壤细如面。故其种入土，坚致而不疏。苗既茂矣，大暑之时，决去其水，使日曝之，固其根，名曰"靠田"。根既固矣，复车水入田，名曰"还水"。其劳如此。还水之后，苗日以盛。虽遇旱暵，可保无忧。其熟也，上田一亩收五六石。故谚曰："苏湖熟，天下足。"虽其田之膏腴，亦由人力之尽也。

可见对于两浙的先进耕作制度与务农实践不仅交口赞誉，亦有深入总结，并提出一些结合各地不同情况进行推广的具体建议，多切实可行。核心内容则为不能依赖自然条件的优越，必须勤苦力农，且注重农桑的各个环节。

五、推广稻麦两熟为主的耕作制度，提高复种指数及增加粮食总产

稻麦两熟制的研究和讨论，近年已成为我国古代农业史研究的一个热点问题，笔者也在拙撰中表达过自己的愚见。这在南宋劝农文中也是一个长盛不衰的话题。陈著（1214~1297）《本堂集》卷五二《嵊县劝农文（二）》指出："新年十日九雨，而水乡麦苗，必多潦浸；并水田亩，必多冲坍。其修尔堤防，备而（尔?）桩筱，以捍以卫。春雨既多，夏秋必不足。低田车戽犹可及，高田非有宿水，如何救济！"此可视为浙东已推行稻麦二熟制之证。但一些技术性难题仍有待解决。如春季多雨，水乡麦苗，如何防涝？夏秋干旱，高田水稻缺水，如何抗旱解决灌溉问题？需要更多投入，文中也提出了一些对策。而在广东及福建等地，即使到了南宋末，种麦仍未为农民所接受，故方大琮特撰《种麦文》以加劝谕，其说云："青黄未接，以麦为秋，如行千里，施担得浆。故禾则主佃均之，而麦则农专其利①。"设喻贴切，讲理明晰。其文又称："早禾既获，晚禾又坚"，可见已种双季稻。这是在传统的双季稻耕作区劝喻种麦。

盛产稻米的江西路各州多已种麦，唯独抚州不种；抚州各县皆种麦，唯

---

① 《铁庵集》卷三〇《将邑丙戌秋劝种麦文》。

独郭县临川不种。南宋末权发遣抚州的黄震①百思莫解,经调查研究,认为抚州人吃惯白米,麦饭粗粝,故拒而不种。也许是未能找准症结所在,黄震不遗余力连续三年劝种麦却成效未著,但也足见其执着和不遗余力。这二通劝种麦文皆撰于中秋,较之二月半发布的劝农文而言,说理透辟,颇有说服力。不失为这类劝农文中的佳作。他首先强调种麦的重要与必要,次云种稻与麦的难易程度比较,强调收入归己的经济利益,堪称循循善诱。其《咸淳七年中秋劝种麦文》称:种麦之利首先在于青黄不接之际可以"吃此麦饭,种此禾稻,循环接续。"民以食为天,"故农为国之本,麦又为农之本";"麦之功甚大"。其次,种稻十分辛苦,须"冻耕热耘,须用沾体涂足";种麦则相对较易,播种即可。其三,种稻农民"终岁辛苦,田主坐享花利";而种麦则"不用还租",收获归己,又有麦杆可作柴薪,以代樵採之劳。

抚州之民不种麦,相传为本州土地"不宜种麦",此文驳斥云:"江西其他十州皆种麦,何故抚州独不可种";又,抚州各县皆能种,何以临川郭县却不能种? 天时地利条件相同,无不可种之理。黄震认为抚州岁出优质白米,其饭好吃,麦饭粗粝,遂不肯种麦。虽不无主观偏见,但亦道出抚州不种麦之原因之一。这样的劝农文说理透辟,通俗易懂,具有很强的针对性。在上年灾荒的现实面前,对劝种麦应颇有说服力。

咸淳七年(1271)之劝种麦文发布后,尽管说理充分,又有六年灾荒饥饿的现实教训,但仍收效甚微。《咸淳八年中秋劝种麦文》究其原因,主要在于:"田主以种麦乃佃户之利,恐迟了种禾,非主家之利。"实乃忽视了种什么庄稼,一熟或二熟,其主导权由田主说了算。黄震进一步劝诱说:"主佃相依",佃户夏间得麦,解决口粮,秋间才"不至欠租"。何况"收麦在四月,种禾在五月初",并不存在荐口安排的矛盾。即使"因麦迟了种禾",影响了种稻,但抚州"山坡高地"很多,却又"因何不种"? 且当地产红曲(制酒原料),当局禁种,须用麦曲,"明年麦必直钱",用价值规律及经济效益来打动田主之

---

① 黄震(1213~1280),字东发。慈溪人。宝祐四年(1256)进士,官至监司。有《黄氏日抄》97卷。其权发遣抚州在咸淳七年至九年(1271~1273),见《永乐大典》卷七五一〇引黄震《抚州金溪县李氏社仓记》及其下所引三文。

心。又说如禾歉收,可赖麦以接济充饥。黄震晓之以理,动之以利害,一再劝种麦,堪称其言谆谆,费尽心机。这二首弥足珍贵的劝种麦文,不仅揭示了抚州农村经济的实况,还无意间透露:稻麦二熟,在南方应是晚稻和小麦连作。这类文字的发布须有一至二月的提前期,则抚州或江西小麦的播种应在农历十月,其时晚稻已收割,所种应为越冬小麦。且江西除抚州临川县外,多已种麦。

旧的习俗十分顽固。尽管连续二年劝种麦,在抚州临川却仍未能推广。煞费苦心的黄震在任满之前,又第三次发布劝种麦文告。其《咸淳九年春劝农文》,远引真德秀知潭州时改变了不种麦旧俗的范例,其说云:"昔潭州亦不种麦",[后]"百姓遂享其利。"近引金溪新任知县"尝面议外州籴麦种发下各都,诸县必能一体施行"之例,谓州县应切实协助解决缺乏麦种的困难。又因"农以桑为助",即使有了麦种,又因抚州"独不种桑养蚕,遂致中夏无钱,解债纳官";即夏税之钱尚须举债,解决良方为效范纯仁(1027～1101)知汝州襄城县时故事,劝民利用荒山野地种桑,以增加收入。

此外如"田须秋耕,土脉虚松,免得闲草抽了地力";"田须熟耙,牛牵耙索,人立耙上,一耙便平"。又"田近溪水,须逐段作坝捺;水田不近水,须各自凿井贮水。今抚州一切靠天①。"强调了兴修小型水利的必要性。黄震劝农堪称殚精竭虑,其心拳拳,于此可见。黄震出身农家,生长浙间,有着浓厚的重农情结,对农民的疾苦十分关切。他的劝农文语重心长,其不遗余力劝种麦的努力尤值得称道。他关于南宋农业的精辟论述早于经典作家七百余年之久,迄今仍有很强的现实意义。

六、水利、品种、农具、防治病虫害等农业技术推广及其他"三农"问题无一不在劝农之列

真德秀《西山文集》卷四〇《再守泉州劝农文》提出了他的充分利用天时、地利条件,加上"谨身节用",发展农业的模式。其说云:"春宜深耕,夏宜

---

① 上引三首《劝种麦文》、《劝农文》,均见《黄氏日抄》卷七三。

数耘,禾稻成熟,宜早收敛。豆麦黍粟,麻芋菜蔬,各宜及时用功布种。陂塘沟港,潴蓄水利,各宜及时用功浚治。此便是用天之道。高田种早,低田种晚;燥处宜麦,湿处宜禾;田硬宜豆,山畬宜粟。随地所宜,无不栽种。此便是因地之利。既能如此,又须谨身节用。"朱熹《晦庵集》卷九九《南康军劝农文》强调秋耕春耙对丰收增产的重要作用。他说:"秋间收成之后,须趁冬月以前,便将户下所有田段,一例犁翻,冻令酥脆。至正月以后,更多着遍数,节次犁耙,然后布种。自然田泥深熟,土肉肥厚,种禾易长,盛水难干。"此外,又对水稻播种、做秧田、播秧、耘田除草,陆地种粟麦麻豆,陂塘水利,桑麻纺织等农桑事务一一部署,不失为小型农业技术指导。

　　阳枋(1187～1167)针对川峡地区山田瘠薄,山深土寒,商贾云集,豪民妨农的现状提出了万事立足于早的耕桑之法,方能以不变应万变。其今存三首劝农文堪称别具一格。他在《大宁监劝农文》中分析,针对"石田碛埆,耕凿无几,而商旅云集,流移辐辏,生者寡而食者众";"山深土寒,五谷晚熟,而密迩边陲,秋风早惊"的提状,又在《夔州劝农文》中提出:"火种者宜早烧畬,水种者宜早稼泽,碛田宜早垦辟,原田宜早服末。深耕易耨,使五种早生;勤耨亟耘,使九谷早熟。桑早蚕,麻早缉,事育之计早图,御冬之蓄早备"的务农方略。其《绍庆府劝农文》则指出:"黔中之俗,不忧细民之惰农,而患豪民之妨农。""主佃相资,患难相恤,疾病相扶,困乏相赒,孝悌忠信相勉,则人民日聚,田野日辟,粟菽日多,货财日富,风俗日美①"认为贫富相依,主佃相资,才能发展经济,共享未来。

　　魏了翁《鹤山集》卷一〇〇《汉州劝农文》则认为:即使自然条件十分优越,如不付出辛勤劳动,便不会有好的收成。他说:"蜀地险隘,多碛少衍。侧耕危获,田事孔难。惟成都、彭汉平原沃壤,桑麻满野,昔人所谓大旱不旱者,较之他郡差易为功。而民多游惰,不事本业,其所成,往往视他郡无以相

---

①　三文均见阳枋《字溪集》卷九。大宁监,治今重庆巫溪;绍庆府,治今重庆彭水,绍定二年(1228),升黔州置,属夔州路。三文乃其淳祐中官大宁监司理参军、绍庆府教授、退居夔州时代郡守所撰。阳枋,字正父,号字溪。原名昌朝,字宗骥。合州巴川(治今重庆铜梁东南)人。淳祐元年(1241)赐同进士出身,累官朝散大夫。有《字溪集》十二卷,今存四库本辑自《大典》,事见该集附录阳炎卯撰《阳公行状》及《阳公纪年录》。

远。非古今异时,地有肥硗也。"高斯得《耻堂存稿》卷五《严州劝农文》则谆谆告诫当地百姓:"汝州山多田少,良田才百二三,余皆硗瘠。尔农虽尽力以耕,及冬敛藏,尚不足以糊口。常仰籴他郡,一遇闭籴,辄有沟壑之忧。"又指出:欲改变忍饥挨饿的现状,唯有"勤于耕而已"。当地农业的落后,除了山高田薄等恶劣的自然条件,还有"喜兴词讼","喜事鬼神","好饮博","好嬉游"等恶习,高斯得至称之为"四害"。四害不除,农功不兴,丰收无望。同样是浙东,戴栩《浣川集》卷九《定海劝农文》则提供了力勤增收的完全相反的例证。其说云:"海邑罔有不穑之民,亦罔有不垦之土。耄倪丁壮,饷馌耕耨,锄耰钱镈,如鱼鳞而起。人力勤而地力且尽矣①。"

从嘉熙二年(1238)知宁国府的吴泳是年所撰《劝农文》中已可确知,在江东路等农业经济比较发达的地区,农业技术的推广已相当普及,其说云:"如谷之品,禾之谱,踏犁之式,戽水之车,辟蝗虫法,医牛疫法,江南《秧稻书》、星子知县种桑等法,汝生长田间,耳闻目熟,固不待劝也(《鹤林集》卷三九)。"嘉定(1208~1224)中,他在知神泉县②时,已欣喜地观察到,自然地理条件、人文环境并不优越的神泉农民通过自己的辛勤劳动,改变了命运,甚至佃农也买田置业,生计优裕。《鹤林集》卷三九《神泉县劝农文(二)》云:"汝农之为生,亦厚于他邦矣。家有糇粮,户有盖藏,田有鸡豚狗彘之畜。向也物贱引贵,不免称贷而为之息;今则斗米千钱,生计颇优裕也。向也僦屋赁田,不免以身佣于人;今则竞相求问而世业可长有也。"吴泳是又一位极为重视农业的官员,在他嘉熙、淳祐间(1240~1241)知温州时,这一海滨城市,已从单一的渔盐业过渡到以农业经济为主。他敏锐感觉到虽然已经实行稻麦二熟制且田无不耕,发展农业仍存在三大隐忧。其《温州劝农文》指出:

> 向也东瓯之俗率趋渔盐,少事农作;今则海滨广斥,其耕泽泽,无不耕之田矣。向也涂泥之地宜植粳稻,罕种麰麦,今则弥川布垅,其苗懞

---

① 戴栩,字文子,号浣川。永嘉(治今浙江温州)人。嘉定元年(1208)进士。尝从学于叶适。撰有《浣川集》等,原本已佚。今存四库本十卷。事具《南宋馆阁续录》卷八、弘治《温州府志》卷一○等。

② 神泉县,治今四川安县南,南宋属石泉军。

懞,无不种之麦矣。

然地有肥硗,农有上下,溪乡与平原之壤不同,上户与中人之产各异。积谷之家抬价而莫知发,储镪之室守钱而莫之贷,丰年乐岁则资下农以自赡,一遇荒歉则听其老弱转徙、阽于死亡而莫之救,岂天理也哉!

抛荒田土,无人耕锄,一不利;舍弃稼穑,无人种艺,二不利;脱有乡井不虞,无人保护救助,三不利①。

反映当地贫富差距增大,乡绅颇有为富不仁者,不恤贫民,不尽赈济义务,囤粮者抬价,而藏钱者守财不贷之类两极分化现象产生。又针对当时存在三种于农业不利的情况进行严厉批评。

通过本章以上的考析,不难得出这样的结论:中国古代,地方官员有劝农的传统,至南宋而极盛。每年仲春之望,伴随出郊劝农的例行公事产生了许多劝农文,今存南宋劝农文即有上百篇之多。虽然其中不乏徒为具文的官样文章,却也更多总结农事经验,传播先进耕作制度,宣传种麦菜豆及经济作物,推广农业技术进步,切实有益南宋"三农"②及国计民生的精辟之论。从大量劝农文中,我们也能深切了解到南宋各时期各经济区域的参差不齐及农业生产力发展水平的高下有别;对农民的生存状况和农村经济规模也有比较充分的展示。无疑是我国农学遗产中不可忽视、值得总结的精华之一。其中不少人,如朱熹、真德秀、魏了翁、陈傅良、吴泳、黄震、方大琮、卫泾、高斯得等人,写作的劝农文数量较多,水平很高。无论是前三位理学大师,还是后六位事功学派,其出生经历、学术宗旨、人生追求或有所不同,但他们有一共同的特点,即有着极为深切、挥之不去的重农情结,这是儒学中崇本思想打下的深深烙印。他们也同样关心农民疾苦,谴责贪官污吏、横征暴敛;在历宦州郡之际,竭尽所能为发展农村经济,减轻农民负担做了许多

---

① 《鹤林集》卷三九。吴泳(1180～?),字叔永,号鹤林。潼川府中江人。嘉定元年(1208)进士,官至权刑部尚书。晚岁历知宁国府、温州、隆兴府、泉州等。有《鹤林集》,已佚。四库本辑自《大典》,编为四十卷。今存《大典》残本仍可补辑其佚文近400篇。事见《南宋馆阁续录》卷八、《宋史》卷四二三本传等。

② 这里指南宋劝农文中论及的三农:农民、农业、农村经济;与今之"三农"略有区别而有密切联系。

实事。从劝农文中我们也能感受到他们关注"三农"的火热之心,这就更是难能可贵。

总之,透过劝农文这一八股时文在南宋大量涌现这一客观事实背后,应该注意到南宋各级政府对农业、农村经济和农民生存状态的关注。上举诸公及其他名臣如陆游、程珌、陈宓、黄榦、陈造、宋莘等的人格魅力、施政方略、学术理念、重农情结也值得进一步研究和探索。还必须指出,南宋存在大量的劝农诗,与劝农文有着异曲同工的效应。如淳熙十一年(1184)知台州的熊克,次年有《劝农十首》(刊《嘉定赤城志》卷三七)不失为此类作品的代表作。其第四首有云:"凡农主客两相依","借粮借种莫迟迟";以形象思维的方式,说明主客相依、贫富相资的道理。第六首曰:"黄岩出谷半丹丘",第九首则云:"麦自十分堪指拟";表明台州亦稻麦复种二熟地区。其第八首则咏采桑养蚕的艰辛,勉励农民无辞辛苦,夺取丰收,改善生活。写来情文兼茂,琅琅上口。《鹤林玉露》卷一六载谢谔《劝农诗》云:"争如农夫,六亲对面。夏绢新衣,秋米白饭。鹅鸭成群,猪羊满圈。"胜过仕宦、商贾,以通俗的语言,谱写农家乐的颂歌。再如范成大、杨万里、陆游的不少诗也隐喻劝农的理念。这里不再作深入探讨。

第五章　南宋耕作制度及农业技术的进步

本章主要论述南宋以稻麦两熟为主的复种制度及南宋水利兴修为主的农业技术进步。这两个方面是南宋农业长足发展的基础和动力,对于这两个问题,论者多有贬低之倾向,故合并加以探讨。

耕作制度,主要论复种制,通常指在同一块田地中,一年收种二熟、三熟或两年收种三熟等的作物种植制度。一般可以复种指数来衡量其发展的规模和普及的程度。复种,先秦文献中就已有记载。如《管子·治国》称"四种而五获",《荀子·富国》云"一岁而再获",均为其例。南宋时期,稻与麦、豆、油菜两熟及双季稻的栽培等复种制,在各地多有推广,对提高粮食总产发挥了重要作用,对商品农业的发展和经济作物扩大种植也有积极的推动作用。南宋无疑是复种制取得划时代进步的时代。其具体表现为:南宋稻麦、稻油菜、双季稻的两熟复种制因地制宜,得以推广,作为成熟的种植制度已具备一定程度的广泛普遍性,不过其复种指数仍难以估量。如广东潮州、广西钦州等地,甚至出现了一年三熟制。

第一节　南宋复种制与稻麦两熟

稻麦两熟复种制的历史性突破,应在南宋时期,有大量而丰富的史料可确证。其原因固然有人口压力的剧增,南宋政府的一再倡导、鼓励、劝谕及消费的刺激等,其中一个关键因素即农业技术进步提供的保障,必须克服排水防内涝这一难题。王祯《农书·百谷谱一·大小麦》称:麦"未种之先,当于五六月曝地,若不曝地而种,其收倍薄。"虽这针对单季冬麦而言,却也成为两熟复种制的一个难题。他还总结了开"腰沟"以利排水之法,正是宋人创造的经验。而水稻在成熟收割期,已将田水排干,种植水稻有"干干湿湿"之说,并非所有生长期均需有水;稻麦复种正可改善土壤结构,适应水稻生长的需要。从某种程度而言,稻麦复种正可相得益彰,不过施肥及中耕等农工成本投入较大。南宋初陈旉《农书》倡导的"地力常新壮"理论也功不可没。他说稻获后,"即耕治晒曝(田土),加粪壅培,而种豆、麦、蔬茹,因以熟土壤而肥沃之。"从技术层面论证了江南稻麦复种制的可行性。两熟制的推广,以南宋农民创造的农业技术进步为前提,即种麦须注重排水、中耕、施肥等环节,应不厌其劳。

近年来,江南稻麦复种制成为学界瞩目的焦点之一。有学者认为,唐代长江流域稻麦复种制已形成或推广;也有学者认为:南宋虽有稻麦复种存在,但十分有限,由于地形、气候等因素的制约,并没有也不可能形成为一种耕作制度[①]。针对唐代已形成稻麦复种及南宋尚未形成稻麦复种两种截然不同的意见,李根蟠先生连撰长文,予以商榷,台湾梁庚尧教授也曾撰文回应[②]。笔者原则上同意李、梁诸文中的意见。如涉及梁教授、李先生的注引三文时,仅用其"简称"而不另出注。李文《讨论》的观点可概括为:(1)认为唐代长江流域稻麦复种已形成或推广,根据尚不充分;到宋代、尤其南宋才有一个较大发展,形成一种相当广泛的、比较稳定的耕作制度,长江三角洲在这一发展中处于领先地位。(2)宋代江南稻麦复种并未"取得支配地位",

① 分见李伯重《我国稻麦复种制度产生于唐代长江流域考》,《农业考古》1982 年第 2 期;曾雄生《析宋代的所谓"稻麦二熟"》(下简称曾文),《历史研究》2005 年第 1 期。

② 分见梁庚尧《宋代太湖平原农业生产问题的再检讨》(下简称《再检讨》),原刊《台湾大学文史哲学报》第 54 期,2001 年;收入《宋史研究集》第 31 辑,兰台出版社,2002 年。李根蟠《长江下游稻麦复种制的形成和发展——以唐宋时代为中心的讨论》(下简称《讨论》),《再论宋代南方稻麦复种制的形成和发展》(下简称《再论》);分刊《历史研究》2002 年第 5 期,2006 年第 2 期。

"成为主导性种植方式";即对复种指数不宜估计过高。(3)江南稻作以晚稻为主,稻麦连作制为晚稻与冬麦,荐口按排完全有可能。《再论》则重申以上观点,并补充史证,反驳曾文的"稻麦异地种植"、"稻麦不相衔接"、"稻麦二熟误解"等三论,实乃有理有据。对南宋经济史有精湛研究的梁庚尧教授则对上述(1)(2)之论列举史料予以详密的实证,堪称异曲同工①。今笔者略有异议,提出拙见如下。

一、南宋"种麦不输租课"说质疑

在关于南宋推广种麦的原因中,有一条史料曾被海内外学者广泛援引且视为定论,迄今未见有任何异议,其实这不过是庄绰(1078～?)②信口开河的小说家言而已,与南宋的史实相去甚远。其《鸡肋编》卷上有云:

> 建炎之后,江浙、湖湘、闽广,西北流寓之人遍满。绍兴初,麦一斛至万二千钱,农获其利,倍于种稻。而佃户输租,只有秋课。而种麦之利,独归客户。于是竞种春稼,极目不减淮北。

首先,湖湘、两广的移民潮远非像庄绰描述的那样,而且荆襄、湘西等地仍为地旷人稀之处。其次,绍兴初也许个别地方的麦价短时间超过稻米,但由于秋苗及租均需晚粳米,米价远高于麦价是不争的史实,这从绍兴年间稻麦的比价可证,远未能高达如此程度。最后,所谓不交麦租,也许仅是鼓励种麦或遇灾荒时蠲免的短期行为,南宋中期、晚期的劝农文中提到此点似亦应作如是观,相反的史料却比比皆是。庄绰之论,未免太夸张失实。但南宋稻麦两熟制的推广确获得划时代的进步,这其中必另有更深层次的原因。消费刺激生产也许可视为原因之一,但却并非主要原因,而佃户无论租种官

---

① 不过正如李文《讨论》中所说,梁文《再检讨》中所论早稻——麦作——晚稻两年三作的"稻麦轮作"并不符合南宋实际。而曾文则更是据其家乡江西种双季稻的狭隘经验,否认稻麦复种,且有以今律古之嫌。

② 庄绰生年,据程俱(1078～1144)《北山小集》卷一〇《送庄大夫赴鄂州守》考定,诗题注云"戊申",应为"戊午"之误。"戊申",建炎二年(1128);"戊午",绍兴八年(1138)。诗有"白首同经本命年"句,则其与程俱同生于元丰元年(1078,戊午)无疑。

私之田,所谓不交租课,就更是子虚乌有,仅在特定时间、地点,由于特殊原因而暂免麦租而已。今据史料略作考辨。

其一,南宋时期,水稻无疑是最主要的农作物。早在北宋初,就已是"江南专种秔稻"。宋太宗时,诏令"江北诸州","就水广种秔稻,并免其租①。"这与南宋初诏令广种二麦,几乎同出一辙。在江北推广水稻与在江南推广二麦,均是宋代农业中奖劝农桑的大举措。但与北宋初北方推广种稻明令"免其租"形成鲜明对照的是:南宋推广种麦时有关的诏令中,却并无免收二麦租税的规定,而只有贷给常平麦种、劝谕上户借贷之类具体措施②。宁宗嘉定八年(1215)六月,应左司谏黄序之请,确有诏令:"两浙、江淮路谕民杂种粟麦麻豆,有司毋收其赋,田主毋责其租③。"但却事出有因,属于临时性救荒措施。当时"雨泽愆期,地多荒白",乃上述诸路遭受严重旱灾;"知余杭县赵师恕请劝民杂种麻粟豆麦之属","杂种则劳多获少,虑收成之日,田主欲分,官课责输,则非徒无益,若使之从便杂种,多寡皆为己有,则不劝而勤,民可无饥④。"显然这是作为救荒代赈措施而下达的诏令,是权宜之计而非经常之制。而且,不包括四川、荆湖、两广、福建诸路等南宋一半以上地区。两宋,这类因灾荒而免公私税租的诏令不仅成百上千,而且有法令、编敕明确规定。显然与推广种麦、稻麦两熟复种制无关。

其二,高宗绍兴年间的一条史料,曾被论者作为南宋推广种麦可免税租的确证而多次重复援引,却未免有曲解史料之嫌,实际上恰为南宋并无可免麦租的反证。绍兴二十年(1150)七月二十三日,知庐州吴逵(? ~1157)言:

---

① 《宋史》卷一七三《食货上一》,第4149页。

② 孝宗时,曾有乾道七年(1171)、淳熙七年(1180)两次劝种麦诏发布,无免租税之说。分见《宋史》卷一七三,第4175、4176页。

③ 《宋史》卷三九《宁宗三》,第762页,又见《两朝纲目备要》卷一五。又据《宋会要辑稿》食货五八之三〇:嘉定八年七月十八日,令上述"旱伤去处","将所部州县第五(第)[等]人户夏税钱捐,分明指定合催纳及合蠲放各若干数目,除程限十日申尚书省"。这道诏令,显指在上述受灾州县内,应区分有否受灾及灾情程度作出是否输纳夏税及应减免数目。可反证上引麦租之蠲免是在受旱灾情形下的特殊措施。在其他地区及一般年份,夏税收麦,官民田皆收麦税租无疑。

④ 《宋史》卷一七三,第4178页。

"土豪大姓诸色人就耕"官庄，"岁收谷麦两熟，欲只理一熟。如稻田又种麦，仍只理稻；其麦，佃户得收。[稻]桩留次年种子外作十分，以五分归佃户，五分归官。初开垦，以九分给佃户，一分归官。三年后，岁加一分，至五分止。即不得将成熟田作开垦荒田一例施行。所有差税、役钱并令倚阁①。"此可确证：在历来的麦作区——淮西庐州（治今安徽合肥），在官庄营田上出现了稻麦两熟耕作制度，官田能种，民田也能种。由于两熟田在一定期限内可免收麦租，应有示范效应，得以推广。但这条史料同时也证明：免收麦租需要特诏批准，且作为开垦荒田而并非熟田一概实施的劝耕优惠措施以招徕流民复耕，而并非定制，更非律令。这是在淮南鼓励土豪开垦荒田地归官庄的特殊优惠措施，且为权宜之计。

吴遂之说还揭示了一个重要史实，即当时承包经营官庄，又将其田转包给佃户的现象确实存在，尤其是在两淮等极边地区。这类田，在开垦之初，因有垦荒成本，予以特殊优惠，官民（"二地主"——"土豪大姓"）间一九分成；三年后（一个垦荒周期，即将荒田复垦为熟田），每年加租一分，至五分止。即在承包经营七年后才达到官民对半中分的惯例（"乡原"——民间约定俗成："中停均分"）。而且在这一期限内，可"倚阁"税赋、役钱。这就昭示世人：这类官庄，原为民户二税田，拘没入官后置营田官庄，依法如有原田主归乡复业，依法应给还原主，这就是为何权行"倚阁"二税、役钱的原因。即使无原主识认，这些田已归实际承包经营的"土豪大姓"所长期包佃，其转包给佃户耕种的"利润"空间十分丰厚。这里所说的权免麦租，应是优免实际耕种的佃农，但"二地主"们是否执行应打一问号。这是与稻租自初年一九分成起同样的优惠条件，稻禾一九分成中，在"土豪大姓"转包给佃户时，也决不会按此比例，一般会四六或对半中分。免麦租很大程度上也仅是"二地主"们受惠而已，可以想见官府的优惠并未真正落实到从事耕作的贫下户或客户（佃农的主要成分）身上。这条史料有多重史料价值且包含了非常丰富的内容，应予充分重视。

---

① 《宋会要辑稿》食货六三之一一七至一一八，参校同书三之三。

其三,早在高宗时,就有官田二麦收租税之规定。如绍兴十九年(1149)六月二十四日诏:"两浙路应管天荒、逃绝田土,已措置作营田耕种。随乡村土色纽立租课。内已有二税田亩豁出,令人户自行送纳外,将余剩租课折纳大麦、稻子。如上等田合纳租课二斗,其田原有二税一斗,于租课内除豁一斗与佃户自行送纳税外,其余一斗折纳马料。如收到二麦、谷豆等,委县尉撮见将收到数目,除出长生稻子外,官与客户中半分收,内官得大麦、稻子,桩充行在马料支遣①。"这里说得很清楚,性质:营田;来源:二浙路天荒、户绝系官田。其中原有为二税田亩,依旧出税;非二税田,则留种外,官与佃户中分。作物:稻子、二麦、谷豆等,其中稻、大麦充马料。这是诏令明文规定二麦折充租课之例。

即使是在沙田等所谓水利田官田上,亦立定米麦等租课或折钱租,只是在一定程度上有优惠而已,在本书第二章已举孙觌之例说明之。今再举一例:《宋会要·食货·农田》载:乾道元年(1165)九月三十日,措置浙西、江东、淮东路官田所又言:"沙田见令起催小麦、禾、丝,沙地起催豆、麦、丝、麻;芦场起催柴、茭、见钱……。乞将时来立定租数,沙田上并起米斛(或折科马料稻子,听朝廷指挥),沙地并纳大麦,芦场并纽(拆)[折]见钱。庶几免折变之弊。"本所又言:"绍兴二十八年指挥,官户一千亩、民户二千亩以下并特免放立租。今降指挥,却作官户二千亩、民户一千亩以下,依等拘税,前后参照,差互不同②。"不言而喻,限外,二麦、禾豆等杂色二料,一律立定官租;一、二千亩内免租乃鼓励垦种沙田、芦场的临时措置无疑。

其四,毋庸讳言,在现存可信史料中,确有减免夏税麦料的诏令存在,但据《庆元条法事类·赋役门》(卷四七至四八)所载的敕令格式,却找不到一条可免收二麦税租的一般规定。《宋会要·食货·赋税》中所载的一道诏令称:乾道八年(1172)四月二十一日,"诏:两淮二税,只且催纳秋苗。所有课子,行下州县,不得更撮(原注:从臣僚请也)③。"这道诏令的弦外之音是:平

---

① 《宋会要补编》第 628 页下,参校《宋会要辑稿》食货四○之二八。
② 分见《宋会要辑稿》食货六三之二一四、二一五。
③ 《宋会要辑稿》食货七○之六五。

时夏麦、秋苗按成法征收,只因某种原因而放夏税,只收秋苗而已。一般放免夏税麦料或两熟制田中的麦租,皆不外乎上述几种情形,无一例外,均为权宜之计,临时减免。从实际需要看,南宋政府也不可能放免二麦税租。因为财政开支中一项大宗支出,即为军需中的马料———一般为稻子和大麦,这也成为南宋政府大力推广和鼓励种麦的又一原因。据《宋会要·食货·市籴粮草》记载:绍兴三年(1133)四月,浙西平江府、湖、秀、常州、江阴军五郡就和籴马料15万石之多;绍兴三十年(1160),诏令内库支银10万两"收籴马料大麦",并以部分上供米折纳马料。其中:浙西20万石(平江、镇江各10万石);江东、西各16万石;三路合计凡52万石①。可见其需求量之大一斑。又怎么可能放弃二麦之租税不征,反化钱或以上供米去和籴、折纳马料? 此显而易见。

其五,诚然,在南宋中晚期,仍有一些关于种麦可不出租的记载。如黄震之说:"惟是种麦,不用还租,种得一石是一石,种得十石是十石②。"这是他当时知抚州劝谕附郭临川县的农民种麦时的一种宣传,是否田主愿意实行,甚至是否能种麦均是问号。即使这种假设能实现。但当时江西各州均已种麦,抚州诸县亦已种麦,仅临川不种而已。以宋末一县尚未实施的劝谕种麦宣传作为南宋免收麦租之证,未免有以偏概全、以小失大之嫌。方回《古今考·续考》卷一八《附论秦力役三十倍于古》称:"惟种麦、荞麦则佃户自得③";指宋末元初确有麦利全归佃户的情形,但这或为实行高额租地区田主对佃户的一种补偿,荞麦又为青黄不接之际的度荒食物,且当地稻麦复种指数不高。稻与油菜、麻豆复种在嘉兴占主要地位。从方回其他之处的论述,似特指嘉兴宋元之际期间的情形,不能作为普遍适用之证。方大琮在劝种

---

① 分见《宋会要补编》第622页上,第630~631页。据《系年要录》卷一八二(第327册,第580页上):"行在诸军马料岁用大麦七十万斛,其半令浙西诸郡民以苗米折纳。"则浙西、江东、西三路已供行在诸军马料总量的74.3%。如果没有二麦的广泛种植,很难设想能岁供如此多之马料,更多的小麦则充"民食"。这三路也正为复种最广的路分,并非偶然巧合。可以推测,全国所需马料(主要是大麦、稻子)至少数百万斛。

② 《黄氏日抄》卷七八《咸淳七年中秋劝种麦文》。

③ 同条又云:"今民贫耕主家田,田、佃户率中分。亩或一石,或八斗、七斗、五斗。"

麦时曾生动设喻称:"汝知种麦之利乎? 青黄未接,以麦为秋;如行千里,施担得浆。故禾则主佃均之,而麦则农专其利①。"此说乃指:种麦对于农民而言,可在青黄不接之际得以养家糊口,犹如千里施担得水浆以解渴乏;而佃农则无青黄不接时忍饥挨饿之可能,故种麦对农民尤为重要,对田主则相对无所谓了。通篇并无可不交麦租之意,其意显然。即使真指可免麦租,也不过是福建将乐一县劝种麦时的宣传,并未真正实施。这也被论者作为佃客可免麦租之证,似有误解史料之嫌。

其六,更重要的是:除了一些临时性减免夏税麦料及麦租的诏令外,见不到不收二麦税租的编敕等法律依据。相反,在《庆元条法事类》中多处提到麦、大麦为必收之税租色目,如《诸州比较税租状》、《转运司比较税租状》式中"应管"、"开阁""实收"项下有"麦若干"、"大麦若干"等,即使"不产小麦处,准许以粳米折";又有"其钱不成百,米麦不成斗"可免收勘合朱墨钱等规定②。而所谓"开阁"者,均特指水旱等灾荒依分数可减免或倚阁税租。法律的规定不仅有历史继承性,且有至高无上的权威性,诏令与法有矛盾处,以法为准。因此,在宋代文献中,凡涉及经济案件的诉讼中,充溢"在法"、"准法"之类字眼。尽管在具体执行中,因吏治腐败等原因大走其样,但法律条文的权威性仍得到确认。在南宋各地各时期的相关史料中,更有许多收大小麦税租的具体记载,今姑举有代表性的数例:

(1)晁公溯(1117~?)《嵩山集》卷二《麦》诗云:"近传陵陂麦,宿昔青已黄"。"里胥忽在门,先当输官仓。""近传"一联,当为指其家乡江津县等南宋新种麦之地③;"里胥"一联,则指麦刚成熟,尚未收割登场,催租税的胥吏已上门。(2)方逢辰(1221~1291)现实主义杰作《田父吟》(《蛟峰文集》卷六)有云:"小民有田不满十,镰方放兮有菜色。曹胥乡首冬夏临,催科差役星火

---

① 《铁庵集》卷三〇《将邑丙戌秋劝种麦》(四库本)。

② 分见《庆元条法事类》卷四八《赋役门二·税租帐》(点校本第648~649页)、同书卷四七《赋役门一·赋役令》(第620页)。

③ 又,《嵩山集》卷六《今年正月二十五日行园见群花尽开怅然追思去年是日去江津县亲戚相送今一岁矣》诗云:"去年别津乡,两岸麦离离";"还复见荞麦,青青满陵陂"。则此"陵陂"麦,乃指四川江津县,晁氏徙居之乡也。

急。"亦可证在南宋末的浙东严州淳安,同样为稻麦两熟复种区;而催纳夏秋二税的吏胥也同样是急如星火,穷凶极恶。(3)陆游《入蜀记》卷六载:乾道六年(1170)十月十七日,归州知州贾选(字子公)云:"州仓岁收秋夏二料,麦、粟、粳米,共五千余石。仅比吴中一下户耳①。"足证南宋中今三峡地区二税收麦无疑。(4)南宋中期,荆襄地区木渠下被豪势包占的 7.3 万余亩官田,亦括收麦租每亩三升,其余 1.8 万余亩民田更是依法起征二税夏麦秋苗。《宋会要辑稿》食货六之二八载,淳熙十三年(1186)十一月,湖广总领赵彦逾等言:木渠下民田共 91423 亩有奇,其中起二税有契之田 18135 亩有奇,"包占田 73283 亩有奇。奉旨对这被包占田(即无契不起税租的垦田)"相度",他们提出过渡的权宜之策,暂不按二税征收,但"乞将见括出田,每一亩夏收麦租三升,秋收粳粟三升"。等将来条件成熟,再按二税民田同样处理。其云:"异时民力富足,耕垦如法,增收租子,可以(此)[比]类施行。"还说:"每亩岁收六升,一岁共收租子四千三百九十七石有奇,夏秋二料拨隶屯田[所]拘收桩管。所收租,视古什一之法,取民有制。"既然被包占的近 7.3 万亩田共收夏秋二料麦稻之租共 4397 石;则其余 18135 亩民田同样也为二熟制田无疑,这条史料清楚明白地表示这九万余亩田已是稻麦二熟田,尽管广种薄收,产量不高,但其复种指数已达 100% 却无疑。每亩两料仅收租 6 升,约相当于十一之税,是对京西荆襄沿边地区的特殊优惠政策。(5)在江东建康府的两熟复种制圩田中,亦有收麦租之证。景定二年(1261),"括到吴府圩田租数",计租米 13778.88 石,租麦 1004.6 石,"并文思院斛"②。则此显为收麦租之例。如以麦折米之半,产量又为稻之半估计,其复种指数为 29.16%。(6)在庆元府(治今浙江宁波)也有南宋末收佃户官地麦租之例证。梅应发等《开庆四明续志》卷四《明州广惠院·麦租总数》载:象山县谢元五佃种地 4.8 亩,昌国县陈合佃种地 9.03 亩,这两块地收租为广惠院赡养孤老残疾人之用。凡 14 亩,收麦租 7 石,平均每亩 0.5 石左右,其小麦产量约在每亩 1 石~1.67石。今存石刻中收麦租的资料比比皆是,仅选此二例是因为建康

①　《陆游集·渭南文集》卷四八,第 3456~3457 页。
②　《景定建康志》卷四一《田赋二·圩租》。

府圩田麦租可约略证见其复种指数为 30%；这块田原为南宋名相吴潜
(1196～1262)家私田,因得罪贾似道而被罚没为官田。庆元府之田则可考
见南宋末当地小麦亩产量约在 1 石～1.67 石(以租率 30%～50% 计)。

二、南宋稻麦两熟复种制的推广

南宋无疑是稻麦两熟复种制得到全面推广,作为一种成熟的耕作制度
确立而继往开来的关键时期。但并非如庄绰所说的那样,江淮自南宋初起
就普遍种麦,而是一个渐进式的推广过程。这有意识观念上的问题,也有农
业技术进步层面上的问题,如排水、中耕、施肥、劳力、荐口等方面的问题。
另外,南宋复种制并非仅稻麦两熟的单一模式,而是多种模式的因地制宜,
如双季稻连作,稻与油菜、蔬菜、麻豆等春花作物的复种等。个别地区甚至
还有三熟制出现。值得注意的是:本书已作考辨的晚稻与油菜的复种已达
到相当大的面积和规模,而历来学界普遍认为油菜的大面积推广是在明清
时期。

这里有必要就上述两个问题略作申论。一是各地区因地制宜的问题。
绍兴六年(1136)四月,名相赵鼎(1085～1147)在与高宗的一次对话中指出
江浙"多不种麦"的原因时说:"江浙须得梅雨乃能有秋,是以多不种麦[1]。"
据董煟《救荒活民书》卷中之说,至南宋中期,仍为:"江浙水田种麦不广,冬
间民未困乏,其困乏多在青黄未接之时。"因江浙习种晚稻,产量较高,只有
青黄不接时才有种二麦之积极性,在遭遇水旱灾害的年份及地区,尤其如
此,这也是南宋中期以前两熟制发展不快的原因之一。但据孝宗初四川制
置使兼知成都府汪应辰之说,当时已"四川田土无不种麦[2]"。可见在绍兴年
间四川稻麦复种指数已达到相当高的水平,领先于江浙无疑。据朱熹之说,
淳熙中(1179～1181),江西南康军管下,已是"去秋种麦甚广[3]",可见江西
种麦是与晚稻复种的冬麦,他的《劝种麦文》就说得更清楚:"秋来久旱,晚田

---

[1]　《系年要录》卷一〇〇,第 326 册,第 389 页下。
[2]　《文定集》卷四《御札再问蜀中旱歉》。
[3]　《晦庵集》卷一六《奏为本军劝谕都昌建昌县税户赈济饥民斗斛·贴黄》。

失收,兹幸得雨,可种二麦①。"

关于晚稻与冬麦连作,李根蟠先生的考证极是,今特为李文《再论》补充几条史料:其一,曾两任广西经略使的李曾伯(1198～1268)《山中即事》诗云:"晚稻才收种麦忙"②。其二,虞俦诗云:"腰镰割晚禾,荷锄种新麦③"。其三,舒岳祥(1219～1298)晚年归乡家居有《次韵和正仲种菜种麦二首》(之二)云:"稻畦已改翻泥细,麦陇初分趁势斜④。"可见宋末浙东宁海稻麦复种精耕细作的水平已相当高。

从上引数条史料可知,在南宋各时期、各地区,种麦及稻麦复种有一逐步推广的过程。尤其是江西,我们不能因为南宋初中期或今天已是早、晚稻双季稻的复种制度盛行,而否定南宋曾经实行过稻麦复种制。这未免有以今律古之嫌,与泥古讽今同样不可取。岁月已流逝了七八百年,气候、土壤、地理条件,人们的意识观念有了巨大改变。对于研究古代经济史而言,重要的是从经过考证、鉴别后的史料中进行分析、论证,才有可能得出比较实事求是的结论。至南宋末,江西已广泛推行稻麦两熟制,这从黄震的二首《劝种麦文》及一首《劝农文》中清晰可知。除抚州郭县临川等个别县仍尚未种麦外,江西州县多已复种稻麦。未种之原因为:一是吃惯白米,麦饭粗粝;二是田主不愿,认为无利可图,有损地力;三是麦种无法解决⑤。此外,福建、漳泉等州也已广泛种麦,且有面粉输出广州等地,自给有余,这和米的流通渠道正好相反,堪称互通有无。此可见方大琮之说:"麦自漳、泉诸处来,以供广人食用,磨而为面,每斤百余文,其在闽中只二三十文⑥。"可知福建至少有半数以上地区已种麦,而仅建宁府将乐县等地未种,福州永福(治今福建永

---

① 《晦庵集·别集》卷六《劝谕趁时请地种麦榜》。
② 《可斋杂稿》卷二九。李两知静江府的时间分别为淳祐九至十年(1249～1250),宝祐六年至景定元年(1258～1259)。
③ 虞俦:《尊白堂集》卷一《和姜总管喜民间种麦》。诗作于其绍熙二年(1191)浙东提刑兼知庆元府期间。
④ 《永乐大典》卷一三一九四引《阆风集》,又见四库本《阆风集》卷七。
⑤ 《黄氏日抄》卷七八《咸淳七年中秋劝种麦文》、《咸淳八年中秋劝种麦文》、《咸淳九年春劝种麦文》,参阅本书《农学遗产述略·劝农文》之论述。
⑥ 《铁庵方公文集》卷三三《劝种麦文》,《北京图书馆藏珍本丛刊》影印明正德刊本。

泰)等地未推广种麦。将乐未种原因乃当地已有双季稻。其文云:"今早禾既获,晚禾既坚,可谓乐岁①。"如再种麦已为一年三熟,而广州则种麦不多。

从上引史料看,江西、福建多已种麦,广州罕见种麦,这既有当地消费习惯的问题,也有因地制宜的问题。如双季稻作区一般不存在需排水作垅等农业技术上的难题。因此,就南宋广袤的国土而言,地理气候条件,人文风俗习惯复杂多变,不可一概而论。总之,在南宋时期,水稻向有灌溉条件的高田甚至山地推广;小麦则由旱地向水田进军,这一两种作物双向互动,促进了南宋两熟制有了里程碑式的突破或历史性飞跃发展。也使粮食总产有了大幅提高。南宋稻麦复种制的推广,是一个渐进的过程,各地因地制宜,复种的作物呈现多样化的态势和方式,如双季稻的连作,稻与油菜、蚕豆、蔬菜等的复种,二麦与荞麦等的复种等等。即使在有条件复种的地区,也存在高地种麦,低田种稻的单季种植模式。复种指数目前似尚难以估计,从上揭有限的一些史料推测,各地的复种指数不一,更不能估测太高。

南宋初,因人户逃移,旷土闲田大量出现,虽有大量北方流民迁入,但在江西、湖南等地的稻作产区,最初的稻麦复种,也许是因为水旱灾害引起的稻米歉收而作为度荒品种进行生产自救而发展起来。从而突破北方种麦,南方种稻;高田种麦,低田种稻的传统模式。绍兴五年(1135)十月九日,三省言:"湖南、江西岁旱,田亩灾伤。"高宗曰:"祖宗专用义仓赈济,最为良法。"又曰:"江西、湖南岁歉,恐来春艰食,虽已广籴,以待赈济;可更令监司、守臣劝课种麦,庶来岁有以接济饥民②。"饥荒达到一定程度(宋制通常以歉收几分来衡量),就会有减免或倚阁税租的措施。南宋初曾知建康府、洪州的李光(1078～1159)《重午食大麦》诗云:"春来斗米欲逾千,麦熟家家爨有烟③。"正反映了青黄不接时期,比小麦成熟更早的大麦可济民食之情景。春荒米贵是必然之现象,这应是推动二麦复种的原因之一。绍兴九年(1139),时任江东安抚大使的叶梦得在谈到淮西等地遇到牛疫,耕牛大量倒毙,当地

---

① 分见《铁庵集》卷三二《将邑丙戌秋劝种麦文》、《永福辛卯劝种麦文》。
② 《宋会要辑稿》食货六二之二七。
③ 《永乐大典》卷二二一八一引《庄简集》。

上户于产牛地区兴贩购进等情形时说:"归乡耕种,或租赁与人,有无相通。" "粗已耕垦,趁种早禾了当。惟有二麦收割后合重行耕犁,再种晚禾,今已将毕,约至六月终周遍①。"当时,宋金战事正酣,牛疫也许和战争引起的瘟疫有关,但就在当时的战区淮西不仅有早晚稻的复种,更有晚稻和二麦的复种。从上户租牛给农人看,此当指民田无疑。当时在江东、淮西接壤地区倒死之牛有一千二百余头,按官庄每顷地配置 2 牛计,则至少有 6 万亩以上之田,已实行复种。可见南宋初江东、淮西的复种指数远比江西、淮东为高。

　孝宗时期,是南宋大力推广种麦的关键时期,也是推行稻麦复种的关键时期。乾道、淳熙年间(1165～1189),孝宗几乎每年发布诏令、御笔手诏, "督责守令,多方劝诱,广种二麦",并将种麦份数,作为考察"比较当职官勤惰"的标准之一。又令监司"多出文榜,劝谕人户","趁时布种。"如阙种子的"中下等人户",可"于常平麦内支给②。"类似之诏令充斥史籍,颇具代表性的诏令见于淳熙九年(1182)五月十五日。"江浙、两淮、福建、湖南北、京西路帅、漕司,今后,逐年自四月一日为始至九月终每半月,四川、二广帅、漕司每一月,各将所部州军得雨分数,及麦禾次第,详具以闻③。"据"麦禾次第"云云,显然,在南宋境内全国诸路在适宜推广稻麦复种的地区多已推广种麦,而且作为地方官员政绩考核依据之一。同样,于此可证,南宋实行的是二麦收割后复种晚稻的两熟模式④。但毋庸讳言,尽管年年岁岁劝农种麦,而且有贷给常平麦,"官为借种",及谕大姓假贷农民广种、依赈济格推赏等切实措施;其实行效果至少在湖南等地却并不理想,而且有虚报增种顷亩以申功冒赏现象。如淳熙六年(1179)十一月,臣僚奏称:比令"劝谕种麦,岁上所增顷亩,然土有宜否,湖南一路唯衡、永等数郡宜麦,余皆文具⑤。"但这仅

---

① 《石林奏议》卷一一《奏措置买牛租赁与民耕种利害状》。
② 引文分见《宋会要辑稿》食货六三之二二一至二二三。
③ 《宋会要辑稿》食货六三之二二四。
④ 这从《宋会要辑稿》食货六三之二一九所载孝宗之论亦可证:乾道七年(1171)十月五日前,上曰:"冬月得雨,便可种麦,不知江西、湖南入冬得雨否?"冬麦至迟五月初收割,后种晚稻,迟至冬月仍可种麦。
⑤ 并上引文见《宋史》卷一七三《食货上一》,第4175～4176页。

是南宋早期湖南的情形,据黄震之说,南宋初同样很少种麦的江西路,却在南宋末除抚州郭县临川外,已是到处种麦①。江西和湖南应是孝宗时推广种麦的重点地区。

一般而言,稻麦复种制最早在两浙、江东等地狭人稠的地区发展推广。如早在北宋熙宁四年(1071),因大水,"众田皆没",独昆山数家大圩,"了无水患,稻麦两熟"②。而在元丰(1078～1085)年间,苏州已是既有稻麦两熟,又有双季稻的复种制,朱长文《吴郡图经续记》卷上《物产》称:"其稼,则刈麦种禾,一岁再熟;稻有早晚,其名品甚繁。"两浙尤其太湖流域有良好的水利条件,为排灌农业发展提供了基础,圩田更是利于排灌,稻麦两熟的农业技术保障条件已趋成熟③。使两浙成为南宋率先推广稻麦复种的地区之一。范成大诗《刈麦行》就是当年以平江府为中心的浙西地区稻麦两熟的真实写照:"腰镰刈熟趁晴归,明朝雨来麦沾泥。犁田待雨插晚稻,朝出移秧夜食麨④。"

以下选录一组与两浙地区稻麦两熟复种制相关的宋人诗文,可证其推广地域之广。《宋会要·食货·水利》有载:绍兴二十八年(1158)九月十三日,两浙运副赵子潇(1102～1167)和知平江府蒋璨(1085～1159)被旨相度水利利害,赴各县实地考察。提出治水方案,并强调其开工的紧迫性时说:平江府因夏潦"积水,经今已及两月余日未退,已妨种麦⑤。"李弥逊(1089～1153)《次韵贾远归田四首》(之二)诗云:"蚕出柔桑绿,秧齐小麦鲜⑥",乃典

---

① 《黄氏日抄》卷七八《咸淳七年中秋劝种麦文》:"江西其地,十州皆种麦,何故抚州独不可种;抚州外县间亦种小麦,何故临川界并小麦不可种?"他又引潭州南宋中期后广种麦的例证劝种,可证湖南已推广。

② 《吴郡志》卷一九《水利下》(第287页)引赵霖《相度平江府水利·筑圩》。

③ 如陈旉《农书》卷上《耕耨之宜》云:"早田获刈才毕,随即耕治晒暴,加粪壅培,而种豆麦蔬茹。"《六种之宜篇》又云:"七月治地,屡加粪锄转,八月社前,即可种麦。宜屡耘而屡粪,麦经两社,即倍收而子颗坚实。"再加上早熟而优质的稻麦品种培育成功,可见,南宋初其相关技术已相当成熟。

④ 《石湖诗集》卷一一,又同书卷二七《夏日田园杂兴》有云:"五月江吴麦秀寒,移秧披絮尚衣单。"均为苏州稻麦复种已普及之证。参阅同书卷二六《芒种后积雨骤冷三绝》之二、三。

⑤ 《宋会要辑稿》食货六一之一一三至一一四,参校同书七之五三至五四。

⑥ 《筠溪集》卷四。

型的平江府吴县鱼米之乡风光。孙觌《鸿庆居士集》卷五《夏日田食》（二）诗云："麦卧黄云垅，秧分绿锦畦。"此作者记其晚年家居时所见。觌为常州晋陵人。此常州时已行两熟制之证。麦田待收而秧苗已苗壮。正待栽插，黄绿相映，构成江南水乡的风情画卷。他又在致友人的书简中说："莽麦登而雨，白水青秧，弥望一州，丰年之祥也①。"此帖，绍兴八年（1138）"溽暑"，孙致时以直龙图阁知常州的虞汸。足证常州已普遍实行稻麦两熟制，且"溽暑"时田间青秧弥望，又可证必为晚稻无疑。

乾道九年（1173）九月十日、十二日，浙东帅臣、知绍兴府钱端礼（1109～1177）请倚阁私债及乞许官贷二麦种子云云，可知浙东当时推广种麦历时已久，颇见成效。其两奏分云：

> 浙东州县旱伤至广，朝廷倚阁残零税赋、差官检放及借本劝谕种麦，非不严备。今官中欠负既已宽恤，其出债之家，比之丰年，收索愈急，虽欲趁时布种二麦，往往不能安业。
>
> 督责守令，多方劝诱，广种二麦。见今属县县官躬行阡陌，分行劝诱。其间有高仰可种麦田、空闲未种处，委是无力。欲以官中收籴种子……并令贷借，及时布种。候二麦收成，依乡原例交还本钱②。

当时浙东大致情形如此，如阙麦种，还可从常平麦或常平钱贷给。其他遭水旱灾害地区亦相类似，因灾而劝种麦成南宋生产自救之惯例。陈著（1214～1297）之论，不仅是浙东嵊县两熟之证，也是浙东山区农民贫困生活原因的深刻分析。"麦熟"及"主家租课"云云，显而易见，即使"中熟"或"薄收"年成，也须交麦租无疑。

> 田里间力耕火种，自办得一分宽剩，输税外，赡家口。秋收接得麦熟，犹可存活。两年以来，农家不是不勤，入冬便无饭吃。虽曰有风有水有旱，是天时不顺，亦缘境内山多田少，又多是大家所有，细民能有几何？不过是佃种为生，上熟时年，或是赢溢；才是中熟，已不了主家租

---

① 孙觌：《内简尺牍》卷六《与常守虞龙图帖（三）》。

② 《宋会要辑稿》食货六三之二二一，参见六三之二二二、二二三。

课；今既连岁薄收，如何不贫，如何不窘①！

陆游论严州种麦获得丰收云："入秋得雨，陆种倍收，六县并无流徙人户。今春以来，雨旸尤为调适，二麦继熟②。"此淳熙十四年（1187）陆游知严州时所上，时严州已广种二麦。陆游之师曾几《茶山集》卷八《途中二首》七绝诗云：

> 鹁鸠晴雨报人知，更问农家底事宜。村落泥干收麦地，稻田水满插秧时。

> 小麦青青大麦黄，新蚕满箔稻移秧。绿荫马倦休亭午，芳草牛闲卧夕阳。

两宋之际的著名诗人曾几（1084～1166），据在行次衢州道中的亲闻目见，写下的农事诗不仅令人赏心悦目，而且真实反映了两浙路稻麦连作，农桑并举，重视农业的史实，不愧为史诗式的大手笔。著名理学家陆九渊诗云："平分浙江流，东境浮海角。其民仰鱼盐，久已困征榷。麦禾与桑麻，耕锄到硗垧③。"孝宗之初，在浙东台州，亦早已是二麦复种推广地区。不过因水利条件不如浙西平原，一遇水旱灾荒，贫下户便会艰食缺钱。故知州赵伯圭（1125～1202）乞行"赈粜"、"赈借"，以便贫下户可渡过春荒。从其奏中"二麦未熟"、"随苗（米）偿官"云云，可知当地在孝宗初已是稻麦两熟区，虽复种指数未必有浙西高。《宋会要辑稿》食货六二之三九有载：隆兴二年（1164）二月二十七日，知台州赵伯圭言："本州阙雨日久，二麦未熟，米价踊贵，细民艰食……。窃虑贫民艰得见钱，欲特量行赈借第四等已下贫乏之户。候秋成日，依元借数随苗偿官。"

毋庸讳言，即使在稻麦两熟复种制推广较早，水利、农技等条件较优越、复种指数较高的地区，也仍然有因地制宜各种单季不同作物田存在，这类田

---

① 《本堂集》卷五二《嵊县劝农文（三）》。
② 《陆游集·渭南文集》卷四《乞祠禄札子（戊申四月）》，第 2004 页，中华书局点校本，1976年。
③ 《象山集》卷二五《送勾熙载赴浙西（？）盐》。据《吴郡志》卷七、《宝庆会稽续志》卷二，勾昌泰（字熙载）淳熙中为浙东提举。

一般产量较高。但不能排斥约占65%的水稻田中仍有一些稻麦两熟复种田存在。《嘉定镇江志》卷四《田赋·军田》载：镇江有所谓"军田"，东西二庄凡7614亩，"召农民为之耕种"，"置监庄一员，专委县尉提督庄课。每岁夏秋二料检收，检放不定。"显为官田。其中夏料大麦田为838亩，小麦田1044亩，秋料稻田4923亩，荞麦227亩，大豆576亩。五类田合计为7608亩，与总数相近①。

南宋稻麦两熟复种制，不仅在江浙等路农业生产水平较高的地区存在，而且在因战争影响，导致相对"贫困"落后的两淮、荆襄沿边地区也在推广。自北宋以来，这广袤的土地上就有发展两熟复种制的生态条件。南宋在两淮、荆襄等沿边地区设置营屯田，这两个地区在水利条件较好的田块，稻麦两熟田成片开发推广，本书第二章已列举过一些例证。至孝宗时期两淮、荆襄两熟复种制的推广已初见成效。如乾道七年（1171）"诏令知扬州晁公武和知庐州赵善俊行下所部州军，子细契勘所种二麦。"晁具到淮东八州郡除原种258718亩外，"续劝谕增种"29650亩。淮西六州军之数阙载，但据军器监主簿张权核实，仅濠州定远、钟离二县增种已过270余顷，故"所种必广"。梁克家（1128～1187）也奏，庐州荒田"今岁所收尚有四万余斛。"如以每亩收租三斗计，则庐州荒田约有13.3333万亩，两淮总计约44.87万亩两熟田。而淮西两项累计，增种之数已超过淮东。虽另一受命覈实官太府寺主簿赵思（1125～1194）称："两淮多已耕未籍之田，州县取其已耕者号为'增种'，其实未尝劝课，不如先括见今荒田顷亩，然后责令劝耕②。"这是指出，地方守令为了殿最赏罚而未免弄虚作假、虚报劝耕顷亩，但增种11.5%以上却为得到核实之数，因此，劝耕二麦取得一定成效乃不争史实。其实早在绍兴年间在诸路各州军设置的营田官庄就已存在大片的稻麦两熟田，即使是荒闲田土的开垦和逃绝田的复垦均是如此。

军需供应中的马料，所需营田稻子和大麦数量浩瀚，成为官方推广稻麦复种的又一重要原因。这类田一般广种薄收，产量不高。《宋会要·食货·

①　《宋元方志丛刊》本，第3册，第2344～2345页，中华书局，1990年。
②　《宋会要辑稿》食货六三之二一八。

营田》有载:绍兴二十九年(1159)九月一日,户、工部言:"诸路、诸州军营田官庄,夏秋二料所收斛斗内,除年例科拨应副马料外,其余并系变粜价钱,起赴行在……。"因诸军岁用支多,乞"将合出粜稻麦,并起赴本路总领所交纳支用①。"这已很清楚指明分布在各路各州军的营田多为二熟制田。收获夏麦秋稻。尽管各地因田制宜,复种指数高低不等,甚至有水陆田分种,轮作休耕等,但因农业技术水平的提高,二熟制在官庄营田上大面积推广应是不争的史实。遗憾的是现存史料尚不足以对各地作出具体定量分析。因为官庄可以不计成本和种粮,无论民营或军屯,耕兵、佃农均有分成。而且其稻子、大麦充马料,故必以行政命令方式推广。营田官庄的两熟制对周围的民田应有示范效应。乾道五年(1169)三月二十日,大理正、措置两淮官田徐子寅称:"两淮荒芜之田,一目百里,究其十分之地,陆田才三四,而水田居其五六。春夏之交,霖雨之久,耕耨之劳,秧莳之功,一旦空然,此田之所以为民病也②。"从"春夏之交","秧莳之功"云云,当地必有部分两熟之田,如以水田之半为复种两熟田,则复种指数已达到25% ~30%。

当时,两淮有大量系官荒田,乾道七年(1171),诏令淮东帅、漕统计系官荒田。诏云:"招召人户种莳二麦,官为借种;其人户请佃未耕者,亦仰劝谕,尽行布种。"安抚司统计各州系官荒田2767145亩,请佃在户未垦田745605亩,两项合计凡3512750亩③。但据同年淮东帅臣兼知扬州晁公武说:当时淮东属下八州郡已种二麦仅288368亩④,仅占已佃未佃系官荒田的8.21%,即使全为两熟田,复种指数也很低,这应是两淮民田复种的概况。可见营屯官田上的复种指数已为民田的三倍以上。

《宋会要·食货·营田》提供十分可贵的淮西营田军庄资料,据所载各项数据,可大致推算出其产量、折钱价、生产成本、劳动生产率(每员及总计)、每亩盈亏,乃至两熟制复种指数等,无疑这应是一块稻麦两熟复种田无

---

① 《宋会要辑稿》食货六三之一二一。
② 《宋会要辑稿》食货六一之一一九。
③ 《宋会要辑稿》食货六二○至二一。
④ 《宋会要辑稿》食货六三之二一八。

疑。令人叹为观止的是这二万余亩的田块上，复种指数竟高达近 60%，而其产量之低，如以两料合计，则仅比民田最高产量之半略高①。乾道三年(1167)六月十三日，淮西总领叶衡言：本所营田五军庄，田凡 20765 亩，岁收夏料大麦 4001 石，小麦 1300 余硕，秋料禾稻 18100 余石，充马料。以时价估直约 3 万贯省。所差使臣、军人共 584 人，岁请钱 4.77 万贯，米 6500 硕，绢 2200 余匹，纽计用钱 7.5 万贯，"所得不能偿所费之半"②。则时估米价为 2.564 贯文，绢价为 4.833 贯文。官收二麦计 5301 石，稻为 18100 余石；如以对半分成计，则麦总产为 10602 石，稻为 36200 余石，如以麦产量为稻之一半计，则其复种指数约为 58.57%。其产量则为稻 1.74 石及麦 0.51 石，两料合计为 2.25 石，平均每亩折米约为 1.13 石。生产成本平均每亩 3.612 贯文，官收亩产折钱 1.443 贯文，每亩亏 2.169 贯文。尚不计衣赐及牛具种粮，其生产成本已高得惊人，所获仅所费之 40%，即所费成本约为收获之 2.5 倍。营田军兵人均岁费约 128.425 贯文，尚不包括赏赐在内。人均创造的收获量折钱为 51.509 贯文，净亏 76.916 贯文。总计纽折净亏钱约 3 万贯。按投入产出比计约为 1∶0.6，之所以与劳动生产率有 20% 的差额，是因为收入之半归耕兵之故。

荆襄地区，与两淮相似，历来亦为稻作区，木渠、长渠灌区及湖北沿江地带水利资源丰富，适宜于发展稻麦两熟复种制。史有明证：淳熙十二年(1185)九月，湖广总领赵彦逾、知襄阳府高爂等奏，"襄汉之间麦稻熟晚，乃诏二麦于七月终，稻谷于十一月终具数开奏。"孝宗原令将每岁所收二麦于六月终，稻谷于十月终，同开具数目帐状闻奏③。此可证荆襄之间已为稻麦两熟制区域，至少官营屯田是如此。《宋史》卷二四七《赵善誉传》则提供了湖北各州郡也存在不少稻麦复种两熟田的力证：淳熙中，宗室赵善誉为湖北提举，"会大旱，善誉通融诸郡常平计户振贷。嗣岁，麦禾倍收，民争负以

---

① 夏秋两料合计产稻麦为 2.61 石。皖西舒州怀宁民田最高产量为亩收稻 5 石，见贺铸《庆贺遗老诗集》拾遗《题皖山北濒江田舍》："二顷夏秧千石收"。

② 《宋会要辑稿》食货六三之一四二至一四三。

③ 《宋史全文》卷二七下。

偿。"这"倍收"之"麦禾"虽未必全为二熟田所产,但必有两熟田者。大旱之后,生产自救措施之一,即为提高复种指数。

以下,补录一组时人诗文,以证两淮等地确为南宋推行稻麦复种颇见成效地区。(1)洪兴祖《拂云亭》(题注:在真州东园)诗云:"黄云收尽绿针齐,江北江南水拍堤。野老扶携相告语,儿童今始识锄犁①。"此诗乃作者在绍兴十九年(1149)知真州时作。反映淮东沿边地区水利资源丰富,在绍兴和议后,成为最早推行稻麦二熟制的地区之一。乃作者至今幸存之佚诗,充溢诗情画意。此诗又可证南宋初先进农具犁锄之引进,乃至儿童叹为奇观。(2)薛季宣《浪语集》卷二三《淮西与周侍郎书》有云:"某本拟中夏东归,近又得旨覈实二麦、禾稻,略无可以稽据,不过取其税籍考之。"言下之意,应是受命考察麦禾二熟田产量,但未至中夏、秋收,尚不能实地考实。无奈只可据簿书考察去年收成。此必初夏时书,麦五月登场,故云。但已可证淮西已存在相当数量的两熟复种田。(3)王之道《相山集》卷一五《宿大泉遇雨》诗注:"是役也,以干往肥上。时秋旱连数月,嘉谷尽矣,而二麦未得入土。民心忧虀……入夜遂雨。……绍兴二十四年秋九月壬子。"当时,王之道因上疏反对和议,被贬责家居。因行役赴合肥。途中所见秋旱情景却证实高宗后期淮西已稻麦连作,唯因水利失修,受气候影响较大,秋旱数月,稻无收而麦难种。入夜忽久旱逢甘霖,诗人的喜不自胜,跃然纸上。明年,权奸秦桧死,作者始起知信阳军。(4)其实,早在南宋初绍兴六年(1136)秋,王之道在追述淮西宣抚刘光世措置乖谬时就亟论其在农民秋获大忙季节,催督马草急如星火,而"保正长迫于程限且畏军法,正当获稻艺麦之际,尽起保内丁壮人负草四束,自朝至暮,徬徨道途,东西南北,莫知所向。如是者凡一月②。"王之道无意中道破其在绍兴初亲眼目睹的情景:正当收稻种麦的秋收秋种大忙季节,丁壮却负草四出游弋,无所适从,实在扰民而大失农时。这从另

---

① 诗见明隆庆《仪真县志》卷一四,转引自《宋诗纪事》卷三八。又,洪兴祖(1090~1155),字庆善,号练塘。丹阳人。政和八年(1118)进士。曾知广德军、真、饶州等。撰有《楚辞补注》等。事具《系年要录》一六七、一六九,《宋史》卷四三三《本传》等。
② 《永乐大典》卷一一五九八引王之道《预置大军马草札子》,又见四库本《相山集》卷二一。

一侧面证实,淮西庐州一带当时也已稻麦连作,且明言乃小麦与晚稻两熟无疑。"六年秋"及"获稻艺麦之际"云云可证。上述两例,可证淮西在绍兴年间(1131~1162)有一逐渐推广稻麦两熟制的过程。(5)王之道《相山集》卷一二《和孙延寿喜雨述怀韵》:"官逋庶为麦秋缓,酒价定随人意饶。欲落枣花蚕断茧,半黄梅子稻移苗。"从丰收的喜悦中可以感受到:孝宗时,淮西无为军农业生产已呈现欣欣向荣麦秋连稻获的蓬勃生机。(6)郑伯熊(?~1181)《四月十四日到广陵》(《宋诗拾遗》卷一六)云:"收尽雪芳犹采撷,割残云穗再扶犁。"显然当指淮东扬州大麦已收,将麦田耕翻耙平,放水后栽种晚稻。大麦比小麦收获更早,晚稻收割后再种小麦完全能接上茬口,不误农时。这是南宋初一个颇具说服力的例证。(7)张祁佚诗《田间杂歌》:"大麦半枯自浮沉,小麦刺水铺绿针。山边老农望麦熟,出门见水放声哭。去年涔涔七月雨,秋田不收一粒谷。今年米价贵如玉,并日举家才食粥。小儿索饭门前啼,大儿虽瘦把锄犁。晴时和麦耕荒陇,正好下秧无稻种①。"张祁,字晋彦,号总得居士。和州乌江(治今安徽和县东北)人。张邵(1096~1156)弟,孝祥之父。诗以形象思维的方式述其家乡淮西和州、芜湖间荒年惨况。虽然此为稻麦连熟耕作区,但因水利失修、旱涝皆绝收,农民生活维艰。文献记载也可印证这一昔日稻麦两熟鱼米之乡因南宋初的战争而时被水旱之灾困扰。乾道六年(1170)十二月二十六日,诏:"和州旱涝,禾麦积伤。可借拨米一万硕,赈粜饥民②。"

　　江东路是南宋另一个复种指数较高,两熟制推广较普遍的地区。无论是建康军、太平州、芜湖等沿江地区,还是徽州、宣州等山区,尤其是在圩田密布的地区,因水利条件较好,与浙西同为复种指数颇高的地区。如方岳有诗咏其家乡徽州祁门稻麦两熟之际麦黄秧绿的丰收胜景,其《农谣五首》之一云:"含风宿麦青相接,刺水柔秧绿未齐。"之三又云:"小麦青青大麦黄",

　　① 明·佚名:《诗渊》第2061页,书目文献出版社影印本。《全芳备祖》后集卷二一,此诗作主系于张孝祥,阙题。《于湖居士集》中有多首诗乃张祁作,疑此亦祁诗。又,"门前",《诗渊》误作"蒧前",据改。

　　② 《宋会要辑稿补编》第596页下。

"秧畦岸岸水初饱①。"吴渊（1190~1257）《江东道院赋》云："大江以南，壤曰当涂。""桑麻被野，䅇麦连云。时雨少愆，有江潮以资其灌溉；潦水或降，有湖泊以泄其滔盈。是以时少旱涝，岁多丰登。奇秧绿水，喜沾足于夏种；黄鸡白酒，争庆贺于秋成②。"此乃江东濒江临湖圩田区的代表性景观，"䅇麦"、"奇秧"云云可证。不仅稻麦二熟，桑麻遍野，且又鱼米之乡旱涝保收。吴渊在理宗朝曾三知太平州。此赋疑其淳祐、宝祐（1052~1053）间知州时所作。绍熙二年（1191），杨万里《夏日杂兴》诗曰："九郡报来都雨足，插秧收麦喜村村③。"虽不无诗人的夸张，但足以证实：江东稻麦两熟作为一种成熟的耕作制度，已在所属诸郡得到不同程度的推广。方岳《田头》之二云："秧田多种八月白，草树初开九里香④。"八月白，指徽州的一种早熟晚稻优良品种。这也许是为了晚稻与冬麦连作而选育成的新品种。

关于江西的复种制究竟是双季稻，还是稻麦复种，是早稻还是晚稻与麦的两熟制生产？今人颇有争议。其实南宋人早已作出了明确的回答：淳熙六年（1179）九月，知南康军朱熹《劝种麦榜》云："秋来久旱，晚田失收，兹幸得雨，可种二麦。今劝人户趁此天时，多耕阔种，接济口食。"同年，南康军建昌县旱灾，朱熹令相视灾荒程度，分别处置。有云："如一坂百亩，只有一二十亩稍稍成熟"，"仍令人户一面收割，犁翻种麦⑤。"由此可见，早在南宋立国半个世纪之际，江西南康军已多为晚稻与冬麦复种的两熟之田。在更早的绍兴初，孙觌行次江西袁州分宜道中，触目所见，即为青秧黄麦，此虽为山区，却稻麦连作，桑蚕缫丝，全同江南风光。农业生产似未受战乱影响。其诗曰："老牯挽犁泥没膝，剡剡青秧针水出。大麦登场小麦黄，桑柘叶大蚕满筐⑥。"此为农历五月初芒种前后景象，显然，袁州也是晚稻与二麦连作地区。

---

① 《永乐大典》卷六二四引《方秋崖稿》，又见《秋崖集》卷二。
② 吴渊：《退庵遗稿》卷上，刊《江湖小集》卷七〇。
③ 《诚斋集》卷三一《江东集（一）》。据其"金陵六月晓犹寒"句，则作于是年六月，时在江东运副任所。
④ 《秋崖诗词校注》卷七，第104页，黄山书社，1998年。
⑤ 分见《朱熹集·别集》卷九，第5542、5561页，郭齐等点校本，四川教育出版社，1996年。
⑥ 孙觌：《鸿庆居士集》卷三《分宜道中》。

韩淲(1159~1224)《涧泉集·芒种》(四首之一)云:"田家一雨插秧时,成把担禾水拍泥"。之四则云:"蚕筐阁了修秧马"。均为水稻区典型的情景。《芒种》诗作者为信州上饶人,嘉泰末(1204)辞官家居凡二十年,此即作于乡居时。可见 13 世纪初,江西信州也是晚稻与冬麦连作区。正如《闻见善善录》所述:"芒种,稻麦也。""所谓芒种五月节者,谓麦至是而始可收,稻过是而不可种①。"这是稻麦两熟制耕作区典型的场景,后来被称之为"双抢",即抢收抢种。农民收麦希望晴天,栽秧又希望天雨,此时虽蚕事已了,但却是农民一年中最忙碌紧张的季节。这一习俗的形成,却始于稻麦两熟制广泛推广的南宋时期。又,双季稻收获及栽插季节亦称"双抢"。著名诗人杨万里诗云:"秧早不由田父懒,蚕迟端待柘阴成"。又云:"平田涨绿村村麦,嫩水浮红岸岸花②。"一边是将落谷布种的秧田有待耕耙,一边是生长正茂的小麦,形成强烈而鲜明的对照。过一个多月就将是割麦、栽秧的季节,这应是稻麦二熟颇有说服力的例证。

杨万里故乡为吉州吉水,这是著名的产米之乡。从秋苗及和籴米考察,其产量已略超过平江府,是江西首屈一指的产米大郡。其米十之七为早占,晚禾约占十之三,因此,在吉州也许是早禾与晚稻连作的可能性居多,但也不排斥麦与晚稻的复种。笔者认为,南宋中期或吉州两者兼而有之,但已双季稻居多,发展至今,则早籼米与晚禾的双季稻两熟已占压倒优势。但吉州一地的情形比较特殊,不能以今律古,甚至放大为江西全路的状况。杨万里此诗作于乾道二年(1166),时他正守父丧家居。他和范成大、陆游是农事诗写得最多也最好的南宋三大家。从上举数十例证,可以断言:南宋各地多为晚稻与冬麦连作无疑。

广种二麦及稻麦复种制的逐渐推广,其颇有说服力的例证见之于镇江。如上所述:镇江有所谓"军庄",原为南宋初安置杨么残军而以逃田、荒田充。后"召农民为之耕种","每岁夏秋两料检放不定。"这是南宋初的情形,但南宋中期情形有了改变。镇江又有所谓"官庄营田",分置所属三县,"乾道庚

① 《永乐大典》卷一三一九四,中华书局影印本,第 5723 页。

② 分见《诚斋集》卷三《江湖集三·三月三日雨作遣闷十绝句》(之六、之十)。

寅(六年,1170)三县营田稻子共一千八百四石。"如每亩以收稻 3 斗计,则约有 6013 亩营田。今(嘉定中——约 1212～1214 年),三县营田夏秋二料为:夏料,钱 3629 贯,大麦 680 石;秋料,钱 7190 贯,稻 4674 石。显然,营田官庄在 45 年间面积大幅扩展,而且原为秋季一熟,只收营田稻子。嘉定中则为夏秋稻麦二熟,除稻、大麦外,还有折钱租,二料合计为 10819 贯。如以时价每石稻麦为 2.5 贯文(米价约每石 5 贯文省)折计,则可折实物租 4328 石(其中夏麦 1452 石,秋稻为 2876 石)。嘉定中收营田稻子凡 7550 石,是乾道中 1804 石的 4.2 倍。官庄收取定额租,如以当时每亩收稻租约为 0.3 石计,则其田为 2.5167 万亩。夏料钱如也以稻价折成大麦,则夏料钱与大麦合计折为 2132 石,如仍以每亩麦租 0.3 石计,则复种麦田应为 7107 亩。可知在这块 2.52 万亩的两熟田上,其复种指数约为 28%。从镇江官庄田的实例看,南宋初只有水陆分种的一熟田,至嘉定中已有水陆合种的两熟田,夏熟的大麦成熟较早,完全可与晚稻连作。不过这 2.52 万余亩营田皆生产马料,故耕作粗放,产量也很低。镇江是两熟制逐步推广的又一典型例证。

福建路是南宋人口密集的狭乡之最,这里一般以早稻、晚稻复种为主,而且经济作物、商品性农作物种植面积较多。也有一定数量的稻麦复种。张元干(1091～1161)《芦川归来集》卷一《赠庆绍上人》:"吾闽目前岂不乐,禾稻未获先麦秋。"这种情形已出现在南宋之初。张为福州永福(治今福建永泰)人,诗作于绍兴中其归乡隐居时。这里再补录一组可证浙东、四川等地已广泛推行稻麦两熟制的宋人诗作。陈耆卿撰《筼窗集》卷一〇《种麦》(按:《全芳备祖》题作《艰食行》):"今年种麦如去年,去年满屋今空田";"催租官吏如束湿,里正打门急复急。"吴潜《履斋遗稿》卷一《宋山扫墓书所见》:"色叶枯偏有声架,禾知岁熟种麦得。"李曾伯《可斋杂稿》卷二九《山中即事》:"新笋未熟啜茶去,晚稻才收种麦忙。"

综上所述,稻麦两熟复种制,因官方的大力倡导,消费需求的推动,人口压力的剧增等因素推动,南宋各地逐渐得到推广,各地推广种植的普及程度及复种指数各不相同。一般而言:江浙诸路与福建、四川两熟制推广程度较高,其中江西的有些地区以双季稻为主;两淮的官田多已推广复种制,湖南、两广等地则复种指数较低,尤其麦作较少。但广西钦州等地还出现一年三熟制种植。遗憾的是:除个别田块外,今存史料尚不足以对复种指数作出总体评估及定量分析。

三、其他形式的复种制

至迟在南宋中期,"却破麦田秧晚稻"①成为江浙诸路的一大景观;"今年大好麦,稻复当十分②",已成为太湖流域为中心的鱼米之乡的真实写照。与稻麦复种制并存于江南各地的还有双季稻,稻与油菜、蚕豆、蔬菜等春化作物,二麦与其他作物等多种作物搭配组合而成的两熟制复种方式存在。南宋各地雨量充沛,气候温暖,水利条件较好,适宜于水稻生长,水稻是南宋境内种植最广的作物。对于解决民众的粮食供应,军需增长的需求(秋苗上供、和籴、马料等)有举足轻重的作用,故时人称之为"镇国之重宝③。"

双季稻成为南宋江西及江东部分州郡较为广泛的复种方式,以下史料可证。乾道七年(1171)八月二十二日,资政殿学士、知建康府洪遵言:"饶州、南康军今岁旱灾非常,早种不入土,晚禾枯槁。两郡饥民聚而为盗……。"乞行赈济。所谓"早种"者,即为早稻,"晚禾"者即晚稻。因大旱之年缺水而未可种植,或颗粒无收。此可证江东至少此二州郡已遍种双季稻,余郡如何,不得而知。但江西似为推广双季稻最广泛的地区。同年八月二十五日,权发遣隆兴府龚茂良言:"本路州军被灾轻重不等,赣州、南安、建昌[军]早禾小损,晚稻无伤;次则吉、抚、袁州,时有雨泽,所损亦有分数;惟是隆兴[府]、江、筠州、兴国、临江军,荒旱尤甚,早禾皆死,晚稻不曾栽插。自来未尝似此饥歉④。"江西路帅守龚茂良(?　~1178)遍数本路十一州军受灾程度的不同,次为三等。其中所述"早禾"、"晚稻"云云,清楚明白告诉我们当时江西路各州郡多已普遍种植双季稻,成为复种指数最高的地区之一,其

① 《诚斋集》卷一三《西归集一·江山道中蚕麦大熟》。
② 孙应时(1154~1206)《烛湖集》卷一四《顶山祷雨》。此其庆元(1195~1200)中知常熟时所作。因农业技术进步及水利兴修的支持,即使旱年也能稻麦复种双丰收。
③ 《调燮类编》卷三《粒食》。
④ 以上引文均见《宋会要辑稿补编》第597页下。

总产量和输出的商品粮亦名列前茅。

绍兴七年(1137),李纲《梁溪集》卷九八《乞详酌见籴晚米奏状》云:"本路春夏之间","早禾已是成熟,收割了当;自入秋以来,缺少雨泽,已觉亢旱……晚田决致旱伤。"朝廷"受纳秋苗及和籴米斛,并要一色晚米……。"此为江西路南宋初已推行早、晚稻两熟制之力证,尽管我们还无法确知其复种指数。但从江西上供秋苗数之多,可以推测,其复种指数应不低于两浙等路。而且秋苗、和籴米均须晚米,因其品质较好,吃口好,又便于贮藏。那么当地的居民口粮就只有种食早禾了,相当部分即为从福建引入的占米。他在另一奏状中又说:"本州管下乡民所种稻田,十分内七分并是早占米,只有三二分布种大禾①。"因品种及茬口的安排,30%左右的晚稻田可分别与早稻、麦豆、油菜等复种,其复种指数不超过50%;而早禾与晚秋越冬作物的复种指数也不会太高。如以早晚田各15%计,充其量不会超过30%,但在吉州等地也许会比洪州更高。时李纲任江西安抚大使兼知洪州。还必须指出:即使双季稻复种指数较高的江西路,其对举的早禾、晚禾,也未必全是双季稻,而是以收获时间早晚划分的三类单季稻。如《宋会要辑稿》食货五八之二四有载:"早禾收以六月,中禾收以七月,晚禾收以八月。"绍兴元年(1131)七月,朱胜非之奏称:江南"稻米二种,有早禾,有晚禾。见行条令,税赋不纳早米。乞权行许纳②。"李纲云,如纳早米,又加一折。但此为权宜之计,因急需军食而不得已为之。一般而言,因早米不能充秋苗上供及和籴米,故晚粳米所占比例不高,如李纲估计至多30%。大量早米,充当地居民、农民的口粮,及充商品粮外销,故早米(小禾、占米)在江西所占的比例仍很高。

广东和福建,为另两处复种双季稻指数较高的路分。如淳熙十一年(1184)十月十六日,中书门下省言:"广东诸郡闻有因夏旱早米薄收,米价翔踊去处③",显然,当时广东诸郡已广种早稻,才有因旱而歉收早禾乃至阙食,须由本路漕臣及提举官措置之举。潮州为著名的双季稻之乡,李弥逊

---

① 《梁溪集》卷一〇六《申省乞施行籴纳晚米状》。"本州",指洪州。

② 《宋会要辑稿》食货七〇之三一。

③ 《宋会要辑稿》食货六八之八三。

(1089～1153)诗云:"潮田岁再获,海错日两渔①。"朱熹也有诗咏其乡建宁府武夷山区双季稻之诗云:"绿云黄半武夷乡","棹讴如贺丰年信(自注:农家以早稻为晚禾信)②。"此武夷山区已普遍种植双季稻之证,且农谚已有以早稻的丰歉程度为预卜晚稻收成征兆之说。

此外,在淮东、江东、湖北、两浙也有种植双季稻之证,但显然较江西、广东、福建等地为少。如苏辙之孙苏籀(1091～?)称:"吴地海陵之仓,天下莫及。税稻再熟,贡绵八蚕③。"此札乃南宋初所上,可证淮东泰州已栽种双季稻。项安世诗云:"早禾登架晚禾青,雨后官塘处处平"。"青嶂夹田田夹涧,翠围屏里万竿笙④。"此抒写建康府城郊风光,亦为早晚稻连作区,即使群山叠嶂环抱的岗峦地,亦已开辟成涧水灌溉的水田。还有那万千芦笙点缀其间,犹如浓妆淡抹总相宜的水墨风情画。项氏又有《久旱得雨》⑤诗云:"去年大熟市无米","今年天旱始知忧","早禾已死不可救,晚禾未出犹堪收"。久旱逢雨,"想见赢秧新举头"。曹勋(?～1174)《松隐文集》卷一一《上塘值清明八首》(之七):诗曰"客路逢寒食,禾秧已出齐。"此为早稻,晚稻则麦收后始插秧,在农历五六月间,双季稻则更晚,故又称"双抢"(抢收抢种)。宋代早稻也已普遍实行育秧栽插技术,这应是浙西一项先进技术,目的即在赢得安排荐口布局的时间差。上塘在秀州,同诗又云"浙西春事稀"可证。郑清之(1176～1251)《大石桥碶闸记》称:"昨出郊,见获稻之田龟坼,无涂足之累;晚稻之田鱼游,无涸辙之虞⑥。"此为庆元府有双季稻之证,一面是待收之早稻,另一边则是待插之晚稻秧田,对照鲜明。

如上所述,四川是南宋最早实施稻麦复种的地区之一,也是稻麦两熟制较成熟、推广较为普遍,复种指数颇高的地区之一。但也有麦粟、二麦与荞麦复种等形式的两熟制田存在。如淳祐中阳枋说:"本府地产,全仰麦粟二

---

① 《筠溪集》卷一一《自毘陵与兄弟避地南来约为连江之归……作诗以寄之》。
② 《朱文公文集》卷三《次秀野泛沧波馆至赤石观刈早稻韵》。
③ 《双溪集》卷九《务农札子》,粤雅堂丛书本。
④ 《平庵悔稿》卷三《二十一日柘龙桥道中》,宛委别藏本。
⑤ 《平庵悔稿》卷一。
⑥ 《宝庆四明志》卷一二。

种,以养人民,以应军食①。"在地处西南边陲的夔州路绍庆府,因干旱缺水而粟麦二种。绍庆府,绍定二年(1228)升黔州置。其文论淳祐中灾害频发,故以旱粮复种为主。胡铨《夏旱至秋田家种荞麦以补岁事》诗云:"千里还经赤地连,老农作苦也堪怜。来年不复歌丰岁,荞麦犹以救歉年。"又,《大典》引《成都志》:"石泉县,皆深山穷谷,土薄地寒,无水田秔稴之利,以荞麦为生。"即使在有天府之国盛誉的成都府,也有"土薄地寒"的"深山穷谷",因不具备水利条件,只有以二麦与荞麦连种充口食。这意味着在有悠久历史的都江堰灌区,在盛产稻米丝绸等的成都平原,也有如石泉县等穷乡僻壤,充分体现不同地区乃至同一州郡不同县乡间的农业经济发展不平衡性。又同上引《番阳志》,"荞麦,花白杆赤,非二麦之类,亦名乌麦。或为粉,或煎或蒸而食之②。"荞麦,南宋通常作为饥荒岁月的救荒食物,虽不如小麦面精细,亦堪食。

总之,稻麦二熟,一般是指晚稻与小麦连作,但在某些地区,因季节与气候、土壤等条件,晚稻即使是其早熟品种收割后,仍然赶不上种小麦荐口,因而只能种些播种或成熟期更早些的作物,如大麦、油菜、蔬菜、蚕豆等。这是另一种形式的复种二熟制。而且,有些是因其经济效益更好,如种油菜榨油或以蔬菜出售,其收益当比小麦更高;有些则为度荒,如种荞麦;有些是出于无奈,如种大麦,往往是因为官赋中有马料一色,不得已而为之。不可一概而论。

第二节　南宋农田水利事业

南宋是我国农田水利建设史上十分重要的转折时期,对南方水利设施的维护、建设,及排灌农业中的技术进步,均令人瞩目;以水利田为主的农田开发及整合,均取得远过前朝的成就。针对南宋境内不同地理条件,南宋水

① 阳枋:《字溪集》卷二《与绍庆太守论时政书》。
② 《永乐大典》卷二二一八二,第7865页,中华书局影印本。

利与农田基本建设相辅而行,有机结合。大致分为三种类型:一是沿江环湖地带,以圩田(围田)开发、复垦,组织实施水利工程;二是梯田大规模开发中,创造堰坝、陂塘蓄水灌溉的水利规式;三是在沿海成功蓄洪挡潮防台的同时,开发出大批滩涂田。此外,如鄱阳湖、洞庭湖、珠江流域的农田水利建设也已启动,为后来的大规模开发奠定了坚实基础。南宋中央和地方政府对水利事业的重视,各类大中型水利工程的修复,小型灌溉设施的日常维护,单一官营向官民合办水利工程转换的模式,数以千万亩计的各类水利田的开垦、复耕,均创造了前所未有的辉煌。此外,还创立了堰规等管理维护制度,捍海石塘、高架筒车、船闸等先进技术的推广运用,兼顾航运与灌溉用水的调节功能,均取得了巨大成就。水利建设为南宋农业发展提供了强有力的支撑和保障,南宋水利的成就值得大书特书。

但毋庸讳言,因圩田、围田、湿地等水利田的过度开发,影响了生态环境及周围大片农田的产量,局部的生态失衡也影响了南宋政府的赋税收入,水旱频作(这也与当时气候的大环境有关)、加大了政府赈灾开支的行政成本。这是历史提供给我们的教训,历代均有这样得不偿失的蠢举。不过南宋水利田开发的规模较大,又多在浙西、江东等当时的经济核心区,故见之于南宋人的记载较多。当代的农史论者多执此一端而论定,宋代水利无功足述,远不知五代钱氏,对始于唐代、完成于五代的太湖流域塘浦圩田制度赞不绝口,似乎宋代只有破坏倒退而无进展建树①。笔者认为:这与两宋尤其南宋史实完全相悖,无论理论建树和建设实践及对农业的促进作用,五代钱氏堪称望尘莫及。即使仅就太湖流域的水利而言,南宋也有发展和长足进步,成就超过五代钱氏无疑,请看史料提供的证言。笔者搜集到的史料太多,即使就浙西、江东圩田利害得失而言,时人已是众说纷纭,莫衷一是。今限于篇幅,只能就几个热点问题略作概论。

---

① 其代表性论著,如缪启愉:《太湖塘浦圩田史研究》,史念书主编:《太湖地区农业史稿》第56~79页,郑肇经主编:《太湖水利技术史》第79~95页;分见农业出版社1985年、1990年、1987年版。只有汪家伦等编著《中国农田水利史》第234~376页(农业出版社,1990年版)尚称平允;原因之一,即较多撷取宋史学界的研究成果,如日本学者长濑守撰《宋元水利史研究》等。

一、南宋水利事业的技术进步及费用

在浙西、江东圩田、东南沿海滩涂田及遍及各地的梯田开发中,南宋水利出现了多项技术进步。其中圩田区水利的技术进步在本书第一章中已有涉及,这里着重谈一下山区梯田及东南沿海涂田、塘田中的水利颇具"科技含量"的技术进步。兴修水利需要投入大量的人工和钱粮,开发水利的资金来源及其规模是本节探索的另一课题。

(一)南宋水利的技术进步

南宋梯田,广泛分布于浙东、江东、江西、四川、湖南、福建、广东、广西等路。梯田,较之此前的畬田,在水利资源的开发利用上已有历史性的突破或进步,是否伴随水利设施的人工开发建设也成为区别两类田的显著标志之一。梯田开发中亟待解决的严峻难题是解决水土流失,保土保肥。各地视水源状况,凡有水处种水稻,凡缺水处则种二麦、旱谷杂粮或经济作物。梯田利用水源的方式主要有以下几种:

(1)修筑塍岸,以便蓄水。其法,顺山势环曲,修成环湾状的畦塍堤岸,使山陇丘中聚水,塍岸须"践踏坚实,而无渗漏";"视其水势冲突趋向之处,高大圩岸环绕之①。"有条件处,可就地取材,砌筑石塍,以潴积雨水,不易冲垮。在适当处修造进水口、出水口,以便排灌。凡上举所谓"雷鸣田"②、"承天田"、"佛座田"等皆属此类。

(2)导引溪谷泉水的自流灌溉模式。狭乡福建因开发梯田较早,至迟在北宋时已大规模"援引溪谷水以灌溉",南宋初已普及"水无涓滴不为用"③的自流灌溉模式。南宋对土地的利用率之高,令人叹为观止,不仅低田种稻,高田(上田)即丘陵地区梯田亦种稻。陈旉总结浙东等丘陵地区的耘田时灌溉法有效解决了这一难题。首先,在地最高处蓄水;然后,"审度形势,自下及上,旋干

---

① 陈旉:《农书》卷上《地势之宜篇》。
② "雷鸣田",为畲田之俗称。见《海录碎事》卷一七《田畴》,点校本第808页,中华书局,2002年。
③ 引文见方勺《泊宅编》卷中。

旋耘",即上下之田不能同时放干水,而应从最低下之田,逐块放水,后即耘田,次第向上,可防止和克服稻田水走失的弊端。"即无卤莽灭裂之病",以收"田干水暖,草死土肥,浸灌有渐"之利。如果不是循序渐进,一下把水放干,干旱时,就难免缺水灌溉,遂致"旱涸焦枯",歉收绝收。而高处贮水,正可水流自上而下,不致浪费。如果正巧下雨,"干燥之泥,骤得雨即苏碎"①。陈旉的总结既具科学性,又颇富实际操作性,这种合理耕耘方式,最大限度防止和克服水土流失弊病,这样的理论总结和实践经验堪称功莫大焉。

（3）陂塘堰坝,遍地皆有。成为南宋遍及全国各地最富成效的集拦蓄、排灌于一体的水利设施,对农业的旱涝保收有不可磨灭的巨大贡献。正如王祯引宋人《农书》所总结的那样:南宋各地,"官陂官塘,处处有之;民间所自为溪堨、水荡,难以数计②。"陈旉《农书》卷上《地势之宜篇》云:"若高田,视其地势高、水所会归之处,量其所用而凿为陂塘。"占地约20%～30%,"以潴蓄水","高大其堤,深阔其中";"旱得决水以灌溉,潦即不至于弥漫而害稼","可力致其常稔也"。这类"大可灌田数百顷,小可溉田数十亩"③的陂塘,星罗棋布于南宋诸路各地,对南宋排灌农业的发展有无与伦比的历史贡献。江东陂塘沟堰在淳熙初达到22451所,其中20%以上在徽州等皖南山区④。江西亦为陂塘密集区,如抚州就有陂塘数百处之多。方志有载:"临川、崇仁,平陆多,故陂塘多;金溪、宜黄、乐安,山谷多,故泉源多。盖水利亦系乎地利⑤。"

陂塘沟堰在南宋如雨后春笋般向山区推进。在山凹谷口筑堤,拦蓄并潴蓄地表径流水者称陂或塘;在山涧溪谷,分级筑堤截流拦水蓄流者称堰坝,或"堨"。又有沟渠、斗门、水则等配套设施,以调节水量,控制启闭,保障农田抗水旱之患。通常以乡都为单位构建这类中小型水利配套设施。这些水利设施不始于宋,但随南宋梯田的大规模开发,这类中小型水利设施在山

---

① 《农书》卷上《薅耘之宜》。
② 王祯:《农书·农桑通诀三·灌溉篇》,点校本第480页。
③ 王祯:《农书·农桑通诀三·灌溉篇》,点校本第480页。
④ 《宋会要辑稿》食货六一之一二五,《淳熙新安志》卷三至卷五。
⑤ 《永乐大典》卷二七五四引《临川志·陂塘》。

区丘陵发挥了极大的作用。在浙东、福建等沿海负山地区,往往还与捍海石堤(塘)等配套使用,以发挥其综合效应。陂塘,一般有坪坝、沟浍、堰渠等配套设施,形成相对独立、自成体系的小型水利枢纽。南宋人有一比较简明的概括:"《周官·稼人》,'以潴畜水',即今之陂塘;'以沟决水,以浍泻水',即今之沟渠也。灌溉之利,比于橘槔,大且不劳①。"可见陂之名已见于先秦文献,则其来已久,历代多有。但真正普及成为遍及全国的水利设施,无疑在南宋时期。伴随梯田开发及水稻栽培、二熟制的推行大行其道。

陂塘各地多有,甚至还有专项经费、专门的陂户进行维护管理。如泉州德化县多梯田,"县田多于山危耕侧种者,率引泉以灌,一线之溜蓁绝山谷,虽旱弗匮,间有小陂埭,虽非巨川,不注官籍……。董阪陂,岁有田,轮收以为筑陂之赀。陂户亦捐金助役,溉田数千顷②。"陂塘沟堰数量极多,分布极广。如上所述,仅淳熙二年(1175)的不完全统计,江东路有22451所,淮东1700余所,浙西2100余所③。《永乐大典》卷二七五四至二七五五所引佚志21种,共载21郡县至少约有陂塘6072余处,其中淮西716处,江西2601处,江东1487处,福建1025处,湖南85处,湖北158处,详见下列附表。这还远不是南宋陂塘的全部,甚至只是一个极小的比例。因为现存《大典》仅为原书的近4%,今存《大典》中所载方志残卷约近900种,列入本表者也仅2.3%,堪称挂一漏万。但《宋会要》未及之淮西、福建、江西、湖北、湖南均有大量陂塘,江西的陂塘数量应超过江东。此外,《会要》、《大典》两书未及之两广、浙东是否有陂塘,答案毋庸置疑。浙东的湘湖、它山堰、通济堰均为陂塘中的荦荦大者。即使表中已列之地区的陂塘仍不免挂漏,如溉田五千余亩的福州福清玉融石塘陂,县宰郎简(968~1056)始作于大中祥符年间,因濒海而屡坏,至南宋嘉泰四年(1204)、景定四年(1263)、咸淳四年(1268)相继多次重修。仅最后一次就费钱600缗,工6000④。

① 《大典》卷二七五四引《永丰志·陂塘》,同上引《宣城志·陂塘》。
② 《永乐大典》卷二七五五引《清源志·水利》。
③ 《宋会要辑稿》食货六一之一二五。
④ 《大典》卷二七五五引林希逸《福清县重造石塘祥符陂记》。

《永乐大典》佚志所载各地陂塘数一览表

地区	数量	史料出处及备注
淮西庐州舒城县	560	《大典》卷2754引《秋浦新志·陂塘》
淮西无为军	156	《大典》卷2754引《宝祐濡须志·陂塘》
江东宁国府宣城县	近800	《大典》卷2754引《宣城志·陂塘》
江东宁国府泾县	382	《大典》卷2754引《泾川志·陂塘》
江东徽州旌德县	144	《大典》卷2754引《旌川志·陂塘》
江东池州	161	《大典》卷2754引《池州府志·陂塘》
江西饶州	36	《大典》卷2754引《上饶县志·陂塘》
江西饶州铅山县	11	《大典》卷2754引《铅山县志·陂塘》
江西临江军	700	《大典》卷2754引《临江府旧图志·陂塘》
江西抚州	930	《大典》卷2754引《临川志·陂塘》
		（包括《抚州府图经志》25所）
江西吉州永丰县	10	《大典》卷2754引《永丰志·陂塘》
		（吉州三县仅载大陂，小者不载）
江西吉州万安县	9	《大典》卷2754引《万安志·陂塘》
江西吉州安福志	3	《大典》卷2754引《安福志·陂塘》
江西赣州	902	《大典》卷2754引《宁都县志·陂塘》
湖南宝庆府新宁县	85	《大典》卷2755引《都梁志·陂塘》
湖北寿昌军	43	《大典》卷2755引《寿昌乘·陂塘》
湖北常德府	115	《大典》卷2755引《武陵图经·陂塘》
		（唐朗州仅陂堰10余）
福建泉州	405	《大典》卷2755引《清源志·水利》
福建兴化军	486	《大典》卷2755引《莆阳志·水利》
福建漳州	105	《大典》卷2755引《清漳志·陂塘》
福建建宁府	29	《大典》卷2755引《建安志·陂塘》
合计	6072	其中绝大部分为南宋兴修

　　陂塘水利配套设施之一为斗门。斗门，一称陡门。通常指在堰坝或沟渠进出口设置的调节控制水量的设施，一般有多重水闸（又称牐）或巨型水闸构成。有的还立有水则，以测量水位，作为启闭的依据。有的大型斗门还附设桥道、亭子供行人过往休憩。浙东、福建等沿海地区，斗门还与捍海石堤配套使用，有防止咸潮倒灌的功能。今以温州各地斗门为例综述其建造、维修、功能、造价、资本来源等问题。斗门据其规模大小可溉田数百亩至数十万亩。

温地负山濒海,水自诸山溪源达于河,合流于江,入于海。泄而不蓄则旱,蓄而不泄则涝,旱涝皆为民田害。故水势大处则立斗门,小处则立水闸,以时启闭。又各刻记水则以为之节(原注:旧时府治前河中刻记水则一尺有六寸:曰水不尽岸,四寸以下则启;一尺以下为平;一尺有四寸则闭。又如平阳之阴均、瑞安之穗丰等处,莫不有之)①。

温州各县共修水门达 160 处之多,其中永嘉 11 所、平阳 30 所,乐清 100 所、瑞安 19 所,绝大部分始建或重修于南宋,而且多为屡坏屡修,"前仆后继"。修斗门的经费,有地方官府的经费,更多为民间捐助、募集或摊派。今日温州成为民营经济最为发达的地区之一绝非偶然。早在南宋时期,其商品意识,资本运作均已显示出领先的苗头,这也是一种深厚的历史积淀。或许与其负山濒海的地理环境及坚忍不拔、贫富相济的乡风民俗有关。一般而言,规模较大的斗门多由郡守、县令主持,筹集地方财政经费,委官修筑。乾道年间"风潮百里一壑,旧迹顿空",则由"朝拨内帑钱"修筑。中小斗门则一般由退休地方官员、乡绅、富民豪户出资并主持修筑维修。值得指出的是:平阳县万全乡沙塘斗门,地处平阳、瑞安间,"其间三乡,南、西负山,北、东遵海,为田四十万亩。上蓄众流,下捍潮卤,有沙塘为之城垒也;储其不足,泄其有余,有斗门为之喉襟也"。徐谊《沙塘斗门记》寥寥数语,就指出陂塘、斗门在水利中的重要作用。这一温州最大斗门,则为绍兴三年(1133)由曾官太常博士的吴蕴古创筑,累费数万缗,"悉出其家"。但不久即因大水冲决。绍兴五年(1135),范仲淹裔孙范寅孙来为县丞,主持修筑,役工四千,历时月余(凡 13.2 万工)"糜金百余万,皆二邑民输之"。乃二县之民集资而建。赞其事者则吴蕴古之侄吴奂文。乾道二年(1166),又被大水冲决,"塘与斗门尽坏"。淳熙二年(1175),邑宰赵伯桧与吴奂文及其子师尹,仍其旧址而改建,"其深广视旧逾三之一,壮且固倍蓰",得到州郡资助钱 200 缗,历时半岁。"数十年[间],五成而四坏",但吴氏祖孙三代前仆后继,二县邑令

---

① 《永乐大典》卷三五二六引《温州郡志·水利》。以下引文凡未注出处者均据此。又,《郡志》乃明初温州佚志,但本书所采用者,皆南宋时资料。

刘龟从、杨梦龄等全力以赴,这种屡仆屡起的精神十分感人。后又岁收涂[田]租以资葺理工费,遂得"随损随治"①。这种维护制度的建立亦为南宋人的首创。庆元间,县簿赵希祐又加重修。元初,斗门纳粮田入官,修理乏资,故圮。南宋对水利的重视及长效机制,于此可见一斑。

又如平阳阴均斗门,乃嘉定九年(1216)县令汪季良创建,县民林居雅"毁家以相[助]"。先筑土堰一所,又因山麓"建水闸三间,外御咸潮"。此斗门的建立,"三十六源得蓄泄之宜,四十万亩免干溢之患②。"亦为功德无量之水利工程。平阳二十一都的乌屿斗门,建于乾道四年(1168),溉四乡田16.78万亩,规模亦不小。萧渡等六斗门,亦为嘉定年间,应郡守杨简之请,朝廷委官相视而建。全由民间捐资而建者亦不乏其例,如平阳象山(一名象源)斗门,乃嘉泰元年(1201)杨柬之父"倾赀"而筑;乐清县江际斗门,绍熙二年(1191),里人沈文重筑;溉田5万余亩的周田斗门,乃绍兴间李氏、陈氏捐金输力筑成,嘉泰元年(1201),陈烈、王仲章重筑;矢石斗门,乾道九年(1173),王确重筑;始建于淳熙二年(1175)的永丰斗门,南宋中期废坏,里人王霞碧倡修;后复坏,其孙王宗泽于开庆元年(1259)改创斗门,且为桥道往来,筑亭"以憩行人",至明初犹存。塘东斗门,则由里人张金部建于嘉定年间,有石桥。新丰、塘坊斗门,乾道二年(1166)潮坏,由唐氏改筑,上置石桥。屿头斗门,嘉泰二年(1202)由乡贡进士樊若水增筑为二门,后为形势户占据,补筑不时。南口斗门,北宋末建,后因水圮,里人王寅重修。总之,在瑞安的十九座水门中,至少有十座是由民间出资捐建或改建的,占半数以上。

其余未说明资金来源的九座中,只有二座明确记载为官修。其一即石岗斗门,承帆游、崇泰、清泉三乡山溪之源流,为支河(渠?)凡八十四,"注田二千顷",属中型斗门。乾道二年(1166),温州知州王迷(1117～1178)用钱5.4万,委瑞安县尉黄度疏通斗门下故浦6500余丈;淳熙十二年(1185),温守李[械]、通判谢桀,又以钱70万委县簿石宜翁修治斗门,县令刘龟从募民

---

① 引文分见宋子才《万全乡斗门记》,徐谊《沙塘斗门记》;刊《大典》卷三五二六引《温州郡志·水利》。

② 引文分见《大典》卷三五二六引《温州郡志·水利》,同上引林景熙《阴均斗门记》。

钱60余万，以石伐木，修葺一新，两次修治，州出钱754缗，民间募集600缗，合计1354缗①。可见斗门之创建、修治，耗费甚多。官、民合资为南宋水利最常见的筹资模式。如以每座斗门平均耗资千缗计，温州160座约为16万缗。且又旋修旋坏，经常补修，耗资之巨，可以想见。这种“温州模式”的合资兴修水利，在南宋颇具代表性。今天更是“发扬光大”，成为民营经济最发达地区之一。

斗门在其他各路也有，如南宋临安府余杭县就有斗门12处，每座可溉田1～3千亩。可“注泄水势，以利田亩②。”又如兴化军莆田县有陈坝斗门，淳熙元年(1174)，知军潘畤(1126～1189)重造，岁久浸坏。绍熙元年(1190)，“知军事赵彦励更创于旧基之北，灌田”46770亩。直龙图阁傅淇为之《记》云：“莆之为郡，介于山海之间，土狭而少易地，惟南北两洋为广衍，民食公赋，居郡之什伍。”“(埠)[捍]海为田，顷以万计。大溪东来，酾为溉渠，纡余其中。霖潦暴集，弗疏瀹则有浸淫之害；众流下属，弗潴积则失灌溉之利。……昔人为沟为泄，又为斗门，隄防有法，闭纵有时，虽水旱不能为沴，农甚便利之。斗门有三：曰芦浦，曰慈寿，曰陈坝。陈坝独当其冲，上受众流而下泄之海。”赵侯审时度势，“别为斗门三间，靡金钱余四百万(4000缗)，请于常平司得四之一，复撙节他费以足其用，均于民者特旧之半，又择丰产与夫浮图之干勤者董其役③。”据此可知：斗门一间(相当于一闸)其造价约为1300余缗，赵彦励改造者，其经费来源为常平司、兴化军地方财政各补助25%，其余50%即2000缗仍均敷于受益民户。此中型斗门可溉田4.677万亩，其造价及资金来源颇有典型意义。

此外，南宋莆田县重造或新修较大的斗门还有芦浦斗门，可灌田108顷的慈寿斗门，涵头斗门，洋城斗门可灌田61007亩，林墩斗门等④。造价约在

---

① 据《大典》卷三五二六引《温州府志·水利》撮述。又，“温守李”，应作“李棫”，见《严州图经》卷一。“王逨”原误“王远”，据楼钥《攻媿集》卷九〇《国子司业王公行状》改。《行状》称其“除知温州”在乾道三年(1167)，当是。《府志》作“二年”，疑形讹。

② 《大典》卷三五二六引《杭州府志·水利》。

③ 《大典》卷三五二六引《莆阳志·水利·斗门》。

④ 《大典》卷三五二六引《莆阳志·水利·斗门》。

1000～5000缗之间,溉田在1～6万亩间。这5座斗门修造一次之费,至少在1.5万缗以上,溉田在15～20万亩。山区小堰所溉之田数量要少得多,规模极小,似多以民间筹资、出工模式修建。今以临安于潜县为例列表说明如下。

临安府于潜县堰捺及溉田数比较表

序号	所在乡都	堰捺(所)	溉田(亩)	每堰溉田(亩)	说　明
(1)	嘉德乡一都	14	2143	153	本表据《咸淳临安志》卷三九(《宋元方志丛刊本》第3706～3711页)制作。因是山区,其堰捺规模较小,溉田面积颇少,与平原地区及江西等地的陂塘不可同日而语。即使与邻县富阳相比,每堰坝溉田632亩(凡62堰坝,计溉田39170亩——据同上书第3711～3713页合计),相差6.72倍。表明于潜县的土地更为细碎化,农作所花成本更高,这是平原与丘陵山区田作的区别之一。水利条件对于各地农业影响极大,从《咸淳临安志》卷三九(同上第3711页)编者按语可见一斑:"邑山多田,寡水行乎两山之间,凡濒溪低平之地皆有田,俗所谓大源田(水利条件较好的低田——引者按)。外则倚山历级而上者,水皆无及,其所资以灌溉者浅涧断溜,而岁雨时若其稔,几于大源。一有旱暵,拱手待槁。所藉以为民命者大源田,而为田之寿脉者,塘堰是也。"
(2)	嘉德乡二都	21	2545	121	
(3)	嘉德乡三都	12	370	31	
(4)	嘉德乡四都	20	2538.25	127	
(5)	嘉德乡五都	2	1700	850	
(6)	嘉德乡一、三都	(9)捺	85	9	
(7)	嘉德乡六都	29	925	32	
(8)	嘉德乡七都	19	1286	68	
(9)	嘉德乡八都	9	2180	242	
(10)	嘉德乡十都	10	6930	693	
(11)	嘉德乡六、七都	(33)捺	788	24	
(12)	嘉德乡十都	40	1489.5	37	
(13)	嘉德乡十一都	16	1173	73	
(14)	嘉德乡十二都	5	1800	360	
(15)	嘉德乡一、十二都	(8)捺	300	37	
(16)	丰国乡十四都	1	41	41	
(17)	丰国乡十五都	10	1190	119	
(18)	丰国乡十六都	3	660	220	
(19)	丰国乡十三、十四都	(6)捺	210	35	
(20)	丰国乡十七都	30	1170	39	
(21)	丰国乡十八都	19	850	45	
(22)	丰国乡十九都	24	1440	60	
(23)	丰国乡二十都	14	1468	105	
(24)	丰国乡十七都	(5)捺	120	24	
(25)	长安乡二十一都	8	1096	137	
(26)	长安乡二十二都	11	1305	119	
(27)	长安乡二十三都	3	365	122	
(28)	长安乡二十二都	(7)捺	190	27	
合计		388(68)	36358(1693)	94(25)	其中68捺,凡1693亩,每捺溉田仅25亩

这类水利工程,通常由郡县地方官员主持修筑,并负责筹集经费。如绍兴年间,台州黄岩县令杨炜(1105～1156)率民浚渠凡十里。孙觌记其事云:"县有大渠,纳众水而注之海,岁久芜没为平地。遇雨,则水冒田为患。元光

率民田渠下者,合众力疏治之。长凡十里,广深如其故,又筑斗门以时潴泄。至今并渠之田,皆为沃壤①。"类似之地方守令率民兴修水利之事,史不绝书。台州属浙东,濒海,尤重水利。类似例证又见于镇江丹阳练湖。绍兴初(1136～1138),两浙转运使向子諲乞置斗门二,石一,以复旧迹,计度支费万缗。对于调节练湖水量,改善镇江丘陵地区灌溉及漕运有重要作用。《中兴记事本末》言:"镇江府吕城夹岗,地势高仰,久不雨则水浅而漕艰。"这一工程惠及于兼顾灌溉航运之利,到南宋中期,仍在发挥巨大作用。嘉定五年(1212)三月七日,臣僚言:"丹阳练湖,旧系潴水去处,闻之父老,以为放练湖水一寸,可增运河水一尺,其利之博如此②。"

(4)修筑捍海堰堤的技术进步。捍海堤,又称捍海石塘。纵贯苏北著名的"范公堤",南宋时经多次维修,延续至近代仍然成为淮、盐、通地区防止海潮侵袭、海水倒灌的屏障。后代历经增修更延长为北自阜宁,南至启东的800里长堤。尽管南宋至今已800余年,因泥沙淤积而海岸线东移,但范公堤遗址今仍清晰可见。南宋乾道(1165～1173)中,华亭知县丘崈主持增修"里护塘",起今上海嘉定老鹳嘴以南,迄海宁澉浦以西。南宋时浙东海塘在险要处多已改建成捍海石塘。此外在福建、广东沿海也新修建了一些捍海堤。而且是颇具技术含量的新型塘堤。王安石在鄞县始创的斜坡式石塘,越来越多地被用于南宋的海塘修建中,而且在技术上也有创新和改进。如淳熙十六年(1189)定海知县唐叔翰在镇海县西北筑石塘600丈,所砌石条,改为纵横叠砌,在塘下打基础,塘前布挡浪木桩,更具抗御台风海浪冲击的效果。唐叔翰在被誉为"直立式石塘"的北宋人的发明创造基础上,又进行了三项改进或进一步完善:一是采用基桩加固,二是纵横叠砌法的发明,三是增设挡浪桩③。从而为明清鱼鳞大石海塘的修筑奠定了坚实的技术基础。

---

① 《鸿庆居士文集》卷四一《台州黄岩县令杨元光墓表》。据《墓表》称:知台州萧振,"尝屡荐于朝",萧在知州任为绍兴二十年至二十二年(1150～1152),则杨炜(字元光)亦于其时知县。杨炜因抵斥秦桧,而被贬死于海外。

② 引文见《宋会要辑稿》食货六一之一四七,向子諲漕浙时间,据孙觌《鸿庆居士集》卷三二《芳林铭》、《系年要录》卷一一八考定。

③ 参见《中国农业百科全书·农业历史卷》第136页。

　　两浙沿海的海塘修筑技术，更是体现"与时俱进"的科技进步和技术含量。从五代钱氏时创造的"竹笼石塘"，即以"植万桩以杀其中"，"纵横布之如棋局"为主要特色。在北宋初因其难抗大潮冲击而得到改进，即"实石于竹笼，倚叠为岸，固以桩木"，以加强抗御海潮冲击能力。另外，又创制以柔克刚的柴塘和大木柜装巨石联成柜塘等以形成抗巨浪大潮的"庞然大物"。颇富创意的即上述王安石创造的斜坡式石塘，又称坡陀塘，南宋得到推广。淳熙四年(1177)，定海知县陈亮(偶与名士陈亮同名之另一人)又对当地土塘改建，即用其法，又创"用石板以护其外①。"这些层出不穷的新技术，后相继被广东、福建等地采用。

　　(5)在地势较高或离水源较远处，往往利用水车灌溉，这也是南宋最为普及的溉田方式。其动力有人力、畜力、风力乃至机械传动之分。其大型龙骨水车车水功效令人叹为观止。李处权《崧庵集》卷六《车水》诗云："挽尽溪流沮洳浑，幽人昼卧懒开门。诸邻鹅鸭顿亡赖，一夕鱼虾无半存。"虽不无诗人的夸张，但其大旱之年车尽溪塘之流，用之灌溉而抗旱的功效，实不可小视。诗中还透露在李处权的故乡溧阳，不仅有养鸭鹅的专业户，也有以捕鱼虾为生者。这是一个种植业、养殖业、捕鱼业综合经营的水网地区，在江南颇具典型性。

　　车水灌溉早在东汉、三国时即已有之，但广泛普及则在宋代，至南宋时，其器具种类之多，工效之高，已有了划时代的进步。孙觌曾这样描绘其故乡常州无锡一带水车遍野的情景："自归耕，穰田望岁，与老农共为休戚。春夏旱溢，两岸车声如雷②。"翻车，又称水转翻车、踏车，龙骨车等。乃用齿轮链接唧筒原理用之于排灌的农具，简便实用。始见于《后汉书·张让传》，张使掖廷令毕岚，"作翻车、渴乌"，用于"洒南北郊路"；最初，类似于今之洒水车。将翻车用于农业灌溉的首推三国时马钧。唐代已普及翻车于农田灌溉。南宋时龙骨车不仅有气势宏伟的高架翻车，高数丈至十余丈；足踏翻车一般两

---

① 引文见丁宝臣《石堤记》，刊雍正《浙江通志》卷六二；佚名《石海塘记》，刊徐光启《农政全书》卷一六(四库本)。

② 孙觌：《内简尺牍》卷四《与五九兄提举帖(三)》。

人,巨型龙骨车有四五人乃至七人踩踏者。如张孝祥诗云:"江吴夸七蹋,足茧腰背偻。"这种七人共踏的大型水车竟有"瞬息了千亩①"的神效,在抗旱时能迅速排除旱情。

南宋在水流湍急落差大的地方,发明并使用了水转翻车,又有立轮和卧轮两式,不仅节省人力畜力(牛转翻车),而且事半功倍,正如王祯《农书·农器图谱集十三·灌溉门》所云:"当视其水势,随宜用之,其日夜不止,绝胜踏车。"王氏《农书》所载各式水车的形制,皆反映了南宋的实况,疑亦本自曾之谨《农器谱》。乾道六年(1170)六月八日,陆游从嘉兴沿运河北上,途次吴江平望。途中见:"运河水泛溢,高于近村地至数尺。两岸皆车出积水,妇人儿童竭作,亦或用牛。妇人足踏水车,手犹绩麻不置(止?)②。"这种动人情景,成为江南的代表性景观。无论是排或灌,在当代大功率机灌设备问世前,水车之排灌功能令人叹为观止。刘一止(1080~1161)《苕溪集》卷二《水车一首》诗云:"嗟我妇子脚不停,日走百里不离家。绿芒刺水秧初芽,雪浪翻垅何时花。"脚踏水车虽为灌溉最常见的农具,但上联诗充分体现了农作的辛劳,全家男女老幼均得从事耕作,劳动强度也很大。作者为湖州归安人,此当为其晚年归乡时所作,诗后二句反映湖州南宋初已是典型的稻麦两熟区。

南宋水路密布,江河湖沼水利资源十分丰富,但在农忙季节或旱干年分,灌溉、航运的矛盾十分突出,常起争端、械斗或诉讼,尤其是在大运河沿线,兼顾漕运与灌溉成为焦点。典型之例如无锡、常州、镇江一线,随地势的逐渐走高,在水稻栽插灌溉的大忙季节出现数万水车车水溉田的壮观景象,往往使江河断流,影响航运,乃至动用军卒巡河。孙觌贬居无锡时,适逢大旱,他在一封书信中记载了亲闻目睹景象,也提出了解决办法。其说云:"见濒河之民以钱、酒赂巡河吏卒,乞斗硕之水,夜半车声如雷,势不可禁;而不得钱者,毁车具,遭鞭挞,又可悯者。父老言武进有隔(漏?)河,而晋陵有太湖,若引而注之漕渠,并灌两岸之田,州县出片纸可办也。隔湖在塘口,去西门二十里。晋陵自薛堰湖口出南戚野(墅?),无锡自直湖港出络(洛?)社,皆

商旅舟楫走集之地。如薛堰则征税所在。""比见田家凿井救旱",备极艰辛;
而"今集众力开撩泥淤,不过数尺",举手之劳而已。难易昭然,"更冀财
(裁?)处①。"在这通情文兼茂的尺牍中,孙觌备述常州、无锡父老抗旱车水
的艰辛,通航与灌溉的争水矛盾,有多年州郡治政经验的他向常州陈守提出
了引滆湖、太湖之水注漕渠以供灌溉的切实可行的方案。可解旱灾,可抒凿
井救旱之劳,又不妨航运,一举数得,何乐而不为。此简亦反映南宋初常州
水利失修,湖渠淤塞的现状。保持河道的畅通,又是为了商旅舟楫往来,保
障商税的征收,涉及财政收入,与漕运同样是政府必须重视之事。

　类似之事又见于镇江:北宋以来"即练湖以开其源,[建]江闸以节其
流。"湖"汇八十四流注渠百二十里",起到了调节水量的水库作用。但因北
宋末、南宋初围湖造田,引水溉田等原因,湖面湮塞。淳熙间,知府钱良臣曾
浚湖。南宋中期后,"环湖有函,贯湖有埂,埂有碰(方按:水大时,漫水分流
之用),豪强乘间抉而庫之,昼夜走泄,竭泽为田,渠失其源,转漕良窘。乃筑
江口、吕城二坝,障横潦以济之,策斯下矣。"豪强截流灌田,导致漕运乏水。
淳祐中,何元寿知府,竭力修湖复闸,辟淤而湖深,费缗90余万,全由地方财
政支付。主要动用驻军,划片包干。此外,"用民之力,人不过十日,日有给,
旬有犒";达到漕运、灌溉二不误的理想效果。"向所侵田,宛在水底,引而注
之,水落才寸,渠流盈尺②。"此为淳祐二年(1242)十二月郡守何元寿修湖复
闸之记文。宋人通过实践,总结经验,发明了在要会之地撤堰建闸,辅之斗
门、石碰等设施,甚至还有了类似船闸之设施。京口、奔牛闸即其荦荦大者。

　元符二年(1099)九月,"润州京口、常州奔牛,澳闸毕工。"乃应曾孝蕴
请,"宜易堰为闸,以便漕运、商贾。"又不仅为灌排之用。嘉定中,闸坏更葺。
史弥坚《浚渠记》云:"沿渠而闸者五:首曰京口闸,次曰腰闸,又其次曰下中
上三闸","择美材密石而更葺之。"宝祐六年(1258)二月,知府赵与訔重建。
各地因地制宜,镇江地区在漕河设堤坝、堰闸、斗门、水碰、经函、围埠等,南

---

① 《内简尺牍》卷五《与常守陈检讨帖(二)》。此绍兴十二年(1142)致陈正同书,陈于绍兴十
　一至十二年知常州,见《咸淳毗陵志》卷八。
② 引文见《至顺镇江志》卷七《水·漕渠水》,点校本第278~279页。

宋多次修复,不仅解决排灌,还可通漕运、起商贾①。水闸兼顾漕运、商旅往来及灌溉的重要作用,陆游有切身体验,他曾论长江与运河交界处北有瓜州闸,可"入淮汴以至河洛";"南为京口闸,历吴中以达浙江",为两宋漕运之交通命脉。京口之东有吕城闸,在丹阳境;又东则奔牛闸,已在常州武进境。除便于交通外,于水利亦极重要,可调节水源。无此三闸,"则水不能节,水不节,则朝溢暮涸。"嘉泰三年(1203)八月,知常州赵善防易木为石,大修奔牛闸,凡用工2.2万,石[工?]2600,钱以缗计者8000,米以斛计者500②。则每工工直为325文,米2升。

南宋初,奔牛闸似已有类似今之船闸的功能,项安世《平庵悔稿》卷一〇《五日常州借闸》诗有生动的描绘:"踏车如市水如金,守闸如城不放人";"欲换小舟跳堰去,沙边渔子得相亲。(自注:大舟出闸,小舟拽堰。)"而在处州著名的通济堰,其渠口亦可通航,不过范成大乾道五年(1169)制定的《通济堰规》有严格规定,只能"空船拔过",不得"倒拆堰堤",但却妙设船缺。《堰规·船缺》(原注:出行船处,即石堤低处是也):"在堰大渠口,通船往来,轮差堰匠两名看管。如遇轻船,即监梢公(那)[挪]过;若船重大,虽载官物,亦合出卸空船拔过,不得擅自倒拆堰堤。若当灌溉之时,虽是官员船并轻船,并合自沙洲牵过,不得开堰,泄漏水利。如违,将犯人申解使府,重作施行。仍仰堰首以时检举,申使府出榜约束③。"

据《宋会要·方域·闸》④记载,北宋初在楚州、镇江、真州等地"各置造水闸",目的即在于调节水流,兼顾水运与灌溉。南宋兼顾灌溉与航运的水闸主要还有:

(1)镇江潮闸 淳熙六年(1179)三月,镇江知府司马伋"用石修砌潮闸

---

① 《至顺镇江志》卷二《地理·闸》引《四朝国史·曾孝蕴本传》、《四朝国史·志》,点校本第51页。参阅同书第49~58页。

② 《陆游集·渭南文集》卷二十《常州奔牛闸记》,点校本第2165页。又,同书《入蜀记(一)》(第2410页)载:奔牛闸"闸水湍激,有声甚壮。遂抵吕城闸。自祖宗以来,天下置堰军,止四处,而吕城及京口二闸在焉。"此亦述浙西三闸之重要地位,作为漕运交通枢纽,驻军于堰闸,足见宋廷对此交通要津的重视。在漕运与农业灌溉发生矛盾时,当局往往力保前者。

③ 清·李遇孙:《栝苍金石志》卷五。

④ 《宋会要辑稿》误系于食货八之四一至四五。本段以下诸闸引文均见此,不另出注。

门,浚海鲜河,使舟船有舣舶之所",得除"宝文阁待制"。

（2）瓜州闸、真州闸　淳熙十四年（1187）九月,权知扬州熊飞言:"扬州一带运河,惟藉瓜洲、真州两闸潴积,今来河水走泄,只缘瓜(州)[洲]上中二闸久不修整。"乞令"转运、提盐及本州共行修治",从之。

（3）临安府保安闸　乾道五年（1169）二月八日,权发遣临安府周淙（1113～1172）言:"浙江旧有浑水、清水、保安三闸,岁久损坏,已行修治。今欲专差官一员充监闸,常令管辖闸兵,依时启闭,并不住打淘河道,免致湮塞,使公私舟船无留滞之患。"可见置于浙江的保安等三闸亦为具备船闸功能的大型水闸,以保障行都舟船正常通航。监闸与兵丁还有开淘航道的任务。

（4）秀州月河闸　乾道二年（1166）六月,应权知秀州孙大雅之请,秀州境内有拓湖、淀山湖、当湖、陈湖,"支港相贯,四湖皆通",为入吴淞江及入海通道。在本州"境内欲水潦可以无忧而又足以御旱者,莫若修闸与斗门,以时启闭之为利也。"经两浙漕臣姜诜与继任知州郑闻（？～1174）相度,应于"张泾堰旁高两岸[处]创筑月河置闸一所,其两柱(人?)口基脚并以石造。泾内水泛,即开闸以泄之。"诏令是年"十一月兴工"开筑①。可见置闸选址十分重要,大型水闸所费甚夥,须经朝旨批准方能兴工,其经费亦可得中央和漕司资助。作为此闸的配套设施,乾道三年三月,权两浙运副姜诜又请在华亭县张泾、白苧、陈泾、新泾各置一闸,"遇苏、秀、湖三州水泛,候潮退即开闸",得到批准。

（5）洪泽闸　乾道元年（1165）三月十八日,淮南路运判韩元龙言:"催督修整洪泽两闸,自三月初四日兴工,至十二日毕。"诏:"修闸官兵,令总领所

---

① 月河闸开筑于乾道二年（1166）十一月,成于岁末,本无疑义。上引许克昌《华亭县浚河治闸记》(始刊《绍熙云间志》卷下)已明言之,称历时55日而竣工。但《宋会要辑稿》食货八之四二载所谓"考证"云:"宋隆兴甲申(二年,1164)八月,本路漕臣姜诜奏请于张泾堰增庳为高,筑月湖,置闸其上。"疑此乃出自《大典》编者,但已为误读许克昌《记》无疑,其称:"隆兴甲申秋八月,淫雨害稼,明年大饥",上临朝,"分遣使者,发廪赋粟。"显然,"考证"者乃误捏合二事为一。而且姜诜始任运副正为乾道二年五月九日,此前为王炎。见《宋会要辑稿》选举三四之一八,食货七〇之五八。

等第犒设。"此言之未详,洪泽镇,宋属淮阴县,与盱眙军接壤。扼淮河、洪泽湖、运河三河交汇处,故又称淮口。两宋乃漕运通航之要道,上通清、汴,下及大运河,扼千里长淮最险之处,历为交通命脉。洪泽闸又为泄洪通道,无论灌溉航运,均有十分重要的意义。今考洪泽闸始建于唐①,但古闸北宋时早已无存。神宗时,仍未建闸,洪泽闸的重建约在北宋后期,其具体时间已不可考②。今史料中始见的洪泽宋闸,当首推晁说之(1059~1129)之诗。其《景迂生集》卷八《洪泽守闸和二十二弟韵》诗云:"小舟洪泽叹嗟余",据其上首《淮口作》:"王畿敌骑满,何地可逃生?"可知两诗均作于靖康之变后金军南侵的逃难途中。洪泽闸畔挤满待过之舟。足证南宋初,已有洪泽闸,李心传《系年要录》卷二二亦可证:建炎三年(1129)四月,南侵金兵北返,时"泗州洪泽闸有大小官舟千余,皆不取。""洪泽闸军罗成等"不服县吏孙晟"摄行县事","率舟船犯淮阴",后为邵青吞并。绍兴二十三年(1153)二月,洪泽闸似有过一次修葺。据吏部侍郎陈相奏称:"淮南闸损处甚多,不止洪泽[闸]"③。隆兴二年(1164)冬,北伐失败后,叶公好龙的宋孝宗惊惶失措,有《御札》付心腹杨存中,令其相机可毁拆淮东诸闸:"瓜(州)[洲]、真州二闸紧急,亦宜毁拆。"又云:"洪泽闸已行毁拆未?清野事如何施行④?"时已作最坏打算,可见三闸在水路交通要津中的重要地位。时人对隆兴、乾道和议有辛辣的嘲讽,不失为政治讽喻诗中的佳作。如虞俦《尊白堂集》卷二《初八日早出洪泽闸泛淮》:"乾道年中再讲和,当时议者厌干戈。长淮不管蛟龙怒,巨舰宁容鹅鹳过。"杨万里《清晓洪泽放闸四绝句》,今日读来犹惊心动魄。其一云:"起来霜重满淮船,更觉今朝分外寒。放闸老兵殊耐冷,一丝不挂下冰滩。"其二曰:"满闸浮河是断冰,等人放闸要前行。劣能开得两三板,

---

① 袁说友《东塘集》卷四《闸柱》(诗序云:"唐建洪泽闸,旧基犹存两柱,柱径丈余。传疑云:柱有灵,凡舟过而误触之者能作孽。")可证。

② 《长编》卷三四一元丰六年(1083)十一月己巳条载:都水监丞陈祐甫言:"今相度既不用闸蓄水"云云,可证时未建闸,仅于是年开浚河底,引淮水通流而已。参见《宋史》卷九六《河渠六》。

③ 熊克:《中兴小历》卷三五,四库本。

④ 《赵氏铁珊瑚网》卷二,四库本。又,绍熙四年(1193)五月,临安府通判、其孙杨文晖跋云:御札存其家。

争作摧琼裂玉声。"放闸老兵的艰辛,"雪溅雷奔"的"奇观"(同上其四),跃然纸上,栩栩如生①。顺便指出,从临安府至淮河入口,仍有多处兼具航运、灌溉功能之闸,依次为临平镇长安闸,秀州城外杉青闸,常州奔牛、吕城闸,扬州邵伯闸,淮阴洪泽闸等②。

(6)五泻堰闸　在常州无锡县以北。乾道三年(1167)四月二十四日,两浙漕臣姜诜言:"其堰有闸一重","通彻江阴军等处"。"承前除纲运及重船开闸通放外,余舟止车堰。后以无锡利于拘税,恐车堰走失,即将旧堰掘断,自收掌闸钥,不以大小空重舟船,并闸内通放,致启闭无时,失泄运(河?)水。闸板多浮,不相连贴,亦不着底,水从板罅昼夜流入里河。今相度于五泻堰闸里更添闸一重,并修筑元堰,依旧车打小料舟船。诏本州措置。"可见南宋时已熟练掌握车舟过堰技术,除重船及漕舶外,一般不轻易开闸,为防运河水流失,水位低落,影响航运。如闸板不紧密而漏水,亦可加筑双重闸门,使其不再流失。

(7)吕城三闸　吕城原有上下二闸,因年久失修,庆元五年(1199)正月十九日,两浙漕司、提举司言,知镇江府万钟乞于吕城"添置一闸","由本府自备工役",先行修葺二闸,接续修造新闸,从之③。可见在运河通航的重点部位在不断修整旧闸的同时,仍在营造新闸,目的仍在航运、灌溉两不误。

有些闸的设置则有害无益,如镇江栲栳闸,"城下放水",水道通澈里澳,城河地势较低,放水不出,导致"水涨入城,反为民患"。故乾道元年(1165)正月,从知府方滋(1102~1172)之请,置闸闭断,使"运河水不入子城"。台州黄岩县官府目光短浅,为了向舟船收取"过路费"的蝇头小利,绍兴年间,竟在县东东浦开凿建置常丰闸。"欲令舟船取径通过,每船纳钱以充官费。

---

① 《诚斋集》卷二七。笔者在洪泽湖畔生活过20余年,曾有过严冬被冰封在湖心三日,整日靠"湖水煮湖鱼"果腹的奇遇;但读杨万里之诗,仍未免惊心忸目。雄伟的洪泽三河闸,作为新中国最早水利工程之一,今已成沟通淮河、洪泽湖、运河水系的大型水利枢纽,开闸时万马奔腾及万船云集待过闸的壮观,仍记忆犹新而叹诚斋之妙笔。

② 郑刚中《北山集》卷十三《西征道里记并序》。其序称:绍兴乙未(方按:己未,即九年,1139之误)随签书枢密院事楼炤(1088~1160)西行7200里至凤翔府,安抚陕西新复军民,途经诸闸。又据楼钥《攻媿集》卷一一二《北行日录下》所载,还有崇德长河闸。

③ 以上两例均见《宋会要辑稿》食货八之四三。

一日两潮,一潮一淤,才遇旱干,更无灌溉之备。"故浙东提举奏请废闸,夷为平地,"自今永不得开凿"。因有妨农田水利,朝廷批准毁闸。同样,在黄岩县,浙东提举勾昌泰于淳熙十一年(1184)十一月奏请开浚官河九十里,"原有五闸,久废不修",相度开河达31.9万丈有奇,建闸"约费二万余缗",请求从漕司支拨,未获;再请,孝宗拨度牒20道,每道作价700贯①。同在黄岩,同一年内,或废或修水闸,目的全为了灌溉农田。

于此亦可证见,一所小型水闸,约费4000缗左右,地方州郡、监司应有能力支付,只有像瓜洲、真州、奔牛、洪泽这样的大闸,花费浩大,须得中央财政或内库的资助才能修筑或改建。另有一些水闸与航运无关,而只是用于灌溉,有的还与斗门等配套使用。规模较小的如:庆元(1195~1200)中,吉州泰和知县卓洵访求水利,县之东北"其流低洼,田亩高迥,橘橰难施,营造六闸,务潴泄以救旱涝,共灌田一万余亩②。"规模稍大的如宁国府化城、惠民两圩中的斗门闸,乾道七年(1171)十一月十二日,判宁国府、魏王赵恺言:"两圩周回已置立斗门共二十四所,两旁用石筑叠,及以沙板安闸,高筑土钳,常加坚实,及斗门递年专轮圩户四名防守。""欲行下宣城县令佐,今后遇圩内积水深长,外河水低于斗门,即仰守圩人户申官,躬亲先次集众开斗门出入,候毕,即依旧安闸筑塞。及常切禁止圩民不得盗决堤岸,犯者依法施行。"从之③。赵恺作为孝宗宠爱的皇子,在任地方官时能有如此重农亲民意识,难能可贵。江东的圩田正是依赖日益发展的技术进步,及严格的规章制度,经常的水利维护监督机制,才成为旱涝保收的高产稳产田块。

南宋水利,另一值得探讨的问题是沿长江地区的防汛、抗旱及通航、渔业、灌溉兼顾的问题。东西向横贯南宋全境的大江,给我们留下不少探索的空间。历来的地方官,也多予以充分注意。如常州"北边扬子大江,南并太湖,东连震泽,西据滆湖,而漕渠界乎其间……水利之源多于他郡,而常苦易旱之患"。其原因有三:一为漕渠过境180余里,"形势西高东下,加以岁久

---

① 分见《宋会要辑稿》食货八之四五至四六。
② 光绪《江西通志》卷一五《水利二》。
③ 《宋会要·方域·斗门》,《宋会要辑稿》误系于食货八之五二。

浅淤","水无所受,旋即走泄,南入于湖,北归大江";二是"支沟别港,皆已堙塞,故虽有江湖之浸,不见其利";三是漕渠负担过重,"每遇水涩,纲运便阻;一入冬月,津送使客,作坝车水,科役百姓,不堪其扰。"总之,未能沟通长江、太湖水系,调剂余缺,合理分配水利资源之故,导致的严重后果是:不仅影响漕运及水路交通,更在于"溉田"缺水,影响农业生产①。故北宋时的"苏湖常秀"相提并论,南宋时,常州产量就无法与苏湖等郡同日而语。水利设施的欠缺是关键的因素,而苏、秀、常的垦田面积约略相近,主要在于单产水平的高低②。南康军防江石堤的修筑,不失为万里长江沿岸水利的一个缩影。崇宁中,知军孙乔年始改筑南康军沿江石堤,长 150 丈,广 3 丈,内筑二澳,可容千艘船舶。淳熙七年(1180),知军朱熹申准提举司,拨官钱粮,募民增筑。增高旧堤三尺,浚二澳之淤,堤外打桩以固护,闸内浚池引水。以收防洪、抗旱、通航、灌溉之利,凡五阅月而成③。

长江沿岸水利面临的一个共同难题,是如何解决水溢时排水入江,干旱时防水走失。各地多有不同对策。如淳熙九年(1182),淮南漕臣钱冲之建议修复真州陈公塘,"发卒贴筑周回塘岸,建置斗门、石磴各一所。"水大可放水或漫溢,旱干则闭闸贮水,以为溉田之备,又可灌注漕渠,一举而三得。又如淳熙十二年(1185),"和州守臣请于千秋涧置斗门",以时启闭,"以防麻、澧湖水泄入大江,遇水旱灌溉田畴。"再如淳熙十四年(1187),知扬州熊飞请令有司修治真州上下两闸,以防运河水走泄入江。而瓜洲、真州两闸"迫近江潮,水势冲激,易致损坏"④,经常维修,就成当务之急。

(二)南宋水利经费的筹集及其费用水平

关于南宋水利建设、维修资金的来源及其筹集渠道,学者已有论著研究,大致认为由政府和社会民间共同负担。中央政府尤其是内藏出资较多,路级监司主要由提举常平司负担,州郡及县因地方财力不足,经常性的预算

---

① 此嘉泰元年(1201)知常州李钰之说,见《宋史》卷九七《河渠七》,第 2410～2411 页。
② 参阅拙文《关于宋代江南农业生产力发展水平的若干问题研究》,范金民主编《江南社会经济研究·宋元卷》第 543～544 页,农业出版社,2003 年。
③ 详吕祖谦撰《南康军修筑石堤碑记》,刊正德《南康府志》卷七。
④ 以上三例,并见《宋史》卷九七《河渠七》,第 2394～2395 页。

不平衡,只能少量资助。民间资金往往由富户、田主出资承担,或官民合办,出钱出粮,或单独承担小型工程经费,其出资额与中央及监司的"财大气粗"无法比拟。梁庚尧教授在其博士论文《南宋的农村经济》中特撰《南宋水利建设资金的来源》一节①,对上述问题举大量例证进行了充分的论述,其说甚允。但似仍有细密化或进一步补充的必要,今略抒鄙见,以就教于梁教授及方家。此外,若干水利工程的经费,似可进行必要的定量分析,从中总结出各类水利工程的大致造价,浚河、修圩每里的工程预算,每个工日支付钱、粮的水准等。当然用计量分析的方法研究宋代经济史,常会遇到许多困难,其结论也往往会有不确定性或相当大的误差。但仍值得作一尝试。

其一,梁著称:因户部经费不如皇室私藏——内库充沛丰裕,故大笔水利经费支出常诏令由内库拨付,诚为有识。但内藏支拨有时并非钱粮,而是度牒。度牒存在是否能变卖的问题,即使能变卖,也并非能在短时间"变现";而水利工程一般或农闲兴工,或因水旱灾害急需修筑,有较强的时效性,故拨度牒似有"口惠而实不至"之嫌,至少仍需地方州郡垫支。这里姑举嘉定年间的几个例证:嘉定十七年(1224)二月一日,诏令"封桩库支拨度牒一千(十?)道,付福州。每道作八百贯文会子变卖价钱,贴充开浚西南二湖使用。务要实浚流通,经久便民(从本州守臣胡永之请)②。"又如嘉定十四年(1221)六月二十五日,诏令支拨度牒 12 道,"付庆元府,每道作八百贯文,变卖价钱充修砌上水、乌金等处碶坝及开掘、夹砌道士堰、朱赖堰坝工物等使用"。同年十二月十七日,应浙东提刑兼知府汪纲请,"诏令绍兴府就于桩管米内支拨三千石;仍令封桩库支拨度牒七道,付本府每道作八百贯文变卖,并充开河使用。务在如法开浚,经久流通③。"此外,由户部拨付的水利经费,也采取变通办法处理,即由封桩在各地的钱粮中先予支取,再从上供的数额中扣除,不仅可以应付水利工程的急需,还可以节省缗钱尤其是粮食的

---

① 参阅梁著第 186~201 页,台北联经出版事业公司 1985 年修订再版。下简称"梁著"。
② 《宋会要辑稿》食货六一之一五〇。"一千",疑是"一十"之误。每道 800 贯,已为 8000 贯;如是"一千",则已为 80 万贯。南宋初,全国规模出售度牒亦不过一千道。福州为全国递度僧道最多之地,但如一千道亦远非短期所能变卖;且疏浚二湖 8000 贯足矣。
③ 并见《宋会要辑稿》食货六一之一四九。

运输费用。在浙西等畿辅地区多设置此类桩管仓库，以使就地取"财"，不失为一举两得的好办法。如《宋会要·方域·运河》有载：淳熙七年（1180）八月十六日，诏令开浚临安府至镇江府运河的"浅涸去处"，令沿路各州郡于朝廷现桩管会子内支拨经费：平江 3 万贯，临安、秀、常州各 2 万贯，合计 9 万贯；这段运河全长 140 里，约需开浚 113 里。平均每丈需钱 965 文，即约为 1 贯文；约折 10 个工直。平均每里预计费用为 796.46 贯文，即近 800 贯。如每日用 6 万余夫，每夫工钱约 1.5 贯文，如以日工 100 文计，合计用工 90 万，则半月（15 天）可了当。各州郡仍于"见管未起发户部并总领所纲运钱内支拨①"；即全由户部——中央财政承担。

其二，梁著认为地方州县因财政困难，各地中小型水利工程往往由专职机构——提举常平茶盐司承担，由常平钱粮支付，常平司还承担救荒、赈贷等职，其经费又经常被军费挪用，故亦常借支义仓钱米。此说亦无可厚非，但梁教授似忽略三点：一是无论取自常平或义仓的钱粮，均属借贷性质，皆须偿还。无论是由地方政府筹措，或由获益农户偿还，均属借支，必须归还。与中央财政或内藏的无偿拨付完全不同。其次，路级监司中，常平司固然是水利的主管机构，但转运司（漕司）亦经常参与协调，甚至筹措经费，有时数额较大。三是地方州县中，主管农田水利的也确为通判、县丞，但作为"一把手"的郡守、县令（知县）亦视农田水利为重中之重的首要"公务"，往往亲自协调、督办，筹措经费更是义不容辞。在南宋时期，也往往"一把手"起决策作用。而通判、丞簿等往往只负责具体施工的组织。以上诸项，亦仅姑举数例以证之。

（1）借支常平、义仓的水利钱米与贷给民户种粮，同样必须归还，南宋初已有明诏规定。如绍兴二年（1132）十二月十六日，诏："太平州诸县兴修圩岸，钱米及借贷人户种粮，令于宣州义仓、常平等米内取拨一万硕。仍令太平州认数，候将来圩田收成日，却行拨还②。"此云由"太平州认数"，即包含两层含义，一是由本州从圩田官租中还贷，二是将万硕借拨之米，分摊给受

① 《宋会要辑稿》方域一六之三四至三五。
② 《宋会要辑稿》食货六一之一〇七。

益人户(史料中称"食利人户")归还,由太平州代收(或通过加租方式)。

(2)在李椿年制定的绍兴经界条例中,即明确规定"食利人户"有义务兴修陂塘等水利设施,其法:由保正长担保,分三年在种田收益中归还。而且,作为一种制度毋须再请示批准。绍兴十二年(1142)十二月二日,两浙运副李椿年制定的"措置经界事画一条例"中有一款规定:凡"有陂塘塍梗被水冲破去处,勒食利人户并工修作,如有贫乏无力用工者,许保正长保明,以常平钱米量行借贷;如常平钱米不足,乞以义仓钱米借兑,候秋成以收到花利,分三年还纳。仍乞免复奏及执事不行。"从之①。

(3)浙西平江府、秀州等36浦,为入江、入海通道,经常湮塞,中央和地方化大量财力多次开浚,却又旋淤,多则数十年,少则数年。南宋以来,主要在常熟、昆山的36浦,成为浙西水利中的难题和关键,其经费的筹措更是困扰中央与地方政府。据《宋会要辑稿》食货七之五一至五六记载,其筹集水利经费不外中央财政户部与内库,常平司、转运司等监司,地方州郡及"食利人户"均出工力,"有田之家"计亩均出钱米等多渠道筹集。其详见下文论述。绍兴十五年(1145)七月,两浙运判吴玙奏:浙西"常有积水之患",北宋末,提举常平"赵霖开浚华亭[等]处沿(沿?)海三十六浦,决泄水势,二十年间,并无水患。比年以来,诸浦堙塞,上河水泛,漂损田亩不可胜计。欲乞委浙西常平司措置支借常平钱谷,谕人户于农隙之际并力开浚,以为永久之利。"从之②。

(4)毋庸讳言,在常平钱谷其他支出不多,或有结余的地区,常平司也会少量"量给钱米",给予临时性补助。但似极为罕见,且数量也颇有限。淳熙十年(1183)三月二十三日,浙西提举王尚之言,秀州华亭县"所开五河虽已深浚,而民户田亩沿流去处不多","全得小港取水灌注";"欲令本州候今冬农隙劝谕食利人户,各行开通小港,官司量给钱米,以助其费。庶几有田之

---

① 《宋会要·食货·经界》,《宋会要辑稿》食货六之三八。
② 《宋会要·方域·水利》,《宋会要辑稿》方域一七之二二至二三。又,"吴玙",《宋会要辑稿》原误作"吴恫",据《吴郡志》卷七、《咸淳临安志》卷五〇、《宋史》卷九七《河渠七》改。

家相率协力易成。"从之①。则即使是所费无几、惠及田主的小型水利,在动员"食利人户"兴工开浚时,官亦"量给钱米"予以补助。这种常效机制乃南宋所创立,于农业生产的发展实乃功德无量。另有一种特殊情况,即雇募饥民充农田水利工役,其钱米亦由常平钱粮支给,但此已属赈济被灾流民的救荒性质。淳熙九年(1182),朱熹在浙东提举任,当时浙东大旱,上奏状提出其救荒措施,其中有一款云:"检准常平免役令,诸兴修农田水利而募被灾饥、流民充役者,其工直、粮食以常平钱谷给。臣契勘本路水利极有废坏去处,亦有全未兴创去处,欲俟将来给到钱物,即令逐州计度合兴修处,雇募作役,既济饥民,又成永久之利,实为两便②。"显然,这是需要得到朝旨批准的应急措置,平时的水利经费借支常平钱谷不适用此项。《宋会要》等官私史料中,关于常平钱粮充水利经费必须归还者堪称俯拾皆是。今再举数例:

如乾道六年(1170)十二月十四日,监行在都进奏院李结上《治田利便三议》,曰"敦本"、"协力"、"因时"。其"敦本"有云:"乞诏监司、守令,相视苏、湖、常、秀诸州水田塘浦紧切去处,发常平、义仓钱米,随地多寡,量行借贷与田主之家;令就此农隙作堰车水,开浚塘浦,取土修筑两边田岸,立定丈尺,众户相与并力,官司督以必成③。"又如乾道七年(1171)二月四日,知绍兴府蒋芾言:"本府会稽德政乡有田万二千亩",因"被水,细民殆无生意","古有后浦,在下流凡十里余,"由于"损坏湮塞,每遇溪流泛滥",即成灾;其田虽"一再插种,并无收成。乞于本府常平钱借支二千缗,义仓米借支三千斛,就行赈济,因以开浦。从之④。"此虽属被水赈济性质,但常平、义仓钱米仍为借

---

① 《宋会要·方域·水利》,《宋会要辑稿》方域一六之四一。
② 《朱熹集》卷一七《奏救荒画一事件状》,点校本第 687 页。浙东是年旱灾十分严重,朱熹提出一揽子救荒措施,是年七月,孝宗出内藏南库钱 30 万缗,以备赈粜(《宋史》卷三五《孝宗三》,第 678 页)。又,南宋常平、义仓钱米的收支有严格的法令规定,不得擅自挪用。朱熹在巡部至衢州时发现,擅支常平义仓米凡 48797 石有余,以充官兵俸料,即连上二状弹劾(两状分见《朱熹集》卷一七第 675～677、682～683 页),云:"义仓谷唯充赈给,不得他用,即擅支借移用,以违制论"。"常平之法,所以准备灾伤,广行赈给,民命所系,利害非轻。"知衢州沈密一即缘擅支常平义仓米而"降一官"(见《宋会要职稿》职官七二之三五)。
③ 《宋会要·食货·水利》,《宋会要辑稿》食货八之一三,六一之一二〇。
④ 《宋会要辑稿》食货八之一四至一五。

支,由绍兴府负责在秋成后偿还,是否分摊给被灾受赈当地农民,则语焉不详。也有可能以地方财政的节余经费或另筹他款清偿。再如绍兴二十八年(1158)十一月九日,被命"覆视"平江府水利、"详究利害"的任古奏:昆山已开四浦,"尽为松江大水涨遏其外,发泄迟缓,是致诸浦蓄水,难以兴工。欲候江水减落,岸塍出露,人户自行开掘,亦不愿支破钱米。若内有贫乏无力之人,乞量借常平官粮,宽立年限,分料送纳,乞以民便。""并从之①。"

其三,梁著指出,主管农田水利的路级监司为常平司,州县则委之通判、县丞。从专职分工而言,确实如此。但南宋的事实却完全打破了这种专业分工。监司中,转运司主管财赋等,农田水利责无旁贷,经常需要组织协调、筹募资金,某种程度而言,其参与程度较之常平司有过之而无不及。提刑司主管刑法等,对于水利建设中的违法用地,官拨钱粮的使用监督,豪势大量圈占、围裹公共水面、湿地等违法行为,负有督责的执法权,也经常参与水利事业。一些大型水利事业,需要本路各州乃至与邻路州郡的合作,有时就需要安抚司帅臣出面协调或总领其事。在特殊情况下,一些军事首脑,如有"四大帅之一"誉称的名将吴玠对汉中山河堰修复的领导及全面掌控,包括协调钱粮,调发官兵兴役等,就是典型的例证。此外,如名将王彦、岳飞均有在营田庄兴修水利的事迹,此在本书第二章已有略述。一些重要或有争议的水利工程,朝廷还常派遣专使或特使"相度利害"或会同监司处置;权重事专的总领所"总领",有时也受朝命协调水利兴修工程。而州县守令作为"一把手"主官,就更是对水利的兴修与维护责无旁贷,义不容辞。其作用与影响远非通判、县丞可及。总之,作为行政头等要务之一的各地农田水利,是监司与郡县"齐抓共管"的题中之义。中央及地方监司、郡县三级各部门对水利事业的"共同关注",体现了南宋中央政府对农田水利事业的重视;其消极作用是会互相扯皮,有"踢皮球"现象发生,但此为官僚集权体制的通病或痼疾。这种各部门密切合作兴办水利的机制,早在南宋初就已形成,有一条史料,较好地说明以上各点。绍兴二年(1132)三月二十七日,都省言:"太平

---

① 《宋会要辑稿》食货七之五四至五五。

州、宣州圩田,累降指挥专委太平州守臣张锌、宣州通判樊滋,同本路漕臣、提刑司并力修治,尚虑不切用心,理当专责帅臣提总其事。"诏专委李光①。

仅《宋会要·食货·水利》所载,或由漕司主持水利,或由转运、提刑司主持圩田的史料也不乏记载,今仅举三例:其一,江东运判陈敏识甚至被赋于调动宣州常平、义仓米贷借圩田户使用之权。绍兴二年(1132)四月二日,诏:"江东运判陈敏识,将宣州见管常平、义仓并惠民圩租米"19700 余石,于内支拨 13000 硕给与太平州外,"余数拨付宣州,并专充贷借圩田民户使用。"即 6700 硕用于宣州圩户。虽有可能时江东提举见阙,由运判陈敏识代行职权,但足以证明漕臣预修治圩田等水利事宜②。其二,太平州政和圩的开掘,即由转运、提刑司"相度定夺"。绍兴四年(1134)九月二十二日,太平州言:政和二年(1112),本州将路西湖兴修作政和圩,"山水泛涨","无以发泄,遂致冲决圩埠,损害田苗。乞废田,依旧开掘为湖。""户部下本路转运、提刑司同共相度,逐司言:决圩为湖,委是经久利便,从之③。"其三,绍兴五年闰二月四日,应知湖州李光之请,"诏令逐路转运,限半月躬亲前去"各路州县"相度利害",应否退田复湖,"申尚书省④。"诏令将开掘湖田的予夺之权赋予诸路漕司。

转运司亦经常筹集、调拨经费,以支持州县水利经费的不足,这类调拨、资助的经费一般不用偿还。类似例证,史料中堪称不胜枚举。姑举三例:如淳熙二年(1175)十一月二十二日,两浙运副赵磻老言:开浚临安府长安闸至许村一带漕河,约需钱 1.05 万余贯,由"本司管认应副外",合支米 2362.5

---

① 《宋会要辑稿》食货七之四一。又,是年,李光知建康府兼江东帅使。宣州之所以委之通判樊滋,是因为新守李处励尚未到任。说详同书食货七之四二:"可改委新除守臣李处励措置"云云。又,是条错简,应为绍兴二年四月一日诏,但却误系于三年五月十日条后,应乙至七之四一"专委李光"后。

② 《宋会要辑稿》食货七之四二。此条亦错简,应乙正于七之四一"三年三月二十九日"条之前。陈敏识绍兴元年十月辛卯至三年三月甲申任江东运判,史有明证,分见《系年要录》卷四八、卷六三。

③ 《宋会要辑稿》食货七之四二至四五。

④ 《宋会要辑稿》食货七之四三。

石,"乞于朝廷桩管米内给降。从之①。"又如乾道七年(1171)七月二十五日,将作少监马希言:"被旨覆实太平州修圩利病,欲望委自有圩田州县守令措置……。诏令逐州守臣措置。"希又言:"乞再委三州军守令应私圩未修去处,以田亩十分为率,借米一分,令日下修葺;仍令被水之圩更与给借粮种,候秋熟分两年剋纳,并须遍及四远乡村。先以所管常平米支,如不足,转运司就邻近州县取拨应副。"从之②。可见,转运司仍可弥补常平司贷给水利钱米的不足部分。再如徐安国《重修南下湖塘记》云:绍熙五年(1194)秋八月,"洪发天目诸山","冲决塘岸百余所,漂没室屋千五百余家"。"重为三州、六邑之害"。两浙运副黄黼,"锐意兴复,力请于上,取弃地于马监,发陈粟于丰储,出钱币于漕库,关器用于殿司";雇用饥民、流民"日役数千人,所活甚众③。"此湖塘在临安府余杭县,浙漕黄黼主持,水利用地取于已废之马监,水利钱由漕库支付,水利粮则由丰储仓储备粮拨充,所需器物则取之于殿司;又重演雇募饥民充役故事,一举而数得,足见漕司这一机构的协调机制和黄黼的领导能力。

郡守、县令主持州县地方水利兴修,而不仅是通判、县丞之职,史料记载就更为比比皆是,亦姑举数例。(1)乾道六年(1170)六月二十二日,知宁国府姜诜言:南陵有"不曾决破圩田九所",欲今冬"措置修圩,以系官钱、米募民兴工。"从之④。(2)同年九月二十八日,新自太平州徙知泉州周操言:"太平州所管圩田,每遇水灾,除坏(除?)大圩官为兴修外,其他圩并系食利之户保借官米,自行修治。……诏:应有圩田合修治处,仰逐州守臣稍加检实,及工役合用钱米支费,具数限一月闻奏⑤。"(3)乾道四年(1168),知临安府周淙"出公帑钱,大浚治城内外河",凡6250丈,据上考约6.25万工日。又置巡河铺屋30所,撩河船30只⑥。(4)朱熹于淳熙中(1179~1181)知南康军,

---

① 《宋会要辑稿》方域一六之三四。
② 《宋会要辑稿》食货八之一四。
③ 《咸淳临安志》卷三四,《宋元方志丛刊本》,第3670页上。
④ 《宋会要辑稿》食货八之一二。
⑤ 《宋会要辑稿》食货八之一二至一三。
⑥ 《咸淳临安志》卷三五《山川一四·河》,第3674页上。

申状请修石砌隄防及石闸。监司准申,拨官钱一千贯文,米五百石,委官检计工料修筑。石闸至明初犹存,"止是砌石损动"①。此为沿江防风浪冲决石堤。(5)绍兴七年(1137)五月,两浙漕使向子諲(1085～1152)奏称:镇江练湖,"堤岸弛禁,致有侵佃冒决,故湖水不能潴蓄,舟楫不通,公私告病。若夏秋霖潦,则丹阳、金坛、延陵一带良田,亦被淤没。臣已令丹阳知县朱穆等增置二斗门、一石碰及修补堤防,尽复旧迹②。"

其四,梁著认为:水利经费的来源,主要为中央财政、内藏的资助,常平司及州县财政的支付,及民间资本的筹募;是否还有其他来源? 答案是肯定的。首先,在夏秋二税中有附征水利钱米的实例。南宋后期,至少在广西南宁府宣化县,在夏秋二税中附征农田水利钱米。其数量为:夏税钱 2278.741 贯文足,内 727.611 贯文足,系收农田水利夏税钱;秋粮 6913.46 石,内 1823.8 石,系收农田水利税米③。水利钱粮分占二税钱米的 31.93% 和 26.38%,比例已相当高。这为目前所仅见关于南宋水利史料之创例。这种类似于二税附征的创举,究竟是个别现象,还是有法令依据的制度范式;是偶一为之的地方性规定,还是有普遍意义的一般规则? 因史阙有间,尤其关于南宋中后期史料的大量佚失,已难作判断,但作为毕竟出现过的历史现象,即使仅为个案,也应引起我们充分关注。

其次,发包给寺院僧人,利用民间贷款兴修捍海长堤,以学田为抵押,五年为限,以每年三分之二学田租还贷;这是南宋后期福建兴化军莆田出现的一大创举。这种模式已开创近代普遍采用的贷款兴办水利、筹集款项的新思维。顾若愚《莆郡复学田记云》:壕塘"诸泄渐堙而为田,乾淳间悉以归诸学。""岁在癸未(嘉定十六年,1223),秋潦骤至,一夕尽决,风潮乘之,汇而为渊,水失其性,农废其业。""丁亥(宝庆三年,1227)之秋,寺丞、龙图陈公宓乃以所辞俸钱八十万为之倡,通守陈侯振孙赞之,涉冬而内隄

① 《大典》卷八〇九二引《南康郡志·水利》。
② 《宋史》卷九七《河渠七》,第 2404 页。向子諲绍兴六至八年任两浙转运使,徙都漕。见《鸿庆居士集》卷三二《芝林铭》、《筠溪集》卷五《向子諲两浙都转运使制词》及《系年要录》卷一一八。
③ 《大典》卷八五〇七引《建武志·赋税》。

成。始议筑抵海长围,更择浮屠氏之有智计者任其事。然役巨费夥,不获已,听其称贷;约后五年收其租入,以三分之一归于学,则与巨室共之矣。"端平间,知军杨梦信捐公帑钱 30 万,那兑养士钱 30 万,赎田而归。又捐30 万而学"用益纾①"。此抵海长围,实亦捍海堰,采用发包给寺僧,用贷款方式筑堤,以五年学田租之 2/3 归于浮屠。这在南宋水利工程兴修中不失为一大创举。如仍以同上《莆阳志·诗文》所载学田四记所述之学租累计为租谷 3202 硕②,每石稻谷如以 1.5 贯文计,凡 4803 缗,加租钱 90 余缗,约为 4893 缗。每年还贷约为 3262 缗,则五年计 16310 缗,如计息钱为10%,则这一捍海长堤的造价应在 14679 缗(即 1.5 万缗)左右。这种估计虽未必正确,但这种用民间贷款兴修水利工程实在不失为前所未有的创举,而且是颇具商品意识观念的一种尝试。这在筹集水利经费中也堪称颇具前瞻性的探索,区别于一般的资金筹集渠道。虽为不得已而为之,且以学田为抵押的有偿贷款方式,但在近八百年前的南宋,无疑是一种值得倡导、令人耳目一新的全新思维。

复次,建立专项水利储备基金,以所收租课、租金等储备作为常年维修水利经费。楼钥《攻媿集》卷五九《余姚县海堤记》有载:庆元二年(1196),绍兴府余姚县在知县施宿倡议下,"建一庄,约为田二千亩",先从上林海沙田得 230 余亩,又得东山汝仇湖外之地 683 亩,再得龙泉桐木废湖田 745 亩;三块水利田合计为 1658 亩(原文误作 1668 亩),继续物色补足至二千亩之数,可以所得"禾稼实利,以助"水利之费,拟建仓"专储粟,以备修堤之用",以达到"岁省重费,民遂息肩;浮土为千金之堤,斥卤化膏腴之地"的目的。又如吉州龙泉县原有"大丰陂仓,在簿厅西偏(边?)。嘉泰元年(1201),簿王楹置,收租以供修陂之用③。"复如以滩涂湖荡之利以充水利经费之补。《宋会要·食货·水利》载:淳熙十一年(1184)十一月,浙西堤举刘颖被命相视水利称:"华亭县塘岸西绵亘七十余里,所管堰兵不多,每遇修葺,全藉食利

　①　《大典》卷二一九八四引《莆阳志·诗文》。

　②　《大典》卷二一九八四引。

　③　《大典》卷七五一四引《龙泉志·仓廪》。

人户。以为所筑堤岸,止是沙土,每岁未免少有坍损。……今踏逐到运港堰外旧泾二十里,目今潮泥填塞,生出芦柴,约岁或得柴三万余束,若以一半为看管、采斫工力之费外,岁可得钱三数百千……。足可赡给支用"。此为以芦柴出售之钱,以备修筑坍损堤岸之用。此外,再如淳熙十六年(1189)五月知严州钱闻诗言:浚湖官"填筑堤岸,得地百余丈,造盖三十六家;募赁,赁直三岁计得千缗,可以浚溪湖①。"乃将填筑堤岸用土空地起房出租,用房租钱充浚湖经费。均不失为以水利所获充经费的良策,虽所得无几,却也不无小补。

最后,以水利受益民田数量,均敷民田,计亩出钱、粮、工料。如绍兴八年(1138)十一月二日,御史萧振言:乡里"凡系陂塘堰埭民田共取水利去处";"不若随其土著,分委土豪,使均敷民田,近水之家,出财谷工料,于农隙之际修焉②。"总之,千方百计多渠道筹募水利经费,以敷所需。绝非只有中央、地方财政及民间私募水利经费等渠道。

南宋各时期、各地区,因经济发展水平的不同,物价、货币制度的变化,各种类别水利工程的难易程度,即使规模相似的工程,其修建、浚治的费用也各不相同,有时会有较大差异。一般而言:经济发达地区的水利工直单价即所费钱粮比欠发达地区为高;有技术含量,如需用石工等技术工种的堰闸、斗门等较之一般土方工程的开浚河道等单价更高。南宋晚期,同类规模的水利工程造价及工直单价远较前期为高,一般随时间的推移而逐渐走高。今将本书上文已述及之例及从史料中搜集到的其他例证,列成一表,以清眉目,并便于对各要素作一比较,可对南宋水利工程的造价及财政的投入水平有一比较直观的了解。先考察一下概况:南宋水利工,以每夫每日的工作量计为工日,量给钱米。这一"工作量"如以浚河开淤为例,在南宋初也有一个约略的标准即"每工开[挖?]运土四十尺"。这是绍兴元年(1131)两浙运使请开上虞县梁湖堰东运河浅淀处约一里半,朝命工部郎官实地"相度",计积

---

① 分见《宋会要辑稿》食货六一之一三〇,六一之一三四。
② 《宋会要辑稿》食货七之四五。

242100 尺,需"开濬",计用 6052 工,而得出的数据①;但史料中已误计或讹倒作"六千五百二工"(6502)。即每里约用 4035 工。而江东太平州、芜湖等地筑圩,每里平均用工约 6622 个②。筑圩与开浚,有难易程度的差异,故用工有多少之分。

本书上文已述及,淳熙元年(1174),江东九州军 43 县,修浚陂塘沟堰 22451 处,凡用工 1338150,溉田 4424200 亩,食利人户 148760 户③。平均每处仅用 60 工,溉田 197 亩,户均约水田 30 亩(29.74 亩),这与本书第三章估计户均田数略同,绝非巧合。每处沾溉的受益人户也仅 6.6 户。这些最小的水利设施,一般由"食利人户"自行出资兴办,州县只负责督办、协调及处理用水矛盾、纠纷等。如以上述江东每个水利工钱粮两项合计 200 文计,只有 12 缗左右,每户仅负担 1.818 贯文左右。类似之小工程,因而不再列入本表,以免繁琐。南宋孝宗初浙西平江府的一个水利工直约为 85 文,米 3 升④;如米以每石 3 贯文折价,合计约为 175 文,大致钱米二项合计约 200 文左右。这似可视为南宋中期以前的一般性指标。但其地区差别则显而易见。如绍兴三十一年(1161)成都府双流县修治渠堰,"日费米,人二升;薪菜之钱二十。""皆取给于田主,而奸民豪姓往往靳嗇,侥倖苟免,不肯供役。"其标准远不如浙西的水利民工,而又且筹集相当困难⑤。建小型水闸,每所约费 4000 缗。见《宋会要·方域·闸》:"元有五闸,久废不修";"建闸一事,约费二万余缗⑥。"

---

① 《宋会要·方域·水利》,《宋会要辑稿》方域一七之一八。
② 《宋会要辑稿》食货七之五〇:"芜湖县万春陶新、政和等圩捍三所",共长 145 里有余,合用 960134 工。即 960134÷145=6622。
③ 《宋会要辑稿》食货六一之一二三。又据《宋会要辑稿》食货七之五五载:绍兴二十八年(1158)十一月,任古与徐康同常熟县官覆视五浦,欲先浚治雉浦、黄泗二浦,凡用工五千人为率,月余可毕,则需工日 15 万。每浦又仅需 7.5 万工日。较陈弥作及赵子潇等所云少得多,或仅为大略框估。但浙东标准又有不同,《宋会要辑稿》食货六一之一一九载:"每工日给米二升"。方按:有可能为"二"系"三"之误刊。
④ 《宋会要辑稿》误系于食货八之二〇至二一,八之二四。此乃《宋会要·方域·水利》内容。
⑤ 任渊:《双流昭烈庙碑阴记》,四库本《成都文类》卷四六。
⑥ 《宋会要辑稿》误系于食货八之四六。

南宋各地水利工程费用水平(钱粮工直)比较表

时间	地点	水利工程	工日(万)	钱	工直	粮	每工	备　注
				缗	文	石	升	
绍兴十四年(1144)	秀州华亭	顾会浦	20	25000	125	7200	3.6	民工 2220 人,90 日而成。杨炬《重开顾会浦记》,《云间志》卷下。
绍兴二十八年(1158)	平江府常熟昆山	开浦九处	337.4664	337466.3	100	101540	3	《宋会要》食货 7 之 53。
隆兴二年(1164)	平江常熟昆山	开浦十处	322.73	275772	85	96857	3	《宋会要》食货 8 之 20~21,8 之 24,工直:常熟 80 文,昆山 100 文。
乾道元年(1165)	平江昆山	新开塘浦	13.46	10200	76	5775	4.3	范成大《昆山县新开塘浦记》,洪武《苏州府志》卷 48。稻麦 7700 钟折米。
乾道二年(1166)	秀州华亭	浚河治闸	*8.96	9354	104	2390	2.7	许克昌《华亭县浚河治闸记》,《绍熙云间志》卷下。
乾道六年(1170)	浙西江阴军	浚港渠修闸	37.09	32300	87	11400	3	章洽《江阴军乾道治水记》,嘉靖《江阴县志》卷 9。
乾道六年(1170)	兴元府	修山河堰	53.5878	31260	58	/	/	阎苍舒《重修山河堰记》,康熙《汉南郡志》卷 18。
乾道七年(1171)	绍兴诸暨县	开凿湖田浚淤	68.15	/	/	13630	2	《宋会要》食货 61 之 119。
乾道九年(1173)	江东太平州	修圩堤 400 里	/	23570.4	/	2757	/	《宋会要》食货 8 之 17。每里约 59 缗,粮 6.87 石;隆兴二年、乾道六年则每里费钱 120 缗,粮 14 石。
淳熙二年(1175)	临安府	浚长安闸至许村运河	*7.875	10500	133	2362.5	3	《宋会要》方域 16 之 34。
淳熙二年(1175)	镇江丹阳	练湖浚湖治堤	22.6297	21314.8	94	18080(8080?)	8(3.6?)	陈伯广《练湖浚湖记》,《嘉定镇江志》卷 6;米数疑衍"一万"二字,应为 8080 石,如是,每工为 3.6 升。

续表

时间	地点	水利工程	工日(万)	钱 绢	工直 文	粮 石	每工 升	备 注
淳熙七年	临安至镇江	浚浙西运河113里	*67.5	90000	133	20250	3	同上,每里约需5973工,钱776绢,米179.2石。
绍熙五年(1194)	兴元府	修治山河堰	15.98	10000	63	/	/	晏袤《山河堰赋》,《八琼室金石补正》卷116;《金石萃编》卷151《山河堰落成记》。
绍熙五年~庆元二年(1194~1196)	临安余杭县	修南下湖塘	24.4224	28292	116	6616	2.7	徐安国《重修南下湖塘记》,《咸淳临安志》卷34。北宋末石工工直443文。
庆元初(1195~1196)	绍兴余姚县	修筑海堤	12	15000	125	/	/	《攻媿集》卷59《余姚海堤记》。
庆元末(1199~1200)	潼川府	筑江堤	3.84	3840	100	1536	4	韩己百《王公堤记》,《全蜀艺文志》卷33。用工274人,工直140文,疑为石工,故工直较高。
嘉泰三年(1203)	常州	奔牛闸修治	2.26	8000	354	500	2.2	《吴中水利全书》卷10,工直较高,因有石工2600工,另需购置材料之故。
嘉定七年(1214)	镇江府	浚漕渠修五闸	37.6592	100000	266	8000	2.1	《嘉定镇江志》卷6,工直较高因须大量石工及建筑材料。
嘉定十年(1217)	平江府	疏锦帆泾	3	3000	100	/	/	明·张国维《吴中水利全书》卷10。
绍定末(1231~1233)	兴化军	修太平陂	0.6	1500	250	/	/	《后村先生大全集》卷88《重修太平陂记》,其中有石工及材料费,故拉高工直。
淳祐六年(1246)	庆元府	浚河置碶闸	*717	55700	78	/	/	《宝庆四明志》卷4,浚河民工23.9万,月余而竣工,推算工日。

上表有些工日数原缺,据史料中提供的其他数据推算,如第5项许克昌《记》中称民工为11200,而技工七倍,则合计为8.96万工;如工日数缺,则或

据米每工 3 升推计之,或据民工数和工期相乘而得之。共四项,均在工日数前标以 ＊号以区别之。大致而言:每工日支水利粮在 3 升上下,个别浚湖工程量大的则为 2 升,工直约在 100 文左右浮动,最高者为 133 文,最低约 78 文,浮动幅度在 20% ～30% 。只有陕西兴元府山河堰二例分别为 58 文及 63 文,乃地区差价。两浙等地有三例工直分别为 354 文、233 文、250 文,高得离谱,乃因有石工、碶工等专职水利技工工价及材料费用在内。如据徐安国《重修南下湖塘记》北宋末石工工直已为 443 文,南宋当更高。另外两个拉高单位工直的因素:一是购置木石料等材料费,修闸与修石陂均需大量石料及石木工,二是对监修官吏或调用军兵的犒赏。关于后一拉高工直因素,在南宋中后期已蔚然成风。今以南宋庆元府茅针碶的工程预决算等为例予以说明。

据《开庆四明续志》卷三《水利·茅针碶》记载:"茅针碶,在慈溪县德门乡,沾其利者凡鄞、慈、定三邑。"在废闸旁"别为新闸,凡阔三丈四尺;立五柱,分四眼,眼阔七尺六寸。视旧增九尺",臂石 20 层。凡费钱 42717 贯,米 213 石。"工始于八月十七日,成于十二月五日。"监造都吏王松,将校林技;竣事后,分犒王一千贯,林五百贯。这一水利工程的总造价为:钱 42717 贯,米 213 石。米以每石 5 贯折计①,为 1065 贯;合计 43782 贯。此可视为工程预算,其开支为:①监吏、将校犒赏 1500 贯,占预算 3.43% ;②民工日增支钱 1.5 贯文,凡 7100 工,则为 10650 贯,占总预算 24.33% ;③食米 213 石,1065 贯,占预算为 2.49% ,三项合计为 13215 贯,占 30.93% 。其余 69% 的经费中,据另一项洪水湾水利工程技工及土地费占约 19% ,则材料及其他开支约占造价的 50% 。但洪水湾工程的预决算费用及各项比例与此大相径庭,更耐人寻味。

洪水湾,在著名的庆元府鄞县它山堰区,这一工程的总造价为 21600 贯。其支出主要有:①监修这一工程的监官人从口券 2880 贯,监官、主簿特送 300 贯;竣工时,正将郑琼、都吏王松犒送 2000 贯,监官及其人从犒赏支费为

---

　　①　每石米折价 5 贯,据《开庆四明续志》卷四《广惠院》。

5180贯,已占经费总额的23.98%,几近1/4,属间接费用的人情犒赏支出比例高得惊人。②下桩、搭垛技工凡790工,工钱为2675贯,每工为3.386贯文;比上例所述每工1.5贯文工役费高125.73%,技术工工直的成倍增长古已如此。这部分工费占总额的12.38%。③征用土地费为1340.455贯文,占6.21%。④料钱为12400贯,占总额的57.41%。工程始于宝祐六年(1258)十二月十三日,完工于开庆元年(1259)二月十五日,工期凡63日,平均日支经费342.857贯文①。所需民工经费尚不在此总经费内,似为摊派"食利民户"或另有经费安排。此一工程直接费用为76%。与茅针碶合而观之,已具备南宋中后期水利工程中各项支费的全部要素。资料如此齐全,数据基本可信,类似之例在关于南宋的史料库中也许是绝无而仅有。

今据南宋名相吴潜判庆元府四年间全用地方财力支付完成13项水利工程列表如下,可见一地方州郡水利支出的规模及水平。四年间(1256～1259)共支付33.6万余缗,粮946.34石(其中6项未列入统计),如按平均水平,补为13项,则应为1757.5石。如仍以每石5贯的粮价折计,13项粮价为8787贯,钱粮两项合计为34.5240万贯,平均每项水利工程价为2.6557万贯,平均每年为8.631万贯。这是一笔不菲的开支,全由地方财政支付就更不容易。于此可见南宋后期水利费用水平升幅很大。另一原因为物价飞涨,货币贬值。如工直就涨至五倍之多。

宝祐开庆年间(1256～1259)庆元府兴修水利钱粮费用表

序号	名称	地点	钱(贯)	粮(石)	备 注
(1)	洪水湾	鄞县它山堰区	21600	/	地、工、料钱占76%
(2)	茅针碶	慈溪县德门乡	42717	213	役工日支钱1.5贯,米3升;
(3)	练木碶	鄞县塘乡	44628.9	168.54	南宋末工价、夫米均上涨
(4)	黄泥埭	慈溪县鸣鹤乡	7000	/	其中2000,浙东提举捐助
(5)	新堰	慈溪县德门乡	23610.8	113.4	石堰,合桥亭之费
(6)	北津堰	鄞县西北二里	10541	/	
(7)	林家堰	鄞县东手界乡	37017.7	/	其中3000,浙东提举捐

---

① 《开庆四明续志》卷三《水利·洪水湾》。

续表

序号	名称	地点	钱(贯)	粮(石)	备　　注
(8)	黄家堰	慈溪县德门乡	2000	/	
(9)	支浦闸	慈溪县东乡	20600	90	其中里人捐米30石,钱5000贯
(10)	永丰碶	鄞县城西	47916	137.4	
(11)	开庆碶	鄞县手界乡	45800	124	旧名鹊巢碶已废为田
(12)	郑家堰	郡城南半里	25000	100	旧俗呼郑十八郎堰
(13)	管山河	慈溪之夹田桥	8021.4	/	慈、定、鄞三邑蒙利
合计			336452.8	946.34	

此据梅应发《开庆四明续志》卷三《水利》(《宋元方志丛刊本》第5952~5957页)制作。上表所列均为小型水利工程,全在吴潜判庆元府时完成,这几年庆元府财力充沛,助学、赈济、赡养、蠲免等开支也很大。在吴潜判府的四年间,官办民助的模式,似在这一地区或仅见于微型小工程。另外,履亩摊派敛钱只在乾道间偶一为之。可贵的是:前二个工程还留下了水利工程的预决算明细账。也许庆元府地方财政的水利经费投入并无普遍意义,仅是特殊例证。但如果以州郡每年投入农田水利经费为8.6万缗框估,则南宋后期仅小型水利经费的投入全国约200州郡就高达1720万缗;其中的绝大部分应是民间资金。但中央、地方政府为主投资的大中型水利经费,应不低于此数,保守估计,南宋后期全国每年的水利经费应在3500万缗以上,其中半数约为官方投入,足以反映政府对水利的重视及水利长盛不衰的原因。

二、南宋水利事业发展的原因

南宋水利事业大规模发展及技术进步的迅猛,是不争的史实,其对农业生产的发展,二熟制种植制度及经济作物的推广,商品性农业的跨越式发展及划时代进步,均有举足轻重的积极影响。在本书第一章中,已简略分析南宋政府对水利事业的重视及关注,这里不妨进一步探索一下南宋水利事业有长足进步的其他原因。

(一)对水利事业重视的舆论氛围

水利是农业的命脉,也是社会生产力的一个重要方面。水利事业的发展,与其所处时代的自然与社会条件有十分密切的联系。相对于南宋人关于围田的不同议论,对于水利建设的重视,却是达到惊人的一致,有一种十分好的社会氛围。"全民办水利",从某种程度而言正是这种舆论积极影响的成果。关于水利的重要,南宋人有许多精辟的议论,今略举其颇有代表性的数家。陈耆卿(1180~1236)论浙东水利则尤为精赅,其《筼窗集》卷四《奏请急水利疏》云:"水在地中,犹人之有血脉,一日壅塞,必有受其病者。故水利一事,忧民者多疚心焉。""夫稼,民之命也;水,稼之命也。"其疏又论浙东山田,尤重水利,百姓常因涓滴之争而争斗,甚至丧命。豪宗强族则霸占水源,以邻为壑,州县则无所作为。陈氏开出的药石之方是:"遴选官吏,遍行根括,其芜没不治,或为大姓所雄据者,极力疏导,俾还其初。至于陂泽未成,而可经营沾丐者,亦必广为浚凿,以苏焦槁。"则其言诚可贵。

生长在福建又曾宦游江西的黄榦(1152~1221),则对陂塘之利体会尤深,他说:"陂塘之利所以灌注田亩","江西之田瘠而多涸,非藉陂塘井堰之利,则往往皆为旷土。比年以来,饥旱荐臻,大抵皆陂塘不修之故。"建议"申严旧法",州委通判,县委县丞,"农事空闲之际,责都保聚民浚深其下而培筑其上。"如此坚持不懈,"则天灾不能为害,丰登可以常保①。"其说平允,深中肯綮,其法亦简便易行。于此可见陂塘对于农业发展的重要意义。尤其是全民动员,兴修水利的识见,更是不同凡响。

李流谦(1123~1176)论川蜀水利云:"蜀之为国,夫旱干水溢之忧者,以堤堰为命尔。故蜀人视堤堰修坏,以为丰歉之候②。"川陕的都江堰、山河堰等大型水利枢纽确成为农业发展的命脉,成为旱涝保收的基础。成立在《花屿湖记》一文中说:"国之利害民为重,民之利害农为重,农之利害水为重。"当时为抵制盗湖为田者,灌区之民乃至以死相抗争,"郡邑之士,交章叠状,射湖为田者众,而乘利之民辄食而相会,约以死拒,曰宁致吾身,不可夺吾子

---

① 《勉斋集》卷二五《代抚州陈守奏·陂塘》。此其嘉定初知临川县时,代知抚州陈广寿草,见《大典》卷一○九五○引《抚州府志》。
② 《澹斋集》卷九《与汪制置札子》。

孙之利①。"成立目睹浙东水利之重要,发出与陈耆卿有异曲同工的妙论。这种情形,不仅对山海之间艰于稼穑的农民而言有现实意义,即反映南宋农户对水利的渴求,对丰收的期盼,同样十分警策。项安世(1129~1208)以形象思维的方式诠释了水利是农业的命脉这一真理。其诗曰:"蓄为陂与塘,凿为沼与沚。大者川浍储,小者沟洫侍。蔬畦行溉泽,花径分汛洒。麦畴散余润,稻畎入清弥。掘井得釜鬵,渔溪得鲂鲤。②"项安世的诗以精辟的语言,诗人的丰富想象,充分反映水利对南宋农业、蔬菜、花卉种植,稻麦两熟的沾溉,及对发展养鱼、水产捕捞业的重要。联系上引杨万里对江东圩田的讴歌,足证早在南宋时代,水利是农业的命脉这一观念就已深入人心。

(二)有水利不受侵犯的法令制度

南宋法规明令禁止侵犯公共水利设施。《庆元条法事类》卷四九《农田水利·田令》有载:"诸江河、山野、陂泽、湖塘、池泺之利与众共者,不得禁止及请佃、承买。监司常切觉察,如许人请佃、承买,并犯人纠劾以闻。河道不得筑堰或束狭,以利种植。即潴水之地众共溉田者,官司仍明立界至,注籍(原注:请佃及买者,追地利入官)③。"又,同书同卷《户婚敕》(第683页)有具体处罚的规定:"诸潴水之地(谓众共溉田者),辄许人请佃、承买;并请佃、承买人各以违制论,许人告。未给、未得者,各杖一百。"即当事者、批准者,均受严厉处罚;即使未能得逞,亦须予以追究。又,同书同卷《格·赏格》(第685页):"告获请佃、承买潴水之地,每(取?)亩[赏?]钱三贯(一百贯止)。"

但违法案件仍屡有发生,乃至常有诏旨下令查处,以免愈演愈烈。如绍兴二十一年(1151)十一月二十一日,诏:"诸路州县灌溉民田陂湖,往往被人侵占。令户部行下提举常平官,躬亲措置,申尚书省④。"严禁非法侵占公共水利的诏令一再颁布,堪称三令五申。如:绍兴七年(1137)五月十二日,重

---

① 雍正《慈溪县志》卷一四。成立,嘉定中为庆元府慈溪县令兼领主簿事。
② 《平庵悔稿》卷一《水阁诗寿王丞相》,宛委别藏本。此诗题下原注:"代崇庆钱知府作",崇庆府即蜀州,淳熙四年(1177)因高宗潜邸而升府。王丞相,指王淮(1126~1189),淳熙八~十五年为宰相。
③ 戴建国点校本第684页。
④ 《宋会要辑稿》职官四三之三〇,同书食货六一之一一一。

申灌溉湖面不许出卖,诏:"临安府余杭县南北湖依旧存留,灌溉民田等用,不许辄便出卖①。"

又如规定没官田充水利田使用。绍兴二十年(1150)四月壬子(六日),诏:"自今没官田土更不许人承佃,并拨归常平司,与见兴修水利田一就措置②。"再如远在四川涪州发生的请佃承买潴水地事件。绍兴二十八年(1158)九月二十五日,知涪州程敦书言:"稻田以水为本,故无渠堰而田宜稻者,则有潴水之地,以待灌溉。比缘经界官吏以民间潴水地为'天荒地',豪猾游手因而结交州县,请佃承买,泄其水以为可种之地,独擅其利。田既无水,岁失播种。乞行下诸路,如有请佃承买潴水地者,即为改正。"从之③。这是明显的违法侵占公共水利行为,可贵的是:知涪州程敦书未停留在就事论事而是请求举一反三,在全国范围内查处类似事件。此可证在涪州(治今重庆涪陵)南宋初已种水稻,又可证当时四川已行经界。不过因吏治的腐败,用人失宜,遂致豪猾将用于灌溉稻田的水源地——所谓"天荒地"的潴水地通过承佃请买等方式据为己有,此亦经界中的弊端。类似之处还有将湖田、水利田、陂塘等小型水利设施圈占为己产而独擅其利。

对于屡禁不止的围湖造田、壅水损害民田事件,更是严令追查,在孝宗朝颇有力度。留正《中兴两朝圣政》卷二九载:乾道二年(1166)四月,"[诏]除浙西围田,以其壅水害民田故也。"隆兴二年(1164),刑部侍郎吴芾奏,自其元年知绍兴府以来,征发民夫490万工,"开鉴湖,溉废田"270顷,"复湖之旧,又修治斗门、堰牐十二",虽夏秋雨多,"亦无泛滥之患"。"民田九千余顷,悉获倍收。"水利对于农业生产之重要性,"为利较然可见④"。可见南宋对于非法围裹湖面的行为,有持续不断的"开凿",以还周围农田及"食利人户"享有灌溉的权益。身为刑部侍郎的吴芾就更从法制的角度推动还民于水利的事业,尽管举步维艰,仍不遗余力。即使寺院非法请佃的湖田亦坚请

---

① 《宋会要辑稿》食货六一之一〇九。
② 《系年要录》卷一六一,四库本第327册,第247页。
③ 《宋会要辑稿》食货七之五四。"结交",同书六一之一一四作"交结"。
④ 《大典》卷二二六七引《越州图经志·湖泊》。

开决。其一,隆兴二年(1164),知绍兴府吴芾奏:"能仁寺请佃"山阴鉴湖湖田3193.25亩,有妨灌溉民田,请开决。既废田还湖,李显忠又乞将镇江赐田以换,吴力奏不许。其二,淳熙九年(1182),度支员外郎姚述尧上奏称:"传法寺僧请佃明州定海县凤浦、沈窖两湖八百亩为田,契勘两湖可以灌溉田二万六千余亩。"乞"尽行开掘,复为平湖,以为旱干灌注之利。"从之①。各地官员对于这类侵犯公共水利湖面用地的行为决不姑息,一般均能得到朝廷的批准或支持。

尽管一再三令五申,甚至加重处罚力度,但买佃江湖草荡,违法围田者仍屡禁不止,甚至有些地方为增加租赋而网开一面,南宋政府对这种现象进行了反复禁止,但南宋中期以后成效不大,吏治的腐败往往使法令成为一纸空文。淳熙三年(1176)七月二十三日,诏:"浙西诸州县,辄敢给据与官民户及寺观买佃江湖草荡围筑田亩者,许人户越诉。仍重置典宪,监司常切觉察②。"嘉泰三年(1203)十一月十一日,南郊赦文:"在法,湖塘池泺之利与众共者,不得禁止及请佃承买,监司常切觉察。如许人请佃承买,并犯人纠劾以闻,请佃及买者,追地利入官。访闻比年以来,县道利于赋入,违法给佃,或作荷荡,或作草地,容令形势之家占据,侵夺小民食利③。"其后,南郊赦、明堂赦及登极赦文中一再出现类似文字,表明禁者自禁,犯者自犯,在南宋中后期有愈加蔓延的趋势。违法侵占水利湖面及灌溉用地者多为豪势之家,侵犯的却是平民百姓的公共利益。

南宋中期以后,臣僚以越州鉴湖及兴化军木兰陂为例,对官豪巨室侵占水利提出严厉批评。嘉定十五年(1222)四月五日,臣僚言:"越之鉴湖,受溉之田,既半会稽";"今官豪侵占殆尽,填淤益狭,所余仅一衣带水耳。""兴化[军]之木兰陂,始为富人捐金兴筑,民田万顷,岁饮其泽。今酾水之道,多为巨室占塞。时或水旱,乡民至有争水而死者。水利之在天下,顾何地而不可

---

① 分见《宋会要辑稿》食货六一之五〇,六一之一二七。
② 《宋会要辑稿》食货六一之一二五。
③ 《宋会要辑稿》食货六一之一四四。

兴,今遗陂故堰,古人之已兴修者,听其湮废而不修之欤①!"历史悠久的绍兴鉴湖和兴化军木兰陂的水利之巨大功能,至南宋中后期,几因官豪富民的非法侵占,而丧失殆尽。大型水利设施不能发挥其蓄水、灌溉作用,对当地农业生产会导致灾难性的后果。不幸的是,南宋中后期,随着权臣当政,连年宋蒙战争的加剧,类似之事在不断发生。农业的歉收,必然导致税赋流失,对国家财政收入,无异雪上加霜。

可贵的是:在南宋迄今可见的法令及诏令中有不少属于制度范畴的积极因素,如关于兴修水利占用土地的补偿,建立常设的撩湖厢军,有维护水利运作的常效机制等。各举数例以证之:如水利取土用田,一般用官田。隆兴二年(1164)十月二十日,权发遣临安府黄仁荣请以马监之地1659亩,及余杭南北两湖官地7904亩"涨泥堙塞"处,由民工"任便取土,兴修浚治"南塘堤岸,可"隔护湖水","以杀水势",以免"浸损民产"。从之②。兴修水利如需占用民田,一般可以官田拨还。淳熙二年(1175)三月十六日,淮南运判赵思言:"天长军天长县因修筑石梁高湖坝,有浸潏过人户田土,已承指挥,将营屯田及系官田土倍数拨还。如有愿认元浸潏田之人,经官自陈,照契依数给还。却将倍拨田拘收入官司。若止愿种倍拨田,即拘收元潏田入官。务要两从民便。"从之③。南宋政府在淮东比较重视水利修复,此乃修天长石梁高湖坝之例,此湖乃天然水库,天长地势低洼,筑坝可防内涝。在官办兴修水利过程中,注意对被淹民田的补偿。事后,田主还可选择置换倍拨官田或仍耕原淹过田,此不失为颇具人性化的便民措置。

南宋在兴修水利时,除大量征用或雇用民工、水利技工外,还调用军队。如在本书第二章也提到的吴玠运用禁军修山河堰,王彦"八字军"在荆襄修堰营田,绍定元年(1228),孟珙创平堰于枣阳,建通天漕引水溉田,岁获15万石,皆为明显的例证。此外,宋代在浙西平江、行都临安府等地及漕渠沿线、大型堰闸所在地,还设置专职的"撩湖军"及巡河、守堰闸厢军。充分显

---

① 《宋会要辑稿》食货六一之一五〇。

② 《宋会要辑稿》食货八之二二。

③ 《宋会要辑稿》食货六三之二二二。

示南宋政府对大型水利设施及要害部位的重视程度。有时兴修大中型水利工程还大量抽调地方守卫部队和厢军应役。在待遇上除享有原有的俸粮及衣赐外,还有每日一定的补贴及犒赏等。姑举数例:乾道元年(1165),"诏开昆山新洋江、至和塘。五年,增置撩湖军兵专一管辖,不许人户佃种菱茭,包围堤岸①。"又如平江开浚常昆三十六浦入江入海通道时,经常调用驻本府许浦水军及其船只设施等。临安府开浚运河,曾大规模调动两浙各地厢军三千余人应役,乃至出现"吃空饷"的"腐败"事件。而在风光秀丽的西湖,则自南宋初起就有专职"撩湖军"的配置。绍兴四年(1134)正月,临安府开撩运河,征调两浙40州军厢军士兵役使,凡4124人,但点检结果仅役兵三千余人,领兵军官显有"伪冒请领"、"支破钱米"之嫌。故侍御史辛炳言,"已降指挥:量行犒设,具到除役兵外,六项属官,三项使臣,四项人吏、贴司,所支钱自五贯、三贯、两贯至五百文";"名色猥多,不无冒滥。"其所列举不应预赏的官吏即达252人之多,已占役兵的8.4%,如以平均每人犒设2贯计,即虚支504贯文②。犒设带兵官吏及相关监督、技术人员,在南宋水利中已是惯例,从南宋初至南宋末均有其例可见,如上述《开庆四明续志》卷三《水利》所载。绍兴十九年(1149)八月十一日,知临安府汤鹏举言:"绍兴九年(1139)八月十七日已降指挥,许本府招置厢军兵士二百人,衣粮依崇节指挥例支破。见管止有四十余人,今已拨填凑及元额,盖造寨屋、舟船,每名日添支米二升半,钱五十文,专一撩湖③。"这一笔相当于民工日支米钱的额外补贴,堪称优厚。如以岁计,则为米1825石,钱3650缗。当由中央财政户部或地方财政支付。相当于可造溉田10万亩左右的斗门或水闸一所的资金。

因水旱洪涝、台风海潮等灾害,水利设施经常会淤塞毁坏,年久失修也会导致斗门堰闸等毁损。水利设施需要经常维护、增修或开浚治理。宋代不仅有中央——路——州县的三级专职机构专人负责,而且,也将是否保持水利设施的完好正常发挥效能作为地方守令考绩的依据,这是保持水利

---

① 康熙《昆山县志稿》卷三《水利·治水纪绩》,点校本第49页,江苏科技出版社,1994年。
② 《宋会要·方域·水利》,《宋会要辑稿》方域一七之二〇至二一。
③ 《宋会要辑稿》方域一七之二四。

事业稳定发展的重要举措。地方州县的行政主官充分重视水利事业，水利的长效机制就可能得到保障，在"官本位"占统治地位的南宋就更是如此。另外，就是制度层面的保障，如范成大制定的《通济堰规》就是典型的范例。

南宋一再颁布诏令，对州县守令水利建设方面是否有所作为进行考核，赏优罚劣，以相激劝。如绍熙二年（1191）七月二十二日，诏："守令凡到任半年之后，具所部有无水源湮塞、合行开修去处，次第申闻。任满之日，亦具已兴修过水利画图缴进。择其劳效著明、功垂久利者，特与推赏，以激劝之①。"对于专司农田水利之责的地方基层官员，则督责、考核尤为严密。乾道九年（1173）十一月二十五日，"诏令诸路州县，将所隶公私陂塘、川泽之数，开具申本路常平司籍定。专一督责县丞，以有田民户等第高下，分布工力，结甲置籍，于农隙日浚治疏导，务要广行潴蓄水利，可以灌溉公共田亩。如无县丞处，即责以次县官。"岁终，以工力多寡、怠慢与否，"本州参酌"保明，"申常平司差官覆实"，申朝廷推赏或取旨责罚②。

江西吉州为南宋著名的稻米产区之一，水利的重要性不言而喻。气节之士王庭珪（1080～1172）以其诗笔如实记载了其乡安福县的一位县丞，不畏豪强，开浚寅陂，还水利于民的动人事迹。其《卢溪文集》卷二《寅陂行》诗序云："安成西有寅坡，灌田万二千亩。废久，官失其籍，大姓专之，陂旁之田，岁比不登。邑丞赵君搜访耄耋，尽得古迹。乃浚溪港，起堤阏，躬视阡陌，灌注先后，各有绳约不可乱。是岁绍兴十三年（1143），适大旱，而寅陂灌万二千亩，苗独不槁，民颂歌之。……丞不肯自言，部使者终不及省察。"两宋之际，水利失修，豪姓大户，勾结官吏，废湖泊陂塘，侵占为田者，比比皆是。王庭珪听到家乡父老的由衷赞叹，才用史笔记下这位不畏强权的县丞，使其事迹不至湮没，他确实为当地农民做了一件大好事。故这位县丞离任时，村村农民入城相送，挽住马头不忍其行。诗中记述老农之言称："自从陂废田亦荒，官中无人开旧渎。公沿故道堰横流，陂旁秔稻年年熟。"类似这位

---

① 《宋会要辑稿》食货六一之一三五。
② 《宋会要辑稿》食货六一之一二二。

地方官员重视水利的事例还有很多,如光宗、宁宗之际任吉州永丰尉的陈元勋,虽非专职所司,亦倾全力,动员豪民疏凿旧陂,使民得灌溉之利。"其在永丰时,访境内水利,得旧陂十有八所。谕豪民并力疏凿,讫事不扰。堤防既密,水积益富,用以溉田,为顷二万有奇①。"

曾在绍兴七年(1137)知明州时增广德湖田之租为 4.5 万硕的仇悆(？~1246),曾遭到其继任者张纲的严厉批评。但在他退休后,寓居乡邑奉化却判若两人,成为热衷于兴修当地水利的致仕官员。其"所居长汀东堤数里之间,流多曲折,而淫雨潦涨,故堤不足以捍横流。肆其冲激,民居垫溺,禾稼被伤者岁有之。公与乡父老谋,修筑堤塘约七百余丈……。又于堤塘北伐石为一碑,名曰沙堤堰,以通田涧故沟,涝则杀其水势之奔突,旱则资其清流之灌注②。"

(三)水利经费的募集标准及官民分工合作模式的建立

官民分工合作,兴治水利,这堪称南宋的一大创举。南宋大中型水利一般由地方官员负责修治,官出钱粮,征用水利所在地民工及专业技师。小型水利一般由民间量出钱物,进行修治。绍兴四年(1134)二月八日,浙西宣谕使胡蒙奏言可证:"乞行下两浙诸州军府,委官相度管下县分乡村,劝诱有田产上中户,量出功(工?)料,相度利害,预行补治堤防、圩岸等,以备水患,庶免将来有害民田③。"

关于水利经费的分摊,典型之例如绍兴二十三年(1153)闰十二月二十七日,被命措置宣州、太平州修圩事宜的司农寺丞、兼权户部郎中钟世明提出:万春圩等大圩乞"官为雇工修筑",计"芜湖县万春、陶新、政和等圩埠三所,共长"145 里有余,合用 960134 工;"当涂县管圩埠一所,系广济圩",长93 里有余,其圩与私圩 50 余所并在一处。"各系低狭,埂外面有大埂埠一条,包套逐圩在内,抵涨湖水。"如"只修外面大埂,不惟数倍省工,委是可以

---

① 《昌谷集》卷一九《故利路提刑陈君(元勋)墓志铭》。陈元勋,字彦功。以祖任为将仕郎,铨试入优等,授吉州路永丰尉。嘉定中,官至利州路提刑。

② 陈居仁(1129~1197)《善塘庙记》,刊光绪《奉化县志》卷一二,转引自《全宋文》第 241 册,第 96 页。

③ 《宋会要辑稿》食货六一之一〇八。

抵障水势。所有腹里圩埠或有损处,听人户自修。"乞"不以官私圩人户等第,纳苗租钱米,充雇工之费;官为代支过钱,年限(限年?)带纳。"如不足,乞下"常平司照会日下取拨(律)[津]发,应副本州雇工修治施行①。"即外圩大圩官修,内圩小圩依例结甲贷供常平钱谷自修。钟世明又说:芜湖独山等七圩,"被水损坏处多,其咸宝堤埠冲破成潭处难以就旧基修筑,合从里面别创筑埂围裹"(方按:即创修新圩)。"计长八十一丈,合用五千四百工","除依例结甲随苗借米外,更据下户田每亩与钱一百文省,令自修筑。""咸宝圩圩埠潭缺处","乞官和雇人工共同修治。""户部言:欲乞下太平州、江东转运、常平司并依本官逐项措置到事理施行,从之②。"这是由朝廷派遣主管官员实地考察,提出方案,确定工日、工价、应修水利规模、数量,由州郡、漕、仓二司三方共同负责组织实施。这是南宋兴修大中型水利最常见的"规范"模式。经费由官方与民间分摊,官圩、大圩官修,私圩、小圩自修。江东修圩每工约100文,每里需用6622工,662缗;而创筑新圩则每丈67工,日工价至少200文以上。创设较之修筑旧圩费用约略加倍。

关于水利资金的筹集、分摊,各地也创造了不同的模式和经验。如浙西平江府、秀州等地的三十六浦入江、入海通道,工程量大,事关财赋所出最多之苏、湖、常、秀等四州郡的丰歉,其经费主要由中央财政户部、内库、路级监司、州郡分担,因其数额较大。类似的还有被称为漕渠的大运河开浚,奔牛闸、洪泽闸等大型水利设施。山河堰、都江堰虽也属大型水利设施,但因财政体制不同,四川基本上是自收、自支的包干制,主要由四川四路漕司、宣抚司、总领所等机构承担,很少得到中央财政的支持。在浙东、福建等沿海负山地区,民间资金有更多的参与,如著名的"温州模式",除较大自然灾害造成的水利设施严重毁损,由朝廷拨"内帑钱"修筑外,一般中小陂塘、渠堰、斗门则多由郡守、县令主持,募集地方财政节余经费外,主要由乡绅、富民豪户、乃至寺院出资修建。本着由"食利人户"均摊,即有钱出钱,有力出力的原则办事。对于技术工种如打桩、上垴、淘堰、石工等则出钱雇募,为节省经

---

① 《宋会要辑稿》食货七之五〇。
② 《宋会要辑稿》食货七之五一。

费,还往往采取雇佣流民、饥民等以工代赈方式兴役。比较罕见的是:南宋后期(1256～1259)吴潜判庆元府期间,其主持应修的 13 项工程,耗资 40 余万缗(包括钱粮),竟"费取于公帑,民无毫发扰"①,即全由地方财政负担,堪称奇迹。关于水利经费的分担与募集,上文已有较多论述,这里仅补充几个来自民间经费的例证,不再赘述。

郑刚中(1088～1154)曾记载南宋初余信(字彦诚)在其家乡义乌修废堰,乡民均获灌溉之利的故事。其说云:"某异时游义乌,过流庆陂,见其旁有民田数千亩,比岁沃稔。问之邑人,则曰彦诚用家钱百万(方按:千缗)修废堰,潴源水,遇旱岁,无高下彼我均浸之,邻里沾足②。"较之乡绅豪势指占水源,据为己有,以邻为壑,其境界显然不可同日而语。这样的事例还有很多,热心乡乡水利事业者不乏其人。如饶州余干县南宋义士何应龙,作"德化北乡之圩岸凡三十里"。"陂圩之作,所以潴泄,故旱有水之利,涝无水之害也③。"以一人之财力,兴圩 30 里,亦功德无量,难能可贵。又如上表已载之范成大《昆山县新开塘浦记》④云:乾道元年(1165),昆山县令李结"按农田令甲:荒岁得杀工直以募役",乃以"供上之羡"及"劝分所得","五旬而告休"。"用民之力役",凡 134600 有奇;钱 10200 余缗,稻麦以钟计,7700 有奇。则每工直钱 76 文,仅为常规 100 文的 76%;稻麦每工 8.6 升,折米 4.3 升,比一般 3 升为多,荒岁须粮养家活口之故。浚浦五,浚塘三,凡历时 50 日,则平均每日募役民工约 2692 人,经费来源为地方经费中上供结余,及劝募上户所得。这样的工程在浙西堪称司空见惯。可贵的是提供了这类日常开浚浦塘工程的各个要素。如资金来源,所用劳力,靡费钱粮,工日工期,及利用农闲青黄不接时期,以工代赈,雇募饥民,一举而数得。可惜,这样详备的水利资料难得一见,尤足珍视。

---

① 《开庆四明续志》卷三《水利》,《丛刊本》第 5954 页上。
② 《北山集》卷一五《余彦诚墓志铭》。
③ 《大典》卷二七五四引《余干志·陂塘》。
④ 正德《姑苏志》卷二二。

第三节 南宋农业生产技术的进步

本章以上从耕作制度、水利事业两个层面考察了南宋农业的技术进步及其对农业生产力发展水平的影响,本节拟从更多的层面予以考察。但南宋农业生产的技术进步是全方位的,尚难以尽述。今仅举出适于江南耕作农具的创制和推广,水稻品种的培育和重视施肥,水田精耕细作耕作体系及其技术含量等四方面加以考察。

一、农具史上划时代的进步

宋代是我国农具发展史上具有里程碑意义的时代,首先在于钢刃熟铁农具的创制及推广。"工欲善其事,必先利其器。"宋代由于矿冶业、金属加工业的发展,"炒钢"、"灌钢"法①的成熟等,为钢刃熟铁农具的创制及推广,提供了必要的历史条件。这种钢刃熟铁农具不仅坚韧锋利,而且轻巧耐用,适应性强。宋代铁制农具是继战国以后的又一次重大变革,这是一种历史性的突破。如可对付蒲苇、芦根等无坚而不摧的犁刀,用人力代替牛的踏犁,人工翻地用的铁搭,用于江南水田的耘荡等,都是创制于两宋的系列农具。这成为促使农业生产出现第二个高峰的重要因素。第三次农具改革则在明清之际,由于"生铁淋口"技术的发明,推广使用擦生农具,只限于镰、锄等小铁农具②,显然无法与宋代相提并论。

犁刀的创制及推广,曾被刘仙洲先生誉为我国农具史上的重大发明,而杨宽先生更称之为我国"农具发展史上一次值得大书特书的重大革新③"。

---

① 宋人又称"团钢",见沈括《梦溪笔谈》卷三。
② 杨宽:《我国历史上铁农具的改革及作用》,刊《历史研究》1980 第 5 期;参见杨宽《中国古代冶铁技术发展史》(下简称《冶铁史》)前言第 9～10 页,同书总论第 314～321 页,上海人民出版社,2004 年。
③ 刘仙洲:《中国古代农业机械发明史》,第 20 页,科学出版社,1956 年;杨宽《冶铁史》第 319 页。

发明于中唐的曲辕犁（即江东犁）在宋代江南已普遍推广，但其在对付两浙、江南、淮南路的沼泽地时往往显得无奈，在芦根、蒲苇密布的湿地，犁铧受阻。正如王祯所说"虽强牛利器，鲜不困败①。"犁刀的发明，解决了这一难题。这种钢刃熟铁犁刀，王祯《农书》干脆称之为"辟荒刃"。这种犁刀"其制如短镰，而背则加厚"，创制于北宋，南宋初已普遍用作开荒或耕地农具。犁刀有两种使用方法：一是装在小犁的犁床上，用牛牵引，"置刃裂地"，作为第一道开荒工具；然后再犁耕一遍，堪称"省力过半"。二是直接装在大犁的"辕首里边"，使犁刀和犁铧在同一犁上起开垦和耕田的双重功能，即将辟地垦荒和翻耕湿地毕其功于一役，"省力过半"而事半功倍。这种"比之别用人畜尤省便"的犁刀，其推广使用及装置方法的发明创造，使耕犁的功能大为增强，无疑是农业生产技术进步的典型表现②。

乾道五年（1169），宋廷在楚州组织开荒，"每牛三头用开荒劙刀一副③"；乾道七年（1171），薛季宣在淮西组织淮北渡淮流民开荒，也是"六丁加一劙刀④"。可证犁刀已是淮南垦荒的必备农具。此外还配发犁、锄、耙、钁、镢、镰、锹等农具，辘轴、水车等灌溉农具⑤。方有开在孝宗时曾主和州屯田，招抚饥民，为屋4000间，曾配给耕牛1300余头，犁耙、刈刀、水车之类农具二万余事⑥。可见犁刀、江东犁、水车等农具的普及程度之一斑。在淮南西路，即使是南宋初的兵荒马乱的大旱之年，仍有农夫付出加倍的辛劳，在抛荒地上坚持着稻麦连作的耕种，先进的农具无疑使农民获益匪浅。王之道在巢州一带记其见闻云："牛涔、蔬畦、麦垄"，触目可见；"转水车之咿轧"之声，随处可闻，"农夫两两三三田作而返，挽犁携锸"，颇有"可观之道"⑦。在金兵刚退，李成又乱的绍兴五年（1135）的战乱间隙，出现了盛世才有的耕

---

① 《王氏农书》卷一四《农器图谱五·郳刀》（四库本）。
② 本节据杨宽《冶铁史》第318～320页综述，引文则据《王氏农书》卷一四。
③ 《宋会要辑稿》食货三之一七。
④ 吕祖谦：《东莱集》卷一〇《薛常州（季宣）墓志铭》。
⑤ 陈傅良：《止斋集》卷五一《薛公（季宣）行状》。
⑥ 孙应时：《烛湖集》卷一一《方公（有开）行状》。
⑦ 王之道：《相山集》卷二五《与淮西提盐许子长书》。

织图景。

此外,如长江流域宋代开始流行的铁搭也是农具发展史上的重大发明。这种得心应手的垦耕工具,用钢刃熟铁铸造而成。有四齿或六齿,十分锋利,可根据不同的需要制成不同的形状。如平方的齿刃可用于开垦旱地,梯形的齿刃多用于开垦水田,锐利的齿刃则多用于开垦荒地。时人形象地将使用铁搭称为"刀耕"①,铁搭似更适宜于太湖平原的粘性土质,故一直流传至今。

北宋已推广使用的踏犁,是用钢刃熟铁制成的开荒农具,也是一种有效的垦耕工具。由壮劳力使用可取得比牛耕更好的效果②,即可比耕牛翻得更深、更匀、更透。在缺少耕牛的淮南地区,使用踏犁,"凡四五人,力可以比牛一具"③。这种类似于今日的铁锨的先进农具,也堪与犁刀相比美。正如《宋会要辑稿》食货一之一六至一七所说:踏犁可代"牛耕之功半,比镵耕之功则倍。"踏犁,在南宋缺牛的地区更是得到广泛推广。南宋水稻种植区普遍推广使用的"耘耥",时称"耘荡",是在长一尺有余的木板上钉20余枚铁钉子,贯以三米余长的竹柄,农民使用,可在水田里来回爬梳。既减轻了手工操作的劳动强度,又使草泥相混,溺草肥田。还可提高工作效率,是一举三得之耘田除草的理想农具,且制作简单,又颇实用。正如王祯《农书》卷一三所说:这种"既胜耙锄,又代手足"的农具,用于水田"则可精熟"。此外,苏轼有一首著名的《秧马歌》④,述其途经湖北鄂州时亲见的一种用于拔秧的先进农具,南宋以来即被误认为是插秧农具⑤。经王瑞明先生等人考证,才确认为

---

① 参见杨宽《冶铁史》第319页。又据张其凡《宋代史》(澳亚周刊出版有限公司,2004年)第359页称,1956年,苏北治淮文物工作组在扬州东北出土一具宋代四齿铁搭,形制与今仍使用者基本相同。

② 参阅杨宽《冶铁史》第320页。

③ 《长编》卷五九,景德二年正月戊寅,又见《玉海》卷一七八。

④ 《秧马歌并引》一首,见《苏轼诗集》卷三八,第2051~2052页,中华书局点校本。其诗序"系束薰其首以缚秧",已点明为拔秧农具。

⑤ 按:此诗乃苏轼书赠江西庐陵人曾安止(字移忠,撰有《禾谱》)。其侄孙曾之谨,尝谱农器,始作为图,见周必大《周益公题跋》,斯时可能已误为插秧农具。王祯《农书·农器图谱二》秧马图之误当本于此。其后,新旧本《辞海》、《辞源》,翦伯赞主编《中国史纲要》第19页、刘泽华等主编《中国古代史》第24~25页(皆人民出版社版),均作插秧农具。

拔秧或扯秧农具①。这种减轻劳动强度,提高工效的先进农具一直沿用至今②。

水利灌溉方面,龙骨水车被广泛推广使用,发明于晚唐的筒车③,至北宋发展为雄奇高峻的高转筒车。此外,龙骨水车、水轮筒车、牛转翻车等灌溉农具,已充分利用人力、畜力、风力、水力等各种动力,其排灌功能极强,这种当时世界领先的农具一直沿用至本世纪四、五十年代。这种先进农具,唐代仅见《全唐文》卷九四八陈廷章《水轮赋》有反映④,而在北宋人的诗文中却多有述及⑤。文学是生活的真实写照,这充分反映,北宋江南水稻种植面积之广和先进灌溉农具的普及程度,远胜于唐代。南宋水车随梯田的开发就更是形式多样,功效更强。王祯《农书》中所著录的百余种农器,其中绝大部分均见于宋代,特别是南宋,有很多还一直沿用至今。

如上所述,王祯《农书·农器图谱》直接继承了南宋曾之谨的《农器谱》等书的学术成果。用今人的标准衡量,实有"剽窃"之嫌。其所载录的100余种农具,其中的绝大多数,均已出现在南宋,为南宋人所发明或改进。除了以上所列举者外,还有可将犁身与服牛分开的挂钩、软套等耕作农具,收割用的腰镰,脱粒、扬场用的连枷、碌碡、风扇,乃至加工谷物用的水转连磨等,无不在南宋各地区普遍推广使用,有些一直沿用至今。

---

① 参见王瑞明《宋代秧马的用途》,刊《社会科学战线》1981 年第 3 期;刘崇得《关于秧马的推广和用途》,周晓陆《秧马之实物例证》;分刊《农业考古》1984 年第 2 期、1985 年第 1 期;王晓莉《秧马用途之我见》,《中国农史》1991 年第 3 期。笔者认为:秧马或为拔秧、插秧两用之具,又称秧凳,南宋人诗文中例证甚多。如曹勋《松隐文集》卷一六《台城杂诗七首》(之五):"插稻方能骑秧马",明确指出此为插秧农具。

② 参见缪启愉《东鲁王氏农书译注》第 239 页,上海古籍出版社,1994 年。

③ 参见刘仙洲《中国古代农业机械发明史》第 54~55 页,科学出版社,1956 年。

④ 参见李剑农《中国古代经济史稿》卷三第 27~28 页,武汉大学出版社,1990 年。

⑤ 如《范文正公集》卷二○《水车赋》;又《范集》卷四《依韵和庞殿院见寄》:"水声终夜救田车。"梅尧臣《宛陵集》卷四《水轮咏》:"随流转自速,居高还复倾";又,同书卷五一《和孙端叟寺丞农具十五首·水车》:"既如车轮转,又若川虹饮。"王安石《临川文集》卷一《寄杨德逢》:"翛翛两龙骨,岂得长挂壁";同书卷八《山田久欲坼》:"龙骨已嘶哑,田家真作苦。"《王令集》卷四《答问诗十二篇寄呈满子权有序》,其中《水车问龙》、《龙答水车》、《水车谢龙》、《龙谢水车》四首,写来极富情趣。张耒《张右史集》卷一三《早稻》:"踏车激湖水,车众湖欲竭";沈辽《云巢编》卷三《水车》之二:"车轮十丈围,飞湍半天落"等,不胜枚举。说明各种水车在北宋中期以前已极为普及。南宋水车诗则更俯拾皆是。

今仍略举数例：南宋时,创制了先进的稻禾收割农具推镰。王祯《农书·农器图谱·铚艾门》称为"敛禾刃",并描述曰："形如偃月,用木柄长可七尺。首作两股短叉,架以横木。……刃前向,仍左右加以斜杖,谓之'蛾眉杖',以聚所镰之物。"乃已具小型收割器雏形的组合农具。又有因普遍推广二麦种植应运而生的艾麦器,包括麦铲、麦绰、麦笼,亦为"三物而一事"的组合型农具。这两种南宋发明的稻麦收割农具,无疑将大为减轻劳动强度及提高工效。整地农具耖,始见于楼璹《耕织图诗》"扶耖均泥等",则为将水田中泥土耙细耙匀的农具。王祯《农书·农器图谱》云："高可三尺许,广可四尺,上有横柄,下有列齿",人以两手按之,前以牛力挽行。"耕耙而后用此,泥壤始熟"。整地还有平板、刮板、田荡等,耘田则有耘耥、耘爪等,中耕农具耘荡则已如上述。田荡,亦作耘耥,宋代始推广使用的平整秧田及大田的农具。陈旉《农书》卷上《善其根苗》曰:秧田,"必渥漉田精熟了,乃下糠粪,踏入泥中,荡平田面,乃可撒谷种。"是述其功用。王祯《农书·农器图谱·田荡》则载其形制云："用叉木作柄,长六尺,前贯横木五尺许。"又称其功用云："使水土相和,凹凸各平,则易为秧莳……此亦荡之用也。"有趣的是:驱赶鸟雀之具也始见于南宋。曹勋《松隐文集》卷二〇《浙西刈禾以高竹叉在水田中望之如群驼》诗云："浙西纯种晚秋禾,更得明年雨不多。且刘且歌丰岁甚,平洋弥望列明驼。"此交叉架在稻田中的高竹,远望如驼峰,应是驱赶雀鸟之用,以免粮食被糟践。这种简易农具,一直沿用至上世纪六七十年代。在婺州,腰镰、秧马等农具已普遍使用。陈棣诗有云："刈熟腰镰争满载","诘朝秧马催田畯①。"此诗又足证南宋婺州已推广稻麦两熟耕作制。

南宋甚至出现了制作农器具的专业户,有些地区还存在农忙开始前举办农器蚕具的集市,成交量相当可观。福州"永福下乡有农家子,姓张,以采

---

① 分见四库本《蒙隐集》卷二《次韵马仲元喜雨》,《次韵喜雨》。后诗有"东阳"云云,可证即东阳郡,宋婺州,治今浙江金华。

薪鬻锄柄为业,乡人目为'张锄柄'①。"陈元靓《岁时广记》卷一《售农用》引《四川记》:"同州以二月二日与八日为市,四远村民毕集。应蚕农所用以至车担、椽木、果树、器用、杂物皆至,其直千缗至万缗者。郡守就子城东北隅龙兴寺前立山棚,设幄幕、声乐,以宴劳将吏,累日而后罢。"千至万缗的交易规模可见同州农忙季节前的农业生产资料用品市场的交易规模及兴旺景象。郡守亦为这种集市大开绿灯。南宋孝宗时,农器、蚕具已相当普及,贫下户及佃农家均已有之。饥荒岁月青黄不接之时,乃至有以农器、蚕具抵押给豪民富户以换取粮食之事,已顾不上明年的生产之用,只图解燃眉之急。陆游就记载了淳熙中(1179~1181)王佐知临安府时的史实。"岁饥,畿内小民,或以农器蚕具抵粟于大家,苟纾目前;明年,皆有失业之忧②。"

二、良种选育:提高粮食单产的关键

优良品种的选育与引进,对提高单位面积产量的作用不言而喻。从当代看,尤为清楚。20世纪70年代初,苏南从日本引进"世界稻"良种,亩产稻谷从六七百斤,提高到1000斤左右,单产增幅达50%。今袁隆平院士培育的杂交稻,每亩达1600斤谷,又提高了60%,可见一斑。由于普遍播育良种,2004年上海市平均亩产稻谷1093斤,接近历史最高产量1100斤。南宋稻谷出米率一般为50%,因当今粮食加工水平的提高,稻谷出米率也提高为70%(白米)及80%(糙米),这在古今粮食亩产或总产进行对比时,也是必须考虑的因素。

南宋十分重视培育和引进优良水稻品种。据朱瑞熙先生的研究,宋代水稻良种多达260余个③,其中绝大部分已见之于江南。今将宋代部分方志中所见的水稻品种列表如下④:

---

① 张世南:《游宦纪闻》卷四,中华书局点校本,1981年。
② 《陆游集·渭南文集》卷三四《尚书王公(佐)墓志铭》,第2320页。
③ 朱瑞熙:《宋代社会研究》第5页,中州书画社,1983年。
④ 镇江因《嘉定镇江志》失载而据元修《至正镇江志》,所列多为宋代品种。余均宋代方志。两浙和江东路的其余州郡如婺州、衢州、温州、秀州、严州、常州、江阴军、宣州、太平州、建康府等,或无宋代方志,或虽有而阙载,故未列入统计。

南宋两浙及江东歙州水稻品种数统计表

地名	粳籼稻品种数	糯稻品种数	合计数	史料出处
绍兴府(越州)	40	16	56	《嘉泰会稽志》卷一七《物产》
庆元府(明州)	14	11	25	《宝庆四明志》卷四《叙产》
台州	30	9	39	《嘉定赤城志》卷三六《土产》
歙州(徽州)	24	7	31	《新安志》卷二《叙物产》
镇江府(润州)	22	9	31	《至顺镇江志》卷四《土产》
平江府(苏州)	3	/	3	《吴郡图经续记》卷上《物产》《绍熙吴郡志》卷二〇《土物下》
常熟县	27	8	35	《宝祐琴川志》卷九《叙产》
昆山县	25	9	34	《淳祐玉峰志》卷下《土产》
海盐县澉浦镇	7	2	9	《绍定澉水志》卷上《物产》
湖州	9	1	10	《嘉泰吴兴志》卷二〇《物产》
临安府(杭州)	6	4	10	《咸淳临安志》卷五八《物产》
合计	207	76	283	

必须指出,上表统计数很不完整。如苏州仅列入 3 种,而明人王鏊《姑苏志》卷一四所列即已达 29 种之多,其中,多为宋代品种。不仅从其品名与昆、常两县所列相同可证,且还有见于范成大《劳畲耕》诗注(《石湖诗集》卷一六)的长腰、齐头白、香子、舜王稻等 7 种,见于张方平《昆山初秋观稼回》诗注(《乐全集》卷四)的紫芒,鹅脂等 3 种,合计已为 39 种,即以苏州五县而论至少在 100 种以上(包括重复,说详下)。又如《嘉泰吴兴志》卷二〇仅列 8 个品种,又称:"询之农人,粳名不止数种,往往其名鄙俚,不足载"。这"其名鄙俚"者,必为湖州当地特有的品种无疑。临安府显然也远不止这 10 个品种,更何况两浙、江东还有尚未列入统计的 10 余个州郡,如保守估计,每个州郡以 10 个品种计,又有 100 余个品种。当然,其中有许多是重复的,上表平江府以下所列的 99 种,经核对有 30 种重复,实存 69 个品种①。如其上亦以 30% 重复率计,则江南 8 州郡的品种已达 195 个,加上未统计的 10 个州郡数,去其重复已与宋代稻品总数相当接近。其中的绝大多数品种仍见于明

---

① 参见《太湖地区农业史稿》第 109 页,农业出版社,1990 年。

清方志,一直沿用至上世纪中叶。足见宋人选种、育种技术之高明。

这近300个优良稻品种,包括了早、中、晚稻三大系列,又各分粳、籼、糯,其中尤以晚粳稻质优品多。既有本地产的,也有从外地引进的。如昆山的睦州红、宣州糯,歙州的九里香、婺州青,明州的杭州糯,绍兴宣州早等,均为从本区邻近州郡引进的优良品种①。既有历史悠久的名品,如唐宋充贡米的湖州"黄糙米";又如"唐人已贵","米粒肥而香"的苏州红莲稻,岁供京师的"箭子"米等②。今以歙州所产稻品为例,加以具体说明:粳稻中有当地著名高产品种"芦黄",大熟之年"则颗粒多,往往倍收",故一名"富不觉"。糯稻中的"牛虱糯",是"颗粒大,难为地力,价高于白糯"的地产高产名品;相对而言,对肥料要求较高。粳稻中品质优良、吃口好的传统名品有"桃花红",色红而米白,"为饭香软",乃地产早熟品种;"马头红",谷粒红而米白,亦有香,亦粳稻中名品;"九里香"则为引进的粳稻名品。"斧脑白"、赤芒稻为粳稻中早熟品种,均号称六十日熟(方按:实际可能在八十日以上),但产量不高;"寒青"则为粳稻中晚熟品种,此均当地培育的良种。"万年陈"软熟香糯,乃地产粳稻佳品。白糯为酿酒出酒率高的名品;交秋稻,又名金钗稻,"七月熟,米亦好,酿酒可及秋社",为糯稻中早熟优质品种;秧田糯,善耐肥,莳之早者,亦可及社,是对肥料要求不高的早熟糯稻品种。歙州由于气候、土壤的关系而"宜籼",土人谓籼为小米,粳为大米。籼米良种有"大白归生"、"小白归生"、"冷水白"等,"红归生"成熟最早,但种植不广,是过渡接粮品种,品质欠佳,产量不高。一般籼不耐肥,但也有名"肥田跋"的当地耐肥品种,产量较高。还有"早十日"、"中归生"、"晚归生",近八月秋社熟,米色不甚鲜明。歙州还引种占城籼稻③。《嘉泰会稽志》卷一七著录绍兴府稻品多达

① 分见《玉峰志》卷下,《新安志》卷二,《宝庆四明志》卷四,《嘉泰会稽志》卷一七。
② 分见《嘉泰吴兴志》卷二〇;《吴郡志》卷三〇,《吴郡图经续记》卷上。又,范成大《石湖诗集》卷一六《劳畲耕》诗云:"吴米玉粒鲜";(自注:"长腰米,狭长,亦名箭子。")这种有长腰玉粒之誉的箭子稻,似或由任广西帅臣的范成大传至广西各郡。王象之《舆地纪胜》卷一〇五引《象郡志》有云:"长腰玉粒为南方之最,旁郡亦多取给焉。"可见宋代的水稻优良品种是在全国范围内进行交流,加以引进培育盛况之一斑。
③ 据《新安志》卷二《叙产》撰述。

56 个。

南宋各地的水稻品种，多者数十个，少者近十个，因地制宜，各擅其美。仅就粳稻而言，不仅有早晚季节可以错开的双季稻品种，更多可与麦、菜、豆连作复种的品种。既有可充贡品的历史传统名品，也有高产、早熟、抗旱、耐肥等新品种。宋人对引进、选育优良品种的重视，令人叹为观止。

台州，稻品之丰富，堪称南宋之典型。其品种既有从绍兴剡县（嵊县）引进的籼稻，也有从福建引进的"百日黄"；更多则是当地产名品。其州稻品见于记载的已 37 种，名品粳稻 13 种，分早中晚三系；其中"丹丘谷"，早晚两熟，为双季稻品；以色香、吃口区分者又 11 种。糯稻 9 种，籼稻 4 种，实际远不止此。其品种名目颇与浙西相异，多为适应该州山区梯田耐旱品种。《赤城志》卷三六《土产·谷》引《临海异物志》记载：

> 丹丘谷，夏冬再熟，言其土所宜也。夏熟者，曰早禾；冬熟者，曰晚禾。其最早者：曰六十日，曰随犁归，曰梅里白，曰便粮；其次早者：曰白婢暴，曰红婢暴，八月白；晚者：曰白香，曰白董，曰大穗，细穗。若是数者，名最著，土人通艺焉。又以色言之，则大青、矮青、光头青、黄散籼、马嘴红、金珠之类是也。而马嘴红尤香而甘；以次言之，则献台、相连、寄生、第二遍之类是也，而献台最贵。至于旱稜，宜旱；倒水赖宜水，是又其性之相反者也。糯之种相传有数十，而可记者有：流水糯、白糯、黄糯、麻糯、荔枝糯、乌盐糯，皆以其色近似；至叶婆糯，郎君糯则因其人得名；而矮子糯则以其穗短而称焉。占城，自占城国至；剡籼，自剡至。……百日黄，是又其得之闽中者也。名色虽多，总其目曰秔、曰糯，《尔雅》所谓粘与不粘者，是其别欤。

《宝庆四明志》卷四《叙产·谷品》（第 5040 页）则载南宋庆元府稻品有 25 种之多，其中颇有与台州相异者，当为适于山海之间种植抗倒伏及适应土壤盐碱度高等特色品种。

> 谷有早禾，有中禾，有晚禾。早禾以立秋成，中禾以处暑成。中禾最富，早次之，晚禾以八月成，视早益罕矣。其品曰早黄、晚青、矮白、大

白、细白、大赤，占城、金城，福穤、赤穤、乌穤，九里香、赤转稻、冷水红；早糯、黄糯、白糯、丁香糯、赤糯、鼠牙糯、虎皮糯、麻糯、杭州糯、九日糯、青秆糯。粟、豆、麻、麦种无不宜，一岁之入，非不足赡一邦之民也（方按：各品种前，均有"曰"字已省略）。

镇江稻品：有粳稻 16 种：香子、鲫鱼、灰鹤、时里白、八月白、芦花白、浪里白、白莲子、红莲子、早红芒、晚红芒、青州黄、秆川口、马尾乌、老丫乌、下马看。籼稻 6 种：白稻、红尖、晚籼、六十日、八十日、百日稻，"又皆以熟之先后为名。百日，本自占城来。"糯稻 9 种：芒糯、香糯、晚糯、抄社、羊脂、牛虱、虎斑、柏枝、长秆。合计凡 31 种。"江南稻种甚多，不可枚举。"此举其"兹土之所宜者①。"可见多为镇江地区之特色品种。临安府稻品仅列举 10 种，粳 6 糯 4，或为其地所独有，与邻近州县重复者不载。谷之品：粳：早占城（早熟）、红莲（中熟）、礓泥乌、雷里盆（晚熟）、赤稻、黄籼；糯：金钗、社糯、光头、蛮糯②。

常熟和昆山的稻品超过许多州郡之数，在南宋 199 州郡、718 县③中名列前茅。其品种多为苏州（平江府）各县所共有，鱼米之乡的稻品在南宋已与清代相差无几，标志着稻作农业在太湖流域的鼎盛期始于南宋无疑。昆山稻品有：红莲稻、再熟稻、香稻（傍湖用之，种极难得，尤香于红莲稻）、乌野稻、雪里拣、白野稻、稻翁拣，皆稻米之上色者；闪西风、赶麦长、软得青、时里白、六十日稻、百日稻、半夏稻、金成（城？）稻，皆稻米之早者；乌口稻（其谷色黑），稻米之最晚者；舜耕稻（有两翅）、乌粒稻（眼黑）、睦州红、杷秅稻、榜穅稻、山乌稻、辫白稻、稻里拣、红蒙子、下马看，皆稻米之常种者。赶陈糯、社交糯，皆糯米之早者；乌丝糯、闺女糯、金州糯、定陈糯、宣州糯、佛手糯、师姑糯，皆糯米之常种者④。凡著录昆山地区（包括嘉定及邻县）名品上色 7 种，

---

① 《至顺镇江志》卷四《土产·稻》，点校本第 113～114 页。
② 《咸淳临安志》卷五八《物产·谷品》，《丛刊本》第 3870～3871 页。
③ 据宋本《方舆胜览·目录》统计，见上海古籍出版社 1986 年线装影印本。
④ 《淳祐玉峰志》卷下《土产稻》，宛委别藏本。第 45 册，第 139～141 页，江苏古籍出版社影印本。

早稻 8 种（其中有占城籼米），晚粳黑米 1 种，常品 10 种，早糯 2 种，晚糯 7 种。其粳籼米 26 种，糯米 9 种，合计 35 种。其中既有唐前之名品，如红莲稻，也有宋代始开发引进的六十日、金城等皆占城稻，还有从外地引进的品种如睦州红、金州糯、宣州糯等。此外又多为平江府之稻品。江西吉州为稻作农业发展极快的另一地区，至迟在南宋中期其总产量已与平江府等产粮"大户"可并驾齐驱，其商品粮更是达到最高水平，只是亩产仍稍逊"风骚"。其发展也有一个历史积淀的过程，早在北宋中期，据曾安止《禾谱》记载，仅吉州泰安一地，栽培的水稻品种已多达 50 余个①，多已被南宋所继承。

福州是南宋著名的早晚两熟双季稻作区。其倚郭三县虽方志仅举早、晚稻品各三种，凡六种，但仅闽清一县就有早、晚粳、籼、糯稻品种 27 个之多，合计为 33 个，足见福建稻品之丰富。福建又是最早引进占城稻的地区，早在北宋大中祥符五年（1012），宋真宗就令取稻种三万斛种之淮浙，土俗谓之"百日黄"。《淳熙三山志》卷四一《土俗·物产》有载："倚郭三县两熟，早种曰献台，曰金洲、曰秫；晚种曰占城、曰白香、曰白芒。……外县名色尤多。按《闽清图经》，早稻之种有六：曰早占城、乌羊、赤城、圣林、清甜、半冬，而乌羊最佳。晚稻之种有十：曰晚占城、白荌、金黍、冷水香、栎仓、奈肥、黄矮、银城、黄香、银朱；而白荌、冷水香最甘香，奈肥独宜卑湿最腴之地。糯米之种十有一：曰金城、白秫、胭脂秫、黄秫、魁秫、黄范秫、马尾秫、寸秫、腊秫、牛头秫（方按：原脱一种，仅列十种）；而寸秫颗粒最长。盖诸邑亦或通有之。"仅福州闽清县就有稻品凡 27 种，早六、晚十、糯十一。且多为各县所共有之。其中早占、占城、金城稻即为最早引进占城稻之品，而赤城当自台州引进，可见外地良种的引进与交流在宋代已十分普遍。无疑对品质的改善、产量的提高有举足轻重的作用。

即使在种蔗制糖著称的兴化军仙游县，不仅有相当多的农田种植双季稻，还有与冬麦连作之晚稻，这从其地夏税中有麦及附征义仓麦可得到充分证明。稻品，"种类非一，有一岁两收者。春种夏熟曰早谷，《闽中记》谓之献

---

① 参阅曹树基《禾谱及其作者研究》，《中国农史》1984 年第 4 期；尹美禄《从〈禾谱〉看北宋吉泰盆地的水稻栽培》，《农业考古》1990 年第 1 期。

台;既获再插至十月熟曰。有夏种秋熟曰晚稻,无芒而粒曰占城稻。其种甚
多,难以俱载①。"在人地矛盾十分突出的狭乡,粮食作物与经济作物的此消
彼长十分明显,南宋中后期,随商品性农业的经济效益不断上升,经济作物
也日益挤占种粮用地。这从方大琮的论述中清晰可见:

> 闽上四州产米为多,犹禁种秫,禁造曲,禁种柑橘,凿池养鱼,盖欲
> 无寸地不可耕,无粒米不可食。以产米有余之邦,而防虑至此,况岁无
> 半粮乎! 今兴化县田,耗于秫糯,岁肩入城者,不知其几千[万]担;仙游
> 县田,耗于蔗糖,岁运入浙、淮者,不知其几千万坛。蔗之妨田固矣②。

兴化军两县发展商品农业各有特色,兴化县成为生产酿酒原料秫、糯的
基地,仙游县则有大量农田用于种植甘蔗,成为全国著名的蔗糖产区之一。

南宋各地稻品中不乏享誉已久的名品。如苏州红莲稻,"自古有之"。
唐以后,"中间绝不种",近"二十年来,农家始复种。米粒肥而香③。""中间
绝不种"者,恐其产量不高之故,南宋中期重又开发历史名优稻品,成为复种
之名品。湖州则将吃口好、肥而糯的"师姑秔"与香米混合煮食,相得益彰,
风味独特。师姑秔,似为北宋初尼院培育的佳品。"稻米有名十里香、师姑
秔,炊饭以师姑秔一斗,杂以十里香一升,自是芬香发越④。"名优稻品除当地
培育选育外,还来之于引进交流。如台州仙居人吴芾(1105~1183)《喜晴》
诗云:"此邦自昔称膏腴,千里旧富稻与鱼。十年九潦田无租,今岁穄稗方满
圩⑤。"此诗表明在台州仙居亦已有大量圩田,引进穄稗(原产苏州)稻等名
品后,使自古以来的鱼米之乡,喜获丰收。高邮人陈造(1133~1203)记其东
游途中奇遇云:"绍熙庚戌(元年,1190)冬,予东游","盐城县去高邮二百六

---

① 《仙游志》卷一《货殖·稻》,《丛刊本》第 8279 页下。
② 方大琮:《铁庵方公文集》卷二一《上乡守项寺丞(博文)书》;《北京图书馆古籍珍本丛刊》第
　89 册,第 571 页上,书目文献出版社影印明正德刻本。
③ 《吴郡志》卷三〇《土物下》。
④ 《嘉泰吴兴志》卷一八《食用故事·饭》引《旧图经》。
⑤ 《湖山集》卷四。"十年九潦"是诗人的夸张。同卷上首《又劝耕》即已云:"浙东十载歌丰
　登,去年水旱俄相乘。吾州何幸得一熟,四野绝闻愁叹声。"十年丰收,偶一水旱而已。

十里。""米麦之佳者就烹焉,饭血如,面墨如,骤见之,不容茹①。"在八百余年前,即使被称为"斥卤"之地的海滨盐城,也已产血糯及黑麦等佳品。综上所述:宋代方志中可考见的稻品已逾 300 种,其中多已流传至今。其中既有特殊香味的香粳,也有适于酿酒的糯稻,甚至有特殊营养价值的紫糯、黑稻;还有品质优良、高产、抗倒伏,不怕水旱等适宜于各地不同气候、土壤条件的品种,不胜枚举。其中多见之于南宋方志和时人诗文中。正如王祯《农书》卷二云:"南方水稻,其名不一。大概为类有三:早熟而紧细者为籼,晚熟而香润者曰粳,早晚适中、米白而粘者曰糯。"此大体上而言,但其又云:"三者布种同时②";则未必如此,据其品种有早、中、晚之分。明·黄省曾(1490~1540)撰《稻品》中记载了太湖地区水稻品种凡 35 个,其中有至少 27 个已见于宋代方志,占 77%;其中又有 32 个品种见于十九、二十世纪之际太湖周围七县的方志,约占 94%③。由此可证:南宋所选育成的水稻优良品种,历经明清,一直流传到了近代。其历史时间上的承续性和空间分布上的稳定性,是太湖流域八百余年来水稻持续稳产、高产不可或缺的原因之一。

本章上文已论证,南宋是长江以南推广稻麦两熟耕作制的关键时期,也是作为成熟的耕作制度的奠基时期。在农业技术方面,有一系列的转变。如水稻田改成麦田时,须注重排水,先干耕晒白,再燥耕细耙,平整田面,挖干沟、腰沟、使之纵横相连,以利排水。将沟中之土堆积,做成深沟高畦,增厚土层,以"湿者燥之"为基本原则,以利二麦生长发育。麦田变稻田时,则平沟畦,蓄水深耕④。

二麦的良种,也随稻麦两熟制的推广而在各地相继培育、引进。仅《永乐大典》卷二二一八一所引六种方志中就记载有饶州、太平州、台州、徽州、

---

① 《江湖长翁集》卷二二《东游纪》。
② 《农书·农桑通诀二·播种》,缪启愉校注本第 472 页,上海古籍出版社,1994 年。
③ 参见《中国农业百科全书·农业历史卷》第 36 页,农业出版社,1995 年。
④ 王祯《农书·农桑通诀二·垦耕篇》云:"高田早熟,八月燥耕而燺之,以种二麦。其法:起坡为垄,两垄之间,自成一畎。一段耕毕,以锄横截其垄,泄利其水,谓之'腰沟'。二麦既收,然后平沟畎,蓄水深耕,俗谓之'再熟田'也。"此王氏虽未著出处,但从"高田"、"二麦"、"再熟田"等南宋人常用熟语判断,其说必出自南宋某种农书。这是稻、麦田相互转化的经验之谈。

扬州、无为军等地的二麦35个名品。《大典》是卷引《番阳志》："小麦有赤、白二种,其别有青秆,有白蒲,有大青,有齐头黄,又有僧头;本浙种,皮厚而无芒。"引《太平志》:"小麦五种,春二月可种。短管、赤壳、白壳、和尚(原注:以穗光得名)。"引《濡须志》:"小麦四种:蚤白、中白、晚白、和尚。"引《新安志》:"小麦则有长穬麦,麸厚而面多①。"同书引《新安志》"大麦则有早麦、中期麦、青光麦;又有高丽麦,亦呼高头麦,捼之则粒出,然难为地力;有糯麦,宜为饭。"引《台州府志》:"大麦有早黄、红了白、晚麦、䅘麦之名。"引《维扬志》:"大麦四种:□、短秆、晚、淮"。《濡须志》:大麦四种:"白(粉多)、紫(又名糯,可酿)、米(微瘦)、番(旧有此种,来自北方)。"《太平志》:"大麦三种:六棱、中蚤、红粘。"镇江有二麦品种凡五个,其中小麦"宣州"当为引进名品。"麦有大小之分,大麦之种有二:曰春自(白?),十月至正月皆可种,然又早熟;曰黄秆,后熟。小麦之种有三:曰赤壳,曰白壳,曰宣州②。"《嘉泰会稽志》卷一七(《丛刊本》第7026页下)则著录绍兴府二麦七个品种,其所产荞麦亦享有盛名。"大麦立夏前熟,新谷未登,民屑麦作饭,赖以济饥"。"晚大麦,穗长而子多,与小麦齐熟";"六棱麦","中蚤麦","红粘糯麦",皆"堪作酒。""小麦,小满前熟。"品种有:蚤白麦;"松蒲麦,秃芒如松房;曰娜麦,穗如大麦,而米则小麦也。"荞麦,"七月种,九月熟,然畏霜。得霜则枯,秋无霜,则荞大熟……于麦垄间杂下荞子,麦苗未长而荞已刈。是岁霜晚,荞熟,民赖以济。"则荞与麦套种。陆游屡有诗咏其乡荞麦面蘇油饼之美味可口。在二麦成熟前,亦赖以济。大麦,又是优质马料。

绍兴府豆类品种多达20余种,由来已久。许多品种流传至今。"稻者,溉种之总名;菽者,众豆之总名也。""今淮颍间谓豆田为角田。""会稽所产:

①　核《新安志》卷二《叙物产·谷粟》(第7616页下):作"小麦:长穬麦(麸厚而面少),白麦(面白亦少),赤壳麦(麸薄而面多)。"《大典》无疑录自《淳熙新安志》,问题在于:其一,脱或删"白麦"以下14字;其二,误以括号中注文作正文;其三,"面少",误作"面多"。短短24字中,出现以上问题,可见《大典》抄手漫不经心之一斑。《大典》所引应为小麦17品,大麦20品;凡37品,误夺徽州小麦2品。又,《太平志》称"小麦五种",下仅列四种,疑亦抄胥脱漏其一。

②　《大典》卷二二一八二引《镇江志》。参阅《至顺镇江志》卷四,点校本第115页注云:"又有荞麦,秋花冬实,亦堪作面。"

其植者曰乌豆、白豆、青豆、褐豆、赤豆、菉豆、茶菉豆、赤小豆、白小豆、五月乌豆、碗豆、七月豆(一名毛豆);三收豆(黑豆之小者,《广志》云重小豆,一岁三熟是也)。其蔓生曰羊角豆、白扁豆、黑者曰白眼豆(一名鹊豆,言斑驳似鹊),紫花者结实而芽紫,曰紫眼豆,皆一种尔。其荚可蒸食。蚕豆、江豆;刀鞘豆,荚长尺余,豆颗大于棋子①。"羊角豆以下皆可作豆类蔬菜食用,而缺粮时豆类可充饥,果腹。台州豆品亦不少,流传至今的豆类蔬菜,至今仍是人们餐桌上的佳食,其中五色小豆,又成为保健食品。《嘉定赤城志》卷三六《土产·豆》载:豆,"有赤、白、紫、褐、黑五色,又有形如虎爪、羊角或刀鞘者。又一种名白扁豆,生篱落间,可药可食;一种名蚕豆,蚕熟时有之。"其他南宋栽培、选育成的瓜果、蔬菜、花卉等名品不胜枚举,其中许多已流传至今,仍在提供食用或丰富美化人们的生活。详下章所述。

三、"用粪犹用药":合理施肥的新观念

肥料,对农作物增产的作用不言而喻。苏南流传已久的俗语云:"庄稼一枝花,全靠肥当家",充分反映了这种观念。南宋精耕细作集约经营模式中,重视施肥是关键的环节。南宋在肥源的开拓上,较之前朝有所突破。如绿肥:以"绿豆为上,小豆、胡麻(即芝麻)次之。皆以五月及六月种之,七月、八月耕,谷则一亩收[倍]②。"饼肥,在豆饼、麻枯的原有品种上,又增加新兴榨油原料菜籽饼。熏土、火粪、河泥等泥肥。陈旉《农书》已提出熏土、火粪对农作物的重要性。其说云:"当始春,又遍布朽薙腐草败叶,以烧治之,则土暖而苗易发作,寒泉虽洌,不能害也。"否则,便"土脉冷而苗稼薄矣。"又曰:"种萝卜、菘菜",种时,"筛细粪,和种子,打垅撮放";"烧土粪以粪之,霜雪不能凋。"还称:如在桑园地中,"以肥窖烧过土粪以粪之,则虽久雨,亦疏爽不作泥淤;久干,亦不致坚硬硗埆也;虽甚霜雪,亦不凝凛冻沍③。"上述所

---

① 《嘉泰会稽志》卷一七,《丛刊本》第 7026 ~ 7027 页;参校四库本。"三收豆"下十七字,乃注文,已窜入正文,今乙正。
② 温革:《分门琐碎录·农桑·肥田法》,《续修四库全书》影印上海图书馆藏明抄本,上海古籍出版社。
③ 分见《农书》卷上《耕耨之宜》、《六种之宜》,卷下《种桑之法》。

谓"烧土粪",即指在窖内熏烧的土杂肥;"火粪",当指在地面上熏烧的土杂肥,与河泥同为优质农家肥。王祯《农书·农桑通诀·粪壤》也说:"江南水多地冷,故用火粪。种麦、种蔬尤佳。"又曰:"亦有用石灰为粪,则土暖而苗易发①。"亦据宋代实践总结而论。此外,南宋还将杀猪毛及其汤,禽畜毛羽下脚、马蹄羊角灰、洗鱼煮肉汁水、下脚泔水等作肥料,形成有机肥为主、无机肥为辅的施肥新格局。实开近代科学施肥、合理施肥观念的先河。南宋还最早发明了利用夹河泥作基肥以改善土壤的新技术。

在施肥理论上最早取得突破的无疑是南宋初著名农学家陈旉。他总结的"用粪犹用药",是我国古代农学思想中关于施肥最杰出的理论之一。他说,施肥"皆视其土之性类,以所宜粪而粪之,斯得其理矣。俚谚谓之'粪药',以言用粪犹用药也②。"正确指出:施肥须因地制宜,视其土壤之性(酸、碱、中)类(水田、旱地、沙滩、涂田等)的不同而对症下药,施以不同数量和种类的肥料,并非多多益善而广泛普施。在同书卷上《善其根苗篇》又将"用粪得理",与"种之以时,择地得宜"并列为"修治秧田"的三大要诀。他主张:秋冬"再三深耕"的同时,将"腐槁败叶"等"遍铺烧治",以达"土暖且爽"之效;春初,"又再三耙转,以粪壅之",宜用麻枯(即芝麻饼)"杵碎,和火粪窖罨",发酵三四次,冷却不再发热后施作基肥,"切勿用大粪"。施肥时,"亦必淹瀝田精熟了,乃下糠粪(稻糠),踏入泥中,荡平田面,乃可撒谷种。""若不得已而用大粪(人粪),必先以火粪久窖罨,乃可用";"多见人用小便生浇灌,立见损坏。"秧田之水,唯"深浅得宜",乃善。又"爱往来活水,怕冷浆死水";此谓因地之宜。

又施肥必须因物制宜,对不同的作物施以不同种类、数量的肥料,施肥方法也各不相同。《农书》卷上《六种之宜》曰:"正月种麻枲,间旬一粪",即每隔二十天施肥一次,五六月间可收割。五月种晚油麻,"治地唯要深熟","锄之五七遍","累加粪壅,又复锄转。"是说要上足基肥。"七夕以后,种萝卜菘菜",则"筛细粪[拌]和种子,打垄撮放,唯疏为妙";"烧土粪以粪之,霜

---

① 缪启愉点校本第478页,上海古籍出版社,1994年。
② 《农书》卷上《粪田之宜》。

雪不能凋；杂以石灰，虫不能蚀；更能以鳗鲡、鱼头骨渍种，尤善。"这指拌肥入种，加火粪防冻，加石灰防病虫害，以鳗鱼骨熬汁作追肥，可使蔬菜"科大而肥美"。种麦，则"七月治地，屡加粪锄"，即施足基肥，八月秋社前下种，"宜屡耘而屡粪"，即分多次施追肥；才能确保"经两社即倍收，而子颗坚实"。这些因物制宜的施肥方式，亦包含了因时制宜，即根据不同时期、节候施以不同种类、数量肥料的原则。在 850 余年前的古人有如此卓越的认识，确实难能可贵。施肥已突破了仅为改善土壤这一传统观念。在针对不同作物（如稻麦、油麻、蔬菜等）时均"对症下药"，施用不同种类的肥料，数量也并非多多益善，且要经堆沤发酵后才能施用，这已达到化肥使用前农家肥施用的最高境界。注重因时、地制宜，因物施用的观念，似已成南宋人的共识。如温革《琐碎录》、吴怿《种艺必用》等农学书中均有关于蔬果、花卉合理施肥及禁忌的论述。

据方回之考，春秋时代，就已有"粪多力勤者为上农之说[1]"。粪多力勤，直到明清时仍是传统农学思想的不二法门，这一农业生产的关键性技术正是宋代江南太湖流域农业生产基本经验的总结。尽管"凡种田，总不出粪多力勤四字"，最早见于明末崇祯（1628～1644）年间成书的《沈氏农书》，但类似的议论早已多见于陈氏《农书》及北宋人的议论之中。如早在北宋中后期，秦观《淮海集》卷一五《财用》就已指出：吴地的高产，获益于"培粪、灌溉之功至也"。南宋初，陈傅良指出："闽、浙之土，最是瘠薄、必有锄耙数番，加以粪溉，方为良田[2]。"

必须指出，宋人重视积肥、施肥，远早于两宋之际人陈旉《农书》之前。早在北宋中期，孔平仲《马上咏落叶》诗已云："焚之扬其灰，或用粪田畴"[3]。沈括在元丰（1078～1085）中过真州江亭，驿站屋后即有粪壤[4]。南宋中期，著名诗人范成大有《腊月村田乐府十首·打灰堆词》，其序称："除夜将晓"，

---

① 方回：《续古今考》卷二〇《附论田土租税赋贡可疑不一》。
② 陈傅良：《止斋集》卷四四《桂阳军劝农文》。
③ 《清江三孔集》卷二〇。
④ 《梦溪笔谈》卷一二。

"婢获持杖击粪壤","谓之打灰堆","此本彭蠡清洪君庙中如愿故事,惟吴中至今不废云。"透过"致祠以祈利市"的岁末吴中风俗①的表面现象,反映的却是苏州家家均有粪屋,重视积肥这样的南宋社会现实,这是粮食高产的重要因素之一。

早在北宋中期,毕仲游(1047～1121)就已指出:"粪治力耕,期年为上田,岁入十倍"②。岁入十倍,虽为夸张之词,但施粪肥作基肥而力耕,可改造瘠薄之田为上田,则是确定无疑的现象。北宋大观二年(1108)春,席益之父席旦知成都府,城中沟渠淤塞,导致下水道不通,官司视为畏途,束手无策。席旦雇用民工挖沟清渠,"汙泥出渠,农(圃)[氓]争取以粪田,道无着留③。"这种沟渠淤泥也许比河泥有更高的肥效。故四乡农民争先恐后载运回去作为肥料。此乃北宋已用淤泥作基肥的力证,类似的记载还见之于南宋行都临安。《梦粱录》卷一三《诸色杂货》称:"遇新春,街道巷陌,官府差顾(雇)淘渠人沿门通渠;道路污泥,差顾(雇)船只搬载乡落空闲处。"显然,这种由官府雇人送下乡的污泥,也将被即将从事春耕的农民争相取去壅田无疑。只是因为年关临近,农民忙于过年,无空进城运载而已。看来南宋当局对有关市政建设和积肥支农相当重视,堪称一举而两得。这种送肥下乡的传统,也一直延续到20世纪五六十年代。

至迟在南宋初,不仅河泥被用作水稻大田的基肥,甚至还用作柑橘的基肥。韩彦直《橘录》卷下《种治》记载:"冬月以河泥壅其根,夏时更溉以粪壤,其叶沃而实繁者,斯为园丁之良。"这种用河泥作基肥的柑橘,被称之为"涂柑",被"贩而远适",时人遇涂柑则争售,成为水果销售市场上的抢手俏货。涂柑的形成有其过程,此亦说明罱取河泥决非孤证,且为南宋初已用河泥作肥料的有力旁证。冬夏施以不同种类之肥更说明南宋人施肥已注重因时制宜,合理施用。

---

① 范成大:《石湖诗集》卷三〇。
② 毕仲游:《西台集》卷一四《王彦明墓志铭》。
③ 席益:《淘渠记》,刊宋·扈仲荣等编《成都文类》卷二五。"氓"原误作"圃",据明·周复俊编《全蜀艺文志》卷三三载席文校改。

南宋嘉定五年（1212），程珌为富阳令，他在《劝农文》中赞扬衢、婺之人重视积肥、粪壅，批评富阳人"重于粪桑，轻于壅田"，有顾此失彼的弊病。其说云："虽田无不耕，而粪田不至。每见衢、婺之人收蓄粪壤，家家山积，市井之间，扫拾无遗。故土膏肥美，稻根耐旱，米粒精壮。此邦之人，重于粪桑，轻于壅田。"①朱熹不仅主张施足基肥，粪土拌和种子入秧田育秧，甚至还在任浙东提举时出榜文力倡中耕耘苗时须加追肥，称"多用土粪，如法培加"；甚至还亲自"下乡点检"，将对"田中有草无粪之人，量行决罚②。"足见其对施肥的极端重视。南宋末另一位理学家真德秀也指出施肥对于提高产量的重要性，他说："勤于粪壤，苗稼倍长③。"正是这种一再的倡导、说教（说详本书第四章第二节），南宋初时，江南地区的农民对"粪田、灌蔬"已蔚然成习。如楼钥曾亲见赵仲坚祖父在绍兴上虞躬视仆夫，"粪田、灌蔬"④，毫不懈怠。古称肥料为粪，施肥曰粪田。

宋代创造了一系列肥料堆积沤制等技术，为水稻提高单产作出了不可磨灭的贡献。其一是将谷壳败叶、肥水泔脚等进行沤制，这是我国使用沤肥的开端。其二，是将榨过油的豆、菜渣饼舂碎，与熏土拌和，堆积起来发酵，这是我国使用饼肥的滥觞。其三，是将积土同草木堆叠烧之。江南水多地冷，这是我国使用熏土肥的肇始。宋代在开辟肥源，提高肥效方面，也取得了划时代的进步⑤。至迟在南宋中期，平江府已发明用竹罾从塘沟河渠中夹取淤泥作为肥料的技术⑥。而行都临安一带的农民，则用船只入城装运垃圾、粪土作为肥料⑦，乃至在临安产生了一个被称为"倾脚头"⑧的行当，即依靠倒马桶积聚的粪肥出售给农夫而赢利。

以下的一则史料，更可证见南宋末重视积肥的程度。吴潜《广惠院记》

---

① 程珌：《洺水集》卷一九《劝农文·壬申富阳劝农》。
② 朱熹：《晦庵集·别集》卷六《劝农民耘草粪田榜》。
③ 真德秀：《西山文集》卷四〇《福州劝农文》。
④ 楼钥：《攻媿集》卷七二《书吏商赠赵仲坚题其后》。
⑤ 参阅闵宗殿《江苏稻史》，刊《农业考古》1980 年第 1 期。
⑥ 《江湖小集》卷一二，毛珝：《吾竹小稿·吴门田家杂咏》十首之二。
⑦ 吴自牧：《梦粱录》卷一二《河舟》。
⑧ 《梦粱录》卷一三《诸色杂货》。

记载,庆元府设有收容安置当地孤寡残疾者的机构,宋称广惠院、普济院等,类似于今之福利院。宋末庆元府的广惠院共有 105 间房,以收养 300 人为额,经费官拨为主,亦有富户捐助。其规式中有一条规定:"粪土,仰甲头五日一次出卖,候卖到钱,均给诸房油火,有余则桩积一处①。"这与上述临安府"倾脚头"行当极相似,充分反映在南宋的大中城市重视积肥已成共识。而农夫进城取粪,尚需化钱购买,一般用船载运回去。足见当时江南的施肥源,粪壤是最主要的有机肥料之一。还有养猪,养家禽业所提供的肥料,宋代已有猪禽圈养出厩肥用于壅田的习俗。当然,也不乏散养的家禽,如《嘉泰吴兴志》卷二〇《物产·鸭》所载:"今水乡乐岁尤多蓄,家至数百只。以竹为落,暮驱入宿,明旦驱出,[于]已收之田食遗粒,取其子以卖"。显然,鸭粪在放养田间时就留下作为优质有机肥充基肥了。宋人的这种习俗十分普遍,这些积肥、施肥方式一直延续到当代化肥大量使用之前。

陈旉《农书》,是一部记述江南水稻栽培技术为中心内容的杰出农学专著,从江南的农事实践中总结出相当完整、系统化的卓越农学理论体系,其核心内容为合理施肥,促使地力常新壮而保持持续稳产高产的理论。陈氏《农书》卷上《粪田之宜篇》在批评了"凡田土种三五年,其力已乏"之大谬不然后指出:"若能时加新沃之土壤,以粪治之,则益精熟肥美,其力当常新壮矣。抑何敝何衰之有?"这种施肥能保持土壤肥力,田地不会越种越薄的卓越理论的提出,较之西方早 700 年,产生了广泛而深刻的影响。追根溯源,实乃江南农民在农事实践中的创造和认识,陈旉加以总结并首次予以理论上的阐述而已。但有学者却认为:宋代江南基本上不施基肥、追肥,捞取河泥也仅见南宋一条史料。此说未免有失之于对宋代资料的失检而导致的武断之嫌②。

首先,饼肥在宋代早已有之。如陈氏《农书》中提到的"麻枯",即为芝麻榨油后留下的粕饼,实乃与豆饼、菜籽饼同类,肥效有过之而无不及的饼肥

① 梅应发:《开庆四明续志》卷四《庆元府·广惠院》。

② 李伯重:《理论、方法、发展趋势:中国经济史研究新探》第 120 页,清华大学出版社,2002年。

之一种。直到今天还是瓜田果园的优质肥。王氏《农书》中载其使用法,全本自陈氏《农书》。其次,关于追肥,上引朱熹在浙东提举时所出榜文已有确证,楼钥所见之"粪田、灌蔬"似亦属追肥,此不赘述。最后,上引秦观、陈傅良之说,虽不太明确,但指的似即大田中施基肥。毛珝诗中提到的罱河泥,是江南十分普及的积肥方式,其用途似只有用作基肥。这种河泥被王祯称为"泥粪",其王氏《农书》卷三《粪壤篇》云:"于沟港内乘船,以竹夹取青泥,枕泼岸上;凝定,裁成块子。担去同大粪和用,比常粪得力甚多。"如上所证,王祯《农书》大量抄袭宋代现存尤其是已佚农书,其所反映的稻田耕作技术同样于宋代早已有之。

南宋农人重视积肥、施肥,讲究有针对性的合理施肥,诚如王祯所总结的那样:"夫扫除之猥,腐朽之物,人视之而轻忽,田得之为膏润。唯务本者知之,所谓'惜粪如惜金'也。故能变恶为美,种少收多。谚云:'粪田胜如买田',信斯言也[①]!"

四、"浙人治田":宋代精耕细作的集大成

讲究精耕细作,提高耕作技术水平,走集约化经营之路,是今江南地区宋人留给我们的宝贵启示。南宋时,稻田耕作已达到耕、耙、耖毕其功于一役的同步作业水平。田间管理方面,已有成熟的施肥,灌溉,耘耔、烤田等方法。据陈旉《农书》所载即已有促使"地力常新壮"的培养地力法,用粪如用药的因地制宜追肥法,有"善其根苗"的培育壮秧法,有耘田、除草、烤田、灌水相结合的中耕薅耘法等。均为宋代江南农民实践中的创造。宋代江南的精耕细作耕作体系除上述农具、品种、施肥、水利外,还有重视中耕,强化田间管理等核心内容,今择其要者而论之。

其一,深耕细耙,体现充分用地,积极养地,用养结合,地力常新壮的原则。朱熹指出:秋冬间,"便将所有田段一例犁翻,冻令酥脆。"正月后,"多着遍数,节次犁耙,然后布种"[②]。黄震则云:"田须熟耙,牛牵耙索,人立耙上,

---

① 《农书·农桑通诀三·粪壤》,点校本第479页。
② 朱熹:《晦庵集》卷九九《南康军劝农文》。

一耙便平"；否则便会"泥土不熟"①。高斯得更认为"浙人治田"，"深耕熟
犁"，已达到"壤细如面"②的程度，陈旉《农书》主张"时加新沃之土壤，以粪
治之，则益精熟肥美"。朱熹所说，实乃燥耕晒白，促使土温增高；深耕熟犁
细耙则促使土壤松细。通过深耕细耙，不仅有利于提高土壤肥力，促使作物
根系伸展，还可增强抗旱保墒能力，提高种籽发芽率，促使禾苗生长发育。
因而对秧田就尤为重要。王祯《农书·农桑通诀二·耙劳篇》云："南方水
田，转毕则耙，耙毕则耖，故不用劳。"是指将耕、耙、耖一体化。大田、秧田均
如此，秧田更精细，要求面平如镜。正如楼璹《耕织图诗·耙耨》云："泥深四
蹄重，日暮两股酸。谓彼牛后人，著鞭无作难。"其《耖》诗则曰："脱绔下田
中，盎浆着膝尾。巡行遍畦畛，扶耖均泥滓。"十分真切形象地描绘了农人与
牛互动的艰辛。

　　其二，秧田育秧和移栽技术。育秧移栽技术，似已始见于汉代文献，《四
民月令·五月》云："可别种稻及蓝，尽夏至后二十日止。"是指秧苗移栽期约
在夏至前后约二十余日间。从杜甫诗中已出现"插秧"一词分析，则至迟在
唐代中叶已出现。但其普遍推行则在宋代无疑，稻田育秧技术的成熟是在
南宋。陈旉《农书》卷上《善其根苗篇》总结云："欲根苗壮好，在夫种之以时，
择地得宜，用粪得理，三者皆得；又从而勤勤顾省修治，俾无旱干水潦、虫兽
之害，则尽善矣。"是说秧田的技术要求远比大田为精。插秧移栽技术的推
广，对促进农业生产力的提高，具有重要意义。插秧法较之直播法，不仅便
于除草施肥，促进其分蘖，有利于提高水稻单产。更重要的是：由于占用少
量秧田播种育苗，可在此期间进行冬春复种，从而大幅提高复种指数，为两
熟制提供了时空条件，为粮食总产量的增加，开辟了广阔的前景③。秧田落
谷至可供移栽，约需一个月左右；一亩秧田育成之秧，可供20余亩大田移栽。
栽秧无异于推迟一个月大田播种，这样就解决了推广连作制水稻收获期与

---

① 黄震：《黄氏日抄》卷七八《咸淳九年春劝农文》。
② 高斯得：《耻堂存稿》卷五《宁国府劝农文》。
③ 参阅加藤繁《关于中国的稻作特别是其品种的发展》，刊《中国经济史考证》(中译本)下卷
　　第639页，商务印书馆，1965年。

二麦播种期荐口的矛盾。也为合理进行轮作、间作创造了条件。此外，也为因水旱等灾害影响了种植而提供了补栽的可能①。这对提高复种指数和总产量无疑是一项十分重要的新技术。杨万里诗云："田夫抛秧田妇接，小儿拔秧大儿插"；"秧根未牢莳未匝，照管鹅儿与雏鸭。"②陆游诗曰："浸种二月初，插秧四月中。小舟栽秧把，往来疾于鸿③。"韩淲《芒种》（四首之一）④诗称："田家一雨插秧时，成把担禾水拍泥。分段排行到畦岸，背篷浑不管归迟"范成大诗："种密移疏绿毯平，行间清浅縠纹生⑤。"宋伯仁《夏日》（二首之一）则曰："农事正忙三月后，野田齐唱插秧歌⑥。"从上引宋人插秧诗中，可以想见宋代江南秧田移栽技术的普及程度。楼璹（1090~1162）《拔秧》诗曰："新秧初出水，渺渺翠毯齐。清晨且拔擢，父子争提携。既沐青满握，再栉根无泥。及时趁芒种，散著畦东西。"《插秧》云："晨雨麦秋润，午风槐夏凉。溪南与溪北，啸歌插新秧。抛掷不停手，左右无乱行。我将教秧马，代劳民莫忘⑦。"以诗配画的艺术形式，将南宋初两浙农民精耕细作、辛勤劳作的形象跃然纸上，演绎得淋漓尽致。

其三，中耕除草是宋代农业生产中精耕细作耕作模式的重要一环。宋代，江南的中耕除草技术已臻成熟。农民冒着酷暑，用手指、耘指或耘耥将稻田泥土普遍爬抓一番，不仅利于稻根的发育；又将田中杂草埋于泥中，沤作泥草肥。已耘之田，则需及时开沟排水，进行烤田。然后再进行灌溉。使之干土得水，土变松软；"稻苗蔚然，殊胜于用粪"⑧。因此，耘田是集中耕、除草、壅根、烤田、增肥、保水一体的最主要的田间管理。亦不能毕其功于一役，一般至少要三耘，这对稻米的丰收十分关键。耘田是稻作中最辛苦的农

---

① 叶绍翁《靖逸小集·田家三咏》（之二）诗云："田因水坏秧重插"，是其证。刊《江湖小集》卷一〇。

② 《诚斋集》卷一三《插秧歌》。

③ 《剑南诗稿》卷二九《夏四月渴雨恐害布种代乡邻作插秧歌》。

④ 《涧泉集》卷一六。

⑤ 《石湖诗集》卷七《插秧》。

⑥ 宋伯仁：《西塍续稿》，刊《两宋名贤小集》卷三四七。

⑦ 楼璹：《耕织图诗》，《知不足斋丛书本》。

⑧ 参阅陈旉《农书》卷上《薅耘之宜篇》所论。

活。王祯有真切的描写：农民"皆以两手耘田，匍匐禾间，膝行而前，日曝于上，泥浸于下。"耘荡，"既胜耙锄，又代手足"，又"日复兼倍"①。不仅减轻了劳动强度，又提高了工效。一举而两得，不失为耘田的利器。楼璹《耕织图诗》中有三首写耘田，可证两浙农民至少三耘。其《一耘》诗云："时雨既已降，良苗日怀新。去草如去恶，务令尽陈根。"《二耘》诗称："解衣日炙背，戴笠汗濡首。敢辞冒炎蒸，但欲去茛莠。"《三耘》诗曰："农田亦甚勤，三复事耘耔。经年苦艰食，喜见苗蘖蘖。"夏日苦暑，备极艰辛，耘后之苗，苗壮成长，则又满怀喜悦的丰收期盼。

张九成（1092~1159）则以朴素的语言述说了耕耘为稻作农业最重要的两个环节。其《横浦先生文集》卷一六《王耕耘字序》称："农人治田，有耕有耘。耕所以起土膏也，耘所以除恶草也。有土膏以滋之，无恶草以害之，则苗勃然而兴矣。"真德秀怀着对南宋农民深切的人文情怀，在《大学衍义》卷二七中对农人稻作的艰辛，精耕细作的步骤有极为传神的描绘。其说云：

> 晓霜未释，忍饥扶犁，冻皴不可忍，则燎草火以自温，此始耕之苦也。燠气将炎，晨兴以出，伛偻如啄，至夕乃休。泥涂被体，热烁湿蒸，百亩告青而形容变化，不可复识矣，此立苗之苦也。暑日流金，田水若沸，耘耔是力，稂莠是除，爬沙而指为之戾，伛偻而腰为之折，此耘苗之苦也。迨垂颖而坚粟，惧人畜之伤残，缚草田中，以为守舍。数尺容膝，仅足蔽雨，寒夜无眠，风霜砭骨，此守禾之苦也……。

他没有提到割获之苦是因为已被丰收的喜悦所淹没。其实还有灌溉、施肥之苦等，在"精耕细作"四字的背后，是南宋农民为求生存而含辛茹苦百倍的艰难付出，才创造了灿烂辉煌的"浙人治田"经验。

其四，间作套种是南宋狭乡经常采用的种植方式。陈旉《农书》卷下《种桑之法》有载："仍更疏植桑，令畦垄差阔，其下遍栽苎。因粪苎即桑亦获肥益矣，是两得之也。桑根植深，苎根植浅，并不相妨而利倍差。"利用两种作

物根系的深浅,对肥效的综合利用,在同一块田中间作套种相得益彰的两种作物,这是南宋人的新经验,以提高土地的利用率及种植的经济效益,可获利增倍。同样,赵汝砺《北苑别录·开畲》亦称茶园中套种桐树则有益而无害,他说:"桐木之性与茶相宜,而又茶至冬则畏寒,桐木望秋而先落;茶至夏而畏日,桐木至春而渐茂。"桐树亦为经济林木,与茶间种可谓相得益彰。此外,如麦豆及与蔬菜的套种亦为南宋常见之例。这种在同一地块上同时栽种生长期大致相近的两种作物,或在一种作物生长期间又补种栽植另一作物的耕作制度,对人地矛盾突出的南宋尤为重要。而套种往往也作为救荒的一种补救办法而被广泛运用,如二麦田中往往套种生长期更短的荞麦。这也充分显示南宋农业技术进步已达到较高的水平。南宋的精耕细作模式和经验在本书《农业遗产》一章也有较多述及,这里就不再一一赘述。

南宋的农书与农谚,是饱含着农人丰富经验的智慧结晶,经当时文人的总结,又往往多用近乎白话诗歌的形式,通俗易懂,故广为传播,成为超越时空的对农事实践的指导。其中关于气候、时令、地理等对于农作影响之类的居多,今选录数条,以见一斑。吴芾《湖山集》卷七《未腊已见四白》:"人言三白兆丰年①,四白欣逢向腊前。细糁芦花初着地,乱飘柳絮忽漫天。"《大典》卷二二一八一引温革《琐碎录》佚文云:"麦最宜雪,谚云:'冬无雪,麦不结'。"其"四白"指寓瑞雪兆丰年之意。此语流传至今。但已秀之二麦最惧风雨雹灾。其写雨雹对二麦的摧残,忧农之心跃然纸上。吴芾《湖山集》卷七《三月十一日风雹》:"一时雨雹排檐急,万里风云卷地来。扫荡千花真可恨,摧残二麦亦堪哀。"此亦台州遍种二麦之证。《永乐大典》卷二二一八引温革《琐碎录·麦》佚文云:"麦最宜江皋乌沙之地,熟耕如粉,然后种之必盛。黄土地及高山之巅,却培壅则佳。"吴可《豫章道中》诗云:"梅子有情沿路熟,麦花无数及时开②。"此为江西已种麦之证。如吴人范成大"戏用乡语

---

① "三白",指农人之候。"三白草,出镜湖泽畔,初生不白。入夏,叶端方白。农人候之以莳田,三叶白,苗毕秀矣。"见《嘉泰会稽志》卷一七,《丛刊本》第 7032 页上。四白,指三白加冬雪。

② 《藏海居士集》卷下,四库本。

土俗"云:冬至后"九九八十一,犁耙一齐出①。"此即巧用农谚,倡导冬春之际即要备耕。冬至后八十天,仅为农历二月初,离清明尚有月余,吴中农人即已开犁耕田了,此充分体现其精耕细作模式:耕田宜早,耙田应细。项安世《次韵张以道对雨》诗云:"但得新年堪浸种,不嗔花事雨中过②。"此诗可证,南宋落谷布种前浸种已习以为常。

《农桑辑要》卷一《耕垦·耕地》引《韩氏直说》:"为农大纲,一则牛欺地,二则人欺苗。牛欺地,则所种不失其时;人欺苗,则省力易办。反是,则徒劳无益矣。凡地除种麦外,并宜秋耕。""秋耕之地,荒草自少,极省锄工。"同书卷二《播种·大小麦》引《士农必用》:"社后种麦争回楼,又云社后种麦争回牛。言夺时甚急也。"《韩氏直说》:"五六月麦熟,带青收一半,合熟收一半。若过熟则抛费。每日至晚,即便载麦上场堆积,用苫缴覆,以防雨作。"是书所引《韩氏直说》"麦熟带青收"云云,亦见《琐碎录》,可见必为南宋初即已出现的农事经验的总结,关于种麦、收麦农书的大量出现,正是南宋广泛推行稻麦两熟制、各地广种二麦的必然反映。此亦可证:《韩氏直说》、《士农必用》之类等必为南宋或金农书无疑。王祯也说:"江南水多地冷,故用火粪种麦、种蔬,尤佳③。"

陈元靓《岁时广记》曾有梅雨、液雨对于农业影响的谚语记载,一直流传至今,录如下:

　　《风土记》:夏至雨名黄梅雨,沾衣服皆败黦。《四时纂要》云:"梅熟而雨曰梅雨。"又"闽人以立夏后逢庚日为入梅,芒种后逢壬日为出梅,农人以得梅雨乃宜耕稼。"故谚云:"雨不梅,无米炊。"《琐碎录》又云:"芒种后逢壬入梅,前半月为梅雨,后半月为时雨,遇雷雹谓之断梅。"数说未知孰是④?

　　《琐碎录》:"闽俗立冬后逢壬日谓之入液,至小雪出液,得雨谓之液

---

① 《豹隐纪谈》引,《说郛三种》本第140页,上海古籍出版社,1988年。
② 《平庵悔稿》卷四,宛委别藏本。
③ 《农书》卷三《农桑通诀三·粪壤篇第八》。
④ 《岁时广记》卷二《黄梅雨》。

雨,无雨则主来年旱。谚云:液雨不流箩,高田不要作。"又谓之药雨,百虫饮此水而蛰。林公弁诗云:"液雨初生小院寒①。"

其所引《琐碎录》二条佚文,均不见于上图藏本《分门琐碎录》,如留意搜辑,《琐碎录》当仍有辑佚余地。

南宋丰富而实用的农事经验、农学遗产,即通过这种通俗易懂的方式得到广泛传播,发扬光大。类似的农谚、农事诗词数以万计,这份遗产,尚亟待总结。

---

① 《岁时广记》卷四《入液雨》。

第六章　南宋商品性农业及
经济作物的繁荣

从总体而言,南宋仍是传统农业模式占主导的地位,粮食生产仍为重中之重,但商品性农业的异军突起,已是不争的史实。人们从实践中发现,经济作物能获得更高的收益,于是南宋农业有了一些新的特点。一方面,南宋土地买卖盛行,租佃经济发达,客户人身关系松弛,生产关系有所改善。另一方面,因人口压力增加,垦田广辟,尤其是梯田及丘陵山地的大规模开垦;以稻麦二熟为主的新型耕作制度及精耕细作模式的推广;水利的兴修,农具改良,良种选育、施肥增加,防治病虫害得到重视,促使粮食单产和总产空前提高。不仅养活了更多的人口,而且还有剩余劳力和土地,使棉麻、茶叶、桑果、蔬菜、花卉、药材、林木等经济作物的广泛种植、栽培有了可能。值得注意的是:经济作物首先在农村经济发达地区推广,因其示范效应的感召,次第发展至全国;从而商品化农业迎来了大发展的黄金时代。另一个重要因素是园艺及经济作物的栽培生产技术有了令世人瞩目的提高或进步,颇具科技含量的新技术不断涌现。南宋,正是从粮食种植业为主的单一农业向商品化农业、农林牧副渔全面发展的大农业转型的发轫时期,也是传统农业向现代农业转化的一个关键时期。商品性农业的发展,为手工业提供了丰富的原料,也对南宋商业的高度繁荣,起了极大的推动促进作用。南宋正是今之大农业(通常以大农业或五业概括)格局形成的一个萌芽期。因此,拙撰特以一章的篇幅,阐述这种新的历史现象。

由于史料的丰富及篇幅的限制,对上述内容的述论不可能面面俱到。

拟选择棉花向江南的推进，油菜的大面积普及，茶叶、蔬菜、水果、花卉等的商品性开发等方面展开论述。这是因为以上方面前人论述较少，有必要进一步深入探讨。而对于时贤论述较多的桑蚕业等一概割舍，林木、畜牧、水产等因篇幅过多而删略。南宋商品性农业跨跃式发展的另一重要原因是：由于人口的增加，特别是随着城镇化的发展，非农人口的大幅增长，消费需求也在不断快速增长。正是消费的刺激，使南宋各类专业户大批涌现，各种专业村乡、市镇也成批形成，各擅其胜，促使商品性农业呈现百花齐放，争妍斗奇的高度繁荣局面。

第一节　江南植棉始于南宋考

棉花，是我国自古至今最重要的纤维类经济作物之一。其栽培种中包括棉属的四个种：亚洲棉、非洲棉、陆地棉、海岛棉。原产中国南方的亚洲棉，又称中棉。据说已有三千余年的历史。其最早的文献记载，见于《尚书·禹贡》："岛夷卉服，厥篚织贝①。"农史学者释为：岛夷，指海岛上的少数民族居民；卉服，被认为是棉布制的衣服。织贝，被认为是棉布上织的贝纹。但也有学者认为应指麻葛为原料制作的衣服。

1978 年在福建崇安县武夷山区白岩崖悬棺墓葬中发现一批织物残片，其中一块青灰色残布，经鉴定确系棉花纤维织成。这一考古发现与上述《禹贡》所云可相印证。可见三千余年前在华南已有棉织物出现。在新疆吐鲁番等地多次出土过汉代和唐代的棉织物，与《梁书·西北诸戎传》关于高昌国所织的白叠布"甚软白，交市用焉"（用作流通中介物，可见其普及程度）的记载颇相一致。而且，在新疆巴楚县晚唐遗址中，还出土过棉籽，经权威机

---

① 方按：这八字的地域范畴为古九州之一的扬州。宋元之际人方夔《富山遗稿》卷三《续感兴二十五首》（之十四）诗云："扬州旧服卉，木棉白茸茸。"乃咏其家乡严州淳安广种木棉情景，既是宋末浙东已广泛普及木棉之证，亦为对《禹贡》此八字的诠解与化用，十分贴切。说详下。

构鉴定,为非洲棉。从而确证:非洲棉经陆上丝绸之路,至迟在一千五百余年前已传入我国新疆地区。

棉花,在我国古籍中,又称吉贝(或讹作古贝)、白叠(一作帛叠)、梧桐木、橦树、古终藤等。有学者认为分别与梵语、突厥语、阿拉伯语的音译有关。但使用最广泛的仍为木棉,为与丝绵相区别,而在"绵"上加木字。木旁的"棉"字在宋代才出现,这也从某种意义上证明棉花在宋代,尤其是南宋,开始从南、西南、西北向长江流域发展。笔者认为:在北宋,珠江流域棉花已普及,西北、四川等地也已种植,至迟在南宋中期,两浙、江东、西路乃至湖北路,已有棉花种植并有最初的棉纺织业。

我国古代种植的棉花为亚洲棉,亦称中棉。据大量古籍记载,宋代以前,在今海南、两广、福建、云南等地均有种植,多为多年生灌木型木棉。一年生的亚洲棉,据称在 12 世纪中叶才引进培育成功。亚洲棉的产地有认为始于我国华南,更有认为始于印度,还有认为源于非洲,学界颇有分歧。在尚无权威性定论之际,不妨认为多元起源。

非洲棉,亦称草棉或小棉,传入我国新疆后,又沿丝绸之路传播到河西走廊。今产于新疆的彩棉,是现代农业科技的最新成果。黄河流域的棉花,按传播路径,似乎亦从我国西北而来。

陆地棉,又称美洲棉。最初由明清传教士携带少量种子散发给农户,但试种失败,未成气候。最早引进此棉的乃洋务运动倡导者、时任湖广总督张之洞(1837~1909),他在十九世纪末为给设于武昌的机器织布局提供优质原料,才从美国引进,后清政府及地方当局多次引进试种,均以失败告终。直到1919年上海华商纱厂联合会再次引进推广,才告成功,已是民国之初了。

另一种海岛棉,亦有多年生、一年生之分。多年生者,云南等地历史上已有栽培;一年生海岛棉至清末民初才引进种植。

值得注意的是:我国古籍中的木绵或木棉,有时是指攀枝花,这是与棉花不同科的植物。攀枝花为高大的乔木,绒毛短,不能用于纺织的原料,只能充作枕芯或被褥、垫子的填料①。

宋元以来,由于棉花的广泛种植,迅猛发展,几遍全国,长江三角洲地区成为植棉业和棉纺业的中坚,上海松江(即原嘉兴华亭)等地成为最著名的棉乡。棉花也逐渐取代丝麻,成为除人造纤维外最重要的纺织原料,延续至今。王祯《农书·百谷谱十·木棉》总结其原因云:"木绵为物,种植不夺于农时,滋培易为于人力。接续开花而成实,可谓不蚕而绵,不麻而布,又兼代毡毯之用,以补衣褐之费,可谓兼南北之利也②。"

各种流行教科书里写着:一位从元崖州(治今海南崖县)返居今上海松江的农妇黄道婆,带来了棉花纺织技术和工具,于是棉花种植业传播到长江下游三角洲地区。今上海松江和嘉兴等地迅速崛起成为我国棉花种植基地和棉纺业中心,棉花也替代丝麻成为最重要的纺织原料和经济作物,这一划时代的进步与演变却源于黄道婆。于是称她为古代伟大的科学家、发明家的传记书层出不穷。这一"卑贱者最聪明"的动人传说也广为流传,甚至作为定论写进了中学的历史教科书。

但大量史料却证明,早在黄道婆一个世纪前,棉花就从闽广、西北、西南向宋代的江东西、两浙路及今长江中下游地区传播,在南宋中期已具有相当规模,棉纺业作为家庭手工业也已悄然兴起,棉织品在市场上大受欢迎,畅销不衰。这是一个渐进的历史过程,并非突变式的飞跃发展,在松江和嘉兴地区就会突然在元代跨越式发展成植棉中心和棉纺基地。今存可信资料给这个渐进式的历史过程描述了比较清晰的轮廓。黄道婆的光环,是特定时代背景的产物。

今人多以为江南植棉始于元代,其实不然。漆侠先生《宋代植棉考》已指出:"棉花种植和织造,在南宋时期已经逐步地从闽广向东北地区即江南西路、两浙路和江南东路扩展③。"其说甚是。但他在稍后又说:棉花种植,

---

① 以上参据《中国农业百科全书·农业历史卷》第 211～213 页,农业出版社,1995 年。

② 缪启愉译注本,第 581 页,上海古籍出版社,1994 年。

③ 文刊《求实集》第 113～125 页,天津人民出版社,1982 年。

"至迟在南宋末已经到达两浙一带①。"笔者则稍有异议,认为至迟在南宋中期,棉花已在江南地区种植,并形成最早的棉纺织业。

北宋名相庞籍(988～1063)次子庞元英元丰中(1082前后)撰《文昌杂录》卷中云:"闽岭以南多木棉,土人竞植之。采其花为布,号吉贝。"则北宋中期前,岭南已广种棉花,织造棉布无疑。

宋代关于织造木棉的史料最早见于太平兴国七年(982)之诏:"自今只织买绫罗、绅绢、布、木棉等②。"可证四川和闽广是较早推广植棉的地区,远在宋代以前,就已种棉花无疑。袁文(1119～1190)《甕牖闲评》卷四云:"木绵,亦布也。只合作此'绵'字,今字书又出一'棉'字,为木棉也。"可见早在南宋中期的绍熙元年(1190)以前,字书已有"木"旁的"棉"字了。而在北宋初,则应仍作"木绵"。至南宋末马端临撰《通考》时就干脆改"木绵"为"木棉"了,从字形的变化,可曲折反映出木棉在南宋的普及程度。

其次,据方勺(1006～?)《泊宅编》卷中记载,李琮有"腥味鱼中墨(原注:乌贼鱼也),衣裁木上绵"的诗句。今考李琮,字献甫,江宁(治今江苏南京)人,曾任江东、淮南运副。元丰二年(1079)以权发遣户部判官出使江、浙(《长编》卷300);绍圣四年(1097)出知杭州。李琮生于江宁,长期在江南地区任官,宦迹未至广南、福建。虽曾一度于元符元年(1098)知永兴军,也曾官利州路运判,梓州路运副,但从其一联诗中上句看,似为根据其在江浙生活的体验而吟。在北宋中期木棉用于制衣,在江南似已是广为人知之事。李琮之诗,是宋人关于木棉布可以缝制成衣的最早实录。

稍后,曾慥(?～1155)在《类说》卷四七中称:"闽中木绵,采其花为布,号吉贝布"。作者为两宋之际晋江(治今福建泉州)人,其对木棉的认识已相当正确。当然此不足为奇,他的故乡泉州早在宋代以前就已广植棉花,而且是棉织品的一大交易中心。值得注意的是方勺之论:"闽广多种木绵,树高七八尺。叶如柞,结实如大菱而色青。秋深,即开露白绵茸茸然。土人摘取出壳,以铁杖(桿)[捍]尽黑子,徐以小弓弹令纷起,然后纺绩为布,名曰吉

---

① 《宋代经济史》(上册)第26页,上海人民出版社,1987年。

② 《文献通考》卷二〇《市籴一》。

贝。今所货木绵,特其细紧尔①。"方勺,字仁声,婺州金华人,后寓居乌程(治今浙江吴兴),曾于元丰六年(1083)入太学,曾短期在虔州(治今江西赣州)为管勾常平官。元祐五年(1090)曾赴杭州应试不举,遂绝意仕进。其足迹未至闽广,令人费解的是他对木绵树、花的描述,对棉花的摘取、加工,尤其是"徐以小弓弹令纷起"的描述,若非亲眼所见,不可能如此真切生动。疑或在北宋后期,他在江南亲睹棉花之加工。另一位对棉花种植、加工作出真实描绘的史炤,乃四川人,其说见《通鉴释文》云:"木棉,秋结实,其中绽出如棉。土人取之,以竹为小弓,长四五寸,弹之令其匀细。"其所述弹棉花法沿用至今。史炤,字见可,眉山人,他在四川当然有条件亲闻目睹棉花的种植与加工。但其书绍兴三十一年(1161)始上,时知彭州冯时行(? ~1163)为之序,则远比方勺之说为晚。今考洪兴祖(1090~1155)知广德军时序《泊宅编》,时为绍兴十三年(1143)。

更值得注意的是:1966 年在浙江兰溪出土了一条棉毯,现藏浙江省博物馆。此为纯用古亚洲棉(又称中棉、木棉)织成,素色。经纬条干一致,拉毛均匀,细密厚实。正面留有 81 枚"开元通宝"和北宋钱币排列成三个相连的菱形图案的铜绿痕迹。体现南宋棉纺织业的高度技术水平。也是迄今发现最早和工艺水平最高的棉织品。据考证,此为南宋秘书丞、湖南路转运副使潘慈明妻高氏的随葬品。今考潘慈明,字伯龙,兰溪人。淳熙(1174~1189)初,尝知江州(治今江西九江)。终官秘书丞、湖南路运副②。这条精美的棉毯当然有可能是四川、闽广或江西织造而成的,甚至有可能是"舶来品",但也颇有可能为两浙路本地生产的,这种可能性毕竟无法排除。

可以确证宋代江南南宋中期起就已植棉甚至已有棉纺织业的史料主要有以下几条。其一,元徐硕《至元嘉禾志》卷六《物产·帛之品》列有"木棉"。据《志》卷首唐天麟、郭晦二序,是书始修于至元甲申(二十一年,1284),成于至元戊子(二十五年,1288)。《至元嘉禾志》实本关轼(字表卿)

---

① 方勺:《泊宅编》卷中。又,据中华书局点校本《通鉴》卷一五九(第 4934 页)胡三省注引校改"捍"字,又《通鉴》及十卷本《泊宅编》卷三均不重"茸"字,作"茸然"。

② 万历《金华府志》卷一六,嘉靖《九江府志》卷九。

旧志改窜而成①。又考元至元十四年(1277)，置华亭府；十五年(1278)改松江府，治华亭县(今上海松江)。《至元嘉禾志》成书时已置松江府十年之久，而仍列物产木棉于郡，足证关轼旧志中已列有木棉，即宋本《嘉兴志》中《物产》已有木棉一色当可断言。宋代中期起即嘉定七年(1214)前，木棉已成为嘉兴的著名物产殆无可疑。四库本《浙江通志》卷一〇二《物产二·嘉兴府》引万历《嘉善县志》云："木棉，本出闽广，宋时始传种，种于松江之乌泥泾②。"宋时尚无松江府，此必为嘉兴华亭无疑。

其二，至元二十六年(1289)四月、宋亡后仅十年，元政府下令"置浙东、江东、江西、湖广、福建木绵提举司，责民岁输木绵十万匹③。"如果不是宋代上述地区已有相当长时间的植棉经历和积累，很难想象一下就能交纳10万匹木棉布的夏税。而且，南宋的浙东、江东西、湖北等路，元初已与闽广并列为产棉区，没有上百年的积累，也几无可能。

其三，大德元年(1297)，江浙行省令"江东、浙西这两处城子里，依着亡宋例"，交纳"夏税木棉布"等④。这已清楚明白地证实，在宋尚未灭亡前，江东西、二浙已交纳夏税木棉布，成为惯例，而元初不过是元承宋制而已。"于课程地税内折收木绵白布"，也成为江西行省"必须收纳"的年例⑤。可证浙东、浙西、江东与江西同样在南宋中后期已折征木棉。作为一种两税必征的物品确定下来成为定制，当然不可能是一、二十年甚至三、五十年就可形成的。因此，上举三条史料是南宋中期起江南就已开始植棉的力证。我们也有理由相信，上述出土于浙江兰溪的棉毯完全有可能是两浙路南宋中期的产品。

陆游《剑南诗稿》卷六五《天气作雪戏作》云："八十又过二，与人风马

---

① 据《至元嘉禾志》卷首唐天麟序，岳珂嘉定七年(1214)命关轼修志；九年，"编稿将上"而岳珂离任。
② 黄道婆的故乡正为乌泥泾，其事始见于陶宗仪《辍耕录》卷二四。四库本《江南通志》卷八六《食货志·物产·松江府》有类似的记载。
③ 《元史》卷一五《世祖本纪十二》。
④ 《元典章》卷二四。
⑤ 《元典章》卷二六。

牛";"细衲兜罗袜、奇温吉贝裘。"此诗作于开禧二年(1206),风烛残年的爱国诗人,晚年穷困潦倒,在下雪天只能靠罗袜、棉裘和薪炭御寒。可证在南宋中期,棉裘之类的棉制品已为两浙寻常百姓家的御寒之物。如果不是棉花种植及制作技术已推广至江南的话,就很难设想有如此的普及程度①。南宋中期人张镃《南湖集》卷五《晓寝喜成》有"木棉衾暖足慵移"句,就更不足为奇了。张镃(1153~?),字功甫,号约斋。临安人。张俊孙。作为富豪子弟,家里有些木棉衣衾实在是太寻常不过之事。

乃祖张俊(1086~1154),因迎合和议,排挤刘锜,参与谋害岳飞,而被后人永远钉在历史的耻辱柱上。但在他生前却封王、拜太师,备极荣宠。绍兴二十一年(1151)十月,宋高宗驾幸张俊府第,其接待排场之大,令人吃惊。在张俊进奉的礼品单中,就有木棉达200匹之多。其珍贵程度与产于婺州(治今浙江金华)的婺罗相类②。虽然,我们尚无确据可证实张府所藏的木棉布就是两浙路所产,更不能据此就论定南宋初江浙就已种植木棉。但张俊在高宗突然临幸时,一次就能拿出200匹木棉布,其库藏当不止此数。在临安的达官贵人成千上万,张俊家能有,其他豪富家也或多或少会有。木棉布及其制品,南宋初作为王公贵族,豪富巨贾的专享品,其数量一定不少。在南宋行都这一追求新奇,崇尚奢华的消费需求刺激下,木棉布和制品通过商人,大量贩运到临安及明州等两浙城市,就成为一种必然。如《宝庆四明志》卷六《叙赋下·市舶六》载:来自海南、占城、西平、泉、广州之船,运货粗色有"木(锦)[绵]布,吉[贝]布,吉贝花"。可见大量的木棉布、棉花被海运至两浙最重要的港口城市宁波,再分销至江南各地。巨额的商业利润,刺激江南引进植棉和棉纺织业的兴起,这是历史的必然。对于泉、广州、海南等地而言,这木棉和棉花,在南宋早已不是什么贵重的稀罕品,而只是"粗色"大宗寻常消费品而已。

杨万里(1127~1206)《二月一日雨寒》(五首之四)诗云:"却是南中春

---

① 苏轼《金山梦中作》有"江东贾客木棉裘"(《东坡诗集注》卷一,《全芳备祖·后集》卷一三)句,似北宋时尚为富商专享的奢侈品。
② 周密:《武林旧事》卷九《高宗幸张府节次略》。

色别,满城都是木绵花①。"诚斋此诗作于淳熙八年(1181),乃咏广东风物无疑。时杨万里提举广东茶盐,后改官提刑,七年到任,九年即北返守丧。这样的动人景观约略同时亦出现在浙江桐庐。林希逸《学记》载:"艾轩《道桐庐有诗示成季》云:'此是滩头处土家,我从何日离天涯。木绵高长云成絮,瞿麦平铺雪作花'②。"林光朝(1114~1178),字谦之,号艾轩。此诗乃其晚年从中书舍人任上出知婺州、道经桐庐时所作。他是兴化军莆田人,故木棉树唤起了他的乡思。宋元之际人方夔则有诗咏其家乡淳安棉纺业兴起,须纳夏税的情景。其诗曰:

> 扬州旧服卉,木棉白茸茸。
>
> 缕缕自余年,纺绩灯火中。
>
> 织成一束素,上有浴海鸿。
>
> 岁寒若可恃,凄凄凛霜风。
>
> 昨夜县牒下,头纲出城东。
>
> 殷勤赴官急,瘢疮免殷红。
>
> 我寒那可忍,负此卒岁功。
>
> 不知落谁手,输入秦娥宫③。

方夔,又名一夔,字时佐,自号知非子。淳安人。尝从何梦桂游,累试不第,退隐富山之麓,因以名集。其诗生动真切地抒写了宋末浙江淳安棉纺业已成主要的家庭手工业,而且木棉已作为二税物上供。为上文所引《元典章》卷二四的史料提供了有力的佐证。出现这样的情景,当然也有个发展过程,决不会是在宋末突然出现的。

著名的江湖诗人戴复古《石屏续集·溪上》曰:"山腰有路穿修竹,水面

---

① 《诚斋集·南海集》卷一六,四部丛刊本。作年,据本卷上首诗题《辛丑正月二十五日》考定。

② 林希逸:《竹溪鬳斋十一稿·续集》卷二八。

③ 方夔:《富山遗稿》卷三《续感兴二十五首》(之十四)。其集卷一《田家四事·种》有云:"我生古扬州",可证此古扬州指其故乡淳安。《禹贡》九州之地,扬州其一,淳安属古扬州。

无桥涉浅沙。夹岸人家小园圃,秋风吹老木棉花①。"戴复古(1167～?),字式之。黄岩人。居邑之南塘石屏山,因号石屏。以诗名世,游江湖间几五十年。据其上首《村景》"箫鼓迎神赛社宴"之俗,疑此《溪上》亦咏其故乡黄岩山溪风物。如是,则在浙东台州黄岩,至迟在南宋中后期亦已是木棉花盛开的胜景了。宋自逊《看人取木棉》诗云:"木棉蒙茸入机杼,妙胜春蚕茧中缕。均为世上一草木,有用无用乃如许。木绵有用称者稀,杨花芦花千古传声诗。"宋自逊,字兼父,号壶山。婺州金华人,客居南昌。未仕。与刘克庄等江湖诗人交游。有《壶山诗集》,嘉定十五年(1222)已手自编定并刊行,今已佚。则此诗足证南宋中期棉花已传入浙东、江西②。

今存上举十几条史料可证,在浙东丘陵区的高田上,及嘉兴府华亭县等地,至迟在南宋中期就已开始种植棉花,并从乌泥泾、黄岩、淳安等地形成了最早的家庭手工业——棉纺业。比久已论定的黄道婆(约1245～?)十三世纪末从海南传回纺织技术,始推动松江植棉之说,约早近一个世纪③。这从棉花的播种、加工技术在宋末已臻成熟也能作为佐证。

如元初官颁之书《农桑辑要》,前有至元十年(1273)翰林学士王磐序。当时宋尚未最后灭亡,甚至临安也未易手,赵宋小朝廷仍处于风雨飘摇之中。而元世祖已称帝建元,置官设局,司农司亦已成立,奖劝农桑成为头等要务。《四库提要》亟称是书"杂采他书以附益之,详而不芜,简而有要,于农书之中最为善本④"。其说甚是,需要补充的是此书"杂采他书",必为宋代的农书和宋人的其他论著。如棉花收获后,此书还载有以铁杖取棉籽法。与北宋中后期人方勺《泊宅篇》及两宋之际人史炤《通鉴释文》所载的取棉籽法如出一辙。则下文所引是书的棉花栽培技术也必出于宋人的记载无疑。《农桑辑要》不过信手拈来,略加文字润饰而已。由此益证早在南宋末这种

---

① 《江湖小集》卷八一,又见《两宋名贤小集》卷二七六《石屏续集·四》。"小园圃",《小集》作"尽农圃"。

② 诗见《诗渊》第2519页,中华书局影印本。宋自逊生平,参见拙文《久佚海外＜永乐大典＞中的宋代文献考释》,《暨南史学》第三辑,暨南大学出版社,2004年。

③ 如上文所证,从关軾始修《嘉兴志》的嘉定七年(1214)算起。

④ 《四库全书总目》卷一○二《子部十二·农家类》。

棉花栽培技术已颇为成熟,如果没有相当时间的积累,不可能如此完备。

《农桑辑要》卷二《播种·木棉》述其栽种法,其要称:地深耕,耙熟成畦,"出覆土于畦背","连浇三水"。棉籽"用水淘过,子粒堆于湿地上,瓦盆覆一夜,次日取出,用小灰搓伶俐",视其稀稠,"撒于浇过畦内"。取覆土盖一指厚,"待六七日苗出齐时,旱则浇溉、锄治,常要洁净"。苗密则移栽,"每步只留两苗"。苗长高达二尺以上,"打去冲天心;旁条长尺半,亦打去心。""心叶不空,开花结实,直待棉欲落时为熟,旋熟旋摘,随即摊于箔上,日曝夜露,待子粒干取下。"王祯《农书·百谷谱集之十·木绵》条,则全本自《农桑辑要》卷二,仅有少量删节和误字,实亦本自宋人的农事经验及其总结——简接来源于宋代农书无疑。从宋元农书的一脉相承,亦从另一个方面足以证实,至迟在南宋中期起,棉花已在江南地区引进种植。虽然由于宋代农书的大量佚亡,我们已无法判断《农桑辑要》所载植棉技术的确切出典。但从是书蔡文渊序称,延祐元年(1314)元仁宗特命刊板《辑要》于江浙行省①这一点判断,《辑要》的直接渊源应是总结宋代江南地区农事经验的著作,无论从已佚和今存的宋代农书看,作者籍贯为两浙和江南路或总结这一地区农事的已占绝大部分。其详已具见本书第四章宋代农书一节,请参阅。毕竟江南地区不仅是宋代农业及经济最发达的地区,也是文化事业尤其是刻书业最发达的地区之一。《永乐大典》中收有大量宋代农书,由于清四库馆臣的无识,一概不辑,任其亡佚,导致这份极其珍贵的农学遗产全部失传,令人扼腕痛惜。

第二节　油菜在我国大面积推广始于南宋时期

油菜,我国主要油料作物之一,也是世界四大植物性油料作物(大豆、花生、向日葵、油菜)之一。通常认为,油菜的大面积推广,始于我国明清时期;

---

① 蔡文渊《农桑辑要·序》称:"参稽古今农书,芟其烦而撮其要,类萃成书"(刊元·苏天爵编《元文类》卷三六)。已清楚点明:此书乃撮古(《齐民要术》等)今(宋金农书)之要荟萃成编。序又称继延祐刊印1500部后,又于至治二年(1322)再刊行1500部。足见流传之广。

其实,油菜从菜、油两用的蔬菜被栽培成以菜籽榨油为主的转型期在南宋时期。其在全国各地,尤其是淮河以南(即南宋疆域的绝大部分)地区作为油料作物的推广也在南宋时期。"油菜"一词,似亦始见于南宋赵希鹄撰《调燮类编》(其书有明清人增补部分,或为嫁名伪作)。

油菜,现代植物分类学称之为:由十字花科中芸薹属植物的若干物种所组成,以采籽榨油为种植目的的一年生或越年生草本植物。根据油菜的植物分类学特征、细胞学特点、种间亲缘关系及其农艺性状,分为若干类群。一般分为白菜型、芥菜型和甘蓝型(近代始从海外引进)。我国古代的油菜主要指白菜和芥菜型。北魏·贾思勰《齐民要术》最早进行分类,指出有"蜀芥"、"芸薹"之分。芸薹,即今油白菜;蜀芥,则指芥菜型油菜。而其提到的另一种"芥子",则为今用作蔬菜的芥菜。清·吴其濬《植物名实图考》始明确把中国油菜分为油辣菜(即芥菜型油菜)和油青菜(即白菜型油菜)。其说云:"有油辣菜、油青菜二种。辣菜味浊而肥,茎有紫皮,多涎,微苦。武昌尤喜种之,每食易厌。油青菜同菘菜,冬种生薹,味清而腴,逾于莴笋①。"

油菜,早在汉代就已是黄河中下游流域的栽培蔬菜,其根茎叶皆可食用。相传三国时经诸葛亮(181~234)的倡导,名声更大。巴蜀地区至今仍有称为"诸葛菜"者。南北朝时期,已发现其籽能榨油,油饼可作饲料,成为蔬菜、油料、饲料三者兼用作物。油白菜,南宋时培育成为以花茎入蔬的薹心菜,又称薹菜;同时,又在夏初收获其菜籽,用以榨油。成为长江流域十分重要的蔬油兼用的春花作物,与二麦、豆一起成为与稻二熟制连作、轮作作物。因其收获期比小麦稍早,可成为与晚稻连作的主要夏收作物之一②。菜籽油在南宋已被广泛食用及用作灯油照明等,从而菜籽成为榨油业重要原料,并有后来居上之势,取代芝麻、大麻等传统油料作物。这一历史基础在南宋时期即已奠定,有大量史料可证。

油菜,因种植范围较广,适应性强,在古籍中有许多不同的名称:如芸

---

① 吴其濬:《植物名实图考》卷四,第86页,商务印书馆,1957年。
② 参见《中国农业百科全书·农作物》卷下,第734~749页,同书《农业历史卷》第389~390页;分见农业出版社1991、1995年版。

薹、蔓菁、芜菁、菘、葑苁、须、尧、芥、芥薹、九英、蕹芜等；又别称诸葛菜、寒菜、胡菜。可能因不同地区，不同时期而产生的称谓，有的是方言或转音。甚至还有误称其为"莱菔"、"芦菔"，即今之萝卜者①。以上诸名，均为草本植物，古人蔬类，或其性状颇有相似之处。如花多为金黄色，籽小，且多为黑色或紫黑色，其子能榨油，茎叶能作蔬食等。各地历代经"定向栽培"，有的向油料作物为主的方向产生"变异"，有的向蔬食、油料两用方向发展，有的向以蔬食为主产生基因突变，遂分化为不同功能的品种。以江南为例，如菘、芥以食用蔬菜为主；而蔓菁、芸薹则以油料作物为主，而且有了新的名称——菜花或菜薹，大量见之于宋代史料中。但时至今日，菘、芥之籽，仍有混入菜籽可作为榨油原料者，其基本性状仍未完全改变，而属于同一种科属的植物。唐慎微《政和证类本草》卷二七《菜部·菘》和同书同卷《芜菁》条②，比较确切地记载了北宋以前芸薹、蔓菁（芜菁）作为蔬用、油用兼用作物的沿革和性状。

（1）《政和本草》卷二七引陶隐居云："菜中有菘，最为常食。性和利人，无余逆忤（？）。今人多食。如似小冷，而又耐霜雪。其子可作油，傅头长发；涂刀剑，令不镝（锈）。"同书又引《唐本草注》云："菘菜，不生北土。有人将子北种，初一年，半为芜菁；二年，菘种都绝。将芜菁子南种，亦二年都变。土地所宜，颇有此例。其子亦随色变，但粗细无异耳。菘，子黑；蔓菁子，紫赤。大小相似。"

（2）同书又引《本草图经》曰："菘，旧不载所出州土，今南北皆有之，与芜菁相类。梗长，叶不光者为芜菁；梗短，叶阔厚而肥痹者为菘。"

（3）同书"芜菁"还引宋·寇宗奭《本草衍义》曰："芜菁，今世俗谓之蔓菁。夏则枯。当此之时，蔬圃中复种之，谓之鸡毛菜，食心，正在春

---

① 参据《政和证类本草》卷二七《菜部·上品》"芜菁"、"白芥"、"芥"、"莱菔"、"菘"，同书卷二九《菜部·下品》"芸薹"；郑樵《通志》卷七五《昆虫草木略·蔬类·芜菁》等撰述。

② 分见尚志钧等点校本第607页、611页，华夏出版社，1993年。又，参见同书第610页"芥"条所述。是书唐慎微撰于大观间，政和刻本又收入了完成未久的寇宗奭《本草衍义》，为流传至今最通行的《本草》书。

时。诸菜之中,有益无损,于世有功。采撷之余,收子为油。根过食动气。河东太原所出极大,他处不及也,又出吐谷浑。"(方按:此下又辨析与芦菔即萝卜为二物而颇精。)

引文(1)中之陶隐居,指陶弘景(456～536),南朝齐梁间隐士、学者。字通明,自号华阳隐居。丹阳秣陵(治今江苏南京)人。归隐茅山,信奉佛道。博学多闻,著述颇富。《本草集注》即其数十种著作之一。《本草图经》等书,存其概略。综合上引三说,似菘即芸薹、蔓菁之同种,北方无之,因地土之宜而为不同之属,殆即今之油菜。其子可榨油,似以陶弘景之说为最早。

北方小油菜,是古代栽培芸薹的产物。东汉以来,即为西北少数民族常食蔬菜①。故我国有学者认为:西北地区亦北方小油菜的起源中心之一;但多数学者则认为,乃地中海沿岸引进品种。芸薹,又称"胡菜",公元七世纪成书的孙思邈《备急千金要方》称之为"寒菜",皆指北方小油菜。与南方油白菜同科属而异品种。芥菜型油菜,一般认为:起源于我国西北高寒山区。芥,驯化栽培亦很早,西汉马王堆汉墓中出土物中即有芥菜籽。西北一般春种秋收,长江流域则秋种春夏收,成为两熟制作物。其油含多种维生素和脂肪酸,确为较好的食用油。有"出油胜诸子,油入蔬清香"之誉②。

菜籽可榨油制烛,史料中始见于《北齐书》卷三九《祖珽传》,称其被流放光州时,"夜中,以芜菁子烛熏眼,因此失明③。"但据《政和本草》卷二七,芜菁子有明目作用,似乃制烛时的添加成分导致他的失明。而《政和本草》卷二九《芸薹》引唐·陈藏器《本草拾遗》则曰:"子,压取油;傅头,令头发长、黑④";此实本陶弘景之说。虽已知其能榨油,却仍未及能否作食用油。

菜油,作为油料作物,宋代前就已为人们所熟知。据《房山石经题记汇编》记载,唐代幽州就已有油行、磨行的存在。这油行无疑是榨油的手工业

① 同上书《唐本注》引《名医别录》云:"此人间所啖菜也。"
② 参见《中国农业百科全书·农业历史卷》第389～390页。
③ 《资治通鉴》卷一七〇,光大元年(567)十二月条,称祖珽"夜以芜菁子为烛,眼为所熏,由是失明。"胡注云:"东南之人多以之照夜,未尝熏眼失明。"可证菜油宋元已普及。
④ 《政和本草》卷二九《菜部·下品·芸薹》,同上点校本第632页。

作坊,既已形成行,当有一定的规模。但是否以菜籽为原料榨油,语焉不详。据姜伯勤《敦煌的"画行"与"画院"》一文的考证,唐·五代远在边陲的沙州、西州已有米面行、菜子行等的存在。以菜籽作为原料的榨油行业在唐代西北地区已达到相当普及的程度①。当然,这"菜子行"也有可能指经营蔬菜种子的行当,而并非专指榨油的菜籽。但从北方小油菜汉魏起已在西北广泛种植,上引陶弘景之说和祖珽失明之事均可证:早在1500余年前古人就知道油菜子可榨油,这"菜子行"理解为榨油业原料当并非不经之谈。唐释·道世《法苑珠林》卷一〇二《六度篇·引证部》称:唐代行者业护诸戒境界"七种五事"之一,即有"不得与压油家往来"之说。似亦可证:早在唐代,"压油家"作为独立的手工业,已从家庭副业中分离出来。不过,其原料主要应是芝麻(又称胡麻)、大麻之类,但也并不排斥局部地区有菜籽(子)作榨油原料者。

一、南宋广种油菜考

两宋,尤其是南宋,油菜在全国各地广泛种植。具有标志性意义的是出现了"菜花"一词。那原野弥望的油菜花盛开之际,一望无边的金黄色灿烂小花,构成极具视觉冲击力的烂漫春光。儿时清明前后出城春游,即称为"游菜花",那种令人赏心悦目的胜景,令人终生难忘,记忆犹新。此景,实自南宋延续至今。这油菜花也成为宋代养蜂业大发展最佳的蜜源。

以下从一组农事诗中的描述,可以确证,南宋初以降,为油菜推广至全国各地的黄金时代。而晚唐和北宋,关于"菜花"的史料只见极有限的数条,与南宋不成比例。如刘禹锡(772~842)《玄都观》诗云:"百亩庭中半是苔,桃花净尽菜花开②。"这是最早以菜花入诗的佳作。今考此诗作于大和二年(829)三月,其开花期在桃花凋谢之际,正是阳春季节。温庭筠诗云:"沃田

---

① 参见拙文《关于三百六十行的历史考察:先秦至宋》,刊《李埏教授九十华诞纪念文集》第461页,云南大学出版社,2003年。

② 始见朱胜非《绀珠集》卷九引,《刘宾客文集》卷二四题作《再游玄都观绝句》。

桑景晚,平野菜花春①";所见已是大田景观。唐末诗僧齐己(864～943?)诗云:"吹苑野风桃叶碧,压畦春露菜花黄②";所咏亦为油菜花开时的胜景。

　　北宋真宗时,黄河涨落已有"信水"之说。"春末芜菁华(花)开,谓之'莱华水'"③;足证黄河流域北宋初已遍种菜花,亦可证芜菁即为油菜。北宋后期眉州丹稜人唐庚(1071～1121)《眉山诗集》卷五《晚春寄友人二首》(之二)有"满眼芜菁断送春"之句,是四川眉州已广种油菜之证。北宋末李复(1052～?)《潏水集》卷九《感春》(三首之二)云:"黄黄芜菁花,青青陵坡麦",是状写长安(治今陕西西安)春景的名作。两宋之际诗人陈与义(1090～1138)《归洛道中》诗云:"春事已到芜菁花,道路无穷几倾毂";是咏北宋末洛阳郊外已遍种油菜的春光无限。他的另一首《来禽花》则充满着诗情画意:"舍东芜菁满眼黄,胡蝶飞去专斜阳④。"

　　程俱(1078～1144)《北山集》卷四《诸葛菜》:"品藻芜菁传锦里",是说芜菁古又称"诸葛菜",因三国时诸葛亮倡导种之且又总结其有六大优越性⑤。胡寅《斐然集》卷五《治园二首》(其二)有云:"莱菔瑶英体,芜菁翠羽丛";萝卜、油菜,尽管有某些相似之处,他已能明确识别,乃判然二物。胡寅(1098～1156),南宋初福建崇安人,又曾贬新州,似据本人见闻而咏。义乌人喻良能《香山集》卷四《天台歌》有"又见芜菁出山腰"句,足证南宋初台州的梯田上也种有油菜,此又为油菜可替代二麦与水稻连作之证。

　　最能确证南宋中期油菜为蔬油两用植物已广泛推广的是项安世(1129～1208)诗。其《自过汉水菜花弥望不绝土人以其子为油》诗云:"汉南汉北满平田,三月黄花也可怜。惟有书生知此味,可无诗句到渠边。油灯夜

---

① 　明·曾益笺注:《温飞卿诗集笺注》卷九《宿澧曲精舍》。
② 　《白莲集》卷八《题梁贤巽公房》。
③ 　《宋史》卷九一《河渠一》,第2265页,中华书局,1977年。
④ 　分见《陈与义集》卷九第138页,卷一〇第156页,中华书局,1982年。前诗作于宣和四年(1122)。后诗中"专",四库本、聚珍本作"转"。
⑤ 　见唐·韦绚《刘宾客嘉话录》,宛委山堂本《说郛》卷三六,刊《说郛三种本》第1676页下,上海古籍出版社影印本,1988年。又,李石《方舟集》卷三《诸葛菜》诗注云:"孔明南征,种菜于此,名诸葛菜。问黎人,士皆不之识。因阅《本草》,即今之白芥。"

读书千卷，虀白晨供饮十年。今日相看总流落，洛阳樱笋正争先①。"汉水是贯穿南宋利州路、京西南路、湖北路一条大河，其流域面积广阔辽远。诗中所述似主要指荆湖北路汉水两岸，即使如此，油菜的种植面积亦相当可观，"弥望不绝""满平田"的油菜花十分壮观。

菜花诗写得最多也最好的当首推田园诗人范成大（1126～1193）。其脍炙人口的《四时田园杂兴六十首》有"胡蝶双双入菜花"句，乃咏姑苏春光无限时的胜景；"麦花雪白菜花稀"②，则云油菜比小麦开花、成熟稍早些。我们不能不钦佩这位躬亲农事的"石湖老农"观察力的精细入微。其《衡阳道中二绝》（之一）有云："桑下芜菁晚，高花出短篱"；"黑羖钻篱破，花猪突户开"③。这首流传很广的名作，犹如一幅风情画。足证南宋早期，在湖南路衡州一带，已发展成种桑养蚕、桑田下种油菜，放养黑羊和花猪，充分体现当地农村副业蓬勃兴旺的生机勃勃，这也是良性循环因地制宜发展农业和农村经济的典型范例。《石湖诗集》卷一三《马鞍驿饭罢纵步》又有"游蜂入菜花，此岂堪蜜房"一联，此诗作于其行次邵阳至黄黑岭之间人迹罕到的荒僻之地。上引二诗皆为乾道九年（1173）他赴任广西帅守时途中之作，可见当时湖南路已广种油菜，养蜂业亦缘此而颇盛。陆游（1125～1201）诗《雨霁出游书事》称："亦秀燕麦开芜菁，荠花如雪又烂漫"；此乃其故乡绍兴府种油菜之证。其《春残》诗有云："石境山前送落晖"，"芜菁花入麦畦稀"④；此为陕西长安种油菜之证。淳熙初，他应范成大之辟，充成都帅司幕僚时所作。

杨万里《诚斋集》卷二四《梦种菜》诗序云："予三月一日之夜梦游故园，课仆种菜，若秋冬之交者，尚有菊也。梦中得菜子、菊花一联，觉而足之。"诗曰："菜子已抽蝴蝶翅"，"早觉蔓菁扑鼻香。"足证蔓菁即油菜，是江西秋冬之际播种的越冬作物，可与晚稻二熟。而范成大诗"雪压蔓菁满意甜"句及王之道（1093～1169）诗"破寒青转芜菁叶"⑤，为杨万里之说提供了佐证。王

① 《平安悔稿》卷三。
② 均见《石湖诗集》卷二七。
③ 《石湖诗集》卷一三。
④ 分见《剑南诗稿》卷一、卷七。
⑤ 分见《石湖诗集》卷二六《丙午新正书怀十首（之六）》，《相山集》卷九《立春小酌呈诸兄》。

之道诗又云:"清明过了桃花尽,颇觉春容属菜花①。"阳春三月,漫山遍野的灿烂黄花占尽春光,给淮西大地披上了春意浓郁的盛装。

南宋中后期,各地遍种油菜的诗堪称比比皆是,今仅聊举有代表性的十余例。陈造《江湖长翁集》卷二〇《题柏氏壁二首》之一:"不问芜菁满意黄",此诗二月二十七日作于回家途中。陈造(1133~1203),高邮人。此乃淮东路种油菜之证。葛绍体《东山诗选》卷上《送陈良卿》曰:"芜菁满地花,柳絮漫天雪";此乃其为嘉兴县尉时作。周弼(1194~?)《端平诗隽》卷二《鹿苑寺》"僧占菜花畦"②,此其家居时所见寺院亦种油菜之证。上二首为浙西嘉兴及湖州(周弼湖州人)种油菜之证。刘克庄(1187~1269)《后村集》卷七《为圃二首》(之二):"种罢芜菁撷菊苗",乃福建莆田种油菜之证,亦称秋冬之际始栽种。周文璞《方泉诗集》卷二《出白下》有"菜花黄尽绿荫成"句,乃江东建康府种油菜之证,其诗又云初夏时油菜花尽而结荚生子,进入成熟期。舒岳祥(1219~1298)《阆风集》卷八《即事》:"菜花随麦长,田水入池平。"乃咏浙东宁海风光。高翥(1170~1241)《菊磵集·晓出黄山寺》:"菜花杨柳浅深黄",亦为浙东明州(下首《育王寺》可证)种油菜之证。徐玑(1162~1214)《二薇亭诗集·壬戌二月》:"浓香如蜜菜花多",乃福建建州种油菜之证③。

郑清之(1176~1251)《安晚堂集》卷下《金峨途中》:"麦含菜花成锦绣"④,为川蜀种油菜之证。裘万顷(?~1222)《竹斋诗集》卷二《玉山道中》诗云:"麦苗堆綠菜花黄",实描绘江西玉山小麦和油菜竞秀之景。杨万里《诚斋集》卷三四《宿新市徐公店》:"儿童急走追黄蝶,飞入菜花无处寻。"充溢童真情趣和生活气息,是诗据他任江东提举行部过建康至芜湖途中的亲

---

① 《相山集》卷一五《春日书事呈历阳县苏仁仲八首》之二,历阳县属淮西和州。
② 此诗亦见巩丰《东平集·鹿苑寺》,陈起编入《江湖后集》卷一。未审作主为谁,考鹿苑寺在浙东婺州,如为巩作,则浙东种油菜之证。
③ 其上一首为《秋日登天峰》,有"玉琢孤峰压富沙"句;其下又有《监造御茶有所争执》诗,足证《壬戌二月》诗作于建州监茶之时。又,壬戌乃嘉泰二年(1202)。
④ 亦见《江湖后集》卷六。

闻实录所创作。黄文雷《看云小集·华亭以北所见》"屋角香浮绕菜花"①，亦为嘉兴府华亭即景。毛珝《吾竹小稿·海陵》："绕城无数菜花黄"是说淮东泰州遍种油菜②。

咏菜花的不仅有诗，亦不乏词作，今姑举两阕：刘过（1154～1206）《龙洲集》卷一二《水龙吟·寄陆放翁》有"任菜花葵麦"云云，上又有"毕竟归田好"，似作于昆山隐居时。而平江府乃油菜种植面积最多的地区之一，也是稻麦（豆、油菜）复种指数最高的地区之一。刘辰翁（1232～1297）《须溪集》卷九《水龙吟·寓兴和巽吾韵》曰："何须银烛红粧，菜花总是曾留处"，此亦咏其家乡福建风光。

下文再选录一组菜花诗词，涉及南宋境内不同时期、不同地区，这从作者的出生或宦游之地可以得到证明，表明南宋中后期油菜的种植推广有愈演愈烈之势。南宋初江西丰城人黄彦平（？～1139）诗云："菜花亦不恶③；"稍后的舒州怀宁（治今安徽潜山）人朱翌（1097～1167）诗曰："满园菜花开向夏④。"南宋中期台州黄岩人戴复古（1167～？）《题郑子寿野趣》诗则犹如田园风情画："菜花园圃槿花篱，麦满前坡水满地。野老横竿拦鸭过，牧儿携笛倚牛吹⑤"。南宋末三位籍贯为两浙路的诗人吟菜花诗同样生趣盎然、引人入胜。如淳安人方夔《富山遗稿》卷八《次韵徐子声采桑》曰："菜花飞蝶护香尘。"义乌人冯澄《春日田园杂兴》显为仿范成大之作，其诗云："黄犊乌犍秧谷候，雄蜂雌蝶菜花天⑥。"抒写的却是浙东的别样风情，更重要的是，此诗已证明：浙东当时已实行晚稻和春花作物——油菜连作。菜花盛开之时，正是晚稻下种落谷做秧田之际。宋末华亭，不仅是著名的外贸港口，而且是木棉种植基地，油菜就已不占主要地位，只在家前屋后种些。卫宗武诗"茅茨篱

----

① 刊《江湖后集》卷二一。
② 诗见《江湖小集》卷一二。
③ 《三余集》卷一《乐府杂拟·五》。
④ 《灊山集》卷三《南屏》之三。
⑤ 《石屏诗集》卷六。
⑥ 载吴渭《月泉吟社》卷下。

落外,惟有菜花肥①"可证。

上引浙人三诗,可见南宋中后期两浙已遍种油菜,但在浙东却有逐渐推广的过程。施宿(1164～1215?)《嘉泰会稽志》卷一七称:"今浙西种芜菁者浸多,临安亦盛,惟越土不宜。"似乎绍兴府南宋中期前仍未推广栽培。可能绍兴有种芝麻榨油的习俗,或许也与遍种荞麦,农田不能兼顾有关。陆游《剑南诗稿》卷一九《荞麦初熟刈者满野喜而有作》提供了鲜明的例证:"城南城北如铺雪,原野家家种荞麦";"霜晴收敛少在家","胡麻压油油更香"。"油新饼美争先尝"。新荞麦面饼,小磨麻油煎饼,是南宋绍兴人的传统美食。但这种情形在陆游(1125～1210)晚年却在悄然改变,放翁归田后在园中亲自试种油菜,其诗有云:"往日芜菁不到吴,如今幽圃手亲锄②。"南宋中后期,浙东普遍栽种油菜,已是不争的史实。洪迈(1123～1202)社会志怪小说《夷坚志》中已出现"菜花蛇"③一词就是显证。菜花蛇,指生活在油菜田中的一种无毒水蛇,在二浙、江东西的田间经常出现。朱继芳《静佳乙稿·次意一先生仙霞壁间韵》则有"不见桃花见菜花"句④。咸淳元年(1065)进士、福建邵武人黄公绍《在轩集·望江南·雨》(十阕之九)有云:"思晴好,日影漏些儿。油菜花间蝴蝶舞,刺桐树上鹁鸠啼。闲坐看春犁⑤。"明确称菜花为油菜花,且在其家乡福建亦早已是遍种油菜的胜景了。

上引史料足以证明:油菜,自南宋时起,作为主要油料作物,已取芝麻而代之。因为芝麻大旱始能获丰收,而油菜则于水田及坡地两相宜,因其"比芝麻易种收多"⑥的特点,就更适于大面积推广种植。此外,还由于其有油、蔬两用的优点。菜籽榨油后遗存的饼粕,经加工后可作为家畜喂养及养鱼业的优质饲料;其饼肥还可充瓜田等的上好肥料。种油菜比种芝麻有更高的经济效益,这是油菜后来居上的主要原因。必须指出,油菜的大面积推广

---

① 《秋声集》卷三《暮春》。
② 《剑南诗稿》卷一三《芜菁》。
③ 《夷坚乙志》卷三《诸湖僧》。
④ 载陈起《江湖小集》卷三二。
⑤ 唐圭璋:《全宋词》第五册,第3368页,中华书局,1965年。
⑥ 《农桑辑要》卷五引《务本新书》。

还与榨油(宋人称压油)技术的日益提高和成熟有关。

尽管南宋油菜已作为油料作物推广种植,但其作为蔬菜食用的功能仍未退化。刘安上(1069～1128)《给事集》卷四《蔬畦》云:"紫芥耐冬,白菘宜夏",是说北宋时冬夏季节油菜皆充蔬食。张守(1084～1145)《毘陵集》卷一五《久客感怀》:"春韭秋菘聊当肉",是说春天韭菜与秋天菘菜乃两宋之际最为时兴的当家蔬菜。范成大诗:"桑下春蔬绿满畦,菘心青嫩芥薹肥。溪头洗择店头卖,日暮裹盐沽酒归①";杨万里诗:"薹菘正自有风味,杯盘底用专腴丰"②。均为南宋时咏油菜蔬食的名作。经过近八百年的定向栽培,分化改良,今之油用油菜叶苦,已不能蔬食。

油菜除了作蔬菜食用外,还可作羹。朱敦儒(1080～1159)《种芜菁作羹》诗云:"薹心散出碧纵横","日高淡煮一杯羹③。"此外,菜花用盐腌后晒干,是美味佐餐小菜。著名诗人韩驹曾收到友人蜀僧寄来的这种菜干,有诗谢云:"道人禅余自锄菜,小摘黄花日中晒。""起炊晓甑八月白,配此春盘一掬黄(自注:八月白,稻名也)④。"

油菜,作为油料作物,其经济效益远比仅作蔬菜好得多,这也许是南宋定向栽培油菜并在大田推广的主要原因。陈藻《乐轩集》卷一有诗《赠叔嘉叔平刘丈》云:"木槽压油三石余,半为灯火半煮蔬。上山伐柴五十束,九分卖钱一烧肉。等闲八月举场归,早禾困毕晚禾稀。……万一主司仍见遗,课奴种麦家相宜⑤。"可见在地狭人稠的福州,种植油菜,以菜子榨油已成为主要的家庭副业。从这首诗中,可见福州的复种指数较高,既有早晚禾双季稻

---

① 《石湖诗集》卷二七《四时田园杂兴六十首》(之十二)。

② 陈景沂:《全芳备祖》后集卷二六《芸薹》引。又,此诗不见于四库本《诚斋集》,似为佚诗。

③ 引自刘克庄《后村诗话·续集》卷四,中华书局,1983年。

④ 《陵阳集》卷二《顺老寄菜花干戏作长句》。时韩驹正居家,下有"资虽东川近陵阳"句可证。"八月白",及其乡所产早稻之米,可证陵阳不仅有晚稻,也种早禾。是否早、晚稻两季连作,则未言其详。

⑤ 今考《乐轩集》卷一还有《寄刘八》、《寄刘九》二诗,显为兄弟二人。此诗中的叔嘉、叔平或即其字,刘八、刘九为行第,宋人常见习称;刘丈,则二人之父。此诗又有序述其兄弟应举(发解试即秋闱)落选而归,坦然面对,"理生自若"。《寄刘九》有云:"谁登百丈岭,我到钟山旁"。钟山、百丈岭皆福州山岭之名,分见《淳熙三山志》卷三、卷八。足证其为福州人。扩而言之,这种两熟制的耕作方式,在福建的下四州应有相当的普及程度。

连作,也有油菜、小麦与晚稻的稻麦菜连作,即使在同一家的不同地块也因地制宜提高复种指数。上引本诗首联,尤为南宋普及油菜、以子榨油之力证。

二、南宋菜油压榨业考略

关于油菜可榨油,且有独立的手工业——"压油家"的记载,似始见于北魏·贾思勰《齐民要术》卷三《蔓菁》:"一顷收只二百石,输与压油家。三量成米,此为收粟米六百石,亦胜谷田十顷。"是说菜子榨油,一顷田之收入,可抵种粟米的十倍。但也许是消费习惯,在很长的时期内,仍是麻油占油料作物的主导地位。唐代榨油业已与酤酒、屠宰、色染、贩卖弓箭等并列为五大行业之一①。其中虽已有菜子榨油者,但主要原料应仍为芝麻、大麻。这种情形北宋时则已有改变,宋代百科全书《宋会要·职官·油醋库》②有载:

> 油醋库,在建初坊。掌造麻、荏、菜三等油及醋,以供膳局……。监有油匠六十,醋匠四人……。天圣元年(1023)四月,定夺所言:在京油麻,元纳油醋库,后为专典。乞钱三司,创置受纳脂麻库,隔手支与油醋库,岁费万余石。有监官、副知、杂役、斗子八人。如法酒库内酒坊造酒米麦,皆船般……。欲乞如例,只于税仓寄厫收贮。从之。

这条史料证明,在宋初六十余年间,京师诸库中有油醋库之设,所贮食用油醋,专供大内皇室膳局烹饪之用。其中油凡三色,麻油、荏油和菜油,仅芝麻一项,岁用量达万余石之多,御厨房用量如此,则东京乃至全国可想而知其数量之多。当然,毋庸讳言,北宋初所食麻油为最主要品种,但菜油仍占一定比例无疑。而另一种优质食用油即为荏油③。御厨房附属的官油坊

---

① 唐释·道世《法苑珠林》卷一〇五《戒相》载:"听贩卖,但不得作五业":即"贩卖畜生","贩卖弓刀箭稍","酤酒、压油家、五大色染",为佛门五戒。

② 清·徐松原辑自《永乐大典》卷一四七八八,《宋会要辑稿》误系于食货五二之三,今从陈智超《解开宋会要之谜》第228页之说,改隶《职官门》。

③ 按:荏即苏,有水苏、白苏、紫苏、鱼苏等。其中白苏,嫩叶可食,果、茎、叶可入药,子、果可榨油,参见《政和本草》卷二八第621页。

之"油匠"达60人之多,亦可见其食用油之多、规模之大一斑。御膳局用此三色油,充分说明其为优质食用油,北宋初已然。在菜油的推广中,应充分考虑到皇室的示范效应。

北宋初,榨油业作为官府手工业之一,已遍行于各地。如苏州州衙大厅之东即为油榨库①。范镇《东斋记事》卷五载:"京师大水,时城西民家油坊为水所坏;水定后,瓮中得鱼千余斤,与油价相当。"可见北宋中期,民营油坊的规模已相当大,其中当有以菜子为原料榨油者。庄绰《鸡肋编》卷上有云:"油,通四方可食与然(按:通燃)者,惟胡麻为上,俗呼脂麻……。大旱方大熟,开花向下,结子向上。炒焦压榨才得生油。膏车则滑,钻针乃涩也。"又云:"陕西又食杏仁、红蓝花子,蔓菁子油、亦以作灯……江湖少胡麻,多以桐油为灯。"此为北宋末的情形,各地食用及点灯用油以脂麻为最普遍。但因其"大旱方大熟"的特性,多雨地区如江湖、两浙等用之不多,在南宋已多用菜油无疑。值得注意的是:据上考,至迟在南北朝,菜油可食用和供照明燃油已广为人知,陕西人食菜油宋初已成习俗。而浙江人,庄绰仅称用桐油点灯,未及菜油是否充菜肴加工的食用油,其略而未谈有两种可能,一是江浙人食菜油已习以为常,不必再说;二是他不知江浙人是否食用菜油。依笔者的看法,庄绰未及江浙食用油之原因应是前者。这从南宋方志中大量出现以"油车"命名的地名也可得到证实,以菜子为原料的菜油加工业已如雨后春笋般在今江南蓬勃兴起。"油车"作为榨油业的专用名词,一直在江南使用至20世纪80年代末。

略举典型之例如下:周淙《乾道临安志》卷一云:"度牒库,在油车巷";梁克家《淳熙三山志》卷一五《版籍六·水利》载:"宝月油车浦道头及小浦七条"云。施宿等《嘉泰会稽志》卷一七《日铸茶》:"其阳坡名油车,朝暮常有日,产茶绝奇,故谓'日铸'。"梅应发等《宝庆四明续志》卷七《楼店务地》:第二等地中有"自清水碶西取盖家桥曲北两岸至盐蛤桥两岸河下,住油车巷"。又同上书卷四《广惠院·慈溪县租》:"阎安国园地上有竹木等,并内有油车

① 明·王鏊《姑苏志》卷二二《官署中》引《祥符图经》:"油榨库在大厅东。"

屋三间。"又,《咸淳临安志》卷一〇《行在所·台谏宅》:"台谏宅,在油车巷"。上引史料表明:南宋初在临安府、福州,南宋中期在绍兴、明州等地,均出现了"油车巷"、"油车浦"、"油车坡"等地名,绝非偶然,随油菜的广泛推广种植,菜油加工业在两浙、福建等地不断兴起,城乡各地形成了油榨工匠集中居住的地区(坊巷、浦坡),充分表明菜油在南宋已跃居为食用与日用的主要油类。其实,这种趋势在南宋初已见其萌,不过甚名各异,或称油车、油铺、油榨、油坊等而已。如《系年要录》卷一七三载:绍兴二十六年(1156)七月辛亥,知临安府韩仲通言:"安抚司回易库昨将官钱责借油铺,并置米铺,以收利息。"这种前店后坊的油铺,得到军方回易资本的借贷,其经营规模一定不小。又据王十朋诗,南宋初在湖北宜州夷陵县的穷乡僻壤,有专业的榨油作坊可供官员及其随从借宿①,其规模亦不可小视。据《永乐大典》卷二七五五引《寿昌乘·陂塘》载,其地有"油榨陂",也为鄂州武昌(南宋曾置寿昌军)有油榨之证。更可贵的是:南宋已成熟的菜籽油冷榨加工技术,一直延续至今,沿用了 800 余年之久;直至 20 世纪 80 年代才被"浸出法"所取代。而今之营养学家认为:属于物理压榨加工的食用油,远比化学浸出法生产的油更环保和安全,且吃口更好。

南宋菜籽油的推广,也与消费需求急剧增加有关。据庄绰记载,"成都元夕,每夜用油五千斤②。"可见其消费量之大一斑,锦城乃有"不夜城"之称。此外,元宵放灯更是盛况空前,如行都临安、平江府、建康府等大城市均如此。油的消费量之大可想而知,贩油业也随之不断发展壮大。如"平江城中草桥屠者张小二",绍兴八年(1138),"遂改业,为卖油家作仆云③。"可见南宋初平江府卖油已成行业,其中必有贩卖菜油者。屠者改行为油坊之仆,可见其销售需求日益增长之一斑。类似之情形亦见之于临安,"王良佐居临安观桥下,初为细民,负担贩油。后家道小康,启肆于门,称王五郎④。"叙述

---

① 王十朋:《梅溪后集》卷一一《离夷陵移舟至水西将遵陆雾甚……过姜诗村饭士门铺晚宿油榨有山名"四面"颇佳》,诗题可证。
② 《鸡肋编》卷上,第 21 页,中华书局点校本,1983 年。
③ 洪迈:《夷坚甲志》卷七《张屠父》,点校本第 56 页,中华书局,1981 年。
④ 《夷坚支癸》卷三《宝俶塔影》,同上书第 1238 页。

了其从负担小贩至开店设坊发家致富的过程,当与菜油不断扩张的需求与消费量增加有关。食用油销售,在临安已成"开门七件事"之一,与米柴、盐茶等生活必需品并列为最兴旺的行业。《梦粱录》卷一三《铺席》云:"处处各有茶房、酒肆、面店、果子、綵帛、绒线、香烛、油酱、食米、下饭鱼肉鲞、醋等铺。"同上书卷一三《诸色杂卖》也称"巷陌街市常有""挑担卖油"者出没。在其他各地也活跃着卖油郎或货油家的身影。如新安人吴十郎,因避岁荒而徙居舒州宿松县,"初以织草屦自给,渐至卖油,才数岁,资业顿起,殆且巨万";乃至"又置田土"。其暴富曾引起当地居民的怀疑,被送官究治。透过神鬼怪异的迷雾,反映了淮西广种油菜,菜油行销大盛的史实。"黄州市民渠生,货油为业,人呼为渠油,一意嗜利。每作油时,乘热益以便溺,几三之一。"不久就遭报应而家破人亡。这既能食用,亦能供养天地神明之用的油,应即为菜油。可证湖北路的菜油亦颇为盛行,乃至货油家"获息颇博①。"

南宋中期,因菜油的广泛盛行,导致照明灯油价格的大幅下降。《西湖老人繁胜录·街市点灯》称:"庆元间,油钱每斤不过一百会②。"在楮币贬值的时期,只相当于米价的25%左右,如果不是菜油的大量生产,平抑了油价,这是难以想象的。南宋后期,菜油已取麻油而代之,成为最重要的烹饪用油,史有明证,见于《说郛》本林洪《山家清供·山家三脆》之说:"嫩笋、小蕈、枸杞[头],菜油炒作羹,加胡椒尤佳。"菜油除了食用和照明外,还有药用和美容功能,可使头发变黑及除皱纹。张淏《云谷杂记》卷二云:"蔓菁子压油涂头,能变蒜发。"其释又云:"今人言壮而发白者,目之曰蒜发。"《政和本草》卷二七云:"研子入面脂,极去皱。"

元初官修的《农桑辑要》卷五引《务本新书》,总结了油菜的栽种法,菜油的用途、加工法等,足证宋人对油菜作为油料作物已有相当明晰的认识③。其说云:"耕地宜加粪,往复匀盖。秋初可种,自破甲至结子皆可食。"又云:"四月收子打油,陕西唯食菜油。燃灯甚明,能变蒜发,比芝麻易种收多,油

---

① 分见《夷坚支癸》卷三《独脚五通》,卷二《黄州渠油》;同上书第 1238、1230 页。
② 《永乐大典》卷七六〇三引。
③ 《务本新书》等为南宋或金人所撰农书,详本书《农书考略》一节。

不发风。……[菜]油临时熬用,少掺芝麻炼熟,即与小油无异。"所谓"小油",即小磨麻油。可证南宋无论南北,已多食用菜油而以代麻油。"油不发风"云云,据当代科学原理,食油过多,易致高血压而诱发一系列心脑血管疾病。菜籽油较麻油等而言,更有益于人体健康,或许也是南宋菜籽油后来居上跃居主要食用油类的原因之一。元·冯福京等《昌国州图志》卷四《叙物产·蔬菜》并列有"白菜、油菜、芸薹",则为宋元之际油菜已完成蔬食和油料作物两极分化之证。在今之江南通过不断选种培育,已形成性状不同的品系。

第三节　南宋园艺业的大发展

南宋时期,社会经济日趋繁荣,城镇人口和城市经济不断发展。人们对蔬菜、水果、花卉等的需求不断增长,促使园艺业在质、量两方面均有新的提高。更可贵的是园艺业的种植和栽培水平有了长足进步,新技术层出不穷,许多颇具"科技"含量的新工艺或栽培法成批涌现,开发出不少新品,培育出一些深受市场欢迎的精品。在城乡结合部,出现了弥望无际的大片菜地、果园和花圃,培育出争奇斗妍的名品,园户、橘户、花户、药户、焙户、荔支户、茶户等一大批专业户应运而生,甚至有了以生产某种商品性园艺物品的专业乡村、市镇。更值得一提的是:宋代以前的农书,花卉的栽培种植技术从未列入,两宋尤其是南宋以来谱录类农书大量涌现,显示园艺类作物的栽培技术有了划时代的进步。蔬菜、水果、花卉等也从农业的附庸或副业步入了专业化、商品化的行列,因其经济效益远较以粮食为主的传统农业为高,而开始进入了农林牧副渔全面发展的崭新时代。本节在勾勒这一新现象的同时,尤注重园艺作物栽培的技术进步和科技含量①。

---

① 本节以下涉及园艺类技术进步的内容,部分参考梁家勉主编《中国农业科学技术史稿》第419~443页,农业出版社,1989年。据新搜集到史料立说者,则——出注。

一、蔬菜

我国地大物博,蔬菜栽培历史悠久,蔬菜种植被称为园艺、园圃。宋代各地多出现栽培蔬菜的专业户,称园户、菜户。南宋临安府等城郊出现了蔬菜生产基地,有了专业分工,商品蔬菜的种植成为行业之一。其栽培蔬菜也出现了不少新技术,其中有些精耕细作的经验还被大田作物所汲收。

如至迟在南宋,瓜、菜、茄、芋、莴苣等多已采用育苗移栽法。对于喜温蔬菜品种已知利用温水浸种,用粪秽发酵发热催芽。值得一提的是:蔬菜的软化技术在南宋已臻成熟。韭菜在寒冬腊月,在地窖中能黄化培育成韭黄,成为淡季中的名贵品种。发芽的大豆即黄豆芽的培育入蔬,亦始于南宋,当时还有颇为雅致的名称"鹅黄豆生",十分形象;不仅简便易生,且四季可成。王祯《农书》中记载的蘑菇栽培法,当亦始于南宋。不少新品已开发栽培。

宋代随着市镇建设的发展,城市人口的增加,城市化进程的加快,作为商品农业的主要品种之一——蔬菜异军突起。在城市的郊区,形成了类似于今日蔬菜基地的栽培区域,并有规模很大的交易市场。如行都临安府,至迟在南宋中期,就形成"东门菜、西门水、南门柴、北门米"的格局,"东门[外]绝无民居,弥望皆菜园"。东门,即指东青门,因一望无际的菜田和大型蔬菜批发市场之所在,又俗称之为"菜市"门。供应杭州150余万人口蔬菜的大型集市除东青门菜市桥外,还有崇新门外南北土门等地。南宋杭城又流行"东菜西水,南柴北米,杭之日用"之类的谚语①。杭州市场上四季供应的蔬菜品种之多,令人叹为观止。即使淡季亦大量上市,如宁宗诞节前,金使在八月来杭城。所见时鲜蔬菜琳琅满目,十分感慨,云:"江南地暖","蔬菜一年不绝"。此月即有"苔心菜、黄芽菜、矮菜、甘露子、菠菜、芋头、芋奶、山药

---

① 周必大:《二老堂杂志》卷四,《梦粱录》卷七《杭州》、卷一八《物产·菜之品》。同卷《瓦子》云:"东青门外菜市桥侧名菜瓦子",可见人气之旺一斑。参阅《咸淳临安志》卷一九《菜市》。

之类,葱韭尤多①。"其中薹心、黄芽菜等,即为南宋新开发的蔬菜。拟先罗列
两宋尤其是南宋创始或推广的大路品种及名优特新品蔬菜品种,间及其颇
具科技含量的种植栽培方法。

(1)萝卜 是我国古代南北皆种的蔬菜大路品种,既能生食,也能熟食,
还可腌制。萝卜,古称芦菔、莱菔等。《齐民要术》卷三引《方言》称:芜菁,
"其紫花者谓之芦菔。"已误二者为一物。宋代已广泛栽种,成为商品性蔬菜
的主要品种。杨万里②曾记载:江东路濒长江的江心洲有一专门种植萝卜的
商品性生产基地,专供建康府市场。萝卜,唐代还只有立夏播种,盛夏收获
的品种,南宋时,生长期短的春种或初夏种的萝卜种植已较普通,被称为水
萝卜。实开元明之际的四季萝卜均衡生产,均衡上市的先河。其栽培之法,
在《齐民要术》卷三中语焉不详,仅称种法"与芜菁同"。种萝卜法,实乃始见
于温革《琐碎录·菜·种菜法》:"种萝卜,宜沙糯地,五月犁五六遍,六月六
日种。锄不厌多,稠即少[锄]。"南宋绍兴萧山、湖州吴兴生产的萝卜已充贡
品,足见其品质优良。而在临安上市的蔬菜中,萝卜不仅为大宗商品,且不
乏优质名品,如西溪、天目山所产者。如有的个大有五六斤重,有的则可生
食,脆而甘类似水果。萝卜历来有补气、消食的功效。

(2)韭黄 韭菜在我国古代早已有之,且成一种深受消费者喜爱的大路
品种。但韭黄则是韭菜的黄化,其培育成功则始于宋代,弥补了寒冬腊月蔬
菜的断档或缺口。其成为商品,似始见于梅尧臣(1002～1060)诗《闻卖韭黄
蓼甲》诗③。其大量推广则已在南宋,张孝祥《从张唐卿乞韭黄》(《于湖集》
卷一〇)诗可证:"雪压畦蔬僮手皲,度郎多日欠常珍。悬知旅食初无恙,窖
里黄芽借得春。"当时,不仅作为蔬菜食用,且作为点心之馅。王祯《农书·
百谷谱五·蔬属》记载:"至冬,移[韭]根藏于地屋荫中,培以马粪,暖而即

---

① 《西湖老人繁胜录·宁宗圣节》,刊《大典》卷七六〇三。
② 《诚斋集》卷三四《从丁家洲避风行小港出荻港》诗云:"岛居莫笑三百里,菜把活他千万人"
(注曰:"丁家洲阔三百里,只种萝卜卖至金陵")。可见其规模之大一斑。丁家洲,池州铜
陵县辖地。
③ 《宛陵集》卷一一,诗云:"百物冻未活,初逢卖菜人。乃知粪土暖,能发萌芽春。"可见至迟
在北宋中期,韭菜黄化技术已发明。

长。高可尺许,不见风日,其叶黄嫩,谓之韭黄①。"这是反季节生产的一个典型范例,一直流传至今。今天吃到可口的韭黄肉馅饺子或春卷之类传统小吃,可证这一有"韭中之王"美誉的蔬菜,流传有绪,迄今已有八百余年的历史,我们不应忘记南宋菜农的这项发明。反季节生产,在今天高科技的条件下已司空见惯;可在小农经济的时代,也是了不起的"高科技"成果。使之出现新的变异品种,丰富了人们的饮食口味。同样南宋杭州马塍的花农,利用熏蒸产生的"温室效应",促使梅、桃、牡丹等花卉提早开放,竞放吐艳;而桂花则耐寒,在温度低于10℃的条件下才开放,就放置于深幽的石洞中令凉风吹冽,促其早日绽放,金桂吐芬芳。

(3)丝瓜　又称鱼际②。北宋已普遍种植。南宋温革《琐碎录·农桑·菜·种菜法》中已载有丝瓜的种植栽培期称:"种丝瓜,社日为上。"其育苗移栽技术宋代亦已推广。理宗时人杜汝能(号北山)《咏丝瓜》诗云:"寂寥篱户入泉声,不见山容亦自清。数日雨晴秋草长,丝瓜沿上瓦墙生。"秋日丝瓜藤攀墙而上的景况至今犹然。"丝瓜,一名天罗絮,所在有之。又名布瓜,有苦甜二种。多生篱落,开黄花,结实如瓜状,内结成网③。"可见这是自宋流传至今的又一大路品种蔬菜。据陆游记载,丝瓜还有洗涤墨迹的功能,这也许是丝瓜筋今已被广泛用作洗涤物的最早认知。其说云:"谢景鱼(名伦)涤砚法:用蜀中贡鱼纸先去墨,徐以丝瓜磨洗,余渍皆尽而不损砚④。"

(4)菘　即白菜,汉魏间江南已栽培种植。但大量推广种植,培育出许多新品种则在南宋时期,成为"南北皆有"的大路品种蔬菜而深受百姓喜爱。如叶阔色青者称青菜,色白者称白菜,浅黄色者称为黄芽菜。如上所证,乃南宋开发的新品种。行都临安府菘的新品就有薹心、矮黄、黄芽、大白头、小

---

① 这种韭菜黄化技术,必据宋代农书无疑。上引梅尧臣诗足证:这种比"常韭易利数倍"的反季节生产技术,北宋中期已商业化广泛运作。同书又载韭菜阳畦早发技术云:"又有就旧畦内,冬月以马粪覆之,于迎风处随畦以蜀黍篱障之,用遮北风。至春,其芽早出,可长二三寸,则割而易之,以为尝新韭。"均见缪启愉译注本第539~540页。
② 《示儿编》卷一五引《琐碎录》。
③ 《全芳备祖》后集卷二五引《草木记》。杜诗亦见同书同卷。
④ 《老学庵笔记》卷一。

白头等多种;湖州的著名品种则有青菘、白菘、蚵皮菘之异;台州则又"大曰白菜,小曰菘菜,又有白头、牛肚、早晚等数种①。"南宋始见镇江的两种特色之菘,今已成为江南百姓嗜食的雪里蕻腌菜及清明前后所食之菜苋(即古之薹心)②,可见其流传有绪之一斑。宋人还留下不少关于菘的动人诗篇。如范成大《四时田园杂兴·冬日十二绝》之七云:"拨雪挑来踏地菘,味如蜜藕更肥口。朱门肉食无风味,只作寻常菜把供③。"这种经霜雪之冬菘,是吴门蔬菜中的上品,不仅有填补淡季空白的特效,且又是极为丰腴甜美的佳蔬。陆游则自种晚菘以供日常之菜,其诗云:"雨送寒声满背蓬,如今真是荷锄翁。可怜遇事常迟钝,九月区区种晚菘④。"

(5)菠菜 原称菠薐,一名赤根,乃指其根为红色。据刘禹锡《嘉话录》称,唐代始传入中国。南宋时已广为种植,成为冬春季节当家蔬菜之一。《农桑辑要》卷五《菠薐》云:"作畦下种,如萝卜法。"其曰"新添",表明在南宋、金才广泛推广。是书还介绍了秋冬窖藏可保持新鲜的方法及夏季将"食不尽者,滚汤内掠熟,晒干;遇园枯时,温水浸软调食"两种方法。春日则旋种旋食,故被王祯称为"四时可用之菜⑤"。时至今日,仍为我国各地人民喜爱的一种绿叶四季蔬菜。

(6)莴苣 又称莴苣,茎叶皆可食。"苣,数种:有苦苣,有白苣,有紫苣,皆可食。""苦苣,即野苣也。""今有家常食为白苣。江外、岭南、吴人无白苣,尝植野苣,以供厨馔(新补)⑥。"从《政和本草》所云"新补",可证此为宋代开

① 分见《咸淳临安志》卷五八、《嘉泰吴兴志》卷二〇、《赤城志》卷三六。
② 《至顺镇江志》卷四《土产·蔬·菘》卷四(点校本第140页)载:"秋末晚菘,菜之美者也。白根青叶,高二尺许。配盐蓄之,可以御冬。又有冬种而春茂者,薹心,其蕻亦高一二尺,肥美可茹。差小者名白菜,又有夏菘,菜尤小。"
③ 《石湖诗集》卷二七。
④ 《剑南诗稿》卷一三《蔬园杂咏·菘》。
⑤ 引文分见《农桑辑要》卷五第345页、《王氏农书·百谷谱五·蔬属》第541~542,均缪启愉校注本。又,《农书》称:菠菜"宜以香油炒食,尤美。春月出薹,嫩而又佳。至春暮,茎叶老时,用沸汤掠过,晒干以备园枯时食用,甚佳。""春月"下云云,实本《农桑辑要》之说。菠薐始见于唐刘禹锡《嘉话录》,见《政和证类本草》卷二九《菠薐》。
⑥ 分见《王氏农书》第542页、《政和证类本草》卷二七第614页。关于野苣,王祯全抄自《政和本草》。

发的新品蔬菜。莴苣"其茎嫩,如指大,高可逾尺。去皮蔬食,又可糟藏,谓之生菜,四时不可缺者①。"莴苣,已采用育种催芽栽培法。《农桑辑要》卷五《瓜菜·莴苣》云:"作畦下种,如前法(方按:即种萝卜法)。但可生芽,先用水浸种一日,于湿地上铺衬,置子于上,以盆碗合之;候芽微出,则种。春正月、二月种之,可为常食。秋社前一二日种者,霜降后可为淹(腌?)菜。"可见春秋皆可种,留种则春种,"九十日收"。从"新添"云云,则可见其栽培法成熟于南宋、金时期。

(7)同蒿　又作茼蒿。乃宋代新开发的蔬菜。《农桑辑要》卷五《瓜菜》(第346页)载其种法:"春二月种,可为常食;秋社前十日种,可为秋菜。如欲出种,春菜食不尽者,可为子。"王祯则述其性状及功用云:"叶绿而细,茎稍白,味甘脆。""其叶又可汤泡,以配茶茗。实菜中之有异味者②。"其药用功效则为:"主安心气,养脾胃,消水饮③。"宋代不仅炒食,作汤,且可为茶茗配料。

(8)苋菜　又称苋实。苏颂《图经本草》称:"苋有六种:有人苋、赤苋、白苋、紫苋、马苋、五色苋。马苋,即马齿苋。"寇宗奭《本草衍义》曰:"苋实,入药亦稀。苗又谓之人苋,人多食之。茎高而叶红黄二色者","可淹(腌?)菜用④。"而据王祯之说,还有"鼠齿苋及糠苋,此野苋也。"上云人苋等六种苋菜,"皆可蔬茹;人、白二苋,亦可入药。"则其所述远不如苏颂《嘉祐图经本草》之详实⑤。《农桑辑要》卷五(第347页)载其种法云:"五月种之;园枯则食。如欲出种,留食不尽者,八月收子。"其种植和收子之法成熟于两宋时期无疑。今江南所食苋菜,多为赤、白、紫苋三种。

---

① 《王氏农书》第542页。
② 《王氏农书·百谷谱五》第542页。
③ 《政和本草》卷二七,第605页。
④ 《政和本草》卷二七,第604页。
⑤ 《王氏农书》第543页。王氏之说全抄自《本草》各本,但又有误解。据上引苏颂《图经本草》(《政和本草》第604页引)云:"入药者,人白二苋,俱大寒,亦谓之糠苋,亦谓之胡苋,亦谓之细苋,其实一也。""紫苋,茎、叶通紫,吴人用染菜、瓜者,诸苋中此无毒。""赤苋,亦谓之花苋;茎、叶深赤。……根茎亦可糟藏,食之甚美。""五色苋,今亦稀有。细苋,俗谓之野苋。猪好食之,又名猪苋。"考证远较王祯详赅。王氏已含混不清,今特正本清源略述之。

（9）蓝菜　乃南宋、金时期流行于陕西等地的一种特色蔬菜，是"园枯"——盛夏伏缺时的主要品种。始见于《农桑辑要》卷五引《务本新书》："二月畦种。苗高，剥叶食之，剥而复生；刀割则不长。加火煮之，以水淘浸，或炒熸，或伴食，或包酸馅，或卷饼。生食颇有辛味。五月园枯，此菜独茂，故又曰'主园菜'。食至冬月，以草覆其根。四月终结子，可收，作末（比芥末）。根又生叶，又食一年。陕西多食此菜。若中人之家，但能自种三两畦蓝菜，并一二畦韭，周岁之中，甚省菜钱①。"据此可知：陕西农村"中人之家"一年的蔬菜钱约在 8 ~ 10 贯文间，人均约 1.5 贯文。

（10）莙荙　即食用甜菜，亦名牛皮菜。是甜菜的变种，为二年生蔬菜。《农桑辑要》卷五《瓜菜》列为"新添"品种，则似为南宋、金新开发品种。是书载其栽种法云："莙荙，作畦下种，亦如萝卜法。春二月种之，夏四月移栽。园枯则食。如欲出子，留食不尽者，地冻时出于暖处收藏。来年春透，可栽，收种。"这表明宋金时期已熟练掌握蔬菜移栽技术，已有众多伏缺品种填补蔬菜上市的空缺，丰富百姓的日常生活。《王氏农书·百谷谱四·蔬属》在抄录上述引文后，仅补充其食法云："或作蔬，或作羹，或作菜干，无不可也。"

（11）兰香　原名罗勒，因避十六国时期后赵皇帝石勒（274 ~ 333）讳而改名。且其名雅美，故流传沿用②。相传晋·张华撰《博物志》称："烧马蹄、羊角成灰，春散着湿地，罗勒乃生。"显为没有根据的诞妄之说，只反映兰香作为香菜之一种的悠久历史。罗勒、胡荽、香薷均称香菜，现代用作佐料蔬食的香菜，主要指胡荽。值得注意的则是始见于南宋初温革《琐碎录·农艺·菜·杂说》云："香菜与土龙脑，不得用粪［浇］，浇则不香。只以沟泥水、

---

① 引自缪校本第 347 ~ 348 页。据缪氏校释称："蓝菜，当是十字花科芸薹属的芥蓝。""有黄花、白花二种：白花芥蓝，主要采食其柔嫩的花薹；黄花芥蓝采食其肥大的肉质茎及嫩叶。"《王氏农书》第 543 页则全抄自《务本新书》，仅"酸馅"误作"馂馅"而已。

② 说详《齐民要术》卷三《种兰香》，第 209 页，缪启愉等译注本，上海古籍出版社，2006 年。

米泔水浇之,佳。"又曰:"种香菜,常以洗鱼水浇之,则香而茂①。"

(12)甘露子　亦名草石蚕,实即泽兰根也。因其地下块茎形似蚕蛹,又有地蚕、地笋、土蛹、螺丝菜等多种异称。今存史料中,似始见于《新安志》卷二《物产·蔬茹》:"地蚕者,泽兰根也。肥白而促节,大如三眼蚕,以冬掘取之,亦曰地笋也。"又见于范成大《桂海虞衡志·志果》:"地蚕,生土中,如小蚕,又似甘露子"。黄震《黄氏日抄》卷六七《石湖文》则引称:"地蚕,生土中,似甘露子而不尖,以荐酒。"可见南北各地均有,似为亦果亦蔬之物,不宜生吃。从博学广闻的范成大也误为二物及约略同时的罗愿已著录看,似应为宋代新开发的蔬品。《务本新书》则载其栽种法云:"白地内区种,(署)[暑]月以麦糠盖之,承露滋胤②。"值得一提的是,南宋时广西等南方这种草本植物尚为野生。其人工栽培或始于南宋。故种法仅见于《务本新书》。今则南北仍有少量种植栽培,一般用作腌菜或泡菜原料。著名的扬州酱菜中即有螺丝菜一种,为上品,今其加工原料,即由当地农村定向栽培。

(13)胡萝卜　今已是南北皆宜,生熟可吃的绿色蔬菜。不仅营养丰富,且又养生保健。胡萝卜,原产于地中海沿岸地区。明·李时珍《本草纲目》卷二六误以为"元时始自胡地来",实际上南宋初已有。罗愿《新安志》卷二《物产·蔬茹》已载:"胡萝菔甘而不快于口",足证至迟南宋初已栽培。其种法则仅见《农桑辑要》卷五著录"伏内畦种,或壮地漫种"寥寥数字。《至顺镇江志》卷四《土产·蔬》亦载:"又有一种名胡萝卜,叶细如蒿,根长而小,微有荤气,故名。"元·贾铭《饮食须知》卷三《菜类》则称:"味甘辛,性微温,有益无损,宜食。"

(14)茄子　一名落苏,隋末又称昆仑紫瓜。文献中似始见于汉·王褒

---

① 《续修四库全书》影印本,第66页上。"香菜"条,又见吴怿《种艺必用》,刊《大典》卷一三一九四,中华书局影印本第5724页下;据补原脱一重字"浇"。《农桑辑要》卷五引宋末陈元靓《博闻录》则据《琐碎录》节录改写为:"香菜,常以洗鱼水浇之,则香而茂;沟泥水、米泔尤佳。"从香菜浇灌法记载的沿革演变,可以证明:《农桑辑要》主要据南宋农书;而《王氏农书》(第544页)所引《事类全书》全同上揭《博闻录》引文,显然是据陈元靓的另一部类书《事林广记》所引,其源亦始于《琐碎录》,则王祯《农书》多抄自宋代农书无疑。不过在多数条下未注出处,以掩其剽袭而已。这是又一典型例证。

② 《农桑辑要》卷五第354页引,参阅缪氏校释。

《僮约》，实际供常厨或更早。《陈书·蔡樽传》载，其为吴兴太守时已在郡斋种紫茄。其栽培法始见于《齐民要术》卷二《种瓜·附》，有春、冬二种，春种于二月，畦种，带土移栽，需大量浇水。冬种于十月，推雪区种，毋须移栽。可见南北朝时栽培技术已成熟。但当时的茄子"大小如弹丸，中生食，味如小豆角①。"至南宋，不仅品种增加，品质改良，且栽培方法有所改进创新。如湖州有"紫茄、有白茄；有水色茄，色亦白而甜嫩，可生食②。"其栽培法至迟在南宋初已有重大改进：一是"种茄子时，初见根处劈开，掐琉黄一（皂）［匙］，大以泥培之，结子［倍多］。［大］如盏，味甘而益人。"二是"茄子开花时，取叶布过路，以灰围之，结子加倍，谓之'嫁茄'③。"可见从南北朝时的弹丸大，已进化为"大如盏"，结果加倍，又"味甘而益人"；无论大小、品种、数量、品质皆有脱胎换骨的改进。"嫁茄"之说虽迹及迷信，但"打叶"无疑有助于结茄，保证其有充分的"营养"及水分吸收，不无"科技含量"。不妨称之为打顶除叶技术。

（15）茭白　古称菰或菰白。宋代已成为优质的水生蔬菜，一直流传至今。《嘉泰吴兴志》卷二〇已列入"今添"之品，并云："三年以上心中生薹如藕，白软中有黑脉，堪噉。今水乡亦多种。色白者美，带黑点者不佳。"可见其在江南水乡的推广栽培及克服"灰化"技艺的发明当始于南宋时期。但茭白的历史十分悠久，已始见于《尔雅》，实为禾本科多年生植物菱的肉质茎。秦汉以前，一般只食其籽，称之为菰米、苽或雕胡。至迟在东晋，已有茭白被食用。《尔雅·释草》称之为蘧蔬，郭璞注云："似土菌，生菰草中，今江东啖之，甜滑④。"蜀本《本草图经》云："生水中，叶似蔗、荻，久根盘厚，夏月生菌细，堪啖，名菰菜。三年已上，心中生薹如藕，白软中有黑脉，堪啖，名菰首也。"苏颂《本草图经》基本上说清了菰、菰米至茭白的沿革及其异称。其说

①　《齐民要术》卷二，第 158~159 页，缪校本。

②　《嘉泰会稽志》卷二〇，《丛刊本》第 4860 页下。

③　吴怿：《种艺必用》，刊《永乐大典》卷一三一九四，影印本第 5724 页下；参校温革《琐碎录》，续修四库影印明抄本第 64 页下。"倍多大"三字，《种艺》原脱，据温书补。

④　转引自《尔雅义疏》卷下一《释草》，《清疏四种合刊本》，第 247 页，上海古籍出版社 1989 年版。

云:"今江湖陂泽中皆有之,即江南人呼为茭草者,生水中,叶如蒲苇辈,刈以秣马甚肥。春亦生笋,甜美堪啖,即菰菜也,又谓之茭白。……其薹中有墨者谓之茭郁。"而据寇宗奭《衍义》称:"河朔边人,止以此苗饲马,曰菰蒋,及作荐。花如苇,结青子……。彼人收之,合粟为粥,食之甚济饥①。"可证直到北宋末,北方人仍不知茭白可蔬食。止用其草喂马、织蓆,以其子为粥疗饥而已。

　　实际上,茭白的形成是由于黑菰菌粉感染的结果。此菌可分泌一种异生长素,茭草受其刺激,花茎不能正常发育,乃至异化而在茎节形成肥壮的肉茎茭白,这种非正常发育的"菌瘿"现象却对人体有益无害。但宋代以前却多为灰茭时称"乌郁"②所困扰。南宋初,罗愿对这种现象进行说明称:有黑缕如墨点者,名乌郁;"或云别种,非也"。但"植之黑壤,岁久不易地,污泥入其中耳③。"他称乌郁非别种,完全正确;但称灰茭为污泥入侵所致黑化却非是。在当时的科技条件下,他不可能认识到黑菰粉菌作用下所产生的厚垣孢子导致了茭白的黑化。但他指出应改善生长环境,即"岁久不易地"之说,却启迪了时人防治灰茭的思路。南宋初成书的《琐碎录·菜·杂说》已载:"茭首根逐年移动,生者不黑。"虽仅言之寥寥,却是我国水生蔬菜栽培史上一项前无古人的重大突破,即利用常年分根繁殖、易地移栽的办法,改良茭白品种,达到根治"乌郁"的目的。这种分根移栽的新栽培法,实质上是改善了茭草生长的水肥条件,抑制了导致灰化的厚垣孢子的形成。在 13 世纪初,这一重要发明,是农业科技史上了不起的成就,为茭白的广泛种植和品种改良开辟了极为广阔的前景。此后,茭白不再是太湖流域群众的专享品,而在我国有水面的地区日益推广。时至今日,仍为各地百姓喜食的水生蔬

---

① 上引均见《政和本草》卷一一《菰根》,点校本第 311～312 页。又,据《晋书》卷九二《张翰传》所载:姑苏名士张翰,于永宁元年(301)六月为齐王冏所辟,在洛阳任东曹掾。不久,秋风徐起,即托辞"思吴中菰菜、莼羹、鲈鱼"而求东归,从而得以全身而退。这一著名故事表明,早在公元四世纪初的西晋,茭白已是吴中名菜,但因所谓"灰茭"问题,未能推广。

② 同上《政和本草》引陈藏器《本草拾遗》云:"更有一种小者,擘肉如墨,名乌郁。"

③ 《尔雅翼》卷一《芪》。又,其《新安志》卷二《物产·蔬茹》"茭首者,菰根是也"(点校本第 50 页),亦非是;确切而言,应为"菰茎"。

菜,也产生了无可估量的经济价值。

此外,如蕹菜、甜菜、慈菇、荸荠之类,或为宋代开发的栽培蔬菜;或为古已有之,宋代改良其品种,采用新技术种植生产的蔬菜,其例仍多,难以一一尽举。南宋发展水生蔬菜有得天独厚的优势,在长江以南水网地区,尤其是太湖、洪泽湖、洞庭湖、鄱阳湖等淡水湖流域。水生作物有悠久的历史,不仅可作蔬菜,且为不可或缺的救荒疗饥优质食品。主要有茭白、莲藕、菱角、荸荠、慈菇、芡实、莼菜、水芹等。

如莲藕,宋以前的均为深水藕,宋代始栽培成浅水藕,不仅产量高、质量好,且能降低成本,便于管理。宋以前茭白仅有一熟茭,南宋中期以后始栽培成两熟茭。芡实,《嘉泰会稽志》卷一八载:两浙已大面积栽培,定植前后要用饼肥及河泥壅培。以今苏、杭、吴江所产为上品,甘糯。水质污染即大片死亡,颇"娇生贵养"。宋代培育出无角之菱,俗称馄饨菱,香糯可口,且又便于人们食用。莼,古又称茆,与鲈鱼作羹是唐宋时代太湖地区的美味,多见于诗人的字里行间。莼,出水即味变,不易保存和贮藏。宋人发明了活水储运法,可无远不至。荸荠,又称地栗,宋代始见栽培记载,亦起于太湖地区。慈菇,又称白地栗,驯化栽培始于宋。

南宋蔬菜品种之多,令人叹为观止,这是南宋蔬菜生产的特点之一。春秋两季,固然为各类蔬菜上市的旺季,因而出现"春菜"、"秋菜"的专门名词,或又称春蔬、秋蔬;即使是"园枯"(盛夏伏缺)或寒冬腊月,如韭黄、豆芽、黄芽菜等反季节蔬菜均在南宋培植成功并迅速推广。据常棠《澉水志》卷六《物产·菜》所载,东海之滨的海盐澉浦镇"斗大一隅"之地,即有蔬菜22种之多,其中菘、苋、蕈等又各有若干品色,约在30余品。具体为:萝卜、冬瓜、甜瓜、菠菱、莴苣、苦荬、山蔋、茄、菘、芥、蕹、葱、苋、蒿、蕈、蕨、韭、蒜、鸡头、芋头、枸杞、胡萝卜等,即为典型之例。

南宋各地均有特色品种蔬菜栽培种植上市,如江西临川特色蔬菜"银条"。孙觌《鸿庆居士集》卷一《两日复往次前韵》:"寒蔬离离银线乱(自注:临川出蔬,号银条)。"这种抚州冬日产特色地方蔬菜乃山区田家蔬菜,令作者大快朵颐。实即白莴苣笋,切成丝后,如银条,南宋亦产于各地。又如蒌菜,为一年生草本植物。叶形变化较大。基部叶子分裂多。茎部叶子长,椭圆形,开小黄花,结角果,嫩茎可充蔬食,全草均可入药。这是南宋始充蔬菜的蔬品,而且从野生采撷开始过渡到人工栽培。为江西、浙东、福建等地人所喜食。其名始见于《齐民要术》,蔊菜味辛,严州俗名山芥菜①。杨万里《诚斋集》卷十七《南海集·罗仲宪送蔊菜谢以长句》诗云:"蔬经我翻尽,不见蔊菜名。金华诗里初相识,玉友尊前每相忆。坐令芥孙姜子芽,一见风流俱避席。"可见这种南宋始有的佳蔬,一问世就占尽风流,深受人们喜爱。

临安不仅有来自全国各地的各种蔬菜,本地种植栽培的也有40余种,其中不乏名品,如薹心、矮黄、黄芽菜、姜、葱、扁蒲、西溪萝卜等。城东横塘一境种菜最美,谚云:"东菜西水,南柴北米。"有薹心、矮黄、大白头、小白头、黄芽(冬间取巨菜覆以草,积久而去其腐叶,黄白纤莹,故名)、芥、生菜、菠薐、莴苣、苦荬、姜(土贡)葱(出板桥)薤、韭、大蒜、小蒜、梢瓜、黄瓜、冬瓜、葫芦(俗呼扁蒲)、瓠、芋、山药(形如手掌者名佛手)、牛蒡、萝卜(西溪为胜,天目山者亦佳)、甘露子、茭白、蕨、芹、菌。凡30种,菌等又有多品。此外,还有豆类中的白扁、黑扁、白碗、青碗、白江、刀豆等亦可充菜食②。

福建四季上市的蔬菜,按菜品分至少有36种,其中不乏特色名品。主要有:菘、芥、莱菔(俗呼为萝卜)、荸、凫葵、白豆、莴苣、芸薹、蕹菜、水芹、菠薐、苦荬、菩苨、东风菜、茄(有数种)、苋(有六种)、胡荽(即园荽)、茼蒿、蕨、姜、葱、韭、薤、胡[蒜](即大蒜)、冬瓜(白瓜)、瓠、瓢(葫芦)、白菱荷、紫苏、香芹子、茵蔯、藻、紫菜、鹿角菜、芋、枸杞③。既有园蔬,也有水生、山珍、海产者,且有仅见于福州者。

朱熹在《次刘秀野蔬食十三诗韵》中列举了十三种素食,各以其名为绝句诗,其中属于蔬菜的就有新笋、紫蕈、子姜、茭笋、南芥、蔊菜、木耳、萝卜、芋魁、笋脯、白蕈等十一种,余为乳饼、豆腐。这些流行于武夷山区的绿色食品,至今仍为有益于健康的"山珍"。其《挽蔬园》诗云:"小摘登盘先饷客,晚

---

① 乾隆《浙江通志》卷一〇六引旧志。
② 《咸淳临安志》卷五八《物产·菜品》,《丛刊本》第3871~3872页。
③ 《三山志》卷四一《物产·菜蔬》,《丛刊本》第8255~8256页。

炊当肉更宜人①。"在他自家的菜圃中,种有各种蔬菜,以蔬食为主是一种生活情调。同上《文集》卷六《公济惠山蔬四种》中又有咏芹、蕨二题(另二为蓴、笋),似乎是朱熹最嗜食的蔬菜。乃师刘子翚《屏山集》卷一五《园蔬十咏》凡十绝,分咏荬白、芋、韭、瓠、芥、菘、菠薐、子姜、萝卜、苦益等当地最常见的十种蔬菜。写来情趣盎然。

广东其地温暖,阳光、水分充足,一年四季,常青常绿,蔬菜不断。《南海志》卷七《物产·菜》②列有 59 种菜品之多,不乏地方特色蔬菜,大多流传至今。潮州常见的蔬品主要有:芥、芦菔、青蓝、茼蒿、菩苾、波薐、莴苣、苦荬、芹、雍、韭、紫菜、苦笋、香葚(苊?)、石发、紫姜等,其他尚多,"不能尽录"③。琼州园蔬,使流放此地 20 年之久的李光感慨尤深,正是这些绿色食品使他在险恶的环境及艰苦的条件下,坚持到平反南归。其《庄简集》卷七《五月望日市无鱼肉老庖撷园蔬杂以杞菊作羹戏成三绝》(之一):"旋撷园蔬二寸长,牙龈脆响菊苗香。欲招邻友同来啜,恐被鸡豚越短墙。"此李光绍兴十五年(1145)贬居琼州时作,尽管过着食无鱼肉的艰苦生活,这位年已近七旬的老者却植园蔬而安之若素,对生活充满了自信和乐观。参见同卷《昌化肉不常得予蔬食已惯》及同书卷二《食无肉》诗。又,同卷《题义郴传神赞》云:"平生疾恶不量力,指佞击奸期屏迹。流落南荒二十年,更无一点烟尘色。"足见其受尽秦桧折磨却坚贞不屈的气节和情操。被陆游赞赏崇敬有加的这位乡前贤,竟被当代的宋史学者无中生有乱贴"标签",恶贬为"半个投降派"④。

浙东台州的菌蕈享有盛名,已略见陈仁玉《菌谱》。但又以山珍海味著称,如海藻、鹿角菜、紫菜及香菜、苏、笋、蕈、萝卜等均为名品。《赤城志》卷三六《土产·蔬》载其盛况云:葛(春生苗,引蔓根,大如臂)、茨菰(方按:以上两种误系于果)、芥(山芥,味极辛,出黄岩、仙居)菘(大曰白菜,小曰菘菜,又有白头、牛肚、早晚等品种)波薐、蒿(一名茼蒿,又有蒌蒿)茅(花、红二种)、

---

① 均见《朱文公文集》卷三,四部丛刊本。

② 《大德南海志》残本,点校本第 40 页,广东人民出版社,1991 年。

③ 《永乐大典》卷五三四三引《三阳志·土产·菜茹》。

④ 王曾瑜:《岳飞之死》,《历史研究》1979 年第 2 期;参阅《赵鼎与李光》,刊《文史》第 42 辑。辨析见拙文《赵鼎事迹述评》,《岳飞研究》第五辑,中华书局,2004 年。

韭、胡荽(一名元荽,俗称"鹅不食草")、蕨、葱、莴苣、苦荬(蚕妇所忌)、茖葱、笋、薤(似韭而叶阔多白)、苋(有五种:赤、白、紫三色,又有马[齿]苋、五色苋)、胡蒜(大蒜)、蕈(天台万年山出合蕈,土人珍之)、姜、莱菔(俗名萝卜,出黄岩潮际者尤大)、牛蒡、木耳(生石上者为石耳)、瓜(冬瓜、秋瓜、瓠瓜、稍瓜等数种)、芋(芋魁)、苔(生海水中,出宁海古洞者佳)、紫菜、海藻(一种俗名大菜,又一种细而紫,俗名鹿角菜)、香菜(有细、大二种)、苏(有紫、花、板苏三种)。著录凡30种,如笋、蕈等又各有许多品种。

绍兴府蔬菜不仅品种繁多,而且名品迭出,水生蔬菜及山珍、园蔬争奇斗妍。据《嘉泰会稽志》卷一七记载,其地水生者有:菰,"其根生薹曰菰菜","吴中菰米为多","会稽菰菜亦富",皆可食。荇菜"丛生水中,茎如钗股,叶在茎端,随水浅深","酒浸之脆美",是下酒菜。菱,一名芰,"越人谓小者曰刺菱,大者为腰菱",生熟皆能食。芡实,又称鸡头米,"山阴梅市之鸡头最盛,有一户种及十八里者。"然亦有数等:小白皮最佳,大白皮、中白皮,其皮颇坚难啮,黄嫩又太软。种及十八里者,无疑已为颇具规模的种芡专业户。水芹,一名水英,"白马山产芹最美,芹实嘉蔬"。莼,一作蒓,合鲋鱼、鲈鱼食之佳,尤宜老人。叶如荇菜,紫茎大如箸,柔滑可羹。"萧山湘湖之莼特珍,柔滑而腴。方春小舟采莼者满湖中。"湘湖莼菜与杭州西湖、苏州太湖莼菜并称天下美味,一直流传至今,仍深受人们喜爱。

会稽产竹笋,历史悠久。晋·戴凯之《竹谱》已载"竹之别类有六十一"种。元·李衎《竹谱》著录种类更多。人们常用"雨后春笋"一词形容生长茂盛繁育之多,春笋、冬笋均为蔬中美味。江南一道脍炙人口的家常菜即为"醃笃鲜",流传有绪;笋干烧肉也久享盛名。园蔬中,绍兴亦不乏名品。苋有红苋、白苋、紫苋三色。今会稽园蔬但白苋耳。红苋,一名马齿苋。苦荬,野生。"今会稽市中所卖,乃园蔬,肥嫩不涩。与莴苣不远。然野苦荬擷五六过则味益甘滑,反胜种者。"姜,《字林》云:"姜,御湿之菜。"晋时,干姜唯出临海,章安两三村,今(南宋中期)"绵州干姜为天下第一,临海乃不闻出干姜。岂以绵姜大售,故不复作耶?"越人种姜必"覆以干,干亦苕之属。叶旁铦利,若干戚之干,故得名。""蒜,一名葫,取其条上子初年种之,成独子葫,明年则复其本也。《广志》曰:蒜有胡蒜、小蒜、黄蒜,长苗无科。王逸曰:张骞通西域始得大蒜、葡萄、苜蓿。南人或谓之齐葫。又有泽蒜,《齐民要术》有种泽蒜法。"茄,"一名落苏,越人乃止谓之落苏"。"岭南茄子宿根成树,高五六尺(《酉阳杂俎》)"。"今会稽有水茄,亦名银茄,云是新罗种,形如鸡卵。""蕨,初生无叶,可食,状如大雀拳足。""今会稽人以蕨配笋为茹。"尤其是《会稽志》还记载了葱薤种法:"薤种法,一本率七八支,谚曰:葱三薤四,言种葱者三支一科。薤,即四之。支多者,科辄圆大①。"张淏还补充记载了瓜、蔵等品:"蔵,关中谓之菹菜。""越瓜大者,色正白,越人当果食之"。"又自有黄瓜、菜瓜,可充蔬茹②。"综上所述,南宋各地蔬菜品种丰富,已不下 100 余种,园蔬、山珍、水生、海产、野生者应有尽有。今之蔬菜,几乎已全见于南宋;反季节生产法,亦肇始于南宋。使今人受惠多矣。

南宋蔬菜的第二个特征是种植的专业化与生产的商品化。许多士大夫及寺院多有菜地,雇有园户或承包给园户经营种植,除了自给外,还将剩余产品出售。如杨万里、陆游、范成大、朱熹等均有菜圃,在他们的诗作中反映了对种植蔬菜的兴趣和丰收的喜悦。又如朱翌(1097~1167)《灊山集》卷二有《归去来围南邻刘家菜圃近许辟路相通》诗,据诗题可知朱翌绍兴中贬居韶州时与拥有菜园的刘姓相邻,为出入不再绕路,邻居允许他辟路穿过菜园。可见在南宋初韶州已有颇具规模的私家菜园,无论其自食或作为蔬菜专营户出售,均可证园蔬业在南宋初已是初具规模的农村产业。即使远在广东的韶州也是如此。朱熹的诗曾被文学史家判为道学气重,味同嚼蜡;但他的 13 首咏山珍园蔬小诗却写来妙趣横生,诗中透露对蔬菜种植的体验不亚于菜农。其诗录如下:

《乳饼》:清朝荐蔬盘,乳钵有真味。不用精琼糜,无劳烂羊胃。《新笋》:修修江上林,白日暗风雨。下有万玉虬,三冬卧寒土。《紫蕈》:谁将紫芝苗,种此槎上土。便学商山翁,风餐谢肥羜。《子姜》(《本草》云:

---

① 以上分见中华书局《丛刊本》第 7028~7034 页。
② 《宝庆会稽续志》卷四《蔬》,《丛刊本》第 7140 页下。

姜久食去臭气,通神明;或云伤心气,不可多食者,非是):姜云能损心,
此谤谁与雪。请论去秽功,神明看朝彻。《茭笋》:寒茭翳秋塘,风叶自
长短。刳心一饱余,并得床敷软。《南芥》:黄龙记昔游,园客有佳遗。
不谓洛生吟,掇餐时拥鼻。《焊菜》:小草有贞性,托根寒涧幽。懦夫曾
一嗫,感愤不能休。《木耳》:蔬肠久自安,异味非所夸。树耳黑垂聃,登
盘今亦乍。《萝卜》:纷敷剪翠丛,津润擢玉本。寂寞病文园,吟余得深
龈。《芋魁》:沃野无凶年,正得蹲鸱力。区种万叶清,深煨奉朝食。《笋
脯》:南山春笋多,万里行枯腊。不落盘餐中,今知绿如簪。《豆腐》:种
豆豆苗稀,力竭心已腐。早知淮王术,安坐获泉布(自注:世传豆腐本乃
淮南王术)。《日蕈》:闻说阆风苑,琼田产玉芝。不收云表露,烹瀹讵相
宜①。

无独有偶,乃师刘子翚的《园蔬十咏》亦写来入木三分,也是他日常关注
园圃的切身体验。

《茭白》:秋风吹折碧,削玉如芳根。应傍鹅池发,中怀洒墨痕。
《芋》:分得蹲鸱种,连根占地腴。晓吹粘玉糁,深碗啖模糊。《韭》:肉食
嘲三九,终怜气韵清。一畦百雨足,翠发翦还生。《瓠》:溉釜熟轮囷,香
清味仍美。一线解琼瑶,中有佳人齿。《芥》:叶实抱芳辛,气烈消烦滞。
登俎效微劳,乍食惊频嚏。《菘》:周郎爱晚菘,对客蒙称赏。今晨喜荐
新,小嚼冰霜响。《菠薐》:金镞因形制,临畦发永叹。时危思撷佩,楚客
莫纫兰。《子姜》:新芽肌理腻,映日净如空。恰似匀妆指,柔尖带浅红。
《萝卜》:密壤深根蒂,风霜已饱经。如何纯白质,近蒂染微青。《苦益》:
虽无适口味,暖益功稀比。菜苦不登盘,言忠多逆耳②。

陆游还发明了一种用菘、芋、山药、萝卜为原料制作的甜羹,诗云:“山厨
薪桂软炊秔,旋洗香蔬手自烹。从此八珍俱避舍,天苏陁味属甜羹③。”而萝

---

① 《晦庵集》卷三《次刘秀野蔬食十三诗韵》。
② 刘子翚:《屏山集》卷一五。
③ 《剑南诗稿》卷二二《甜羹(菘、芦菔、山药、芋作羹)》。

卜作羹在南宋似已成习,汪元量诗云:"燕市人争看秀才,团栾此日会金台。葡萄酒熟浇驼髓,萝卜羹甜煮鹿胎①。"同舍会拜以葡萄美酒配萝卜羹,甚至还有鹿胎、驼髓之类珍肴。杨万里则别出心裁,将友人贺岁所赠的珍蔬名果,合煮成羹糜。《回万安赵宰贺年(送金橘山药薸菜)》云:"更诒嘉橘,熬琼糜于山蓣;佐以珍蔬,芬然薸头之芳辛。醒此苋肠之清苦。感怀无斁,占谢未央②。"葛胜仲(1072~1144)在宴请友人时,主要以家中自产的园果畦蔬招待来客,居然也成了脍炙人口的名肴。其诗有云:"畦蔬撷菘韭,园果剥梨棘。金齑荐子鹅,银条脍玄鲫③。"银条,即莴笋,详见下诗。同为南宋初人的王之道,其家菜园中则不仅有菘韭等品种,还在晚春从邻翁处移栽莴笋,足证此为时鲜蔬品,且又为晚春栽种的补缺品种。从他的诗序中可知青色者称牛耳,白苣则雅称银条。其《相山集》卷一《追和老杜种莴苣诗》序云:"春晚雨过,行蔬畦,见园夫栽莴苣。谓予曰:'苣有二种:其色青而味苦者,曰牛耳;其色白而味甘者,曰银条。今方得银条一束于邻翁,将栽以作种。'予顾园畦,才十数菘已过,韭且老矣。惟牛耳青青可爱,而园夫以苦鄙之伤时恶直,丑正不见容于君子,因和老杜种莴苣云。"诗曰:"我有数亩园,荒秽索锄理。干戈何许久,生间困屠毁。""晚菘已芜没,早韭就茅靡。菁菁何所有,莴苣独牛耳。纵苦可自珍,供盘况潇洒。银条直且甘,风味胡伯始。"南宋末泉州蒲寿宬家的菜园面积不小,栽有寒瓜、莙荙、芹、蓝、芋等蔬菜,还有大片空地,可作为秋收粮食打场之用。其《田园秋兴》有云:"草屋柴门风露凉,寒瓜收蔓力锄荒。新栽莙荙恰逢雨,欲剪芹蓝犹待霜,牧竖归来煨芋熟,田翁相就泼醅香。里胥偶报征苗急,自辟闲畦早筑场④。"

一些地方政府的州衙也辟有大片的菜园,其生产的蔬菜,主要上市出售。福州岁入至有三四十万之多,如以注举每畦菜价一贯二百文计⑤,则至

---

① 汪元量:《湖山类稿》卷二《冬至日同舍会拜》。

② 《诚斋集》卷五八。

③ 《丹阳集》卷一七《七月一日招道祖剧饮》。

④ 蒲寿宬《心泉学诗稿》卷五。

⑤ 《夷坚支景》卷四《宝积行者》载:"绍兴中","园人陈甲常种蔬菜来〔寺〕鬻,直堂行者庆修窃其一畦……。"其妻咒云:"所失菜,直一贯二百钱"云云。

少有三四百畦之多,菜园面积相当可观。如仍以洪迈所述每户五畦的年消费量计,则至少可供七八十户居民的蔬菜之需,以每户六口人计,则可解决四五百人的吃菜问题。这一典型之例见之于福州。熙丰之际(1077~1078),曾巩(1019~1083)知福州,时"福州无职田,岁鬻园蔬收其直,自入常三四十万。公曰:'太守与民争利可乎①?'"此旨在说明曾巩的廉洁自律,不取合法的职田圭租。

南宋大量商品蔬菜其来源主要有二:一是来自农民的家前屋后种菜的剩余;二是蔬菜专业户的种植栽培,均衡上市。各举数例以证:赵蕃《淳熙稿》卷一七《鬻菜者》诗云:"早禾未熟晚尤迟,卖菜归来始得炊";舒岳祥(1219~1298)《阆风集》卷三《十妇词·卖菜》②诗曰:"卖菜深村妇,休嗟所获微。芜菁胜乳滑,菜菔似羔肥。囊里腰钱去,街头买肉归。种蔬胜种稻,得米不忧饥。"这鬻菜的农夫与卖菜的农妇,无疑是将剩余的蔬菜出集后换来米、肉以维持生计,属于互通有无、调剂余缺,常见于山岚小市或村乡草市。舒岳祥乡居时有菜园,秋季园蔬丰收季节,除了自家设"瓜果宴"之类日常消费外,不用说也会有剩余产品命园丁出售以增加收入或换取其他生活必需品。其《秋日山居好十首》③有云:"秋日山居好,园丁贡美蔬。""茄摘收花后,瓜尝脱蒂初。""菰首甜供茹,姜芽嫩瀹菹。""聊随儿女戏,也设瓜果宴。""玉餐阳坞米,冰嚼下洪菱。""剖菱红绽白,剥栗紫含章。""鸡头消暑夕,鸭脚待霜余。"

专业种菜户则史料中所见颇多,如陆游《渭南文集》卷四四《入蜀记》卷

---

① 曾肇:《曾巩行状》;又见林希撰《曾巩墓志》,志于1970年在江西南丰县出土。其说略有异,称:"州宅岁收菜钱常三四十万,公独不取,以佐公钱。后至者亦不敢取。"分见点校本《曾巩集·附录》第796、800页。不言而喻,曾巩知州前,菜园已存在,不过卖菜钱作为圭租入州官腰包。曾巩立下规矩,将此钱入公帑而不自取,后被继承。至少至北宋末,这一菜园岁收三四百缗的卖菜钱应无问题,南宋是否仍如此,不得而知。如以福州州圃菜地估计为三四十亩,则每亩种菜收入为10缗以上,则约为种稻收入之倍。这应是上市蔬菜来源之一。

② 此诗原题为:《自归耕篆畦,见村妇有摘茶、车水、卖鱼、汲水、行馌、寄衣、舂米、种麦、泣布、卖菜妇,作十妇词》。

③ 《阆风集》卷四;引诗各联,分见于十首之一、二、四、五、六、七、八首。

二记载:真州东门外里许东园,昔为"闳壮巨丽"之园墅。建炎兵火,虽略经修复,"而百亩之园,废为蔬畦者,尚过半。"园属官产,"漕司租与民,岁入钱数千。"这50余亩的废园也成为蔬菜种植地。无疑这租种真州东门外废园地的人户即为蔬菜专业户,白地租金数千,足以反映经营这50余亩菜地的专业户有不菲的收入。又如洪迈志怪小说《夷坚志》中所载:抚州临川市民王明,经商致富后,"买城西空地为菜园,雇健仆吴六种植培灌,又以其余者俾鬻之";再如上引台州仙居县"园人陈甲常种蔬菜,"卖给宝积寺僧,为其所欺隐之故事①。据刘宰记载:镇江丹徒县大港镇孙氏弟兄曾"竭力耕园,园之果蔬畅茂,他植者莫及②。"广汉人苏云卿,与张浚为布衣交。南宋初,隐居于隆兴府东湖南岸,披荆斩棘,"辟废地为圃,或区或架,或篱且堑,应四时蔬菜,不使一阙。艺植耘芟,皆有法度;灌注培壅,时刻不差。虽隆暑极寒,土石焦灼,草木冻死,圃中根荄芽甲,滋郁畅茂。以故蔬不绝圃,味视它圃蔬为最胜。市鬻者利倍而速售,每先期输直,不二价,而人无异辞。"这一生动的故事,始见于宋自适《苏翁本末记》③。是文提供了一个鲜活的例证:南宋初,来自四川广汉的隐士苏云卿,以一己之力,在隆兴府城郊新辟一菜园,因其栽培技术高超,深谙灌注培壅之法,故"园枯"与严寒季节也有蔬菜上市,且质优品多,深受菜贩欢迎,不许讨价还价仍须先付定金,十分畅销。各大城市的蔬菜市场正是有了这类专营菜户,才有充足的货源。

又如两宋之际的颍昌府城东北门内多蔬圃,俗称"香菜门"④,即为众多菜户聚居之地,亦有弥望无边的大片菜田。再如洪迈《夷坚己志》曾记:漳州龙溪人陈少魏,"客居南海,尝赴省试,过南安[军]","投宿野人家,茅茨数椽,竹树茂密可爱";以"种园为生"。一翁带二儿,以种蔬果为生,隐居荒山

---

① 分见《夷坚支甲》卷五《灌园吴六》,点校本第752页;《夷坚支景》卷四《宝积行者》,第909~910页。
② 《漫塘文集》卷三一《孙沂墓志铭》。
③ 刊张世南《游宦纪闻》卷三,点校本第24~25页,中华书局,1981年。《宋史》卷四五九《隐逸下·苏云卿传》全据宋《记》删润撰述。又宋自适,字正父(甫),号清隐。金华人。宋牲(1153~1196)长子。有《清隐诗集》,已佚。
④ 庄绰:《鸡肋编》卷上,点校本第34页。

野岭十五年以上。不久在城遇翁与小儿,问之称:大儿因"鬻果失税",被"捕
送郡",后始知翁北宋末曾为"带职正郎,累典州郡①。"翁必为靖康事变后流
落至南安军,以种园为生者。可见当时园户出售菜果,亦征商税。以上两类
事例,足以证明:南宋的蔬菜生产专业化、商品化的程度已相当高,甚至失意
士人、北宋时官员等也加入了菜户的行列,而不再是园户的专利。种菜利润
高于种粮,乃一大诱因。

南宋对蔬菜需求的增加,不仅是人口增加,满足人们日常生活的需要,
而且与观念的转变相关。南宋人已知蔬食为养生之道,周紫芝(1082～?)诗
《撷野蔬示小儿》可证:"荒村无鸡豚,何以供刀机。山蔬杂百种,此物含妙
理。……朝甑饭凫茈,暮鼎羹马齿。笋苞出土肥,蕨芽含紫露。试采少陵
苣,更撷天随杞。""韭荠及豆粥","果腹万事已"。"寄声肉食徒,吾事勿轻
鄙②。"此说颇符合当代科学的养身之道。周紫芝不仅身体力行,还教之以稚
子,锦衣"肉"食对养身无益。李洪(1129～?)《芸庵类稿》卷一《苦益菜赋》
序云:"闲居自暇,从老圃灌畦毓蔬,日忘其劳。客有以山中苦益菜为饷,芟
茪调聃,嘉其小苦微甘,咀嚼隽永。"赋中则称常食之蔬菜有三九(韭菜)、五
利(芸薹)、专羹、春茅、杞菊、芥芹、人苋、马兰,苤之姜桂及山珍、水生蔬品
等。可见宋代蔬菜品种之多一斑。朱熹佚诗《过德兴县叶之恺家偶题》:"葱
汤麦饭两相宜,葱暖丹田麦疗饥。莫道儒家风味藻,隔邻犹有未(一作断)炊
时③。"陈达叟《蔬食谱》、陈仁玉《菌谱》等书的应运而生绝非偶然,也是社会
生活中人们蔬食养生观念的一种曲折反映。这些均在一定程度上促使南宋
蔬菜业上市品种的增多,品质的提高及产量的增加。其中起关键作用应是
园艺业的技术进步。

南宋蔬菜的第三个显著特点:不仅开发了许多新品种,而且创始或改进
了不少栽培方法,体现了承前启后的农业科技水平的提升和创新。王祯总

---

① 赵与时:《宾退录》卷四,点校本第 50 页。
② 《太仓稊米集》卷四。
③ 辑自清·朱玉《朱子大全类编·补遗》。《全宋诗》(2399/44/27666)编者竟臆删拙辑题注
上述出处十一字,又删诗题中"过"、"偶"两字,遂至不明出处,不可卒读。今特正之。

结了蔬菜的一般种莳之法云:"凡种蔬蓏,必先燥曝其子。地不厌良,薄即粪之;锄不厌频,旱即灌之。用力既多,收利必倍。大抵蔬宜畦种,蓏宜区种。畦地长丈余,广三尺。先种数日,剗起宿土,杂以蒿草,火燎之,以绝虫类,并得为粪。临种,益以他粪,治畦种之①。"主要是选苗育种,择地畦种,勤施粪肥,松土除草,及时灌溉,防治病虫害。这无疑是南宋蔬菜栽培种植的主要经验。在今工厂化生产蔬果技术推广前乃蔬菜生产最高水平。

南宋具有重要意义的蔬菜栽培技艺的创新,主要有:(1)白菜黄化技术。这是将经精选的白菜覆草窖藏后,改造成"黄白纤莹"的新品种——黄芽菜。从而为结球白菜的选育成功创造了条件。这是继韭菜黄化培育成韭黄后的又一重大发明。(2)无土栽培蔬菜的技术创新。早在北宋时,就已有孵化绿豆作绿豆芽的记载。苏颂《图经本草》称:绿豆"为食中美物,生白芽,为蔬中佳品②。"虽未免语焉不详,但已是我国无土栽培蔬菜的最早实录。南宋林洪在其《山家清供》卷下《鹅黄豆生》中记载了黄豆芽的孵化生产具体方法云:

> 温陵人前中元数日,以水浸黑豆,曝之及芽。以糠秕置盆中,铺沙植豆,用板压。及长,则覆以桶,晓则晒之,欲其齐而不为风日损(侵?)也。中元……越三日,出之冼焯,〔渍〕以油盐、苦酒、香料,可为茹,卷以麻饼尤佳。色浅黄,名鹅黄豆生。(以《说郛》卷七四上引文校补)

至迟在南宋中期,这种技术已发明。

(3)茭白栽培与灰化防治。茭白约在秦汉时期就已开始食用,但品质不佳,多为"内有墨灰如墨者"的灰茭,时称"乌郁",实乃灰化或黑化——即由黑菰粉菌作用产生的孢子。至迟在南宋初,就已创造了经常移栽以防治灰茭的办法。即温革《琐碎录》所总结的:"茭首根逐年移动,生者不墨"之法。这是我国利用微生物改良蔬菜品种的一项重大成果,已详如上述。(4)食用菌的人工接种栽培技术。《四时纂要》中虽有天然菌孢子自然扩散的记载,但食用菌蕈的人工栽培技术无疑成熟于南宋时期。据王祯记载:"山中种香

---

① 王氏《农书·农桑通诀二·播种》,缪校本第473页。
② 此据梁家勉主编:《中国农业科学技术史稿》第422页,但不见于《政和证类本草》。

蕈……，取向阴地，择其所宜木（枫、楮、栲等树），伐倒，用斧碎斫成坎，以土覆压之。经年树朽，以蕈碎剉，匀布坎内，以蒿叶及土覆之，时用泔浇灌。越数时，则以槌棒击树，谓之'惊蕈'。雨露之余，天气蒸暖，则蕈生矣。虽逾年而获利，利则甚博。采讫，遗种在内，来岁仍发。复相地之宜，易岁代种①。"陈仁玉《菌谱·鹅膏蕈》则首载误食毒菌蕈的解法云："宜以苦茗杂白矾，匀新水并咽之，无不立愈。"

二、水果

南宋全境，幅员广阔，气候温湿，遍布丘陵山地，有着适宜各类水果种植栽培的自然条件。随着人口的剧增，城镇化进程的发展，人们对水果的需求也不断增加。种园一亩，其经济效益可当大田数亩的丰厚利润，也刺激相当多的农户把栽种果品从副业变成了主业，水果专业户、营销户大批涌现。果树栽培、嫁接、防治病虫害、果品保鲜、加工等新技术层出不穷，促使南宋水果业出现了高度繁盛的崭新局面。

（一）各地水果品种繁多，名品争奇斗妍

南宋行都临安是水果最大的消费市场，来自全国各地的特色名品水果琳琅满目，应有尽有。通过各种水果行、团的批发，众多零售店铺及走夫贩妇的走街穿巷销售，迅速走进寻常百姓家，一些时鲜名贵水果也能满足不同层次消费者的需求。临安府及各县所产的水果凡 23 种，又分为 60 余品；在分茶店等一流餐饮食店常年提供佐觞的时鲜果品就有数十种之多，多为来自各地的名品。如圆柑、乳柑、福柑、甘蔗、土瓜、地栗、麝香甘蔗、沉香藕、花红，金银水蜜桃、紫李、水晶李、莲子、梓桃、新胡桃、新银杏、紫杨梅、银瓜、福李、台柑、洞庭橘、蜜橘、扁橘、衢橘、金橘、橄榄、红柿、方顶柿、火珠柿、绿柿、巧柿，樱桃、豆角、青梅、黄梅、枇杷、金杏等。除上述 37 种时令特色名品水果外，另有干果、蜜饯等数十种②。琳琅满目、应有尽有。充分反映了南宋干鲜

---

① 《王氏农书·百谷谱四·蔬属·菌子》，缪校本第 534 页。以上，部分参考梁家勉《中国农业科学技术史稿》第 422～424 页。

② 吴自牧：《梦粱录》卷一六《分茶酒店》，点校本第 145 页。

果之类商品农业的繁荣及提供产品的丰富程度。临安果市的销售网络密集,不仅批零机构、店铺分布于城内外,且临时设摊也时有所见。如项安世诗描绘了庙会水果集市的繁华景象:"晓市众果集,枇杷盛满箱。梅施一点赤,杏染十分黄。青李不待暑,木瓜宁论霜。年华缘底事,亦趁贩夫忙①。"此诗作于绍熙四年(1193),作者时为秘书省正字,在行在临安。

　　广南路地处南陲,属于热带气候,更是常年野生及栽培水果处处多有。范成大指出南果有120种,仅录识其名且可食者就有55种之多。其名著《桂海虞衡志·志果》称:"世传南果有以子名者,百二十。半是山野间草木实,猿狙之所甘,人强名以为果,故余不能尽识,录其识且可食者五十五种。"《大德南海志》卷七《物产·果》则列举38种之多,加以简略介绍;又举26种之名,凡64种。即南宋末又增加了南方特色水果,其中不少品种可在行都临安市场上见到。广西邕州,即今南宁,其所属横山寨是南宋著名的茶马交易口岸。当地气候宜人,雨量充沛,热带水果丰富。如梨子、木瓜、栗子、宜母子、枇杷、石榴、蒲桃、核桃、鸡头子、菩提子、柿、柑、橘、香圆子、橙子、金橘、李子、梅子、栢子、莲子、杨梅、白苙、金苙、土瓜、荸荠、菱角、白藕等常见干鲜果27种外,特色果品尚有荔枝、龙眼、龙荔谷、石栗、木竹子、冬桃、人面子、乌榄、方榄、焦子、鸡蕉子、芽蕉子、红盐草果、八角茴香(不可入药)、由(余?)甘子、山稜子、波罗蜜、柚子、地蚕、山荔枝、山龙眼、木赖子、粘子、罗晃子、赤枣子、罗蒙子、秋风子、不纳子、黄皮子、匾桃等30余种②。广东潮州果品极多。"苦夫果实之生,不能以数计。其可品者:若杨梅,若枇杷,以春熟;若荔枝,若莲房,以夏熟。秋则龙目,冬则黄甘。杂于春夏间者,曰梅,曰李;于秋冬间者,曰梨,曰柿;历四时而常有者,曰蕉,曰甘蔗。间见时有而不可以常者,曰菠萝蜜;(首)[昔]无而今有者,曰蒲萄,曰木瓜③。"潮州地处亚热带,雨量充足,适于各种果品、花卉、园蔬生长。其果品之琳琅满目,堪称得天独厚。不仅有四季上市的品种,也有各季均衡上市的品种;不仅有本地特产,也有

---

① 《平庵悔稿》卷九《二十八日行香即事》之一,《宛委别藏》本。
② 《永乐大典》卷八五〇七引《建武志·土产·果实》。
③ 《永乐大典》卷五三四三引《三阳志·土产》。

外地引进栽培成功者。凡今有之水果,南宋时代多已有之。

福建路是南宋又一著名的盛产水果之地,上四州的柑橘及下四州的荔枝享有盛名,行销各地,大量出口,商品化程度很高。据《淳熙三山志》卷四一《物产·果实》记载,福州一地所产水果,至少有 36 种之多。荔枝:"闽中所产,比巴蜀、南海尤为殊绝。"因荔枝畏霜雪寒冷。福州有"江家绿"等 29 品。"龙眼,一名益智。叶凌冬不凋,春末夏初生,细白花,七八月实成。壳青黄色,圆如弹,肉白而甘。"橄榄、柑橘(有朱柑、金橘等十余品)、橙子(种类极多)、香橼子(大者长尺余,香胜柑种)、杨梅、枇杷、甘蔗(荻庶)、蕉、枣、栗、葡萄、莲、鸡头、菱、樱、木瓜、瓜(一握青,出福清),柿、杏、石榴、梨、桃、李、林擒、胡桃、奈、楢梓、杨桃、王坛子(如枣大,形如龙眼)、茨菰、菩提果、金斗、新罗葛。除各地多有的大路品种外,尚多热带品种,尤其是盛产荔枝、龙眼。福建建宁府也盛产水果,在南宋初士大夫的私人园林中,就栽有各种特色果树十种之多,于时人的十首七绝中可见一斑,不失为当地之名果。刘子翚《屏山集》卷一七《和士特栽果十首》,分咏桃、李、梅、橘、樱桃、石榴、柹、枇杷、来禽、椑柿。

浙西水乡与浙东丘陵山区也盛产水果,因其有交通便利的地理区位优势,其所产水果多行销行都临安或近畿都市。如台州水果有 33 种之多。《嘉定赤城志》卷三六《土产·果》又详著其名品与产地,其中如弥猴桃、水蜜桃等为南宋新引进品种。梅、桃(以天台水南为胜,皆夏熟;惟紫桃,一名昆仑桃,以秋熟;更有名寒桃,以十月熟。又有实小如梅者曰御爱姚,又有水蜜桃、绵桃、饼子桃)、李、杏(仙人杏)、梨(有雪、梅、青、消、水、红靡、黄靡梨等数种)、莲、安石榴(又一种号花石榴)、枇杷、橘(有榻橘、绿橘、乳橘、朱橘等)、金柑、橙(有青、绉、香、绵橙等数种)、朱栾(俗呼沙柑,又有香栾、蜜罩二种)、柚、杨梅、樱桃、林擒、葡萄(二种,甘者名水晶,出仙居)、栗(小者号茅栗)、榛(二种,钩栗俗呼巢钩)、椎、银杏(鸭脚)、枣、柿、椑、杨桃(又名羊桃、一名猕猴桃,《本草》名藤梨)、瓜(有金瓜、银瓜、八稜、约青、算箸者)、木瓜(一名木梨)、榧、菱、芡、荸荠、藕、甘蔗等,凡 33 种。又各有若干品目,合计约六七十品,是名副其实的水果之乡。嘉兴果品主要有:桃、李、梅、杏、橘、橙、柚、枣、柿、梨、枇杷、林擒、石榴、莲、藕、菱、芡、芋、荸荠、(茨菇)、山药、葡萄、甜瓜等 20 余种①。绍兴府果品有数十种之多,其中名优特产品就有 20 余种。《宝庆会稽续志》卷四《果》著录有:青梿子、李、樱桃、枇杷、林擒、莲、藕、木瓜、瓜(剡之西太平乡产奇瓜,绀翠如箭,味绝佳)、枣、石榴、蒲萄、栗、榧、柠、橘、柚。仅剡县已产:梅、杏、桃、李、樱桃、枇杷、林擒、莲、瓜、枣、石榴、葡萄、木瓜、胡桃、柿、椑、梨、栗、榧、柑、橙、橘、柚等 23 种。"剡素无柑,近有种者。擷实类橘,风味不减黄岩。"胡公《柑赋》述其栽种:"处汉之南,背江之阴,水带清流,山向高岑,种柑法也。"任昉(460~508)《述异记》曰:"越多橘柚园,越人岁税,谓之橙橘户,亦曰橘籍②。"可见早在南朝时,最早的橙橘专业户就在浙东产生。南宋时浙东各种水果种类,去其重复,已近上百种,若论品目,则已达二三百种之多。

即使是福建山区丘陵为主的汀州,一般大路品种的水果应有尽有,甚至不乏莲、芡、菱、藕等水生果品,可见南宋水果品种丰富之一斑。据《临汀志·土产·果》著录果品凡三十:桃、李、杏、梨、柿、枣、栗、橘、柑、橙、莲、梅、芡、藕、菱、樱桃、林檎、枇杷、石榴、金橘、香橼、甘蔗、樝子、杨梅、茨菰、凫茈、土瓜、葛、葡萄(水晶、玛瑙)、银杏③。有些品种为从外地引进,水果品种的交流十分频繁。

(二)西瓜的广泛种植始于南宋时期

关于西瓜的起源问题,中外农史学界比较一致的意见认为:中国不是西瓜的起源地之一。我国栽培西瓜是在五代以前始传入新疆地区的。可信史料始见于欧阳修《新五代史》卷七三《四夷附录》二引胡峤《陷虏记》云:"自[辽]上京东去四十里……。松林郁然数十里,遂入平川,多草木,始食西瓜。云契丹破回纥得此种。以牛粪覆棚而种,大如中国冬瓜而味甘。"胡峤,原任五代·后晋郃阳(治今陕西合阳县东南)令,公元 946 年,后晋为辽所灭,胡峤作为亡国之臣被虏入契丹,居七年之久。在辽地上京附近吃到西瓜,又向

---

① 《至元嘉乐志》卷六《物产·果品》,《丛刊本》第 4454 页上。
② 高似孙:《剡录》卷一〇《果》,丛刊本第 7262~7264 页。
③ 《永乐大典》卷七八九〇引。

种瓜人打听到西瓜的种法,描述了西瓜大如"冬瓜而味甘"的性状特征,这种亲历是中国历史上的第一次。公元十世纪初,契丹崛起;神策元年(917),耶律阿保机创建契丹国;大同元年(947),建国号为大辽。924 年,契丹西征破甘州回鹘,西瓜当在此后传入契丹。西瓜约在三千余年前起源于古埃及,通过丝绸之路传入西域应在汉唐时期,那里的气候适宜于西瓜的种植栽培。辽上京(治今内蒙巴林左旗南)作为辽都城,亦始于 947 年。可贵的是,1995年,内蒙考古人员在赤峰市敖汉旗境内羊山对辽墓进行抢救性发掘时,发现辽代壁画宴饮图中有两盘瓜果,其中一盘中有三只西瓜,这是我国古代最早的一幅西瓜图。这幅辽墓壁画的发现距今约 1000 余年,比胡峤的记载略晚,而适可印证其说的可信度。至保大五年(1125),辽为金所灭,在 210 年的岁月中,辽统治区包括我国的今东北、西北及河北、山西的燕云十六州,蒙古草原的各部落。引种西瓜仅是各民族文化交流的一个浪花,但在西瓜的种植史上却有划时代的意义。

胡峤记载西瓜 200 余年后,南宋初出使金国十五年之久的洪皓(1088～1155),又记载了西瓜的性状,并称他曾携西瓜种子归来。值得注意的是:他在名著《松漠纪闻》卷二中云:"西瓜形如扁蒲而圆,色极青翠,经岁则变黄。其瓤类甜瓜,味甘脆,中有汁,尤冷。《五代史·四夷附录》云:'以牛粪覆棚种之'。予携以归,今禁圃、乡圃皆有。亦可留数月,但不能经岁仍不变黄色。鄱阳有久苦目疾者,曝干服之而愈,盖其性冷故也。"此说得到其长子洪适(1117～1184)的证实,其《先君述》云:"《四夷附录》所载西瓜,先君持[归]以献,故禁圃及乡圃种之,皆硕大。西瓜始入中国①。"南宋境内始种西瓜是否始于绍兴中(1143～1155)洪迈使金归来的十余年间,值得探索。但从范成大(1126～1193)于乾道六年(1170)被命使金,途中作纪行诗七十二绝,其中有一首也说到了西瓜。其《石湖诗集》卷一二《西瓜园》(题注:味淡而多液,本燕北种,今河南皆种之。)诗曰:"碧蔓凌霜卧软沙,年来处处食西瓜。形模濩落淡如水,未可葡萄苜蓿夸。"范成大在使金时亲见西瓜在北宋

---

① 《盘洲文集》卷七四《先君述》,四部丛刊缩印本,第 480 页下。又同书卷九《西瓜》(题注云:癸亥年,先公自北方带归)诗曰:"万里随房使,分留三十年。甘棠遗爱在,一见一潸然。"

旧境今河南地区到处多有种植栽培,可证在南宋初,西瓜正经历由北向南逐渐传播扩种的史实①。但从其"味淡而多液"、"淡如水"等描述中,可见因气候和土壤尤其是日照条件的不同,河南所种西瓜的品质远不如漠北辽金之地的甘甜。经过南宋一百余年的逐渐推广,西瓜在今江淮之间、长江以南南宋全境的普遍栽培,应是不争的史实。可从三方面加以论证。

其一,施州(治今湖北恩施土家族苗族自治州)城东最高山之西,今恩施市七里坪区周河乡州城村二台坪处有一摩崖石刻《西瓜碑》,镌刻年代为南宋咸淳六年(1270),全文如下②:

> 郡守秦将军到此,栽养万桑,诣菜园间修迤花池,创立接客亭及种西瓜。西瓜有四种:内一种蒙头蝉儿瓜,一种团西瓜,一种细子儿,名曰御西瓜,此三种在淮西种食八十余年矣;又一种回回瓜,其身长大,自嘉熙庚子(方按:原作"庚子嘉熙",疑讹倒,即公元1240年)北游带过种来,外甜瓜、梢瓜有数种。咸淳五年(1269),在此试种,种出多产,满郡皆兴。支逸(?)其味甚加(嘉?),种亦遍及乡村处。刻石于此,不可不知也。其瓜于二月盟刑,此种须是三五次淹种,恐雨不调。——咸淳庚午(六年,1270)孟春朐山秦□伯玉谨记。

这块西瓜碑是我国历史上最早记载西瓜种植的摩崖石刻,作者姓秦,字伯玉,名已漫漶。朐山,指今江苏连云港市西南锦屏山,其地置朐山县,为海州(治今江苏连云港西南海州镇)郡治,乃其地望。碑记中所述最重要者有二:一是指出早在80余年前,即至迟宋孝宗淳熙末年(1189),南宋淮西就已种植三种西瓜。不言而喻,在这80余年中,这种栽培西瓜应自北向南扩种推广。二是在鄂西南施州一带在南宋末从北方引进了回回瓜,且试种成功,迅

---

① 黄震《黄氏日抄》卷六七《石湖文》云:"西瓜本燕北种,石湖谓今河南皆种之。"可见在范成大的使金行记《揽辔录》中也载有此事,且云"今河南皆种之",与诗注全同。只是因此录已非完本,或原本有更详尽的记载。

② 邓辉:《鄂西南西瓜种植史小考》,刊《农业考古》1988年第1期,第189页。邓文称碑文收录于民国七年(1918)郑永禧撰《施州考古录》中。又称此碑至20世纪80年代末仍在当地完好保存。

速推广至全郡。又略述其种法须"三五次淹种,恐雨不调。"浸种是为了提高出芽率,种后应勤浇水。令人费解的是"郡守秦将军"云云,与宋代官制不符,但也许是碑文漫漶或录者误书,或手民误刊,或"秦"下有夺字之故。从碑文内容看,虽很浅显,作者文化程度不高,但似尚可信。

其二,元初官颁《农桑辑要》卷五《瓜菜·西瓜》首次在农书中记载了西瓜的种植法,标明为"新添",应是总结金或南宋时期西瓜的种法。其说云:"西瓜,种同瓜法。科宜差稀。多种者,熟地垡头上漫掷,捞平。苗出之后,根下壅作土盆。欲瓜大者,一步留一科,科止留一瓜;余蔓花皆掐去,瓜大如三斗栲栳①。"

其三,唐及北宋未见西瓜诗,南宋虽仅寥寥数首,但可确证时间、地点。甚至还有更多以西瓜异称为题及内容为咏西瓜的诗存世。仅各举数例,以"西瓜"为题的南宋诗仅见三首:(1)方夔《食西瓜》诗云:"恨无纤手削驼峰,醉嚼寒瓜一百箩。半岭花衫粘唾碧,一痕丹血掐肤红。香浮笑语牙生水,凉入衣襟骨有风。从此安心师老圃,青门何处问穷通②。"方夔,严州(建德府)淳安人,诗乃其家居时所作,可作为浙东严州等地南宋末已种西瓜之力证。(2)汪元量(1241~?)《水云集》卷一《通州道中》诗云:"西瓜黄处藤如织,北枣红时树若屠。"此诗作于德祐二年(1276)作者从姑苏北上赴燕途中,通州,金天德三年(1151)始置,俗称北通州,治潞县(今北京通县)。其在京郊,满地西瓜应为寻常之事。(3)民族英雄文天祥有一首《西瓜吟》,作于祥兴二年(1279)第二次被俘从广州解送北上途中,应在行次于广东、江西交界处某地,从次其五月初二日《生朝》诗后看,应作于是年五六月。其诗有云:"拔出金佩刀,切破苍玉瓶。千点红樱桃,一团黄水晶③。"这首诗足证:南宋末在岭南与江西交界的地区已遍种西瓜,且又品种较多,红心、黄心的均有。

此外,还有二首仅见于陈景沂《全芳备祖》的诗,亦疑似为咏西瓜诗。

---

① 缪校本第302页。
② 《富山遗稿》卷九。
③ 《文山先生全集》卷一五《吟啸集》,第383页,北京中国书店影印1936年世界书局版,1985年。

(4)刘宰诗云:"碧圆到眼舌生津,三载深惭拜赐频。莫怪尊前最知味,东陵自是种瓜人①。"刘宰(1166～1239),金坛人。如其诗确为西瓜而吟,则南宋中期浙西镇江属县已种西瓜。刘宰隐居道教圣地茅山漫塘约三十年,这一带南宋种植西瓜,应是情理中事。据洪皓、洪适父子之说,南宋初江东饶州鄱阳乡村间已广种西瓜,随时间的推移,向周围地区推广种植应是题中之义。(5)赵汝绩《咏瓜》:"冰泉浸绿玉,霜刃破黄金。凉冷消烦暑,清甘洗渴心②。"赵汝绩,字庶可,号山台。寓居绍兴会稽,太宗八世孙。与戴复古(1167～?)等相交游、唱酬,有《山台吟稿》,已佚。其诗虽仅寥寥二十字,但其描绘的形质、性状、功效,似即为西瓜。于此似可证,约在南宋中期浙东绍兴亦已种西瓜。南宋咏西瓜诗词极少,似乎别有原因,或简称为瓜,或又可异称为寒瓜、水瓜、夏瓜、雪瓜、月明瓜、青登瓜等③。总之,西瓜在南宋的推广种植殆无可疑,但其产业化、商品化程度远不如柑橘、荔枝、葡萄等水果。可能品种的改良尚需时日,其种植的技术进步也不明显,《农桑辑要》所述仅为得大瓜之法,而且要付出产量不高的代价。其不易贮存、上市时间较短,果大易碎、运输不便等原因,也是专业化、商品化程度不高的客观原因。

(三)果树栽培中的技术进步

宋代果树的种植栽培,其各个环节均有明显的技术进步,从而促进了水果的品种改良及优质高产,此外在储存保鲜及干果蜜饯的加工方面也有创新或突破。宋代的一些谱录类农书及《琐碎录·农艺》、《种艺必用》及其《补遗》中有大量记载。今据以试加概略性的梳理撮述,农书一章中已涉及者不再重复。

(1)种植 首先要注意其土壤、气候条件。如柑橘畏霜,则需有适当的小气候。如唐宋时太湖中的洞庭橘之生长环境即得天独厚:"四面皆水也,水气上腾,尤能避霜。所以洞庭柑橘最佳,岁收不耗,正为此尔④。"再加上土

① 《漫塘集》卷一《回陈兄惠瓜》。
② 《全芳备祖》后集卷八,影宋本第 999 页。"烦暑",《全宋诗》卷二八二一(54/33622)据四库本误录为"晚暑"。
③ 张仲葛:《西瓜小史》,刊《农业考古》1984 年第 1 期,第 178 页。
④ 庞元英:《文昌杂录》卷四。

壤酸碱度适宜,故佳果累累。湖南郴州、江陵柑橘、江西蜜橘、温州涂柑、黄岩蜜橘等名果产地无不具备"避霜"的小气候及适于生长柑橘的土壤条件。《橘录》卷下《种治》在谈到温柑名品涂柑的种植时说:"柑橘宜斥卤之地,四邑皆距江海不十里";"方种时,高者畦垄,沟以泄水,每株相去七八尺。岁四锄之,薙尽草。冬月以河泥壅其根,夏时更溉以粪壤。"深得柑橘种植栽培之精髓。因时因地制宜,及时进行灌溉施肥是果树丰产增收的必要条件。早在北宋时,陈舜俞(? ~1075)在诗注中就已指出:"橘树夏遭旱则冬不耐寒而死。人家皆凿井于树旁,贵负荷之近也。熙宁七年大旱,井泉竭,山中担湖水浇树,有一家费十万钱雇人者①。"同样,荔枝也"性不耐寒,最难培植,才经繁霜,枝叶枯死"。故须"冬月覆盖之,以护霜雪";且因其根浮,"必须加粪土以培之②"。特别寒冷时,除覆盖外,还常用烟熏驱霜法。这两种宋代最受欢迎、行销最广泛的水果,其种植栽培有极相似的共性。

又,南宋初种桃杏及一般水果核种之法,均见于温革之记载③:"桃熟时,墙面暖处宽深为坑,收湿牛粪纳坑中,好桃核十数个,尖头向坑中,粪土厚盖一尺,深春芽生,和土移种之。杏熟时,含肉纳粪中,至春既生,则移栽实地。既移,不得更移。""凡种果,须候肉烂和核种之,否则不类其种。"吴怿《种艺必用》记种小芭蕉(香蕉)法云:"取大芭蕉根,平切作两片,先用粪、硫黄醉土,须十分细,却以芭蕉所切处向下,覆以细土,当年便于根上生小芭蕉。才长二三寸许,取起作头子块切,逐根种于石上。用棕榈细缠定,根下着(小)[少]土,置水中;候其土渐去,其根已附石矣④。"

(2)嫁接 利用嫁接繁殖技术,是我国古代果树栽培中应用最广的技艺之一。其详在下节花卉的栽培中加以论述,这里仅及果树的一些嫁接方法。宋代,尤其是南宋时期,是我国果树嫁接技艺承上启下的成熟时期。当时的果树,几乎多已用嫁接法繁殖。如《琐碎录·农艺·果·接果木法》有载:

① 《都官集》卷一四《山中咏橘长咏》:"穿井防天旱"句下注。此诗及其句下自注,无异一小型的橘史,对洞庭柑橘的种植栽培、储存销售颇多真知灼见。
② 《王氏农书·百谷谱集七·荔枝》,缪校本第560页。
③ 《琐碎录·农艺·果·种果木法》,续修四库本第60~61页。
④ 《永乐大典》卷一三一九四引,中华书局影印本第5726页下。

"桃树接李枝,则红而甘;柿树接桃枝,则成金桃;[李树接桃枝,生子则为桃李]①。"这是最常见的接法。又,嫁接对改善水果的品质,有举足轻重的作用。如同书载:"柿子接及三次,则全无核。""桑树上接杨梅,则不酸";"桑上接梨,则脆而甘。""蒲萄,欲其肉实,当栽于枣树之侧。于春间钻枣树,作一窍,引蒲萄枝入窍中透出。至二三年,蒲萄枝既长大,塞满窍子,便可斫去蒲萄根,令托枣根以生,便得肉实如枣。北地皆如此种。"葡萄托枣根而生,得果实如枣而更甜。这种用扦插法嫁接栽培的葡萄显然成了品质更佳的新品。以上所述,多为不同果树间的远缘嫁接繁殖技术,宋代已臻于成熟。南宋始见的一种"脱果法",无疑是压条嫁接繁殖果树的一种最新"科技成果"。《琐碎录·农艺·果·接果木法》有载:

> 木生之果,八月间以牛滓和,包其鹤漆处,如大杯;以纸裹囊覆之,麻绕,令密致;重则以杖柱之,任其发花结实。明年夏秋间,试发一包视之,其根生则断其本,埋土中。其花、实皆宴然不动,如巨木,所结子[大]。顷在萧山县,见山寺中橘木止高一二尺,实皆如拳大,盖用此术也。大木亦可为之。常(尝?)见人家有老林擒木,根已蠹朽,圃人乃去木本二三尺许,如上法以土包之,一年后,土中生根,乃截去近根处三尺许,埋土包入地,后遂为完木。

这种压条自体嫁接繁殖果木之法始见于《齐民要术》,语焉不详。但技术上的进步与完善始见于南宋初温革是书。以收老树开新花、结硕果的奇效。荔枝等果树亦可用此法嫁接繁殖。荔枝繁殖法中,古代行用最广的高压枝条繁殖,即张世南所谓的"掇树法"。其自序撰于绍定元年(1228)的《游宦纪闻》卷五记载:三山(福州)荔枝,最佳者称"常熟中冠,品佳者,不减莆中。[近]二十年来,始能用掇树法。取品高枝,壅以肥壤,包以黄泥,封护惟谨。久则生根,锯截移种之,不逾年而实。"南宋中期发明此法后,因其简便易行,成活率高,被广泛行用。福州用此法繁殖的荔枝,其名品不亚于莆田

---

① 所脱十一字,据元·俞种本《种树书》引《琐碎录》补。见《生活与博物丛书》上册第369页,上海古籍出版社,1993年。

所产。又,同书还记载"朱栾"的栽种和嫁接之法。云:朱栾,为永嘉之木,"花比柑橘,其香绝胜。""栽接之法:始取朱栾核洗净,下肥土中,一年而长,名曰'柑淡',其根簇簇然。明年移而疏之,又一年,木始大盈握。遇春,则取柑之佳品,或橘之美者,接于木身,则尽为佳者①。"此外,《琐碎录·种艺·果·接木法》还具体记载了"苹果、梨向木瓜及海棠砧上,栗子向栎砧上,杨梅向桑枯上"等的嫁接法,取得"皆活"的良好效果。通过嫁接,可以改善果品的品质,提高产量和抗病虫害等。从而增加经济效益。

(3)防治病虫害　生物治虫技术,古已有之。但在宋代却有多项创造发明。养蚁防治蛀虫技术,北宋时就已广泛用于橘园。苏辙诗及注已述及:"小园畜蚁防橘蠹(自注:橘性甘,多蠹。南人畜蚁于园中,蚁缘木食蠹,虽邻家柯叶相接,而蚁不相过。亦一异耳),空庭养蜂收蜜脾②。"这种生物治虫技术,至迟南宋初已普遍推广。《琐碎录·农艺·果》有载:"柑树为虫所食,取蚁窝于其上,则虫自去。"两宋之际,岭南出现养蚁出售的专业户,见于《鸡肋编》卷中(第112页)的记载:"广南可耕之地少,民多种柑橘以图利。常患小虫损食其实,惟树多蚁,则虫不能生,故园户之家,买蚁于人。遂有收蚁而贩者,用猪羊脬盛脂其中,张口置蚁穴旁,俟蚁入中,则持之而去,谓之'养柑蚁'。"这贩蚁养蚁的专业户依附橘园户为生,形成了"产业链",且为一本万利的买卖,投入少而见效快。此为生物治虫技术产业化的典型例证。闽广等地,还放养猄蚁以对付荔枝的主要害虫椿象,前者为后者的天敌及克星。此外,还有药物除虫、人工灭虫、物理治虫及防蛀技术等用于各种果树防治虫蛀啮啃,堪称简便易行。见于《琐碎录·农艺·果》的相关记载:"果木有虫蠹处,用杉木作小丁塞之,其虫立死。""果树有蠹虫者,以芫花纳孔中即除。或云纳百部叶。""果树生小虫,将竹灯挂树自无。""桃树过春月以刀疏斫之,则穰出而不蛀。""桃子蛀者,以煮猪头汁冷浇之,即不蛀。"桃子的防蛀技术在南宋初亦已相当成熟,堪称标本兼治。今之梨园、桃园、苹果园等,普遍采用套纸袋的防护措施,使名品水果得以稳产高产,这项技术已始见于南

---

① 《游宦纪闻》卷五,第45页,中华书局点校本,1981年。
② 《栾城集》卷一六《题王诜都尉画山水横卷三首》之三。

宋初。罗愿《新安志》卷二《物产·木果》载："大抵歙梨皆津而消,其质易伤,蜂犯之则为瘢。故土人率以柿油渍纸为囊,就枝苞封之,霜后始收①。"

（4）采摘、贮藏 果实采摘如银杏、橄榄等,宋人创造了一些简便实用的方法。如银杏,树大枝脆,不易攀爬,采摘费工,往往用梯靠在主干上,人在梯上,抓住枝干用力摇晃、高处则用竹竿抽打,使白果（又称鸭脚）纷纷落地,然后拣拾,事半功倍②。橄榄树高木脆,难于登高采收。宋人发明了一种涂盐采收法,即利用盐渗透压较高的原理,导致橄榄的一时生理脱水,从而自动脱落树下。嫁名赵希鹄的《调燮类编》卷三载："橄榄树高,将熟时,以木丁钉之,或刻根下方寸许,纳盐入内;一夕子皆落,木亦无损③。"水果水分多,难保存。如荔枝,最为娇贵,三日一过,色香味全失。宋代已发明冷藏保鲜,带冰运输技术,一直沿用至今。此外,还创造了红盐、白晒等加工方法,进行贮存保藏,乃至可大量运输海内外。宋代还运用不同物品的相生相克原理,巧妙创造了水果保鲜的新技术。如江西各地生产金橘,其中有一名品称金柑,"差大而味甜",因仁宗温成皇后嗜食而"价重京师。然患不能久留,惟藏菉豆中,则经时不变④。"

（5）水果催熟 众所周知,柿子采撷时往往生涩,无法食用。用榅桲或榠楂置于柿中即可催熟。《游宦纪闻》卷二有载："唐、邓间多大柿,初生涩,坚实如石。凡百十柿以一榠楂置中,则红烂如泥而可食。榅桲亦可代榠楂用。"榠楂,即山楂。又,甜瓜催熟技术的发明,至迟见于南宋初温革《琐碎录·果·杂说》有载："甜瓜生者,以鲞鱼骨插（头）顶上,则蒂落而易熟。"《调燮类编》卷三《虫鱼》亦载："鱼勒鲞骨,取插瓜蒂上,一夜瓜辄熟。"《琐碎录·农艺·果·杂说》还独家记载了两种用木瓜的催熟技术:其一,"红柿摘

---

① 点校本第55页,黄山书社,2008年。类似的记载亦见于《尔雅翼》卷一〇:"楂梨喜为蜂所螫,螫处辄不可食,故钻去之,今人皆就木上大作油囊裹之,梨滋长其中,故益大而无伤。"

② 这种方法流传至今。《格物粗谈》卷上《树木》则称"银杏熟时,以竹篾箍树身,击篾则[果]自落。"这应是利用束缚树干导管,使其减少供水,促使熟果自落。

③ 参见《中国农业科学技术史稿》第430页。此外,北宋已有将姜汁涂于剥皮树上促果下落技术的报导。江休复《嘉祐杂志》载:"橄榄木开花如槿,将采其实,剥其[树]皮,以姜汁涂之,则尽落。"其原理与用盐相似。《种艺必用》引诸书可见,这项技术北宋时已相当成熟。

④ 张世南:《游宦纪闻》卷二。

下未熟,每篮将木瓜三两枚[置]于其中,其柿得木瓜即熟,并无涩味。"其二,"生木瓜细切,拌小棠梨入竹笋,罨数日,即成青沙烂。生柿亦如此法,即熟①。"诸如此类的技术创新,不一而足,促进了南宋水果生产的发展,对水果的储运及商品化销售,也堪称功不可没。

（四）宋代名优特水果述略

南宋得天独厚,水果种植栽培的自然条件十分优越,各地各种特色水果名品层见迭出,新品争奇斗妍。各地水果品种之多,质量之好,远胜于前朝,满足各地市场供应外,甚至还有出口海外。水果业,是名实相副的商品化农副业,产销、加工已形成初具规模的产业链。此仅略述其名优特产品及南宋新开发的水果名品。

（1）柑橘　这是一种起源极早、历史悠久的水果。古代文献中其名已见于《尚书·禹贡》,又见于屈原《九章·橘颂》②。扬州为古九州之一,江陵,治今湖北江陵县,似泛指荆楚江南之地。这是先秦、秦汉橘柚的主要产地。南宋道士白玉蟾称:"《风土记》名橘曰胡柑,巴人有橘革,中藏二叟语";"潇湘有橘乡,洞庭有橘泽,云梦有橘里,彭泽有橘市③。"是说柑橘的种植很快扩展到今重庆的三峡地区（古称巴蜀）、湖南、湖北、太湖流域、江西等地,上述地区成为著名的橘乡,这种格局唐宋时已形成。南宋初起,柑橘的种植地区又颇有扩展,几乎遍及各地,而且成为商品性水果业中最主要的品种之一。柑橘品种,仅《橘录》中著录的温州产柑橘就达 3 类 28 种;其中柑 8 种,橙 5 种,橘 15 种。温州种植柑橘始于宋代,其中真柑,又名乳柑,最为名品;而泥

---

① 《续修四库全书》影印本第 63 页上。
② 洪兴祖《楚辞补注》第 153 页引《禹贡》:"淮海惟扬州,厥包橘柚锡贡";又引《汉书》"江陵千树橘,其人与千户侯等。"陈舜俞《山中咏橘长咏》(《都官集》卷一四)亦云:"包橘古云美,扬州地所宜。名从夏后贡,颂见楚人辞。"堪称异曲同工。可见至迟在战国时代,我国南方的柑橘已充贡品;而在汉代,种植柑橘,已形成最早的商品农业。
③ 白玉蟾(1194～?)《橘隐记》,刊《道藏·修真十书·上清集》卷三七,引文据陈垣《道家金石略》第 390 页校改(文物出版社,1988 年)。《全宋文》卷六七五一(296 册/237 页)误"胡柑"为"胡相"。又据董天工《武夷山志》卷五第 143 页,橘隐主人为道士陈洪范,字天锡,号造斋。"生平于琴书外,多种橘";曾在武夷山种橘成林。

山所产则"皮薄而味珍"①，最为极品。陈景沂指出：韩彦直"但知乳橘出于泥山，独不知出于天台之黄岩也。出于泥山者固奇也，出于黄岩者尤天下之奇也②。"黄岩蜜橘在南宋时已名重天下，至今犹为优质名品，至少已有800余年行销各地的历史。

江西丰城等地，是我国优质橘子的又一主要产地，范成大在赴桂帅任途经此地时，于乾道九年（1173）闰正月十日在行记中载：在沿赣水、清江顺流而下途经市汊、上江（即南昌与丰城县间）的二日水路行程中，亲见"带江悉是橘林，翠樾照水，行终日不绝。林中竹篱瓦屋，不类村墟，疑皆得种橘之利③。"可见种橘的经济收入当远胜务农收入，从沿岸居民的"竹篱瓦屋"，可见其生活水平当超过一般"村墟"农民；故成大有"不类村墟"，"古比封君"之叹。这也可证，经济果木，商品性农业之经济效益远胜于单纯种粮的农民。这里又是典型的二熟制稻作区，却不乏专业橘户组成的乡村。

南宋初，柑橘作为商品性农业的主要品种之一盛行各地的原因，一是市场消费需求的急剧增加，更重要的是经济效益、价值规律的驱动作用。正如叶梦得总结的那样："橘一亩，比田一亩利数倍④。"尽管韩彦直以为温州泥柑为极品，但范成大则仍认为苏州洞庭东西山的真柑才是天下称最的极品。果挂树上时，就有人出价定购，贵至每颗100～200文。其说云："真柑，出洞庭东西山。柑虽橘类，而其品特高，芳香超胜，为天下第一。浙东、江西及蜀果州皆有柑，香气标格，悉出洞庭下。土人亦甚珍贵之。……方结实时，一颗至直百钱，犹是常品，稍大者倍价⑤。"其实，早在唐宋时代，苏州产的柑橘就已充贡。北宋时，范仲淹就有诗描绘"万顷湖光里，千家橘熟时"的迷人风光⑥。可见北宋时，东西山就已成为专业产橘的二乡。即使是一般的橘子，

① 《橘录》卷上《真柑》。参阅本书第四章农书一节所述。
② 《全芳备祖》后集卷三《果部·橘》，第913页。
③ 《骖鸾录》。
④ 《避暑录话》卷四。
⑤ 《吴郡志》卷三〇《土物下》。
⑥ 《范文正公文集》卷五《苏州十咏·洞庭山》，《范仲淹全集》点校本第104页，四川大学出版社，2002年。

北宋时的售价也达到每笼(百斤)一贯文左右①。约与稍早些时的江浙每石米价相仿②。无疑南宋时因通货膨胀,售价更高,经济效益也更好。

陈舜俞的《山中咏橘长咏》及其诗注无异于洞庭橘的简史。其咏橘花"清香掩兰杜(牡?)",果实味美而"真液贱楂梨"。诗中自注称:"采橘日以冬至前二十日为候……无过冬至前十日者,过则为寒所损,亦损明年树矣。"其种植多取移栽法,当时已注重邻近地区品种的交流。诗注云:"树皆用小舟买于苏、湖、秀三州,得于湖州者为上。"其育苗之地皆在太湖之滨,鱼米之乡。当时的品种"有朱橘,有绿橘";各地品种间的交流相当广泛,洞庭橘甚至有来自荆湖南北者:"橘有荆南种,有湘州皮者"。洞庭橘农治蠹虫有绝招:"树有蠹则实不蕃。春夏用小钻凿取而杀之,谓之'讨虫'。"保养果树,促使持续丰产也颇有经验:"采橘后即芟去小枝不能结实者,谓之'科树'。"橘树应勤浇水施肥,"橘树夏遭旱则冬不耐寒而死";"熙宁七年(1074)大旱,井泉竭,山中担湖水浇树,有一家费十万钱雇人者③。"橘树的田间管理应注重:"向阳删密叶(自注:橘得日则色赤深而味甘),伐木树低枝(自注:橘繁则树枝为之折)。"此云应适时删叶剪枝,以保证有充足的阳光及果实过密而坠枝,影响品质和产量。连阴雨则影响橘子质量及贮藏,诗注云:"雨多则皮虚而大,不可久藏。"采橘时必留枝蒂,这种经验传承至今,诗注云:"采橘必留枝蒂,成一掘(?)三指,所以养橘;否则易干。"即水分流失,影响吃口。其贮藏,应用竹笼,垫以茨茅,因橘颇娇贵,易碰伤。诗注曰:"破竹为笼,藉用短茨。"采后,橘要摊置地板上,覆草使之出汗,否则味酸,实亦催熟之法。诗注

---

① 陈舜俞《都官集》卷一四《山中咏橘长句》:"视价旋论赏(自注:每一百斤为一笼,或得价笼一千五百钱,下价或六七百,不可常也)。"

② 《范文正公政府奏议》卷上《答手诏条陈十事·厚农桑》:"今江浙之米,石不下六七百文足,至一贯文省。"(《全集》点校本第534页)。范仲淹又说:"中稔之利,每亩得米二石至三石";姑以2.5石计,则每亩粮田的收益为2.5贯省。经询东西山橘农称:今之橘树约每棵产橘120斤,每亩50棵左右,亩产橘约为6000斤。姑以宋代每亩产橘为今之50%计,则为3000斤,则出售可得30贯文,是粮田的12.5倍。但成本较高,故两宋之际苏州人叶梦得已称橘田一亩可抵粮田数亩的收入,大体上可信。

③ 以上引文均见陈舜俞(1026~1076)《都官集》卷一四《山中咏橘长咏》诗中自注文。此诗成于作主晚年,"熙年七年"云云可证。

曰:"采橘先置地板上,堆之数日,谓之'入仓';微覆用草,使汗出,然后入笼,谓之'出汗'。否则味酢。"落果、橘花、橘皮均堪入药,橘农十分珍惜,这也是商品柑橘以外一笔不菲的收入。诗注:"橘生花至繁,初结实多落,收之堪淹藏为药橘。""山中人言:东西两山卖干橘皮,岁不下五六千秤。"据询西山橘农,每斤干橘皮,约需 15 斤橘子剥皮晒干。如以省秤每秤 16 斤计,则 0.55 万秤,为 8.8 万斤,约合鲜橘 132 万斤,如以称粗物 22 斤大秤计,则为 181.5 万斤。这仅是当地消化的橘皮,如以外销商品橘以 80% 计,则产橘为 907.5 万斤。约需橘田近万亩,如以千家橘园户计,则每户种橘近 10 亩,这是相当大的规模。"橘之小者,谓之脚橘。山中作土窖熏,用烟而收之,谓之'熏橘'。诗云:'趁市商船急'","善生唯计亩①。"可证东西两山之柑橘已完全商品化,橘户则赖以为生。此诗堪与韩彦直《橘录》相媲美,论及洞庭橘树品种、种植、栽培、浇灌、养护,柑橘的采摘,贮藏、运输、综合利用,商业价值等;且比《橘录》早问世 70 年。

叶梦得则据自己种橘的切身体验,谈到"橘极难种","性极畏寒";"地必面南,为层级次第使受日。每岁大寒,则于上风焚粪壤以温之。"他还指出:洞庭橘"培治之功,亦数倍于田。橘下之土几于用筛,未尝少以瓦礜杂之。田自种至刈,不过一二耘,而橘终岁耘,无时不使见纤草②。"足见其精耕细作程度比农田要求更高,可见宋代橘农艰辛之一斑。

柑橘的产地十分广泛,名品的分布各地多有,如福州产的福橘,四川广汉产的广柑,广东产的沙糖蜜橘、湖南道州、福建泉州产的金橘、香橙等。王十朋诗云:"橘以金为重,橙以香见奇③。"乃其乾道中知泉州时与时任福建提举市舶的马希言之互赠,宋人交游间互赠时鲜土特产品,乃一种时尚。浙东山区各州县几多产柑橘,方岳《少微山观橘》诗云:"手劚苍烟竹径深,霜寒错

---

① 以上引文均见陈舜俞同上注诗及诗自注。

② 《避暑录话》卷下,《全宋笔记》第 2 编,第 10 册,第 336 页,大象出版社,2006 年。

③ 《王十朋全集》卷二七《知宗赠金橘报以香橙》,点校本第 529 页;又考王十朋知泉州在乾道四年至六年(1168~1170),事见《宋会要辑稿》选举三四之二三、《永乐大典》卷七二四一引《清源志》、民国《泉州府志》卷二六。知宗、疑为乾道中任提举福建市舶的马希言字。见乾隆《福建通志》卷三二。

落万黄金①。"少微山，在浙东处州丽水，可证南宋中期，当地盛产柑橘。江东歙州等地也盛产"橙、橘、柚之属②。"江西抚州产有名果述陂橘，南宋初，张澂（？~1143）晚岁寓居抚州十年，有诗咏曰："述陂原是一沧州，四绕澄江璧（碧?）水流。肥腴不但便黍麦，清瘦尤宜橘柚秋。"又有绵橙，张澂诗有"汝水秋橙大如杯"之句③。名优柑橘的经济效益，驱使园户趋之若鹜。南宋初，永嘉宰勾炜诗云："只须霜一颗，压尽橘千奴"；是称"黄柑位（价?）在陆橘上④"。叶适《水心文集》卷八《橘枝词三首记永嘉风土》（之一）云："蜜满房中金作皮，人家短日挂疏篱。判霜觔露装船去，不唱杨枝唱橘枝。"《西湖老人繁胜录·起店》著录温州名产有"温柑⑤"，这种名果，畅销行在，其价格昂贵，不言而喻。正是对高额利润的追逐，橘园占用的农田日益增长，导致土地紧缺的矛盾更加突出。《鸡肋编》卷下《养柑蚁》亦载：至迟在南宋初，广南"民多种柑橘以图利"。乃至产生了附属的专业户：治橘园蠹虫的天敌——黄猄蚁的养殖贩运户，可见广南种橘户众多之一斑。故韩驹（1080~1135）《次韵游橘陂》（之二）诗云："只道千缣易，良田岂易图（注：陂旁人种橘皆用良田）⑥。"

值得一提的是：柑橘有两种繁殖法，其一即实生繁殖，春季于苗圃播种，次年移栽，或苗木高二三尺时移栽。上述陈舜俞诗注中所提到的洞庭东西山小舟买树于苏、湖、秀州者，所买即为苗木，显然是实生移栽。另一种为嫁接繁殖，文献中见于南宋初温革《琐碎录·农艺·果·接果木法》："柑橘（枨）[橙]等，于枳壳上接者易活。"即以枳为砧本进行嫁接，后亦见于用朱栾作嫁接者。嫁接时间一般亦在春季。上揭张世南《游宦纪闻》卷五所载以朱栾为接穗的嫁接法，对于改良品种则立竿见影。

①　《秋崖诗词校注》卷七，第110页，黄山书社，1998年。
②　《新安志》卷二《叙物产·木果》。
③　弘治《抚州府志》卷一二，《天一阁藏明代方志选刊续编》，第47册，第742页，上海书店影印本。
④　《橘录》卷上。
⑤　《永乐大典》卷二六○三引。
⑥　《陵阳集》卷四。

宋代的柑、橘、柚、橙,除可作水果生食外,还可加工成蜜饯(宋人称蜜煎),如"蜜金橘"就是蜜饯中的名品。《橘录》卷下《制治》记载了柑橘橙加工的具体方法。其说云:"柑橘并金柑皆可切瓣,勿离之,压去核,渍之以蜜。金柑著蜜,尤胜他品。乡人有用糖熬橘者,谓之'药橘'①。入箬之灰于鼎间,色乃黑,可以将远。又,橘微损,则去皮以肉瓣安灶间,用火熏之,曰熏柑。置之糖蜜中,味亦佳。"橘子及橘皮还可入药,韩彦直称:"橘皮最有益于药,去尽脉则为橘红;青橘则为青皮,皆药之所须者。大抵橘皮性温平,下气,止蕴热,攻痎疟,服久轻身。至橘子尤理腰膝②。"关于橘柚,苏颂《本草图经》有一总结性的概论,录如下:

> 橘、柚,生南山川谷及江南,今江浙、荆襄、湖岭皆有之。木高一二丈,叶与枳无辨,刺出于茎间。夏初生白花,六月、七月而成实,至冬而黄熟,乃可啖。旧说小者为橘,大者为柚。又云:柚似橙而实酢,大于橘……闽中、岭外、江南皆有柚,比橘黄白色而大;襄、唐间柚,色青黄而实小。皆味酢,皮厚,不堪入药。……又,乳柑、橙子性皆冷,并其类也,多食亦不宜人。今人但取其核作涂面药,余亦稀用③。

可见柑、橙之核,宋人已加工用作美容物品,用于涂面。柑、橘、柚已是宋代遍布各地的主要果品。

(2)荔枝 荔枝是宋代最重要的珍果之一,也是商品化程度最高的名贵水果。荔枝④,始见于汉·司马相如(?~前118)《上林赋》,当时称"离支",古又称荔子,荔支等。其起源亦很早,这是一种原产于我国的久享盛名

---

① 据上揭陈舜俞诗注,洞庭东西山之"药橘",指将其初结果时之落花淹藏合香蒸馏后制作香精之用,据说"可辟衣、书之蠹"(方按:说详王十朋《梅溪后集》卷一九《和知宗柑诗韵》"蒸辟蠹书蟫"句下自注)。《橘录》卷下《制治》亦载其法:"朱栾作花,比柑橘绝大而香。就树采之,用箬香细作片,以锡为小甑,每入花一重,则实香一重,使花多于香。窍花甑之旁,以溜汗液,用器盛之。炊毕,撤甑去花,以液浸香。明日再蒸,凡三换,花始暴干,入瓷器密盛之。他时焚之,如在柑林中。"
② 《橘录》卷下《入药》,点校本,下册,第232页。
③ 《政和证类本草》卷二三,点校本第553页。
④ 本节主要参考梁家勉《荔枝栽培和利用的起源及其发展》,原载《华南农学院学报》,1980年第2期。关于两宋的必要补充,则一一随文出注。

的佳果,迄今已有二千余年的历史。其原产地应在我国的岭南,广西东南部、云南的西双版纳等地,雷州半岛、海南五指山区等,野生荔枝的分布相当广泛。刘邦称帝时(前 206～前 195 在位),南海赵佗曾自岭南进贡荔枝,相信即为人工栽培之品。元鼎元年(前 116),汉武帝攻破南越,曾取岭南荔枝移植至西安,遂有"扶荔宫"之称谓产生。无独有偶,北宋宣和中的亡国之君宋徽宗赵佶(1082～1135)甚至也将闽产荔枝移植于汴京(治今河南开封)的保和殿园囿中。居然也挂果结实,徽宗曾手摘赐燕帅王安中且赐以诗曰:"保和殿下荔枝丹,文武衣冠被百蛮。思与廷臣同此味,红尘飞鞚过燕山①。"但正如蔡襄《荔枝谱》所述:"然畏高寒,不堪移植。"移植成功的例证极为罕见。唐玄宗时,飞骑进贡四川荔枝,只为博得杨贵妃的红颜一笑;但在宋人看来,远不及闽粤产的名品。却赢得后代诗人骚客的一再吟咏。

荔枝早期应是有性繁殖,即实生而播种移植,但从播种至结实需二十余年之久,故苏轼诗有"荔实周天两岁星(自注:荔支至难长,二十四五年乃实)"之说②。可见在北宋,似还主要采用实生繁殖法。但无性繁殖似乎起源较早而推广应用并不广泛,其高取压条法,即高压法嫁接繁殖之始已不可考。文献记载似最早见于南宋张世南《游宦纪闻》卷五:"[近]二十年来,始能用'掇树法',取品高枝,壅以肥壤,包以黄泥,封护惟谨,久则生根。锯截移种之,不逾年而实,自是愈繁衍。"可见用高压法嫁接,其技术上的成熟,当始于南宋中期,即嘉定初③。但此法与上揭温革所述"脱果法"颇类似,故似南宋初已有之。高压法无性繁殖不仅能使优良品种得以扩种,而且可以大大缩短挂果结实时间。为优质高产创造条件。

荔枝十分娇贵,其生长过程中,最畏霜寒,宋人已有冬季覆护、寒前培土

---

① 《老学庵笔记》卷三,第 36 页。又,宋徽宗曾有《宣和殿荔支》诗云:"密移造化出闽山,禁御新栽荔子丹";"玉液乍凝仙掌露,绛苞初结水晶丸。"刊《佩文斋广群芳谱》卷六二。

② 《东坡全集》卷二一《再和曾仲锡荔枝》。

③ 据作者自序,是书撰于绍定元年(1228),上推 20 年,则为嘉定元年(1208)。同书卷五(点校本第 45 页)同条又记福州荔枝云:"三山荔子,丹时最可观。四月味成曰火山,实小而酸;五月味成曰中冠;最后曰常熟中冠。品佳者,不减莆中。……日干致远者,皆次品。"可补蔡襄《荔枝谱》之阙。

壅肥,生火加温等防寒措施。对于"蝙蝠、蜂蚁争来蠹食",乃至人工驱赶防护及生物治虫双管齐下。这些措施已多见于蔡襄《荔枝谱》。白居易《荔枝图序》已指出荔子"若离本枝,一日而色变,二日而香变,三日而味变",即贮藏保存是个难题;三日后色香味俱变,对于古代的运输贩销实在是个不易解决的难题。在明清人的记载中,可见藏荔枝于巨竹的节中,以竹箬裹泥封裹,"可藏至冬、春,色香不变"。或以蜡封蒂,浸于蜜水中;或入瓦坛密封倒沉井中①。但南宋时,已有成熟的贮冰技术,即将北方所生的天然冰,运至南方,贮于土窖中,夏天可制成类似今"刨冰"的冰镇饮料。也许这种冬藏夏用的冰镇技术也用于荔枝的贮运保鲜。杨万里的《荔枝歌》②似乎透露了个中信息:"粤犬吠雪非差事,粤人语冰夏虫似。北人冰雪作生涯,冰雪一窖活一家。帝城六月日卓午,市人如炊汗如雨。卖冰一声隔水来,行人未吃心眼开。甘霜甜雪如压蔗,年年窖子南山下。去年藏冰减工夫,山鬼失守嬉西湖。北风一夜动地恶,尽吹北冰作南雹。飞来岭外荔枝梢,绛衣朱裳红锦包。三危露珠冻寒泄,火伞烧林不成水。北人藏冰天夺之,却与南人销暑气。"杨万里还有一首荔枝诗也写来别有风味。诗云:"一点胭脂染蒂旁,忽然红遍绿衣裳。紫琼骨骼丁香瘦,白雪肌肤午暑凉。掌上冰丸那忍触,尊前风味独难忘。老饕更啖三百颗,却怕甘寒冻断肠③。"南宋后期诗人萧崱曾以形象思维的方式谈到荔枝新品开发之难,品种变异之快。其诗云:"选荔过于选士难,味佳能有几登盘。林家新出金钗子,合入君谟谱后刊④。"

荔枝的产地,主要在岭南及闽、川等地。北宋曾巩《元丰类稿》卷三五《福州拟贡荔枝状(并荔枝录)》曾说:"荔枝于百果为殊绝,产闽粤者比巴蜀、南海又为殊绝。"闽粤"无不列植,岁取其实,不可胜计。故闽粤荔枝食天下,其余被于四夷。"而在南宋不仅种植规模有所扩大,品种有所增多,而且出现

---

① 参见《梁家勉农史文集》第 378 页及脚注。
② 《诚斋集》卷一八,此诗似作于其任广东提刑任内,时置司韶州,提刑厅有丹荔堂;约在淳熙八九年之际作。又据《全芳备祖》后集卷一校改原误三字。
③ 《诚斋集》卷一五《四月八日尝新荔枝》。据《全芳备祖》后集卷一《荔支》校改,"紫琼",原作"紫瑶"。
④ 《全芳备祖》后集卷一,农业出版社影印宋本,第 869~870 页。

了一批专业的荔枝生产乡村或地区。如广州南海有荔支洲，"周回五十里"皆种荔枝；封州临封有荔支庄，"去城十里"，田开《临封十咏》诗云："岭南蕉子国，海上荔支庄。民有千年寿，家存十岁粮。"可见已完全商品化，且果农生活富裕。重庆府巴县有荔支圃；涪州有"妃子园"，乃相传唐时向杨贵妃贡荔枝的名园①。荔枝种类单一，但品种极多，而且很不稳定，极易变异。洪迈曾有论称："莆田荔枝，名品皆出天成，虽以其核种之，终与其本不相类。宋香之后无宋香，所存者孙枝尔；陈紫之后无陈紫，过墙则为小陈紫矣②。"正如《仙溪志》卷一《货殖·果》引林迪诗云："为种不同攒核李，过墙便作小陈紫。"同书又云："后出者有：王玉堂、红郎官、江游、丁香为最胜，其余若状红、紫琼、百步、兰寿香、西紫、红香、大小江绿、琉黄、红瑞堂、红松、红麝囊、红百步香、黄玉之类，是亦名家。邑中植荔唯风亭为宜，然皆不若产于赤湖者为佳。"以上18种，为仙游南宋新品。两宋荔枝，各地品种至少有二三百种之多。

　　向来以为：我国最早也是世界上第一部关于荔枝的专著，是蔡襄的《荔枝谱》，从流传至今而言，确是如此。但不可忽视的是：北宋与蔡襄之谱迭相先后者还有郑熊《广中荔枝谱》、徐师闵《莆田荔枝谱》及张宗闵《增城荔枝谱》③。这三部关于四川、闽、粤名品荔枝产地的谱录，惜已无存。但郑熊其人仅见于《宋史》卷二○三《艺文二》著录，徐、张两谱见于郑樵《通志·艺文略四》著录，均为北宋《荔枝谱》无疑。尤值得注意的是张宗闵熙宁九年（1076）撰写的《增城荔枝谱》竟"搜境内所出得百余种"，且多从闽中名品移植者。作者为福州人，时任增城县令④。他对广州增城作为至今犹为盛产荔

①　分见祝穆《方舆胜览》卷三四、三五、六○、六一。
②　《容斋四笔》卷八《莆田荔枝》，点校本第706页，上海古籍出版社，1978年。
③　《宋史》点校本第5122页著录郑熊《番禺杂记》三卷；但《通志·艺文略四》第614页上（上海古籍出版社1990年影印本）作《番禺杂录》三卷；而《直斋书录解题》卷八（点校本第259页）则称《番禺杂记》一卷，并云："摄南海主簿郑熊撰，国初人也。"《嘉泰吴兴志》卷一五（《丛刊本》第4791页下）又著录其曾任长兴县令，次于张维（956～1056）后，则似为北宋中期以前人，郑谱似约略早于蔡襄成书。《中国农业百科全书·农业历史卷》第187页称其为"唐末郑熊"，未审其何所据？似误。
④　南宋初郑樵著录为张宗闵撰，极是。南宋末陈氏《解题》卷一○（点校本第299页）已云"无名氏"撰，幸其序尚存，得以知此书梗概。

枝的名城,作出了特殊的重要贡献。郑熊撰《广中荔枝谱》已载 22 品①,至蔡襄谱著录 32 品,而北宋中期《增城谱》竟已著录百余品,可见荔枝品种交流之广,变异之快一斑。《全芳备祖》的编者陈景沂对蔡襄著录 32 品中的 23 品有所补充②。其自称蔡谱"间有不论或论未备及有遗者今论于后。"乃或补论其产地、性状、品质,或考其异名及品第其优劣者,不失为蔡谱的补论及功臣。

龙眼亦始产于广东等地,与荔枝相类似,其栽培史可追溯到二千余年前。亦为我国岭南特产的珍贵名果。古称比目、龙目、圆眼、益智、荔奴等,今通称桂圆。古代一般制为干果远销,今干鲜均畅销,广西成为最主要的产地之一。尽管其同样历史悠久,且为滋补名品,但其名气则远逊荔枝。但在南宋初,人们已熟知其为滋补养身之佳果。在文学作品中似始见于晋·左思之赋。南宋初,刘子翚有诗咏云:"幽株旁挺绿婆娑,啄唖虽微奈美何。香割蜜脾知韵胜,价轻鱼目为生多。左思赋咏名初出,玉局揄扬论岂颇。地极海南秋更暑,登桴犹足洗沉疴③。"刘克庄诗则表明南宋名品荔枝的商品价值极高。其《后村集》卷八《荔枝》五首之三云:"十颗千钱品最珍,北人骀背未濡唇。若生京洛豪华土,买断丹林肯算缗(皱玉盛时颗直百钱)。"这种名贵珍果真是身价百倍,而唐明皇、杨贵妃的名人"广告效应"至今犹然。这种今人仍沿用的贮久行远的冰水保藏法,其发明的"专利"即为南宋的果农和商户。

(3)葡萄 葡萄为我国从西域引进的珍果,其名始见于司马相如《上林赋》,似汉武帝时《上林苑》中即已有引进。若追溯其源,则早在 4000 余年前,古埃及就有栽种葡萄的记载,其历史十分悠久。古又称浦萄、蒲桃或蒲

---

① 据明·宋珏《荔枝谱·述蔡三》引《浪斋便录》称,郑熊所记广中荔枝二十二品为:玉英子、雉核、沉香、丁香、红罗、透骨、样呵、僧著头、水母子、蔾蓼、大将军、小将军、大蜡、小蜡、松子、蛇皮、青荔枝、银荔枝、不意子、火山、野山、五色荔枝。

② 其详见于《全芳备祖》后集卷一,影印宋本第 853～855 页。

③ 《咏龙眼》,见《全芳备祖》后集卷一《荔枝附》第 873 页,同书同卷第 870 页录张栻《寄龙眼》二首亦颇别有情趣:"荔子如今尚典型,秋林圆实著嘉名。虽无颜玉南风西,却愿筠笼千里行。""手自封题寄故人,聊将风味赴诗情。千年尚忆唐羌疏,不污华清驿骑尘。"

萄，或为外来语之音译。《史记·大宛列传》、《汉书·西域传》称张骞(? ~
前 114)使西域还，得葡萄种引进栽培；一说飞将军李广(? ~前 119)破大苑
而得蒲萄种归汉①。其被引进栽种已有 2000 余年则无疑。原"生陇西五原，
敦煌山谷"，经丝绸之路传入后，至北宋中已是"河东及近京州郡皆有之。"尤
以太原所产者为著名，"盖北果之最珍者②。"南方广泛引种栽培葡萄，似始于
南宋时期。如《嘉泰会稽志》卷一七已称："蒲萄盛于西北，会稽有浆水、马脑
二种，味亦佳。"因为当地陋俗迷信，影响了其进一步推广。同书又云："今会
稽虽富有此果，然俗乃谓不利主人，果成，主多徙去；故居室忌种之。……惟
士大夫园宅及僧寺乃时有之③。"所幸这种习俗仅绍兴一地，各地在南宋中期
后已广泛种植这种名品水果，使之成为南方之珍果，夏秋间之佳品。这种自
北至南的扩种始于南宋无疑，宋元方志中有大量记载可证。如行都临安府，
已盛产葡萄，"有黄、紫二色，紫者稍晚，黄者名珠子御爱；其圆大透明者名玛
瑙④。"如湖州所产蒲萄，"今乡土有紫白二色，又有似马乳者，有圆者……。
如马乳者，号浆水蒲萄，尤佳⑤。"又如浙东台州有"葡萄二种，紫者微酸，青绿
者甘。甘者名水晶，味尤胜，出仙居⑥。"此外，浙西嘉兴府及其属县海盐澉
浦、平江府常熟、建康府等地也产葡萄⑦。福州南宋初已盛产葡萄，《淳熙三
山志》卷四一《土俗·物产·果》有载：葡萄"龙须蔓衍，水沃其本，须臾露泫。
藤杪故根，号木通。花细而黄白，实如马乳，碧者叶差厚，此果之珍者，今州
有之。"即使南宋中期前，因误认为葡萄于主人家不利的绍兴府，也在移风易
俗。据高似孙记载，在绍兴府属邑嵊县，葡萄，古已有之。"《广志》曰：黄黑
白三种，越剡间多碧葡萄。王梅溪《剡馆葡萄诗》：'珠帐累累桂，龙须蔓蔓

---

① 《全芳备祖》后集卷九引《白孔六帖》，影印宋本第 1024 页。
② 苏颂：《图经本草》，见《政和证类本草》卷二三，第 556 页。
③ 《丛刊本》第 7032 页上。
④ 《咸淳临安志》卷五八，《丛刊本》第 3873 页上。
⑤ 《嘉泰吴兴志》卷二〇，《丛刊本》第 4860 页上。
⑥ 《嘉定赤城志》卷三六，《丛刊本》第 7563 页下。
⑦ 分见《至元嘉禾志》卷六，《丛刊本》第 4454 页上；《澉水志》卷上，第 4667 页上；《琴川志》卷
　　九，第 1238 页；《景定建康志》卷四二，第 2019 页。

抽。从渠能美醸,不要博凉州'①。"而在南宋官僚士人的庭园里,栽种葡萄更是已习以为常。张镃词就是一个力证,其《眼儿媚·水晶葡萄》云:"玄霜凉夜铸瑶丹,飘落翠藤间。西风万颗,明珠巧缀,零露初溥。诗人那识风流品,马乳漫堆盘。玉纤旋摘,银罂分酿,莫负清欢。"又有《瑞鹧鸪·咏二色葡萄》:"阴阴一架绀云凉,袅袅千丝翠蔓长。紫玉乳圆秋结穗,水晶珠莹露凝浆。相并熟,试新尝。累累轻剪粉痕香,小槽压就西凉酒,风月无边是醉乡②。"

(4)杨梅 是我国著名的特产果品。其产地在我国江南、岭南、西南各地多有。但名品主要在吴越之地。文献记载杨梅始见于司马相如《上林赋》,汉武帝时上林苑中当已有栽植,其人工驯化栽培的历史至少有 2000 余年。这从浙江余姚河姆渡等新石器时代遗址中有杨梅属的孢粉,尤其是湖南长沙马王堆一号汉墓随葬品出土物中有杨梅而可以得到证实,杨梅是一种历史悠久的本土化名果。早在南北朝时期浙江的杨梅就已充贡品,而江苏苏州洞庭东西山的杨梅也声誉鹊起,享誉天下;被并称为"吴越佳果"③。据苏颂《图经本草》记载:杨梅,"生江南、岭南;其木若荔枝,而叶细阴厚,其实生青熟红,肉在核上,无皮壳。南人淹藏以为果,寄至北方甚多④。"可见北方不产杨梅。杨梅唐代以前,一般为红色,后有白色品种出现,南宋始有品质优良的紫色杨梅。其繁殖一般用本砧嫁接法。五代宋齐丘《化书》始称:"梅接杏而本强者,其实甘"⑤。或异本嫁接可使其由酸变甜。温革《琐碎录·果·接果木法》载:"桑树接杨梅则(为)[不]酸⑥。"可能南宋紫色杨梅的培育与此有关。

---

① 高似孙:《剡录》卷一〇,《丛刊本》第 7263 页下。

② 张镃:《南湖集》卷一〇。又见《全宋词》第 2746 页。

③ 参见《中国农业百科全书·农业历史卷》第 359 页。

④ 《政和证类本草》卷二三,第 560 页。同上引书第 574 页称:其味酸,温无毒。主去痰,止呕哕,消食下酒,止吐酒等。笔者提供一个屡试不爽的验方:将树上采的新鲜杨梅,浸入白酒中,如腹泻腹痛,喝少量杨梅浸泡的白酒,食梅一二颗,有奇效。

⑤ 同上《政和本草》卷二三第 574 页引。

⑥ 《续修四库全书》影印本第 61 页下。

绍兴为名品杨梅之乡，所产品种较多，知名度很高。《嘉泰会稽志》卷一七①有详尽记载:杨梅，"《异物志》曰:'杨梅如弹丸，味酸。'盖昔人未识。会稽杨梅，今出项里、何塔、六峰、塘里。其品之最佳者，曰官长梅，色深紫，香、味俱绝。曰线梅，一名稜梅，其实有纹，隆隆如线，故名;色尤紫，实大核小，亦可亚官长梅也。曰乌娄梅，色黑而韵下。曰孙家梅，色红而酢。越人多渍以糖或盐，以案酒。曰圣僧梅，色白。曰白蒂梅，曰何塔蚤梅，曰金家晚梅，曰三线梅，斯为下矣。方杨梅盛出时，好事者多以小舫往游，因置酒舟中，高饤杨梅，与樽罍相间，足为奇观。"

宋人咏绍兴项里杨梅者甚多，主要为名人效应。如项安世《平庵悔稿》卷八《杨梅》(题注:"出会稽之项里者最佳。")诗云:"雕盘供案渍中干，犀箸下盐苏齿楚。蔗糖煎实茗煎仁，枯腊犹堪诧儿女。稜梅一种腰如束，岁岁年年官所录。"是说绍兴项里之杨梅宋时已充贡品，又被加工成干果蜜饯行销远方。又如王铚《雪溪集》卷二《会稽杨梅雄天下其佳者皆出项里相传项羽乡里也验图志信然》:"越山杨梅最珍美，人杰地灵生项里。"从诗题可知，乃因项羽而得名。但明州奉化所产并不逊色于绍兴。《宝庆四明志》卷四《叙产·果品》载:"越之杨梅，著名天下，而奉化所产不减于越。有邵家乌，有金家乌，许家乌，韩家晚，大荔支、小荔支。鄞之小溪亦有之，色红，不逮奉化之紫黑;产东湖者色白，名'酪密脚'，又其次也②。"绍兴不乏名品，如仅次于官长梅的线梅，又称稜梅，一名楞梅。晚年曾官浙东提刑又曾长期闲居饶州的著名诗人曾几对两地的名品杨梅就进行过比较。其《茶山集》卷八《食杨梅三首》(之三)云:"饶阳接种江南少，越上楞梅天下无(自注:小饶接梅、山阴楞梅，皆珍果也)。"上述的本砧自体繁殖嫁接法，南宋时这种技术已十分成熟，被广泛应用，对于引进名品水果屡试而有显效。其第二首的诗末自注还谈到"今岁以积雨，故此族不佳。"可见雨水过多影响杨梅品质。实际上，杨梅名品还有很多，如行都临安府所产，董嗣杲《杨梅坞》序曰:"在石屋西瑞峯。坞内有老妪金姓，地栽杨梅，品味极佳，俗呼金婆杨梅"。诗云:"仙子遗

---

① 《丛刊本》第 7036 页上。
② 《丛刊本》第 5041 页上。

丹满瑞峯,累累疑与荔枝同。金婆传种移根异,火齐烧空满坞红。鹤顶分丸凝晓露,猩唇结颗缀熏风。曩时若解包苴贡,一骑星驰入汉宫①。"《咸淳临安志》卷五八《物产·果品》亦载:杨梅,"今在烟霞岭瑞峰寺之侧金姆家者佳;东墓岭十八涧亦盛,皋亭山产者尤甜②。"适可为上诗所云之佐证。

(5)枇杷　枇杷,是我国古代水果珍品之一,主要供鲜食。其叶可入药,有止咳润肺的功效。文献记载,始见于汉武帝时修上林苑,从全国各地征集异果名木,其中就有枇杷。可见在我国的栽培史,至少在二千年以上。原产长江中上游地区,唐代除今四川、湖北外,陕南亦有出产。至迟在南宋初,太湖流域洞庭东山的白沙枇杷异军突起,身价培增,成为贡品。在临安果品市场,更是抢手的名品特产。当时与今浙江的塘栖,成为我国枇杷著名的优质高产区,延续至今。枇杷的嫁接,亦始见于宋代,对于品质的改善,有重要作用。嫁接以春季为宜,多用本砧为砧木。早在晋代,就已有无核枇杷,南宋临安府,人称"枇杷无核者,多椒子③。"宋人又称枇杷为卢橘,如李纲诗《德安食枇杷》云:"故人饷卢橘,烟雨江上村。芳津流齿颊,核细肌丰温。谁为黄金弹,偏宜白玉樽。返源旋味处,寂寞自无言④。"则江州德安亦产枇杷。但朱翌认为"岭外以枇杷为芦橘"之说,误之甚矣。其所举例证颇言之成理,其说为吴曾所支持及首肯⑤。

各地的名品枇杷多有,如绍兴嵊县,南朝时,谢灵运(385~433)的别墅中就种有此名果。至南宋,则剡坑、吴庄为多。正如高似孙引谢灵运《七济》之说:枇杷,"剡始宁墅多植此,剡坑、吴庄最多⑥。"在临安府的于潜黄岭,所产的白色枇杷,因品质优良,退居太上皇的宋高宗也遣人密访而觅购。潜说友据《于潜县志》记其事云:枇杷,"出于潜黄岭前乌巾山小锡塘坞者尤珍。

① 董嗣杲:《西湖百咏》卷下。
② 《丛刊本》第3873页上。
③ 《梦粱录》卷一八《果品》。
④ 《梁溪集》卷一八。
⑤ 分见朱翌《猗觉寮杂记》卷上及吴曾《能改斋漫录》卷一五《卢橘》。
⑥ 《剡录》卷一〇《草木禽鱼诂下·果》,《丛刊本》第7262页。

白色者上,黄次之。高宗皇帝尝密遣访,倍直酬之①。"

张镃在杭州的私家园林南园中,栽培有上百种奇花异草,名果珍木,其中就有枇杷。其有诗云:"新种枇杷花便稠,被香勾引过溪头。黄蜂紫蝶都来了,先赏输渠第一筹②。"绍兴二十二年(1152),寄居昆山东禅寺读书尚未应试的青年才俊范成大,在其居住的庭院中手植枇杷、绿橘,后有诗追忆其事,不胜感慨。

> 《两木(并序)》序曰:"壬申五月,卧病北窗,惟庭柯相对,手植绿橘、枇杷,森然出屋。枇杷已着子,橘独十年不花。各赋一诗。"诗云:"枇杷昔所嗜,不问甘与酸。黄泥裹余核,散掷篱落间。春风拆勾萌,朴嫩如榛菅。一株独成长,苍然齐屋端。去年小试花,珑珑犯冰寒。花成黄金弹。同登桃李盘③。"

著名诗人陆游的农事诗中,有两首均及种枇杷的亲身体验。一为嫁接实验,枇杷多次接种后即无核。验证了南宋农书之说;一为枇杷快熟时,因其香甜,易招致鸟类啄食,他的对策是:七八分熟时即摘取后人工催熟。有诗记其事。其一,《杂咏园中果子》四首:"不酸金橘种初成,无核枇杷接亦生。珍产已从幽圃得,浊醪仍就小槽倾。浆石榴随糕作节,蜡樱桃与酪同时。两枝偶向池边种,可喜今年坠折枝。架垂马乳收论斛,港种鸡头采满船。鼋鼎若为占食指,曲车未用堕馋涎。山杏溪桃本看花,累累成实亦堪夸。盐收蜜渍饶风味,送与山僧下夜茶。"其二,《山园屡种杨梅皆不成枇杷一株独结实可爱戏作长句》:"杨梅空有树团团,却是枇杷解满盘。""枝头不怕风摇落,地上惟忧鸟啄残。清晓呼僮乘露摘,任教半熟杂甘酸(枇杷尽熟时,鸦鸟不可复御,故熟七八分,则取之)④。"其园还种有金橘、石榴、葡萄、樱桃、桃杏等。

无独有偶,杨万里在其吉州的家园中也植有枇杷,且与家人分享食果的

---

① 《咸淳临安志》卷五八,《丛刊本》第3872页下。
② 《南湖集》卷九《新种》。
③ 《石湖诗集》卷一。
④ 分见《剑南诗稿》卷三一、卷三二。

喜悦,有诗云:"大叶耸长耳,一梢堪满盘。荔支分与核,金橘却无酸。雨压低枝重,浆流冰齿寒。"他在途经桐庐时,见到满树的枇杷已成熟,也有诗吟咏。可见浙东桐庐也同样栽培枇杷。其《桐庐道中》[云]:"肩舆坐睡茶力短,野堠无人山路长。鸦鹊声欢人不会,枇杷一树十分黄①。"荆湖南北路间,亦有关于栽培枇杷的记载,浪迹江湖的诗人戴复古,在行次潭州宁乡至鄂渚的途中某地留下了这首动人的诗作:"乳鸭池塘水浅深,熟梅天气半晴阴。东园载酒西园醉,摘尽枇杷一树金②。"淳熙二年(1175),年届知命的桂帅范成大,奉诏命移帅成都。于是年五月途经夔州,留下竹枝词九首,咏当地风物,其中一首谈到当地栽种枇杷与杏子,诗云:"新城果园连襄西,枇杷压枝杏子肥。半青半黄朝出卖,日午买盐沽酒归③。"从吴曾记载的江西俚语,可见宋代江西已栽培樱桃、龙眼、橄榄、枇杷等水果。在江西的丘陵山地中果树成林,花木满山,才会产生这样的俚俗乡语。其说有云:"江西俚俗骂人有曰'客作儿'。按陈从易《寄荔支与盛参政》诗云:'樱桃真小子,龙眼是凡姿,橄榄为下辈,枇杷客作儿。'盛问其说,云:'樱桃味酸,小子也;龙眼无文采,凡姿也;橄榄初涩后甘,下辈也;枇杷核大肉少,客作儿也。'凡言客作儿者,佣夫也④。"

(6)桃 桃是我国栽培种植最古老的果树之一;适应性强,南北皆宜。早在《诗经》中就有"桃之夭夭,灼灼其华"的记载。宋代以前,桃均为实生(即果核)繁殖;宋代起,品质优良的桃,多已采用嫁接法繁殖。南宋中期,水蜜桃已在临安府等地培育成功,成为名品。而猕猴桃亦已推广种植。温革《琐碎录·农桑·果·接果木法》称:"桃树接李枝,则红而甘;李接桃枝,生子则为桃。"同书《果·治果木法》载:"桃树过春月,以刀疏砍之,则穰出而不蛀";又云:"桃树实太繁,则多坠,以刀横砍其干数下,乃止。"则述桃树防治虫害和果实坠落之法,颇为有效。桃为易种又极易结果的水果。正如《琐碎

① 二诗分见《诚斋集》卷二二《枇杷》,同书卷四。
② 《石屏诗集》卷六《初夏游张园》。又,同卷上首为《宁乡道上遇张伯声》,下首为《鄂渚解缆》,"张园",或即应张伯声之邀,赴其家作客欤?
③ 《石湖诗集》卷一六《夔州竹枝歌九首》之三。
④ 《能改斋漫录》卷二《俗骂客作》。

录·果·果木总说》所云:"果中易生者莫如桃,而结实迟者莫如橘。谚云:
'头有二毛,好种桃;立不逾膝,好种橘。'言桃可待而橘不可待也。"但其栽
培、改良、嫁接技术则成熟于宋代。这是一种宋代种植最为广泛的大路品种
水果。各地桃的品种很多,尤其南宋普遍使用嫁接法繁殖栽培以来更是如
此。如浙东首府绍兴在南宋中期仅名优桃品就有 17 种之多。《嘉泰会稽
志》卷一七有载:"桃之品不一,上原之金桃、御桃、摆核桃、十月桃,庙山之早
绯红桃,湖南之大绯红桃、萧山之水蜜桃、唐家桃、邵黄桃、杏桃、川桃、晚秋
桃、孩儿面桃,诸暨乌石之鹰嘴桃,诸家园中有崑仑桃、匾桃、矮桃之类,不可
悉数。"

杨万里曾将买来的桃子与自栽的桃同时品尝,进行比较,结论是自己劳
动成果更为香甜甘美。有诗云:"金桃两钉照银杯,一是栽来一买来。香味
比尝无两样,人情毕竟爱亲栽。"他又自己尝试以朱栾作砧用嫁接法培植桃
树新品,有诗记其事云:"桃李今春胜去春,添新换旧却成新。冥搜奇特根窠
底,妙简团栾树子匀。移处带花非差事,登时着子亦娱人。坡云十载方成
荫,未解诚斋别有神①。"显然南宋嫁接的技术进步已远胜北宋,故诚斋能如
此夸下海口。

猕猴桃,今人但知新西兰进口者为上品,殊不知,此种原产我国。至迟
唐时陕西已有。岑参有诗:《太白东溪张老舍即事寄舍弟侄等》可证:"渭上
秋雨过,北风暮骚骚。""中庭井栏上,一架猕猴桃②。"可见已为人工栽培。
叶廷珪《海录碎事》卷二二下亦有记载云:"洋州云亭山生猕猴桃,其甘酸,食
之止渴。"《政和本草》卷二三(第 574 页)有更详尽的记载:"猕猴桃,味酸,
甘寒,无毒。""一名藤梨,一名木子,一名猕猴梨。生山谷。藤生着树,叶圆
有毛。其形似鸡卵大,其皮褐色,经霜始甘美可食。"从其书注"今附"云云,
可见北宋时仍未推广种植。故北宋末寇宗奭《本草衍义》有云:"猕猴桃,今
永兴军南山甚多,食之解实热,过多则令人脏寒泄。十月烂熟,色淡绿,生则

---

① 分见《诚斋集》卷三六《尝桃》、《东园新种桃李结子成阴喜而赋之》。又,据四部丛刊本及
　《全芳备祖》后集卷五引二诗校改四字。
② 《文苑英华》卷一六六,第 798 页,中华书局影印本。

极酸。子繁细,其色如芥子,枝条柔弱,高二三丈,多附木而生。浅山旁道则有存者,深山则为猴所食①。"其所载则为野生猕猴桃。

水蜜桃,前人认为元时今上海郊区始有栽培,实际上南宋临安、浙东及今无锡等地已多有栽培。绍兴府始栽水蜜桃已如上述,今再举台州栽种水蜜桃之例。《嘉定赤城志》卷三六《土产·果》记载:"桃,多种……又有水蜜桃、绵桃、饼子桃。"

总之,南宋水果品种十分丰富,因嫁接技术推广、成熟,新品层出不穷。至宋末,仅临安府一地的名品水果就有五六十种之多,可见一斑。《梦粱录》卷一八《物产·果品》有载:

> 橘:富阳王洲者佳。橙:有脆、绵、木。梅:有消、硬、糖、透、黄。桃:有(水)〔金〕银、水蜜、红穰、细叶、红饼子。李:有透红、蜜、明、紫色。杏:金、麻。柿:方顶、牛心、红柿、椑柿、牛奶、水柿、火珠、步檐、面柿。梨:雪糜、玉、消、陈公、莲蓬梨、赏花(甘香)、霄、砂烂。枣:盐官者最佳。莲:湖中生者名"绣莲",尤佳。瓜:青白黄等色,有名金皮、沙皮、蜜瓮、箄筒、银瓜。藕:西湖下湖、仁和护安村旧名范堰产扁眼者味佳。菱:初生嫩者名沙角,硬者名馄饨,湖中有如栗子样,古塘大红菱。林檎:邬氏园名"花红"。郭府园未熟时以纸剪花样贴上,熟如花木瓜,尝进奉,其味(比?)蜜甜。枇杷:无核者名"椒子",东坡诗云:"绿暗初迎夏,红残不及春。魏花非老伴,卢橘是乡人。"木瓜:青色而小,土人剪片爆熟,入香药货之,或糖煎,名熬木瓜。樱桃:有数名称之,淡黄者甜。石榴:子颗大而白,名"玉榴";红者次之。杨梅:亦有数种,紫者甜而颇佳。葡萄:黄而莹白者名"珠子",又名"水晶",最甜;紫而玛瑙色者稍晚。鸡头:古名"芡",又名"鸡壅",钱塘梁诸、泓头,仁和藕湖、临平湖俱产,独西湖生者佳,却产不多,可筛为粉。银杏。栗子。甘蔗:临平小林产,以土窖藏至春夏,味犹不变,小如芦者,名荻蔗,亦甜②。

---

① 《政和本草》卷二三,第575页。
② 点校本第164页,今重加标点。

江东首府建康府有名优果品 25 种之多,《景定建康志》卷四二《物产·果》载有:"来禽、大杏、海红、金锭梅、红桃、绿李、相公李(出句容)、秦公梨、樱桃、绣莲藕、芡实、菱实、蒲萄、海门柿、石榴、香查、西瓜、甜瓜、梧桐子、地栗、橘橙、乳柑、竹蔗、荻蔗、福乡奈(出句曲)。"南宋晚期,建康府已遍种西瓜。各地类似之水果名品尚多,难以尽举。南宋的水果与今之上市品种相比较,实已相差无几。这众多的名优特水果丰富了当时人们的生活,也为文士提供了文学创作无尽的题材及想象的空间。

三、花卉

南宋的花卉栽培种植业,创造了历史的辉煌,有划时代的进步。宋人的赏花情结极为浓郁,戴花成为普遍的习俗,花卉的栽培正是在这种消费需求的刺激下得到畸形繁荣。嫁接技术日新月异,广泛推广普及,一大批接花高手应运而生,创造出各种奇花异卉的新品、名品。各种关于花卉栽培经验总结的农书成批涌现,在今存数以十万计的宋人诗词中,至少有数以万计的诗词是以花木为题材的;以花鸟为题材的宋画也成批涌现,正是这种时代风尚的体现。本节主要论述宋人的看花与簪花,花卉栽培划时代的技术进步,花卉的专业种植与营销等一些问题。前贤及今人对这一问题的探讨似较罕见①,故略加申说。

(一)看花与簪花

宋代有高度发达的精神文明,宋人尤其是知识分子有极高的文化素养,对高雅生活的追求,是其陶冶情操不可分割的部分。对于色香俱美的花卉的喜爱,是再自然不过的事,体现了宋人对真善美的向往。但在过去却被误认为玩物丧志。这种崇尚自然、追求返璞归真生活情趣的雅好,其体现方式之一,即赏花成为一种时尚;簪花,则不分男女老幼,成为爱美心绪的一种风俗。两宋的士大夫,很多人出身于贫寒的农家,一旦通过进士及第,踏上仕

---

① 颇具学术含量的论文,仅见梁家勉《植物嫁接技术在祖国的起源及其发展阶段》(刊《梁家勉农史文集》第 272～290 页,下简称梁文《嫁接》)及汪圣铎《宋代种花赏花簪花与鲜花生意》(刊其《宋代社会生活研究》第 331～354 页,人民出版社,2007 年)等文。

途,凭其才华,不少人高官厚禄,在退休或因守丧、宫祠、贬降时往往回到故乡,种菜莳花。在与生俱来的重农情结中又平添了几分回归大自然的喜悦及怡然自得。他们对这种田园生活不仅习以为常,反而有了一种洗尽铅华的雅趣,时时流露在诗文之中。宋代十分优遇文士,即使退居城市的退休官员,侍从以上官均能凭其优厚的俸禄,买地置屋,营造别墅或园林,同样能种菜接花,过着类似农村而享受自然风光的优雅生活。楼亭台阁间点缀山石池水,奇花异卉,竞紫争妍,经济果木浓荫蔽日,在舒适的环境中安度晚年。北宋的西京洛阳与南宋行在临安府就是最适宜人居的"花园城市"——名闻遐迩的花都。

南宋人的嗜花情结,在南宋遗民陈著(1214～1297)的诗中体现得淋漓尽致,其诗《夜梦在旧京忽闻卖花声感有至于恸哭觉而泪满枕上因趁笔记之》:"卖花声,卖花声,识得万紫千红名。与花结习夙有分,宛转说出花平生。低发缓引晨气软,此断彼续曹风萦。九街儿女方睡醒,争先买新开门迎。泥沙视钱不问价,惟欲荡意摇双睛。薄鬟高髻团团插,玉盆巧浸金盆盛。人心世态本浮靡,庶几治象有承平①。"响彻临安大街小巷的卖花吟叫,成了南宋政权全盛繁华时的一种象征,这种故国之思十分真挚动人,给人以强烈的震撼。陆游有一首脍炙人口的名作《临安春雨初霁》,其颔联云:"小楼一夜听春雨,深巷明朝卖杏花②。"这叫卖杏花的吟叫声,在陆游少年时的同学兼挚友王喈(? ～1182)的《夜行船》长短句中被演绎得分外迷人:"小窗人静,春在卖花声里③。"这种动听悦耳的吟叫卖花声,成了临安都城社会生

---

① 《本堂集》卷三一。陈著,字子微,一字谦之,号本堂。鄞县(治今浙江宁波)人,寄籍奉化。宝祐四年(1256)进士,咸淳十年(1274),知台州,终官秘书监。宋亡不仕,隐居四明山中,自号嵩溪遗耉。有《本堂文集》九十四卷,原本已佚。时人对其诗文评价甚高,誉为"笔可扛鼎,气欲凌云";"耿介之气,发于雄深之文,岿然独立,皓首不变。"(分见《本堂集》卷六三《谢吴益启》,附蒋岩:《本堂集跋》)。

② 《剑南诗稿》卷一七。又,刘克庄《后村诗话》卷二称:"陆放翁少日,调官临安,得句云:……思陵(高宗)称赏,由是知名。"实乃其附会之言,不足置信。此乃其淳熙十三年(1186)春之作,时除知严州,赴行在,据在临安见闻而作。参见北山《陆游年谱》第303页注〔九〕。

③ 王喈,字季夷,号贵英。北海(治今山东潍坊)人。寓居吴兴。有《北海集》,已佚。其词今存三首。此词原载《阳春白雪》卷二,今据《全宋词》简体本第2074页录文。

活的一种象征，一道最亮丽的风景。可见鲜花已成为南宋城市居民生活中不可或缺的必需品，甚至是与柴米油盐酱醋茶同样重要的物品，而且是更具观赏审美性能的必需品。不妨探索一下，这种挥之不去，深入人心的赏花审美情结的由来。

簪花，不始于宋代，却流行于宋代。簪花，又称戴花，插花。南宋有一种仪制称"簪戴"，即在璞头上簪花，应始于北宋，但今存史料中似始见于《中兴礼书》。凡明堂、郊祀、圣节（皇帝生日）、赐宴、进士及第闻喜宴等场合，以及皇帝出行，从行文武百官，乃至仪仗、警卫，均须簪花，根据官员的级别，有不同的具体规定。《宋史》有载："簪戴，璞头簪花谓之簪戴。中兴郊祀、明堂礼毕，回銮臣僚及扈从并簪花，恭谢日亦如之。大罗花以红、黄、银红三色，栾枝以杂色，罗大绢花以红、银红二色。罗花以赐百官，栾枝卿、监以上有之。绢花以赐将校以下。太上两宫上寿毕，及圣节、及锡宴、及赐新进士闻喜宴，并如之①。"关于郊祀、明堂等大礼年份、百官、军兵都戴花的场面，《西湖老人繁胜录》有生动的记述："驾出三日……烧香太一殿，谢礼毕，赐花。自执政以下，依官品赐花。幕士、行门、快行，花最细且盛。禁卫直至拥巷官兵都戴花，比之寻常观瞻，幕次倍增。乾天门道中，直南一望，便是铺锦乾坤。吴山坊口，北望全如花世界。"陈世崇《随隐漫录》卷三则有诗咏的实录：驾出，"丞相以下皆簪花。姜夔云：'六军文武浩如云，花簇头冠样样新。惟有至尊浑不带，尽分春色赐群臣。万数簪花满御街，圣人先自景灵回。不知后面花多少，但见红云冉冉来。'潘牥云：'辇路安排看驾回，千官花压帽檐垂。君王不辍忧勤念，玉貌还如未插时。'邓克中云：'辇路春风锦绣张，裁红剪绿斗芬芳。黄罗伞底瞻天表，万叠明霞捧太阳。'阮秀实云：'宫花密映帽檐新，误蝶疑蜂逐去尘。自是近臣偏得赐，绣鞍扶上不胜春。'先臣（其父陈郁）云：'幸骖恭谢睹繁华，马上归来戴御花。老妇稚儿相顾问，也颁春色到诗家。'"

上有所好，下必甚焉。这种习俗很快普及到民间，不仅妇女儿童簪花，连白发老翁、社会九流三教人员无不戴花。从以下的一组诗词中我们可以

---

① 《宋史》卷一五三《舆服志五》。

深切地感受到,戴花的风尚真是无处不在,无时不有,乃至无奇不有。簪花中,最为人们看重的即生花,即应时的四季鲜花,而不是绢花之类假花。士人官员在元日、元宵、立春、端午、重九等节日,无不公私宴会,簪花痛饮。如陈棣《蒙隐集》卷二《立春日有感》:"剪彩漫添怀抱恶,簪花空映鬓毛秋。流年旧事陈刍狗,佳节新春报土牛。"张纲《次韵仲弼重九》:"黄花白酒两相逢,把酒簪花对晚风①。"洪皓《蓦山溪·和赵粹文元宵》:"鳌山凤阙,多少飞琼侣。颙俟翠华临,庆新春、金波盈五。莲灯开遍,侍从尽登楼,簪花赴。传柑处,咫尺聆天语②。"王庭珪《卢溪文集》卷三《酬刘英臣载酒送花》:"去年花下探春雨,鸣鞭走马看花开。""无奈穷愁辄赋诗,对酒簪花能绝倒。"其中洪皓词描绘的是赴御宴的盛会,余二例则友朋间的花时聚会。以下一组诗词,反映社会各阶层人士无不戴花,无论是牧童、卖秋茶的少妇、游客、独在他乡的远游者、舞者、艺人、元日行灯时的看客、溪翁、倩婢、茶肆少妇等,莫不簪花。杨万里《安乐坊牧童》:"前儿牵牛渡溪水,后儿骑牛回问事。一儿吹笛笠簪花,一牛载儿行引子③。"陆游《黄牛峡庙》:"村女卖秋茶,簪花髻鬟匝。襁儿着背上,帖妥若在榻④。"陈造《程言聚散有感次前韵》(四首之四):"步趁游人欢意长,谁交莺燕强雌黄。凭栏凝伫多佳丽,底羡簪花醉洛阳⑤。"孙应时《新滩见桃杏书事》:"今晨明客眼,桃杏照江红。鸟啭苍山曲,人声翠竹中。独游空远思,一笑负春风。便想荆州道,簪花醉渚宫⑥。"李廌《咏舞者》:"曾见簪花上舞裀,回旋殊不动纤尘。昭阳殿里无飞燕,今代谁为第一人⑦。"又如魏了翁《二月二日遂宁北郊迎富故事》:"才过结柳送贫日,又见簪花迎富时。谁为贫驱竟难逐,素为富逼岂容辞。贫如易去人所欲,富若可求吾亦为。里俗相传今已久,谩随人意看儿嬉⑧。"魏了翁《元夕行灯轿上赋

① 《华阳集》卷三四。
② 《鄱阳集》卷三。仅录上片。
③ 《诚斋集》卷三四。
④ 《剑南诗稿》卷二。杨、陆二诗,犹如风情画卷,惟妙惟肖。
⑤ 《江湖长翁集》卷二〇。
⑥ 《烛湖集》卷一七。
⑦ 姜特立:《梅山续稿》卷六附。
⑧ 《鹤山集》卷九。簪花迎富,竟成遂州等地风俗。

洞庭春色呈刘左史》:"东风不知倦客,又吹向楼阁山巅。任管弦闹处,诗豪得志;绮罗香里,侠少当权。客与溪翁无一事,但随俗簪花含笑看。无限意,更醉骑花影,饱看丰年①。"华岳《村居》(次臧仲武韵,时在双瑞):"莫怪村居僻,村居亦可嘉。仆羸腰带艾,婢倩鬓簪花②。"南宋初,方勺"泊舟严州城下,〔见〕茶肆妇人少艾,鲜衣靓粧,银钗簪花,其门户金漆雅洁③。"尤令人发噱的是:甚至僧人也簪花于僧帽。"广南风俗,市井坐估多僧人为之……。市中亦制僧帽,止一圈,而无屋,但欲簪花其上也④。"

簪花,又称插花或戴花,但两者有细微的差异,后者一般更多用在家居或非正式场合;前者则官方民间均用之。插花的另一含义为现代意义上的插花,指美化家庭环境的插花艺术。日本的花道正从我国唐宋时期的插花技艺传承。请看例证:陆游《初冬杂咏》:"重阳已过二十日,残菊才存三四枝。对酒插花君勿笑,从来不解入时宜⑤。"张镃《千叶黄梅歌呈王梦得张以道》:"笛声吹起南湖水,散作奇葩满园里。被春收入玉照堂,不逐余芳弄红紫。""鸡鸣抚剑起相叹,梦领全师渡河水。吾曹耻作儿女愁,何如且插花满头。一盏一盏复一盏,坐到落梅无始休⑥。"张镃作为将门之后,也偶尔抒发壮志激越的情怀。刘克庄《水龙吟二首·自和前韵》:"待从今去,愿年年强健,插花高会⑦。"范成大《病中不复问节序四遇重阳既不能登高又不觞客聊书老怀》:"家人亦复探新笤,插花洗盏为翁寿⑧。"葛胜仲《浣溪纱·木芍药》:"斗鸭栏边晓露沾,华堂醉赏轴珠帘。插花人好手纤纤⑨。"葛胜仲描绘的正是斗鸭场边,在观赏者所居的华堂上有插花女伎高超的插花技艺表演。王洋《题宓庵壁》:"西风吹彻菊花黄,唤我东篱泛一觞。白发插花休笑我,年

①　《鹤山集》卷九五《长短句》。
②　《翠微南征录》卷九。
③　《鸡肋编》卷上。
④　《鸡肋编》卷中,第65页。
⑤　《剑南诗稿》卷七九。
⑥　《南湖集》卷二。
⑦　《后村集》卷二〇。
⑧　《石湖诗集》卷二七。
⑨　《丹阳集》卷二三。

年汝亦负重阳①。"韩驹《题大姑山》:"行商再拜祈神休,插花买粉姑应羞②。"
张元干《菩萨蛮·三月晦送春有集坐中偶书》:"春来春去催人老。老夫争肯
输年少。醉后少年狂。白髭殊未妨。插花还起舞。管领风光处。把酒共留
春。莫教花笑人③。"杨万里《曲江重阳》:"插花醉照濂溪井,吹发慵登帽子
峰。莫问明年衰与健,茱萸何处不相逢④。"陆游《剑南诗稿》卷一四《娥江野
饮赠刘道士》:"插花处处引村童,失道时时问耕叟。"

上引诗词,犹如一幅幅民俗风情画,充分反映了南宋社会各阶层、各色
人士均有戴花的习俗。无论朝野,不分男女老幼,城市乡村,客旅家居,南宋
人簪花的普遍而广泛的习俗,为历朝所罕见。甚至也传到了金控制的北方
地区,楼钥据其亲闻,有真切的记述。乾道六年(1170)正月三日,"晴,风益
甚。赴花宴于大安殿,大率如元日。……百官出就簪花,剪绫为之。惟栾枝
甚异,或四或二,长二尺许。花为杂色,状如锦带。翘起幞头四角,后垂柳四
枝。是日风既暴狂,几不可行,花叶飘坠者往往有之⑤。"周紫芝诗,真实记录
了天申节(高宗生日)北使来贺,亦赐宴簪花,正是这种"润物细无声"的交流
促使南俗北传,不同民族间的文化交流与交融得以实现。《太仓稊米集》卷
二六《次韵庭藻再赋天申节锡燕书事》:"望云仰见天不远,簪花莫厌鬓如霜。
五风十雨自中国,语从重译传名王。年年五月熟荔子,又见北使朝连昌。"

玉簪花,陈景沂《全芳备祖》前集卷二六对其来源和出处语焉不详。仅
录黄庭坚等三首七绝,其中两首谈到其来源,均为传说,似未足置信⑥。清·
汪灏主编《广群芳谱》卷四七则云:"玉簪,汉武帝宠李夫人,取玉簪搔头,后
宫人皆效之。玉簪花之名取此。一名白萼,一名白鹤仙,一名季女(原注:白
萼象其色,白鹤象其型,季女象其卦)。"又云:"处处有之,有宿根,二月生苗

---

① 《东牟集》卷六。
② 《陵阳集》卷二。
③ 《芦川归来集》卷七。
④ 《诚斋集》卷一七。
⑤ 《攻媿集》卷一一二《北行日录下》。
⑥ 《全芳备祖》前集卷二六(影印本第718页)引二诗为:"宴罢瑶池阿母家,嫩琼飞上紫云车。
　玉簪坠地无人拾,化作东南第一花。""素娥昔日宴仙家,醉里从他宝髻斜。遗下玉簪无觅
　处,如今化作一林花。"分署作主为山谷和震斋。

成丛……本小末大，未开时，正如白玉搔头簪形①。"似亦附会之词，而未得其真。南宋人或爱屋及乌，因偏嗜簪花而对此花情有独钟，下引五诗似可证。尤袤(1127～1194)《玉簪花一名鹭鸶》："一种幽花迥出尘，孤高耻逐艳阳辰。瑶枝巧插青鸾扇，玉蕊斜欹白鹭巾。难与松筠争岁晚，也同葵藿趁时新。西风昨夜惊庭绿，满院清香恼杀人②。"杜范《偶咏玉簪花》："叶带春姿如泼淀，花多秋色似凝酥。恍疑鹭立清波上，只欠渔舟凑画图③。"李处权《玉簪花》："秋露日以繁，秋气日以清。爱此堂下花，色好香满庭。藉之青玉叶，表以白玉英。""昔人工比物，言簪岂虚名。愿登君子首，雅与冠弁并④。"虞俦《和耘老弟玉簪花韵》："香在幽兰伯仲间，出尘标格自清闲。黄冠野服真相称，掠我招词赋小山⑤。"袁说友《迓金国聘使舟中逢玉簪花》："扁舟伊轧乱秋声，花下新凉暑不侵。浓叶衬成螺展髻，芳苞拆尽玉垂簪。谁将茉莉评高下，未必清香较浅深。把酒问花花不语，微吟空伴小蛩吟⑥。"

　　以下的一组诗词仍然是关于插花或簪花者，无论是赏给南教场蹴球高手芙蓉花，还是摘茶村妇习以为常的簪花，乃至拜舞祝母寿而簪花牵衣的孩童，采薪为生的樵夫，爱美的三山老翁，彭州花工老翁，卖钗买酒仍簪花庆新年的百姓，均栩栩如生，呼之欲出，充溢着浓浓的生活气息。陈耆卿《鹧鸪天·赏芙蓉·再赋》："艳朵珍丛间舞衣。蹴球场外打红围。小舆穿入花深处，且住簪花醉一卮。□□秋欲尽，最怜伊。江梅未破菊离披。情知不与韶华竞，回首西风怨阿谁⑦。"苏泂《见三山翁插山茶花一朵二首》："人老簪花却自然，花红应不厌华颠。人间无此风流样，何止源流二百年⑧。"《赠彭花翁牡丹障》："自入天朝花最盛，长寿不数唐崇敬。岂非洛阳天下中，和气又非长安同。故令百卉巧变幻，黄绯紫白深浅红。簪花下至采樵子，献花上至蓬

① 上海书店影印商务《国学基本丛书》本第 1133 页,1985 年。
② 《梁溪遗稿》卷一。
③ 《清献集》卷四。
④ 《崧庵集》卷二。
⑤ 《尊白堂集》卷四。
⑥ 《东塘集》卷四。
⑦ 《永乐大典》卷五四〇引陈耆卿《筼窗集》。
⑧ 《泠然斋诗集》卷八。

莱宫。或言此花特妖媚,只解趋时争富贵①。"《新年贺太平》:"卖钏犹堪醉,簪花不恨贫②。"舒岳祥《自归耕篆畦见村妇有摘茶车水卖鱼汲水行馌寄衣舂米种麦泣布卖菜者作十妇词》:"前垄摘茶妇,顷筐带露收。艰辛知有课,歌笑似无愁。照水眉谁画,簪花面不羞。人生重容貌,那得不梳头③。"何梦桂《和何逢原寿母六诗》(之二):"庭下阿儿寿慈母,簪花拜舞笑牵衣④。"

南宋人还有赏花的习俗,此亦以行在临安府为最盛。赏花,宋人习称看花。北宋时以洛阳最盛。洛阳乃退休高级官员聚居之地,所营建的花园、别墅鳞次栉比。花朝、清明前后,风和日丽之际,以及端午、重阳等节庆,私家花园均向游人开放。北宋西京的这种风习,南宋初已从临安传向各地。《梦粱录》卷一《二月望》记载:"仲春十五日为花朝节,浙间风俗,以为春序正中,百花争放之时,最堪游赏。都人皆往钱塘门外玉壶、古柳林、杨(沂中)府、云洞,钱湖门外庆乐、小湖等园,嘉会门外包家山王保生、张太尉等园玩赏。奇花异木,最是包家山桃开,浑如锦障,极为可爱。"《都城纪胜·园苑》亦载:"城南嘉会门外,则有玉津御园,又有就包山作园以植桃花,都人春时最为胜赏,惟内贵张侯壮观园为最。城北北关门外,则有赵郭家园。东西马塍诸园,乃都城种植奇异花木处。"五月六月间,荷花盛开,西湖上赏花"纳凉人多在湖船内,泊于柳荫下饮酒;或在荷花茂盛处园馆之侧。"中秋前后,"木犀(桂花)盛开,东马塍、西马塍园馆争赏⑤。"花海人潮,其盛无比。

孝宗皇帝对太上皇高宗备极奉亲事孝之诚,清明前派内侍,请太上皇赏花,高宗则认为他居住的德寿宫御花园内百花盛开,让孝宗过来陪同看花。皇家赏花的示范效应,对百官、百姓赏花热的推动不言而喻。周密《武林旧事》卷七《德寿宫起居注》记载:"乾道三年三月初十日,南内遣阁长至德寿宫奏知:'连日天气甚好,欲一二日间恭邀车驾幸聚景园看花,取自圣意,选定一日。'太上云:'传语官家,备见圣孝,但频频出去,不惟费用,又且劳动多少

---

① 姚勉:《雪坡集》卷二〇。
② 刘辰翁:《须溪四景诗集》卷一。
③ 《阆风集》卷三。
④ 《潜斋集》卷三。
⑤ 《西湖老人繁胜录》,刊《永乐大典》卷七六〇三。

人。本宫后园亦有几株好花,不若来日请官家过来闲看。'"

吴俗好花,南宋平江府(苏州)有所谓"看花局"。元代,则风气已渐衰。元·陆友仁《吴中旧事》记其事云:

> 吴俗好花,与洛中不异。其地土亦宜花……。吴中花木不可殚述,而独牡丹、芍药为好尚之最,而牡丹尤贵重焉。……盛者唯蓝叔成提刑家最好事,有花三千株,号万花堂。尝移得洛中名品数种,如玉盌白、景云红、瑞云红、胜云红、玉间金之类……。其次,林得之知府家有花千株。胡长文给事、成居仁太尉、吴谦之待制家种花亦不下林氏。史志道发运家亦有五百株。如毕推官希文、韦承务俊心之属,多则数百株,少亦不下一二百株,习以成风矣。至谷雨为花开之候,置酒招宾,就坛多以小青盖或青幕覆之,以障风日。父老犹能言者,不问亲疏,谓之"看花局"。今之风俗不如旧,然大概赏花则为宾客之集矣。

崇尚气节观念的范成大,首倡在私家花园中"必先种梅,且不厌多";因梅花傲霜斗雪,冰清玉洁。他在石湖植"梅数百本";又购得舍南之地"治为范村,以其地三分之一与梅①。"范村与石湖遂成姑苏城赏梅胜处。但较之光福数千亩的梅林,及洞庭西山万亩以上的"林屋梅海",则未免相应见绌。这种胜赏一直延续至今。姑苏的桃花坞是宋人又一游春赏花佳景。明人王鏊《姑苏志》卷三一记其事云:"章氏别业,在阊门里北城下,今名桃花坞。当时郡人春游看花于此,后皆为蔬圃,间有业种花者。范成大《和章秀才北城新圃》:'方游桃花坞,窈窕入壶天。碧城当岩岫,清湾如涧泉。风月欲无价,聊费四万钱。雪后春事起,红云蜂蝶边。'"宋代的赏花佳景,元明已沦为菜园,今则徒有其名,无迹可觅也。

浙东首府绍兴亦有"看花局",以牡丹为贵。陈振孙《直斋书录解题》卷一〇著录:《越中牡丹花品》,二卷。僧仲休撰。其序言:"越之所好尚惟牡丹,其绝丽者三十二种,始乎郡斋,豪家名族、梵宇道宫、池台水榭植之无间。来赏花者不间亲疏,谓之'看花局'。泽国此月,多有轻云微雨,谓之'养花

---

① 范成大:《梅谱·序》,《永乐大典》卷二八〇八。

天';里语曰:弹琴种花,陪酒陪歌。"越僧仲休,北宋初人。习天台教,赐号
"海慧大师"。其序末署"丙戌岁八月十五日移花日"①,当撰于雍熙三年
(986)。北宋多以牡丹为贵,实乃唐风之流绪。四川首府成都及川品牡丹产
地彭州赏花风气亦极盛。陆游以其四川帅府幕僚的身份曾亲眼目睹,恭逢
其盛,以其生花妙笔记下了当时的空前盛况。其《渭南文集》卷四二《天彭牡
丹谱·风俗记》有载:

> 天彭号小西京,以其俗好花,有京洛之遗风。大家至千本。花时,
> 自太守而下,往往即花盛处张饮,帟幕车马,歌吹相属。最盛于清明寒
> 食时。在寒食前者,谓之火前花,其开稍久;火后花则易落。最喜阴晴
> 相半,时谓之"养花天"。栽接剔治,各有其法,谓之"弄花"。其俗有"弄
> 花一年,看花十日"之语。故大家例惜花,可就观,不敢轻剪。盖剪花,
> 则次年花绝少。惟花户则多植花以牟利。双头红初出时,一本花取直
> 至三十千。祥云初出,亦直七八千,今尚两千。州家岁常以花饷诸台及
> 旁郡。蜡蒂筠篮,旁午于道。予客成都六年,岁常得饷,然率不能绝佳。
> 淳熙丁酉岁,成都帅以善价私售于花户,得数百苞,驰骑取之。至成都,
> 露犹未晞。其大径尺。夜宴西楼下,烛焰与花相映发,影摇酒中,繁丽
> 动人。嗟乎! 天彭之花,要不可望洛中,而其盛已如此。使异时复两
> 京,王公将相,筑园第以相夸尚。予幸得与观焉。其动荡心目,又宜何
> 如也!

陆游对其诗友范成大帅蜀时的豪举叹为观止,更亟盼能收复两京,再现
西京洛阳牡丹的昔日盛况。淳熙四年(1177)继范成大知成都府的胡元质
《成都牡丹记》亦载斯事,且感叹称:"今西楼下数栏花不甚多,而彭州所供率
下品。范公成大时以钱买之,始得名花。提刑程公沂预会,叹曰:'自离洛
阳,今始见花尔。'程公,故洛阳人也②。"可证陆游之说不谬。

---

① 是书又见《崇文总目》卷三(作一卷)、《通志·艺文略四》、《宋史·艺文四》(均称《花品
记》)著录。仲休,见《嘉泰会稽志》卷一五。
② 明·曹学佺:《蜀中广记》卷六二《方物记·牡丹》引。

以下录一组南宋人看花赏花的诗词。陆游诗可证,淳熙初,成都的梅花享有盛名,堪与姑苏光福"香雪海"媲美。陆游《梅花绝句》之四:"锦城梅花海,十里香不断。醉帽插花归,银鞍万人看①。"张孝祥词则称洛阳牡丹南宋初已遍栽,接种至潭州(长沙)、建康府等地。其《踏莎行·长沙牡丹花极小,戏作此词,并以二枝为伯承、敬夫诸兄一觞之荐》:"洛下根株,江南栽种。天香国色千金重。花边三阁建康春,风前十里扬州梦。油碧轻车,青丝短鞚。看花日日催宾从。而今何许定王城,一枝且为邻翁送②。"

绍兴嵊县的岩桂及海棠也是值得一赏的名花,王十朋及作者之父高文虎(？~1200)的诗留下了当时的实录。高似孙《剡录》卷九有载:

> 梅溪王公记周氏天香亭曰:"岩桂数百根,皆古木也。苍然成林,森然成阴,洞然而深,窅径通幽而亭乎其中。主人日与客游焉,如入宜人之林,而夏不知暑……真剡之绝境也。"先公《次韵杨少云桂花》诗:"溶溶漠漠秋光淡,耿耿寥寥夜色清。不是灵根函爽气,如何酝得此香成。"
>
> "海棠,以蜀本为第一,今山间所有多野棠。王梅溪在剡有《海棠诗》:"欲与春争媚,嫣然一笑芳。雨中如有恨,疑是为无香。"先公在剡,《谢人海棠诗》:"富贵天资锦里人,高华全比玉堂臣。绿娇红嫩精神是,肯折园林两树春(注曰:《花谱》以海棠比翰林学士)。"

陈傅良的二首诗一记秉烛看海棠,一记赏牡丹,则勾起他的故国之思,复土之愿,寓意深矣。其诗云:"看花喜极翻愁人,京洛久矣为胡尘。还知魏姚辈何在,但有欧蔡名不泯。"又《海棠绝句》:"淡月看花似雾中,遽呼灯烛倚花丛。夜来月色明如昼,却向庭芜数落红③。"周紫芝则记与友人雨中赏花的别有情趣。《太仓稊米集》卷四《和郑文昌雨中看花之作》:"郑侯好客如郑庄,客常满座酒满觞。春来洛城被花恼,千金一醉姚家黄。殷勤置酒急招唤,更来古寺窥红妆,春风微寒春雨细。秉烛看花花已睡,春光骀荡与妖妍。

---

① 《剑南诗稿》卷二四。
② 《于湖集》卷三三,据《于湖词》卷二改"壁"作"碧"。
③ 分见《全芳备祖》前集卷二《花·牡丹》,《止斋集》卷五。

夜色侵凌增妩媚,卧枝不起终无言。"宋末忤权相贾似道、入元不仕的名诗人陈著则在其诗中效法杜甫及邵雍,或看盛开之花,或赏半开之花,认为各有情趣。《看花吟》:"少陵野老老更痴,看花看开千万枝。安乐窝中打乖叟,看花只看半开时。二贤看花各有意。我亦有意看离披。红飞换得绿荫出,潇洒颇与老眼宜。麦风扬尘野色秀,梅雨蒸叶香气滋①。"李光的体会是月下看荼蘼,烛下赏海棠,独得其趣。陆游则遍赏诸花,流连忘返;尤对碧鸡坊中的海棠情有独钟。王洋则携稚子幼女观看桃花盛开的灿烂,真是"横看成岭侧成峰",嗜花者又各有自己独特的眼光和审美情趣,以下诗可证。李光诗:"月下看荼蘼,烛下看海棠。此是看花法,不可轻传扬。荼蘼暗处看,纷纷满架雪。海棠明处看,滴滴万点血②。"《剑南诗稿》卷六《花时遍游诸家园》:"看花南陌复东阡,晓雾初干日正妍。走马碧鸡坊里去,市人唤作海棠颠。"王洋《携稚幼看桃花》:"人面看花花笑人,春风吹絮絮催春。韶华虽好多头绪,何似秋空不受尘③。"

(二)种花与卖花

正是这种嗜之若狂的爱花情结和旺盛的市场需求,促使花卉的种植业迅速发展,畸形繁荣,形成产业。与此相适应的花卉买卖则格外兴盛,各大城市多有专营花卉及绢花之类的批发零售机构应运而生,尤其是南宋行在临安府的鲜花生意十分兴旺。如端午前,"城内外家家供养,都插菖蒲、石榴、蜀葵花、栀子花之类,一早卖一〔十〕万贯花钱不啻。何以见得?钱塘有百万人家,一家买一百钱花,便可见也。……虽小家无花瓶者,用小坛也插一瓶花供养,盖乡土风俗如此④。"端午前一早晨的鲜花消费量,临安府就可达到 10 万贯,是多么大的消费市场。故同书《诸行市》又将花朵市与肉市、米市、衣绢市等并列为最大的批发行市。《都城纪胜·诸行》⑤也载,"城南之花团"、"官巷之花行",不仅销售花朵,且批发冠梳、钗环、领抹,"极其工

---

① 陈著:《本堂集》卷三一。
② 《全芳备祖》前集卷七。
③ 《东牟集》卷六。
④ 《永乐大典》卷七六〇三引《西湖老人繁胜录》,各本夺一"十"字。
⑤ 《永乐大典》卷七六〇三引。

巧",是"古所无也"的批发销售中心。花市及鲜花买卖贸易的持续兴盛,使园户及私家花园的园丁对种花接花趋之若鹜。花卉的栽培技艺与日俱增,名花佳卉不断涌现。种花成了南宋农副业中最兴盛的产业之一。园户种植的规模极大,令人叹为观止,而卖花者的足迹亦遍及千家万户。杨万里及赵蕃的诗提供了鲜活的例证。即以供应临安府的花卉来源而言,远不止东西马塍。杨万里诗《杨村园户栽芙蓉为堑一路几数万枝》云:"杨村江上绕江园,十里霜红烂欲燃。都种芙蓉作篱落,真将锦绣裹山川。晚妆照水密如积,春色入秋寒更鲜。客舍瓶中两三朵,可怜向客强婵娟①。"杨村,在钱塘县治五十里处,南宋已是临安府远郊。赵蕃则见行在四郊农户负梅花入城叫卖而有诗,深表感慨,种花卖花大有代替大田农作之势。其《见负梅趋都城者甚伙作卖花行》:"昔人种田不种花,有花只数西湖家。只今西湖属官去,卖花乃亦遍户户。种田年年水旱伤,种花岁岁天时穰。安得家家弃花只籴米,尘甑炊香胜旖旎②。"

与园户种花养家维生迥然相异的是:当时,"种花养风烟,艺木荫庭宇"③已蔚然成风。成为士大夫修身养性、陶冶情操的一种精神寄托、文化追求。大量的咏花诗词正是在这样的历史背景下应运而生。知识精英中的不少人,通过向园丁、花户的学习,耳濡目染的熏陶,艺花接花的技艺长足进步,成了行家里手。其中不少人乃至情有独钟,迷恋于此。正如李流谦诗所概括的那样,几乎成了退休生涯的全部。"园林换叶日初长,竹阁莲塘意思凉。除却种花并酿酒,更无一事可思量④。"杨万里则别出心裁种花九行,杨万里《三三径》诗序云:"东园新开九径,江梅、海棠、桃、李、橘、杏、红梅、碧桃、芙蓉九种花木,各植一径,命曰三三径云⑤。"范成大则高官厚禄,有丰裕的财力,乃至在故乡姑苏太湖之滨植花百亩之多,其诗《送徐叔智运使奉祠归吴

---

① 《诚斋集》卷二六《江西道院集》。
② 赵蕃:《淳熙稿》卷六。
③ 曾几:《茶山集》卷一《次陈少卿见赠韵》。
④ 李流谦:《澹斋集》卷八《信口十绝》之六。
⑤ 《诚斋集》卷三六。

中》:"手种湖边花百亩,东风日夜催归去。当年辛苦种花时,不道白头犹未归①。"他在蜀帅任所对同僚的奉祠东归不胜歆羡,只想早日归乡种花。较之高宗宠爱的杨沂中,则又未免"小巫见大巫"。杨府私家花园"花木皆蟠结,香片极其华洁。盛时凡用园丁四十余人,监园使臣二名②。"曾任宰相的洪适,私家花园的规模亦很大,其退休后归乡,"引水流觞,种花艺竹,命曰盘洲。一椽一卉,题咏殆遍③。"在他的盘洲园墅中,接种有来自各地的奇花异卉,仅见于《盘洲文集》卷八至卷九五言诗咏者就有近50种之多,其中木兰、玉珑葱、红蕉、茉莉菊等均为引进品种,十分珍贵,如加上果花之类则有近百种之多。真是满园春色,四季有花。其婿许及之曾遍和洪适上述咏花诗,载其《涉斋集》中。今仅录翁婿二人关于接花、种花诗各一二首,余则琳琅满目,难以尽举。洪适《观园人接花》:"植仗(杖?)看园吏,挥斤接果栽。夺胎移造化,类我借根荄。一似雀为蛤,能令桃作梅。天工待人力,信手便春来④。"许及之七绝《信笔戒子种花木》十四首(录二首):"种树还如种善根,自须积累付儿孙,从人觅得栽培法,绿叶成荫便满园。""莫将桃杏等闲看,栽接名窠有几般。为是开花仍结实,花供赏玩果供餐⑤。"陆游自少至老热衷于种花园艺,乐此不疲。自称嫁圃、老农,于诗中屡见不鲜,仅举小诗数首以证。《剑南诗稿》卷六六《园中作》:"我老来日短,乃复不自量。接花待其成,邻里共笑狂。"《种花》:"西园作戏唤春回,桃李阴阴三万栽。不是无心看开遍,锦江烟柳待归来(时将还成都)。"《自喜》云:"八十明年是","园开手种花。"《绯桃开小酌》:"我庐城南村,家无十金产。种花虽历岁,名品终有

① 《石湖诗集》卷二二。
② 《武林旧事》卷五《湖山胜概·云洞园》。
③ 周必大:《文忠集·平园续稿》卷六八《丞相洪文惠公神道碑》。
④ 《盘洲文集》卷六。
⑤ 许及之:《涉斋集》卷一八。今考许及之(? ~1209),字深甫,号涉斋。温州永嘉人。隆兴元年(1163)进士。终官知枢密院兼参知政事。《宋史·艺文志》著录其有《许及之文集》三十卷、《涉斋课稿》九卷,原本已佚。其子许纶在及之身后编为《涉斋集》,《永乐大典》辑入时误题为许纶《涉斋集》,清四库馆臣据《大典》辑出时,沿其讹且仍疑及之或原名为纶欤?自此以来,凡引许及之是书者,皆误以作主为其子许纶,鲜有例外。今特为考正,亟盼引许及之诗者今后勿再沿讹踵谬。

限①。"

南宋初的刘子翚、彭龟年(1142～1206),南宋中期的周南、陈傅良,南宋晚期的方岳、方夔,均不失为种花、接花的行家里手,在他们的诗词中有真切的反映。刘子翚《屏山集》卷一四《次韵茂元独速歌》:"我亦归为村里翁,接花成条欹屋红。"彭龟年《止堂集》卷一六《题王仲显梅谷》:"楼前梅十圆,负背花千树。种花识花性,培养随好恶。"陈傅良《移花》:"樱柳初无素与蛮,可将何物伴身闲。欲栽花木千余本,但候春风还未还。"又,《春晚一首约同志泛舟》:"匆匆春事竟如何,问讯庭前手种花。又送行人又风雨,半为芳草半泥沙。橘香通国今无恙,梅实于人晚更佳。②"周南《山房集》卷一《过齐门友人居》:"药栏园户是邻家,破板门开两髻丫。瓦斛子中柑落尽,腊前寻访白山茶。方岳《接花》:"楚篘并刀社雨前。掇红接紫自年年。③"方夔:"枝头信手夺春工,要借并州一割功。瓜柳皮粘混金碧,梅桃根换变铅红。④"

以下再录一组南宋人诗词,可见种花接花风气浸淫之深,普及之广。

戴复古《郭外翁》:"郭外生涯少,城中籴米归。种花无处卖,挑菜入篮稀。"(《石屏诗集》卷四)姜特立《废桑畦种花》:"课仆劚桑畦,从头尽种花。莫教聂子见,怪我不栽禾。种花真濩落,曾不救号寒。我自金芍药,从渠黑牡丹。"(《梅山续稿》卷四)刘宰《漫塘集》卷二一《野堂记》:"练塘钟君元达既辞通守乡郡之命,奉祠里居,思得宽闲之地种花艺果,以遨以休。顾所居之南有地数十亩,岁久芜秽,古木寒藤,与丛篆相为蔽亏。"史弥宁《友林乙稿·再赋晏子直百花林》:"为报风流元献家,丁宁百卉驻春华。侬归载酒溪园去,一首诗吟一种花。"汪莘《春夏之交风雨弥旬耳目所触即事十绝》(之一):"石桥南北碧桃香,翠叶交柯水面凉。终岁方壶无一事,春来也为种花忙。"(《方壶存稿》卷三)刘克庄《临江仙·县圃种花》(下片):"手插海棠三百本。等闲妆点芳辰。他

① 三诗分见《剑南诗稿》卷四、卷五四、卷八一。
② 《止斋集》卷五。
③ 《秋崖集》卷一〇。
④ 《富山遗稿》卷九《接花》。

年绛雪映红云。丁宁风与月,记取种花人。"(《后村集》卷二〇) 宋伯仁《西塍集·张监税新居》:"为爱溪头只两家,也来随分作生涯。依山筑屋先栽柳,买地为园旋种花。" 宋释·文珦:"种花逢雨活,接树待春回。"(《潜山集》卷七《宋氏林园》)

张镃和吴潜的诗词堪称南宋人种花卖花风习已深入人心的概括,乃至成为临安或南宋的社会风俗象征。这已不仅是他们退休生涯的全部乐趣,更是精神寄托的追求。张镃《卖花》:"种花千树满家林,诗思朝昏恼不禁。担上青红相逐定,车中摇兀也教吟。虽无蜂过曾偷采,犹恐尘飞数见侵。应是花枝亦相望,恨无人似我知音①。"吴潜词:"家山好,好处是秋来。绿橘黄橙随市有,岩花篱菊逐时开。管领付樽罍。□家山好,无事挂心怀。早课畦丁勤种菜,晚科园户漫浇花。只此是生涯②。"南宋文士的嗜花情结感人至深。

(三)马塍:南宋最大的花卉栽培基地和销售中心

马塍,今已是杭州市区的马塍路一带,成为繁华的市区。南宋时,在"余杭门外羊角埂之间"③,成为当时最具盛名的鲜花种植栽培基地和营销批发贸易中心。五代时期,是吴越王钱氏的养马之地,当时"畜马三万余匹,号曰马海④。"东西马塍,在北宋及南宋孝宗前为"神勇〔马〕步军"及"神远(锐?)马军二寨"之教练场所⑤。也许正是长期作为训练马军的场所,马蹄将土踏成粉尘,又留下大量马粪等优质肥料,才使东西马塍成为"土细宜花卉,园人

---

① 《南湖集》卷六。
② 吴潜:《履斋遗稿》卷二《望江南》十四阕之三、之一一。
③ 周淙:《淳祐临安志》卷九《诸坞》,《丛刊本》第 3313 页上。同书又云:"羊角埂,在钱塘门外溜水桥之北。自柴场至乳台渡口,延袤十余里,介于东西马塍之间,形弯曲如羊角然。"
④ 清·吴任臣《十国春秋》卷七八。《咸淳临安志》卷五八:"昔钱氏牧马于钱塘门外东西马塍。其马蕃息至三数万,当时号'马海'。今余杭、临安、于潜三邑,犹有遗种。"
⑤ 《咸淳临安志》卷一四:"神勇马军二寨,教场在西马塍";驻地"在北关门外新街西马塍。""神勇步军二寨,教场在东马塍。"方按:神勇马步军,凡二十一指挥,雍熙四年(987)起改称神勇;至南宋初仍存在。如《宋史》卷三六六《刘锜传》云:杨沂中与王德,"将神勇步骑六万人,直趋濠州。绍兴二十四年(1154)二月六日,"神勇马军统制刘锐特于阶官上降两官"(《宋会要辑稿》职官七〇之三八)。"孝宗初,改为护圣军。"因此,987~1162 年期间,神勇这一番号始终存在。上见《宋史·兵志》卷一八七、一八八。

工于种接"之地①。东西马塍成为种花基地的时间至迟应在孝宗初,因此时
"神勇"马军的番号已不再存在,当然在此之前,不会再将东西马塍作为教场
了。塍的本意,是指田埂。东西马塍在五代、北宋时,仅是荒田,被用作牧马
之地及马军教练场,南宋初,因苗傅兵变,马军撤走后,才成为花卉种植培育
基地。宋元之际人董嗣杲在其《西湖百咏》卷上《东西马塍》诗序中说:"马塍
在溜水桥北,羊角埂是也。河界东西,土脉宜栽花卉,园人工于种接,仰此为
业。间有园亭,不过养种。西塍有土神庙,额扁作马城。"他和潜说友应为同
时期人,他们对马塍沿革的历史也许已不太清楚,故采取了比较模糊的说
法。所幸史料中尚有遗存,可略知马塍由"马城"演变为"花城"的过程。

作为花城、花海而全盛时期的东西马塍,其概况可见于叶适及赵汝说师生
间的唱酬,还可见于叶适与刘克庄的唱酬。先录这四首咏马塍花史的诗如下。

叶适《赵振文在城北厢两月无日不游马塍作歌美之请知振文者同赋》:

> 马塍东西花百里,锦云绣雾参差起。长安大车喧广陌,问以马塍云
> 未识。酴釀缚篱金沙墙,薜荔楼阁山茶房。高花何啻千金直,著价不到
> 宜深藏。青鞋翩翩乌鹤袖,严劳引首金蒋后。隋园摘蕊煎冻酥,小分移
> 床献春酒。陈通苗傅昔弄兵,此地寂寞狐狸行。圣人有道贲草木,我辈
> 栽花乐太平。知君已于茗水住,尽日橹声摇上渚。无际沧波蓼自分,有
> 情碧落鸥偏聚。追逐风光天漫许,抛掷身世人应怒。君不见南宫载宝
> 回,何如赵子穿花去②。

刘克庄《水心先生为赵振文作马塍歌次韵》:

> 洛阳牡丹隔万里,棘荒姚魏扶不起。马塍近在杭州陌,野人只向诗
> 中识。匀朱傅粉初窥墙,海棠为屋辛夷房。千林春色已呈露,一株国艳
> 犹闷藏。多情苟令香透袖,俊游恐落都人后。摇鞭深入红云乡,解衣旋
> 赏黄塍酒。淮南芍药初过兵,人生何必塞上行。坠茵委壤各有命,肯学
> 冻士鸣不平。移家欲傍园翁住,手开芜地通苹渚。寻芳栩栩趁蝶飞,逐

---

① 《淳祐临安志》卷九《山川二·诸坞》,《咸淳临安志》卷三〇。
② 《水心集》卷七。

臭纷纷怜蚋聚。君不见玄都吟笔妙燕许，诗人却遣世人怒。君若拏舟独往时，我亦荷锄从此去①。

赵汝谠《为赵振文赋马塍歌》：

旧闻城北有马塍，聚花成锦常留春。我家苕水近来到，输他年少寻芳人。相夸此地百金惜，间出奇花万钱直。接贴翻腾费工巧，拣树移将斗颜色。园翁爱花如子孙，寸生尺长勤培根。南邻北邻贫富改，独守养性经凉温。兄今已得闲居趣，扁舟暂向官塘路。攀条摘蕊娱性情，对月看云想风度。歌长词逸不可当，鬓发垂白吟沧浪。"《和叶水心马塍歌》："昔年家住长安里，春风尽日香尘起。纷纷车马过绮陌，买花人多少人识。王侯第宅连苑墙，灿若琼蕊敷丹房。花窠近取马塍本，曲栏高槛深密藏。主欢对客小举袖，击鼓吹箫满前后。真珠一斛聘国姝，琥珀千杯酌天酒。几年农器不铸兵，雨耕云获歌且行。种花土腴无水旱，园税十倍田租平。拏舟来近菰蒲住，演漾回溪通枉渚。霜晴沙浅橘林明，日暮水浑鱼网聚。东门故侯应自许，霸陵醉尉宁须怒。何当学稼随老农，荷锄驱犊田中去②。

叶适诗中提供了一个十分重要的史实，即陈通和苗刘兵变后，马塍才由训练马军的基地沦落为荒凉落寞的狐狸出没之地③。南宋的花卉种植基地，正是从这样的废墟上起步的。诗题中提到的赵振文，名汝铎，太宗八世孙，

---

① 《后村集》卷八。
② 《咸淳临安志》卷三〇引。赵汝谠(？～1223)字踏中，号懒庵。祖籍开封，徙居余杭。太宗八世孙，汝谈弟。嘉定元年(1208)进士，终官知温州。忤韩侂胄、史弥远(1164～1233)，从叶适学。工诗文，有《懒庵集》，已佚。
③ 叶适诗中有一联称："陈通、苗傅昔弄兵，此地寂寞狐狸行。"陈通(？～1128)，两宋之际军校，建炎元年(1127)八月，因两浙路帅守叶梦得欠发衣粮，遂率军士起事于杭州，执梦得，杀官吏。后受两浙提刑、兼知秀州赵叔近招安，旋被御营使司都统制王渊(1077～1129)诱杀。苗傅(？～1129)，建炎初，康王开大元帅府，从梁扬祖至南京(治今河南商丘)，曾护送隆祐太后赴江西，后随王渊扈从高宗至杭州。建炎三年(1129)三月，与刘正彦(？～1129)一起策动兵变，杀同签书枢密院事王渊及宦官康履等，逼高宗退位，传位于其幼子旉。后张浚、韩世忠等起兵勤王，苗刘逃至福建，为韩世忠擒获，磔杀于建康府。史称"苗刘之变"。正是这两起叛军兵变，使昔日兵营马塍成为荒凉世界。

赵善悉(1141～1198)子,曾从学于叶适①。叶诗首联指马塍绵延之广,名贵之花"千金直"及"奇花万钱直"(赵诗),乃极言其花之罕见珍贵。这几首诗,不失为全盛时期"花都"马塍的史诗。赵孟坚《彝斋文编》卷一《九三月丹》诗中二联尤值得注意:"山茶越丹辈,马塍丰土产。殊名几百种,并立色俱报。"极言马塍花品种之丰富,仅山茶花就有近百品种之多②。史铸《百菊集谱》卷二则云,西马塍另一品种较多的为菊花,乃至有"斗花"之会,菊品多达近六十种。其说曰:"临安西马城(一作塍)园子,每岁至重阳,谓之'斗花'。各出奇异,有八十余种。予不暇悉求其名,有为予于禁中大园子得菊品近六十种,多与外间同名者③。"而据张炜诗,则似马塍亦种有大片油菜,成为游春赏玩之胜景。其《马塍》诗云:"水拍田塍路半斜,悄无人迹过农家。春风自谓专桃李,也有工夫到菜花④。"

下再录一组关于马塍的诗,许棐《梅屋集》卷四《马塍种花翁》:"东塍白发翁,勤朴种花户。盆卖有根花,价重无人顾。西塍年少郎,荒嬉度朝暮。盆卖无根花,价廉争夺去。年少传语翁,同业勿相妒。卖假不卖真,何独是花树。"许棐的诗揭示了,在马塍这一花卉营销市场,既有勤劳朴实、信守商业道德的白发老翁,也有追逐利润的浮浪恶少,竟卖无根之假花,欺骗顾客,而且以价贱而争夺客户,颇类似今之欺行霸市的"黑恶"之徒。方岳《湖上八首》(之二):"今岁春风特地寒,百花无赖已摧残。马塍晓雨如尘细,处处筠篮卖牡丹⑤。"舒岳祥《阆风集》卷二《牡丹》:"东风常带三分冷,春日自有一种香。百花合和不可拣,中人如酒令人狂。马塍卖花只贪早,野翁自爱开迟好。"方岳与舒岳祥诗均称牡丹花在马塍交易市场上备受欢迎。但方岳诗则

①　事见《叶适集·水心文集》卷二一《赵公墓志铭》,《习学记言》卷末汪纲跋。

②　《梦粱录》卷一八《物产·花品》亦载:山茶,"东西马塍色品颇盛。栽接一本,有十色者。有早开,有晚发,大率变物之性,盗天之气,虽时亦可违,他花往往皆然。"《咸淳临安志》卷五八所载略同,末云:"惟山茶,在今为盛。"可见吴自牧之说本自潜说友。

③　斗花,似始于唐。如五代·蜀·王仁裕《开元天宝遗事》卷三:"斗花:长安士女于春时斗花,戴插以奇花多者为胜。皆用千金市名花,植于庭苑中,以备春时之斗也。"宋代马塍的斗花,乃园丁花工间栽接花卉、斗新竞异,技艺的角力或比拼,内容已有质变。

④　张炜,字子昭,号芝田。杭州人。诗见《咸淳临安志》卷三〇。

⑤　《秋崖集》卷一。

寓意马塍花农的技艺高超,在同样的春寒料峭中,马塍牡丹能一枝独秀,应是运用了反季节生产的加温促花技术。而舒诗则亟称:马塍花市的另一特征为卖花贵早,才能占得市场先机,卖个好价钱。两人有异曲同工之妙,从不同角度赞扬马塍花农的艺花技艺确有独到之处。而同样是南宋遗民,同以马塍艺花为题材,却有不同的感受。俞德邻(1232~1293)作于至元二十年(1283)的诗,有十分明显的怀旧惆怅,将"西马塍"的"红杏雨"视为杭人一去不再复返的盛朝乐事,堪称百感交集。其诗云:"西马塍边红杏雨,金牛寺外白杨风。杭人忧乐多如此,倘有圣贤吾欲中①。"而董嗣杲的《东西马塍》诗则更多咏叹接花工和花农鬼斧神工的技艺。董诗曰:"土塍聚落界西东,业在浇畦夺化工。接死作生滋夜雨,变红为白借春风。几家衣食花姿异,两岸园池地势同。病叟扶锄锄晚照,前身莫是橐驼翁②。"周密记载关于"堂花"的反季节栽培花卉之法,堪称马塍花农艺花技艺的"高科技"精髓。时至今日,仍被当代的花农所借鉴。"马塍艺花如艺粟,橐驼之技名天下。非时之品,真足以侔造化,通仙灵。凡花之早放者,名曰堂花。其法以纸饰密室,凿地作坎,缠竹置花其上,粪土以牛溲硫磺,尽培溉之法。然后置沸汤于坎中,少候,汤气薰蒸,则扇之以微风,盎然盛春融淑之气,经宿则花放矣。若牡丹、梅、桃之类无不然,独桂花则反是。盖桂必凉而后放,法当置之石洞岩窦间暑气不到处,鼓以凉风,养以清气,竟日乃开。此虽揠而助长,然必适其寒温之性,而后能臻其妙耳。"周密称其昔日曾"留东西马塍甚久,亲闻老圃之言如此③。"则其说为马塍花农艺花经验的总结。

(四)临安及各地花卉产销概况

相对于马塍蔚为壮观的百里花海而言,临安府堪称花团锦簇的繁华都市。各种特色名花争妍斗奇,《梦粱录》卷二《暮春》载:三月末,"春光将暮,百花尽开。如牡丹、芍药、棣棠、木香、荼蘼、蔷薇、金纱、玉绣球、小牡丹、海棠、锦李、徘徊、月季、粉团、杜鹃、宝相、千叶桃、绯桃、香梅、紫笑、长春、紫

---

① 《佩韦斋集》卷七《癸未游杭作口号十首因事怀旧杂以俚语不复诠释》之十。
② 《西湖百咏》卷上《东西马塍》。
③ 《齐东野语》卷一六《马塍艺花》,第304~305页,中华书局点校本。

荆、金雀儿、笑靥、香兰、水仙、映山红等花,种种奇绝。"这是真正的百花争艳。其中有许多是历史名花,更不乏新创佳卉。而宋末陈景沂《全芳备祖》一书中所载的花卉品种更是美不胜收,多达120种。若以品色而论,则又达上千种。各地名花荟萃,各擅其胜。盛产鲜花之地,杭城除马塍外,还有西湖、钱塘及锦坞等地。各举一例。西湖中的卖花湖妓,其鲜花的来源当为湖上所产。赵孟坚深感"钱塘易买花",乃其地亦有种花之习。而锦坞就更是因繁花似锦而得名。连文凤《百正集》卷中《赠卖花湖妓》:"客来不惜买花钱,客醉青楼月在天。欲尽樽前歌舞意,湖头已有早开船。"赵孟坚《彝斋集·题水仙》:"自欣分得楮山邑,地近钱塘易买花①。""锦坞,在钱塘门外智果院前,宝云庵下,旧多花卉,故名②。"

马塍作为临安府最大的花卉批发市场殆无可疑。但在临安仍有花团、花市、花行等规模不小的花卉批发市场。甚至还有专卖绢花、冠梳等的"花朵市"③。此乃花市带动了相关产业之证。皇城附近的和宁门外花市规模极大,交易额惊人,杨万里诗称之为"花如海",他有《经和宁门外卖花市见菊》诗曰:"君不见内前四时有花卖,和宁门外花如海④。"又有《三花斛》序云:"省前见卖花担上有瑞香、水仙、兰花同一瓦斛者,买置舟中,各赋七字⑤。"张炜清新的七绝小诗则咏天街花市争购桂花的盛况空前,清晨,达官贵人、皇室后宫不惜重金,争购金桂;因花太多,午后则被寻常百姓低价抢购一空。其《芝田小诗·岩桂》云:"天街清晓似香林,压担秋花塞市心。总被时人低价得,苇帘茅屋尽黄金⑥。"

行在临安府对花卉的需求及购买力之旺盛,还吸引了邻近地区的花卉从水路涌向杭州,陆游的诗就揭示了这样的情景。其《乡人或病予诗多道蜀中邀乐之盛,适春日游镜湖,共请赋山阴风物,遂即杯酒间作四绝句,却当持

---

① 《两宋名贤小集》卷三七五。"邑",原作"色",据明·赵琦美《赵氏铁网珊瑚》卷一二改。
② 《咸淳临安志》卷三〇。
③ 《西湖老人繁胜录·诸行市》。
④ 《诚斋集》卷二三。
⑤ 《诚斋集》卷二八。
⑥ 《江湖后集》卷一〇。

以夸西州故人也》之一："嫩日轻云淡沲天，扑灯过后卖花前。便从水阁杭湖去，卷起朱帘上画船①。"绍兴的卖花业同样也颇为兴盛，但卖花老翁的生活却因贪杯而陷入困境。陆游的如椽之笔酷似白居易的名作《卖炭翁》。其《城南上原陈翁以卖花为业，得钱悉供酒资，又不能独饮，逢人辄强与共醉。辛亥九月十二日，偶过其门访之，败屋一间，妻子饥寒而此翁已大醉矣。殆隐者也，为赋一诗》："君不见会稽城南卖花翁，以花为粮如蜜蜂。朝卖一株紫，暮卖一枝红。屋破见青天，盎中米常空。卖花得钱送酒家，取酒尽时还卖花。春春花开岂有极，日日我醉终无涯。亦不知天子殿前宣白麻，亦不知相公门前筑堤沙。客来与语不能答，但见醉发覆面垂鬖鬖②。"绍兴余姚人高翥(1170~1241)诗亦可证其地买花供佛风气之盛。其《菊磵小集·闲居杂兴三首》(之一)："开门遣蛮童，买花供铜佛。春风随花来，为我一披拂③。"

绍兴所产之名花主要有牡丹等近 20 种，据张淏《宝庆会稽续志》卷四《物产·花》记载，有牡丹、芍药、海棠、红桂、百叶、木芙蓉、四季桂、山茶、贞同、兰、荼蘼、石岩、四时杜鹃、杜鹃、瑞香、古梅、红梅、千叶黄梅、腊梅、鸳鸯梅、菊、白丁香、蒼卜(即栀子)、蔷薇、凌霄、杏花、碧桃、水仙、木兰等④。据《嘉定赤城志》卷三六《土产·花》记载，台州花卉有：牡丹、芍药、酴醿(木香)、海棠、岩桂、山茶、蔷薇、拒霜(木芙蓉)、山樊(场花)、菊(40 余品)、瑞香、丁香、杜鹃(映山红)、丽春、金钱、玉簪、金棣棠、迎春、金沙、锦带、金凤、八仙、雪玫瑰、长春、滴滴金(滴露花)、山丹、木笔、凌霄、木槿、玉绣毬、蒴金、宝相、密櫺、水仙(雅蒜)、栀子、蜀葵、石竹、百合、罂粟、鸡冠、紫荆，凡著录花品 40 种，颇有仅本地所特有的奇花异卉。同一种花又有许多品类。如台州菊有 40 种之多。如牡丹、芍药、海棠、岩桂等均有不少品种，细分则逾百种。又记红色海棠如以"木瓜头接之，则色白⑤"；即嫁接可改变其性状。

---

① 《剑南诗稿》卷一六。
② 《陆游集·剑南诗稿》卷二三，第 656 页，中华书局点校本。
③ 《两宋名贤小集》卷三一四。又，与陆游同为山阴人的苏颂裔孙苏泂《泠然斋诗集》卷一《拟古》云："自吾蜀中归"，"买花郡庠东。"亦可证绍兴郡学之东，即有花市。
④ 《丛刊本》第 7137~7139 页；参见《剡录》卷九，同上第 7258~7261 页。
⑤ 《丛刊本》第 7560~7561 页，中华书局影印本。

东海之滨温州有中塘梅林,为天下赏梅胜地,惜范成大未履温州,故《梅谱》未载。而叶适二诗令人赏心悦目。其一云:"所欣一蕊吐,安得百万株!上下三塘间,萦带十里余。""儿童候黄堕,捧拾纷筐盂。熏蒸杂烟煤,转卖倾江湖。"其二曰:"山山高相映,坞坞曲相穿。林光百道合,花气十村连①。"这十村相连,萦带十里的梅花令人心驰神往。苏州东西山及光福的梅花有"香雪海"之誉,迄今仍为游赏胜景,较之南宋温州中塘未免相形失色。尤令人称道的是:温州人的变废为宝商业理念早在南宋时就已形成。这落花也被熏蒸为香料而贩运各地,令人称绝。许及之诗也提供了有力佐证,他晚年退隐温州家居,其《涉斋集》卷四《卖花行》云:"缃桃绯杏琴心叠,睡起海棠收醉颊。麝煤输彻锦薰笼,金脂染就来禽帖。姚家魏家苦留春,花信未先红一捻。卖花老翁正自痴,预喜荷钱出小池。却恨身非殷七七,一日之中成四时。不念书生抱孤节,昨夜东风长华发。"其诗遍咏温州名花,不失为佳作。

两浙、江东各地多种花卉,卖花也很盛行。如建康府。苏洞《泠然斋诗集》卷六《金陵杂兴二百首》(之七八)诗云:"香罗初换夹衣新,除却垂杨不是春。昨日街头骑马过,眼明犹见卖花人。"即使秋初,金陵街头仍活跃着卖花人的身影。而在湖州,至少有名花十八种,这从葛立方(? ～1164)归隐后的诗中可以证见。其地有:姚黄、八仙、榴花、蔷薇、杜鹃、牡丹、山茶、梅花、蜀葵、杏花、酴醾、海棠、黄菊、芍药、桃花、拒霜、牵牛、白菊等②。南宋后期,湖州有一无名园丁行第九三,从弁山移一丛山茶花接种成功,成为极品名花,嫁接接种遍湖州。赵孟坚诗表彰了这位接花名手对湖州山茶所作的杰出贡献,并将这种名花命名为"九三月丹",这种花红而大,不畏风日、天暖,采下数日仍鲜艳而色不衰,使马塍几近百种的山茶花多黯然失色。其诗《九三月丹(昔人登弁山得此花。园工有九三者,忘其姓,为接度种。今遍苕霅,号曰九三月丹)》称:"有花血嫣红,侈姱大于碗。五出猩袍裂,万攒金钉满。

---

① 《水心文集》卷六《中塘梅林天下之盛也聊申鄙述启好游者》、《余顷为中塘梅林诗他日来游复作》,分见中华书局点校本《叶适集》第 54、55 页,1961 年。
② 葛立方:《归愚集》卷六《题卧屏十八花》。按:姚黄乃牡丹名品,黄白菊均为菊花,实乃十六品。

数日色弥鲜,不畏风日暖。山茶越丹辈,马塍丰土产。殊名几百种,并立色俱赧。客言名之由,其说邻怪诞。昔有樵弁山,绝顶路迷返。见此物尤异,断置归里闬。九三橐驼流,厥艺工养豢。惟以第行称,姓名微考按。香泥密封箓,接度根暗换。若古姚魏然,因从九三唤。从兹入西浙,移根遍名苑。家家尚此花,买价不论贯。青油障晓日,朱槛护雕攒。微物因人成,感此一喟叹。忆昔洛阳花,寿安红为冠。要其所从出,亦自薪樵伴。伊维花卉流,第以色媚眼。青青三寸松,养可凌霄汉。明堂须众木,未易一材办。工师无遗,材满岩崖畔①。"

在平江府的大街小巷、曲水岸边,活跃着担花叫卖人的身影,这已是由来已久的传统。正如王洋《观瑞香杏花二首·杏花》云:"曲水岸边寻旧事,卖花担上拣繁枝。香鞯一色垂杨路,何似吴王宫里时②。"苏州种梅极盛,已如上述。种菊亦盛,范成大《吴郡志》卷三〇有载:"菊所在固有之,吴下尤盛。城东西卖花者所植弥望,人家亦各自种圃者。伺春苗尺许时,掇去其颠。数日则岐出两枝;又掇之,每掇益岐。至秋则一干所出数百千朵,婆娑团栾,如车盖薰笼矣。人力勤,土又膏沃,花亦为之屡变。"据《至顺镇江志》卷四《土产》记载:南宋以来,镇江不包括果花在内的花卉——即方志所载录的"花而不实者",已达六十六种之多,其中多为各地皆有的常规品种,亦有仅见于镇江的稀有品种。如丽春、粉团儿、佛见笑、黄雀儿、天烛之类。有些大路品种的花卉,仅举其兰、蕙、菊、牡丹、芍药、水仙等名称,如果细举其品类,又远不止每种均作简要介绍的 66 种之多③。至少在 100 种以上。宋人丘濬《牡丹荣辱志》著录,牡丹有"苏州花、常州花、润州花、金陵花、钱塘花、越州花……和州花[等],自苏台、会稽至历阳郡,好事者众,栽植尤多。八十一之数,必可备矣④。"其说称牡丹不仅盛于洛阳,各地均有名品。吴越大地

---

① 赵孟坚:《彝斋文编》卷一。
② 《东牟集》卷五。
③ 《至顺镇江志》卷四,点校本第 120～152 页。
④ 吴曾:《能改斋漫录》卷一五《方物·牡丹荣辱志》,点校本第 462～464 页。丘濬,字道源,自号迂愚叟。歙州黟县人。天圣五年(1027)进士,官至殿中丞。后卒于池州,时年八十一岁。事见《新安志》卷八、弘治《徽州府志》卷八。

历来适宜花卉栽培,其名品之多,难以数计。牡丹如此,他花亦如此;北宋已然,南宋则尤然。

四川也是花卉栽培和买卖极为兴盛的地区。长期生活在四川的陆游深有体会,其《三峡歌》序云:"乾道庚寅,予始入蜀,上下三峡屡矣。后二十五年,归耕山阴,偶读梁简文《巴东三峡歌》,感之拟作九首,实绍熙甲寅十月二日也。"其第四诗曰:"锦绣楼前看卖花,麝香山下摘新茶。长安卿相多忧畏,老向夔州不用嗟①。"四川首府成都四季花团锦簇,有锦城之誉名不虚传。其所产奇花异卉,北宋时就有重叶海棠、长命女花、虞美人、鸳鸯草、石蝉花、玉蝉花、七宝花、石瓜花、添色拒霜、鹅毛玉凤等十余种②。彭州为川品牡丹主要产地,上述陆游《天彭牡丹谱》已记其盛况,李石诗则称其有小洛阳之誉。《方舟集》卷五《彭州送花》云:"市上芳菲小洛阳。"

今江西是花卉产销的又一颇为兴盛的地区,赵蕃的诗提供了令人信服的史证:其《淳熙稿》卷二《卖花行》:"赪肩负薪行,所直不满百。大舸载之来,江头自山积。不如花作捆,先后价增损。身逸得钱多,人宁知务本。"这首诗作于江州,这可从他的宦历,及是卷诗作前后之诗可以推知。本诗"大舸"、"江头"云云亦可证。是说花卉的价格远较柴薪为贵。长江边的江州大船运来的柴薪,堆在江头岸边,其价不过与一大捆鲜花的价值相仿。这虽是诗人的夸张,但可证在这水路要会之地,鲜花贸易与柴米般同样有广阔的市场前景。他的另二首诗则为在信州玉山家居时的即景。《见卖梅花者作卖花行》二首有云:"来时才卖木犀花,卖到梅花未返家。作客悠悠有何好,定应诗兴在天涯。连日阴风作许寒,晚来妍暖似春阑。十分待放梅花否,留我数枝归到看③。"即使是在他的家乡信州玉山县城也出现了卖花者的足迹,而且甚至连秋冬间的桂花、梅花也有花户经营,更不用说百花盛开的春天了。

淮西和州有牡丹花等栽培,已如上述,淮东扬州亦有名贵"市花"——琼花。扬州琼花,仅后土祠有孤本供人观赏。南宋初,金人南侵,连奇花异果

---

① 《剑南诗集》卷三〇。
② 《能改斋漫录》卷一八,第464~465页。
③ 《淳熙稿》卷一八。

也不放过,虏掠徙移北去。但至南宋中期,是花又在扬州大放异彩,后又被移栽于福建等地。可见高压枝条果树繁殖法亦被广泛用于名优花卉的接种。说详刘学箕《方是闲居土小稿》卷下《琼花说》:"琼花在蕃厘观中庭,旧经行维扬,值花方盛,为止宿焉。人谓若聚八仙者,是耳有闻而目未之见也。此花大如盘,旁绕双白圆片,或八或十,多至十二。中拥碎花,圆洁簇萃,香婉色莹,非聚八仙、玉蝴蝶可伯仲。但记花者云:渡江初,敌骑徙移去矣。今兹再盛,不知自何得本。花记又言:当日尚留小根,逾年重发,若有神护。此又妄也。不然何不护之于未徙之前乎!时人好奇,扬此抑彼,立为无双之说,每每夸世。今闽中士大夫家,此种亦多。予尝用脱果法自后土祠移本来归。"即使是在高邮,诗人陈造也能买花栽种于自己的家园之中,可见在县城也有经营花卉买卖的园户。其《江湖长翁集》卷五《再次韵作招隐篇》诗云:"我家五亩园,泉细地不渴。载酒噬肯游,开门谁汝遏。典衣买花栽,种十八九活。"更令人吃惊的是在潼川府路广安军的岳池农家,甚至也有邻舍间的鲜花买卖。其史证见于陆游诗《岳池农家》:"买花西舍喜成婚,持酒东邻贺生子①。"可见当时花卉贸易广泛盛行于南宋城乡各地之一斑。陆游的另一首诗,深情回忆其绍兴二十九年(1159)初仕福州宁德县主簿时的情景,同样可证,在福宁县城街头,随时可以买到鲜花。其诗《休日有感》:"少年从宦地,休日喜无涯。坐上强留客,街头旋买花②。"

在福建路福州,有许多名花异卉,仅见于《淳熙三山志》卷四一《物产》载录的花品就有45种之多,其中不乏仅见于福州的名花。如末丽(茉莉)、素馨、牡丹、芍药、紫玫瑰、四时山丹、长春、真珠、酴醾、梅花、瑞香、千叶石榴、蔷薇、越橘、金林檎、半丈红、兖绣毬、海棠、斗雪红、阇提、玉簪、金沙、剪金红、度年红、含笑、百合、凌霄、紫荆、罂粟、葵、菊、玉蝴蝶、朱槿、鸡冠、山茶、

---

① 《剑南诗稿》卷三。此诗乾道八年(1172)春作于岳池。时陆游夔州通判任满,王炎辟为四川宣抚司干办公事兼检法官,赴任途中经岳池。这首古诗写来清新脱俗。
② 《剑南诗稿》卷二,此诗应是乾道四五年间作于山阴,当为追忆初宦时的快乐情景。参阅钱钟联《剑南诗稿校注》卷二,第127页,上海古籍出版社,1985年。又,《老学庵笔记》卷九:"予少时为宁德县主簿",正可为"少年从宦地"之自注。

御仙、金凤、金钱、拒霜、岩桂、鹰爪、凤尾、玉屑、玉笼松、宝相①。即使福建路的汀州也有花35种之多,据《临汀志·土产·花》所载有:碧桃、蒨桃、闪烁桃、红梅、黄香梅、海棠、酴醾(即茶蘼)、蔷薇、朳棠、郁李、玉堂春、长春、惜春、玉蝴蝶、锦带、踯躅、山茶、蒼葡、素馨、茉莉、萱草、含笑、四月菊、石竹、朱槿、山丹、麝香、滴滴金、金线莲、宝相、白鹤、玉簪、柚、麝香、萱草等②。有些花品仅见汀州。宋代最难种活的水仙,却在建宁府建阳园户的精心呵护下,大放异彩。时至今日,漳州的水仙仍为天下之最,多从福建漳州引种。即将水仙成熟鳞茎切削后经沙水浸后栽种,水仙的栽培则始于宋代,周师厚《洛阳花木记》已提到绍兴栽培有二种:一为单瓣,称水仙,一为重瓣,称金盏银台。似其栽培法尚未成熟,但以建阳园户栽培技艺为高。刘学箕《水仙说》有载:"予酷爱水仙花,以金华仙伯所赋八句,隐括作《浣沙溪词》云:'水上轻盈步月明。凌波仙子袜生尘。是谁招此断肠魂。种作寒花悉绝意,含香艳素欲倾城。并芳难弟与难兄。'对花把酒,歌之无斁。此花最难种,多不着花,惟建阳园户植之得宜。若葱若薤,绵亘畴陌,含香艳素,想其风味,恨不醉卧花边。昨令健步买百十丛而来,空手以返,再三诘责,但云有金盏银台而无水仙花③。"

　　岭南因气候条件极宜花卉生长,故四季繁花似锦。《鸡肋编》卷下载,苏轼贬岭南时,已称:"岭南地暖,百卉造作无时。"南宋末,陈景沂记载:"广州城西九里曰花田,尽栽茉莉与素馨。"方信孺也说:"花田在城西十里三角市,平望弥野,皆种素馨花,一名那悉茗④。"广州素有花城之誉,正从南宋"花田"起步,当时已有花百余种。仅《大德南海志》卷七《物产·花》列条介绍的即有素馨、珊瑚、茉莉、泡花(一名柚花)、史君子、佛桑、朱槿、蝴蝶、白鹤、刺桐、含笑花等11种;此外,罗列其名者又有89种之多,其中不乏仅产于岭南

---

① 《丛刊本》第8256~8258页。
② 《永乐大典》卷七八九〇引。
③ 刘学箕:《方是闲居士小稿》卷下。
④ 分见《全芳备祖》前集卷二五《花·茉莉》引郑域(1153~?,字仲卿,号松窗)诗注;方信孺:《南海百咏·花田》诗注,宛委别藏本。又,周去非《岭外代答》卷八《花木·素馨》:"素馨花,番禺甚多,广右绝少,土人尤贵重……卖于市,一枝二文,人竞买戴。"

者,有的则传自海外。潮州色香俱佳的名品花卉颇多。正如方志记载有十余种。"花不胜其异品也:其香与色俱者曰梅,曰兰,曰茉莉,曰素馨,曰酴醾,曰櫷,曰鹰爪,曰含笑,曰胜春。香不逮其色者:曰海棠,曰山茶,曰穿心宝相,曰玉笼松,曰锦绣堆,曰玉屑,曰御带①。"不胜枚举。

广西,除与各地相类似的品种外,还有当地独有的花卉品种。范成大《桂海虞衡志·志花》小序称:"桂林具有诸草花木牡丹、芍药、桃、杏之属,但培溉不力,存形似而已。今著其土产独宜者,凡北州所有,皆不录。"是书著录桂林所独有凡18种:上元红,白鹤花,南山茶,红豆蔻花,泡花,红蕉花,枸那花,史君子花,水西花,裹梅花,玉修花,象蹄花、素馨花,茉莉花,石榴花,添色芙蓉花,侧金盏花,曼陀罗花②。

总之,南宋各地花卉栽培的繁茂及花卉贸易的兴盛,远超过我们的想象。陈景沂《全芳备祖》前集27卷,凡著录花卉约120种左右,尚远非南宋花卉的全部,如其中所及果花仅极少一部分。如以品种而论,茶花、牡丹、芍药、菊花等,即各有上百种。又如王贵学《兰谱·泥沙》,亦称兰有42种;如以花品而论,则逾千种无疑。这众多的花卉,多用嫁接法繁殖、培育,万紫千红,万花竞艳,美化南宋士民的生活,满足社会各阶层人士的消费需求。

宋人赏花,讲究情调,且与环境相协调。如赵希鹄《洞天清录集·古琴辨》称:"弹琴对花,惟岩桂、江梅、茉莉、荼蘼、蒼葡等,香清而色不艳者方妙。若妖红艳紫,非所宜也。"顺便指出:由松柏、插花、水石等制作的盆景也始于宋代。最早的明确记载似见于绍兴二十一年(1151)四月二十九日王十朋之说:"野人有以岩松至梅溪者,异质丛生,根啣拳石,茂焉匪孤,森焉匪乔,柏叶桧身而松气象焉。藏参天覆地之意于盈握间,亦草木之英奇者,予颇爱之。植以瓦盆、置之小成室,稽古之暇、寓陶先生、郑先生之趣焉③。"这似是

---

① 《永乐大典》卷五三四三引《三阳志·土产》。
② 《桂海虞衡志·志花》,四库本。"曼陀罗花",原书夺,据黄震《黄氏日抄》卷六七《石湖文》、《岭外代答》卷八《花木》补。说详拙校《桂海虞海志》辑佚校记(《全宋笔记》本第六辑)。
③ 《梅溪前集》卷一七《岩松记》,四部丛刊缩印本第185页下。

对盆景制作最早也最明晰的描述。赵希鹄也对制作盆景的石子及其性状有所说明。他说:"怪石小而起峰,多有岩岫耸秀嵌崎之状,可登几案观玩。"又对适宜选作盆景的石子及其产地、优劣有所评价。他认为适于制作盆景的有灵璧石、英州石、道州石、川石及桂川石(出静江府)等。其共同特征为善"起峰"①,可供"明窗净几,罗列布置";"奇峰远水",见于方寸之间②。这是一种清幽高雅的格调,具有美学的意境。盆梅和插花与严格意义上的盆景略有区别,但据上引赵希鹄"几案观玩","罗列布置"的定义而言,从宽泛而言,亦可归入盆景一类。临安钱塘门外的马塍,已能生产制作十分精巧的盆景,并且批量生产,投放市场,大受欢迎。《梦粱录》卷一九《园圃》记其事云:"东西马塍诸圃,皆植怪松异桧,四时奇花精巧窠儿,多为龙蟠凤舞飞禽走兽之状;每日市于都城,好事者多买之,以备观赏也。"以下的二首诗亦可为例证:其一,杜范《和花翁盆梅》:"绝涧移来近市园,又还移入卖花盆。体蟠一簇皆心匠,肤裂千梢尚手痕。试问低回随俗态,何如峭直抱孤根。岁寒风节应无恙,鲁兀须知自有尊③。"其二,《芸居乙稿·买花》:"今早神清觉步轻,杖藜聊复到前庭。市声亦有关情处,买得秋花插小瓶④。"

(五)南宋花卉栽培诸法

因宋以前农书不记接花及花卉栽培之法,故宋代农书中总结的各种花卉栽培之法,就格外令人注目,尽管有些栽培法不始于宋,但艺花之法集大成于宋,尤其是南宋时期殆无可疑。今见于温革《琐碎录》、吴怿《种艺必用》、张福《补遗》等农书中关于花木栽培的条目已逾百条,如去其重复,也在50条以上。南宋还有《梅谱》、《菊谱》、《海棠谱》之类谱录类农书,也具体载录了各种花卉的栽培之法。合而观止,大致已包括花木的种植、栽培、施肥、浇水、防治病虫害、禁忌、保鲜、嫁接、反季节生产等各种技艺,已包括艺花的各个环节。当代的花卉生产技术,很大程度上是继承发展了这份遗产的结

---

① 《洞天清禄集·怪石辨》,鲍廷博《知不足斋丛书本》,此据康熙年间何焯手校元澹生堂钞本刻印。
② 《洞天清禄集·序》。
③ 《清献集》卷三。
④ 陈起:《江湖小集》卷二八。

果。鉴于宋以前农书基本上未涉及以上各项内容,故有必要稍加申述,重点在南宋人艺花的二大秘诀——嫁接和堂花,这应是宋人艺花的不二法门,导致南宋四季花卉竞放争艳,名品不断涌现的主要原因。凡本书第四章农书一节所已涉及的内容今不再赘陈。

关于牡丹的栽培法,北宋时期技艺已相当成熟,仅录欧阳修《洛阳牡丹记·风俗三》,以概其余。其所载接花、种花、浇花、养花、医花、花忌诸法,一般花木实乃大同小异。

> 花之〔本〕木去地五七寸许截之,乃接,以泥封裹,用软土拥之。以蒻叶作庵子罩之,不令见风日,唯南向留一小户以达气,至春乃去其覆。此接花之法也(用瓦亦可)。种花必择善地,尽去旧土,以细土用白蔹末一斤和之;盖牡丹根甜,多引虫食,白蔹能杀虫。此种花之法也。浇花亦自有时,或用日未出,或日西时。九月旬日一浇,十月、十一月,三日、二日一浇,正月隔日一浇,二月一日一浇。此浇花之法也。一本发数朵者,择其小者去之,只留一二朵,谓之"打剥",惧分其脉也。花才落,更剪其枝,勿令结子,惧其易老也。春初,既去蒻庵,便以棘数枝置花丛上,棘气暖,可以辟霜,不损花芽,他大树亦然。此养花之法也。花开渐小于旧者,盖有蠹虫损之,必寻其穴,以硫黄簪之。其旁又有小穴如针孔,乃虫所藏处,花工谓之气窗,以大针点硫黄末针之,虫乃死。虫既死,花复盛。此医花之法也。乌贼鱼骨以针花树,入其肤,花辄死。此花之忌也①。

欧阳修述洛阳牡丹栽种法,颇具条理,简明扼要。而胡元质(1127~1189)佚文《牡丹谱》则记川品牡丹沿革称:"李唐后未有此花";五代·后蜀孟氏"于宣华苑广加栽植,名之曰牡丹。""蜀平,花散落民间。小东门外有张百花、李百花之号,皆培子、分根,种以求利,每一本获数万钱。"是说宋初川品牡丹始从皇室园囿始入园户之家,当时栽种即有"培子、分根"两途。又

---

① 欧阳修:《文忠集》卷七二《居士外集》二二,参校李之亮《欧阳修集编年笺注》卷七二,第四册,第381页,巴蜀书社,2007年。

云:嘉祐初(1057~1058),"宋景文公祁帅蜀,彭州守朱君绰始取杨氏园花十品以献。公在蜀四年,每花时,按其名往取,彭州送花遂成故事。"胡元质又述川品牡丹品种及栽培之法云:

> 牡丹之性,不利燥湿,彭州丘壤既得燥湿之中,又土人种莳偏得法,花[有]开至七百,叶面可径尺以上,今品类几五十种。继又有一种色淡红、枝头绝大者,中书舍人程公厚倅是州,目之为"祥云"。其花结子可种,余花多取单叶花本,以千叶花接之。千叶花来自洛京,土人谓之京花,单叶时号川花尔。……今[成都]西楼花数栏,花不甚多,而彭州所供率下品。范公成大时以钱买之,始得名花①。

海棠,是盛产于蜀的又一名花,但却不为蜀人所重,故在北宋时,江淮已竞植,出江南者,宋人名之曰南海棠。沈立(1007~1078)有《海棠记》称:

> 海棠虽盛称于蜀,而蜀人不甚重。今京师、江淮尤竞植之,每一本价不下数十金。胜地名园,目为佳致。而出江南者,复称之曰南海棠。大抵相类,而花差小,色尤深耳。棠性多类梨,核生者长迟,逮十数年方有花。都下接花工多以嫩枝附梨而贽之,则宜茂矣。种宜垆壤膏沃之地。其根色黄而盘劲;其木坚而多节,其外白而中赤,其枝柔密而修畅;其叶类杜,大者缥绿色,而小者浅紫色。其红花五出,初极红,如胭脂点点;然及开,则渐成缬晕;至落,则若宿粧淡粉矣。其蒂长寸余,淡紫,于叶间或三萼,或五萼,为丛而生。其蕊如金粟,蕊中有须三,如紫丝。其香清酷,不兰不麝。其实状如梨,大若樱桃,至秋熟可食,其味甘而微酸。兹棠之大概也②。

沈记不仅详述其种法,根、干、枝、叶、花、实等性状,而且指出如以梨为接穗则花茂。可见嫁接对于花果确有点石成金之效。值得注意的是北宋中

---

① 《全蜀艺文志》卷五六,录文于嘉靖《四川总志》卷七二,《北京图书馆珍本丛刊》第42册,第749页上,书目文献出版社影印本。

② 陈思《海棠谱》卷上《叙事》引,参校《全蜀艺文志》卷五六。"其木",后者作"其本"。

期周师厚撰有《洛阳花木记》一卷①。是书首列牡丹品种凡98种,次列芍药41种,再列洛阳杂花82品;其中瑞香二品,海棠六品,梅四品,山茶四品,芙蓉三品等。下又载果花147种,其中:桃30种,梅6种,杏16种,梨27种,李27种,樱桃11种,石榴9种,林擒6种,木瓜5种,奈10种。末附刺花37种,草花89种。合计著录花品凡494种。从百花品种而论,当已非洛阳一地所产,应是北宋花品之概数,但较之《全芳备祖》所载千余各色花品,未免相形见绌。此书还以洛阳接花经验为主,专列《四时变换法》一目,明确指出各种接穗与砧木的对应关系。此书应为北宋花木栽培的集大成之作,虽未免失之于略简,却有较高的学术价值。因为这是最早总结花卉栽培尤其是嫁接的种艺之书,惜过去未能引起农史学者的充分注意,故特详考之。其所载的接花、栽花、种祖子、打剥花诸法,虽以牡丹为主,但对一般花卉栽培亦普遍适用,几乎涉及栽培花卉的各个环节、各道顺序,不失为本书的精华。故并《分芍药法》而全录之②。

> 《接花法》:接花必于秋社后九月前,余皆非其时也。接花预于二三年前种下祖子,唯根盛者为佳。盖家祖子根肥而嫩,嫩则津脉盛而木实。山祖子多老根少而木虚,接之多失。削接头,须平而阔,常令根皮包含接头。勿令作陡刃,刃陡则带皮处厚而根决;刃太陡,则接头多退而皮出不相对,津脉不通,遂致枯死矣。接头系缚欲密,勿令透风,不可令湿。疮口接头,必以细土覆之,不可令人触动。接后月余,须时时看睹,勿令根下生妬芽,芽生,即分减却津脉而接头枯矣。凡选接头,须取木枝肥嫩、花芽盛大、平圆而实者为佳,虚尖者无花矣。

---

① 是书,《宋史》卷二〇五《艺文四》著录,误作者为"周序",宋确有周序其人,但因是书有周师厚自序,宋人简称为"周序",乃至《宋志》误以为作者。早在南宋绍兴中《秘书省四库阙书目》已然,《宋志》不过沿讹踵谬。《通志·艺文略·农家类》已明确指出此书为周师厚(字敦夫,鄞人)所撰。即为《洛阳牡丹记》的作者。今传《花木记》诸本以《说郛》宛本篇幅为多,但亦未必完本。宁宗时《秘书省续编到四库书目》则未著作者。《说郛》宛本卷首亦署作者为"鄞江周氏",但据其序中称"熙宁中长兄倅绛","元丰四年,予涖官于洛"云云,则周师厚撰无疑,自序末署元丰五年(1082)撰。
② 据宛委山堂本《说郛》卷一〇四下(四库本)。

《栽花法》:凡愿栽花,须于四五月间先治地。如地稍肥美,即翻起深二尺,以来去石瓦砾皮,频锄削勿令生草,至秋社后九月以前栽之。若地多瓦砾或带咸卤,则锄深三尺以上,去尽旧土,别取新好黄土培填,切不可用粪,即生蛴螬而蠹花根矣。根蠹则花头不大,而不成千叶也。凡栽花,不欲深,深则根不行,而花不发旺也。但以疮口齐土面为佳,此深浅之度也。掘土坑,须量花根长短为浅深之,堆坑欲阔而平,土欲肥而细,然于土坑中心堆成小土墩子。其墩子欲上锐而下阔,将花于土墩上坐定,然后整理花根,令四向横垂,勿令屈折为妙。然后用一生黄土覆之,以疮口齐土面为准。

《种祖子法》:凡欲种花子,先于五六月间择背阴处肥美地治作畦。锄欲深而频,地如不佳,翻换而栽花。法:每岁七月以后取千叶牡丹花子,候花瓶欲折其于微变黄时采之,破其瓶子,取子于已治畦地内,一如种菜法种之,不得隔日。隔日多即花瓶干而子黑,则种之万无一生矣。撒子愿密不欲疏,疏则不生;不厌太密。地稍干,则先以水灌之,候水脉均润,然后撒子讫,耙耧一如种菜法。每十日一浇,有雨即止。冬月须用木叶盖覆,有雪即以雪覆木叶上。候月间,即生芽叶矣。生时频去草,久无雨,即须日日浇灌,切不得用粪。候八月社后,别为治畦而分种之,如栽菜法。如花子已熟,不曾治地,即先取花瓶,连花子掘地坑窖之。一面速治地,候熟可种,即取窖中子依前法撒之,其中间或有却成子叶者。

《打剥花法》:凡千叶牡丹,须于八月社前打剥一番。每株上只留花头四枝,余者皆可截。先接头于祖上接之,候至来年二月间,所留花芽间小叶见,其中花蕊,切须子细辨认,若花芽须平而圆实即留之,千叶花也。若花蕊虚即不成千叶,当此须去之。每株止留三两蕊可也,花头多即不成千叶,而开头小矣。

《分芍药法》:分芍药,处暑为上时,八月为中时,九月为下时。取芍药须阔锄,勿令损根。取出净洗土,看窠株大小、花芽多寡,须时分之。每窠须留四芽以上一[株],用好细黄土和泥,采蘸花根坐于坑中土墩上。整理根,令四向横垂,然后以细黄土培之。根不欲深,深则花不发旺。令花根低如土面一指以下为佳耳,不得用粪。候春间花芽发,如头圆平而实即留之,虚大者无花矣。新栽时,每窠只可留花头一两朵;候一二年,花得地力可四五朵。花头多即不成千叶矣,慎之慎之!栽芍药于阴处,晾根令微干然后种,则花速起发。掘取后,可留月余不妨,寄远尤宜。

嫁接法培育花卉、水果的技术不始于宋,但却成熟于宋。最主要的标志是:有大量农书、类书已从各个方面总结了这一划时代的技术进步,这是我国农业科技对世界园艺业的一大贡献,也是我国农学遗产中极可重视、亟待总结的精华。从宋代起,嫁接技术已有质的飞跃。正如梁文《稼接》所总结的那样:一是嫁接的范围更为广泛,不但很多果树的繁殖,通过嫁接,开花结果,培育出新品,而且推广于很多花卉,甚至蔬菜、特种作物及树木方面。其中既有木本,也有草本;有采用近缘嫁接,也有采用远缘嫁接的,不一而足。二是嫁接方式更加进步,其方式方法极为丰富多彩。从接穗分,有干接、枝接、芽接;以砧木论,有根接、干接、枝接。从施术之方法区分,则有靠接、插接、冠接、侧接、对接、搭接、靥接、神仙接等①。宋代甚至还发明了"二重接"、"多重接"等嫁接新方法。如南宋初成书的温革《琐碎录·农艺·果》已指出:"果实凡经数次接者,核小。"又云:"柿子接及三次,则全无核②。"《种艺必用》亦载:"凡接牡丹,须令人看视,如一接便活者,逐岁有花;若初接不活,削去再接者,只当年有花③。"

其三,随着接花技术的成熟,理论上的创新,各种专门接花人才不断涌现。早在景祐元年(1034),范仲淹在睦州知州任,见到一位生自开封的富家子弟,年青时即怀有一身接花绝技,却因得罪而配送睦州从军,因"老且贫",又思乡心切,其处境引起当时被贬降外放作者的深切同情。他在诗中对这位老卒的接花神技,叹为奇观。诗云:

---

① 《梁家勉农史文集》第281~287页。
② 此说亦见吴怿《种艺必用》,分见《永乐大典》卷一三一九四引,中华书局影印本第5725页下,第5726页上。
③ 同上《大典》卷一三一九四,第5727页上。

斯须收泪始能言,生自东都富贵地。家有城南锦绣园,少年止以花为事。黄金用尽无他能,却作琼林苑中吏。年年中使先春来。晓宣口勅修花台。奇芬异卉百余品,求新换旧争栽培。犹恐君王厌颜色,群芳只似寻常开。幸有神仙接花术,更向成都求绝匹。梁王苑里索妍姿,石氏园中搜淑质。金刀玉尺裁量妙,香膏腻壤弥缝密。迴得东皇造化工,五色敷华异平日。一朝宠爱归牡丹,千花相笑妖娆难。窃药嫦娥新换骨,婵娟不似人间看。太平天子春游好,金明柳色笼黄道。道南楼殿五云高,钧天捧上蓬莱岛。四边桃李不胜春,何况花王对玉宸。国色精明动韶景,天香旖旎飘芳尘。特奏霓裳羽衣曲,千官献寿罗星辰。兑悦临轩逾数刻,花吏此时方得色。白银红锦满牙床,拜赐仗前生羽翼。惟观风景不忧身,一心岁岁供春职。中途得罪情多故,刻木在前何敢诉。窜来江外知几年,骨肉无音雁空度。北人情况异南人,潇洒溪山苦无趣。子规啼处血为花,黄梅熟时雨如雾。多愁多恨信伤人,今年不及去年身。目昏耳重精力减,复有乡心难具陈①。

稍后,欧阳修也亟称洛阳接花工技艺的高超绝伦,他说:"接花尤著者一人谓之门园子,豪家无不邀之。姚黄一接头直五千,秋时立[券]买之,至春见花,乃归其直②。"真是身怀绝技,牛气十足。至北宋末,接花园工已达到无花不可接的境界。佚名《续墨客挥犀》卷七《接百花》曰:"百花皆可接。有人能于茄根上接牡丹,则夏花而色紫;接桃枝于梅上,则色类桃而冬花;又于李上接梅,则香似梅而春花。投莲(的)〔蓇〕于靛瓮中,经年植之则花碧,用栀子水渍之则花黄。"南宋初的洪适,目睹其盘洲庄园中花工的妙技,不由发出巧夺天工的赞叹。其诗咏云:"植杖看园吏,挥斤接果栽。夺胎移造化,类我借根荄。一似雀为蛤,能令桃作梅。天工待人力,信手便春来③。"南宋中期的范成大、陆游、杨万里等文士,无不在自家园圃中进行花、果的种植和移接,多已获得成功,屡见于三人的诗中,表明接花技艺已从园户的"专利"向

① 《范仲淹全集》卷三《和葛闳寺丞接花歌》,李勇先点校本,第45~46页。
② 《欧阳文忠公文集》卷七二《洛阳牡丹记·风俗三》,《四部丛刊》本。
③ 《盘洲文集》卷六《观园人接花》。

各阶层人士所推广普及,为越来越多的人们所掌握。张镃总结的《种花法》表明,他已是掌握接花绝技的顶尖高手。士人比园丁的长处尤在于:善于用自己的笔总结、记录这些不凡技艺,并世代传承下去。

我国古代的嫁接技术,至迟在战国时期已出现,汉武帝上林苑中出现的"合枝李",即为嫁接的成果。在古代文献中,嫁接又称"接"、"接木"、"栽接"、"接植"、"接博"、"接变"、"接换"、"接虑";乃至称"截"、"截接"、"缀接"、"续木"、"赘"之类,至宋代,其技术已相当成熟。嫁接的方法则有插接、根接、身接、腰接、劈接、皮接、枝接、搭接、压接、靥接、贴接、神仙接等类型①,嫁接技术的完善无疑始于宋代。

高承《事物纪原》卷六《内园》载:据唐李吉甫《百司举要》称:武则天时已分置"园苑使",而《五代会要》则云梁有"内园栽接使",掌皇室宫廷内苑之园艺及接花等事宜。民间则罕有关于嫁接技术突破的记载。一个显著的例证见于邵博(? ~1158)之说,他据李格非《洛阳名园记》的记载,将唐宋洛阳名园进行对比。认为唐末花木不过百种,而至北宋末,洛阳花木多至上千种,无疑,其新品除从外地移栽外,更多是通过嫁接技术栽培而成的。其说云:"李卫公有《平泉花木记》,百余种尔。今洛阳良工巧匠,批红判白,接以他木,与造化争妙,故岁岁益奇且广。桃、李、梅、杏、莲、菊各数十种,牡丹、芍药至百余种;而又远方异卉如紫兰、茉莉、琼花、山茶之俦,号为难植,独植之洛阳,辄与其土产无异。故洛中园圃,花木有至千种者。甘露院东李氏园人力甚治,而洛中花木无不有②。"至北宋末,接花技术已有历史性的飞跃和突破,正如陈瓘《接花》诗所概括的那样:"色红可使紫,叶单可使千。花小可使大,子小可使繁。天赋有定质,我力能使迁。自矜接花手,可夺造化权。"尽管他颇不以为然,认为"时乎不可违,何物不随时。"但实际上至南宋时,他认为不可能的"春采菊","冬赏桃"③等反季节生产花果技术已得到推广,达到了当代暖棚生产、工厂化生产花木技术发明以前的最高水平。更重要的

---

① 以上参阅梁文《嫁接》,《梁家勉农史文集》第 274 ~ 285 页。

② 邵博:《闻见后录》卷二五《李氏仁丰园》。

③ 据四库全书本录文,参校缪校本《农桑辑要》卷五,第 384 ~ 385 页。

是移树、接花等术已不再是园丁、接花技师的"专利",而已日益为士大夫及寻常百姓所掌握。刘克庄的诗则表明,至南宋末,宋人的栽接花木技术已达到随心所欲、"干接枝分"任意为之的高度,嫁接已成为园墅造景一种必要的技术手段。其七绝小诗《书小窗所见》云:"干接枝分整复斜,随缘装点野人家。小窗有喜无人见,兰在林中出一花①。"

元初官修《农桑辑要》卷五《接诸果》总结了嫁接果树的基本方法,也涵盖花果兼用木本植物的嫁接法。其注明史料来源为《四时类要》,经与《四时纂要·正月》"接树"一条此对,仅略有增损,显然同出一源或有继承关系。虽然,现在断言《四时纂要》非五代时所成之书,尚乏力证,但从下引史料,似可认为,这种成熟的接树技术,显非五代人所可为之。因为这与《琐碎录》、《种艺必用》等南宋初所成之书提供的接树技术,有太多的相似之处。《类要》应为宋金时期的农书,以笔者的愚见,《纂要》如非据《类要》增删而成,则两者必为同源之书,而《纂要》成于五代之说,此又提供了一条反证。

　　《四时类要》:"正月取树木大如斧柯及臂者,皆堪接,谓之树砧。砧若稍大,即去地一尺截之;若去地近截之,则地力大壮矣,夹煞所接之木。稍[小],即去地七八寸截之;若砧小而高截,则地气难应。须以细齿锯截锯,齿粗即损其砧皮。取快刀子于砧缘相对侧劈开,令深一寸。每砧对接两枝。候俱活,即待叶生,去一枝弱者。所接树,选其向阳嫩枝如筯粗者,长四寸许;阴枝即少实,其枝须两节,兼须是二年枝方可接。接时,微批一头入砧处。插[入]砧缘劈处,令入五分。其入,须两边批所接枝皮处,插了令与砧皮齐切,令宽急得所。宽即阳气不应,急则力大夹煞,全在细意酌度。插枝了,别取本色树皮一片,长尺余,阔三二分,缠所接树枝并砧缘疮口,恐雨水入。缠讫,即以黄泥泥之。其砧面并枝头,并以黄泥封之。对插一边,皆同此法泥讫,仍以纸裹头,麻缠之,恐其泥落故也。砧上有叶生,即旋去之。乃以灰粪拥其砧根,外以刺棘遮护,勿使有物动拨其枝。春雨得所,尤易活。其实内子相类者林

---

① 《后村集》卷三。

檎、梨向木瓜砧上,栗子向栎砧上,皆活。盖是类也。"

此又与上揭周师厚《洛阳花木记》所述接花木之法如出一辙,有惊人的相似之处。似亦可证,五代时期不可能有如此完备的接树之法问世。从而提醒我们,近年突然出现的《纂要》为五代时人所撰是否可信? 南宋时,与嫁接技术的趋向完备相映成辉的是:反季节生产花木技术的推广。从南宋初的《琐碎录》已记载的马粪催花,以硫磺水增温促菊花早放,及牡丹等花瓶栽保鲜不蔫,桂花降温促放技术等的推广;足以证明,南宋花卉的栽培技术有了划时代的长足进步。正如赵汝绩《和牡丹韵》诗云:"园工巧栽接,树树品新奇。富觉春无厌,贫疑地有私①。"今拟据宋代文献,列表说明各种花卉、果木间嫁接的对应关系②,以证上述诸说。

宋代花木果品按接关系表

砧木	接　穗	史料出处	备　考
木瓜	石南、软山木瓜、大木瓜、条木瓜、宣木瓜	周师厚《洛阳花木记·四时变接法》	《说郛》宛本卷104下
樱桃	诸桃、半杖红		
木笔	木兰、辛夷		
玉拂子	玉蝴蝶、琼花、八仙花		
楂子	榅桲		
野蔷薇	千叶黄蔷薇、诸刺花		刺花凡37种,指有刺之花
榅桲	楑楂		
柰桦	林檎、海棠		以上雨水后接
桃桦	诸桃、诸梅		
杏桦	诸杏、李子		
棠梨	诸梨、海棠		以上二月节(十五)接
石榴	诸石榴		
枣桦	诸枣		以上春分接
软枣	诸柿	周师厚:《洛阳花木记》	

---

① 陈起:《江湖后集》卷七引。
② 此表主要列不同花、果品种间的嫁接,同一花果间的嫁接一般不列,如牡丹、如黄、白菊间的嫁接等,因此未免挂漏甚夥。另外,见于不同史料者,一般列最早成书者。相同或类似的嫁接之例,亦不重复。

续表

砧木	接穗	史料出处	备考
他木	桃	苏颂:《图经本草》	《政和本草》卷23。他木接桃,得果佳
杏	金杏	寇宗爽:《本草衍义》	《政和本草》卷23。金杏,核大而褊,须接乃成
梨	海棠	沈立:《海棠记》	陈思:《海棠谱》引
木瓜	海棠	佚名:《长乐志》	陈思:《海棠谱》,棠花色白
芍药	牡丹	温革:《琐碎录·花》	一二年成活,易花发
茄子	牡丹		立春接,一月内花烂漫
苦楝	梅花		花如墨梅
木犀	石榴		榴花必红
桃	李、杏	温革:《琐碎录·果》	李子红而甘,杏大
柿	桃		生成金桃
桑	杨梅		结实不酸
枣	葡萄		得果如枣
梅	桃		桃脆
柿	柿		接及三次则无核
枳	柑、橘、橙等		易活
芋头	诸果、名果、梅杏等	吴怿:《种艺必用》	《大典》卷13194,较种胜,当年便茂
朱栾	柑、橘	韩彦直:《橘录》卷下《始栽》,卷中《自然橘》	砧又称"柑淡子",取柑橘佳美者接
柿	方蒂柿	《吴郡志》卷30	产常熟,苏州园户接种,品不及绍兴间自应天府得接头,至行在接种,传吴中,以花为贵
林擒	金林擒		
丁香	瑞香	张邦基:《墨庄漫录》卷2	浙中接,芬芳短,其香沤郁清烈,不如天生者
木瓜	梨、林擒	《农桑辑要》卷五,引《四时类要》	
栎	栗子		
李	梅	《续墨客挥犀》卷7	

第四节　南宋茶叶的生产与消费

我国是茶叶的发源地,也是茶树的原产地,是世界上最早推广茶树种植和普及茶饮习俗的国家。如今,茶作为世界三大饮料之一,已深受各国人民的喜爱与欢迎。我国的饮料茶,约起源于战国时期①,经过漫长的历史岁月,在唐宋时期得到了普及和推广。陆羽《茶经》已指出,茶饮在唐代已自南向北,逐渐推广,成为“比屋之饮”。《旧唐书》卷一七三《李珏传》也说:“茶为食物,无异米盐,于人所资,远近同俗……。田间之间,嗜好尤切。”中唐以后,茶已从“昔日王谢堂前燕,飞入寻常百姓家。”从王公贵族的专享品成为百姓大众的日常生活必需品。宋代以后,茶成为开门七件事之一。南宋时期,随着梯田的大规模开发,粮食单产和总产的增长,剩余劳力的大量出现,种茶制茶业也有长足发展。本节主要涉及南宋茶叶生产发展的原因,茶叶产地与产量新考,茶业种植与栽培的技术进步等。

一、南宋茶叶生产不断发展的原因

宋代茶饮,更为普及,正如李觏(1009~1059)所说:茶,“君子、小人靡不嗜也,富贵贫贱靡不用也②。”王安石(1021~1086)也称:“茶之为民用,等于米盐,不可一日以无③。”刘弇(1048~1102)则云:茶“百年已来,极于嗜好,略于饮食埒者,其今日乎④。”北宋熙丰年间在川陕大规模推行茶马贸易之制后⑤,饮茶习俗进一步推广普及至我国西南、西北的少数民族地区。熙宁七年(1074),力主河湟开边的王韶(1030~1081)向宋神宗建议:

---

① 参阅拙文:《刍议茶的起源》、《战国以前无茶考》,分见《中国农史》1991 年第 3 期,1998 年第 2 期;《神农的传说和茶的起源》,《农业考古》,1996 年第 4 期。

② 《旴江集》卷一六《富国策第十》。

③ 《临川文集》卷七〇《议茶法》。

④ 《龙云集》卷二八《策问三六·茶》。

⑤ 参见拙文《茶马贸易之始考》,《农业考古》1997 年第 4 期。

"西人颇以善马至边,其所嗜唯茶,而乏茶为市①。"而当时西北西南少数民族则"不可一日无茶,犹一日而无食②。"北宋以来博马茶皆为粗茶,南宋乾道末,"赵彦博为提举[茶马],始以细茶遗之";从而吊足蕃夷胃口,乃至"尽食永康细茶,而宕昌之茶贱如泥土"。南宋中期以后,甚至"徼外夷人亦有即山种茶者,由是纲茶遂为夷人所贱。仅广汉之赵坡,合州之水南、峨眉之白芽、雅安之蒙顶"等蜀茶中名品,尚为"土人亦自珍之③。"神宗时,约茶一驮易马一匹,至哲宗时,虽茶数倍却马不至。洪中孚(1049~1131)在回答哲宗时建策云:"蕃部日饮酥酪,恃茶为命,若稍重茶禁,不急于马,则马自至④。"可见在银、绢、茶、盐等易马物中,茶居首位。茶马比价上升又马不至的原因,在于蜀茶的走私贸易;应对之方,则在于申严茶禁。北宋后期,黄庭坚曾以极富诗意的语言概括了北宋王朝茶马贸易的长盛不衰:"蜀茶总入诸蕃市、胡马常从万里来⑤。"南宋沿袭了这一榷茶买马的既定政策,而且将"以无用之物易有用之物"的原则发挥得淋漓尽致,在茶马比价不断攀升的过程中,创造了茶马司富甲一方的神话和奇迹。为四川财政作出巨大贡献。

南宋时期,虽然每年易马数量仅为北宋之半,但用茶的数量却节节攀升。大体上北宋岁易马在二万匹左右,南宋仅万匹,且多不及额。北宋熙丰年间约一驮茶可易一马,至北宋末徽宋时则涨价至二驮半茶方可易一马;南宋时则下马须十驮茶才能易一马,上马则非银钱而不可得。北宋时易马茶以四色纲茶为主,即以粗茶为主,南宋时只有雅州名山茶尚可充易马之茶,

---

① 《宋会要辑稿》职官四三之四八,《宋史》卷一六七《职官七》。
② 《古今源流至论》续集卷四《榷茶》。
③ 分见《朝野杂记》甲集卷一四《蜀茶》,点校本第306页;《宋史全文》卷二六上,《通考》卷一六〇《兵考》一二。
④ 《新安志》卷七《洪尚书》。
⑤ 《山谷集》卷一二《叔父给事挽词十首》之七。

蕃人更求细茶①。马价贱时茶价亦低，而马价贵时，茶价亦贵。官府所得茶息税钱也更多。如果南宋以岁易马万匹计，考虑到易马物还有银钱绢盐等物，如果以茶易马为其 75% 计，估计南宋时每年易马茶至少在 750 万斤左右，已超过北宋易马茶（平均每匹以二驮茶计）400 万斤的 87.5%。考虑到川陕人口众多，食茶数量颇多；尤其是梯田、山地的大规模垦辟，茶苗移栽技术的推广，川茶在南宋中期以后的产量达到创纪录的四千万斤完全有可能②。因此，茶马贸易对川茶的需求成为南宋茶业发展的重要原因之一。

第二次绍兴和议签订后，至金被蒙古所灭的近百年间（1142～1234），宋金处于长期的对峙状态。南北之间的经济、文化交流与日俱增，其中南宋茶的北传和金在部分地区植茶即为这种交流的重要内容之一。女真原无饮茶的习俗，随着与南宋交往的进展，茶艺和茶俗的北传就成势所必然。除了伴随交聘的赐与及小规模的使节贡赐贸易外，大量的南茶北输主要通过设在划疆而治的边界榷场进行，而为数更多的南茶则往往以走私贸易的方式进行，这种贸易的规模与数量也相当大。有史料可证：

> 绍兴二十九年九月七日，右正言王淮言：臣伏睹去年敕书累降指挥，禁止沿淮私渡，博易物色。访闻两淮之间，尚多私相贸易之弊。如楚州之北神镇、杨家寨，淮阴县之磨盘，安丰军之水寨，霍邱县之封家渡，信阳军之齐冒镇及花靥、枣阳，旧有榷场去处不可胜数。其间为害

---

① 《宋史》卷一六七《职官志》载：元符末，都大茶程之邵召对，徽宗询以马政。之邵言："戎俗食肉饮酪，故贵茶，而病于难得。"《宋会要·职官·都大提举茶马司》（《宋会要辑稿》四三之七五）载：建中靖国元年（1101）四月三日，户部状引茶事司奏称："蕃戎性嗜名山茶，日不可阙。"是说四色纲茶中，最重雅州名山茶。范成大称：大理马，"诸蛮驱至横山场互市，每低一寸，减银十两。如四尺四寸者，银四十（一）两；三寸即三十两。"（原疏已佚，转引自黄震《黄氏日抄》卷六七《石湖文·论马政四弊》。）

② 北宋元丰时四川茶产量为 3000 万斤，南宋绍兴年间则为 2102 万斤。详拙文《唐宋茶产地和产量考》（刊《中国经济史研究》1993 年第 2 期）。但此仅成都府、利州路所产，如加上潼川府、夔州路之茶及南宋丘陵山地大量垦辟等因素，今估计川茶南宋中期以后的产量应为南宋初的二倍，比北宋全盛时增 30%，即为 4000 万斤左右。这种估计似仍相当保守，《朝野杂记》甲集一四《夔州茶》称：韩球（字美成）"在茶司，尽取园户加饶之茶为正额，有一场而增至二十万斤者。"此仅达州一场增额数，而夔路之数原又不在统计之列，更何况又有至少数百万斤的川陕食茶也不在统计数内。

最大,天下之所共知,商贾之所辐凑,唯蒋州之西地名郑庄号为最盛。甚者如茶、牛、钱宝,巧立名目,一例收税,肆行莫禁。以岁计之,茶不下数万引,牛不下六七万头,钱宝则未易数计。不可不虑也。诏令逐州知通、本路帅宪觉察措置①。

自绍兴十二年(1142)起执行的第二次绍兴和议规定,双方在淮东、荆襄及西线大散关一线划定的边界两侧,开放定期的権场。后因走私贸易规模过大,官方无力控制,金方曾于绍兴二十九年一度关闭设在唐、蔡、邓、秦、巩、洮州、凤翔府等处権场,仅留与淮东盱眙军隔淮相望的泗州権场。但就南宋方面而言,仅在隆兴北伐期间,短期关闭过通商口岸;而其余时间则设在盱眙军、楚州、安丰军、寿春府、光州、信阳军、枣阳军、襄阳府、兴元府等各地的数十権场一直开放为官方権场,供双方客商进行贸易。不过,有不少物品无论官方或走私贸易均在严禁之列。如武器及其制作原材料、银绢、铜钱、书籍、还有就是上引史料提到的茶和耕牛。茶在南宋,除少数地区为禁茶地分及蜡茶一度有禁外,一般沿袭北宋末的政和茶法规定,买引及纳税即可商贩。茶引只作为经营许可证和纳税凭证使用。为何将茶列为禁物,一是茶引与银绢交易有密切关联,茶引作为有价证券可以炒卖及异地交易,与现代意义上的股票相仿;二是茶为博马的主要支付物,体现了以无用(过剩之陈茶)易有用(急需的马匹)的既定国策。但禁者自禁,走私贸易的规模始终相当大,在南宋各地,表现为"茶寇"的绵延不绝;在边界则表现在大规模的走私贸易。孝宗以后,通过倍纳翻税及征收回货之税等,也开放贩茶过淮。从上引史料看,仅蒋州郑庄一地,即达茶引数万引②。南宋各地茶引名色颇多,有长短引、大小引、蜡茶、末茶、片茶、水磨茶引等,又有食茶小引之类,又有地区之别,程限长短,各种引所可贩卖的茶斤有相应的规定。如姑

---

① 《宋会要辑稿》食货三八之三八。

② 蒋州,即光州(治今河南潢川)。据《宋史》卷八八《地理四》称:"绍兴二十八年,避金太子光瑛讳改蒋州。"《系年要录》卷一九五绍兴三十一年十二月癸卯载:因完颜亮渝盟侵宋,应御史中丞汪澈之请,又复改蒋州为光州;同时将避光瑛讳改光化军为通化军也复旧称。避敌国太子之讳而改地名,充分暴露高宗甘充儿皇帝的心态,汪澈称之为"尤可切齿"(第327册,第803页)。这在中国古代史上也是极为罕见之例。

以每10贯许贩茶100斤的短引保守估计①,则蒋庄一地走私茶至少数百万斤以上。其耕牛走私达六七万头也相当惊人。因此,宋金榷场贸易茶如估计为上千万斤是相当保守的数据。

从《金史》的记载看,就更清楚了。与南宋对峙的金原不产茶,故茶自宋人岁供之外,皆贸易于宋界之榷场,金的交易物主要为银绢,其数量相当惊人。"商旅多以丝绢易茶,岁费不下百万,是以有用之物易无用之物。"金"河南、陕西凡五十余郡,郡日食茶率二十袋,袋直银二两,是一岁之中妄费民银三十余万也②。"每天消费1000袋,一年为36.5万袋,则应值银73万两,折钱146万贯,如果上述易茶之丝绢为百万匹的话,折钱就更高达500万贯。金统治区多为北宋故地,百姓嗜茶成习,早已视若为盐米等生活必需品,且又"比岁上下竞啜,农民尤甚,市井茶肆相属③。"女真人也加入了竞相喝茶的行列。通过榷场和走私贸易流入金的南茶至少上千万斤,导致金的银绢大量外流,乃至金政府对百姓下达了禁茶令。榷场及走私贸易流入金的茶为南宋政府及茶商赢得高额利润,在消费量和高额茶利的双重刺激下,茶叶生产规模的扩大是势所必然。这是南宋茶业发展的原因之二。

更重要的是,南宋由于人口压力,大规模垦辟梯田山地,且又南宋全境的气候、土壤、自然条件均适宜茶树生长。当代茶树栽培研究表明:茶树能

---

① 史料中所见各色茶引对应的贩茶斤数罗列如下:(1)政和三年(1113)七月二十日,"诏令太府寺更印给一等十贯短引,许贩茶一百五十斤。"(2)同年八月十七日,尚书省言,水磨末茶:"长引纳钱五十贯文,贩茶一千五百斤;三十贯文,贩茶九百斤";"十贯文短引,许兴贩三百斤。"(3)宣和三年(1121)十月五日,"承御笔:每长引一百贯,许贩茶一千五百斤;短引每一十贯,许贩茶一百斤。"(4)建炎三年(1129)九月,"承朝旨别印造一等食茶小引,每引五贯文,许贩茶六十斤,不得出本州界货卖。一度废除,淳熙后仍印造(以上分见《宋会要辑稿》食货三二之四,三二之五,三二之一三;三二之二三及《通考》卷一八)。(5)嘉熙四年(1240),创制置茶盐使,以户部尚书岳珂兼领,置司建康府。时"草茶以百二十斤为一长引,百斤为一短引;末茶百二十斤为一长引,九十斤为一短引。""客贩茶每一长引收钱十二贯三百六十文,每一短引收钱一十贯三百文,皆审验钱,内有分隶曰吏禄钱。"(以上见《景定建康志》卷二六《提领江淮茶盐所》,《丛刊本》第1776～1777页。)

② 《金史》卷四九《食货四·茶》。同书同卷又云:"茶以南方例,每斤为袋,直六百文";又称所造"为温桑,实非茶也",故令每袋减价三百文。卷四八《食货三》云:银"每两折钱二贯",则金之温桑伪茶只有南宋进口茶价的6.67%。

③ 《金史》卷四九《食货四·茶》。

在生态条件幅度较宽的环境下栽培、生长、育成。不同生态类型的茶树品种,其所适应的生态幅度范围也颇有差异。一般而言,其相适应的温度在 -10℃~40℃间,茶树生长期不低于10℃的积温应在5000℃左右。年降水量应大于1000毫米,月降水量大于100毫米,新梢最适宜空气相对湿度大于10%,土壤湿度应保持在田间挂水量的70%以上。土壤要求土层深厚,质地疏松,底土无粘硬磐石层,PH值在4.5~6.5间,有机质含量丰富,含有一定量值的速效氮磷、钾及各种矿物质元素,坡度以20℃为宜。海拔增高,光、温、水、气条件更比低地优越,故易得优质名茶①。一般而言,秦岭、淮河以南地区,均为适宜栽茶的生态区,南宋疆域绝大部分在这一生态区内,这是南宋茶业大发展的原因之三。当然还有粮食总产与单产的大幅增加,可以养活更多的人口;种茶的利润(收益)远高于种粮等原因。

二、南宋茶产地和产量

约在20年前,我曾就唐宋茶产量和产地进行过统计和分析,指出宋代较唐、五代时产地扩展,产量增加的趋势,并估计唐茶产量为6000万斤左右,南宋初则宋茶达到1.65亿斤,这是从唐、宋茶利、茶税及影响茶产量的诸因素进行比较分析后得出的结论。自信在个别细节上仍需进一步完善外,尚不至大谬不然②。今据南宋的史料对宋茶产地和产量作补充说明。

先说茶产地:上述拙文据陆羽《茶经》列表称中唐时期43州产茶,原注中已称:据近人考证,唐茶产地多达76州③。台湾朱重圣教授考证后指出,北宋产茶凡15路、97郡、277县(其中2城)④。拙文又据《宋会要辑稿》食货

① 参阅陈宗懋主编《中国茶叶大辞典》第115~145页,中国轻工业出版社,2000年。
② 拙文《唐宋茶产地和产量考》,刊《中国经济史研究》1993年第2期,又收入邓广铭先生主编《宋史研究论文集》第64~93页(河南大学出版社1993年)。此为提交1992年在开封召开的宋史年会论文。
③ 上引拙文,见《中国经济史研究》1993年第2期脚注③,出处为中国农科院茶叶所主编《中国茶树栽培学》第9页,上海科学技术出版社,1986年。张泽咸《汉唐时期的茶叶》则指出唐、五代时期产茶凡69州,见《文史》第11辑,第61~79页,中华书局,1981年。
④ 朱重圣《北宋茶之生产与经营》第93~108页,台北学生书局,1985年。

二九之二至五①附列表五:《南宋初东南十路茶产地产量》,表中考证出南宋初(1162~1173)的宋茶产地为东南 10 路、66 州郡及 242 县②。加上未列入的淮东路及四川四路,南宋 16 路各路均产茶无疑。今将拙文上表移录入本书为表一;又补考东南十二路中其余的产茶州县及四川四路的产茶州县,分列为表二及表三③。其中的县分仍有遗漏;未明县分的,仅列州郡治所所在地县名;但州郡大体上能反映出南宋时期产茶地的分布概况。综上三表,南宋产茶地区为境内 16 路、129 州郡和 333 县,可见较之上述唐、五代、北宋产茶地区又有进一步的扩大。更有甚者,以茶子种植或茶苗移栽的方式,茶的种植面积更扩展到西北、西南地区的边界境外及过淮至金统治的地区,这种情形在以下关于宋茶栽培的技术进步一节中详加探究。

表一:南宋初东南十路茶产量产地

路名	项号	府州军名	茶产量(斤)			东南十路各州军产茶县名	小计
			绍兴 32 年 (1162)	乾道年间 (1165~1173)	绍兴 32 年对照数		
两浙东路	(1)	绍兴府	385 060	333 900		会稽、山阴、余姚、上虞、萧山、新昌、诸暨、嵊县	8
	(2)	明州	510 435	346 066		慈溪、定海、象山、昌国、奉化、鄞县	6
	(3)	合州	19 258	20 700		临海、宁海、天台、仙居、黄岩	5
	(4)	温州	56 511	47 850		永嘉、平阳、乐清、瑞安	4
	(5)	衢州	9 500	11 424		西安、江山、龙游、常山、开化	5

---

① 参校《宋会要辑稿》食货一七至二二,《宋会要补编》第 290~292 页。

② 拙文将乾道年间产量误为淳熙年间,今特订正(据陈智超《解开宋会要之谜》第 67 页之考,孝宗朝会要凡三修,均名《淳熙会要》,但今本《宋会要辑稿》条末注出于《乾道会要》者,记事止于淳熙前)。又《系年要录》卷一七称:"合东南之茶六十五"乃误夺广西郁林州,《朝野杂记》甲集卷一四《总论东南茶法》可证。但是书诸本(点校本第 303 页)及《玉海》卷一八一均称"六十州",殆误脱"州"上之"六"字。

③ 此二表所及地名均以李昌宪撰《中国行政区划通史·宋西夏卷》第 509~587 页(复旦大学出版社,2007 年)所列为据,史料中可考县名者详列之,不可考者,均仅列府州军监治所地县名,因此,此二表中县数挂漏尤多。最后一栏出处中书名、篇名过长者用简称或简化。又,表三是对表一的补充,故名之曰"补表"。

续表

路名	项号	府州军名	茶产量（斤）			东南十路各州军产茶县名	小计
			绍兴32年（1162）	乾道年间（1165~1173）	绍兴32年对照数		
	(6)	婺州	63 174	63 714		金华、兰溪、东阳、永康、浦江、武义、义乌	7
	(7)	处州	19 082	18 111		丽水、龙泉、松阳、遂昌、缙云	5
	(8)	7	1 063020	841765	83021		40
两浙西路	(9)	临安府	2190632	2083130		钱塘、于潜、临安、余杭、新城、富阳	6
	(10)	湖州	161501	79446		乌程、归安、德清、武康、长兴、安吉	6
	(11)	严州	2120160	2569640		建德、寿昌、淳安、遂安、桐庐、分水	6
	(12)	平江府	6200	700		吴县	1
	(13)	常州	6122	6300		宜兴	1
	(14)	5	4484615	4739216	4484500		20
江南东路	(15)	太平州	200	200		繁昌	1
	(16)	宁国府	1120652	778350		宣城、南陵、太平、宁国、旌德、泾县	6
	(17)	徽州	2102540	2286100		休宁、婺源、绩溪、祁门、黟县、歙县	6
	(18)	池州	280489	59720		贵池、青阳、石埭、建德	4
	(19)	饶州	135555	107140		鄱阳、浮梁、德兴	3
	(20)	信州	10931	10200		上饶、铅山、弋阳、玉山、永丰、贵溪	6
	(21)	南康军	39149	473490		星子、建昌	2
	(22)	广德军	69710	26280		广德、建平	2
	(23)	8	3759226	3741480	3759129		30

续表

路名	项号	府州军名	茶产量(斤)			东南十路各州军产茶县名	小计
			绍兴32年(1162)	乾道年间(1165~1173)	绍兴32年对照数		
江南西路	(24)	隆兴府	2819425	3041010		靖安、新建、分宁、奉新	4
	(25)	建昌军	9580	9400		南城、南丰、新城、广昌	4
	(26)	赣州	10400	7400		瑞金、赣县	2
	(27)	吉州	10780	9700		庐陵、永新、永丰、太和、安福、万安、吉水、龙泉	8
	(28)	抚州	21726	3600		临川、崇仁、宜黄、金溪	4
	(29)	袁州	90683	30700		宜春、萍乡、万载、分宜	4
	(30)	江州	1465250	1486720		德化、瑞昌、德安	3
	(31)	筠州	8316	14100		高安、新昌、上高	3
	(32)	兴国军	936555	147160		永兴、通山	2
	(33)	南安军	4150	3500		大庾、上犹、南康	3
	(34)	临江军	6603	6900		清江、新喻、新淦	3
	(35)	11	5383468	4760190	4453197		40
荆湖南路	(36)	潭州	1034827	1025349		善化、长沙、浏阳、湘阴、澧陵、衡山、宁乡、湘潭、安化、益阳、湘乡、攸县	12
	(37)	衡州	1675	5449		耒阳、安仁、常宁、茶陵	4
	(38)	永州	20310	20310		零陵	1
	(39)	邵州	6250	6250		邵阳、新化	2
	(40)	全州	3850	4400		清湘、灌阳	2
	(41)	郴州	10994	1994		永兴、宜春、桂阳、郴县	4
	(42)	桂阳军	1325	1125		平阳、蓝山	2
	(43)	武岗军	46615	9823		武冈	1
	(44)	8	1125846	1074700	1135348		28
荆湖北路	(45)	常德府	130180	129900		武陵、桃源、龙阳	3
	(46)	荆南府	3025	2500		江陵、松滋、石首、枝江	4
	(47)	荆门军	100	/		当阳	1
	(48)	沅州	371	/		庐阳、麻阳	2
	(49)	归州	48500	35300		秭归、巴东、兴山	3
	(50)	辰州	2339	/		沅陵、辰溪	2
	(51)	澧州	11500	11500		沣阳、石门、慈利	3
	(52)	峡州	30800	19580		夷陵、宜都、长阳、远安	4
	(53)	岳州	501240	500960		岳州、巴陵、平江、临湘、华容	5
	(54)	鄂州	177710	177240		蒲圻、江夏、通城、武昌、嘉鱼、咸宁、崇阳	7

续表

路名	项号	府州军名	茶产量（斤）			东南十路各州军产茶县名	小计
			绍兴32年（1162）	乾道年间（1165~1173）	绍兴32年对照数		
	（55）	10	905765	866980	905740		34
福建路	（56）	南剑州	10100	29835		将乐、尤溪、剑浦、顺昌、沙县	5
	（57）	福州	210	170		古田	1
	（58）	建宁府	950000	983493		建阳、崇安、浦城、松溪、政和、瓯宁、建安	7
	（59）	汀州	10100	5200		宁化、上杭、清流、武平、长汀、连城	6
	（60）	邵武军	11259	19186		泰宁、邵武、建宁、光泽	4
	（61）	5	981699	1037884	981669		23
淮南西路	（62）	舒州	10339	11805		怀宁、太湖、宿松、桐城	4
	（63）	庐州	226	1816		舒城	1
	（64）	蕲州	7132	7673		蕲春、广济、黄梅、蕲水、罗田	5
	（65）	寿春府	1560	1657		六安	1
	（66）	4	19257	22951	19358		11
广南东路	（67）	循州	1700	1400		龙川	1
	（68）	南雄州	900	400		保昌	1
	（69）	2	2600	1800	2600		2
广南西路	（70）	融州	2000	／		融水	1
	（71）	静江府	72228	48123		临桂、灵川、兴安、荔浦、义宁、永福、修仁、古县	8
	（72）	浔州	1100	1995		平南	1
	（73）	郁林州	6200	1240		南流、兴业	2
	（74）	宾州	650	700		岭方	1
	（75）	昭州	7500	470		立山	1
	（76）	6	89736	52528	89796		14
合计	（77）	66	17815202	17139494	15914358		242

表二:南宋四川四路茶产地及茶名汇总表

路名	府州军监名	县(茶场)名	茶名	史料出处与备考
成都府路	邛州	临邛、大邑、火井	雾中茶等	《剑南诗稿》卷5《九日试雾中僧所赠茶》,《胜览》卷56,《宋会要》食货29之7
	雅州	名山、荣经、百丈、茶场	名山、蒙顶茶等	《宋会要》职官43之85,《宋史》卷184
	彭州	崇宁、九陇、濛阳	堋口、蒲村茶等	同上职官43之86,食货30之13
	永康军	青城、导江	青城茶	同上职官43之86
	蜀州	永康、江源、晋源	味江、片甲、小方	同上食货29之7,《东斋记事》卷4,《净德集》卷1
	汉州	什邡、绵竹	杨村茶	同上职官43之86
	绵州	彰明、罗江、巴西	兽目、小团、昌明	同上职官43之76、43之94,《元丰九域志》卷7
	嘉州	峨眉、洪雅	峨眉、中峰茶	同上食货30之13,《通考》卷18《征榷五》
	眉州	丹稜、青神	青神山茶等	同上食货30之13
	广安军	渠江	牛角洞茶	民国《广安县志》卷12《土产》、卷38《古迹》,称宋代产茶
	石泉军	石泉、神泉、龙安	神泉、松岭关茶	《宋会要》食货31之13,《纪胜》卷152,《胜览》卷56
	成都府	华阳县	赵坡茶	《剑南诗稿》卷8《晚过保福》
小计	12	29		内雅州茶场视同县分
利州路	兴元府	南郑、西县、油麻茶场	大竹、万春、瑞金茶	《宋会要》职官43之88、43之94,食货29之7
	洋州	西乡	洋州茶	同上职官43之85
	兴州	顺政、长举	博马茶	同上职官43之53、43之100
	大安军	三泉	博马茶	同上职官43之94
	巴州	化城	巴茶	同上食货36之32
	金州	西城、汉阴、平利、石泉	博马茶	《宝庆四明志》卷九
	剑门关	剑门	梁山寺茶	《舆地纪胜》卷192
	利州	昭化	罗村茶	《宋会要》职官43之76,《东斋纪事》卷4
小计	8	14		其中兴元府茶场一,视作县分

路名	府州军监名	县(茶场)名	茶名	史料出处与备考
潼川府路	合州	石照	水南茶	《舆地纪胜》卷159,《胜览》卷46,《宋会要》食货32之15
	荣州	荣德	秋茶	《剑南诗稿》卷6《初到荣州》
	普州	安居	茗山茶	《舆地纪胜》卷158
	渠州	大竹	大竹茶	《宋会要》食货32之15
	泸州	泸川	泸州茶	同上,《宋会要补编》第699页上
	长宁军	安宁	安宁茶	同上食货32之15
小计	6	6		
夔州路	夔州	奉节、巫山	麝香山、真香茗	《剑南诗稿》卷30《三峡歌》之四
	黔州	彭水	雨前春、都濡茶	《石湖诗集》卷16《夔州竹枝歌》九首之五,《庆湖遗老诗集》拾遗《僧自峡中来持黄黔州手制茶》
	重庆府	江津、巴县	狼猱山茶	《太平寰宇记》卷136
	大宁监	巫溪	辣茶	《舆地纪胜》卷181
	达州	东乡	饼团茶、散茶	《宋会要》食货31之13
	忠州	龙渠	饼团茶、散茶	同上
	思州	务川	历产名茶、白茶	《舆地纪胜》卷178;唐代已产茶,《茶经》已载
	播州(珍州)	乐源	历产名茶、白茶	《方舆胜览》卷61,同上
	万州	南浦、武宁	土茶、茱萸茶	《石湖诗集》卷16《万州》
小计	9	12		
	35	61	·	

表三:东南诸路茶产地及茶名补

路名	府州军名	县名	茶名	史料出处及备考
两浙西路	镇江	丹阳	草茶	《景定建康志》卷26《提领江淮茶盐所》
	常州 ▲	无锡	草茶	同上,《诚斋集》卷27《惠泉分茶》
	江阴军	江阴	草茶	同上《景定建康志》卷26
小计	3	3		
江东	建康府	溧阳	草茶	同上
江西	筠州 *	新淦	黄蘗茶	《南轩集》卷6《筠州曾使君寄馥中州新茶》
	兴国军 *	大冶	桃花茶	《茶山集》卷6《张耆年置酒煎桃花茶》

续表

路名	府州军名	县名	茶名	史料出处及备考
小计	2	2		
淮南东	盱眙军 滁州 扬州	盱眙 清流 江都	擂茶 瑯琊茶 蜀冈春芽	路德章《盱眙旅舍》(《宋诗纪事》卷71) 《参寥子集》卷9《瑯琊山茶仙亭呈曾子开》 《鸡肋集》卷20《扬州杂咏》七首之四
小计	3	3		
淮西	和州 黄州 光州	历阳 麻城 定城	草茶 散茶 薄侧、东 首、浅山	张祁《答人觅茶》(《宋诗纪事》卷48) 《宋会要》食货30之5 《通考》卷18《征榷五》
小计	3	3		
湖南	衡州*	衡阳	芭蕉、上封茶	《南轩集》卷2《芭蕉茶送伯承》、《上封新茶》,《于 湖居士文集》卷4《福岩》
湖北	复州 荆南府*	竟陵 公安	大方茶 孙黄茶	《通考》卷18《征榷五》,《宋会要》食货29之9 《石湖诗集》卷15《孙黄渡》
小计	2	2		
福建路	兴化军 漳州 福州*	莆田 龙溪 闽县	壶山茶 漳州茶 鼓山、生芽、 露芽	《屏山集》卷19《分茶公美子应》 《东莱诗集》卷15《谢宇文漳州送茶》 《说郛》卷21引《臆乘·茶》
小计	3	3		
广南东路	广州 德庆府 肇庆府	南海 端溪 四会	樵茶 茗山茶 高望山茶	同治《南海县志》卷8《物产》 《舆地纪胜》卷101 同上卷96
小计	3	3		
广南西路	高州 郁林州* 容州 宾州* 邕州 昌化军	电白 博白 普宁 上林、迁江 宣化、武缘 宜伦	茶山茶 黄茗山茶 竹茶 古禄、明山、 迁江 茗山、生獠茶 紫茗	《舆地纪胜》卷117 同上卷96 《大典》卷2339引《寰宇记》 《舆地纪胜》卷115 同上卷111 《东坡全集》卷32《和陶·和刘柴桑》
小计	6	8		
京西	郢州	京山	雨前茶	郑文宝《寒食经秀上人诗》(《舆地纪胜》卷84)
合计	28	30		其中8州郡已见表一,州名后标*号,实新增20州 郡

以上列三表合而观之,南宋产茶地区凡 16 路,州郡数为 129 个,县分更多达 333 个,约分别占南宋末 199 州郡 64.82% 及 718 县的 46.38%[①]。需要说明的是,制成这三表所据的史料仍相当有限,如扩大史料的搜集范畴,相信产茶州县地分当不止于此。南宋诸路均产茶,表一所载东南十路,今表三所载之淮东、京西路均产茶;表一所载为 66 州郡和 242 县,表三新增 28 州郡及 30 县,足证茶园南宋中后期较北宋及南宋初进一步扩大。

茶叶种植面积的扩大,必然导致茶叶产量的增加,影响茶叶产量的因素尚远不止此。我在近 20 年前撰写的拙文中已指出:北宋史料中的买茶额,加上折税茶及各种名目的折纳茶、贡茶、食茶、耗茶、私茶、水磨茶及茶特有的大小斤计量等,均影响茶叶产量的框估。拙文估计宋茶产量为 1.5 亿斤左右,较之唐茶产量约 6000 万斤,增长 150%[②]。这应指北宋末的情况而言。南宋的茶产量,较之北宋是增长还是下降,这是个不容回避且必须面对的问题。从表面上看南宋国土只有北宋的 60% 左右,但实质上北宋时的产茶地区除极个别例外,全在南宋境内,而且从上述考证可知,南宋种植茶的区域和面积均有扩大和增长。南宋影响茶产量的主要因素有以下诸项:

(1)私茶 南宋基本上实行钞引法卖茶,马端临《通考·征榷五》评价为"乃通商之法,但请引抽盘,商税苛于祖宗时耳。"此说未尽确,应该说卖引法,仍是官方专卖体制下有限的通商法。政和二年(1112)颁行的合同场法中,蔡京又专设条款对引法进行规范,凡请长引者,交钱 100 缗,如欲往陕西,加收 20 缗,均付给 120 缗的茶;短引输钱 20 贯,付给 25 贯的茶。南宋建炎二年(1128),赵开又参照卖引法,进一步完善。于成都置合同场买引所,就近卖引,仍于合同场置茶市,交易必由市;以茶百斤为一大引,茶与引必相随。凡买茶引,每斤春茶 70 文,夏茶 50 文,仍旧加收市例、头子钱(手续费)。茶过税每斤纳 1 钱,住征 1.5 钱,商茶税率分别为 1.67% 和 2.5%(以

---

① 以上州郡数据宋本《方舆胜览》(线装本)卷首目录统计,又是书将利州路分为东、西二路,如是,则南宋为 17 郡。但据《宋史》卷八九《地理五》:绍兴十四年(1144),分东西两路;绍熙五年(1194)复合为一;庆元二年(1196)复分,嘉定三年(1210)复合;十一年又分。则分合无常,今仅以一路计。

② 参见拙文《唐宋茶产地和产量考》,《中国经济史研究》1993 年第 2 期。

均价 60 文计),略低于一般物品商税率。茶引法的弊端,主要是强行科配摊派,与民争利,对商税征管、稽查极严,对私贩打击严酷,乃至有"伤人如虎"之讥。南宋茶引法虽亦屡有更改,但框架未变,仍在赵开茶法的模式下运行。南宋没有大规模的农民起义或农民武装斗争,但"茶寇"之患却始终困扰着南宋统治者。如叶浓、范汝为、赖文政及南宋后期的汀州"茶盐之寇"均与贩私茶有关①。北宋后期,秦凤路的泾州已是"民冒茶禁,日或千人"②,此言人数之众。但这仅是不产茶地区贩卖民间日常食茶的情景,而且仅限于不产茶的所谓禁茶地分。至南宋初,贩私茶的情景相当严重。史称:"至于徽、严、衢、婺、建、剑、虔、吉数州,其地阻险,其民好斗,能死而不能屈,动以千百为群,盗贩茶盐,肆行山谷"③。此述地域之广。南宋"私贩之多,百倍于有引贩茶之数"④。此虽未免言过其实,但贩私规模之大,人数之多,地域之广都是前所未见的。所谓百倍于引茶之数,或为强调贩私严重的夸大之词;但即使是数倍于引茶的私茶也是一个天文数字,如以绍兴末祖额 1781.5 万斤 6 倍计,私茶已上亿斤。

(2)食茶 宋制:"其给日用者,谓之食茶,出境则给券⑤。"食茶涉及面广,数量惊人。大中祥符二年诏令:"村坊百姓买供家食茶末五斤以下,出门者免税"⑥。叶清臣在景祐中上疏建议弛茶禁行通商法时说到天下户 10296565,三分之一为产茶州军⑦,其余三分之二人户需买食茶,姑以最低标准,免税的 5 斤末茶计,已是 3432 万斤,即使打个对折,仍要 1700 余万斤。陕西旧通蜀茶,崇宁三年(1103),始通东南茶⑧。政和二年(1112),户部引张翚状称:积压"食茶 7.5 万驮",合 750 万斤。可见食茶数额之大一斑。这

① 参见何竹淇《两宋农民战争史料汇编》,下编第 1 卷第 7 ~ 13 页,第 2 卷第 142 ~ 182 页,第 8 卷第 367 ~ 387 页。
② 黄庭坚:《黄文节公全集》卷三〇《朝奉郎泾州韩君墓志铭》。
③ 卫博:《定庵类稿》卷四《与人论民兵书》。
④ 李椿:《请改茶引价钱疏》,《历代名臣奏议》卷二七一。
⑤ 《宋史》卷一八三《食货志》,第 4478 页。
⑥ 《宋会要辑稿》食货一七之一五。
⑦ 《宋史》卷一八四《食货志》,第 4495 页。
⑧ 《宋史》卷一八四《食货志》,第 4504 页。

是北宋期间食茶的概况,随着南宋茶饮的进一步普及,商业化浪潮的风起云涌,城镇化进程的日益发展,食茶的规模较之北宋,有增无已。以南宋初茶叶销区华亭、海盐二县为例,配敷的食茶即至少高达102万斤。《云间志》卷上载,不产茶的华亭县有配敷的卖茶额901017斤,浙江海盐不产茶,亦要"科卖于邑",立卖茶钱租额为1200缗①。宋食茶均为末、散茶,价格低廉,如以均价每斤10文计,则两县配敷102万余斤,可想见全国数量之大。如仍以每户食用散末茶五斤计,则南宋中期户数达1500万户,应消费食茶7500万斤,如果以50%计,则食茶至少在3750万斤。食茶中另一大项消费为星罗棋布于全国各地的茶馆耗用的茶叶,姑以全国茶馆低估为五千家,每天每家茶社消费二斤茶叶计,则已为365万,与百姓食茶合计则至少4115万斤。

(3)贸易茶　关于南宋初的东南茶产量,仍有必要作些补充说明和考证,表一中第(77)项分列绍兴三十二年(1162)、乾道年间(似应为1173年)的产量,分别为1781.5万斤及1714万斤,二者差额为67.5万斤。按情理乾道末应比绍兴末茶产量有所增加,但却不增而反略降,李心传已指出原因主要有三:一是"产茶既盛,民多盗贩";二是乾淳间乃所谓"茶寇"盛行之际;三是"东南茶皆自榷场转入虏中,亦有私渡淮者,虽严为稽禁,而终不免于透漏焉②。"关于南宋的川茶产量未见明细数据,仅见李心传记载云:"今成都府、利州路二十三处茶场,岁产二千一百二万斤(原注:一千六百十七万,系成都府路九州军凡二十场;四百八十四万,系利州路二州三场)③。"据上表二所考,成都府、利州二路产茶凡20州郡43县,产地几为心传所云增倍,其余州县之所以未列入统计乃非引茶或博马茶。潼川府与夔州路另有至少15州郡及18县产茶未列入官方统计,原因同上。但令人费解的是忠、达州茶在绍兴

---

① 苏梦龄:《盐官重建公宇记》,转引自《全宋文》第27册,第206页。

② 《朝野杂记》甲集卷一四《江茶》,点校本第304页。另外,由于统计数据的误计及各书传抄的误差也会导致产量失实。如表一茶产量一栏列有绍兴三十二年的两组数据,前者出于《宋会要》,后者出于《朝野杂记》。第(9)项临安府前者作219万,后者作290万;第(24)项前者作282万,后者作228万,显为后二位数之讹倒而不一致,导致失实,必有一误。正是这种数据的不一致,导致同一年岁产茶总额有190.1万斤的差异。统计数据失实也是影响茶产量估测的重要原因之一。

③ 《朝野杂记》甲集卷一四《蜀茶》,点校本第306页。

中已禁榷,又于渠、合州、广安军置合同场,却不列入南宋中期蜀茶的统计数。

上引岁产2102万斤的蜀茶,心传称"今"之产量,考李氏自序,是书甲集成于嘉泰二年(1202),则所谓"今"者,应指嘉泰元年(1201)或庆元末(1200)之年产量。这一数据实际上也并不可信,首先,夔州和潼川府路未列入统计,以夔州为例,虽合同茶场"岁收以八万斤为额",但韩球在任时(1147～1149),就以"尽取园户加饶之茶为正额,有一场而增至二十万斤者"。即三场正额茶为24万斤,而加饶的增额茶即达五十六万斤,合计为七八十万斤,还仅是忠州、达州二州的状况。如以绍兴二十六年(1156)秘书省正字张震之说,"今茶场每百斤加饶率过半"而计之,则川蜀四路所产茶至少应在官方统计数上加倍,何况,因加饶茶的苛重,茶农及商贩,"于是起为私贩"①的状况在川蜀四路同样也很严重,丝毫也不亚于东南各地。因此,笔者估计南宋中期川茶岁产4000万斤,合东南所产为1.65亿斤仍是比较保守的估计,有充分的史料依据,而绝非凿空臆估。

综上所述,影响南宋茶产量统计数据的因素主要有食茶、耗茶即加饶茶、走私茶及茶的大小斤计量等问题。随着茶产地的不断扩大,南宋中期茶产量达到创纪录的1.65亿斤左右应是完全有可能的。如以宋茶每亩的平均亩产量60斤计②,则生产这些茶约占丘陵山地275万亩,仅占本书第三章所估计土地4.5亿亩(以田、地各半计)的0.61%,从种茶土地的占有份额估计,宋茶的产量框估也相当保守。如以今之种茶面积所占比例作对比,1999年我国茶园面积达113.04万公顷,约合1695.6万亩,如同样以当时耕地之半10亿亩计则为1.7%,同比约为800年前的2.79倍,可见宋代茶园的种植

---

① 本节以上引文,均见《朝野杂记》甲集卷一四《夔州茶》,点校本第307页。

② 《四时纂要》卷二《种茶》条云:"每科收茶八两,每亩计二百四十科,计茶一百二十斤。"如以这唐末、五代茶产量视为宋茶亩产,则每一宋斤合640克,每一宋亩合今亩约0.86,折计今量亩产更高达178.6斤;而1999年我国的茶叶亩产不过平均79.7斤;高产的江苏省,1982年10.6万亩茶园,亩均产干茶136斤。宋茶不可能有如此高的亩产量,故以其50%即亩产60宋斤计。以上今茶亩产分据《中国茶叶大辞典》第791页附录表1及《中国茶树栽培学》第20页所载数据折算。如韩鄂之说可信,只有一种可能,其所说产量为毛茶(即鲜叶),约三斤鲜叶可加工成一斤干茶(成茶)。则178.6斤毛茶正合59.5斤干茶。

面积已相当可观。1999 年全国的茶叶产量为 67.59 万吨①,折合 13.518 亿斤,以上框估南宋茶产量为 1.65 亿宋斤,约折合 2.112 亿今斤,则 1999 年的茶叶总产量,约为 800 年前的 6.4 倍。但 1999 年的茶叶亩产为 135180 ÷ 1695.6 = 79.7 斤,即今之亩产只为 800 年前的南宋茶亩产量 1.34 倍,通过这种同口径的比较,可见南宋茶的总产至少应在 2 亿宋斤以上,当然其中唯一的不可确知数据为南宋茶园的面积,如果将种茶用地比例高估为 1%,即达 450 万亩,则已为 2.09 亿宋斤茶总产量。以 1999 年与李心传所说的 1202 年相比,800 年后茶园面积为 2.79 倍,亩产量 1.34 倍,总产量却为不成比例的高达 5.04 ~ 6.4 倍。以这种古今的同口径对比可见南宋的茶叶总产量应在 1.65 ~ 2 亿宋斤之间,仍为相当保守的估计。

以下从一组南宋史料考察,可证南宋茶产量较之北宋及前朝有较大幅度的增长。

(1)崇宁二年(1103)十月二十二日,"提举措置两浙茶事司奏:睦州在城茶场比去年增四十二万三千余斤,卖及九分以上,增数为最,一路州县皆不及。"知通监场官被赏②。睦州(严州)乃两浙茶著名产地,南宋绍兴末、乾道间产量分别达 212 万和 257 万斤。如北宋末以 200 万斤计,则是年增额达 21.15%;如亦卖及九分,则是年销售 231.3 万斤。南宋东南类似之州至少有 10 余个之多。即以表一所载南宋岁产百万斤以上八州郡,合计已 1379 万斤,占南宋初总产量的 77.4%。而北宋末被誉为一路之最的严州,也被临安府超过,在八大产茶州郡中仅居第三,而与徽州的 210 万斤相仿③。

(2)熙淳五年(1178)二月,提举四川茶马朱佺言:入蕃茶大观间岁卖 20 万斤,至乾道四年(1168),威州守臣汤尚之奏请以 50 万斤为额④。这一方面反映南宋对马的需求量上升、茶马比价的上涨,另一方面也曲折反映茶叶产量南宋有所增长,仅威州一地,增额即为 150%。

---

① 1999 年茶园面积和总产量,据《中国茶叶大辞典》第 791 页附录表 1。
② 《宋会要辑稿》食货三〇之三五。
③ 参阅拙文《唐宋茶产地和产量考》及本书附表一。又,绍兴三十二年(1162)临安府茶产量《朝野杂记》甲集卷一四《江茶》(第 304 页)著录为 290 万斤。
④ 《宋会要辑稿》食货三之二四。

（3）淳熙中，仅雅州名山一场"收买博马（买？）纲马茶"就有"二百万斤"之多。（原注：自常有虚增溢额数，如淳熙十二年就"计增茶七万六千七百二十九斤十两"，本以充园户饶润茶。遂入正额纲茶①。）成都府、利州二路23场如以其数之半计，仅博马纲茶就收买2300万斤左右。而据茶马司言：川蜀共管三十四茶场，其余11场，以每场催理茶15万斤计②，又为165万斤。则四川茶场茶应在2500万斤左右。

（4）庆元六年（1200）二月十四日，四川制置司、总领所、茶马司、成都提刑、转运司言："每引元额旧纳土产茶牙市例钱二贯三百文，除权减八百文外，以茶额计之，一岁共减土产钱十万四千九百四十三道③。"这是一条可据以大致推算南宋中期官方掌控的茶产量的重要史料。则设四川的茶引钱X，约在301711.12道。列算式如下：2300 ∶ 800 = X ∶ 104943，X = 104943 × 23 ÷ 8 = 301711。如仍以每引百贯许贩茶1500斤计，则30余万道钱引，当许贩食茶452.5665万斤。这仅为成都府一路的土产茶，如将其余三路估计为1000万斤，则四川土产茶约近1500万斤，与茶场茶合计为4000万斤左右。

（5）"嘉定十一年（1218）分岁计茶引：内江西路茶引已降过二百四十七万六十八贯八百五十五文……④。"据此则是年江西引茶至少在3705万斤，仍以100贯长引贩茶1500斤计。则产茶最多的江西路是年产量至少在2000万斤，作此保守估计是因为在引茶中有部分历年积压的陈茶。

（6）嘉定五年（1212）十月十四日，"中书门下省言，节次已降指挥七项，共给降茶引三百五十万贯，付湖广总领所变卖价钱桩管……⑤。"如仍以每引100贯贩茶1500斤计，则为5250万斤。仅湖广地区贩卖之茶就达5000余斤。如淮东、淮西二总领所亦各掌控5000余万斤的引茶贩卖，则东南已达1.5亿斤，而四川如以上考为4500万斤计，则南宋中期即13世纪初茶产量亦应在2亿宋斤左右。堪称与笔者的框估数大致相符，"不谋而合"。

---

① 《宋会要辑》食货三一之二七。
② 《宋会要辑稿》食货三一之三二。
③ 《宋会要辑稿》食货三一之三二。
④ 《宋会要辑稿》食货三一之三三至三四。
⑤ 《宋会要辑稿》食货三一之三三。

综上所述,无论从宏观分析与微观考证的层面而论,南宋中期时的茶叶产量与粮食的单产与总产取得历史性突破一样,也有大幅度的跨越式发展,体现了农林牧副渔商品性农业全面发展的蓬勃兴旺局面。茶叶总产的提高,其原因不仅在于需求的旺盛和茶园面积的扩大,还在于茶树栽培技术的历史性进步。

三、茶树栽培中的技术进步

宋人尤其南宋时人对茶树栽培学中颇具科技含量的创造发明主要表现在:其一,发明茶树育苗后移栽法;其二,茶园管理中创始了名之曰"开畲"的中耕技术;其三,大面积推广茶与桐、桂、梅、松、竹等的间作套种技术。这相对于茶园面积的拓展,提高茶叶单产及总产,培育茶叶新品种,及为花茶等新茶类的开发奠定了基础等,是尤为令人欣喜的现象。

（一）茶苗移栽新技术的开发与推广

一般认为茶树种植,只能下茶子繁殖,在明代以前这是普遍的共识,堪称定论。代表性言论见之于明人郎瑛之说:"种茶下子,不可移植。移植,则不复生也。故女子受聘谓之受茶,又聘以茶为礼者,见其从一之义[1]。"直至当代,仍以此为定论。或云明代中期以前,"基本都采用种子直播的方法"种茶;或曰宋元时代种茶,"依旧用的是一种直播法"[2]。茶学界也普遍认为:"宋时沿用茶籽直播方法","直到明代中期以前,我国的茶树繁殖,还是只知用茶籽直播[3]。"实际上,宋代的史料已可证实,北宋时已有茶苗异地移栽的成功实例,最为著名的例证见于苏轼诗《种茶》:"松间旅生茶,已与松俱瘦。茨棘尚未容,蒙翳争交构。天公所遗弃,百岁仍稚幼。紫笋虽不长,孤根乃独寿。移栽白鹤岭,土软春雨后。弥旬得连阴,似许晚遂茂。能忘流转苦,戢戢出鸟咮。未任供白磨,且作资摘嗅。千团输大官,百饼衒私斗。何如此

---

① 明·郎瑛《七修类稿》卷四六《未见得·吃茶》,第490页,上海书店出版社,2001年。作者并称乃据民间谚语总结,故流传甚广。

② 分见《中国农业百科全书·农业历史卷》第17页,梁家勉《中国农业科学技术史稿》第430页。

③ 《中国茶树栽培学》第15页。

一啜,有味出吾圃①。"此诗已充分显示:早在北宋后期,移栽野生茶苗,苏轼的实验已获成功。这从"紫笋"、"移栽"二联及"千团","何如"二联已清晰可见。无独有偶,约略在同时,黄儒《品茶要录·辨壑源沙溪》也称:"壑源沙溪,其地相背,而中隔一岭,其势无数里之远,然茶产顿殊。有能出火移栽植之,亦为土气所化。"他认为壑源茶即使能在寒食后移栽于沙溪成功,但仍无法改良茶品。无意中透露,在顶级名茶的产地建州也有移栽茶成功的实例。这项技术的成熟和大规模的人工栽培茶苗移植,至迟南宋孝宗初已得到推广。相关的记载大量见之于《宋会要》,今择要列举如下并略作分析。

乾道(三)[二]年十月三十日,"四川茶马司言:已立罪赏,禁贩茶子入蕃。近有奸猾之人,却将已成茶苗公然博买(卖?)入蕃,乞依茶子罪赏指挥。户部言:绍兴十二年十一月二十五日指挥,园户收到茶子,如辄敢贩卖与诸色人,致博卖入蕃及买之者,并流三千里;其停藏、负载之人,各徒三年,分送五百里外。并不以赦降原免。许诸色人告捉,每名赏钱五百贯。内茶园户,仍将茶园籍没入官。州县失觉察,当职官并徒二年科罪。今茶苗比之茶子,为害尤重。乞依本司所请。从之②。"值得注意的是:南宋初绍兴十二年(1142)以前,大量贩卖和走私入蕃界的主要是茶子,但仅时隔24年,至乾道二年(1166),贩卖茶苗入蕃界已蔚然成风,乃至四川茶马司和户部均主张立法严加查禁,因事关茶马贸易的大局,故主经以严刑峻法遏止事态的蔓延和扩大。正是这种巨额商业利润的刺激,使以茶子种植到茶苗移栽实现了同步跨越,因为下子种茶到采摘成茶,一般需三年,而用茶苗移栽则可缩短一年时间采摘茶叶,商业化成了新技术的催化剂。比照茶子罪赏立法并未有明显成效,故又在五年后出台了更严厉的法令,反映了收贩茶子、茶苗入蕃博卖规模日益扩大的社会现实。《宋会要辑稿》职官四三之一一三至一一四有载:乾道七年(1171)五月二十七日,四川茶马司申:"园户收贩茶子入蕃

---

① 《东坡全集》卷二四。又据下诗《白鹤山新居凿井四十尺遇盘石石尽乃得泉》,此似作于海南贬所。
② 《宋会要辑稿》食货三一之一八。同书刑法二之一五七亦载:乾道二年十月三十日,"四川茶马司言:园户收贩茶子入蕃界,已有中书罪赏指挥。近日辄有持茶苗入蕃博卖,深属不便。欲乞行下,并依茶子罪赏施行。从之。"

界,已有申获罪赏指挥。近有将茶苗公然入蕃博卖,深属不便。欲望行下,
并依茶子罪赏施行事送部勘当,报部。检照绍兴十二年[十一月二十五日]
指挥,园户辄将茶子转卖入蕃及买之者,并流三千里,不以赦降原免。告捉,
赏钱五百贯。园户[茶园](藉)[籍]没入官,州县失觉察并透漏,当职官并
徒二年科罪。照得茶苗栽种不过二年,便可采摘,比茶子为害尤重。今欲下
刑寺审覆,行下本司开遵守施行。"从之。更有甚者,新技术的推广,远过南
宋统治者一厢情愿的法禁。在南宋极边的雅州荣经县苦荞坝,竟有蕃人越
界入住,栽种茶苗,据险武备,因州县官处置得力,遂成与蕃界碉门等互市口
岸。而栽种茶苗成为宋蕃边界赖以糊口的一种行当,足见这项新技术普及
之广,获利之丰。《宋会要辑稿》蕃夷五之一〇〇记其事云:

> 乾道九年五月二十四日,诏:知雅州宋德迈、荣经知县冯俨并籍记
> 姓名旌擢,王思恭特补进义副尉。以四川安抚制置使陈岘言:(防)〔访〕
> 闻荣经苦荞坝自乾道六年以蕃人郝素畜耶出牙……等初为砂平、岩州
> 两族争闹,潜入苦荞坝居住,后来节次增添,创开平路,栽种茶苗,占据
> 险隘,起筑碉囤、战棚,藏畜弓箭,遂成巢穴,亦有汉人为之佐助。臣照
> 得雅州荣经县西接沉黎,北连碉门,虽名极边,其实近里。昨来五部落
> 等,每至碉门互市。

而在四川的近里州军,茶园户或私贩茶叶,或"以栽种茶窠",私辟茶园,
即利用茶苗栽种技术,以图"快速脱贫致富"。但这种新技术仍受到官方的
严禁,确立罪赏外,仍处以"拘没茶园"的经济剥夺惩处。乾道五年(1169)二
月二日,"诏:今后四川茶园户私贩茶并依旧法,其隆兴元年四月二十二日续
臛申请指挥更不施行。……或有栽种茶窠,未曾自请团结;有般茶赴场,无
官给封(引?);凡此等类,州县一例拘没茶园。是致山谷穷民破家失业。故
有是命①。"

总之,在远早于明朝嘉靖(1522～1566)约 400 年前的南宋初乾道
(1165～1173)年间,茶苗移栽技术已普遍推广。"不法分子"利用茶苗贩卖

---

① 《宋会要辑稿》食货三一之一九。

流入境外无法可依的状况,公然进行茶苗走私贸易,这在无意中透露南宋早在乾道初(1166~1167)以前,园户的茶苗移栽、栽培茶树技术已相当成熟,不仅可在同一地区移苗成活,而且可以异地移苗栽培。这对茶树的推广种植无疑是划时代的技术进步。正如李心传《朝野杂记》甲集卷一四《蜀茶》载:淳熙末,"雅州徼外夷人,亦有即山种茶者,由是,纲茶遂为夷人所贱。"这条史料可证茶子与茶苗的走私贸易对于茶马贸易为害之大一斑。今西南地区少数民族广种茶树,或可溯源于南宋。这是南宋园户无与伦比的历史性贡献,也是一项当之无愧的"高科技发明"。因为育苗移植栽种是技术含量较高的活。直至当代,仍要求茶苗就近起苗,移栽在当地的茶园,苗圃离新辟茶园越近越好。带土移栽,应随种随挖。长途贩运茶苗,更要注意保鲜,不能及时栽种,先要"假栽",否则茶苗极易枯萎。八百余年前,四川茶户已熟练掌握这种技术是很了不起的成就。

(二)开畲:茶园中耕技术成熟的标志

所谓"开畲",是南宋茶园最盛,极品名茶产地建州北苑的专用术语,指茶园的中耕、除草、施肥等一揽子管理措施,堪称茶树栽培的"精耕细作"模式。孝宗时,曾以福建漕司属官主持过北苑贡茶采制的赵汝砺《北苑别录·开畲》[1]总结云:"草木至夏益盛,故欲导生长之气,以渗雨露之泽。每岁六月兴工,虚其本,培其土,滋蔓之草,遏郁之木,悉用除之。政所以导生产之气而渗雨露之泽也,此之谓开畲。"同书注引《建安志》又云:"茶园恶草,每遇夏日最烈时,用众锄治,杀去草根,以粪茶根,名曰开畲。若私家开畲,即夏初秋各用工一次,故私园最茂[2]。"北苑是宋代最享盛名的贡茶产地。丁谓《北苑焙新茶》诗序概述云:"天下产茶者将七十郡半。每岁入贡,皆以社前火前为名,悉无其实。唯建州出茶有焙,焙有三十六,三十六中唯北苑发早而味尤佳。社前十五日即采其芽,日数千工,聚而造之,逼社即入贡。工甚大,造

---

① 关于作者及《北苑别录》,请参阅拙文《中国茶书总目叙录》,刊《文史》第52辑,中华书局,2000年第3辑第161~162页。

② 以上引文,见是书《丛成集成本》第14页,据《读画斋丛书》本。

甚精①。"他在佚著《北苑茶录》中又称:北宋初,建安"官私之焙千三百三十有六,而独记官焙三十二②。"采造贡茶极盛于北宋,至北宋末,贡焙规模仍极大,犹日役千夫,岁费万金③。至宋孝宗时期,官焙仅"采夫日役二百二十五人④",虽贡茶的数量、品色有所下降,但茶树栽培与贡茶采制技术却仍有长足进步。南宋初,曾在建安担任过监茶官的胡仔称:"惟壑源诸处私焙茶,其绝品亦可敌官焙。自昔至今,亦皆入贡。其流贩四方,悉私焙茶耳⑤。"官茶园生产贡茶,可不计成本,生产出的贡茶品愈多,制愈精。但建宁府的私茶园主则生产同样的优质建茶,成本低许多,故流布四方。在同一产地,官焙的生产、制作技术会有示范效应,很快推广,若以市场竞争力而言,同样质优的名品茶因私焙——民间私营茶园的成本优势而流贩天下。南宋私茶园的数量与规模远胜北宋无疑。南宋不少贡茶也产自私焙。

此外,南宋时还推广用稻糠培壅茶树根株,以起保温护根作用,保护茶株、茶苗安全越冬,在茶园防冻、提高茶树抗寒方面,也不失为一大创举。据洪迈记载:"庆元三年(1197),浮梁东乡寺僧法净,以暮冬草枯之际,令童行挈稻糠入茶园培壅根株⑥。"

(三)茶桐间作套种

茶与其他作物的间作套种,似始见于唐末五代韩鄂的记载。《四时纂要》云:"茶未成,开四面,不妨种雄麻、黍、穄等",此指茶粮间种。又云:"此物畏日,桑下、竹阴地种之皆可⑦。"又指茶可与桑、竹套种。也许五代时人已知茶畏日,种竹木、桑树可以蔽日而相得益彰。但诚如本书第四章所论,此书是否成于五代韩鄂仍颇可稽疑。而赵汝砺《北苑茶录》则提出了茶桐间种

---

① 转引自胡仔《苕溪渔隐丛话》后集卷一一。
② 转引自宋子安《东溪试茶录·总叙焙名》,《丛书集成本》第2页。又顺便指出,是书《茶名》将北苑茶大别为七类:白叶茶,柑叶茶,早茶,细叶茶,稽茶,晚茶,丛茶。详述其性状,其品依次递减。是我国茶史上最早的茶品分类学滥觞。
③ 《鸡肋编》卷下《韩岊论茶》(第100页)云:"工匠几千人,日支钱七十足","岁费常万缗"。
④ 《北苑别录·采茶》第4页。
⑤ 《苕溪渔隐丛话》后集卷一一,第83页。
⑥ 《夷坚三志·己》卷二《东乡僧园女》,第1312页。
⑦ 《四时纂要》第69~70页,缪启愉校释本,农业出版社,1981年。

之说,为现代的生态复合茶园建设奠定了坚实的基础。这是茶树栽培种植史上极值得珍视的"高科技"发明。《北苑别录·开畬》又云:"惟桐木则留焉。桐木之性,与茶相宜。而又茶至冬则畏寒,桐木望秋而先落;茶至夏而畏日,桐木至春而渐茂,理亦然也。"从茶桐各自不同的性状出发,在理论上阐述了茶桐相得益彰、优势互补的原因。因而茶桐间作在福建、浙东等许多茶园中普遍推广,不乏史证。

徐玑《监造御茶有所争执》诗也提供了一个力证:南宋建安官焙的贡茶之所以品质优良,成为天下公认的极品名茶亦得益于桐树间种的遮风蔽日。其诗云:"森森壑源山,袅袅壑源溪。修修桐树林,下荫茶树低。桐风日夜吟,桐雨洒霏霏。千丛高下青,一丛千万枝。"从北宋多种北苑茶书未载茶桐间种,似可见茶桐间种或为南宋发明的新技术。今考徐玑(1162~1214)南宋中期曾官建安主簿,司职监造贡茶,督官欲私取之,徐严词拒绝。后移官南浦。同上诗记其事云:"品尝珍妙余,倍称求其私。初作狐鼠媚,忽变狼虎威,巧计百不行,叱怒面欲绯①。"又称因此遭报复云。戴复古《田园吟》诗题下自注云:"俗谚:'桐树发花,茶户大家'。"可见桐茶间种,相得益彰,在浙东丘陵山区已深入人心。正如其诗:"桐树著花茶户富,梅林无实秫田荒②"所咏。

(四)春夏秋三季采茶的推广

宋代以前,一般仅采制春茶。通常指清明前后至谷雨期间采制的茶,又称早茶或春茗,或泛称雨前茶。在同一茶园中,品质以春茶最好,售价较高。宋代则将茶按采摘的时间大致分为四类:芽茶、春茶、夏茶、秋茶,除冬季外,均可采茶。苏辙初除中书舍人,曾上《申本省论处置川茶未当状》云:"民间采茶凡有四色,芽茶、早茶、晚茶、秋茶是也。采茶既广,茶利自倍。自榷茶以来,官中只要早茶,其余三色茶,遂弃不采,民失茶利过半,今既通商,则四色茶俱复采③。"又论川蜀北宋时"未榷茶园户,例收晚茶,谓之秋老黄茶,不

---

① 《永嘉四灵诗集·二薇亭诗集》卷上,陈增杰校点本第99~100页,浙江古籍出版社,1985年。

② 《石屏诗集》卷五。后句称梅秫间作,谚云:"树无梅,手无杯。"秫为酿酒原料,故云。

③ 《栾城集》卷四一,同上《状》又云:"官中所买,只用早茶,则牙茶、晚茶、秋茶亦为弃物,民失厚利。"

限早晚,随时即卖。榷茶之后,官买止于六月,晚茶入官,依条毁弃,官既不收,园户须至私卖,以陷重禁。此园户之害一也①。"此指北宋中期榷川茶以前,蜀茶例采芽、春、夏、秋四色茶,实可归类为早中晚或早晚茶。早茶,指芽茶和春茶;中茶指夏茶;晚茶则指夏秋两季茶的合称。茶马贸易之制推行后,官府买茶只收购早茶,夏秋两季茶遂为弃物,总产量减少,必然影响茶园户收入,故苏辙为之疾呼,欲恢复兼收早中晚茶。

　　而在东南地区,在北宋中期推行十三山场六榷务制的禁榷法时,似亦只收买春茶。自嘉祐茶法通商后,则逐步推行兼采夏秋茶并出售,至南宋则各地已普遍推广早晚茶或春夏秋茶的采制及贩卖,无疑这对于茶叶总产成倍增长、大幅增加茶农收益及政府财税收入有重要的推动作用。史料中不乏此类记载:如陆游称:南宋已盛行常年采茶而不光是春采。屡见其诗咏。《剑南诗稿》卷八三《秋兴》(之四):"邻父筑场收早稼,溪姑负笼卖秋茶。"此乃状其故乡绍兴府山阴县风习。又如《剑南诗稿》卷三一《幽居》:"园丁割霜稻,村女卖秋茶。"均述其乡已有摘秋茶旋即出卖的习俗。又其《剑南诗稿》卷一七《小憩村舍》云:"小妇穮新麦,群童摘晚茶。"亦咏其乡采夏茶的情景。乾道六年(1170)十月,陆游入蜀时途经峡州夷陵县时所见犹如一幅风情画。其诗称:"村女卖秋茶,簪花髻鬟匝。褪儿着背上,帖妥若在榻②。"

　　如果说,北宋茶业的主要成就在于名优茶的创制,南宋茶业的发展则在于茶苗移栽技术的发明及茶艺的普及与推广。更重要的是:南宋是我国从团饼茶煎点向散末茶冲泡饮用方法转型的过渡时期,必然促进茶叶的大量消费,这从茶馆在城乡不断涌现可见一斑。有兴趣的读者可参阅拙文《唐宋茶艺述论》③。

　　本书篇幅逾限太多,虽意犹未尽,只能打住。且仍有约10余万字被删节,更是遗憾。

---

① 《栾城集》卷三六《论蜀茶五害状》,参阅《长编》卷二九二,元丰元年(1078)九月壬午条。
② 《剑南诗稿》卷二《黄牛峡庙》。
③ 文刊《农业考古》1997年第4期。

编　后　语

　　历史并不意味着永远消失,从某种意义上说,它总会以独有的形式存在并作用于当前乃至未来。历史学"述往事"以"思来者","阐旧邦"以"辅新命",似乎也可作如是观。历史的意义通过历史学的研究被体现和放大,历史因此获得生命,并成为我们今天的财富。

　　宋朝立国三百二十年(960—1279),是中国封建社会里国祚最长的一个朝代,也是封建文化发展最为辉煌的时期,对后世影响极大。其中立国一百五十三年(1127—1279)的南宋,向来被认为是一个国力弱小、对外以妥协屈辱贯穿始终的偏安王朝,但就是这一"偏安"王朝,在经济、文化、科技等方面却取得了辉煌成就,对金及蒙元入侵也作出过顽强的抵抗。如果我们仍囿于历史的成见,轻视南宋在中国历史上的地位和作用,就不会对这段历史作出更为深刻的反思,其中所蕴涵的价值也不会被认识。退一步说,如果没有南宋的建立,整个中国完全为女真奴隶主贵族所统治,那么唐、(北)宋以来的先进文化如何在后世获得更好的继承和发展,这可能也是人们不得不考虑的一个问题。南宋王朝建立的历史意义,于此更加不容忽视。

　　杭州曾是南宋王朝的都城。作为当时全国的政治、经济和文化的中心,近一个半世纪的建都史给杭州的城市建设、宗教信仰、衣食住行、风俗习惯,乃至性格、语言等方面都打下了深刻的烙印。南宋历史既是全国人民的宝贵财富,更是杭州人民的宝贵财富。深入研究南宋史,是我们吸取历史经验和教训的需要,是批判地继承优秀文化遗产的需要,也是今天杭州大力建设文化名城的需要。还原一个真实的南宋,挖掘沉淀在这段历史之河中的丰富遗产,杭州人责无旁贷。

2005 年初,在杭州市委、市政府的大力支持和指导下,杭州市社会科学院将南宋史研究列为重大课题,并开始策划五十卷《南宋史研究丛书》的编纂工作,初步决定该丛书由五大部分组成,即《南宋史研究论丛》两卷、《南宋专门史》二十卷、《南宋人物》十一卷、《南宋与杭州》十卷、《南宋全史》八卷。同年 8 月,编纂工作正式启动。同时,杭州市社会科学院成立南宋史研究中心,聘请浙江大学何忠礼教授、方建新教授和浙江省社会科学院徐吉军研究员为中心主任和副主任,具体负责《南宋史研究丛书》的编纂工作。为保证圆满完成这项任务,杭州市社会科学院诚邀国内四十余位南宋史研究方面的一流学者担任中心的兼职研究员,负责《丛书》的撰写。同时,为了保证书稿质量,还成立了学术委员会,负责审稿工作,对于一些专业性较强的书稿,我们还邀请国内该方面的权威专家参与审稿,所有书稿皆实行"二审制"。2005 年 11 月,《南宋史研究丛书》被新闻出版总署列为国家"十一五"重点图书出版规划项目。2006 年 3 月,南宋史研究中心高票入选浙江省哲学社会科学首批重点研究基地,南宋史研究项目被列为省重大课题,获得省市两级政府的大力支持。

以一地之力整合全国学术力量,从事如此大规模的丛书编纂工作在全国为数不多,任务不仅重要,也十分艰巨。为了很好地完成编纂任务,2005、2006 两年,杭州市社会科学院邀请《丛书》各卷作者和学术委员召开了两次编纂工作会议,确定编纂体例,统一编纂认识。尔后,各位专家学者努力工作,对各自承担的课题进行了认真、刻苦的研究和撰写。南宋史研究中心的尹晓宁、魏峰、李辉等同志也为《丛书》的编纂付出了辛勤的劳动,大家通力合作,搞好组稿、审校、出版等各个环节的协调工作,使各卷陆续得以付梓。如今果挂枝头,来之不易,让人感慨良多。在此,我们向参与《丛书》编纂工作的各位专家学者表示由衷的感谢!

鉴于《丛书》比较庞大,参加撰写的专家众多,各专题的内容多互有联系,加之时间比较匆促,各部专著在体例上难免有些不同,内容上也不免有些重复或舛误之处,祈请读者予以指正。

　　《南宋史研究丛书》是"浙江文化研究工程成果文库"中的一项内容,为该文库作总序的是原中共浙江省委书记,现中共中央政治局常委、中央书记处书记习近平同志,为《南宋史研究丛书》作序的是中共浙江省委常委、杭州市委书记、杭州市人大常委会主任王国平同志和浙江大学终身教授、博士生导师徐规先生。在此谨深表谢意!

　　希望这部《丛书》能够作为一部学术精品,传诸后世,有鉴于来者。

杭州市社会科学院院长　史及伟

2007 年 12 月

图书在版编目（CIP）数据

南宋农业史 / 王国平主编；方健著.
–北京：人民出版社，2009
（南宋史研究丛书）
ISBN 978-7-01-008450-3

Ⅰ.南… Ⅱ.①王…②方… Ⅲ..农业史–研究–中国–南宋
Ⅳ. F329.044.2

中国版本图书馆 CIP 数据核字（2009）第 203400 号

南宋农业史
NANSONG NONGYE SHI

作　　者：方　健
责任编辑：张秀平　任文正
封面设计：祁睿一
装帧设计：山之韵

人民出版社　出版发行

地　　址：北京朝阳门内大街 166 号
邮政编码：100706　www.peoplepress.net
经　　销：全国新华书店
印刷装订：北京昌平百善印刷厂
出版日期：2010 年 1 月第 1 版　　2010 年 1 月第 1 次印刷
开　　本：787 毫米×1092 毫米　1/16
印　　张：44.5
字　　数：770 千字
书　　号：ISBN 978-7-01-008450-3
定　　价：98.00 元